海外农业研究中心 ● 智库报告
Center for International Agricultural Research, CAAS

"一带一路"国家
农业发展与合作——中东欧十六国

阿尔巴尼亚　波　黑　保加利亚　克罗地亚　爱沙尼亚　匈牙利
拉脱维亚　马其顿　黑　山　斯洛伐克　波　兰　罗马尼亚
捷　克　立陶宛　斯洛文尼亚　塞尔维亚

◎ 聂凤英　张　莉　主编

中国农业科学技术出版社

图书在版编目（CIP）数据

"一带一路"国家农业发展与合作．中东欧十六国 / 聂凤英，张莉主编．—北京：中国农业科学技术出版社，2018.12
ISBN 978-7-5116-3906-6

Ⅰ．①一… Ⅱ．①聂… ②张… Ⅲ．①农业合作—国际合作—研究—中国、中欧②农业合作—国际合作—研究—中国、东欧 Ⅳ．① F32 ② F351

中国版本图书馆 CIP 数据核字（2018）第 218147 号

责任编辑　徐定娜　穆玉红
责任校对　贾海霞

出 版 者	中国农业科学技术出版社
	北京市中关村南大街12号　邮编：100081
电　　话	（010）82105169（编辑室）（010）82109702（发行部）
	（010）82109709（读者服务部）
传　　真	（010）82109707
网　　址	http://www.castp.cn
发　　行	各地新华书店
印 刷 者	北京建宏印刷有限公司
开　　本	880 mm×1 230 mm　1/16
印　　张	30.25
字　　数	639千字
版　　次	2018年12月第1版　2018年12月第1次印刷
定　　价	180.00元

◆ 版权所有·侵权必究 ◆

《"一带一路"国家农业发展与合作——中东欧十六国》
编委会

主　　任：吴孔明

副 主 任：贡锡锋　　孙　坦　　金　轲

主　　编：聂凤英　　张　莉

副 主 编：曲春红　　张学彪

编写人员：曲春红　　张　莉　　朱增勇　　郑海霞　　刘洪霞
　　　　　赵　伟　　王　晶　　郭　莹　　黄艳芳　　武　婕
　　　　　朱　聪　　余颖雅　　赵一兰　　段　畅

序

在当今世界经济复苏缓慢，全球产业结构和国际投资贸易格局深度调整的背景下，习近平总书记2013年提出的共建"丝绸之路经济带"和"21世纪海上丝绸之路"倡议，得到了国际社会的广泛支持。"共建'一带一路'，实现共赢发展"对促进区域经济一体化和加强区域互联互通发挥了重要作用。"一带一路"倡议给沿线国家人民带来了实实在在的好处，为构建共商共建共享的全球治理新机制贡献了中国智慧。

人口增长、资源约束和消费结构升级对我国农业发展提出了新的挑战。党的"十八大"以来，党中央把农业"走出去"摆在了更加突出的位置，习近平总书记提出"要加快推动农业走出去，增加国内农产品供给"。保障国家食物安全，要求我们"统筹利用两个市场两种资源"，在全球范围内实现农业资源的优化整合和农产品市场的深度开发，构建开放互利共赢的农业对外合作新格局。

"一带一路"沿线国家高度重视农业发展，但由于自然条件和政治、经济、社会等多方面因素的影响，多数国家都面临区域农业发展不平衡，缺乏有效农业合作机制和农业科技支撑力度不足等问题。"一带一路"倡议为加强区域农业合作带来了难得的历史机遇，通过促进区域内农业要素有序流动，可以使沿线国家更好地发挥比较优势，增加世界农产品的有效供给。

改革开放40年来，中国农业产业和科技发展取得了长足的进步，积累了大量"一带一路"国家可以利用和借鉴的技术和管理经验。近年来，中国的农业科技已大量走出国门，在100多个国家和地区援建了270多个农业项目，"绿色超级稻"已经有78个品种在18个亚非国家审定和推广，"中棉系列"棉花新品种和植棉技术大幅提高了中亚国家的棉花产量。动物疫苗、生物防治技术和产品等为亚洲和非洲农业生产提供了重要保障。国内对外农业投资热情高涨，境外注册设立的农林牧渔类企业达1300多家，覆盖了105个国家和地区。农业"走出去"的新常态对海外农业战略研究提出了新的要求。我们需要建立全球农业数据中心，加强海外农业战略高端智库建设，为政府和企业农业走出去工作提供信息服务和技术支撑。

在农业农村部和中国工程院等部门的支持指导下，中国农业科学院海外农业研究中心系统开展了海外农业的研究工作。《"一带一路"国家农业发展与合作》系列丛书汇编了对重点国家的智库研究成果，编写过程中得到了农业农村部相关机构、中国农业科学院部分研究所以及云南、广西、新疆、内蒙古和黑龙江等省（自治区）级农科院、农业高校的大力支持。

丛书按地区分为东北亚四国、东南亚十一国、南亚七国、中亚五国、中东欧十六国、独联体及其他六国和西亚北非十六国共七个分册，系统梳理了"一带一路"沿线65个国家的基本国情和农业发展情况，从经济、贸易、投资和科技多角度分析了重点国家的农业投资环境、农业合作重点领域和发展潜力。丛书内容丰富、系统性强、信息量大，为中国农业对外合作和农产品贸易工作者提供了高水平的专业性参考，对服务中国农业国际合作和推动农业"走出去"工作有重要价值。

中国农业科学院副院长
中国工程院院士
2018年12月

目 录
CONTENTS

阿尔巴尼亚

- 一、国家基本概况 ······ 2
  - （一）地理位置 ······ 2
  - （二）人口状况 ······ 2
  - （三）政治制度 ······ 4
  - （四）社会和经济发展状况 ······ 5
- 二、农业发展现状 ······ 9
  - （一）农业资源条件 ······ 9
  - （二）农业生产情况 ······ 10
  - （三）农产品贸易情况 ······ 16
  - （四）农业科技发展 ······ 19
  - （五）农业管理体系与政策 ······ 21
- 三、农业投资环境 ······ 24
  - （一）国家商业环境 ······ 24
  - （二）农业优势与潜力 ······ 26
  - （三）风险分析 ······ 26
  - （四）总体评价 ······ 27
- 四、中阿农业合作现状与合作重点 ······ 27
  - （一）合作现状 ······ 27
  - （二）合作潜力 ······ 29

（三）合作重点 ………………………………………………………… 30
五、中阿农业合作建议 …………………………………………………… 32
　　（一）创建便利的交流合作平台 ……………………………………… 32
　　（二）不断拓展两国合作领域 ………………………………………… 32
　　（三）优化农产品贸易结构 …………………………………………… 33
　　（四）拓宽交通运输渠道 ……………………………………………… 33
　　（五）充分落实并利用协定等条约 …………………………………… 33
参考文献 …………………………………………………………………… 34

波　黑

一、国家基本概况 ………………………………………………………… 36
　　（一）自然地理 ………………………………………………………… 36
　　（二）人口状况 ………………………………………………………… 36
　　（三）政治制度 ………………………………………………………… 36
　　（四）社会和经济发展状况 …………………………………………… 37
二、农业发展现状 ………………………………………………………… 37
　　（一）农业资源条件 …………………………………………………… 37
　　（二）农业生产情况 …………………………………………………… 38
　　（三）农产品贸易情况 ………………………………………………… 42
　　（四）农业科技发展 …………………………………………………… 44
　　（五）农业管理体系与政策 …………………………………………… 45
三、农业投资环境 ………………………………………………………… 48
　　（一）国家商业环境 …………………………………………………… 48
　　（二）农业优势与潜力 ………………………………………………… 50
　　（三）风险分析 ………………………………………………………… 51
　　（四）总体评价 ………………………………………………………… 52
四、中波农业合作现状与合作重点 ……………………………………… 52
　　（一）合作现状 ………………………………………………………… 52
　　（二）合作潜力 ………………………………………………………… 53
　　（三）合作重点 ………………………………………………………… 54

五、中波农业合作建议 ··· 55
（一）政府层面 ··· 55
（二）企业层面 ··· 56

参考文献 ··· 56

保加利亚

一、国家基本概况 ··· 60
（一）地理位置和行政区划 ··· 60
（二）自然和人力资源 ··· 60
（三）政治制度 ··· 62
（四）社会经济发展状况 ··· 62

二、农业发展现状 ··· 64
（一）农业资源条件 ··· 64
（二）农业生产情况 ··· 66
（三）农产品贸易情况 ··· 74
（四）农业科技发展 ··· 81
（五）农业管理体系与政策 ··· 83

三、农业投资环境 ··· 88
（一）国家商业环境 ··· 88
（二）农业优势与潜力 ··· 92
（三）风险分析 ··· 93
（四）综合评价 ··· 94

四、中保农业合作现状与合作重点 ··· 94
（一）农业合作现状 ··· 94
（二）合作潜力 ··· 96
（三）合作重点 ··· 98

五、中保农业合作建议 ··· 100
（一）完善多边和双边合作机制 ··· 100
（二）深化农业科技合作层次 ··· 100
（三）探索农业贸易新路径 ··· 101

（四）创新多元化农业合作模式 ………………………………………… 101
参考文献 ……………………………………………………………………… 101

克罗地亚

一、国家基本概况 …………………………………………………………… 106
  （一）地理及行政区划 …………………………………………………… 106
  （二）人口状况 …………………………………………………………… 106
  （三）政治制度 …………………………………………………………… 107
  （四）社会及经济发展状况 ……………………………………………… 108

二、农业发展现状 …………………………………………………………… 109
  （一）农业资源条件 ……………………………………………………… 109
  （二）农业生产情况 ……………………………………………………… 110
  （三）农产品贸易情况 …………………………………………………… 121
  （四）农业科技发展 ……………………………………………………… 125
  （五）农业管理体系与政策 ……………………………………………… 128

三、农业投资环境 …………………………………………………………… 131
  （一）国家商业环境 ……………………………………………………… 131
  （二）农业发展优势与潜力 ……………………………………………… 132
  （三）风险分析 …………………………………………………………… 133
  （四）总体评价 …………………………………………………………… 134

四、中克农业合作现状与合作重点 ………………………………………… 134
  （一）合作现状 …………………………………………………………… 134
  （二）合作潜力 …………………………………………………………… 136
  （三）合作重点 …………………………………………………………… 137

五、中克农业合作建议 ……………………………………………………… 139
  （一）创新合作方式，拓展合作领域 …………………………………… 139
  （二）推动双边交流，奠定合作基础 …………………………………… 140
  （三）加强多边合作，增强科技合作 …………………………………… 140

参考文献 ……………………………………………………………………… 141

爱沙尼亚

- 一、国家基本概况 ······ 144
  - （一）自然地理 ······ 144
  - （二）人口和语言 ······ 145
  - （三）政治制度 ······ 145
  - （四）社会经济发展 ······ 145
- 二、农业发展现状 ······ 146
  - （一）农业资源条件 ······ 146
  - （二）农业生产情况 ······ 147
  - （三）农产品贸易情况 ······ 151
  - （四）农业科技发展 ······ 154
  - （五）农业管理体系与政策 ······ 156
- 三、农业投资环境 ······ 158
  - （一）国家商业环境 ······ 158
  - （二）农业优势与潜力 ······ 159
  - （三）风险分析 ······ 159
  - （四）总体评价 ······ 160
- 四、中爱农业合作现状与合作重点 ······ 161
  - （一）合作现状 ······ 161
  - （二）合作潜力 ······ 163
  - （三）合作重点 ······ 164
- 五、中爱农业合作建议 ······ 165
  - （一）加强多双边农业合作机制，促进科技和人才交流 ······ 165
  - （二）创新农业合作模式，多领域融合发展 ······ 165
  - （三）多种交流渠道并举，扩大宣传影响 ······ 166
- 参考文献 ······ 166

匈牙利

- 一、国家基本概况 … 168
  - （一）地理及行政区划 … 168
  - （二）人口状况 … 168
  - （三）政治制度 … 169
  - （四）社会和经济发展状况 … 169
- 二、农业发展现状 … 171
  - （一）农业资源条件 … 171
  - （二）农业生产情况 … 171
  - （三）农产品贸易情况 … 182
  - （四）农业科技发展 … 184
  - （五）农业管理体系与政策 … 187
- 三、农业投资环境 … 188
  - （一）国家商业环境 … 188
  - （二）农业优势与潜力 … 189
  - （三）风险分析 … 189
  - （四）总体评价 … 190
- 四、中匈农业合作现状与合作重点 … 191
  - （一）合作现状 … 191
  - （二）合作潜力 … 193
  - （三）合作重点 … 194
- 五、中匈农业合作建议 … 195
  - （一）统筹中东欧农业合作机制 … 195
  - （二）兼顾中东欧特色和重点农业领域的开发 … 195
- 参考文献 … 195

拉脱维亚

- 一、国家基本概况 … 198

（一）地理位置 … 198
（二）人口与民族 … 198
（三）政治制度 … 200
（四）社会与经济发展状况 … 200

二、农业发展现状 … 203
（一）农业资源条件 … 203
（二）农业生产情况 … 203
（三）农产品贸易情况 … 208
（四）农业科技发展 … 209
（五）农业管理体系与政策 … 210

三、农业投资环境 … 213
（一）国家商业环境 … 213
（二）农业优势与潜力 … 214
（三）风险分析 … 214
（四）总体评价 … 215

四、中拉农业合作现状与合作重点 … 215
（一）合作现状 … 215
（二）合作潜力 … 217
（三）合作重点 … 218

五、中拉农业合作建议 … 220
（一）建立并强化政府间农业合作协调机制和企业服务机制 … 220
（二）依托重点合作项目建立全产业链投资机制 … 220
（三）建立混合所有制合作模式 … 220
（四）促进中拉农业科技领域的交流合作 … 221

参考文献 … 221

马其顿

一、国家基本概况 … 224
（一）地理及行政区划 … 224
（二）人口状况 … 224

（三）政治制度 …… 225
（四）社会和经济发展状况 …… 226
二、农业发展现状 …… 227
　（一）农业资源条件 …… 227
　（二）农业生产情况 …… 229
　（三）农产品贸易情况 …… 240
　（四）农业科技发展 …… 243
　（五）农业管理体系与政策 …… 245
三、农业投资环境 …… 249
　（一）国家商业环境 …… 249
　（二）农业优势与潜力 …… 251
　（三）风险分析 …… 252
　（四）总体评价 …… 253
四、中马农业合作现状与合作重点 …… 253
　（一）合作现状 …… 253
　（二）合作潜力 …… 254
　（三）合作重点 …… 256
五、中马合作建议 …… 258
参考文献 …… 259

黑　山

一、国家基本概况 …… 262
　（一）自然地理 …… 262
　（二）人口状况 …… 262
　（三）政治制度 …… 263
　（四）社会和经济发展状况 …… 263
二、农业发展现状 …… 264
　（一）农业资源条件 …… 264
　（二）农业生产情况 …… 266
　（三）农产品贸易情况 …… 272

（四）农业科技发展 ……………………………………………………… 276
　　（五）农业管理体系与政策 ………………………………………………… 278
三、农业投资环境 …………………………………………………………………… 280
　　（一）国家商业环境 ………………………………………………………… 280
　　（二）农业优势与潜力 ……………………………………………………… 281
　　（三）风险分析 ……………………………………………………………… 281
　　（四）总体评价 ……………………………………………………………… 282
四、中黑农业合作现状与合作重点 ………………………………………………… 282
　　（一）合作现状 ……………………………………………………………… 282
　　（二）合作潜力 ……………………………………………………………… 283
　　（三）合作重点 ……………………………………………………………… 284
五、中黑农业合作建议 ……………………………………………………………… 285
　　（一）积极扩大贸易规模 …………………………………………………… 285
　　（二）改善贸易投资环境 …………………………………………………… 285
参考文献 ……………………………………………………………………………… 286

斯洛伐克

一、国家基本概况 …………………………………………………………………… 288
　　（一）地形地貌 ……………………………………………………………… 288
　　（二）行政区划 ……………………………………………………………… 289
　　（三）政治制度 ……………………………………………………………… 289
　　（四）人口及语言 …………………………………………………………… 289
　　（五）经济社会发展 ………………………………………………………… 290
二、农业发展现状 …………………………………………………………………… 291
　　（一）农业资源条件 ………………………………………………………… 291
　　（二）农业生产与发展 ……………………………………………………… 291
　　（三）农产品贸易情况 ……………………………………………………… 297
　　（四）农业科技发展 ………………………………………………………… 300
　　（五）农业管理体系与政策 ………………………………………………… 302

三、农业投资环境 303
　　（一）国家商业环境 303
　　（二）风险分析 305
　　（三）总体评价 306
四、中斯农业合作现状与合作重点 306
　　（一）合作现状 306
　　（二）合作潜力 308
　　（三）合作重点 308
五、中斯农业合作建议 310
　　（一）完善农业合作机制 310
　　（二）扩大农产品贸易规模 310
　　（三）加强农业投资风险把控 310
　　（四）促进信息交流和人才培养 310
　　（五）完善政策支持体系 311
　　（六）发展农产品电商合作 311
参考文献 311

波　兰

一、国家基本概况 314
　　（一）人口及语言 314
　　（二）气候及资源 314
　　（三）政治制度和外交政策 315
　　（四）社会发展 315
二、农业发展现状 316
　　（一）农业资源条件 316
　　（二）农业生产情况 317
　　（三）农产品贸易情况 321
　　（四）农业科技发展 323
　　（五）农业管理体系与政策 325

三、农业投资环境 ... 327
（一）国家商业环境 ... 327
（二）农业优势与潜力 ... 328
（三）风险分析 ... 329
（四）总体评价 ... 329
四、中波农业合作现状与合作重点 ... 330
（一）合作现状 ... 330
（二）合作潜力 ... 335
（三）合作重点 ... 336
五、中波农业合作建议 ... 337
（一）政府层面 ... 338
（二）企业层面 ... 338

参考文献 ... 340

罗马尼亚

一、国家基本概况 ... 342
（一）自然地理 ... 342
（二）人口状况 ... 342
（三）政治制度 ... 342
（四）社会和经济发展状况 ... 342
二、农业发展现状 ... 343
（一）农业资源条件 ... 343
（二）农业生产情况 ... 343
（三）农产品贸易情况 ... 348
（四）农业科技发展 ... 351
（五）农业管理体系与政策 ... 352
三、农业投资环境 ... 354
（一）国家商业环境 ... 354
（二）农业优势与潜力 ... 355
（三）风险分析 ... 356

（四）总体评价 …… 356

四、中罗农业合作现状与合作重点 …… 357
 （一）合作现状 …… 357
 （二）合作潜力 …… 358
 （三）合作重点 …… 359

五、中罗农业合作建议 …… 360
 （一）政府层面 …… 360
 （二）企业层面 …… 360

参考文献 …… 361

捷 克

一、国家基本概况 …… 364
 （一）自然地理及人口 …… 364
 （二）政治制度 …… 364
 （三）社会和经济发展状况 …… 365

二、农业发展现状 …… 366
 （一）农业资源条件 …… 366
 （二）农业生产情况 …… 367
 （三）农产品贸易情况 …… 372
 （四）农业科技发展 …… 373
 （五）农业管理体系与政策 …… 375

三、农业投资环境 …… 377
 （一）国家商业环境 …… 378
 （二）农业优势与潜力 …… 380
 （三）风险分析 …… 380
 （四）总体评价 …… 381

四、中捷农业合作现状与合作重点 …… 382
 （一）合作现状 …… 382
 （二）合作潜力 …… 386
 （三）合作重点 …… 387

五、中捷农业合作建议 ··· 388
（一）政府层面 ·· 388
（二）企业层面 ·· 389
参考文献 ··· 389

立陶宛

一、国家基本概况 ·· 392
二、农业发展现状 ·· 393
（一）农业资源条件 ·· 393
（二）农业生产情况 ·· 394
（三）农产品贸易情况 ·· 400
（四）农业科技发展 ·· 403
（五）农业管理体系与政策 ··· 405
三、农业投资环境 ·· 408
（一）国家商业环境 ·· 408
（二）农业优势与潜力 ·· 409
（三）风险分析 ··· 409
（四）总体评价 ··· 411
四、中立农业合作现状与合作重点 ··· 411
（一）合作现状 ··· 411
（二）合作潜力 ··· 413
（三）合作重点 ··· 414
五、中立农业合作建议 ·· 415
参考文献 ··· 415

斯洛文尼亚

一、国家基本概况 ·· 418
（一）地形地貌 ··· 418
（二）行政区划 ··· 418

（三）政治制度 …… 419
（四）人口及语言 …… 419
（五）经济发展 …… 419

二、农业发展现状 …… 420
（一）农业资源条件 …… 420
（二）农业生产与发展 …… 421
（三）农产品贸易情况 …… 425
（四）农业科技发展 …… 428
（五）农业管理体系与政策 …… 429

三、农业投资环境 …… 430
（一）国家商业环境 …… 430
（二）风险分析 …… 431
（三）总体评价 …… 432

四、中斯农业合作现状与合作重点 …… 432
（一）合作现状 …… 432
（二）合作潜力 …… 434
（三）合作重点 …… 434

五、中斯农业合作建议 …… 435
（一）政府层面 …… 435
（二）企业层面 …… 436

参考文献 …… 437

塞尔维亚

一、国家基本概况 …… 440
（一）地理位置 …… 440
（二）行政区划 …… 440
（三）人口状况 …… 440
（四）民族构成 …… 441
（五）语言种类 …… 441
（六）政治制度 …… 441

（七）经济发展 …… 441

（八）交通设施 …… 442

（九）教育状况 …… 442

（十）自然资源 …… 442

（十一）绿色能源 …… 442

二、农业发展现状 …… 443

（一）农业资源条件 …… 443

（二）农业生产情况 …… 443

（三）农产品贸易情况 …… 447

（四）农业科技发展 …… 450

（五）农业管理体系与政策 …… 452

三、农业投资环境 …… 454

（一）农业投资环境分析 …… 455

（二）农业投资风险分析 …… 455

四、中塞农业合作现状与合作重点 …… 456

（一）合作现状 …… 456

（二）合作潜力 …… 458

（三）合作重点 …… 460

五、中塞农业合作建议 …… 461

（一）突出重点产业投资 …… 461

（二）政府、科研机构与企业三方携手推进合作 …… 461

（三）企业强化精细管控，提升投资效益水平 …… 462

参考文献 …… 462

阿尔巴尼亚

阿尔巴尼亚地理位置优越，农产品销往欧盟市场具有关税和物流成本优势。阿尔巴尼亚境内多山，物产丰富，森林覆盖率高。同时，气候适宜，降水量充沛，中西部地区以平原为主，有着良好的农业发展条件，在葡萄与油橄榄品种培育、栽培、加工处理等方面具有优势。阿尔巴尼亚农产品贸易以进口为主，近年来贸易逆差额不断减少，主要进口谷物、饮料及酒、糖及制品等，主要出口食用蔬菜、根及块茎类农产品。目前，中国提出的中国—中东欧"16+1"合作机制及"一带一路"倡议，为中阿两国在农业、基础设施、科技、能源等领域提供了良好的合作平台。

一、国家基本概况

（一）地理位置

阿尔巴尼亚共和国（简称阿尔巴尼亚）位于欧洲东南部，巴尔干半岛西南部，南与希腊接壤，北邻黑山共和国，东接马其顿，西濒亚得里亚海，隔奥特朗托海峡与意大利相望。境内以山地、丘陵为主，约占全国总面积的77%，地形特征明显，主要以迪纳拉山脉为界，山脉东侧为海拔1000～2000米的山地，山脉西部是海拔200～1000米的丘陵，山间多河谷盆地。平原占全国总面积的23%，且主要集中在西部沿海地区。

（二）人口状况

21世纪以来，阿尔巴尼亚总人口数呈逐年减少的发展趋势，截至2018年，全国共有约287.03万人，较2001年下降6.3%。国内民族构成较为单一，以阿尔巴尼亚族为主，还有部分希腊族、马其顿族。一半以上的居民信奉伊斯兰教，同时，天主教、东正教也是阿尔巴尼亚人民重要的宗教信仰。

1. 人口变化情况

阿尔巴尼亚统计局数据显示，总人口呈现负增长状态，其中，2008年人口增长率创历史之最，达-0.8%；之后，国内人口减少速度有所放缓，2017年阿尔巴尼亚人口自然增长率为0.3‰（图1）。同期，劳动力人口（15～64岁人口）呈逐年稳步缩减的发展趋势，2017年劳动力人口为197.54万人，占总人口数的68.7%，较2014年减少0.32万人，占比则提高0.2个百分点，略有增加。

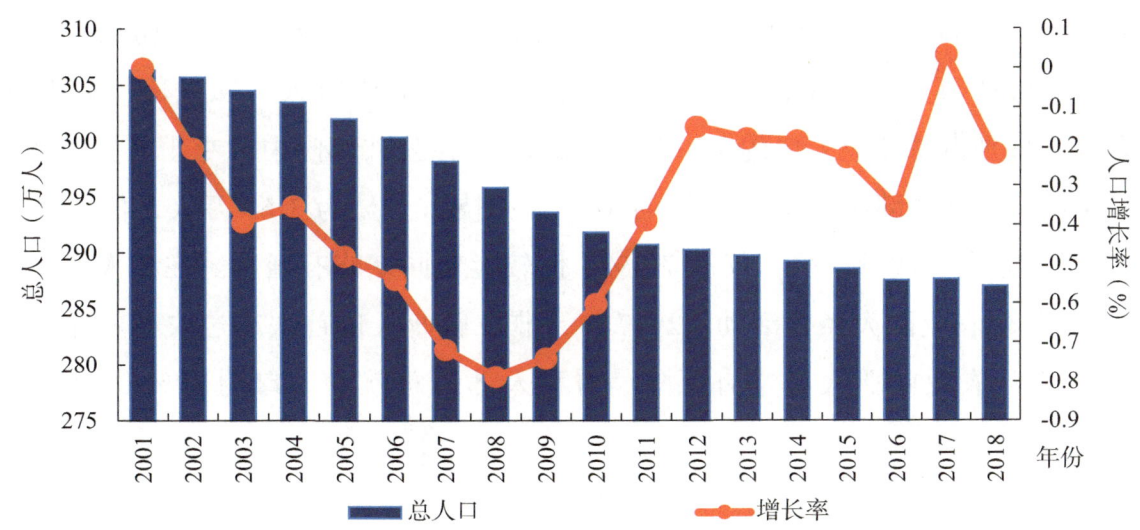

图1 2001—2018年阿尔巴尼亚人口数量及人口增长率

数据来源：阿尔巴尼亚统计局

2. 人口分布情况

从人口性别来看，男女比例分布较为平衡，2017年女性占总人口的比重为49.7%，男性占50.3%。从人口不同年龄段来看，人口年龄分布比例极度不平衡。其中，15～64岁的劳动力人口最多，占总人口的比重基本稳定在68.5%左右，2017年达68.7%。0～14岁的青少年人口逐年减少，2017年为51.45万人，占总人口的比重降至17.9%；65岁及以上的老年人口逐年增加，2017年，占总人口的比重增至13.3%，人口老龄化程度呈加重发展趋势。从就业情况来看，近年来就业形势良好，2017年就业率达57.4%，比2014年提高了6.9%；失业率持续下降至14.1%，较2014年下降了21.7%，主要是由于男性失业率快速下降（图2）。

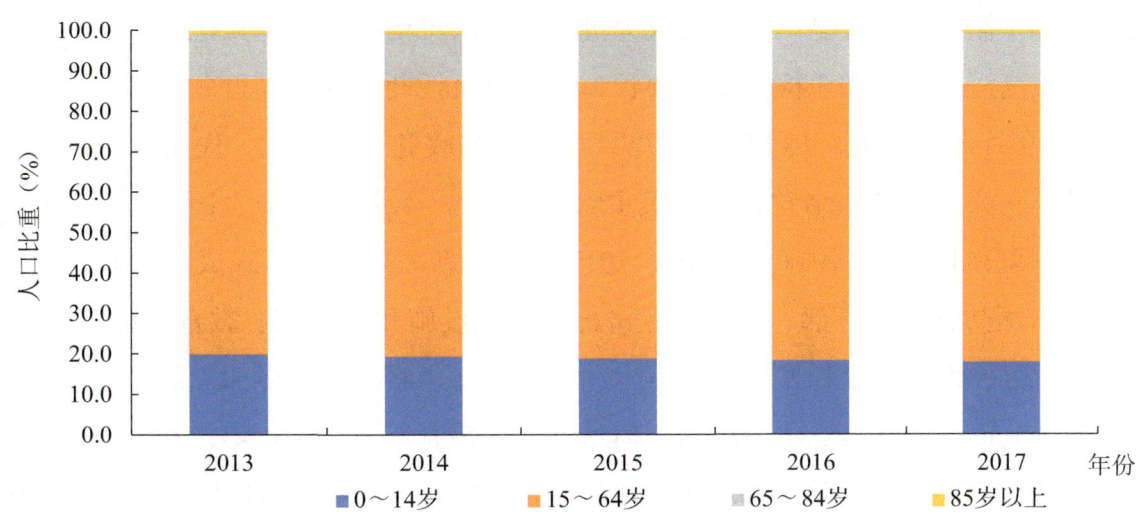

图2 2013—2017年阿尔巴尼亚不同年龄段人口数及百分比

数据来源：阿尔巴尼亚统计局

从就业人口结构来看，2017年公共部门及私人部门总就业人口为109.59万人，比2016年增加5.31万人。其中，公共部门就业人口为16.43万人，私人部门就业人口为93.15万人，分别占总就业人口的17.6%和82.4%。在公共部门中，专业人员居多，稳定在7.22万人，占公共部门总就业人员的43.9%；技术人员为3.65万人，位居其次；立法者、管理者等人员数量最少，仅占7.4%，但较上年同期略有增长。在私人部门中，主要包括农业与非农业两大经营活动。2017年，非农就业人口首次超过农业就业人口，达到47.50万人；农业就业人口略有下降，占私人部门总就业人口的49%比重不足一半（表1）。

表1 2016—2017年阿尔巴尼亚就业人口结构　　　　　　　　　　　　（单位：万人）

年份	总计	公共部门						私人部门		
		合计	立法者/管理者等	专业人员	技术人员	科员	工人	合计	农业	非农业
2017	109.59	16.43	1.21	7.22	3.65	1.23	3.31	93.15	45.65	47.50
2016	104.28	16.46	1.20	7.20	3.73	1.22	3.11	87.82	46.57	41.25

数据来源：阿尔巴尼亚统计局

（三）政治制度

阿尔巴尼亚是议会制共和国，是一个政治多元化的法制国家，实行的是自由、平等、普遍、定期的选举制度。议会是国家最高权力机关和立法机构，负责以无记名投票的方式选举国家总统、最高法院院长和总检察院检察长，每届议会任期4年，实行一院制。最新一届议会于2017年9月选举产生，共140个议席，主要参与政党有社会党、民主党、争取一体化社会运动党、正义一体化团结党和社会民主党，分别占74个、43个、19个、3个和1个席位。近年来，阿尔巴尼亚国内政局稳定，2017年9月新一届政府正式成立，并下设欧洲和外交事务部、国防部、内务部、财政和经济部、基础设施和能源部、教育、体育和青年部、司法部、文化部、农业与农村发展部、卫生和社会保障、旅游与环境部等部门，改变了由联合政府执政的局面，由社会党单独组阁。阿尔巴尼亚政府每届任期4年，其中，总统是国家元首，负责任命国家总理，并根据新任总理的提名确定相关部门的政府官员，每届总统的任期为5年，可继续连任一届。

（四）社会和经济发展状况

1. 宏观经济情况

（1）经济规模

阿尔巴尼亚是一个中高等收入国家，占欧洲与中亚地区国内生产总值（GDP）总量的比重稳定在 0.06% 的水平[①]。2010 年以来，随着国内政局稳定，阿尔巴尼亚经济平稳增长，国内 GDP 总量呈逐年增加的发展趋势。截至 2016 年，阿 GDP 总量从 2010 年的 123.96 万亿列克[②]增至 147.53 万亿列克，年均增速 2.3%，较 2015 年增加 4.10 万亿列克，实际 GDP 增长率为 3.4%，创 2011 年以来的最高增长水平。此外，人均 GDP 增长较快，从 2010 年的 42.6 万列克增至 2016 年的 51.3 万列克，年均增速达 3.1%（表 2）。

表 2　2010—2016 年阿尔巴尼亚 GDP 总量及增速（现价）

年　份	GDP（万亿列克）	GDP 增速（%）	人均 GDP（万列克）
2010	123.96	3.7	42.6
2011	130.06	2.6	44.8
2012	133.28	1.4	46.0
2013	135.01	1.0	46.6
2014	139.53	1.8	48.3
2015	143.43	2.2	49.8
2016	147.53	3.4	51.3

数据来源：阿尔巴尼亚统计局

（2）经济结构

目前，阿尔巴尼亚的经济结构是农业、工业和服务业并重（表 3）。其中，农业产值比重最高，2016 年达 29.37 万亿列克，占 GDP 总量的 19.9%，实际 GDP 增长率为 1.7%，对 GDP 的贡献率为 0.3%；交通、贸易、餐饮等服务业产值从 2015 年的 22.41 万亿列克增至 2016 年的 23.47 万亿列克，占 GDP 总量的比重由 15.6% 提高到 15.9%，对 GDP 的贡献最大，达 0.6%；工业产值较高，2016 年达 17.99 万亿列克，占 GDP 总量的 12.2%，较上年同期略有下降，且实际 GDP 增速较慢，仅 1.3%。近年来，矿业和电水气业的发展速度缓慢，实际 GDP 增长率分别由 2010 年的 35.7% 和 28.8% 降至 2016 年的 -12.1% 和 9.9%。

[①] 数据来源：世界银行
[②] USD/ALL=1：114.74（2018 年 6 月 6 日汇率价）

表3　2015—2016年阿尔巴尼亚经济结构

项　目	产值（万亿列克）		实际GDP增长率（%）	GDP结构（%）		贡献率（%）
	2015年	2016年	2016年	2015年	2016年	2016年
农业	28.37	29.37	1.7	19.8	19.9	0.33
工业	18.44	17.99	1.3	12.9	12.2	0.17
制造业	8.13	8.35	4.3	5.7	5.7	0.25
建筑业	12.78	13.19	3.1	8.9	8.9	0.28
交通、餐饮业	22.41	23.47	4.0	15.6	15.9	0.62
信息、通信业	4.26	4.54	6.1	3.0	3.1	0.18
金融、保险业	3.90	3.58	8.7	2.7	2.4	0.24
房地产	8.56	8.58	1.1	6.0	5.8	0.07
科学、行政	7.96	8.63	7.0	5.6	5.9	0.39
教育、健康	15.87	16.16	2.4	11.1	11.0	0.26
艺术、娱乐	3.43	3.90	12.1	2.4	2.7	0.29

数据来源：阿尔巴尼亚统计局

2. 社会发展状况

（1）教育水平

阿尔巴尼亚教育系统主要包括学前教育、基础义务教育和高等教育，实现了扩大接受义务教育的机会、将中等教育与高等教育衔接起来的目标。其中，学前教育包括幼儿园和幼儿园预备班，对象为3～6岁儿童，但不是强制性的。国家统计数据显示，2014—2015学年，学前教育入学率达81%。基础义务教育为"5+4"结构，主要针对6～16岁儿童，实施初等教育及中等教育，采用全国统一的教学计划。中等教育阶段设立普通中学和职业学校两大类，普通中学为4年学制，职业学校为3～4年学制。2017年，接受基础义务教育的学生32.81万名，其中近一半学生接受中等教育，包括10.20万名普通中学的学生和2.51万名职业学校的学生。高等教育主要包括本科和专科，本科为4年学制，同时设立1～2年学制的硕士研究生学位及3年学制的博士研究生学位，专科为2年学制。据统计，2017年，接受高等教育的学生共11.51万名。著名的大学有地拉那大学、医学院、农业大学、地拉那艺术学院等。

(2) 医疗卫生条件

近年来，阿尔巴尼亚医疗卫生条件逐步改善，传染疾病发病率及因病死亡人数均有所下降。据统计，肝疾病和腮腺炎较多发，但发病率分别由 2011 年的 11.1% 和 1.4% 降至 2016 年的 9.6% 和 0.6%。2017 年，死亡人数为 2.23 万人，其中因血液疾病死亡人数高达 53.6%，但较 2015 年下降 0.8 个百分点。据世界卫生组织统计，2014 年，阿尔巴尼亚全国医疗卫生总支出占 GDP 的 6%；2013 年，平均每万人拥有医院床位 28.9 张，平均每万人拥有医生 12.8 人。2016 年，全国共拥有 414 家健康中心、2062 辆救护车、46 家综合医院，共接诊病人 812.01 万人次。

(3) 社会保障状况

阿尔巴尼亚社会保障体系主要包括养老保险、失业保险和社会救助三大部分，其中，养老保险分为农村养老保险和城市养老保险两大部分，涉及退休金、伤残养老金和遗属抚恤金三大内容。国家统计局数据显示，城市养老金逐年提高，由 2010 年的 38.42 万列克增至 2017 年的 48.84 万列克，年均增速达 3.5%。其中，遗属抚恤金呈缩减趋势，降至 4.66 万列克；退休金增速较快，占城市养老金总额 77.7%。农村养老金呈逐渐减少，由 2010 年的 15.89 万列克降至 13.28 万列克，下降 16.4%，主要是由于遗属抚恤金快速下降所致（下降了 36.2%）。伤残养老金略有增长，2017 年增至 7304 列克；失业保险金增速最快，由 2015 年的 6850 列克增至 2017 年 1.1 万列克，提高 60.1%；社会救助金主要用于家庭救助，2017 年家庭救助金达 8.10 万列克，采用全救助和部分救助两种方式，其中，采用全救助方式的家庭平均获得 4538 列克救助金，采用部分救助方式的家庭平均获得 3797 列克救助金。

(4) 贫困程度

2008 年以来，受全球金融危机和经济增速放缓影响，阿尔巴尼亚总体贫困状况有所加剧。

一是实际人均月消费低于 4891 列克（2002 年价格）的人口比例由 2008 年的 12.5% 上升到 2012 年的 14.3%；极端贫困人口由 2008 年的 1.2% 增至 2012 年的 2.3%，2012 年城市（2.2%）和农村地区（2.4%）的贫困人口均增加（表 4）。

表 4 2002—2012 年阿尔巴尼亚的极端贫困状况　　　　　　　　　　　　　　（单位：%）

项目	2002 年			2005 年			2008 年			2012 年		
	城市	农村	总体	城市	农村	总体	城市	农村	总体	城市	农村	总体
贫困人口	4.1	5.2	4.7	2.2	4.3	3.3	1.2	1.3	1.2	2.2	2.4	2.3
贫困差距	0.8	0.7	0.8	0.3	0.7	0.5	0.2	0.2	0.2	0.3	0.5	0.4
贫困程度	0.2	0.2	0.2	0.1	0.1	0.1	0.1	0.0	0.1	0.1	0.2	0.1

数据来源：ALBANIA：TRENDS IN POVERTY 2002-2005-2008-2012

二是从贫困差距和贫困严重程度来看，贫困深度由 2008 年的 2.4% 上升到 2012 年的 3.0%。贫困严重程度从 2008 年的 0.7% 小幅上升至 2012 年的 1.0%（表5）。

表5 2002—2012 年阿尔巴尼亚的绝对贫困状况　　　　　　　　　　（单位：%）

地 区	贫困指标	2002年			2005年			2008年			2012年		
		城市	农村	总体	城市	农村	总体	城市	农村	总体	城市	农村	总体
沿海地区	贫困人口	20.2	20.9	20.6	12.1	20.5	16.8	10.8	15.0	12.7	18.1	17.3	17.7
	贫困差距	5.4	3.6	4.4	2.1	4.3	3.3	2.8	2.5	2.6	4.1	3.4	3.8
	贫困程度	2.1	1.0	1.5	0.6	1.4	1.0	1.0	0.6	0.8	1.4	1.0	1.3
中部地区	贫困人口	19.3	28.5	25.6	12.7	25.0	20.8	10.4	10.9	10.7	9.5	14.4	12.6
	贫困差距	3.8	6.5	5.7	3.0	5.7	4.8	2.0	1.9	1.9	2.0	3.1	2.7
	贫困程度	1.2	2.1	1.8	1.2	2.0	1.7	0.6	0.5	0.5	0.6	1.1	0.9
山区	贫困人口	24.7	49.5	44.5	16.6	27.2	25.2	14.7	29.9	25.9	11.7	16.4	15.1
	贫困差距	6.5	12.3	11.1	3.5	5.3	5.0	3.3	6.2	5.5	1.9	2.6	2.4
	贫困程度	2.6	4.4	4.1	1.1	1.6	1.5	1.2	1.9	1.7	0.6	0.7	0.6
地拉那	贫困人口	17.8	—	17.8	8.1	—	8.1	8.8	—	8.8	12.1	—	12.1
	贫困差距	3.8	—	3.8	1.6	—	1.6	1.2	—	1.2	2.4	—	2.4
	贫困程度	1.3	—	1.3	0.5	—	0.5	0.2	—	0.2	0.7	—	0.7
总体	贫困人口	19.5	29.6	25.4	11.1	23.8	17.9	10.2	15.0	12.5	13.3	15.5	14.3
	贫困差距	4.5	6.6	.5.7	2.3	5.2	3.9	2.1	2.7	2.4	2.8	3.1	3.0
	贫困程度	1.6	2.1	1.9	0.8	1.7	1.3	0.6	0.7	0.7	0.9	1.0	1.0

数据来源：ALBANIA：TRENDS IN POVERTY 2002-2005-2008-2012

三是贫困的加剧伴随着各区域贫困的变化。其中，山区贫困人口由 2008 年的 25.9% 降到 2012 年的 15.1%；沿海地区贫困人口由 2008 年的 12.7% 升至 2012 年的 17.7%，成为贫困人口最多的地区；地拉那、中部地区贫困人口变化趋势趋同，均略微上升。导致这一变化的主要原因是山区人口迁移加重了其他地区的贫困负担。

四是贫困不再仅仅是农村问题。从农村到城市地区的贫困现象已经发生了变化。2008—2012 年，农村贫困人口减少约 0.3%，但城市贫困人口增加约 44.7%；农村贫困人口比例增加 0.5%，而城市贫困人口比例增加 3.1%。此外，农村地区贫困分布更均衡，不再集中于山区，而城市地区贫困差距大幅增加。2012 年，城市地区贫困差距为 2.8%，较 2008 年增长约 33.3%，而同期农村地区的增长比例为 14.8%。

二、农业发展现状

（一）农业资源条件

1. 气候资源

阿尔巴尼亚是典型的热带地中海海洋性气候，冬季温和，夏季炎热干燥。一年中最热的月份是7月，最高温度可达41.5℃，平均气温24℃；最冷的月份为1月，最低气温达-10℃；平均气温7℃。受西风带影响，境内降水量丰富，年均降水量1300毫米，其中，沿海地区年均降雨量达1000~1400毫米，山区年均降雨量高达2600毫米，且多降于秋冬季节。位于东部的山区由于地势较高，形成了夏季凉爽、冬季积雪的独特气候特征。

2. 土地资源

阿尔巴尼亚总占地面积2.87万平方千米，位居世界第139位。2010年以来，农业用地面积稳定在69.6万公顷，其中可灌溉面积23.12万公顷；牧场占地面积略有下降，2016年为47.8万公顷，占国土面积的16.6%；森林面积呈稳定上升的发展趋势，2016年为105.23万公顷，森林覆盖率高达36.6%。此外，人均耕地面积总体呈缩减趋势，2015年降至0.21公顷/人。

3. 自然资源

阿尔巴尼亚自然资源丰富，主要矿藏有石油、铬、铜、镍、铁、煤等。国内开采及出口的主要矿石为石油和铬矿，截至目前，已探明石油储量约4.37亿吨；铬矿储量0.37亿吨，是世界上铬矿资源最丰富的国家之一，存储量居世界前列，欧洲第2位，仅次于南非、哈萨克斯坦、津巴布韦、芬兰、印度和土耳其。阿尔巴尼亚铬矿主要分布在东北部和东部布尔奇泽、库克斯、哈斯等地区。阿尔巴尼亚海岸线长约472千米，水力资源、太阳能资源丰富。

4. 生物资源

阿尔巴尼亚山海连接，生物多样性最丰富，约占欧洲总量的30%。境内丰富的森林资源带动了野生动物群的形成，主要野生动物有獾、狐狸、狼、野兔、山松鸡、田松鸡、野猪、野鸡等。自阿尔巴尼亚加入《生物多样性公约》以来，就致力于保护生物资源。近年来，受限于国内自然环境的退化，物种种类不断减少，有些物种甚至消失。据生物保护区数据统计，2016年共有物种575种，其中，消失的物种有5种，极度濒危物种46种，濒临灭绝的物种有56种，处于脆弱状态的物种有151种，处于低风险且有保护措施的物种有105种，处于低风险且无保护措施的物种有130种。

（二）农业生产情况

1. 农业产值规模及构成

阿尔巴尼亚农业在国内具有重要地位，生产活动主要集中于西部沿海地区。2004 年以来，农业产值占国内生产总值的比重呈先降后增的发展趋势。其中，2004—2009 年，农业产值占比呈逐年下降的发展趋势，2009 年降至 16.8%，年均降 3.9%；2010 年以后，由于经济保持较快的发展速度，农业产值占比开始缓慢回升，2016 年农业总产值达 29.37 万亿列克，占国内生产总值的 19.9%，较上年提高 0.1%（表 6）。

表 6　2004—2016 年阿尔巴尼亚农、林、渔业产值占国内生产总值的比重（单位：%）

年 份	2004	2005	2006	2007	2008	2009	2010	2011	2012	2013	2014	2015	2016
占比	20.5	18.8	17.7	17.2	16.8	16.8	18.0	18.2	18.8	19.6	20.0	19.8	19.9

数据来源：阿尔巴尼亚统计局

种植业在阿尔巴尼亚农业中占据基础地位，主要粮食作物有小麦、玉米、大麦、黑麦和燕麦等，主要经济作物有白豆、烟叶、向日葵和大豆等。同时，国内畜牧业较发达，主要有羊、牛、猪和母鸡等。

2. 主要农产品产量

(1) 粮食作物

总体来看，在阿尔巴尼亚种植业结构中，谷物占重要地位，2016 年阿尔巴尼亚耕地面积约 41.83 万公顷，其中谷物种植面积占 35.4%。

玉米是阿尔巴尼亚最重要的粮食作物，产量约占谷物总产量的一半以上（54.4%）。2001 年以来，玉米的种植面积略有扩大，2016 年达 5.85 万公顷，较上年增加了 7.1%。玉米单产水平大幅提高到 6.50 吨 / 公顷，年均增 3.8%。2014 年以来，玉米产量稳定在 38.00 万吨左右，创历史最高水平。

小麦在国内粮食作物生产中占有较高比例，产量约占谷物总产量的 39.8%，仅次于玉米。2001 年以来，小麦的种植面积大幅缩减，2016 年仅 7.05 万公顷，下滑 37.1%。2008 年以后，小麦单产水平总体保持稳定，2016 年为 3.90 吨 / 公顷，较上年略有下降。由于种植面积的减少，小麦总产量由 2000 年的 34.11 万吨降至 2016 年的 27.50 万吨，年均降 1.3%（表 7）。

表7 阿尔巴尼亚主要粮食作物种植面积、单产和总产量

类别	项目	2000年	2005年	2010年	2011年	2012年	2013年	2014年	2015年	2016年
玉米	面积（万公顷）	5.30	4.84	5.42	6.12	5.35	5.35	5.50	5.46	5.85
	产量（万吨）	20.57	24.54	36.20	36.64	35.99	37.20	38.00	38.00	37.97
	单产（吨/公顷）	3.58	4.54	5.27	5.17	5.61	6.63	6.52	6.50	6.50
小麦	面积（万公顷）	11.2	8.24	7.39	6.92	7.32	7.12	7.00	6.96	7.05
	产量（万吨）	34.11	26.00	29.49	29.28	30.02	29.40	28.00	27.50	27.50
	单产（吨/公顷）	3.05	3.16	3.99	4.23	4.10	4.13	4.00	3.95	3.90

数据来源：阿尔巴尼亚统计局

（2）经济作物

白豆是阿尔巴尼亚最主要的经济作物之一。近年来，白豆种植面积稳中略降，2016年为1.37万公顷，较上年减少8.1%。白豆产量呈现先增后降的发展趋势，2014年为3.00万吨，达历史最高产量水平，之后年份降速加快，2016年白豆产量为2.48万吨，年均降9.1%。近年来，白豆单产水平不高且略有下降，2016年为1.68吨/公顷，较2014年的2.02吨/公顷减少16.8%。

2003年以来，烟叶种植面积稳定在1000～2000公顷，2016年减少至1100公顷，较上年缩减100公顷。2014年烟叶单产达2.02吨/公顷的最高水平，2016年降至1.68吨/公顷，年均降8.8%。受种植面积和单产水平共同影响，烟叶总产量由2014年的3000吨降至2016年的1800吨，减少40.0%（表8）。

表8 2010—2016年阿尔巴尼亚主要经济作物面积、单产和总产量

类别	项目	2000年	2005年	2010年	2011年	2012年	2013年	2014年	2015年	2016年
白豆	面积（万公顷）	2.25	1.61	1.37	1.44	1.46	1.42	1.46	1.49	137
	产量（万吨）	2.52	2.36	2.40	2.53	2.72	2.80	3.00	2.80	2.48
	单产（吨/公顷）	0.94	1.47	1.50	1.51	1.62	1.90	1.97	1.79	1.75
烟叶	面积（万公顷）	0.57	0.15	0.12	0.12	0.13	0.17	0.15	0.12	0.11
	产量（万吨）	0.62	0.19	1.70	0.19	0.20	0.28	0.30	0.22	0.18
	单产（吨/公顷）	1.09	1.27	1.48	1.60	1.51	1.72	2.02	1.77	1.68

数据来源：阿尔巴尼亚统计局

（3）畜产品

阿尔巴尼亚的畜牧业主要是由养羊业和家禽业组成。21世纪以来，国内各地的农民调整畜牧业养殖结构，确保养羊产业发展的同时扩大家禽的养殖规模。其中，绵羊存栏量稳定

增加，72.4%为奶绵羊。2011年以来，绵羊总存栏量逐年增加，2016年达197.20万只，年均增2.3%。同期，奶绵羊存栏量增至142.80万只，较上年增加0.8%。2000年以后，山羊存栏量总体呈先降后增的发展趋势，近年来持续增加，以养殖奶山羊为主。2014年山羊存栏量继2007年后再次突破90万只，保持较高的生产水平，2016年增至94.10万只，较上年增加1%。同期，奶山羊存栏量快速增至71.6万只，占山羊总存栏量的76.1%。

家禽业是增长最快的畜牧产业，以饲养蛋鸡为主。家禽存栏量由2001年的542.2万只增至2016年的832.6万只，增长超过50%，2014年以后家禽养殖规模逐年缩小，年均降6.3%。2001年以来，蛋鸡存栏量总体较为稳定，2016年为479万只，占家禽总存栏量的比重由2001年的79.0%降至2016年的57.5%，这说明家禽业养殖结构开始由单一向多元化的方向发展。2014—2016年阿尔巴尼亚畜禽存栏量见图3，畜禽产品产量见表9。

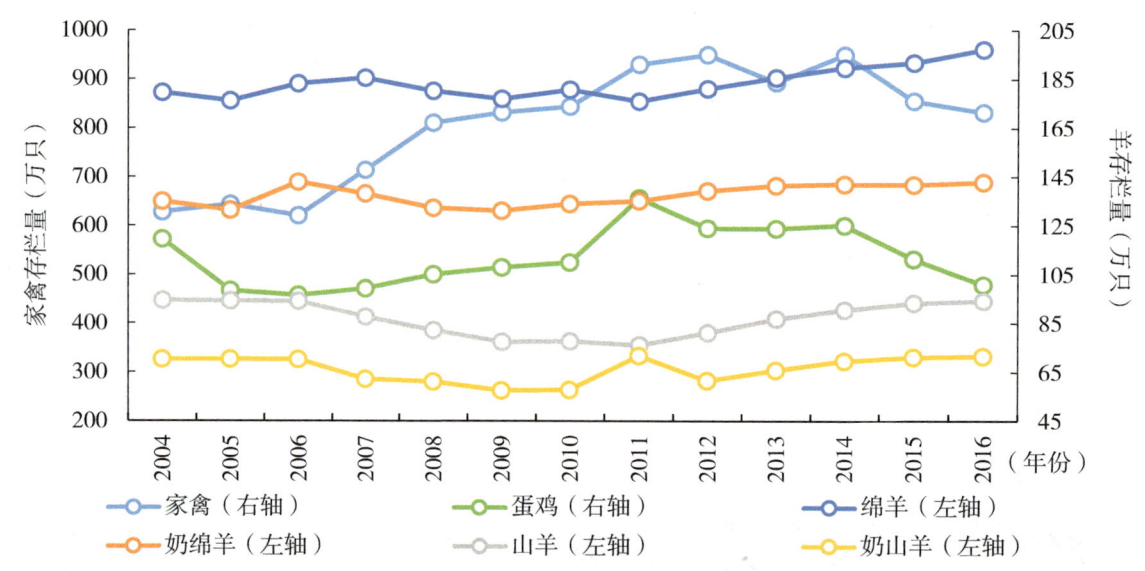

图3　2004—2016年阿尔巴尼亚畜禽存栏量

数据来源：阿尔巴尼亚统计局

从畜禽产量来看，主要以牛肉、羊肉、鸡蛋、牛奶为主。2016年阿尔巴尼亚肉类总产量为15.98万吨，较上年增加1.1%。其中，2009年以来，牛肉产量呈逐年增长的发展趋势，2016年牛肉产量达7.21万吨，占肉类总产量的45.1%；羊肉产量呈稳步增长的发展趋势，由2004年的4.17万吨增至2016年的5.06万吨，年均增1.6%，占肉类总产量的31.8%。受蛋鸡养殖业发展的影响，鸡蛋产量总体呈先增后降的发展趋势。据统计，2001—2012年，鸡蛋产量快速增加，2007年达88.69万吨，创历史最高水平，年均增1.2%。2015年以后，鸡蛋总产量稳定在83万吨，较2014年的83.52万吨增长0.6%。奶产量保持着稳定增长的发展趋势，2016 年达 114.51 万吨，较上年增长 1.2%。其中，牛奶产量呈 "V" 字形发展趋势，2007 年为 86.79 万吨，是 "V" 形的分界点，2016 年牛奶产量达 97.47 万吨，占总产奶量的 85.1%；羊奶产量呈稳步增长的发展趋势，由 2004 年的 14.72 万吨增至 2016 年的 17.04 万吨，年均增 1.2%，占总产奶量的 14.9%。

表 9　2004—2016 年阿尔巴尼亚畜禽产品产量　　　　　　　　　　　（单位：万吨）

年　份	牛　肉	羊　肉	鸡　蛋	羊　奶	牛　奶	奶　类
2004	6.62	4.17	78.01	14.72	91.68	106.39
2005	6.81	4.09	73.76	14.61	92.99	107.59
2006	6.91	4.35	71.61	14.64	95.57	110.21
2007	8.34	4.55	73.57	14.77	86.79	101.57
2008	6.63	4.27	80.26	14.50	89.53	104.03
2009	6.62	4.37	81.11	13.81	90.67	104.48
2010	6.80	4.38	84.61	14.05	92.97	107.02
2011	6.87	4.53	85.77	14.58	95.53	110.10
2012	6.90	4.77	88.69	14.84	95.67	110.51
2013	6.97	4.90	83.00	16.20	96.92	113.12
2014	7.05	4.95	83.52	16.80	96.50	113.30
2015	7.14	5.25	83.00	16.71	96.41	113.12
2016	7.21	5.06	83.00	17.04	97.47	114.51

数据来源：阿尔巴尼亚统计局

（4）渔业

阿尔巴尼亚渔业资源匮乏，渔业产量呈先增后降的发展趋势。2000—2014 年，渔业总产量从 3290 吨持续增至 8116 吨，年均增 6.7%。之后，渔业产量大幅下降，2016 年仅 5274 吨，较 2014 年下降 35.0%（表 10）。其中，受产量快速减少的影响，水产养殖产量占比由 2014 年的 28.3% 下滑到 2016 年的 17.2%；捕捞渔业产量总体较高，但增速较慢，由 2000 年的 3075 吨增至 2016 年的 4368 吨，年均增 2.2%，占渔业总产量的比重达 82.8%。捕捞渔业自 2015 年起由以开放水域捕捞为主转向以海洋捕捞为主，2014 年开放水域捕捞量达 3036 吨，创历史最高水平，占捕捞总量的 52.2%。2015 年以来，海洋捕捞渔业产量超过开放水域捕捞量，2016 年其产量比重达 64.8%。数据显示，随着国内渔业的发展，捕捞渔业成为趋势，占整个渔业市场的一半以上。与此同时，人工水产养殖业发展稳定性较差，占渔业总产量的比重逐渐减小，且波动幅度较大。

表10 2000—2016年阿尔巴尼亚渔业产量　　　　　　　　　　　　　　　　（单位：吨）

年 份	水产养殖	海洋捕捞	开放水域	捕 捞	累 计
2000	215	1613	1462	3075	3290
2001	185	1466	1944	3410	3595
2002	458	1956	1698	3654	4112
2003	1027	1921	1782	3703	4730
2004	1404	1722	2376	4098	5502
2005	1975	1752	2690	4442	6417
2006	2830	1932	2614	4546	7376
2007	2472	1974	2913	4887	7359
2008	2440	1911	2781	4692	7132
2009	2730	2230	2647	4877	7607
2010	2432	2500	2431	4931	7363
2011	2604	2287	2517	4804	7408
2012	2550	2374	2545	4919	7469
2013	2335	2681	2688	5369	7704
2014	2300	2780	3036	5816	8116
2015	1231	2396	1732	4128	5359
2016	906	2830	1538	4368	5274

数据来源：阿尔巴尼亚统计局

（5）林业

阿尔巴尼亚森林资源较丰富，木材产量呈"阶梯式"发展。2011年以来，原木产量迅速增至118万立方米，较2010年增长1.74倍。随着国家林产工业政策的转变，国内木材加工业迅速发展。其中，原木的主要用途为木材燃料，约占原木总产量的93.2%；工业所需圆木产量较稳定，2016年达8万立方米，略有增长。锯木产量大幅减少，2016年不足1万立方米，较2006年减少91.8%。同期，人造板产量快速降至2016年的1.1万立方米，减少59.3%。2000—2016年阿尔巴尼亚木材产量见表11。

表11 2000—2016年阿尔巴尼亚木材产量　　　　　　　　　　　　　　（单位：万立方米）

年 份	木材燃料	工业圆木	原 木	锯 木	人造板
2000	32.40	12.30	44.70	9.00	3.70
2001	18.66	7.80	26.46	19.70	3.70
2002	22.22	8.26	30.48	9.70	3.70
2003	22.10	7.52	29.62	9.70	3.70
2004	22.10	7.52	29.62	9.70	3.70
2005	22.10	7.52	29.62	9.70	3.70
2006	22.10	7.52	29.62	9.70	3.70

（续表）

年　份	木材燃料	工业圆木	原　木	锯　木	人造板
2007	35.00	8.00	43.00	0.80	1.10
2008	35.00	8.00	43.00	0.80	1.10
2009	35.00	8.00	43.00	0.80	1.10
2010	35.00	8.00	43.00	0.80	1.10
2011	110.00	8.00	118.00	0.80	1.10
2012	110.00	8.00	118.00	0.80	1.10
2013	110.00	8.00	118.00	0.80	1.10
2014	110.00	8.00	118.00	0.80	1.10
2015	110.00	8.00	118.00	0.80	1.10
2016	110.00	8.00	118.00	0.80	1.10

数据来源：阿尔巴尼亚统计局

3. 主要农业产业布局

阿尔巴尼亚的费里、爱尔巴桑和科尔察地区是种植业发展较好的区域。从粮食作物的种植面积布局来看，22.5%的谷物种植于费里，科尔察和爱尔巴桑的谷物种植面积分别占种植总面积的16.3%和14.9%。其中，费里是小麦、玉米的第一种植大省，约1/4的小麦、18.1%的玉米集中在该地区种植。从粮食作物的产量分布来看，费里是粮食主产区，谷物产量约占总产量的22.4%。其中，小麦产量约占总产量的26.6%，玉米产量约占总产量的18.8%。从粮食作物单产水平来看，地拉那和培拉特是小麦单产最高的省份，2016年小麦单产水平分别达4.49吨/公顷和4.32吨/公顷；吉诺卡斯特是玉米单产最高的地区，2016年玉米单产水平达6.85吨/公顷。

从经济作物的种植面积布局来看，费里、科尔察、爱尔巴桑是白豆的主要种植大省，白豆种植面积占总种植面积的一半以上（53.4%）；同时，爱尔巴桑是烟叶种植的最重要地区，烟叶种植面积约占总种植面积的47.0%。从经济作物的产量分布来看，2016年，费里白豆产量达0.57万吨，约占总产量的23.0%，在经济作物产业中占主导地位；爱尔巴桑烟叶产量占总产量的53.0%，是盛产烟叶的最主要地区。此外，爱尔巴桑还是白豆和烟叶单产水平最高的省份，2016年分别达2.17吨/公顷和1.88吨/公顷。

从牲畜存栏量来看，畜牧产业布局呈现多元化。家禽养殖集中分布在都拉斯和费里，2016年家禽存栏量分别达170.1万只和177.0万只，分别约占总存栏量的20.4%和21.3%。发罗拉和吉诺卡斯特是养羊业高度发达的地区。其中，发罗拉是绵羊养殖第一大省，2016年绵羊存栏量为34.10万头，占总存栏量的17.3%；吉诺卡斯特是山羊养殖第一大省，2016年山羊存栏量为13.50万头，占总存栏量的14.3%。从畜禽产量来看，受家禽养殖业发展影响，都拉斯是鸡蛋的主要产出地，产量约占鸡蛋总产量的33.5%。养羊业的平稳发展带动了肉类产量的增加，2016年发罗拉羊肉产量达0.82万吨，占该地区肉类总产量的43.8%，成为羊肉生产第一大省。

（三）农产品贸易情况

1. 主要农产品贸易规模

2012年以来，阿尔巴尼亚农产品贸易额逐年增加，贸易总额从1059.96亿列克增至2017年的1368.18亿列克。其中，出口额从128.19亿列克增至300.81亿列克，年均增18.6%；进口额从931.77亿列克增至1067.38亿美元，年均增2.9%。农产品贸易逆差额不断减少，2015年以后降至760亿列克左右，2016年为766.57亿列克。阿尔巴尼亚主要进口农产品为谷物、饮料及酒、糖及制品、食用水果及坚果，以及动、植物油。其中，饮料及酒、糖及制品的进口量趋增，而受国内产量增加影响，谷物进口量下降。同时，食用蔬菜、根及块茎是最大的出口农产品，其次为食用水果及坚果。受全球需求增加影响，出口稳步增加。

（1）主要进口农产品

阿尔巴尼亚谷物进口规模自2012年以来持续减小。2017年，谷物进口额降至95.11亿列克，占农产品进口总额的8.9%；进口量为32.13万吨，占农产品进口总量的30.5%。动、植物油进口量稳中有增，基本稳定在4万吨左右，2017年进口量为4.64万吨，较上年增1.2%；2013年以后进口额先增后降，2015年达65.16亿列克，创历史较高水平，之后降至2017年的60.26亿列克，年均降3.8%。饮料及酒的进口规模持续扩大，2017年进口量及进口额分别为13.03万吨和128.36亿列克，占比分别为12.4%和12.0%。2012—2016年，糖及制品的进口量基本稳定在6万~7万吨，2017年快速增至8.39万吨，较上年增加了33.4%；进口额由2012年的53.37亿列克增至2017年的55.40亿列克，占农产品进口总额的5.3%。食用水果及坚果进口量波动幅度较大，2014年达8.34万吨，创历史新高，2017年降至7.48万吨，较上年下降4.2%；进口额由2012年的53.81亿列克平稳增至2017年的61.52亿列克，年均增2.7%。2012—2017年阿尔巴尼亚主要进口农产品构成见表12。

表12 2012—2017年阿尔巴尼亚主要进口农产品构成

年 份	项 目	谷 物	饮料、酒	糖及制品	食用水果及坚果	动、植物油	农产品总进口
2012	金额（亿列克）	131.85	98.82	53.37	53.81	68.84	931.77
	数量（万吨）	34.39	9.08	6.62	7.38	4.34	93.20

(续表)

年份	项目	谷物	饮料、酒	糖及制品	食用水果及坚果	动、植物油	农产品总进口
2013	金额（亿列克）	127.24	103.90	44.88	54.39	59.05	934.24
	数量（万吨）	34.33	9.20	6.29	7.00	3.91	96.48
2014	金额（亿列克）	123.15	86.60	46.08	65.28	63.08	939.72
	数量（万吨）	35.75	8.25	6.83	8.34	4.82	98.12
2015	金额（亿列克）	120.92	98.17	42.01	58.49	65.16	968.97
	数量（万吨）	35.19	9.53	6.11	7.04	4.55	97.25
2016	金额（亿列克）	102.55	112.69	50.47	63.78	63.95	1003.65
	数量（万吨）	32.58	10.94	6.29	7.81	4.59	100.83
2017	金额（亿列克）	95.11	128.36	55.40	61.52	60.26	1067.38
	数量（万吨）	32.13	13.03	8.39	7.48	4.64	105.27

数据来源：阿尔巴尼亚统计局

（2）主要出口农产品

蔬菜种植业在阿尔巴尼亚占有重要地位，食用蔬菜、根及块茎是出口最多的农产品，2012年以来，出口规模逐年扩大。2017年出口额达69.86亿列克，占农产品出口总额的23.2%；出口量为12.18万吨，较2012年增长2.4倍，占农产品出口总量的47.5%。食用水果及坚果也是阿尔巴尼亚重要的出口农产品，2012年以来出口规模不断扩大。食用水果及坚果出口量由2012年的2.54万吨快速增至2017年的6.58万吨，年均增21.0%，占农产品出口总量的25.7%；2017年，出口额为26.38亿列克，较上年增长1.2%，占农产品出口总额的8.8%。2012—2017年阿尔巴尼亚主要出口农产品构成见表13。

表13　2012—2017年阿尔巴尼亚主要出口农产品构成

年份	项目	食用蔬菜、根及块茎	食用水果及坚果	农产品总出口
2012	金额（亿列克）	10.85	7.17	128.19
	数量（万吨）	3.55	2.54	9.7
2013	金额（亿列克）	15.01	13.17	146.51
	数量（万吨）	4.18	2.99	10.93
2014	金额（亿列克）	22.82	18.84	167.47
	数量（万吨）	5.4	3.84	13.42
2015	金额（亿列克）	41.15	19.81	210.66
	数量（万吨）	8.45	5.95	19.57
2016	金额（亿列克）	53.4	26.07	253.47
	数量（万吨）	10.2	5.5	21.76

(续表)

年　　份	项　　目	食用蔬菜、根及块茎	食用水果及坚果	农产品总出口
2017	金额（亿列克）	69.86	26.38	300.81
	数量（万吨）	12.18	6.58	25.65

数据来源：阿尔巴尼亚统计局

2. 主要贸易伙伴

目前，阿尔巴尼亚已与世界上多个国家开展贸易往来和经贸合作。农产品进口来源国主要包括乌克兰、波黑和保加利亚等，2017年自上述三国农产品进口量分别为20.25万吨、9.86万吨和9.27万吨，分别占农产品进口总量的19.2%、9.4%和8.8%；农产品出口目的国主要包括科索沃和意大利等，2017年对上述两国农产品出口量分别为7.43万吨和2.09万吨，分别占农产品出口总量的29.0%和8.1%。

从进口农产品结构来看，2017年，俄罗斯和塞尔维亚是阿尔巴尼亚谷物最主要的进口来源国，进口量分别为12.31万吨和15.76万吨，分别占谷物产品进口总量的38.3%和49.1%；意大利和科索沃是饮料及酒的主要进口来源地区，进口额合计约47.88亿列克，占进口总额的37.3%，进口量约5.20万吨，占总进口量的39.9%；糖及制品进口主要来源于巴西和乌克兰，进口量分别达2.31万吨和1.73万吨，分别占糖类总进口量的27.5%和20.6%；希腊是食用水果及坚果的主要进口来源国，进口额达19.69亿列克，占食用水果及坚果进口总额的32.0%，进口量为2.92万吨，占进口总量的39.0%；俄罗斯是阿尔巴尼亚动、植物油的主要供应国，2017年进口量达1.51万吨，占动、植物油进口总量的32.5%，进口额达14.34亿列克，占进口总额的23.8%。

从出口农产品结构来看，科索沃是阿最主要的食用水果及坚果出口目的国，2017年出口额达5.98亿列克，占食用水果及坚果出口总额的22.7%，出口量为2.88万吨，占出口总量的43.8%；食用蔬菜、根及块茎产品主要出口科索沃和塞尔维亚，出口量分别为2.52万吨和2.35万吨，占比分别为20.7%和19.3%，出口额合计达25.67亿列克，占出口总额的36.7%。

3. 中国与其贸易情况

中阿两国自1949年11月23日建交以来，双边贸易不断发展，合作质量不断提高，但两国农产品贸易规模较小。2016年，中阿农产品贸易总额为814.14万美元，较上年大幅下降20.2%。其中，阿尔巴尼对华农产品出口总额为25.97万美元，下降约30.0%；自中国进口农产品总额达788.17万美元，较上年下降19.8%。受农产品出口额偏高、进口额偏低影响，中国与阿尔巴尼亚农产品贸易长期处于贸易顺差的状态，2008年以来呈"倒V"形变化，2011 年贸易顺差额达 1591.27 万美元，创历史最高水平，之后震荡下降至 2017 年的 762.20 万美元，年均降 11.5%。2008—2017 年中阿两国农产品贸易情况见图 4。

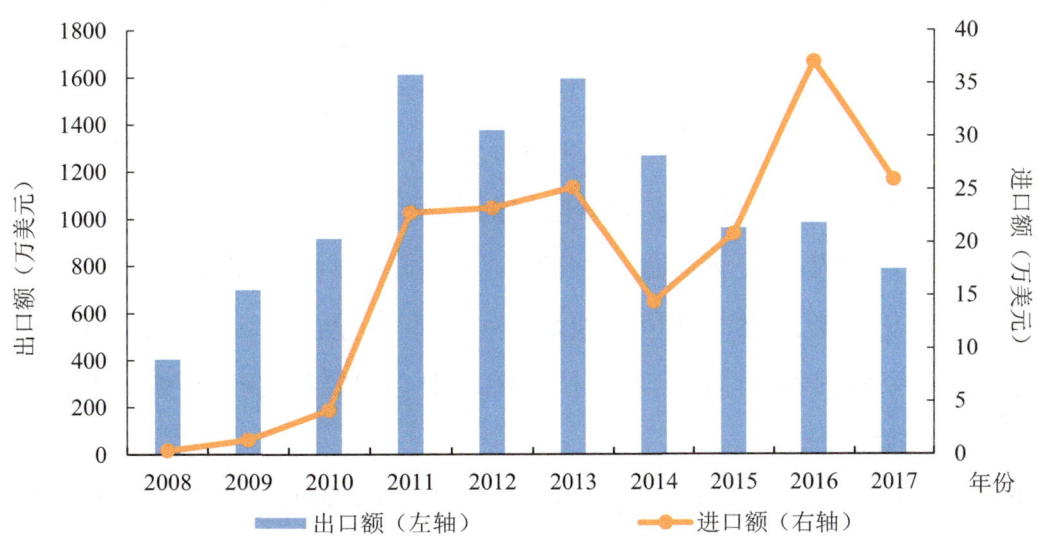

图 4　2008—2017 年中阿两国农产品贸易情况

数据来源：中国海关

从进口农产品结构来看，阿尔巴尼亚自中国进口的主要农产品有蔬菜、糖料及糖、水产品等。2016 年，受国内食品价格上涨影响，阿尔巴尼亚自中国进口农产品增加。其中，2016—2017 年糖价格同比上涨 5.9%[①]，糖料及糖的进口量由 352.66 吨大幅增至 436.06 吨，增长 23.6%；蔬菜价格同比上涨 2.7%，蔬菜进口量增至 2506.22 吨，增长 1.3%，约占农产品进口总量的 51.8%；鱼价格同比上涨 3.7%，水产品进口量达 159.33 吨，占农产品进口总量的 3.3%。

阿尔巴尼亚对华出口农产品结构单一，2014 年以后，主要出口农产品为饮品。2017 年，饮品出口量达 4.80 万升，较上年下降 22.2%；出口额大幅提高，由 2016 年的 8.06 万美元增至 15.31 万美元，增长近 90.0%。此外，其他农产品出口量达 44.22 吨，占农产品出口总量的 47.2%；出口额降至 10.03 万美元，比上年减少 60.1%。

（四）农业科技发展

1. 农业科研机构

农业技术转移中心是阿尔巴尼亚最大的科学研究中心，创建于 2006 年，由农业、食品

---

① 数据来源：中华人民共和国驻阿尔巴尼亚经商参处

和消费者保护部下属科研机构重组而成。主要任务包括：一是在农业生产实践中引入新技术与新设备；二是为主要农作物和动物育种提供新技术；三是针对农场汇总各地区农民提出的问题进行研究和测试；四是为农业专家、农业科学院学生及农民提供农业技术培训；五是为咨询服务机构和农民提供专业技术知识；六是示范种植农作物和畜牧业发展的新技术；七是为农业专家及农民发放技术传播材料。截至目前，已分别在卢什涅、富舍克鲁亚、发罗拉、科尔察、斯库台设立农业技术转移中心。其中，卢什涅农业技术转移中心主要负责饲料作物、豆类种植，牛、猪、家禽等畜牧饲养及综合农场管理；富舍克鲁亚农业技术转移中心主要负责温室及露天场地蔬菜种植；发罗拉农业技术转移中心主要负责核桃树、橄榄树、葡萄园、柑橘类水果的种植与栽培；科尔察农业技术转移中心主要负责马铃薯、果园果树种植及小家畜饲养；斯库台农业技术转移中心主要负责药材栽培与种植。

2．农业科技发展状况

在农业发展进程中，农业科技发挥了重要作用。除了有利的自然条件外，阿尔巴尼亚在油橄榄及葡萄种植产业的长期发展过程中，已经形成了一套相当完备且先进的产业技术链条。

阿尔巴尼亚具备较高的油橄榄提炼压榨技术。首先，成熟与未成熟的油橄榄果实可以盐渍或制成罐头食用，首次榨油形成的糟粕可用于饲料和肥料；其次，经过二次加热压榨或化学药品抽提得到的工业用油，可做肥皂等用途，经济价值远远高于矿物油。截至目前，建有爱尔巴桑、都拉斯、贝拉特、发罗拉等油橄榄种植区，涵盖米德扎、弗朗多次奥、爱尔巴桑果、白橄榄、黑橄榄、卡林尼奥、希玛拉长果等多个油橄榄品种。

阿尔巴尼亚在葡萄品种培育、栽培、加工处理等方面具有较高的技术水平。在品种研究及新品种培育方面，国内有发罗拉果树试验站和卢什涅果树苗圃两大葡萄品种园，通过株选和芽变选种及杂交育种，培育出稳产高产的新品种；在栽培技术方面，积极探索丰产技术措施，主要针对品种改进架式、树苗整形修剪、土壤施肥灌溉急病虫害防治等方面进行研究；在葡萄酒加工制造方面，运用果汁压榨、发酵、酒质分析、过滤调配等技术制造品质优良的白葡萄酒、红葡萄酒。

近期，阿尔巴尼亚投资500万欧元建立了一个占地30公顷的温室项目，其中现代科技温室占地10公顷。在项目具体实施过程中，相关企业制订商业计划，通过商业贷款获得大量融资，以实现产品认证及提高生产技术，并将扩建冷却系统以进一步扩展业务。

（五）农业管理体系与政策

1. 农业管理体系

阿尔巴尼亚农业和农村发展部成立于1912年，是负责农业、农村发展、食品安全和消费者保护、渔业和水产养殖以及水域管理的主要部门。2013年，该部门正式更名为农业和农村发展部。其下级机构包括农业与农村发展署、农业生产与贸易政策司、国家食品局、食品安全与兽医研究所、渔业和水产养殖局、国家烟草卷烟机构、国家种子和树苗部门、州水监察局、山区发展局、区域环境机构、技术研究所、农业技术转移中心，以及6个水域流域机构、4个灌溉和排水管理局。阿尔巴尼亚政府统筹协调农业部门的经济活动，致力于增加农业产能。

2. 农业支持政策

阿尔巴尼亚农业的发展离不开本国政府的大力支持，政府在农业发展过程中充分发挥着各项职能，制定和修改了一系列有利于农业发展的支持政策。

（1）农业贷款政策

农业企业是阿尔巴尼亚经济的重要组成部门，为全国约50%的人口提供就业机会，产出占国内生产总值的20%左右。然而，相关金融机构未得到政府部门的支持，导致农业企业贷款仅占经济贷款总额的2%[①]。2016年，阿尔巴尼亚政府和欧洲复兴开发银行共同发起农业综合企业支持基金（AASF），通过专用信贷额度或与参与金融机构分担贷款风险的形式，改善当地农业企业融资渠道。阿尔巴尼亚政府将提供第一损失风险保障，欧洲复兴开发银行将发放2500万～5000万欧元贷款到农业企业部门。此外，农业与农村发展部与商业银行进行持续谈判，期望降低银行的农业贷款利率，以增加农业贷款覆盖人群。

（2）土地管理政策

在政府部门的支持下，阿尔巴尼亚环境部制定了土地管理政策，世界银行和瑞典政府捐助400万欧元补助金以实施相关政策。该项目的主要目标是恢复、维护和改善山区生态系统，改善农林业生产系统，实现土地的可持续发展。具体实施过程中，森林及牧场协会、使用农业土地的农民及牧场主等均可通过申请、审批，获得相关资金支持。

（3）农业补贴政策

2018年，政府出台了资助5万农民种植蔬菜的补贴方案，将新建60公顷温室、60公顷塑料温室，并对当地种植100公顷树苗的农民提供800万欧元的补贴，实现对蔬菜领域

---

① 数据来源：阿尔巴尼亚农业与农村发展部

从温室、树苗、收集点、生产认证和市场营销整个生产周期提供财政支持。预计全国将有4000～5000名农民从蔬菜领域受益。

除蔬菜外，2018年补贴计划的主要组成部分还包括水果、农作物种植和牲畜养殖。农民每种植2～3公顷的栗子、樱桃、核桃、南部的柑橘、葡萄藤和橄榄树，将获得相关补贴。在畜牧业方面，对于出生和登记的羔羊，农民都可获得相应补贴；奶牛场从生产到收集的所有阶段都将得到州政府补贴。此次财政支持将主要集中在食品安全方面，旨在推进农业和畜牧业的正规化。

（4）推动出口政策

2018年，阿尔巴尼亚政府积极整理促进水果、蔬菜、食品和农产品加工业产品出口的主要措施，并于全国农业会议上宣布将召集农业专家、政府官员、决策者和利益相关方讨论农产品出口面临的主要挑战以及农业和农村发展政策。预计2019年出台规模达2000万欧元的国家农业融资计划，将主要关注畜牧和食品出口增长，进口结构调整，以及食品安全达标。

3. 农业发展规划

（1）IPARD Ⅱ 计划（2014—2020）

IPARD Ⅱ 计划由欧盟提供财政支持，阿尔巴尼亚利用该项资金发展农业和食品加工企业，主要在三大领域对农民进行资金扶持。

第一，投资农场。投资资金在几万到几十万欧元不等，最高50万欧元。投资价值比例，至少要达到60%，山区要达到70%。此外，国内还将对农业和农村发展提供约2000万欧元的配套资金支持。

第二，投资乳品、肉类、水果或葡萄酒等加工业。投资资金为50万～400万欧元，融资高达50%的投资可额外获得200万欧元的支持。

第三，实现农村多元化和发展农场业务。就支持其他经济体而言，多元化对象不一定是农业，而是农村发展起来的非农业经济。

同时，正在筹备第四大投资领域，即申请技术援助，以提高农产品加工行业吸收资金的能力。预计投资资金为240万欧元。

（2）2018年国家农业和农村发展支持计划

2018年国家农业和农村发展支持计划主要支持种植业、畜牧业、渔业三大领域的发展。

一是支持种植0.5～20公顷果树、柑橘、葡萄藤、橄榄及药用植物的农民；支持耕种面积不少于5公顷、谷物和大麦价值为2.5万列克/公顷、橡木和燕麦价值为2万列克/公顷的农民；对通过改善灌溉设施来提高橄榄树、葡萄园、果园、柑橘、核桃和石榴产量的 0.5～5 公顷耕地提供资金支持；对安装生物质加热系统的温室提供资金支持等。

二是对刚出生的小牛，给予 500 列克/头的资金支持；对于购置经过认证的牛奶收集设备给予资金支持，最高可达单位价值的 70%，但不超过 2500 列克/单位；支持投资 50 个用于畜禽产品的加工处理屠宰场；支持投资资金的 50% 用于现代化养殖场设施建设，总投资额不超过 1500 万列克；支持改善畜禽市场的基础设施建设，投资额不超过 400 万列克/市场。

三是为改善捕捞管理和促进出口，共实施 6 项措施，其中 3 项采用直接支付，3 项为投资补贴。主要包括：安装船舶监测系统的船只，最高可获得 8.5 万列克，以卫星识别系统来定位船只；投资渔业和水产养殖产品储存设施，最高可获得不超过 2000 万列克；具备钓鱼线、干燥、熏蒸渔业产品的从业者，可从渔业管理部门获得不超过 300 万列克的资金等。

（3）"农村综合发展计划——100 村计划"

该计划致力于实现改善道路、社区等公共基础设施，创建农业旅游和乡村旅游、农村推广和营销等经济活动，创建农村网络三大目标，对 100 个村庄进行投资。该计划主要由市政府和区域经济发展署、国家旅游局、民主基金会等公共机构共同资助，同时，也支持民间组织、个人、农民、法律实体等根据现行法律提出的项目。在 100 个村庄计划中，已经确定了 3 个优先实施的战略项目。

一是建立农业旅游网络。该计划将新建 27 个农业旅游企业和 150 个旅馆，旨在改善农业和畜牧设施，实现农业旅游和乡村旅游。

二是建立传统产品孵化器网络。该计划将为整个生产价值链提供完善的基础设施，包括生产设施/储存设施、包装、标准化认证以及产品营销。

三是建立传统产品的品牌/商店网络。由于阿尔巴尼亚传统产品很难打开市场，为支持最新的价值链（销售），该计划旨在创建品牌/商店网络，专门销售阿尔巴尼亚传统产品。与其他网络不同，该品牌/商店网络基于特殊的营销和特许经营策略，可以创造出数量充足的商店，从而提高阿尔巴尼亚传统产品的销售比例。

三、农业投资环境

（一）国家商业环境

国家投资环境是影响投资者进行投资决策的重要因素，受国家财政政策、税收制度、产品市场、基础设施等综合影响。世界银行发布的《2018年全球营商环境报告》显示，阿尔巴尼亚营商环境全球排名第65位。世界经济论坛发布的《2017—2018年全球竞争力报告》显示，阿尔巴尼亚在全球最具竞争力的137个国家和地区中排名由上一年度的80位上升至75位，竞争力提升。《2017年经济自由度指数报告》显示，在全球参与排名的180个经济体中，阿尔巴尼亚的经济自由度指数排名第65位。截至2017年2月3日，国际评级机构标准普尔对阿尔巴尼亚国家主权信用评级为B+/B，展望为稳定。截止到2017年6月2日，国际评级机构穆迪对阿尔巴尼亚国家主权信用评级为B1，展望为稳定。

1. 经济环境

一国经济环境的好坏程度是影响投资者决策的最直接和最基本因素。2010年，受全球经济回暖的影响，阿尔巴尼亚经济步入稳步增长的发展阶段。2016年，GDP为147.53万列克，其中农、林、渔业产值占GDP的19.9%。

（1）交通运输

阿尔巴尼亚具有较完善的交通运输系统，主要由铁路、海运、空运构成，其中，在货运过程中铁路占据最主要地位，在客运过程中空运是最主要的方式。2018年4月，全国货运总量为173万吨，较上年同期下降12.4%。其中，铁路货运总量133.20万吨，占货运总量的77.0%，同比下降19.0%；海运货物总量35.90万吨，占货物总量的20.8%，同比增加22.5%；空运货物总量3.90万吨，变化平稳。此外，全国客运量27.73万人，较上年同期增长15.0%。其中，空运客运总量21.17万人，占客运总量的76.35，同比增长10.1%；海运和空运客运量分别为5.81万人和7571人。

（2）劳动力成本

与其他欧洲国家相比，阿尔巴尼亚的劳动力成本相对较低。据统计，2016年国内劳动力平均年薪74.14万列克，平均月薪6.18万列克，平均时薪351列克。其中，金融、保险业的单位劳动力成本最高，平均年薪达149.79万列克，平均月薪为12.48万列克；电力、燃气业及科技业劳动力成本较高，平均年薪为100万～105万列克；此外，餐饮、住宿等服务业的劳动力成本最低，平均年薪仅49.79万列克，较平均水平低32.8%。

2. 投资吸引力

当前，阿尔巴尼亚正在努力改善国内营商环境，提供了一系列有利于外商投资的优惠政策，以提高国内投资吸引力。

首先，投资环境改善。外国直接投资与国内宏观经济、物价水平及经济体制改革等方面密切。多年来，在经济改革、信贷增长、政治稳定等多种因素作用下，国内各行业的基础设施不断完善，技术水平不断提高，劳动技能专业化程度竞争优势明显，促使阿尔巴尼亚商业环境持续改善，外国投资者的兴趣也日益浓厚。此外，未来将侧重新建水电厂和发电厂，以及促进基础设施和农业供水等建设，更有利于吸引外国直接投资（Eralda Shore et al, 2016）。

其次，投资优惠条件。《外商投资法》明确规定：在任何情况下，投资都享有平等和公正的待遇，享有完全的保护和安全，并且在任何情况下，外国投资的待遇不低于国际法准则所提供的平均待遇水平；有外资参与的公司也有权聘请外国公民；外国投资不会被直接或间接征用或国有化，当与公共利益发生冲突等特殊情况下，应立即按照法定程序进行适当和有效的赔偿；被征收或国有化的外国投资获得赔偿时，要按照被征收投资的实际市场价值立即支付，并且从征收之时起以合理的市场价格计算利息，外国投资者有权要求司法机关立即审查征收或补偿行为；由于战争、武装冲突、紧急状态或其他类似情况致使外国投资者遭受投资损失，其待遇不逊于为国内投资者就此类损失采取的措施；若外国投资者与阿尔巴尼亚国内企业、党派发生争议，可选择先前商定的任何途径和方式解决争端，未能合理解决时，有权根据法律将争端提交给阿尔巴尼亚共和国主管法院或仲裁员。

3. 物价水平与居民生活水平

近年来，阿尔巴尼亚经济持续稳定发展。世界银行排名显示，阿尔巴尼亚是中高等收入国家，居民生活水平不断提高。2018年5月，阿尔巴尼亚消费价格指数（CPI）年率为2.1%，较上月同期CPI月度变化率为-1.2%，主要是由于食物、饮料、酒、教育、健康、通信等各类别的物价水平呈不同程度提高，其中，食品和饮料类别价格上涨居12大类生活消费品和服务中首位。2018年第一季度，生产者价格指数（PPI）达103.3，较上年同期增长1.0%，其中，采矿业生产者价格指数上涨4.5%，制造业生产者价格指数下降0.5%。

此外，阿尔巴尼亚人均消费也呈增长之势。2016年，全国共有76.83万户家庭，消费总支出561亿列克，平均3.7人/户家庭月消费支出为7.31万列克，较上年增长3.0%。人均约消费水平为1.96万列克，较上年增长5.4%。从消费支出情况来看，饮食消费占45.2%，住房消费占10.2%，交通消费占6.3%，衣着消费占4.8%，健康消费占3.4%，通信消费占3.3%，文娱消费占3.0%。

（二）农业优势与潜力

阿尔巴尼亚地处欧洲东南部，临近西欧发达国家市场，地理位置优越，农产品销往欧盟市场具有关税和物流成本优势；近年来，阿尔巴尼亚政局较稳定，经济发展较快，劳动力资源丰富，2016年农业从业人员达46.6万人，占全国就业总人口的44.7%，且劳动力成本较低；国内自然条件优越，气候温和，年降水量充沛，牧草优质高产，无严重自然灾害，畜牧业相对比较发达；经过多年发展，阿尔巴尼亚的农业科研在某些领域取得良好发展，特别是在葡萄与油橄榄种植方面，已经独立孕育出一批优良的葡萄及橄榄新品种。

（三）风险分析

1. 经济风险

国家债务情况对农业投资收益产生较大影响。2016年，阿尔巴尼亚政府债务占GDP的比重高达71.0%，远高于国际货币基金组织和世界银行建议的负债率警戒线水平（60%）。截至2016年年底，国内公共债务余额为1.1万亿列克，其中，绝大部分为中央政府债务（99.9%）。从发行的地域来看，外债余额为5045.23亿列克，占公共债务余额的47.3%，主要债权国为德国、意大利等发达国家；一半以上的中央政府债务在国内融资，2016年达5611.20亿列克。从债务的期限结构来看，主要以长期债务为主，约占77.5%，还有少部分短期债务，约为2396.94亿列克。

2. 自然环境风险

阿尔巴尼亚农业在国民经济中仍占据重要地位，自然环境是农业经济发展的重要条件，因此，农业发展易受到包括不利天气在内的外部冲击。据统计[①]，2009—2014年，阿尔巴尼亚的洪水、地震和极端高温天气等自然灾害现象偏多，发生率分别占52.9%、11.8%和17.6%，其中，洪水造成的死亡率达54.3%，平均每年造成经济损失3.06亿美元；极端高温天气造成的死亡率达17.6%；风暴造成的死亡率达22.9%；地震平均每年造成的经济损失为4.67亿美元。此外，对生态环境的破坏与污染将继续对周围农业环境造成较为严重的影响。截止到2015年，阿尔巴尼亚脆弱性指数为1.4，全球排名164位；风险指数2.8，全球排名123位；应对自然灾害能力指数4.4，全球排名101位。

3. 社会风险

目前，阿尔巴尼亚社会治安状况总体较好，不存在反政府武装组织。但仍存在一定

---

① 数据来源：https://www.preventionweb.net/countries/alb/data/

社会风险。

（四）总体评价

总体来看，就农业领域而言，外国投资空间较大。从政治层面看，1998年以来，阿尔巴尼亚国内政治秩序较稳定，政府机构运行合理有序，政权变动引发国内局势动荡的可能性较小；从经济层面来看，在阿尔巴尼亚的投资存在一定经济风险，但农业领域投资较其他产业具有竞争优势，制定针对性政策减少农业生产结构性障碍，将会为外国直接投资提供更多空间；从社会治安层面来看，国内大部分犯罪案件多因商业矛盾、土地产权纠纷、家庭以及个人恩怨而起，一般不会针对外国人员和组织。

四、中阿农业合作现状与合作重点

（一）合作现状

1. 合作机制

中阿两国自1949年建交以来，双边友好关系得到良好发展，近年来，两国政府不断增进合作。在多边合作机制方面，中国以及阿尔巴尼亚等中东欧国家共同建立的中国—中东欧国家合作机制于2012年4月正式启动，推动了中阿两国在经济、政治、基础设施、科技、文化等各个领域的合作。为了营造两国企业间良好的合作环境，2017年4月中阿两国积极筹备建立了新一届经贸混委会，该双边合作机制畅通了中阿两国企业间的沟通渠道。此外，在"一带一路"倡议下，中阿两国充分借助这一平台，开拓农业、旅游、能源、金融、交通等领域交流合作，实现两国互惠互利、相互借鉴。在双边合作机制方面，2014年10月，两国签署《中华人民共和国农业部与阿尔巴尼亚共和国农业乡村发展和水资源管理部关于加强农业合作的谅解备忘录》，明确未来双方合作的两个重要方面。一是要积极推进政府间农业合作交流的机制化建设，建立双边农业合作工作组，确定两国农业合作重点，通过多、双边贸易平台提升双边农产品贸易量；二是通过举办学术研讨会等方式增加科技人员互访，特别是在葡萄与橄榄加工种植、农业机械、农产品加工以及动植物种质资源交换等领域展开重点科技交流与合作。

基于合作机制的逐步完善，两国交流日益密切，进一步促进了两国交流与合作。同时，中阿两国领导人就经贸领域合作达成重要共识，明确了未来的合作领域与方向。

2. 科技合作

目前，中阿两国的科技合作主要体现在科技合作平台建设与农业生产技术合作两个主要方面，从合作层面来看，企业间科技合作的愿望更加迫切。

科技合作平台建设。2016年11月，中国—中东欧国家创新合作大会在中国南京市举办，虚拟中国—中东欧国家技术转移中心正式成立，该中心的成立为两国开展科技合作建立了良好的平台，双方就农业水利灌溉、水力发电等科技领域合作达成一致意见。

农业生产技术合作。农业是阿尔巴尼亚重点发展领域，但农业基础设施陈旧和农业技术落后在一定程度上阻碍了水利灌溉工程的改造升级，而中国有超群的农业技术和建设实力，并且拥有广阔的融资平台，因此，双方在农业生产技术方面合作空间较大。近年来，中国充分关注阿尔巴尼亚政府对改善水利灌溉设施的迫切需求，向阿尔巴尼亚提供力所能及的技术援助，促进了农村水利灌溉设施的转型升级，对河流沟渠进行疏通，应对雨季突发汛情。同时，中国政府为阿尔巴尼亚提供农业机械设备，促进了农业生产效率的提高。此外，两国双方就节水灌溉技术开发、灌溉管理与设备生产等方面加大合作力度，并支持一批高信誉、有实力的中资企业加入到阿尔巴尼亚水电工程和水利灌溉项目中来。

3. 贸易合作

2017年，中阿双边贸易额达6.50亿美元，较上年增长8.3%。其中，出口额4.54亿美元，较上年减少17.9%；进口额2.00亿美元，较上年增长154.4%。目前，中国是阿尔巴尼亚第三大贸易伙伴、第三大进口来源地以及第七大出口目的地。

中阿两国农产品贸易具有很强的互补性。从进口农产品来看，由于阿尔巴尼亚渔业资源较为匮乏，水产品成为主要进口农产品。同时，国内农业加工企业发展落后，糖料及制品是阿尔巴尼亚青睐的农产品。此外，为满足国内消费需求，阿自中国进口农产品以蔬菜居多。从出口农产品来看，阿尔巴尼亚主要出口本国优势农产品。其中，葡萄种植业发达，品种众多，因此，水果类是主要的阿尔巴尼亚对华出口农产品。由于阿国内重视经济作物种植，阿对中国油籽出口快速增加。

历史上，中阿两国就双边经贸关系签署了《贸易协定》，为确保双方贸易往来提供机制保障。近年来，电子商务平台成为促进贸易往来的新渠道，鼓励企业借助这一平台增加特色产品的进出口贸易量。此外，举办或参与国际性农业博览会、交流农产品市场准入信息等新型途径，都可以较好地促进农业贸易合作。

4. 投资合作

阿尔巴尼亚经济虽稳步增长，但国内投资能力尚不能满足经济发展的需要，鼓励国外企业来阿尔巴尼亚投资。据统计，2017年，阿尔巴尼亚共有6295家外商合资企业，较上年增加11.7%。其中，农业合资企业呈快速增加的发展态势，2017年达71家。近年来，随着阿尔巴尼亚国内投资环境的不断优化，以及中阿《鼓励和相互保护投资协定》的签署，农业投资合作有所发展。据中国商务部统计，截至 2016 年年底，中国对阿直接投资存量达 727 万美元。据阿尔巴尼亚银行统计，中国对阿尔巴尼亚累计直接投资存量约 841 万美元。

农业投资合作有利于实现农业领域的优势互补，中阿两国的农业投资合作主要建立在企业之间。截至目前，阿尔巴尼亚已有少数从事农业贸易及农业种植的中资企业。同时，中方也积极鼓励中国企业在阿进行农业投资，将阿尔巴尼亚本土优势与中国的劳动力、资金、技术优势相结合，开展多元化合作，共同构建互利共赢、相辅相成的合作模式。

（二）合作潜力

1. 合作基础

中阿两国合作历史悠久，从古丝绸之路到"一带一路"倡议和"16+1"合作框架，从我国东南沿海地区至地中海沿岸，两国之间保持着密切合作关系，农业合作基础良好。

阿农业生产条件较好。阿尔巴尼亚地理位置优越，自然资源丰富，森林覆盖率高。同时，气候适宜，冬季温和，降水量充沛，中西部地区以平原为主，有着良好的农业发展条件。

中阿两国农业互补性强。双方农业生产条件的差异性决定了农业合作的互补性。从农业资源类型来看，阿尔巴尼亚属于典型的热带地中海海洋性气候，盛产热带作物，而中国跨越热带、亚热带、暖温带、温带、寒温带和寒带等不同气候带，自然资源丰富，这种客观上的资源差异有助于推动双方农业合作与贸易；从农业机械设备来看，阿尔巴尼亚陈旧的农业基础设施及抗旱现代化设备的缺乏阻碍了国内农业产业的发展，而中国拥有规模较大的农业机械工业及完善的农业基础设施，可以弥补阿尔巴尼亚在该领域经验和资金上的不足；从农业科技来看，阿尔巴尼亚农业生产力水平不高，科技含量较低，国内缺乏大型农产品加工企业，而中国农业科技实力自改革开放以来不断增强，在农业技术方面有一定优势，双方在该领域的差距为合作提供了新的契机。

中阿两国政治关系良好。近年来，中国与阿尔巴尼亚两国政府、立法机构以及政党间关系密切，中阿关系稳步快速发展，两国就农业领域的投资与合作交流日趋频繁，取得了理想的成果。2013 年，国家主席习近平在提出"一带一路"倡议后，阿尔巴尼亚积极响应并给予支持，针对农业企业投资各方面采取了一系列措施，为两国间友好合作奠定基础。2014 年，两国签署《关于加强农业合作的谅解备忘录》，为两国开展农业领域合作提供了制度保障。

农业合作基础坚实。中阿两国农业合作历史悠久，早在 1964 年，中国就从阿尔巴尼亚引入 1 万余株油橄榄，在长江流域进行了 12 个引种点试种；2005 年，中阿企业投资合作，建设 1 公顷温室种植反季节蔬菜，同时建立保鲜冷库，将农业投资合作拓展到种植业领域。近年来，中阿两国农业领域互动频密，合作发展有序推进。2016 年 2 月，中阿农用挖掘机项目成功启动，主要在阿尔巴尼亚的农田灌溉、河道疏浚领域中发挥作用；同年 5 月，河北省农业代表团访阿，与阿尔巴尼亚农业与农村部签署合作意向联合声明，开辟了两国农业领域合作新模式；同年 6 月，两国政府签署经济技术协定，并决定在农业机械领域进一步开展合作；2017 年 9 月，中国农业大学成功举办"2017 年阿尔巴尼亚农业技术与水资源管理研修班"，阿尔巴尼亚就中国农业新技术及水资源管理的成果与经验进行学习，并提出今后要在农业与水资源管理领域与中国展开进一步合作。

2. 合作前景

农业合作潜力大，前景好。尽管中阿两国间的农业合作存在一定的制约因素，但不断拓展的农业合作关系，为新时期农业区域合作提供了广阔前景。一是中国和阿尔巴尼亚都是传统的农业国，对于农产品的需求量大，客观上为农业合作提供了基础条件；二是两国共同面临着农业结构调整、农业产业升级等诸多问题，这些都增强了两国农业的互补性与共利性；三是随着"一带一路"倡议及"16+1"合作框架的实施，为中阿两国农业提供了良好的合作平台，阿尔巴尼亚政府在优化国内投资环境的持续努力也将为两国农业合作提供无限机遇。

（三）合作重点

1. 重点领域

（1）农业技术

阿尔巴尼亚农业生产技术落后，为提高农产品质量，推进农业现代化建设，积极引进国外先进的生产技术与设备，将引进农业技术、提高农业机械化水平作为国家战略的首要目标。中国在农业加工技术、杂交水稻技术等方面优势明显，为两国在农业技术领域的深入合作提供了更广阔的空间。目前，农产品技术开发和农业科技领域是中阿两国交流与沟通的重要内容。阿尔巴尼亚通过建立健全农业科技、绿色消费和生产、金融监管等法律制度，推动国内农业领域的改革与发展，中国通过向阿尔巴尼亚输出农业先进设备与生产技术，双方互相借鉴、吸取农业生产经验。

（2）农业人力资源开发

中阿双方政府均对农业领域的合作高度重视。2016 年 11 月，两国政府在拉脱维亚里加共同签署《中华人民共和国商务部和阿尔巴尼亚共和国外交部关于人力资源开发合作谅解备忘录》，并且积极推进该备忘录的落实。2017 年 8 月，正式启动中阿农业人力资源开发合作项目，阿尔巴尼亚派学员赴华参加农业水利研修班，就农业开发、水资源管理等方面展开深入交流，并对农作物种植基地、污水处理厂和灌溉中心进行了实地考察。双方在该领域的深入合作成功将两国达成的共识转化成实际行动，推动了中阿两国农业合作不断发展。

（3）灌溉与农业基础设施建设

近年来，阿尔巴尼亚政府一直致力于改善水利灌溉设施，同时，中国积极鼓励有实力的中资企业到阿尔巴尼亚进行水利灌溉和水电工程领域的投资，对阿尔巴尼亚在灌溉管理、设备生产以及节水灌溉技术开发等农业领域给予强有力的支持。在具体实施过程中，帮助阿尔巴尼亚对沟渠和河流进行疏通，降低汛情发生率，提高农业生产效率和农产品质量。同时，为阿尔巴尼亚提供农业机械设备，在基础设施及融资平台建设等中方优势领域与阿方展开合作。此外，中国水电站建设实力强，水产养殖经验丰富，未来具有更进一步合作的可能性。

（4）农产品贸易

2016年年初，中阿两国政府就农产品贸易领域加大合作力度达成一致意见，明确指出两国可通过调整本国农产品进出口结构来实现优势农产品互补，从而扩大两国农产品贸易量，拉动两国经济增长。一是通过制定有关的贸易政策来扩大两国农产品进出口规模；二是通过两国海关建立健全沟通协调机制、给予关税税率优惠、消除非关税壁垒以及加大检验检疫力度、开设绿色通道等措施促进农产品贸易的畅通发展。目前，中国可自阿尔巴尼亚进口蔬菜、蜂蜜、橄榄油、红酒、橄榄和特色瓜果等农产品，也可向阿尔巴尼亚出口玉米、水产品、蔬菜、茶叶、褚橙和小米等农产品，农产品贸易发展前景广阔。

2. 重点产业

（1）种植业

长久以来，中阿两国在农业领域有着良好的交流与互动，两国间开展的双边农业务实合作不断取得新进展。目前，两国政府建设了农机合作示范中心，通过积极搭建面向农户的服务平台及示范基地，为种植业发展提供坚实的基础。此外，阿尔巴尼亚日照充足，土壤肥沃，在农业种植方面有很大优势。其中，葡萄、橄榄的种植与加工、动植物物种资源交换是双方重点开展交流合作的领域。近年来，蔬菜种植领域成为许多中阿企业合作的重要方向。为满足国内农业生产的发展需要，阿尔巴尼亚农业种植、加工产业具有很大的发展潜力。

（2）农业旅游产业

阿尔巴尼亚具有独特的自然风光和人文景观，旅游业是该国优先发展的产业。其中，贝拉特市、发罗拉市、斯库台大区、采立克市、地拉那市、卡普里市和费里市等旅游业发达的城市都有着良好的农业发展条件，主要以初级农产品为主，农业生态环境保持较好；随着乡村振兴战略的实施，中国大力促进乡村休闲农业及生态观光业的发展。因此，两国在该领域的互补、互利程度相对较大，农业旅游业具有广阔的发展空间。

（3）农业机械

中国拥有先进的农业技术和机械设备，可为阿尔巴尼亚农业生产提供经验借鉴。2016年10月，中阿两国政府签署《中国水利部与阿尔巴尼亚农业、农村发展和水资源管理部在水利领域合作谅解备忘录》，为阿尔巴尼亚水利灌溉业带来了新的投资渠道。同年，阿尔巴尼亚农业部与中华人民共和国驻阿尔巴尼亚大使馆所开展的双边农用挖掘机合作项目得以顺利实施。这批农用挖掘机增加了阿尔巴尼亚河道的水流量，对于防洪防灾减灾起着关键作用，并有效解决了农作物灌溉不及时、不充分的难题。基于前期良好的合作基础，双方有望在农业机械设备领域继续深化务实合作。

（4）水产养殖业

水产养殖业是中国的优势产业，而阿尔巴尼亚渔业资源匮乏，主要以海洋捕捞为主，因此，中阿两国可以加强水产养殖业合作。一是依托"一带一路"和"16+1"框架合作平台，深化中阿两国水产养殖业的交流与合作；二是中国可以前往阿尔巴尼亚开展水产养殖环境实地考察，在可承载范围内，对阿提供相关成功经验，推动阿尔巴尼亚沿海地区海水或内陆淡水养殖业的发展。

五、中阿农业合作建议

（一）创建便利的交流合作平台

目前来看，中阿双方缺乏全面系统的了解，这就需要双方充分发挥各自优势，加大信息沟通与交流。首先，要积极落实所达成的共识，高位推动双方已建立的农业合作项目，通过搭建"政府＋地方＋企业"的多方合作平台，促进政策、资金、资源以及市场的有机融合，将农业发展的迫切愿望落实到具体行动；其次，两国政府应正确引导、积极鼓励更多企业不断增强自身实力，加入到两国农业合作投资项目中来。具体可通过简化签证申请、出入境手续，消除非关税壁垒，以及创建绿色通道等措施为其提供便利环境，创造更多机遇。

（二）不断拓展两国合作领域

现阶段，中国通过增加在阿尔巴尼亚农业基础设施、农业科技等各领域投资，帮助其解决缺乏先进技术、基础设施落后、机械化程度低以及农产品加工难的问题。下一步，中国应充分考虑到阿尔巴尼亚农业、经济、市场、政治、社会等方面的现状与需求，继续与阿尔巴尼亚农业部、地方政府及相关机构开展密切协作，在积极落实既有合作项目的基础上，重点推进农机合作示范中心建设，实现农产品种植加工、农机使用维护、农户支持服务的功能整合，以点带面，逐步推广，不断拓展中阿农业合作的深度和广度，充分挖掘两国农业合作潜力。

（三）优化农产品贸易结构

目前，中阿两国农产品贸易结构单一，主要进出口农产品较为集中。因此，中国要扩展农业合作，首先要不断优化农产品出口结构，充分了解阿尔巴尼亚市场需求，选择对方国内市场迫切需求的农产品，如水产品、加工食品等，创建具有中国特色的品牌；其次，要积极调整农产品进口结构，进口阿尔巴尼亚的优势农产品，如橄榄和红酒等，通过双方有实力的企业签订橄榄油与葡萄酒的订单等方式，开发占领新的农产品市场；最后要体现农产品贸易的比较优势，针对两国主要的进出口农产品，如蔬菜、水果等，探索对方市场迫切需求的农产品，加大相应品种的出口量。

（四）拓宽交通运输渠道

阿尔巴尼亚因国内交通不便，导致中阿两国在许多领域的交流与合作受到很大限制。因此，政府应加强基础设施建设，努力改善交通不利的状况，在航空、铁路、水路等运输方式上引进新技术，建设与完善现有交通体系。2016年，这一举措对于增进两国间农产品贸易、农业人才交流等方面带来积极影响。此外，阿尔巴尼亚国内货物运输主要以铁路为主，中国可以将自身发达的高铁技术带入阿尔巴尼亚，拓宽农产品的销售运输渠道。

（五）充分落实并利用协定等条约

积极落实《贸易协定》，最大程度降低产品的跨境交易成本，不断改善两国贸易环境，规范贸易方式；充分利用已签署的《关于鼓励和相互保护投资协定》，认真分析投资合同条款，为在阿投资的中国企业提供法律援助，避免因盲目进入带来的投资损失，争取将投资风险降到最低。此外，要认真研究《关于对所得和财产避免双重征税和防止偷漏税协定》以及其他农业、关税等协定，在农产品过境运输与卫生检疫等方面加大合作力度，营造良好的通关环境。

参考文献

李大伟 . 2017. 阿尔巴尼亚经济最新形势及中阿合作的思路与建议［J］. 中国经贸导刊,（19）: 56-58.

张佳鑫 . 2016-10-27. 中阿两部签署水利合作谅解备忘录［N］. 中国水利报 .

中国信保 . 2009. 阿尔巴尼亚投资与经贸风险分析报告［J］. 国际融资,（10）: 61-63.

Ali F. 2017.Global Competitiveness Report 2017–2018［J］.

Eralda Shore., Alvina Coku., Edmond Kadiu., et al. 2017. Competitive Advantages for Attracting FDI in Improving the Business Climate in the Agricultural Sector of the Albanian Economy［J］. Mediterranean Journal of Social Sciences,（7）: 105-112.

Muent H, Pissarides F, Sanfey P. 2001. Taxes, Competition and Finance for Albanian Enterprises: Evidence from a Field Study［J］. MOST: Economic Policy in Transitional Economies, 11（3）: 239-251.

Mundial B. 2017. Doing Business 2018: Reforming to Create Jobs［EB/OL］. The World Bank: http://www.doingbusiness.org/~/media/WBG/DoingBusiness/Documents/Annual-Reports/English/DB2018-Full-Report.pdf.

Nionelli L, Curri N, Curiel J A, et al. 2014. Exploitation of Albanian Wheat Cultivars: Characterization of the Flours and Lactic Acid Bacteria Microbiota, and Selection of Starters for Sourdough Fermentation［J］. Food Microbiology, 44: 96-107.

波 黑

波斯尼亚和黑塞哥维那（简称"波黑"）位于欧洲巴尔干半岛中西部，是"一带一路"倡议的沿线中东欧国家。波黑与中国在政治、经贸和文化等领域保持着友好关系。波黑有着地理位置优势和独具特色的农业资源优势，拥有丰富的土地资源和水资源以及优良气候条件。在"一带一路"倡议引领下，中国和波黑的农业合作正面临发展的重要机遇，双方在农业领域合作有着良好的前景，具有合作潜力。目前，中国与波黑农业合作主要以农产品贸易合作为主，农业投资和科技合作有待进一步开拓。以现有合作机制为基础，开展双边农业科技交流与合作，拓宽农产品贸易合作领域，围绕粮食、蜂产品及香料产业、有机农业等开展农业产业投资。搭建合作多层次平台，促进两国农业领域务实合作，实现共赢发展。

一、国家基本概况

（一）自然地理

波黑位于巴尔干半岛中西部。萨瓦河（多瑙河支流）为波黑北部与克罗地亚的边界。北、西、西南面与克罗地亚毗连，东面与塞尔维亚为邻，东南面与黑山为邻。大部分地区位于迪纳拉高原和萨瓦河流域。南部极少部分濒临亚得里亚海，海岸线长约21.2千米。

（二）人口状况

由于低出生率和人口流失，波黑人口呈减少趋势。波黑2010年全国人口为376.67万人，2016年减少为351.68万人。波黑城市人口所占比例约为40%，农村人口所占比例约为60%。农村人口较多，为发展农业提供了充足了劳动力资源供给。农业就业人口16.6万人，占全部就业人口的20.6%。

（三）政治制度

1995年11月21日，南斯拉夫联盟共和国塞尔维亚共和国、克罗地亚共和国和波黑共和国签署代顿波黑和平协议，波黑战争结束。自代顿协议签署以来，波黑民族关系渐趋缓和，政局逐步稳定。1995年11月，波黑根据代顿协议制定宪法。宪法规定：波黑正式名称为"波斯尼亚和黑塞哥维那"；波什尼亚克族、塞尔维亚族和克罗地亚族3个民族为主体民族；波黑由波黑联邦和塞族共和国两个实体组成；波黑设3人主席团，由3个主体民族代表各1人组成，主席团成员分别由两个实体直接选举产生。波黑主席团行使国家元首职责，由波什尼亚克、塞尔维亚和克罗地亚3族各一名代表组成。波黑政府称部长会议，由部长会议主席和部长组成，任期4年。波黑由波黑联邦和塞族共和国及一个特区（布尔奇科特区）组成，波黑联邦下设10个州，塞族共和国下设7个区。

（四）社会和经济发展状况

波黑独立前的经济是前南联盟中较差的地区之一。经过近3年内战，其经济遭受了重创，尤其是工业及基础设施遭到严重破坏。1995年年底，在国际社会的监管和援助下，波黑进行了战后重建，经济恢复和改革。近年来波黑经济发展较快，自2000年以来，波黑经济平均每年增长5%左右。随着2008年全球金融危机的爆发，国家经济陷入严重衰退。2013年起虽然好转，但经济增速仍然不足2%。波黑经济过于依赖国际援助和国际贸易的不足，而本国国内需求又无法有效刺激经济增长，导致经济持续低迷，失业率高居不下的现状。2017年，波黑国内生产总值为180.6亿美元，人均国内生产总值5149美元。2017年工业、农业、服务业所占比重为26.8%、7.7%和65.4%，服务业占据主导地位，农业占比较低。农业在国内生产总值中所占比例不断下降，除了其他经济活动的快速增长之外，农业占比的相对减少也是低效利用现有生产资源、对外贸易自由化及其他不利因素影响的结果。

二、农业发展现状

（一）农业资源条件

1. 气候条件

波黑面积狭小，北部属温和的大陆性气候，南部和西南部为地中海式气候。北部1月平均气温为-2~-1℃，7月20~22℃；南部1月平均气温为5~7℃，7月24~27℃。黑塞哥维那和该国的南部区域以地中海气候为主，年均降水量在600~800毫米。而在中部和北部则以高山气候为主，年均降水量1500~2500毫米。波黑根据气候因素把全国分为3个农业生态区，农业区一覆盖了波黑北部的平原和和丘陵地区，最高海拔300米，为温和大陆气候。农业区二位于波黑中部的丘陵及波黑大部分区域，属温带大陆性气候，但部分地区因气候而异，年降水量是1047毫米。农业区三位于波黑南部的地中海地区，平均每年降水量总和为1577毫米。

2. 土地资源

波黑地形以山地为主，平均海拔693米。该国大部分地区都是山区（66%的地区被认为是山区或丘陵地带），只有20%的地区适合集约农业。2015年，森林和林地面积为280.47万公顷，占国土面积的54.8%。天然草地面积为45.7万公顷，牧场面积为59.9万公顷。耕地面积为118.1万公顷，已开垦耕地74.7万公顷，占耕地面积的63.2%。休耕及未开垦土地 43.5 万公顷，占耕地面积的 36.8%。在已开垦耕地面积中，以粮食作物（谷物为主）耕种面积最大，其次是饲料作物和蔬菜。基本农产品生产不足的最重要原因之一是现有农业生产潜能没有得到更加深入的利用，越来越多的耕地仍然被弃和未开垦。

3. 水资源

波黑是欧洲水资源丰富的地区之一，水资源由河流、自然湖泊和人造湖泊组成。境内多河流，主要有奈雷特瓦河、博斯纳河、德里纳河、乌纳河和伐尔巴斯河。2015 年，波黑水资源总量为 349.53 亿立方米，人均占有水资源 9939 立方米。波黑潜在的水力发电量达 170 亿千瓦，来自波黑境内的总流出量约为 2.03 立方米/秒，平均流出量约为 1.16 立方米/秒。

（二）农业生产情况

农业是波黑国民经济的重要部门，由于波黑自身农业生产水平较低，且农业作为食品加工业的上游产业，农产品进口依赖性大。农业结构是以小型家庭农场为特征，在很大程度上是为家庭消费而生产。自给农业和传统的粗放耕作方式使得波黑的农业生产力低，缺乏专业规模化生产。尤其是作物生产，农场技术水平低以及极度依赖天气条件。作物和畜产品的平均单产明显落后该地区的其他国家和欧盟国家。

1. 农业产值规模及构成

农业生产以种植业为主。2016 年波黑农业生产总值为 13.16 亿美元，在农业产值结构中，种植业产值 9.43 亿美元，约占整个农业产值的 70%。在种植业中，粮食作物产值占农业总产值的 20.9%。其中，玉米产值最高，占农业总产值的 15.3%，马铃薯产值占 6.2%，小麦产值占 3.9%。畜牧业产值为 3.73 亿美元，在农业总产值中约占 30%，其中牛奶产值最高，占农业总产值的 16.7%。其次为鸡肉、鸡蛋、牛肉，分别占农业总产值的 5.6%、3.4% 与 2.9%。

2. 主要农产品产量

（1）种植业

种植业是波黑农业中最重要的部分，包括粮食作物、经济作物和各种瓜果蔬菜等。主要粮食作物为玉米、小麦、大麦、马铃薯等，玉米占谷物总产量的 60% 以上。2006—2016 年，由于单产不断提高，且受气候条件的影响，玉米、小麦、大麦产量呈波动性增长趋势。2016 年玉米种植面积为 19.17 万公顷，单产为 6100 千克/公顷，总产量为 117.84 万吨，比 2006 年 99.39 万吨增长 18.6%。小麦种植面积为 7.14 万公顷，单产为 4300 千克/公顷，总产量为 30.66 万吨，比 2006 年 23.23 万吨增长 32.0%。大麦种植面积为 2.56 万公顷，单产为 3000 千克/公顷，总产量为 7.73 万吨，比 2006 年 6.34 万吨增长 21.9%。马铃薯种植面积为3.53万公顷，单产为12000千克/公顷，总产量为42.30万吨。经济作物种植面积较小，主要经济作物是大豆和烟草。大豆种植面积为7022公顷，单产为2700千克/公顷，总产量为1.87万吨。2006—2016年波黑主要作物产量见表1。波黑主要瓜果品种有葡萄、李子、苹果、梨等。波黑南部的黑塞哥维那地区素以葡萄园闻名，有2000多年的葡萄栽培历史，2016年葡萄总产量为3.69万吨，李子总产量为13.16万吨。

表1　2006—2016年波黑主要作物产量　　　　　　　　　　（单位：万吨）

年　份	玉　米	小　麦	大　麦	马铃薯	大　豆
2006	99.39	23.23	6.34	41.04	1.28
2007	65.33	25.71	6.08	37.97	0.81
2008	100.44	24.05	7.78	42.86	0.84
2009	96.29	25.58	7.72	41.50	0.82
2010	85.34	14.54	5.39	37.87	0.80
2011	76.41	21.00	6.63	41.27	0.67
2012	53.94	22.51	6.63	30.08	0.67
2013	79.85	26.52	7.11	36.39	0.80
2014	79.85	17.01	5.04	30.45	0.90
2015	78.57	21.30	6.38	35.23	1.05
2016	117.84	30.66	7.73	42.30	1.87

数据来源：波黑统计局

（2）畜牧业

波黑主要饲养畜禽有牛、猪、羊、家禽等，经营方式以个体农户饲养为主。2006—2017年，波黑的牛存栏量呈下降趋势，猪存栏量相对稳定，家禽存栏量呈上升趋势（表2）。2017年牛存栏量为44.5万头，比2006年51.5万头减少13.6%。2017年家禽存栏量为2158.3万只，比2006年1330万只增长62.3%。2006年猪存栏量为71万头，自2007年下降为53.5万头，此后一直稳定保持在54万头左右，2017年猪存栏量为54.8万头。山羊存栏量自2006年至2010年持续下降，2006年存栏量为7.6万只，2010年降为6.4万只。2011年开始呈上升趋势，2017年山羊存栏量为7.3万只。绵羊存栏量自2009年达最高值105.0万只，从2010年开始存栏量呈下降趋势，2017年绵羊存栏量为101.7万只。绵羊养殖是农村人口的重要收入来源，尤其在波黑联邦农村地区。

表2 2006—2017年波黑主要畜禽存栏量　　　　　　　　　　（单位：万头，万只）

年　份	牛	山羊	绵　羊	猪	家　禽
2006	51.5	7.6	100.2	71.0	1330
2007	46.8	7.0	103.1	53.5	1500
2008	45.9	6.9	102.7	50.2	1618.5
2009	45.8	7.0	105.0	52.9	1874.1
2010	46.2	6.4	104.2	59.0	2180.2
2011	45.5	6.7	101.8	57.7	1870.3
2012	44.5	6.8	100.8	53.9	1940.1
2013	44.7	6.9	101.5	53.0	2473.6
2014	44.4	7.3	101.9	53.3	2066.4
2015	45.5	7.2	101.1	56.4	2224.8
2016	45.5	7.5	101.6	54.5	2029.2
2017	44.5	7.3	101.7	54.8	2158.3

数据来源：波黑统计局

2006—2017年，波黑禽肉呈上升趋势，牛肉呈下降趋势。2017年禽肉产量为6.21万吨，比2006年1.44万吨增长3.3倍。2017年牛肉产量为1.56万吨，比2006年2.05万吨下降23.9%。2017年绵羊肉与猪肉产量分别为1.30万吨和0.88万吨。此外，2017年鸡蛋产量为66.6万吨，比2006年58万吨增长14.8%。家禽养殖作为畜牧业的一个分支，在波黑农业生产中具有重要地位。波黑的家禽业主要是鸡肉和蛋业，是近年来发展最快的产业，也是波黑最具竞争力的农业产业之一。禽肉是波黑几乎实现自给自足的少数畜产品之一。禽肉生产的快速增长可以归为消费者对其他肉类购买力下降及其对更便宜肉类的定位、禽肉加工产业的发展及其对国际市场的定位。

乳业是波黑畜牧业的重要组成部分之一，波黑在新鲜牛奶和新鲜乳制品方面达到了自给自足的程度，但仍然是黄油、奶酪和加工奶酪的重要净进口国。2008年以前，牛奶总产量呈明显上升趋势（最大产量为73.7万升），此后生产量大幅下降，直到2012年达历史最低产量65.3万升，此后产量开始上升，2017年牛奶产量达到65.9万升（表3）。尽管奶牛品种改良和养殖技术改进，单产有所增加，但奶牛的数量持续减少，导致牛奶产量下降。

2006—2017年波黑主要畜禽产品产量见表3。

表3　2006—2017年波黑主要畜禽产品产量　　　　　　　　（单位：万吨，万升）

年　份	牛　肉	绵羊肉	猪　肉	禽　肉	牛　奶	鸡　蛋
2006	2.05	1.20	0.90	1.44	66.2	58.0
2007	2.36	1.25	0.89	1.94	72.4	67.8
2008	2.61	1.17	0.84	2.86	73.7	87.3
2009	2.32	1.49	0.97	3.29	73.4	78.6
2010	2.32	2.26	1.32	3.72	69.3	69.4
2011	2.23	2.84	1.65	4.55	66.7	61.0
2012	2.28	2.78	1.55	5.39	65.3	68.1
2013	1.67	2.74	1.01	4.14	66.7	70.2
2014	1.13	2.48	0.96	4.34	67.3	70.2
2015	2.27	1.97	0.84	4.87	67.4	72.2
2016	1.60	1.28	0.85	5.89	67.7	68.9
2017	1.56	1.30	0.88	6.21	65.9	66.6

数据来源：波黑统计局

（3）渔业

波黑河湖众多，水质优良，鳟鱼和鲤鱼是主要的养殖对象，年产量分别占成鱼总产量的78.6%和16%，其他鱼类品种有鲫鱼、鲶鱼、梭子鱼等。经营水产养殖的主体多为私家鱼塘，工业化程度较低。渔业产量呈增长趋势，2016年产量为4869吨。

（4）林业

森林资源是波黑的重要自然资源，森林覆盖了波黑约50%的国土面积，且森林面积在两个实体所占的比例相同，林业总附加值为2.06亿波黑马克。主要树种有：橡木、松木、冷杉及云杉等。波黑的林业和木材加工业有悠久的历史，从19世纪后半叶起，林业和木材加工业成为波黑经济的主要产业之一。2016年，林业和木材加工业的产值占波黑GDP的3%。林木年开采量约700万立方米，木材和家具及细木加工制品的60%以上出口到德国、意大利、奥地利及斯洛文尼亚等欧盟国家。2016年，波黑木材及制品出口11.9亿波黑马克，同比增长12.3%。

3. 主要农业产业布局

（1）种植业

农业种植主要分布在塞族共和国地区和波黑联邦地区。塞族共和国地区是波黑的玉米第一大产区，2015年玉米产量占全国总产量的71.5%。其次为波黑联邦，占玉米总产量的24.7%，布尔奇科特区产量较低，占总产量的3.8%。波黑的小麦第一大产区为塞族共和国地区，小麦产量占全国总产量的64.1%。其次是波黑联邦，占总产量的30.7%，布尔奇科特区占总产量的 5.2%。波黑的大麦第一大产区为塞族共和国地区，产量占全国大麦总产量的 61.5%。其次为波黑联邦，占总产量的 36.4%，布尔奇科特区仅占总产量的 2.1%。波黑的大豆主产区主要分布在塞族共和国地区及波黑联邦，分别占全国总产量的 66.2% 与 24.8%。波黑的马铃薯主产区主要分布在塞族共和国地区及波黑联邦，分别占全国总产量的 56.5% 与 42.5%。波黑萨瓦河东南平原是小麦、玉米、蔬菜及经济作物的理想种植区，多数农田不用化肥和不常用杀虫剂。黑塞哥维纳地区，是生产酒、种植烟草、熏衣草及其他草本香料植物的中心。水果生长区域是沿着河流（萨瓦河、博斯纳河、德里纳河、乌纳河、内雷特瓦河等）的丘陵山区。这些地区阳光充足，拥有丰富的排水良好的土壤。

（2）畜牧业

畜牧养殖主要分布在塞族共和国地区和波黑联邦地区。养牛区主要集中在塞族共和国，2015 年养牛数占全国总数的 50.3%。其次为波黑联邦，占 47.5%。布尔奇科特区占 2.2%。养猪区主要位于塞族共和国，养猪数占全国总数的 80.1%。其次为波黑联邦，占 15.8%。布尔奇科特区占 4.1%。塞族共和国和波黑联邦地区是主要的绵羊和山羊养殖区，各约占全国总数的 1/2。家禽养殖区主要位于塞族共和国，占全国总数的 49.5%。其次为波黑联邦，占全国总数的 44.1%。布尔奇科特区占 6.4%。

（三）农产品贸易情况

1. 主要农产品贸易规模

波黑的对外贸易一直以进口为主导，每年都有大量的农产品通过其周边国家进口到波黑。2010—2016 年农产品贸易额呈增长趋势，2010 年波黑农产品出口额为 3.6 亿美元，2016 年增长为 4.75 亿美元，占总贸易额的 30.2%。2016 年农产品进口额 11 亿美元，占总贸易额的 69.8%。波黑农产品贸易逆差额为 6.25 亿美元。

（1）进口结构

波黑的农产品产量远远不能满足市场需要，进口量逐渐加大。2016 年谷物进口额较高，为 1.7 亿美元，占农产品总进口额的 15.5%。油籽、园艺与肉类进口额分别为 1.61 亿美元、1.45 亿美元与 1.41 亿美元。

波黑主要进口谷物为小麦和玉米，二者进口额占谷物进口额的 90%。尤其是波黑联邦，小麦很大程度上依赖于进口。本地生产只满足国家需求的 5%～10%，其余的则由进口补偿，通常来自匈牙利和邻国塞尔维亚和克罗地亚。由于生产者是用农场保存的种子和未经认证的种子，生产技术粗放或半集约化，通常缺乏灌溉设施，机械化程度不够，使用有限的矿物肥料和保护剂，生产的小麦往往品质较差，部分小麦被用作动物饲料，而进口品质较好的小麦生产面粉（大部分来自塞尔维亚和匈牙利）。2016年小麦进口额为9460万美元。波黑通过进口玉米来制备动物饲料浓缩混合物，2016年进口额为5850万美元（表4）。

波黑主要进口肉类为牛肉和猪肉，二者进口额占肉类进口额的89.1%。由于良好的自然条件和丰富的牧草区没有被充分利用，波黑很大程度上依赖于牛肉进口，满足肉类加工行业的需要。牛肉进口呈增长趋势，2016年牛肉进口额为8960万美元。波黑猪肉进口呈持续增长趋势。为满足本国需求，尤其是猪肉加工业的发展，大多依赖进口。2016年猪肉进口额为3630万美元。

2010—2016年波黑主要进口农产品进口额见表4。

表4 2010—2016年波黑主要进口农产品进口额　　　　（单位：百万美元）

年 份	小 麦	玉 米	牛 肉	猪 肉
2010	104	48.8	36.5	20.6
2011	150	58.7	51.8	18.3
2012	133	47.7	43.2	22.3
2013	107	62.7	70.7	33.2
2014	126	62.3	92.6	40.5
2015	101	54.2	95.4	35.1
2016	94.6	58.5	89.6	36.3

数据来源：resourcetrade.earth

（2）出口结构

油籽是波黑最重要的出口农产品之一，其出口额呈增长趋势，2016年油籽（主要为葵花籽和红花籽）出口额为9830万美元，占农产品出口总额的20.7%。园艺、谷物与肉类出口额分别为9040、5550与5550万美元。主要出口产品为葵花籽、水果与浆果、蔬菜、牛奶与奶粉，其出口额分别为5850万美元、6330万美元、2030万美元和2610万美元（表5）。

表5 2010—2016年波黑主要出口农产品出口额　　　　（单位：百万美元）

年 份	葵花籽	水果与浆果	蔬 菜	牛奶与奶粉
2010	48.8	25.7	18.2	33.2
2011	58.7	33.8	17.2	39.9
2012	47.7	26.2	153	41.3
2013	62.7	36	16.4	40.9
2014	62.3	51.1	20.2	34.2
2015	54.2	102	36.2	23.8
2016	58.5	63.3	20.3	26.1

数据来源：resourcetrade.earth

2. 主要贸易伙伴

波黑重要的农产品贸易合作伙伴是欧盟国家及西巴尔干国家。2016年农产品出口欧盟占波黑农产品总出口额的39.8%，进口欧盟农产品占总进口额的56%。

波黑主要农产品出口国是土耳其、意大利、塞尔维亚、克罗地亚和奥地利等国。2016年，这五个国家出口额约占波黑农产品出口总额的68%。农产品的第一大出口国是土耳其，出口额为1.90亿美元，约占波黑农产品出口总额的一半。

波黑主要农产品进口国是塞尔维亚、巴西、意大利、克罗地亚和匈牙利等国。2016年这5个国家进口额约占波黑农产品进口总额的60%。农产品的第一大进口国是塞尔维亚，进口额为2.47亿美元，占波黑农产品进口总额的22.5%。

3. 中国与其贸易情况

中国与波黑的对外贸易一直以出口为主导。2000—2016年，中国与波黑的农产品贸易额呈增长趋势（表6）。根据中国海关数据，2016年中国从波黑进口农产品83.64吨，进口总额24.01万美元。进口主要农产品为饮品，进口额为15.72万美元，进口量为69.34吨，占农产品总进口量的82.9%。中国出口波黑农产品1408.30吨，出口总额274.13万美元。出口主要农产品为油籽和蔬菜，出口额分别为105.58万美元和63.03万美元。出口量分别为532.87吨和414.85吨，二者占农产品总出口量的67.3%。

表6　2010—2016年中国与波黑农产品贸易情况　　（单位：万美元）

年　份	进口总额	出口总额
2010	1.37	225.49
2011	1.67	220.96
2012	10.27	298.52
2013	23.98	319.15
2014	36.51	297.46
2015	30.03	301.27
2016	24.01	274.13

数据来源：中国海关

（四）农业科技发展

1. 农业科研机构

波黑的农业科研机构体系是由公共研究研究所（如科学院、政府研究机构等）和大学或高等教育机构组成。主要有国家级科学研究机构（位于萨拉热窝的波黑联邦农业科学研究院和位于巴尼亚卢卡的塞族共和国农业科学研究院、波黑土地测量研究所）和州级的农业研究所（波黑联邦农业生物学研究所、基因技术研究所、莫斯塔尔农业研究所、塞族共和国兽医研究所）。在波黑有 7 所大学设立农业相关学科，涵盖国家层面农业专业教育和农业科学研究，分别为萨拉热窝大学、巴尼亚卢卡大学、图兹拉大学、东萨拉热窝大学、西莫斯塔大学、B&Hać 大学和 Džemal Bijedić Mostar 大学。

塞族共和国农业科学研究院成立于 1947 年，研究院由十个研究所组成，即谷物所、玉米所、经济作物所、饲料作物所、蔬菜作物所、番茄和葡萄栽培所、植物保护所、种子科学和生物技术所、农业生态所和动物生产所。研究院在农业领域开展基础科学和应用科学研究与开发。科学研究活动包括：种质资源收集的进一步发展和维护，种质资源由不同品种、品系和种群组成；粮食作物、玉米、饲料作物、经济作物、蔬菜和果树的选择和育种；研究农业技术和管理措施对农作物品种和杂交种遗传潜力利用的影响；植物生理病害成因研究；在植物营养和环境保护领域的研究；研究植物病害、杂草和害虫的发生，扩大和预防。专业技术服务包括：生产高标准农业植物种子；土壤肥力控制，农业和水力改良的设计和监督；制订 GIS 农地使用计划；有机和无机肥料、动物饲料和水的质量控制；种子质量控制；农药的生物和理化测试；检测植物和植物产品的健康状况；植物种子和幼苗的健康控制；在国内贸易和国际贸易中对植物进行健康管理；测试生物农药的有效性；为农业生产者提供技术援助，采取措施控制和根除植物病虫害与杂草；编制农业领域的投资计划、项目和研究。

2. 农业科技发展状况

塞族共和国农业科学研究院对农业科学发展做出了重大贡献。该研究院具有自主研发的谷物、饲料作物、经济作物和蔬菜品种。迄今为止，该研究院已拥有 14 个小麦品种、1 个大麦品种、2 个小黑麦品种、1 个黑麦品种、4 个大豆品种、4 个苜蓿品种、4 个牧草品种、1 个豌豆品种以及玉米杂交种等。该研究院拥有自己的植物基因库，保存和保存了大量植物的土著品种和古老的不同种群、新品种和栽培植物的杂交种。巴尼亚卢卡大学的遗传资源研究所拥有植物种子基因库（约 1000 种植物）和野生植物种类（拥有 200 多种本土果树品种），研究所对水果、葡萄、作物的多种类型和品种进行了评估和遗传分类。

（五）农业管理体系与政策

1. 农业管理体系

由于复杂的政治制度，波黑的农业管理体系处于几个不同的层次。设计和执行农业政策的实体一级是由波黑联邦和塞族共和国的农业、水资源管理和林业部部门组成，并与布尔奇科地区政府的农业管理机构一起组成波黑农业管理体系中的最重要机构。除了实体一级之外，波黑联邦还有州级农业管理机构，它们执行农业政策，对农业生产者和整个部门的整体地位有重大影响。

波黑联邦的农业主管部门由波黑联邦农业、水资源管理和林业部和州级农业、水务管理和林业农业管理机构组成。波黑联邦农业、水资源管理和林业部主要包括三大部门：农业和食品工业部门、农村发展和农业推广服务部门以及农业支付部门。农业和食品工业部门下设植物生产局、畜牧生产局、食品工业局和农业政策局。农村发展和农业推广服务部门下设农村发展局和农业推广服务局，农业支付部门下设直接支付局、农村发展和农村发展入盟前援助工具支付局以及控制局。

塞族共和国的农业主管部门是农业、林业和水资源管理部，其隶属于塞族共和国政府。主要包括五大部门：农业、食品工业和农村发展部门、农业推广服务部门、兽医部门、林业和狩猎部门和水管理部门。下设农业政策、农村发展和国际合作局、植物生产局、畜牧生产部、农业土地部、食品工业局、战略规划和可持续管理局、森林用户管理局、人事局以及财务、基金和项目管理局。农业、林业和水资源管理部的职责任务包括：遥感监测系统执行与保护和利用农业土地有关的行政和其他专业任务；保护农业植物和产品免受病原体、害虫和杂草的侵害；生产和销售种子和幼苗材料，生产和改善牲畜生产；动物健康保护；对动物原料和产品的安全性和质量进行控制；森林生产的改善、种植与保护、森林管理和森林改良；木材收获；裸地和岩石地区的造林；狩猎和狩猎经济；综合水资源管理；拟订和通过计划和十年森林管理计划；水资源平衡；实施降低对水资源不利影响措施；界定抽取和使用水的条件和签发许可证；水质控制的实施和组织；采取措施为人口和工业供水；农业、兽医、林业、狩猎、水务管理检查监督；以及制定农业法律法规等其他工作。

2. 农业支持政策

波黑的农业支持方式为国家层面下拨农业补贴，两实体及特区行使分配权。波黑目前主要坚持国家补贴额度与经济总量、产业分配相协调，确保两实体及特区有重点、有目标地使用补贴，以降低本国农产品生产成本，提高其在国际市场和对外贸易中的竞争力。此外，考虑到加入WTO和欧盟的战略规划，波黑有义务按照世贸组织要求调整农业补贴政策，逐渐适当减小、放开农业扶持力度，推动农产品市场化，同时按照欧盟要求，参照克罗地亚等国的经验，着眼长期发展，积极进行农业政策改革。行政体制上，波黑《农业、食品与农村发展法》是农业政策制定与实施的法律基础。波黑农业政策实际上是实体和州一级政策的集合，没有相互之间的重要协调。这种政策是不稳定的，并且往往依赖于政治导向。

波黑联邦农业政策是依据波黑联邦农业法，该法确定了波黑联邦农业政策的目标和措施。该法促进加强竞争力和提高农产品和食品质量，并制订在农业和农村发展领域实现更有活力发展所需的标准。农业法明确规定了欧盟一体化路径，其方式是支持农业和农村发展的措施逐步与所有政府层面保持一致，以便与欧盟的相关措施保持一致。波黑联邦的农业支持政策措施分为市场价格政策措施、结构性政策措施和土地政策措施。波黑联邦的农业和农村发展金融支持法规定了农业和农村发展的财政支持措施，并提供了实施的支持模式和方式。财政支持包括支持在结构性政策措施范围内刺激生产和支付的措施。支持生产措施的财政支持是通过刺激生产的模式实现的，而结构性政策措施中的支付则通过4个模式实现：资本投资模式、农村发展模式、收入支持模式和其他类型支持模式。根据该法，农业政策措施必须相互配合，必须按照和平等原则执行。2006—2010年农业发展战略是用于实施波黑联邦农业政策的重要战略。该战略明确界定了中期目标其中包括提高农产品和食品的产量，保障食品安全，更好地利用自然资源，提高竞争力，保持在世贸组织和欧盟一体化背景下的一致性。

塞族共和国农业法规定了农业政策目标和措施及其实施和监测方式。农业政策的目标包括：尽可能提供当地农产品，保障食品安全；增加农业生产和出口以增强本地和全球市场的竞争力；确保适当的生产水平，供应优质食品，提供消费者可接受的价格；通过在生产中使用现代技术和技术解决方案，为生产者提供稳定的收入，为农民提供适当的生活标准；发展和保护农村；合理利用和保护自然资源，保护环境，改善综合有机生产。农业政策措施分为：市场和价格政策措施、结构性政策措施、土地政策措施和农业支持措施。

2015年波黑用于农业补贴的财政预算为1.23亿波黑马克，波黑联邦、塞族共和国、布尔奇科特区分别为6860万波黑马克、4950万波黑马克、550万波黑马克，占比为55.8%、40.2%和4.0%。直接的生产者支持措施是波黑农业生产最重要的支持形式。由直接支付的补贴形式构成，即基于出售产品数量和区域或动物数量的支付支持以及可变农业投入的支付。奶业是农业中支持力度较大的产业之一，自1997年以来，牛奶生产一直得到持续的支持。在塞族共和国，2015年奶业直接支付支持为2440万波黑马克，占直接支付总额的70%。在波黑联邦，牛奶生产者的直接支付补贴为3650万波黑马克，在直接支付总额中的相对份额为56%。

3. 农业发展规划

波黑联邦于2015年由波黑联邦议会通过2015—2019年农业发展中期战略，其目标为：提高农业技术水平，有效利用现有资源，并满足市场的需求；为农业部门创造更稳定的收入，提高农村地区的整体生活水平和生活质量；可持续管理自然资源和农业适应气候变化；在保持波黑联邦农业部门发展水平的同时，将制度、立法框架和农业政策与欧盟CAP结合起来。新的法律，须遵循CAP制定的法规，即符合欧盟立法和法律。波黑联邦未来的农业政策将以渐进实施，采取与欧盟CAP类似的措施，避免采取与CAP不一致的新措施。在农业政策的 3 个支柱内实施 37 项措施，其中 10 项措施涉及支柱一和直接支持生产者，17 项措施涉及部门结构调整和农村发展政策，而其余 10 项措施则涉及在农业综合服务下的实体级农业政策和措施的支柱三。波黑联邦政府资助的农业预算从 2015 年的 6830 万波黑马克提高到 2019 年的 9270 万波黑马克，增加部分来自各州的支持。

塞族共和国为促进农业和农村发展，颁布 2010—2015 年农村发展战略计划，基本上符合当时适用的欧盟农村发展政策。但是，在其期满后，可以说其战略目标和具体目标和措施在很大程度上没有按照计划的范围和方式执行。随后塞族共和国又通过《2016—2020 年农业和农村发展战略规划纲要》，为农业战略规划提供连续性。与过去农村发展政策不同，新的战略文件涵盖了农业和农村发展两个领域。发展战略规划包括 6 个战略目标、16 个具体目标和 52 项实施措施。6 个战略目标包括：增加农业生产的产量和生产力，为农业生产者提供收入稳定；通过增加投资水平来增强农业部门的竞争力；提高农业生产的市场化程度；可持续管理自然资源和减轻气候变化的后果；平衡的农村综合发展；系统支持农业和农村发展。该战略规划提供了迄今为止支持政策的部分改革，该政策沿着与欧盟的财政支持政策相一致的路线。塞族共和国政府资助的农业预算预计 2016 年为 9500 万波黑马克，2020 年达到 1.15 亿波黑马克，预计直接支付与支持农村发展的比例为 3∶2。在战略计划所依据的 16 项原则中，在遵守当地条件和特殊性的同时，将农业政策与欧盟共同农业政策结合起来；遵守现有的对外贸易制度和协定；管制对外贸易交易和保护当地生产。系统支持农业和农村发展，这是实施整体战略平台的前提，也是实现前 5 个目标措施的前提。公共服务领域的系统措施还涉及：改进农业和食品工业的立法框架；加强遥感监测系统建设提高机构和组织的效率；制定和监测农业政策的信息库；改进提供推广服务的制度；改善动植物的健康保护；增加投资农业和食品工业的数量和资金来源；加强对外贸易经营，保护当地农业生产。

三、农业投资环境

（一）国家商业环境

世界银行《2018 年全球营商环境报告》指出，波黑营商环境排名在全球 190 个经济体中位列第 86 位。外国投资者面临的主要问题包括程序缺乏透明度和司法机构薄弱，以及国家政治制度的双重性质。世界经济论坛《2016—2017 年全球竞争力报告》显示，波黑在全球最具竞争力的 138 个国家和地区中，排第 107 位。《华尔街日报》和美国传统基金会共同发布的 2017 年经济自由度指数排名显示，波黑在 180 个国家（地区）中排名第 92 位，比上年提高 16 位。

1. 地区安全形势

波黑社会治安状况总体较好，犯罪率较低，目前还不存在战乱、恐怖袭击等危险因素。经过历时 6 年的维和行动，基本上消除了战争所带来的影响，波黑的经济建设也逐渐开始恢复，人民的生活基本上趋于安定。由于波黑战争的遗留问题，目前仍有部分战争时使用的武器散落在社会上。存在偶尔的本地化政治示威活动，示威者在部分地区则是通过和平方式进行抗议，绝大多数抗议活动参与人数相对较少。

2. 基础设施现状

波黑的基础设施较薄弱，铁路和公路是波黑主要的交通运输方式。波黑位于前南斯拉夫的中心地区，连接前南与欧洲的部分重要交通干线经过波黑。自 1995 年波斯尼亚战争结束以来，基础设施一直处于恢复和重建的过程中。90% 遭受破坏的公路、铁路、电站、通信及供水系统等都得以恢复和重建。2016 年波黑全国公路总长 24796 千米，其中高速公路总长为 129 千米。全国公路运输客运量 1650.5 万人次，货运量为 885.4 万吨。全国铁路运输客运量 40.9 万人次，货运量为 1315.6 万吨。波黑有 4 个国际机场，分别是萨拉热窝、巴尼亚卢卡、莫斯塔尔和图兹拉。2016 年航空客运量为 122.5 万人次，货运量为 8540 吨。波黑本国无货运海港，主要利用南部海岸的克罗地亚普洛切克港为其出海港。为建立促进商业发展的安全基础设施，波黑制定了若干基础设施项目。波黑的运输基础设施每年都在不断改善，从而创造高效的货物运输方式。2018 年波黑将主要进行 5C 公路的建设，并计划在波黑中部的克拉伊纳、萨拉热窝州和戈拉日德建造道路。波克边境司维拉耶附近的萨瓦河桥将于 2018 年底前竣工，该桥是 5C 公路的一个重要基础项目。此外，克拉伊纳的高卢比奇机场也将建成。

3. 外商投资政策

波黑主管外国投资的管理机构是外贸和经济关系部，负责招商引资的部门是波黑外国投资促进局。有关外商投资的基本法律法规主要包括《波黑外国直接投资政策法》《波黑联邦外国投资法》和《塞族共和国外国投资法》。

《波黑外国直接投资政策法》确保了外国投资者的国民待遇，即外国投资者拥有与国内投资者相同的权利和义务。此外，外国投资者享有法律所赋予的权利和义务，不受法律和法规随后终止或变更的影响。如果任何后来通过的法律和法规更多有利于外国投资者，投资者有权选择和决定对其有利的法规。外国投资者有权在波黑境内的任何一家商业银行开立当地货币账户或任何可自由兑换的货币帐户。外国投资者有权自由聘用外籍劳工和当地劳工。财产不受国有化、没收、征用等相关政策的影响。如果相关政策按现行法律有利于公共利益，波黑将实行该政策，但要及时、有效地给予外国投资者相应、足够的补偿。外国投资者可以享有与波黑的任何法人实体同等待遇的不动产产权。

波黑自由贸易区属于海关免税区的一部分，享有法定地位。进入工业活动免税区的设备应免除关税，从自由区到其他国家的出口货物不用支付出口关税和费用，进口或供应用于免税区和货物仓库的货物免征增值税（任何豁免增值税只有在商品没有进入自由流动的情况下）。在免税区投资，转移利润和转移投资是免缴各种费用的。根据波黑的自由贸易区法律，自贸区的创立者可以是一个或多个在波黑注册的本国或外国法人。波黑加入欧盟后，自贸区不会关闭，但其法规将与欧盟法规匹配一致。除关税和增值税外，外国投资企业一律按照地方实体的税法纳税。外国投资企业在波黑的一切交易行为要遵守波黑国家和地方实体的法规。外国投资企业的财会管理、建账以及审计标准要符合国际通用标准及波黑地方实体的法规。

（二）农业优势与潜力

1. 农业资源优势与潜力

波黑拥有丰富的土地和水资源，大量的未开垦耕地和未利用的天然草地，对大多数农产品有利的气候条件，具有巨大的农业资源优势和利用潜力。大部分农业用地适用于种植作物、蔬菜水果、畜牧养殖等。波黑气候不是以单一类型的气候为主，分为3个气候区域：北部地区、丘陵山区和南部地区。这里既没有干旱季节，也没有严酷而漫长的冬季，适合大多数作物的生长。波黑地处欧洲—西伯利亚和地中海两大植物区系交界处，因此生物系统极其多样化，生物资源丰富，巴尔干半岛一半以上的开花植物都可以在这里找到。迄今为止，波黑已经确认的开花植物超过3700种，特有物种多达数百种。波黑在开发利用药用和香草作物方面有着悠久的传统。波黑的药用和芳香植物的生物多样性非常丰富，这得益于有利的地理位置、气候和多样的地质和土壤学条件和不同类型的森林、湖泊和河流。波黑拥有超过700种药用和芳香植物，其中约200种被开发，主要为蜡菊、刺柏、洋甘菊、薰衣草等。年采集量从1500～9000吨（取决于需求和气候条件），大多数干燥的植物被包装作为原材料销售。波黑在不同的地理区域生产不同的蜂蜜，养蜂业占波黑农业总产量的1%。主要的蜂产品有蜂蜜、蜂蜡、蜂王浆和花粉等。

2. 生态优势与潜力

波黑的土地资源和水资源受到污染较少，具有发展有机农业的潜力。波黑的平均农场规模较小，丘陵山地条件不适合大规模种植。在农业生产中较少使用化肥和农药，全国绝大部分农田没有受到滥施化肥的危害，小规模的工业生产减少了工业污染。有机生产的主要原则基于种植和育种技术，以保持和改善生态平衡。在实体一级，塞族共和国的"有机生产法"

包含有机生产运作的基本法律基础，并与IFOAM（国际有机农业运动联盟）和欧盟建议标识的基本标准相一致。在波黑联邦，目前尚没有关于有机农业生产的法律。国际组织在波黑有机部门发展中发挥主要作用。自2007年以来，波黑的有机产品认证是通过使用IFOAM认可和确定标准，销售国内和出口市场的有机产品。

（三）风险分析

1. 政治风险

波黑政治体制复杂，在行政及管理上被分成波黑联邦和塞族共和国两个实体。源于代顿宪法的复杂公共行政制度造成了多层次的政府管理，影响到各级的效率。两个实体享有充分的自主权，掌握着各实体内的政治、经济等各项实权，致使波黑国家机构运转效率低下。波黑存在一定政治分歧，分化的政治体系，使得波黑内部新的政治改革都难以推行。从90年代以来，波黑国内的政治转型已经历经20多年却很缓慢。而且分权必将导致繁冗的行政体系，导致高额的行政体系的财政支出，造成巨大的财政负担。各个实体、州和市政府都有权制定影响企业的法律和法规。

2. 经济风险

波黑在南斯拉夫时期便是联邦内较贫穷的地区之一，独立后又发生了内战（即波黑战争），经济受到严重损害。波黑经济处于恢复阶段，同时还要进行从计划经济到市场经济的转型。2015年7月，波黑部长理事会、塞族共和国政府和波黑联邦政府通过了一项称为改革议程的结构改革联合方案。波黑的主要经济挑战是其经济模式的不平衡，公共政策和激励措施向公共部门倾斜，而不是私营部门，倾向消费以及进口而不是投资和出口。波黑需要创造有利于私人投资的商业环境，以支持充满活力的中小企业和大公司的发展，促进出口业绩和生产力提高。在解决经济模式中的这些不平衡的同时，该国还必须确保未来增长的可持续性和包容性。2018年国际标准普尔公司发布波黑的信用评级为B，认为该经济保持增长，用以偿还外债的间接税收入稳定，而且债务相对较低。波黑经济保持适度增长，但复杂的政治阻碍了其结构调整和经济改革。特别是腐败和高失业率是该国经济发展的主要障碍。另一个主要挑战是财政赤字，其主要原因为该国的进口远远多于出口，并且拥有大量的公共部门支出。预计到2020年，波黑经常项目赤字将逐渐增长到其GDP的8%。短期内经济风险仍然存在，但长期经济走势向好。根据世界银行的数据，预计2018年的经济增长率将达到3.2%，并在2019年略微上升至3.4%，到2020年将增至3.5%。

3. 商业环境风险

波黑政府重视吸引外商直接投资，努力改善营商环境，投资优惠政策较多。但落后的政府效率及基础设施降低了其投资吸引力。波黑政府提供外国投资保障基金，用于鼓励投资农业及食品加工、环保、再生资源、旅游等行业。波黑地方政府的鼓励外资政策主要体现为免费或优惠提供土地，适度减免地方税等。同时波黑联邦政府规定，对新成立的公司给予按年减免企业所得税优惠。外国直接投资流量较小，近几年波黑吸引对外直接投资规模占GDP比重持续低于3%，规模较小。2017年外国直接投资流入量增长至4.78亿美元。波黑商业环境指数较之前总体提升，政府在进行结构性改革的同时，也通过推进基建项目等手段刺激国内经济、吸引外商投资，总体商业环境趋好。波黑是该地区和欧洲增值税率最低的国家之一（17%），以及企业税率也是最低的（10%）。波黑马克的固定价格与欧元直接挂钩，是东南欧最稳定的货币之一。波黑的银行部门保持合理的流动性和资本充足率。

4. 法律风险

波黑的法律和体制框架较薄弱和不足，法律的执行效力缺乏对外国投资者和机构产生负面影响。波黑新旧法律繁多，国家层面继承了前南斯拉夫的法律，独立后相继制定、修订了很多法律。同时，波黑联邦和塞族共和国2个实体各自有独立的立法机构，分别制定法律法规，实体之间的法律还存在差别。欧美虽推动修宪，但至今没有进展。1995年12月各方签署《代顿协议》，以此为基础建立波黑宪法。2013年2月，波黑六大政党表示同意修宪以加快加入欧盟及北约步伐。但整体而言，修宪进程缓慢。

（四）总体评价

波黑分散的政府结构和政治不稳定造成对经济增长的进一步限制。波黑的生产能力和经济竞争力较弱，国内增长来源不足。由于法治薄弱和行政效率低下，失业率继续居高不下，商业环境受到负面影响。经济和复杂的政治局势对外国资本流入构成一定挑战，尤其是外国直接投资。尽管波黑对外国投资开放，并提供自由贸易制度，投资者仍然面临一系列严重障碍，包括腐败、复杂的法律和监管框架和政府结构、不透明的商业程序、不充分的财产权保护以及司法系统薄弱。波黑是一个相对较小、开放的转型经济体，具有强大的进口需求。总体而言，波黑投资环境逐步趋好，但仍需进一步改善。

四、中波农业合作现状与合作重点

（一）合作现状

1. 合作机制

近年来，中国与中东欧国家合作机制日益完善。中国与中东欧国家签署多项多边协定，包括推动经济、工业和科技合作，保护投资和避免双重征税等。2012年，中国与中东欧国家领导人签署《中国关于促进与中东欧国家友好合作的十二项举措》。2013年签署《中国—中东欧国家合作布加勒斯特纲要》，双方建立经济联委会机制等定期沟通磋商机制。2014年，中国与中东欧签署《贝尔格莱德纲要》，规划了双方合作方向，明确了合作重点领域。2015年，中国与中东欧国家签署《中国—中东欧国家合作中期规划》，旨在明确2015年至2020年的工作方向和重点，进一步释放合作潜力，推动"16+1"合作提质增效。同年，又签署《中国—中东欧国家合作苏州纲要》，纲要指明2016年的相关具体合作举措，涉及互联互通、经贸金融、农林、科技卫生等十个领域。2016年中国与中东欧国家签署《中国—中东欧国家合作里加纲要》。2017年，中国与波黑签署《中华人民共和国农业部与波斯尼亚和黑塞哥维那外贸和经济关系部农业合作协定》。

2. 科技合作

农业科技是农业经济发展的源动力，是推动中国与波黑两国农业经贸合作全面深入发展的重要支撑。目前，中国与波黑在农业科技方面的合作较少。在2017年11月签署的《中国—中东欧国家合作布达佩斯纲要》中，中国将与波黑共同探索推动在波黑设立"16+1"兽医科学中心，支持动物疫病防控信息和技术交流。

3. 贸易合作

2000年，中国与波黑签署《中华人民共和国与波斯尼亚和黑塞哥维那经济贸易合作协定》。目前，中国与波黑农业合作主要以农产品贸易合作为主，中国在与波黑双边农业贸易合作规模较小，贸易结构单一，主要进出口农产品为饮品、油籽和蔬菜等，初级农产品所占比重较大。中国与波黑农产品贸易始终保持顺差，双边贸易呈稳定增长趋势。

4. 投资合作

2002年，中国与波黑双方签署《中国和波黑关于促进和保护投资协定》，2008年签署《中华人民共和国商务部投资促进事务局与波黑外商投资局投资促进合作谅解备忘录》。目前，中国与波黑相互投资较少，主要是小型华商企业在波黑开办贸易公司。据中国商务部数据统计，2016年中国对波黑直接投资流量85万美元，直接投资存量为869万美元。

（二）合作潜力

1. 合作基础

中国与波黑的农业合作具有良好的基础。1995年中国与波黑签署《中华人民共和国和波斯尼亚和黑塞哥维那共和国建交联合公报》。自建交以来，中国与波黑一直保持友好往来关系。波黑对"一带一路"所倡导的和平合作、开放包容、互学互鉴、互利共赢的"丝路精神"高度认同，经过双方共同努力，政治互信不断加深。近年来，中国和波黑经贸合作发展势头良好，波黑政府重视引进外资，以改善其落后的基础设施，支持中国企业参与波黑高速公路、铁路升级改造等交通基础设施建设。目前，中国与波黑农业合作主要以农产品贸易合作为主，农业投资和科技合作有待进一步开拓。

2. 合作前景

中国与波黑合作具有良好的发展前景。特别是随着"一带一路"建设的推进，"16+1合作"迎来了前所未有的机遇。尽管中国和波黑在政治制度、经济总量等方面存在较大的差异，在农业发展上存在一定差距，但是在农业合作上还是有着较大的空间。波黑是农产品和食品净进口国，具有大多数农产品生态生产的可能性。波黑地形多山，平原主要分布在北部，可大规模种植谷物、大豆等作物，目前耕地使用率很低，开发潜力较大。山区及丘陵地带以坡地为主，河流流域广，水源充足，蔬菜水果品种多样。波黑香料作物种植历史悠久，具有一定的合作潜力。波黑地理位置优越，是从陆路进入欧盟的门户，以波黑作为切入点，利用波黑与欧盟签署《稳定与联系协议》带来的关税和配额优势，使波黑为中国企业进入欧盟市场以及中东欧市场的战略门户。此外，波黑拥有熟练的低成本劳动力，有与欧元挂钩且较为稳定的金融体系，外国投资者享有与本国公民同样的权利。波黑政府重视引进外资，改善其落后的基础设施建设。在"一带一路"倡议推动下，两国合作将迎来更好发展前景，实现互利共赢。

（三）合作重点

1. 重点领域

随着中国与波黑双边合作不断深化，双方开展农业合作前景广阔。中波两国在农业领域的合作有许多新契机，通过建立合作项目推动双边农业合作。在农业科技方面，通过与波黑开展高层互访、团组和农业科技人员交流培训，以小型农业科技合作示范项目等形式，开展双边农业科技交流与合作。加强中国与波黑的农产品贸易合作，重点贸易产品主要包括粮食、蔬菜水果、香料作物、饮品（葡萄酒、果汁）等。结合波黑农业特点，将农产品贸易向精深加工产品出口等方面拓展。以产业园、企业联合体等形式，建立多主体的农业投资模式，围绕粮食（小麦和玉米等）、蜂产品及香料产业、有机农业等开展农业产业投资。

2. 重点项目

（1）科技示范园项目

境外农业试验示范是推动中国农业"走出去"的重要载体。波黑拥有丰富的自然资源和优良的气候条件，为农业生产创造良好环境，多样的地形和气候条件使得收获季节更长。然而，波黑耕地利用率低，农业基础设施落后，生产潜力利用不足，种植技术水平低，从而造成小麦、玉米等作物的单产远低于欧盟平均水平。中国可以与波黑合作建立小麦、玉米等粮食作物的种植基地，增强与波黑的良种推广和技术合作，提高波黑粮食作物的生产能力。针对波黑农业机械化水平低、农村劳动力富余等特点，把中国作物种植技术和农机技术的示范和推广作为工作重点，满足波黑的农业技术需求。

（2）蜂产品及香料产业项目

波黑由于植被多样、蜜源丰富、污染少等因素，蜂产品质量很高，内销本国市场供不应求，合作潜力大。波黑的芳香植物是以野生收集为主，传统悠久，可加工成天然产品如精油、香料等。随着国际市场对芳香植物需求日增，波黑的蜡菊、薰衣草和其他芳香植物种植面积也不断扩大。中国企业可以蜂产品及香料产业项目为载体，充分发挥自身在资金、设备、管理等方面的优势，充分利用当地优质原料，建立从生产到运输、贸易的全产业链合作。

（3）有机农业产业园项目

波黑具有发展有机农业的良好条件和优势。目前波黑的有机生产正处于发展的初级阶段，有机市场尚未开发，在大型超市和一些专门有机产品店中销售有限种类的有机产品。中国企业可充分利用波黑特有气候和自然资源优势，推进有机农业产业建设。提供有机食品生产和管理新技术，引进适合有机生产的新品种。发挥中国企业农业科技优势，对有机农产品进行深加工，提高波黑的有机农产品附加值，使有机农产品加工行业进一步发展。

五、中波农业合作建议

（一）政府层面

中国与波黑农业合作应坚持以企业为主、政府推动、市场化运作的原则。政府主要是加强规划引领和宏观指导，在长期合作中探索一套适于两国国情的长效农业合作机制。政府应为扩大贸易和投资合作搭建服务平台，为开展农业投资合作的企业提供必要的政策支持，保护企业的合法权益。建设中国与波黑农业企业联合会，为中小企业洽谈项目搭建桥梁。建立健全检验检疫沟通协调机制，为进口波黑乳制品、蜂蜜、水果等优质农产品提供便利。随着2017年中国与波黑外贸和经济关系部农业合作协定的签署，双边合作基础进一步夯实，明确中国与波黑开展农业合作的目标和具体内容，完善相关配套政策和措施。充分发挥政府间农业合作项目对企业开展农业投资的带动作用，推动企业在种植业等相关领域开展进一步投资合作。针对当前中国企业在波黑国家投资较少且增长缓慢的现状，搭建现代化网络信息平台，有效增进对双方企业的彼此了解，便于企业迅速找到感兴趣的合作项目和潜在的合作伙伴。进一步加大金融支持力度，特别是在农业、基础设施等投资回报周期较长的领域。此外，鉴于波黑法律体系复杂，政府应考虑为在波黑投资企业提供相关法律服务。

（二）企业层面

企业对推进中国与波黑农业合作落到实处起了关键作用。波黑的地理位置优势显著，是进入欧洲市场的窗口。在贸易方面，波黑与欧盟签署了《稳定与联系协议》，因此，波黑向欧盟出口的大多数产品不再受配额与关税限制。除此之外，波黑拥有丰富的自然资源，还有素质较高并且价格低的大量劳动力，也是中国企业可以利用的优势。中国企业要根据自身优势，明确与波黑农业合作的重点领域、合作对象及方式，寻找合作的最佳切入点。波黑投资相关的法律较多，新旧法律体系交错重叠。中国企业在波黑进行投资合作时，应充分了解波黑的相关法律。波黑国内政治形势错综复杂，1个国家分为2个实体，并且这两个实体还分别具有独立的立法权和行政权。中国企业投资波黑，需要与当地政府进行友好协商，建立良好的协调管理机制。

参考文献

波黑大使馆.[2018-06-29].波黑国家概况［EB/OL］.http://www.bhembassychina.com/cn/country.php.

高　空.2009.中东欧国家吸引外资与外资立法［J］.俄罗斯中亚东欧研究，（6）：44-49.

黄　婧.2013-12-02.中国—中东欧经贸论坛开启合作新历程［N］.中国联合商报.

商务部.2017. 2017对外投资合作国别（地区）指南—波黑［OL］.https://www.yidaiyilu.gov.cn/wcm.files/upload/CMSydylgw/201712/201712280606002.pdf.

叶　奎，张沐芝，刘　洋.2014.波黑营商环境及工程承包市场概况［J］.国际工程与劳务，（10）：25-27.

佚　名.波黑对外国投资有何优惠［EB/OL］.http://www.jscc.org.cn/model/view.aspx?m_id=1&id=44496.中国国际贸易促进委员会江苏省分会.

张　丹，张　威.2014.中国与中东欧国家经贸合作现状、存在问题及政策建议［J］.中国经贸导刊，（9）：36-38.

中国国际贸易促进委员会湖州市委员会"一带一路"沿线国家基本情况风险分析——波黑［EB/OL］.http://www.hzccpit.com/art/2018/5/30/art_12706_734822.html.

中华人民共和国外交部.2018-06.波斯尼亚和黑塞哥维那国家概况［EB/OL］.http://www.fmprc.gov.cn/web/gjhdq_676201/gj_676203/oz_678770/1206_678988/1206x0_678990/.

驻波黑经商参处.2018-01-04.波黑2018年将建设一批大型基础设施项目［EB/OL］.http://ba.mofcom.gov.cn/article/jmxw/2018-01-04/20180102694210.shtml.

驻波黑经商处.2013-12-20.波黑农业发展情况［EB/OL］.http://ba.mofcom.gov.cn/article/ztdy/201312/

20131200433357.shtml.

Sabahudin Bajramović.2015.Bosnia and Herzegovina：Agricultural Policy Brief［EB/OL］.http://app.seerural.org/wp-content/uploads/2016/11/2015-09_Agricultural-policy-Brief-Bosnia-and-Herzegovina.compressed.pdf.

Sabahudin Bajramovic.2016.Bosnia and Herzegovina：Agricultural Policy Development and Assessment［EB/OL］. http://seerural.org/wp-content/uploads/2016/09/Country-presentation-_Sabahudin-Bajramovic_Bosnia-and-Herzegovina.pdf.

保加利亚

保加利亚共和国（简称"保加利亚"）位于东欧东南部，是欧盟 28 个成员国之一。自然条件优越、土壤肥沃、水资源充沛、日照充足、适合农业生产，是欧洲中南部的重要粮食生产国和"果菜园"。保加利亚是农产品净出口国，特别是谷物和油籽大量出口。保加利亚与中国长期保持友好合作关系。近年来，在"一带一路"倡议、中国与中东欧国家"16+1"合作平台以及双边经贸合作平台的共同推动下，两国农业科技合作不断深化，农产品贸易平稳发展，农业投资热度不断升温，合作层面多元化。保加利亚是连接欧亚大陆的桥梁，是中国进入欧洲市场的门户，与此同时具有开展农业投资合作的坚实基础，借力中国与中东欧国家合作平台，发挥保加利亚作为"16+1"农业合作牵头国的作用，持续深化中国与保加利亚农业合作，对助力"一带一路"倡议具有重要意义。

一、国家基本概况

（一）地理位置和行政区划

保加利亚地处欧洲巴尔干半岛东南部，北与罗马尼亚以多瑙河为界相望，西与塞尔维亚、马其顿接壤，南邻希腊、土耳其，东濒黑海、博斯普鲁斯海峡和达达尼尔海峡。

保加利亚国土面积占巴尔干半岛面积的 22%。边界线总长 2245 千米，其中，陆地边界 1181 千米，河流边界 686 千米，海岸线长度为 378 千米。保加利亚 70% 的国土为山地和丘陵，30% 为平原。境内海拔最高的山脉是里拉山，主峰穆萨拉峰是巴尔干半岛的最高峰，海拔 2925 米。巴尔干山意为"多山的地方"，在保加利亚语中被称为"老山"，横贯保加利亚中部，将全国划分为北部的多瑙河平原和南部的色雷斯低地。

全国共分为 28 个大区和 265 个市。28 个大区包括：布拉格耶夫格勒、布尔加斯、瓦尔纳、大特尔诺沃、维丁、弗拉察、加布洛沃、多布里奇、克尔扎里、丘斯坦迪尔、洛维奇、蒙塔纳、帕扎尔吉克、贝尔尼克、普列文、普罗夫迪夫、拉兹格勒、鲁塞、西利斯特拉、斯利文、斯莫梁、索非亚市、索非亚大区、旧扎果拉、特尔戈维什特、哈斯科沃、舒门、亚姆博尔。首都索非亚是全国政治、经济、文化中心。保加利亚主要为保加利亚族人，占总人口的 84.8%，土耳其族占 8.8%，罗姆族（吉卜赛）占 4.9%，其他民族（马其顿族、亚美尼亚族等）占 1.5%。官方和通用语言为保加利亚语，土耳其语为主要少数民族语言。居民主要信奉东正教，少数人信奉伊斯兰教。

（二）自然和人力资源

保加利亚自然资源比较匮乏，仅有少量的矿物，包括煤、铅、锌、铜、铁、钡、锰和铬，以及矿盐、石膏、陶土、重晶石、萤石矿等非金属矿产。农业用地521.46万公顷，占国土面积的47.2%；森林面积423.1万公顷，占国土面积的38.3%。保加利亚的森林以阔叶林为主，面积297.2万公顷，占森林总面积的70.2%；针叶林面积125.9万公顷，占森林总面积的29.8%。主要阔叶树种为欧洲赤松、欧洲黑松和欧洲云杉；主要落叶树种为山毛榉、栎树。

截至2017年年底，全国人口705.00万人。其中，男性342.24万人，占48.5%；女性362.76万人，占51.5%。近年来，保加利亚人口呈明显下降趋势，2017年人口比2010年减少45万人。从人口增速来看，2011年减速最快，达2.4%，其他年份人口负增长率基本维持在0.5%左右。保加利亚城市人口518.18万人，占总人口的73.5%，农村人口186.83万人，占总人口的26.5%。城镇人口占比呈不断上升趋势，农村人口占比持续下降。保加利亚人口分布相对集中。截至2017年年底，索非亚、普罗夫迪夫、瓦尔纳、布尔加斯、鲁塞、旧扎戈拉、普列文、斯利文、帕扎尔吉克等9个城市的人口超过10万。其中，首都索非亚人口达到132.54万人，属特大城市。

保加利亚的劳动力人口为326.40万人，占总人口的46.0%。其中，受过高等教育的劳动力人口占31.1%，受过中等教育的劳动力人口占56.7%，受教育程度较低的劳动力人口占12.3%。近年来，保加利亚劳动力人口呈逐年下降趋势，且国家正在经历老龄化进程。保官方统计数据显示，截至2016年年底，全国14岁以下人口占总人口的14.1%，15～64岁人口占65.2%，65岁以上人口占20.7%（图1）。15～64岁人口比重比2007年的69.3%降低4.1个百分点，65岁以上人口比重比2007年的17.3%上升3.4个百分点。保加利亚从事农业的劳动力人口仅占6.8%，其中，男性占70.6%，女性占29.4%。

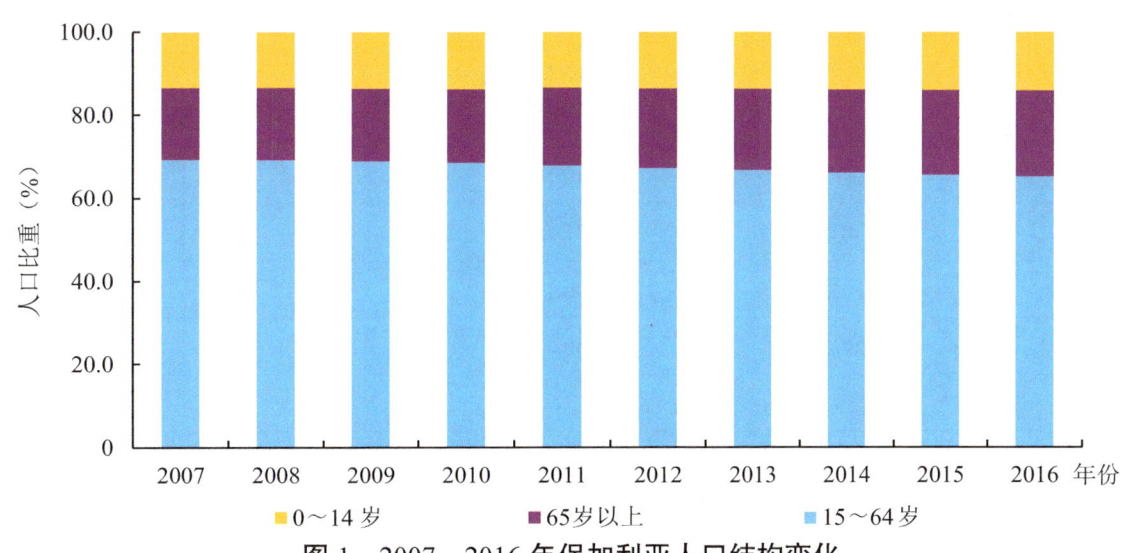

图1　2007—2016年保加利亚人口结构变化

数据来源：保加利亚国家统计局

（三）政治制度

保加利亚于2004年3月29日加入北约，2007年1月1日加入欧盟。保加利亚现行宪法于1991年7月12日获得通过，根据宪法规定，保加利亚是实行立法、司法和行政三权分立的议会制共和国。国家元首由全民选举产生，任期5年。议会实行一院制，共设240个议席，按政党得票比例通过民选产生，任期4年。部长会议是中央行政机关，其主席（总理）根据总统授权组织政府。政府成员根据总理提名，由国民议会选举产生。现政府成立于2017年5月，共设17个部。司法机关包括最高司法委员会、最高上诉法院、最高行政法院、总检察院、特别侦察局、最高律师委员会，各行政区、市设有法院与检察院。

（四）社会经济发展状况

保加利亚经济规模较小，属于外向型，对外资依赖度高，特别是严重依赖经济发达的欧盟大国。但据世界银行数据，保加利亚属于中高等收入国家。近些年，国民经济呈低速增长态势。2016年，国内生产总值（GDP，现价）为532.31亿美元，增长3.9%，在欧盟成员国中位居前列。人均GDP 7468美元，增长4.7%，达到欧盟国家人均GDP的49%。虽然保加利亚在欧洲仍属于低收入国家，但经济发展已经向前迈出了一大步。

从国家经济发展的历程来看，1996—1997年经济危机之后，经济逐步恢复；2000—2008年经济稳步增长，最高年均增速达7.3%；2009年，受希腊债务危机等因素影响，经济出现负增长；2010年以后，经济有所好转，虽增长势头趋缓，但多项指标表明经济发展蒸蒸日上（表1）。

表1　2000—2016年保加利亚经济发展情况

年 份	GDP（亿美元）	人均GDP（美元）	GDP增速（%）	人均GDP增速（%）
2000	131.49	1609	—	—
2001	140.74	1779	3.8	7.1
2002	162.76	2068	5.9	6.5
2003	209.79	2681	5.2	5.8
2004	259.60	3336	6.4	7
2005	296.39	3829	7.1	7.7
2006	341.15	4431	6.9	7.4
2007	444.11	5798	7.3	7.9

（续表）

年 份	GDP（亿美元）	人均GDP（美元）	GDP增速（%）	人均GDP增速（%）
2008	544.17	7139	6	6.5
2009	519.10	6844	-3.6	-3.1
2010	505.89	6715	1.3	2
2011	574.39	7817	1.9	4.5
2012	538.68	7373	0	0.6
2013	557.81	7678	0.9	1.4
2014	567.40	7854	1.3	1.9
2015	502.11	6995	3.6	4.3
2016	532.31	7468	3.9	4.7

数据来源：保加利亚国家统计局

自苏东剧变以来，保加利亚已基本实现公有制经济转型，过渡为包括私有制在内的多种所有制经济。农业、轻工业和旅游服务业属于优先发展行业，是国家财政的主要来源。国家经济结构以服务业和工业为主，其中服务业比重平稳上升。据保加利亚国家统计局数据，2016年，服务业增加值占GDP的比重为67.6%，工业（含建筑业）增加值占比为28.0%，农林渔业增加值占比为4.4%（图2）。

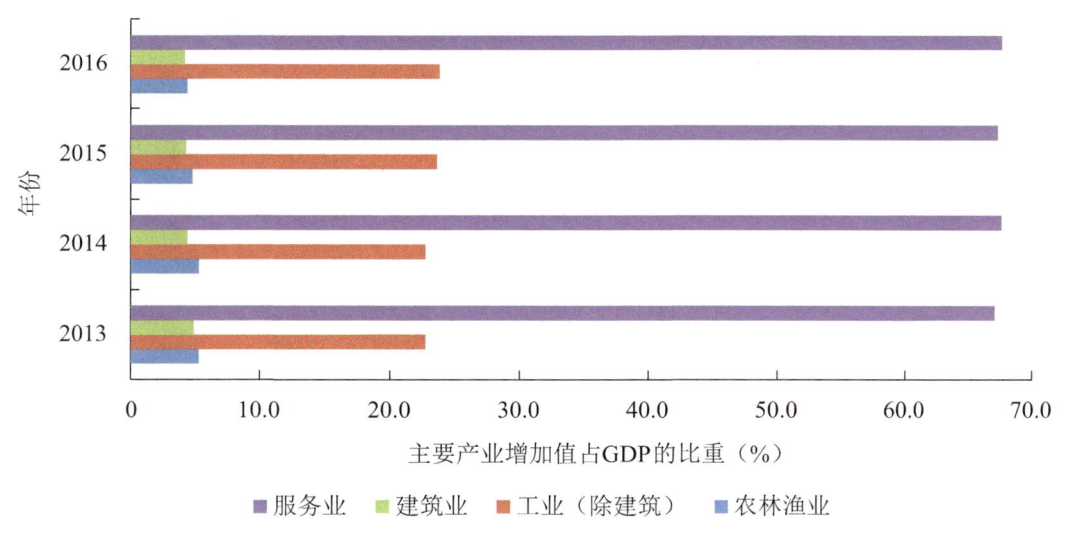

图2　2013—2016年保加利亚主要产业增加值占GDP的比重

数据来源：保加利亚国家统计局

目前，保加利亚是欧盟国家中最穷的国家，在加入欧盟10年后，人均GDP依然在欧盟中位列末席，劳动生产率和经济竞争力等相关指标也在欧盟国家中排名落后，仍有很大发展潜力。保加利亚居民家庭收入的54.3%来源于工资，31.2%来自抚养金、救济金和社会补助金。近年政府不断提高社会福利待遇。2016年，保加利亚通货膨胀率为-0.8%，失业率为7.6%，人均工资和退休金有明显提升，人均工资941列弗，退休金161列弗，分别比2007年提高1.35倍和74.6%。保加利亚农村地区依然存在贫困问题，根据2017年欧盟最新划定的贫困线标准，保加利亚生活在贫困线以下人口占48%，在欧盟国家中仅次于罗马尼亚（50%）。保加利亚在欧盟国家中是债务最低的国家之一，财政预算赤字为零。

二、农业发展现状

（一）农业资源条件

1. 土地资源

据保加利亚农业部数据，2016年农业用地面积为521.46万公顷，占国土面积的47.2%。其中，耕地面积348.10万公顷，占农业用地的66.8%；永久草地和牧场面积138.41万公顷，占农业用地的26.5%；多年生作物面积14.10万公顷，占农业用地的2.7%。农业用地中，19.32万公顷未被使用，占3.7%；19.15万公顷为休耕地；仅2.3%的土地可灌溉。耕地面积中，69%种植作物，22%是葡萄园，9%是其他用途。

2000—2016年，保加利亚农业用地面积呈波动下降趋势。2016年农业用地面积比2000年的558.20万公顷减少36.74万公顷，农业用地占国土面积的比重下降3.4个百分点。同期，耕地面积呈先减少后增加的变动趋势。耕地面积在2008年降至最低值308.80万公顷，自2009年起逐步回升，2015年恢复到350.97万公顷，与2000年基本持平。近年来，由于人口萎缩等因素影响，保加利亚人均耕地面积有所上升，由2000年的0.43公顷升至2016年的0.49公顷。同时，森林覆盖率也逐年提高（表2）。

表2 2000—2016年保加利亚土地资源情况

年 份	农业土地（万公顷）	农业用地占比（%）	耕地面积（万公顷）	人均耕地面积（公顷）	森林面积（万公顷）	森林覆盖率（%）
2000	558.20	50.6	352.60	0.43	337.50	30.6
2001	549.80	49.8	346.70	0.43	343.02	31.1
2002	532.50	48.2	335.50	0.43	348.54	31.6
2003	532.60	48.3	332.30	0.43	354.06	32.1

(续表)

年　份	农业土地（万公顷）	农业用地占比（%）	耕地面积（万公顷）	人均耕地面积（公顷）	森林面积（万公顷）	森林覆盖率（%）
2004	533.00	48.3	331.30	0.43	359.58	32.6
2005	526.50	47.7	317.30	0.41	365.10	33.1
2006	519.00	47.0	313.20	0.41	366.82	33.2
2007	511.60	46.4	308.50	0.41	368.54	33.4
2008	510.10	46.2	308.80	0.41	370.26	33.5
2009	503.00	45.6	314.60	0.42	371.98	33.7
2010	505.20	45.8	318.60	0.43	373.70	33.9
2011	508.80	46.1	325.00	0.44	375.42	34.0
2012	512.30	46.4	331.70	0.45	377.14	34.2
2013	499.50	45.3	347.90	0.48	378.86	34.3
2014	497.70	45.1	348.60	0.48	380.58	34.5
2015	501.19	45.4	350.97	0.49	382.30	34.6
2016	521.46	47.2	348.10	0.49	423.10	38.3

数据来源：保加利亚农业、食品和林业部农业统计

保加利亚的生物气候条件形成了三大土壤带，一是北部森林—干草原带，二是南部干热带，三是山区。北部森林—干草原带的土壤主要为黑钙土和灰色森林土壤，南部干热带主要是变性土和积云森林土壤，山区以棕色森林土壤为主。保加利亚共有31种土壤类型，按其肥力可以分为11组。

2. 水资源

保加利亚约有496条河流，主要河流为多瑙河和马里查河。多瑙河是保加利亚与罗马尼亚的界河，流经北部边境；其支流伊斯克尔河纵贯西北境，长368千米，是保境内最长的河流。南部有马里查河，绵延480千米，是巴尔干半岛上最长的河流，其最大支流之一是登萨河。

保加利亚多年平均地表水资源约为200亿立方米，地下水资源补给量60亿立方米，人均水资源占有量2720立方米。但保加利亚的水资源时空分布不均，约70%的年平均径流量发生在春季，夏季径流量仅占7%。地表水资源约13.7%分布在平原和低地，81.6%分布在高山丘陵地区。地下水资源丰富，约有47.22亿立方米，大多适于饮用，矿泉水资源位居欧洲第2位。多瑙河流域分布有33%的地下水资源，马里查河台地和登萨河台地分布了27%

的地下水资源。

3. 气候资源

保加利亚位于北半球大陆温带的最南端，北部为温带大陆性气候，南部则受地中海气候的影响。年平均气温12.1℃，最高气温为35℃，最低气温为-16℃。年均相对湿度为71.3%，最长降雨天数为17天，最大日降水量为41毫米，年均降水量585毫米。

4. 生物资源

保加利亚拥有3000多种物种，农作物资源丰富，其中有不少是特色、独有资源。国土面积的1/3为森林覆盖，多样化的生态环境成为珍贵动物资源的栖息地，特别是品质优良的红鹿、黇鹿、欧洲盘羊和野猪。此外，保加利亚是誉满天下的"玫瑰之国"，玫瑰花是国花，还有传统民族节日玫瑰节。保加利亚玫瑰指长期栽培的大马士革系列玫瑰，主要有淡粉色、粉红色和白色3个品种，其中以淡粉色品质最好。保加利亚玫瑰种植面积大，集中产地位于玫瑰谷，可供食用和提取精油。

（二）农业生产情况

保加利亚是一个传统的农业国家，主要生产谷物、烟草、蔬菜、水果等农产品。在农产品加工方面，尤以酸奶、葡萄酒酿造技术著名。玫瑰油的产量和出口量以及雪茄烟的出口量均位居世界首位。

1. 农业产值规模及构成

近年来，保加利亚的农业总产值不足80亿列弗，且呈下降趋势。2017年，农业总产值为70亿列弗，比2014年减少8.5%。农业产值占GDP的比重也呈下降趋势，由2013年的5.3%降至2017年的4.3%。早在2000年以前，保加利亚农业产值占GDP的比重曾在10%以上。

保加利亚农业以种植业为主，农业产值构成中，种植业占绝对主导。2017年，种植业产值占农业产值的66.3%，畜牧业产值占25.0%，农业服务业产值占5.8%，农产工业产值占2.9%。近年来，随着产业结构调整，种植业产值比重呈增加趋势，畜牧业产值比重下降，农业服务业和农产工业产值占比基本保持不变。

从不同农业产业来看，谷物产值占农业产值的31.0%，经济作物产值占22.6%，饲料作物产值占2.3%，蔬菜产值占4.2%，马铃薯产值占0.8%，水果产值占4.9%，其他作物产值占0.5%，牲畜产值占12.6%，畜产品产值占12.4%（图3）。

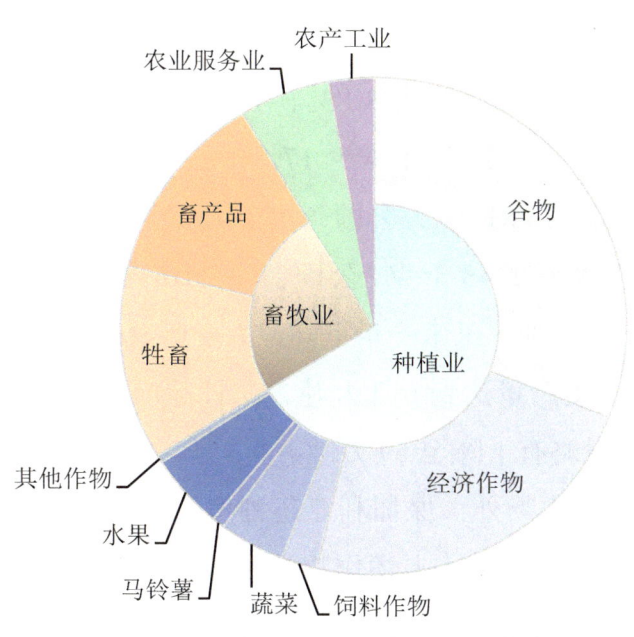

图3 2017年保加利亚农业产值构成

数据来源：保加利亚农业、食品和林业部

2. 主要农产品产量

(1) 种植业产品

保加利亚种植的作物主要有小麦、玉米、大麦、向日葵、甜菜、烟叶、马铃薯、蔬菜和水果。在经济转轨之前，谷物人均占有量已达到很高水平。随后数年，农业发展出现停滞甚至倒退，许多农作物产量大幅下降，近年农作物产量重新呈上升趋势（表3）。2016年，保加利亚人均谷物占有量达到1230.56千克，比中国人均谷物占有量408.89千克高出2倍。

表3 2015—2016年保加利亚主要作物生产情况

品 种	收获面积（万公顷）		产量（万吨）		单产（千克/公顷）	
	2015年	2016年	2015年	2016年	2015年	2016年
小麦	110.59	119.28	501.2	566.0	4532	4745
大麦	17.60	16.08	69.8	69.4	3966	4314
玉米	49.86	40.69	269.7	221.9	5409	5453
向日葵	81.08	81.74	169.9	183.8	2096	2248

数据来源：保加利亚农业、食品和林业部

谷物生产以小麦为主，收获面积最大，其次是玉米、大麦。油料作物向日葵收获面积仅次于小麦。2016年，小麦收获面积119.28万公顷，比2015年增长7.9%；产量566.0万吨，比2015年增长12.9%；单产水平为4745千克/公顷，比2015年提高4.7%。大麦收获面积 16.08 万公顷，比 2015 年减少 8.6%；产量 69.4 万吨，比 2015 年减少 0.6%；单产水平为 4314 千克/公顷，比 2015 年提高 8.8%。玉米收获面积 40.69 万公顷，比 2015 年减少 18.4%；产量 221.9 万吨，比 2015 年减少 17.7%；单产水平 5453 千克/公顷，比 2015 年提高 0.8%。向日葵收获面积 81.74 万公顷，比 2015 年增长 0.8%；产量 183.8 万吨，比 2015 年增长 8.2%；单产水平 2248 千克/公顷，比 2015 年提高 7.3%。从发展趋势来看，保加利亚小麦和向日葵产量增加，玉米产量下降，大麦产量基本稳定，且主要作物单产水平不断提升。预计 2017 年小麦产量达到 613 万吨，向日葵产量达到 200 万吨，玉米产量有望恢复至 256 万吨，大麦产量略有下降至 59 万吨。

除上述主要粮食和油料作物外，保加利亚还种植水稻、燕麦、小黑麦、黑麦和高粱等粮食作物，但产量非常低。2016 年，上述作物的收获面积分别为 1.2 万公顷、1.5 万公顷、1.6 万公顷、7000 公顷和 3000 公顷，产量分别为 6.5 万吨、3.1 万吨、4.9 万吨、1.5 万吨和 8000 吨。2017 年，水稻和燕麦的收获面积有所下降，小黑麦、黑麦和高粱收获面积扩大，除稻谷产量下滑 6% 以外，其余粮食作物产量均不程度增加，其中小黑麦和高粱的产量增幅分别达 20% 和 50%。保加利亚的油料作物除向日葵外，还有油菜籽和大豆，2016 年的收获面积分别为 17.1 万公顷和 1.4 万公顷，产量分别为 50.9 万吨和 1.8 万吨。

保加利亚的园艺作物生产具有传统优势，主要是蔬菜和水果。生产的蔬菜包括番茄、辣椒、茄子、黄瓜、卷心菜、西葫芦、洋葱、马铃薯、西瓜、南瓜、甜瓜等。水果品类丰富，包括苹果、梨、杏、桃、樱桃、树莓及坚果等。保加利亚农业部数据显示，2016 年，露地蔬菜种植面积 5.93 万公顷，温室蔬菜种植面积 1002 公顷，蔬菜总种植面积 6.03 万公顷，蔬菜产量为 59.76 万吨。各类水果（不包括葡萄）种植面积 3.72 万公顷，产量 19.90 万吨（表 4）。葡萄产量 20.9 万吨，其中 19.95 万吨来自葡萄园。96% 的葡萄都用于加工，只有 4% 用于鲜食消费。保加利亚果蔬加工品主要为罐头食品、浓缩果汁、干蘑菇和药草等，冷冻和干蔬菜以及水果在国际市场上非常具有竞争力。

表 4　2015—2016 年保加利亚水果生产情况

品　种	面积（公顷）		单产（千克/公顷）		产量（吨）	
	2015 年	2016 年	2015 年	2016 年	2015 年	2016 年
苹果	4765	4111	12260	10887	58419	4755
梨	528	410	5593	4859	2953	1992
杏	2481	2554	5715	6070	14179	15503
桃	3711	3816	9521	7975	35334	30432
李	6827	6705	5299	7253	36176	48630

(续表)

品　种	面积（公顷）		单产（千克/公顷）		产量（吨）	
	2015年	2016年	2015年	2016年	2015年	2016年
樱桃	8055	8463	6136	4549	49423	38496
甜樱桃	1207	1137	2838	3119	3425	3546
坚果	5055	6280	718	790	3627	4959
扁杏	574	987	739	852	424	841
榛子	496	544	728	410	361	223
树莓	1522	1833	4497	4582	6845	8398
其他	433	351	—	—	1856	1207
总计	3 654	37191	—	—	213022	198982

数据来源：保加利亚农业、食品和林业部农业统计局

（2）畜禽产品

保加利亚饲养的牲畜包括牛、猪和羊，牛存栏量约55万头，猪存栏量60万头，羊存栏量接近160万只。畜群规模总体基本保持稳定。2013—2016年，牛存栏量略有下降，猪存栏量略有增加，山羊存栏量有所下降（表5）。保加利亚牛养殖主要以奶牛为主，奶牛存栏量占牛总存栏量的64%，还有少量的水奶牛。2016年，全国共有养牛场3.85万个，其中奶牛场3.56万个，占92.5%。平均每个牛场养殖14.5头，奶牛场平均养殖规模为10头。牛的饲养规模化程度逐步提高，2016年比2015年提高10个百分点以上。肉鸡养殖场905个，其中88%的养殖场规模在200只以下。畜牧养殖主要面临的挑战是蛋白饲料需要依赖进口。

表5　2013—2016年保加利亚主要畜牧品种存栏量　　　（单位：万头/只）

年　份	牛	奶牛	水牛	水奶牛	猪	母猪	绵羊	母羊	山羊	母山羊
2013	57.56	34.68	1.00	0.62	58.64	4.35	136.96	115.29	28.93	24.46
2014	55.28	34.45	0.96	0.63	55.31	4.33	133.53	110.90	29.26	22.76
2015	55.02	35.26	1.08	0.68	60.01	4.69	133.19	111.70	27.69	21.99
2016	55.84	35.78	1.30	0.76	61.61	4.72	135.88	112.72	23.75	19.94

数据来源：保加利亚农业、食品和林业部

肉类生产中，禽肉占比最高，为55%，其次是猪肉占36%，牛羊肉占9%。但从肉类消费来看，猪肉占比最高，为51%，其次是禽肉42%，牛羊肉7%。2016年，肉类总产量

为 21.16 万吨。其中，禽肉 10.96 万吨，猪肉 7.27 万吨，牛肉 1.76 万吨，羊肉 1.17 万吨（图 4）。过去 10 年，牛羊肉产量呈下降趋势，猪肉产量基本稳定，禽肉产量波动相对较大，总体略有下降。保加利亚牛肉产量主要来自个体农场生产，占 60.7%；猪肉生产主要来自商业化部门，产量占比高达 93.9%；禽肉（72% 为鸡肉）主要为屠宰场商业化生产。2016 年，禽蛋产量 133.13 万枚，蜂蜜产量 1.02 万吨。保加利亚肉类加工既有小规模企业，也有大型企业，但大多牲畜屠宰和肉类加工是由私人企业进行。

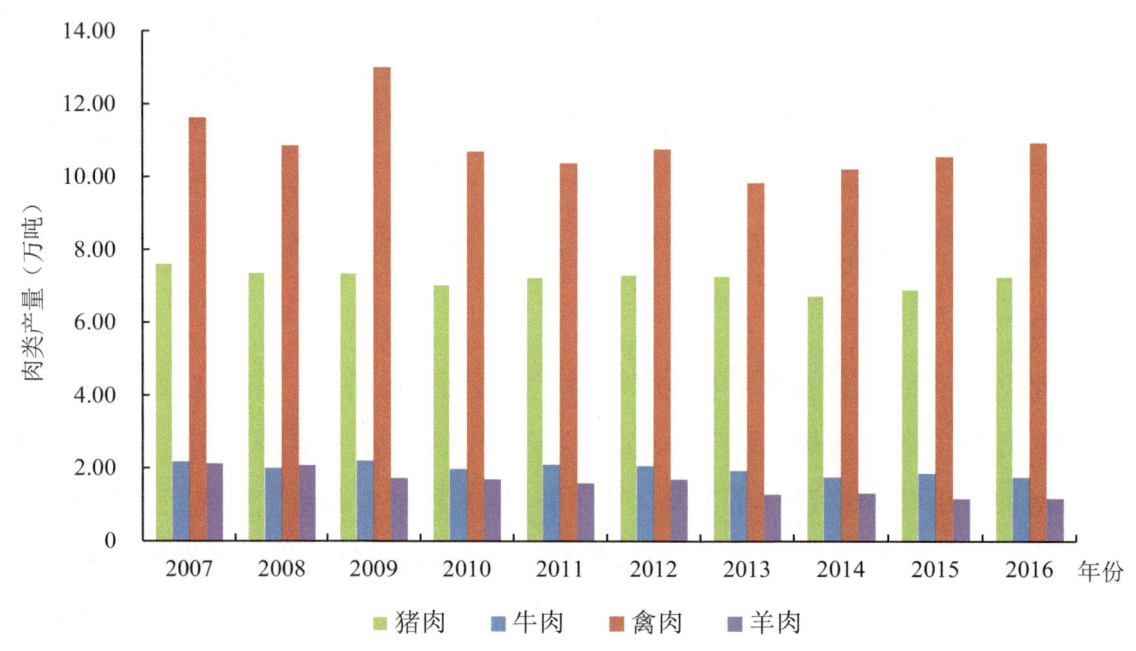

图 4　2007—2016 年保加利亚肉类生产情况

数据来源：保加利亚农业、食品和林业部

奶类生产主要是牛奶，占总产量的 88.7%；其次是绵羊奶，占 6.9%；山羊奶占 3.6%；水牛奶占 0.8%。近年，奶产量有所下滑，主要是因为 2016 年 4 月爆发了牛结节性皮肤病，导致奶牛数量减少，贸易伙伴实施了进口禁令。2016 年，牛奶产量为 114.87 万吨，与 2015 年基本持平，比 2013 年减少 12.1%。保加利亚奶牛养殖以小规模为主，饲养 1~2 头的占 67%，3~9 头的占 12%，10~19 头的占 9%，20~49 头的占 8%，50~99 头的占 3%，而 100 头以上超大规模养殖比例仅为 1%。保加利亚乳制品加工历史悠久，产品种类齐全，是酸奶的故乡。奶制品加工量不断提高，2016 年用于加工的牛奶量为 56.02 万吨，其中牛奶加工率为 93.6%。

（3）渔产品

保加利亚的渔产品市场非常小，人均消费量大约 5 千克，低于欧盟平均水平。目前，尽管中高端水产品的消费需求增加，但保加利亚消费者偏爱欧洲鲌鱼、虹鳟、银鲫、银鲤和梭鲈。保官方统计数据显示，2016年，保加利亚渔获量为8592吨，比2015年减少2.8%，其中8540吨渔获量来自黑海。黑海捕获的品类包括贝类、欧洲鲌鱼、欧洲鳀鱼、红鲻鱼、青鱼、白斑角鲨、金枪鱼、虾虎鱼、大菱鲆、团扇鳐等。保加利亚国内渔产品产量无法满足消费需求，必须依赖进口。2012年8月，保加利亚实施了内陆水域禁止商业捕鱼的命令，从而导致国内渔获量明显减少，2016年产量比2013年（近年最高产量）下滑10.8%（图5）。

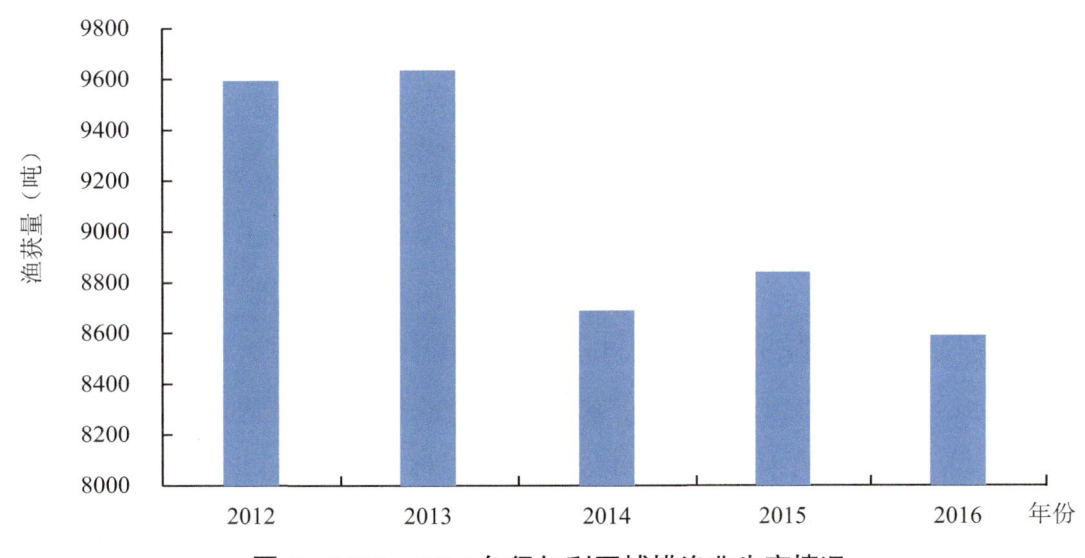

图5　2012—2016年保加利亚捕捞渔业生产情况

数据来源：保加利亚渔业和水产养殖执行机构

2016年，保加利亚海鲜产品生产量为1.43万吨。其中，冷冻鱼2311吨，冻鱼片116吨，干鱼373吨，烟熏鱼180吨，罐头鱼7175吨，鱼子酱148吨，贝类产品454吨，其他海生产品406吨。

保加利亚拥有20万公顷湖泊、水库和河流水域，占国土面积的1.8%。400多个湖泊总面积超过1万公顷，发展淡水渔业的自然条件优越。2016年，多瑙河的商业捕鱼量为52.2吨，比2015年减少46%，主要产品是鲤鱼、银鲤、银鲫和六须鲶鱼等。水产养殖产量为1.54万吨，比2015年增长13.8%（图6）。2012—2016年，水产养殖产量的年均增长速度为19.5%，产量增加主要来自于虹鳟、鲤鱼、银鲤，此外，杂交鲟鱼的养殖量增长也很快。

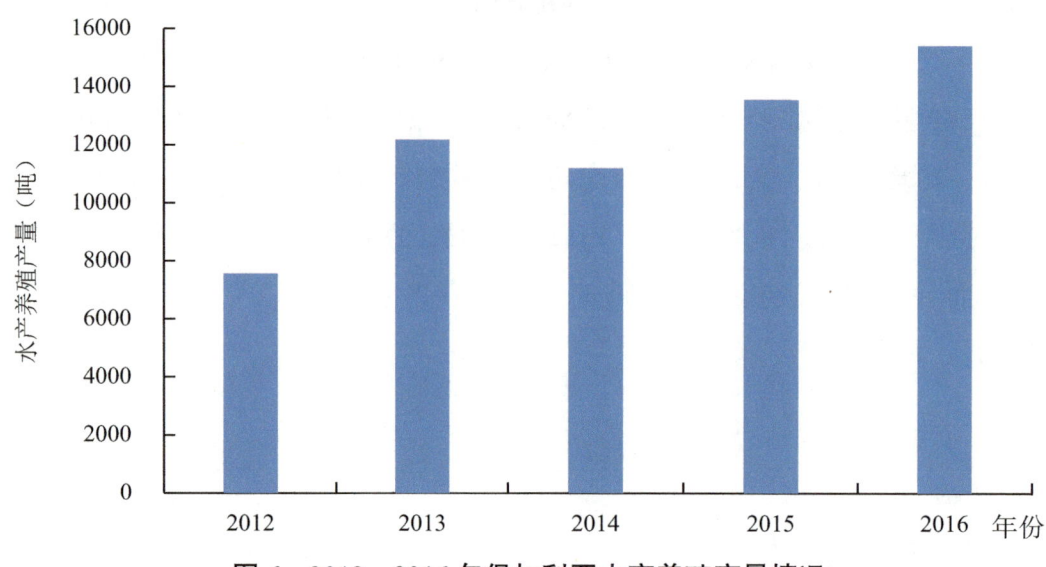

图6　2012—2016年保加利亚水产养殖产量情况

数据来源：保加利亚渔业和水产养殖执行机构

（4）林产品

保加利亚是欧洲森林覆盖率最高的国家之一，其中大部分属天然林。未开垦和未受人类活动影响的林地面积占4%以上。其丰富的森林资源保护了43种世界濒危动植物。保加利亚林地面积包括90.8%的木材林地、1.5%的人工林、7.1%的非木材生产区和0.6%的松木林。2013—2016年，林产品产量呈小幅增加趋势（表6）。2016年，木材产量为2253.9万立方米。其中，枯倒木844.7万立方米，间伐、疏伐和择伐木704.6万立方米，工业木材259.0万立方米，薪材445.6万立方米。保加利亚工业木材生产主要来自针叶林，薪材生产主要来自阔叶林，其他木材来自针叶林和阔叶林的产量份额大体相当。

表6　2013—2016年保加利亚林产品产量　　　　　　　　　　（单位：万立方米）

年　份	倒　木	伐　木	工业木材	薪　材	合　计
2013	805.5	679.6	271.5	408.1	2164.7
2014	728.2	619.1	243.0	376.1	1966.4
2015	838.9	704.0	277.4	426.6	2246.9
2016	844.7	704.6	259.0	445.6	2253.9

数据来源：保加利亚林业执行机构

3. 主要农业产业布局

（1）种植业布局

保加利亚作物生产主要分布在北部和东南部地区，具体包括西北部地区、中北部地区、东北部地区和东南部地区。小麦产量的 89% 都来自该区域。其中，东北部和西北部地区的种植面积稍大，但东北部地区的产量更高，东南部地区的产量最低，其次是中北部地区。大麦产量的 91% 来自该区域，且主要在东南部地区，东北部地区的种植面积不大，但产量较高。玉米产量的 96% 来自该区域。其中，西北部地区产量最高，占 38.4%；中北部和东北部地区分别占 30.1% 和 29.9%；东南部地区仅生产少量玉米。向日葵产量的 90.4% 来自该区域。其中，西北部地区产量最高；其次是东北部地区和中北部地区；东南部地区的产量最低，仅占区域总产量的 14.5%。

保加利亚的西南部和中南部地区也种植作物，但产量非常低，仅约占全国产量的不足 10%。其中，中南部地区的小麦、大麦、向日葵产量相对较高，而玉米产量在中南部和西南部地区大体相当（表7）。

表7　2016年保加利亚主要地区作物生产情况　　（面积单位：万公顷；产量单位：万吨）

地区	小麦 面积	小麦 产量	大麦 面积	大麦 产量	玉米 面积	玉米 产量	向日葵 面积	向日葵 产量	青储玉米 面积	青储玉米 产量
全国	119.28	566.0	16.08	69.4	40.69	221.9	81.74	183.8	3.12	62.1
北部和东南部	100.32	502.9	13.97	63.1	3.91	213.7	70.92	166.1	2.19	44.7
西北部	26.76	125.4	2.76	12.4	14.30	82.1	21.53	52.7	0.56	10.6
中北部	22.20	121.5	3.33	15.6	11.95	64.4	17.00	42.6	0.31	6.3
东北部	27.30	151.8	3.09	15.7	11.99	63.9	18.84	46.7	0.95	20.9
东南部	24.06	104.2	4.79	19.4	0.81	3.4	13.55	24.1	0.38	6.9
西南部和中南部	18.96	63.1	2.11	6.3	1.64	8.2	10.83	177.7	0.93	17.4
西南部	5.61	18.1	0.58	1.7	0.84	3.8	2.57	4.5	0.20	4.2
中南部	13.34	45.0	1.54	4.6	0.80	4.4	8.26	13.2	0.73	13.2

数据来源：保加利亚农业、食品和林业部

保加利亚葡萄种植主要分布在东南部和中南部地区，这两个地区的产量占全国总产量的 71.3%，西南部、东北部和西北部的产量占比分别为 9.8%、7.6% 和 7.5%。在油料玫瑰种植方面，目前共有 3800 公顷农地用于玫瑰种植，主要分布在旧扎果拉（42%）、普罗夫迪夫（41%）和帕扎尔吉克（15%）3个地区。

（2）畜牧业布局

保加利亚畜牧业生产区域分布非常明显，牛养殖主要分布在中南部和东南部地区，存栏量占比达 51.3%。奶牛在全国均有养殖，但中南部和东南部地区养殖相对集中，占比为 52.9%。水牛养殖主要分布在西北部、东南部和中南部地区，占水牛总养殖量的 68.5%。生猪养殖主要集中在中北部、东北部和东南部地区，这 3 个地区的养殖量占全国养殖量的 88.2%。绵羊生产在全国分布相对均匀，主要集中在中南部、东南部和西南部，东北部地区的饲养量也比较大，上述 4 个地区的养殖量占全国总养殖量的 78.9%。山羊养殖主要分布在西北部、西南部、东南部和中南部地区，这 4 个地区的养殖量占比达到 77.1%。肉鸡养殖主要集中在中北部、东北部和东南部，占全国饲养量的 81.5%。地方鸡饲养主要分布在中北部和东北部地区；火鸡分布较广，全国五大区域均饲养，中北部地区最为集中，其次是东北部地区、中南部地区、东南部地区，西北部和西南部地区养殖量相对较少（表 8）。

表 8　2016 年保加利亚各地区畜禽存栏情况　　　（单位：万头 / 只，千只）

品　种	西北部	中北部	东北部	东南部	西南部	中南部	总　计
牛	6.75	6.16	7.61	10.70	6.66	17.96	55.84
奶牛	4.31	3.83	4.38	6.87	4.32	12.07	35.78
水牛	0.37	0.13	0.15	0.26	0.13	0.26	1.30
猪	2.62	19.09	18.11	17.11	1.11	3.57	61.61
绵羊	15.42	13.30	20.20	29.29	26.12	31.55	135.88
山羊	5.39	2.60	2.84	4.22	4.91	3.79	23.75
肉鸡	750	1662	1480	1171	—	—	7158
鸡	388	2926	1295	178	—	—	5290
火鸡	1138	4588	2775	1349	1016	1582	12448

数据来源：保加利亚农业、食品和林业部

（三）农产品贸易情况

1. 农产品贸易规模

（1）农产品贸易额

保加利亚是欧亚贸易和能源走廊，居于欧亚要冲位置，辐射面广，一直受到外资青睐。作为世界上重要的新兴市场之一，保加利亚与 200 多个国家（地区）有贸易往来。2016 年，货物总贸易额为 550.80 亿美元。其中，进口 289.32 亿美元，出口 261.48 亿美元，呈贸易逆差格局，逆差额 27.84 亿美元。

从农产品贸易来看，总体贸易规模呈不断扩大趋势。2016 年，农产品贸易额达到 68.76 亿欧元，比 2013 年增长 11.5%。其中，进口额为 28.39 亿欧元，出口额为 40.40 亿欧元，贸易顺差 12.01 亿欧元（表 9）。农产品出口额占国家出口贸易总额的 17.1%，进口额占国家进口贸易总额的 10.9%。

表 9　2014—2016 年保加利亚农产品贸易情况　　　　　　　　（单位：亿欧元）

项　目	2013 年	2014 年	2015 年	2016 年
出口额	40.69	36.95	37.31	40.40
进口额	24.50	24.68	27.08	28.39
贸易差	16.19	12.27	10.23	12.01
总贸易额	65.19	61.62	64.38	68.76

数据来源：保加利亚农业、食品和林业部

保加利亚出口的农产品主要包括食品和活动物、饮料和烟草、动植物油脂等三大类。食品和活动物出口额在国家出口贸易总额中所占比重为 11.4%，进口额在国家进口贸易总额中所占比重为 8.1%；饮料和烟草所占比重分别为 1.5% 和 1.7%；动植物油脂所占比重分别为 0.4% 和 1.0%。

（2）分品种贸易情况

保加利亚农产品贸易活跃，主要出口植物产品（初级产品），主要进口加工食品和饮料等，畜产品、水产品为净进口。农产品出口中，植物产品所占份额为 49.7%，加工食品、饮料、醋和烟草等占 33.5%，畜产品占 10.5%，动植物油脂占 6.3%；农产品进口中，加工食品、饮料、醋和烟草占 48.1%，植物产品占 25.1%，畜产品占 23.0%，动植物油脂占 3.8%（图 7）。从具体产品来看，主要出口小麦、大麦、玉米、葵花籽、葵花籽油、油菜籽、菜籽油、菜粕、烟草、奶酪、果汁、葡萄酒、精油等；主要进口猪肉、牛肉、禽肉、麦芽、大豆及豆粕、豆油、水产品、蔬菜、水果、生咖啡、原糖等。

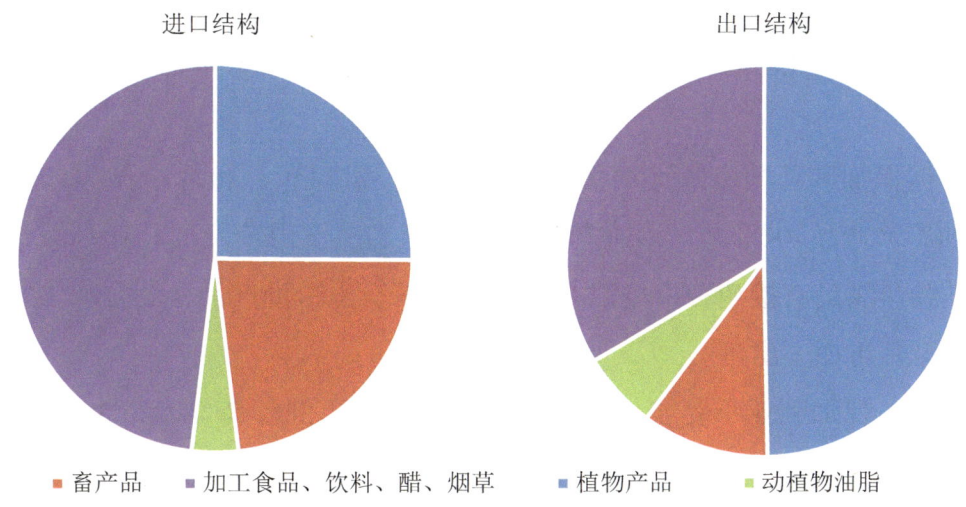

图 7　2016 年保加利亚农产品进出口结构

数据来源：保加利亚农业、食品和林业部

粮食和饲料产品：2016年（市场年度，2015年7月到2016年7月），保加利亚进口小麦5.6万吨，出口小麦351.8万吨。进口大麦1.5万吨，麦芽1.37万吨，出口大麦54.6万吨。进口玉米4万吨，出口玉米132.51万吨。进口大豆2.68万吨，出口大豆7391吨；进口豆粕11.76万吨，出口豆粕8541吨。

油料作物及其产品：保加利亚是世界第8大油菜籽出口国，出口占全球的1.2%。2016年，保加利亚进口葵花籽8.85万吨，出口葵花籽74.64万吨；进口葵花籽粕8461吨，出口23.14万吨；出口葵花粉3.61万吨；进口葵花油1.29万吨，出口葵花油23.65万吨。进口油菜籽1.46万吨，出口油菜籽32.44万吨；进口菜粕4681吨，出口菜粕1.82万吨；进口菜籽油5778吨，出口菜籽油2.06万吨。进口豆油1.96万吨，出口豆油2035吨。

牛产品：保加利亚少量进口种牛。2016年，种牛进口达8700头，增长78%。活牛出口2.77万头，增长79%，出口额1340万美元。近年牛肉进口呈快速增加趋势，2016进口牛肉1036.37吨，增长26%。其中，鲜牛肉进口增加明显，增幅达20%，进口量193吨，进口额900万美元；冷冻牛肉进口增加25%，进口量264吨；加工牛肉进口增加18%。牛肉出口量很少，仅203吨，2015年曾出口315吨，降幅达35.6%。

猪禽产品：活猪进口量不大，主要是种猪和临时性的育肥猪。2016年，进口猪肉和加工猪肉7467.93吨，主要是欧盟市场优质且具价格竞争力的产品支撑了进口。猪肉出口量为近200吨，主要受到市场开发力度不足、当地需求疲弱以及地方市场卫生检验检疫条件有限的影响。禽肉及杂碎进口10.22万吨，主要是鸡肉；出口4.10万吨，主要是鸭肉。

奶制品：2016年，进口奶及制品15万吨，比2015年增长15.4%，主要进口用于加工的鲜奶（占43%）和奶替代品（占35%）。鲜奶进口量6.5万吨，奶酪进口2.45万吨。此外，还进口无脂干奶1.7万吨，全脂奶粉7100吨，黄油8457奶当量（BET），奶酪1.44万吨。出口奶制品4.5万吨。其中，奶酪出口2.09万吨，占比46.4%；鲜奶和酸奶占比均为17%。

水产品：据保加利亚国家统计局数据，2016年，进口鱼、鱼片、贝类和甲壳类海产品3.29万吨，加工渔产品4838吨。冷冻鱼进口占比达57%。由于保加利亚马鲛鱼缺口大，主要进口冷冻马鲛鱼满足直接消费市场以及加工业需求。出口渔产品1.2万吨，主要是水产养殖产品以及进口鱼再加工出口。

其他副产品：保加利亚小麦或玉米用于生产乙醇的比例较高，大约30%的小麦和70%的玉米被用作乙醇生产的原料。有关机构预测，2016/17年度用于生产乙醇的小麦达6万吨。保加利亚乙醇出口持续增长，2016年，出口量达到5290万升，比2013年增加57.9%。2011—2016年，DDGS（干酒糟及其可溶物）出口量不断增加，从2.09万吨增长至7.22万吨，增幅达 2.46 倍。

有机产品：保加利亚出口有机玫瑰、薰衣草和精油。2016 年，精油出口 6600 万美元，玫瑰油出口 6000 万美元；蜂蜜出口 9000 吨，出口额 3200 万美元。进口高价值的有机消费品，占国内市场份额的 60%。

2. 主要贸易伙伴

保加利亚出口目的国有 203 个，进口来源国有 174 个。主要贸易对象为欧盟国家、独联体国家和欧洲自由贸易联盟国家，其中对欧盟国家的贸易占比高达 60% 以上。主要出口国是德国、意大利、希腊和法国，主要进口国是德国、意大利、希腊、波兰、西班牙、匈牙利和荷兰。2016 年，保加利亚与欧盟贸易总额达 369.20 亿美元。其中，出口 192.44 亿美元，进口 176.76 亿美元。

保加利亚农产品主要出口市场是欧洲国家和美国，进口主要来自欧洲国家。主要出口的欧洲国家为德国、波兰、罗马尼亚、希腊、意大利和土耳其等。2016 年，保加利亚对上述国家和美国的出口额占农产品出口总额的比重分别为 14.0%、12.2%、9.6%、8.7%、6.6%、6.5% 和 6.1%，合计所占份额达到 63.7%。其他出口国家还包括荷兰、法国、匈牙利、奥地利、捷克、比利时、塞尔维亚、英国、马其顿和厄瓜多尔（表 10）。

表 10　2016 年保加利亚主要农产品贸易对象国

产　品	进口来源国	出口对象国
小麦	希腊、奥地利、法国	西班牙、罗马尼亚、意大利、越南、希腊、韩国、摩洛哥、葡萄牙
大麦		西班牙、黎巴嫩、希腊
玉米	罗马尼亚、希腊、法国、匈牙利	罗马尼亚、希腊、西班牙、葡萄牙、意大利、黎巴嫩
葵花籽	罗马尼亚、乌克兰、摩尔多瓦	荷兰、法国、德国、土耳其、葡萄牙、英国、西班牙
葵花籽粕	法国、罗马尼亚	土耳其、希腊、德国、意大利、塞浦路斯、
葵花粉		土耳其
葵花油	罗马尼亚、匈牙利	希腊、南非、马其顿、罗马尼亚、意大利和摩洛哥
油菜籽	罗马尼亚、匈牙利进口	法国、比利时、土耳其、德国、罗马尼亚、以色列
菜粕	罗马尼亚	希腊、意大利、西班牙、罗马尼亚、奥地利

（续表）

产　品	进口来源国	出口对象国
菜籽油	乌克兰、罗马尼亚	意大利、奥地利、罗马尼亚
大豆	罗马尼亚、克罗地亚、塞尔维亚	土耳其、希腊
豆粕	罗马尼亚、希腊、乌克兰	罗马尼亚、希腊、塞尔维亚
豆油	罗马尼亚、塞尔维亚、希腊	罗马尼亚和意大利
活牛	捷克、斯洛伐克	土耳其、阿尔巴尼亚、科索沃
牛肉	波兰、西班牙、罗马尼亚、意大利、荷兰	希腊
活猪	荷兰、德国、比利时	
猪肉	西班牙、德国、法国	
鸡肉	波兰、罗马尼亚、荷兰	希腊、罗马尼亚
鸭肉		法国、比利时
水产品	丹麦、西班牙、希腊、捷克、荷兰、加拿大	罗马尼亚、瑞典、希腊、西班牙、比利时、韩国、日本、塞尔维亚、中国
玫瑰油		法国、美国
精油		法国、美国、日本、土耳其
蜂蜜		德国、希腊、波兰、比利时

数据来源：保加利亚农业、食品和林业部、保加利亚渔业和水产养殖执行机构，作者整理

从具体产品来看，小麦主要从希腊、奥地利和法国进口，主要出口西班牙（占比为31.2%）、罗马尼亚（12.7%）、意大利（11.7%）、越南（10.6%）、希腊（7.6%）、韩国（4.3%）、摩洛哥（2.7%）和葡萄牙（2.4%）。大麦主要出口西班牙（28.5%）、黎巴嫩（28.1%）和希腊（27.8%）。玉米主要从罗马尼亚（53.0%）、希腊（19.5%）、法国（10.3%）和匈牙利（11.0%）进口，主要出口罗马尼亚（18.3%）、希腊（14.3%）、西班牙（12.6%）、葡萄牙（10.4%）、意大利（7.8%）和黎巴嫩（6.6%）。

葵花籽（包括生产用种子、带壳葵花籽和油葵）主要进口来源国为罗马尼亚（56.9%）、乌克兰（13.7%）和摩尔多瓦（9.2%）。葵花籽（包括带壳葵花籽和油葵）主要出口荷兰（21.0%）、法国（14.1%）、德国（11.1%）、土耳其（9.5%）、葡萄牙（7.0%）、英国（5.2%）和西班牙（4.9%）。葵花籽粕主要进口来源国为法国（43.8%）和罗马尼亚（31.2%），主要出口土耳其（22.8%）、希腊（20.8%）、德国（12.2%）、意大利（11.8%）和塞浦路斯（5.8%）。葵花粉主要出口土耳其。葵花油主要从罗马尼亚和匈牙利进口，主

要出口希腊（28.1%）、南非（17.0%）、马其顿（16.2%）、罗马尼亚（9.5%）、意大利（8.4%）和摩洛哥（4.4%）。

油菜籽主要从罗马尼亚（85.9%）和匈牙利进口（10.3%），主要出口法国（34.2%）、比利时（21.5%）、土耳其（26.8%）、德国（7.3%）、罗马尼亚（6.2%）和以色列（3.2%）。菜粕主要从罗马尼亚（87.9%）进口，主要出口希腊（27.0%）、意大利（24.7%）、西班牙（22.6%）、罗马尼亚（15.3%）、奥地利（5.6%）。菜籽油主要从乌克兰（76.7%）和罗马尼亚（12.9%）进口，主要出口意大利（69.0%）、奥地利（14.8%）和罗马尼亚（11.6%）。

大豆主要从罗马尼亚（91.9%）、克罗地亚（7.0%）和塞尔维亚（0.9%）进口，主要出口土耳其（50.9%）和希腊（49.0%）。豆粕主要从罗马尼亚（94.1%）、希腊（3.5%）和乌克兰（1.0%）进口，主要出口罗马尼亚（74.9%）、希腊（11.6%）和塞尔维亚（11.3%）。豆油主要从罗马尼亚（49.4%）、塞尔维亚（44.0%）和希腊（6.0%）进口，主要出口罗马尼亚和意大利。

活牛主要从捷克和斯洛伐克进口，主要出口土耳其、阿尔巴尼亚以及科索沃等邻国。牛肉主要进口来源国为波兰、西班牙、罗马尼亚、意大利和荷兰。其中，从波兰和意大利的进口比重呈下降趋势，从西班牙和罗马尼亚的进口呈增加趋势。鲜牛肉主要从荷兰、罗马尼亚和荷兰进口，少量从美国进口；冻牛肉主要从波兰、西班牙和意大利进口。牛肉出口量很少，主要出口希腊。活猪主要从荷兰、德国和比利时进口；猪肉主要从西班牙、德国和法国进口，但从罗马尼亚和匈牙利的进口增加很快。禽肉进口以冷冻鸡肉为主，占进口总量的47%，主要来自波兰（45%）、罗马尼亚（12%）和荷兰（9%）；鸡肉主要出口市场为希腊和罗马尼亚，鸭肉主要出口法国和比利时。

保加利亚玫瑰油90%以上用于出口，主要出口法国和美国。精油主要出口美国（37%）、法国（27%）、日本和土耳其。蜂蜜主要出口德国、希腊、波兰和比利时。水产品主要进口来源国为丹麦、西班牙、希腊、捷克、荷兰和加拿大，其中，自丹麦和加拿大进口增速很快，自捷克进口呈减少趋势。水产品出口目的国主要是欧盟国家（78.2%），如罗马尼亚、瑞典、希腊、西班牙和比利时，欧盟以外的国家是韩国、日本、塞尔维亚和中国。

3. 中国与其贸易情况

中国与保加利亚的农产品贸易保持顺差格局，但顺差呈缩小趋势，2017年贸易顺差1358.76万美元，比2008年缩减67.2%。2008—2017年，中国对保加利亚的农产品出口呈波动下降趋势，出口额从4496.23万美元下降至3314.70万美元，减幅为26.3%；出口量从3.11万吨下降至1.45万吨，减幅为53.3%。中国从保加利亚进口的农产品呈增加趋势，进口额从350.48万美元增加至1955.94万美元，增长458.1%；进口量从865.74吨增加至

3169.00 吨，增长 266.0%（图 8）。

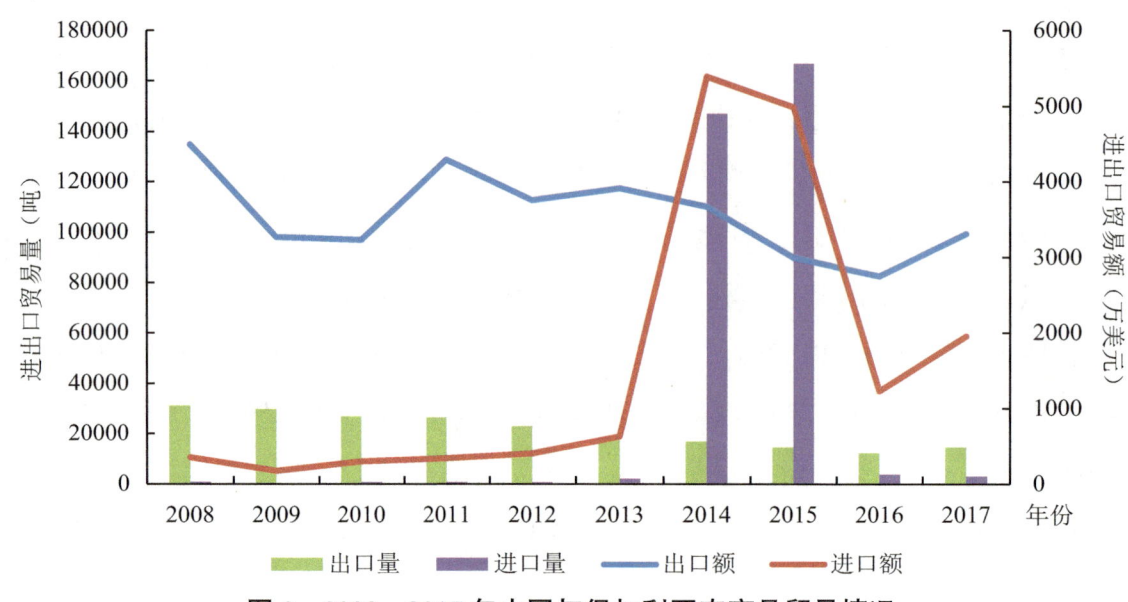

图 8　2008—2017 年中国与保加利亚农产品贸易情况

数据来源：中国海关统计

值得一提的是，2014 年和 2015 年，由于中国限运美国的转基因玉米，导致中国买家转向非传统的玉米进口国，包括保加利亚和乌克兰，从而导致这两年的农产品进口量激增，农产品贸易亦由顺差转为逆差。2016 年，中国从保加利亚的农产品进口快速回落，2017 年又有所回升，增幅为 58.9%。

目前，中国主要向保加利亚出口蔬菜、水果、油籽、棉麻丝、水产品、畜产品以及饮品类。2017 年，上述 7 类产品的出口额占农产品总出口额的 71.9%。除饮品外，蔬菜和水果所占比重较高，为 32.7%（图 9）。中国从保加利亚进口谷物及粮食制品、水果、蔬菜、水

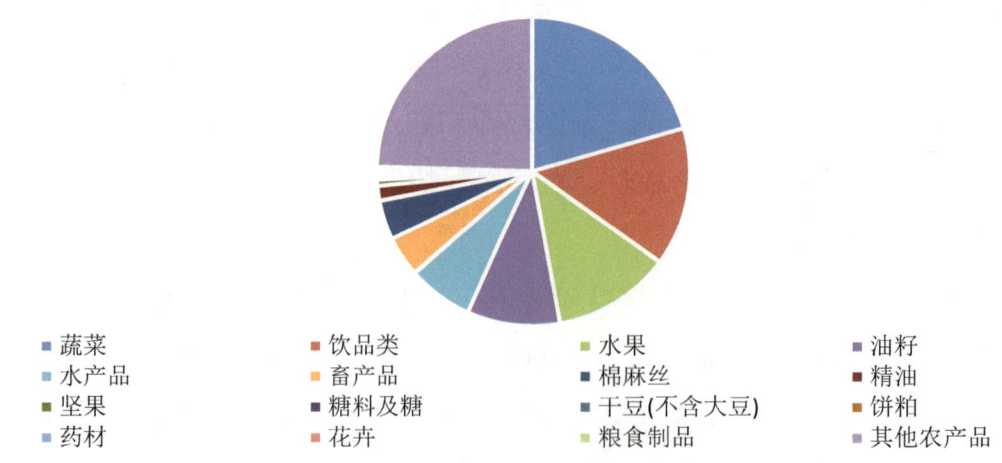

图 9　2017 年中国对保加利亚出口农产品结构

数据来源：中国海关统计

产品、植物油、精油等。2017年，饮品类进口所占比重最高，达35.7%，其次是精油，占24.0%。蔬菜、水产品、水果和粮食制品的合计进口占比为14.8%（图10）。检测结果显示，保加利亚农产品质量标准较高，在中国消费者日益追求更高生活品质的时代背景下，保加利亚农产品对华出口具有很强的竞争力。

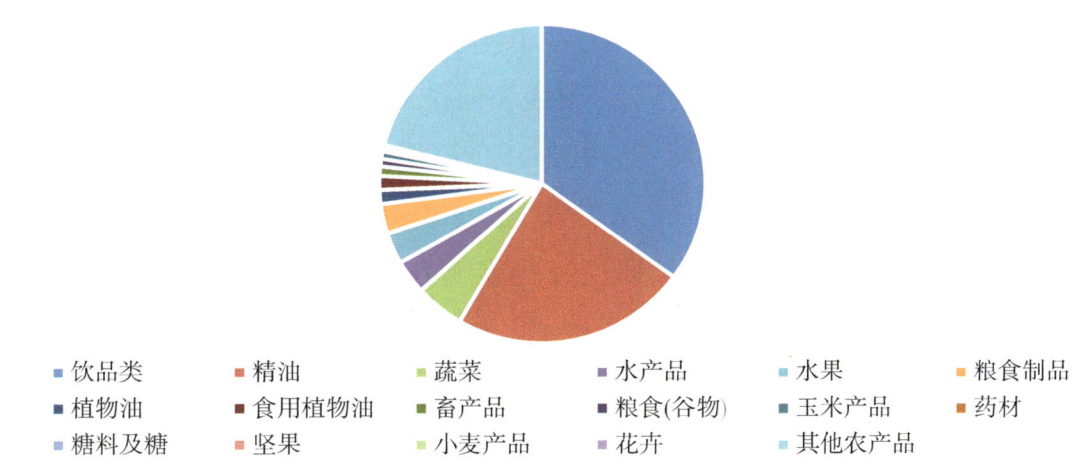

图10　2017年中国从保加利亚进口农产品结构

数据来源：中国海关统计

（四）农业科技发展

1. 农业科研体系

保加利亚农业科研体系主要包括科学研究院和大学两个部分。保加利亚农业科学院隶属于农业、食品和林业部，创立于1961年，其前身为保加利亚科学院农业科研部门。目前，国家农业科学院是保农业领域最高的科学研究机构和科技推广中心，也是农业科研与教育综合体，负责培养高级农业专家。农业科学院的科研系统主要分为四大部分：一是作物种植与栽培；二是畜牧与兽医；三是葡萄、水果和蔬菜生产；四是土壤学、土壤改良和水文气象学、林业和农业经济。国家农业科学院下设25个研究所、16个试验站、2个试验基地和1个国家农业展览馆，研究成果占全国农业科研领域的85%。截至2016年年底，国家农科院共有科研人员535人。其中，教授74人，副教授207人，高级助理104人，助理150人；具有博士学位的科学家400人。农科院的经费主要来自国家补助，占比高达90%以上，且主要用于人员费。研究资金有3个来源渠道：国际和国家研究项目（如欧盟框架计划）、国家科学基金（针对中小企业）、国家创新基金（经济和能源部于2007年创立，主要资助6个重点领域）。近年来，农科院科学家流失的趋势基本得到扭转。

此外，保加利亚还有农业教育机构。普罗夫迪农业大学是农业教育中心，也是唯一专门培养农业人才的大学，科研力量位居农业科学院之后。该大学设有农学、葡萄种植与园艺学、保护与农业生态学、经济学等院系，拥有作物科学、畜牧科学、植物遗传育种、植物学、气象学、植物生理生化、果树学、农业机械科学、土壤学、植物病理学等专业。旧扎果拉色雷斯大学设有农学和兽医系，涵盖农学、农业工程、动物工程、生态学、水产学等专业。索非亚林业大学设有农学系和兽医学系，拥有林学、植物保护学、育种学、作物栽培学、兽医学等专业。普罗夫迪夫食品工艺大学，设有技术、工程和经济学等院系，拥有生物化学和分子生物学、葡萄酒和啤酒工艺学、粮食和饲料工艺学、饼干、糖果和奶制品加工、食品保存和冷却以及食品工业经济等专业。此外，在普罗夫迪夫还建有一所农学院，设有农学、园艺学和葡萄酒生产工艺学和旅游经济学专业。保加利亚大学的研究经费主要来源于国家补助和欧盟结构基金，各大学获得的研究经费数额不同，总体上仅有0.5%～10%的比例用于科研，同时面临研究人员匮乏的困境。

保加利亚私人企业参与农业科研的比例较低，但也是公共科研体系的有益补充。由于98%的企业是微小型，大中型企业非常少，科研投资不足，制约着农业科技创新发展。

2. 农业科技发展状况

保加利亚的农业科研比较全面，形成优良的传统，具有一定的特色和相对优势。在育种、土壤肥力、环保、生态、灌溉、饲养、种畜繁育、食品加工等技术方面具有较高水平，在食品冷冻干燥、农产品检测、家畜胚胎冷冻移植技术等方面率先进行研发，曾经一度处于世界较为领先的地位，具有一定的技术特长。

保加利亚农业科学院收集、保存了国内外大量动植物资源，占全国动植物资源保存总量的80%。其保存的植物资源尤其丰富，通过原地、异地、活体、农场等方式共保存了近13万种植物样本，共有6万多种植物种质资源长期保存在3个研究所的基因库中。全国农业生产中，80%以上的种子和技术由农业科学院提供。此外，保加利亚科学院的植物生理与遗传研究所、乳品研究所等部分机构在特定方向上也有研究特长，为其玫瑰精油产业、葡萄酒产业和乳制品加工产业等传统优势产业发展提供了强有力的科技支撑。

技术创新是提升农业生产效率和竞争力的主要因素，截至2016年，保加利亚农林机械保有量为22656台件，其中7999台是新机械。保80%的拖拉机和联合收割机已超过报废年限，平均机龄达18～19年，这些机器收割谷物时浪费严重，而且燃油效率低，需要更新换代。此外，由于农业地块比较小且分散，农业机械化水平受到一定限制。在灌溉技术应用方面，水平相对落后，国家水利灌溉的发展战略目标是修复现有水利设施并实现现代化。预计到2030年保加利亚将实现法律和制度改革，通过水利设施的现代化使灌溉面积增加。

整体上，保加利亚对国家研究基础设施的投入较少，一般都是小项目，对于公共研究项目的投资在不断增加。但近些年农业科研投入呈下降趋势，严重影响了农业科技创新。保加利亚农业研发投资强度远远低于欧盟国家平均水平，农业科研投资缺乏长远规划，各领域的分配不稳定，年际间波动大。相对而言，农业基础研究相对稳定，占总投入经费的40%。外部来源的研究项目通常是应用研究，与企业合作的项目以及农业部的国家基金资助项目主要是开发、技术转移和商业化研究。

保加利亚农业科技发展的重要力量是农业科技人员，目前的规模是2500余人，占国内全体科研人员总数的8.5%。由于农业科技有较强的地理、资源、传统等地方性特点，相对于其他领域，农业科技人员流失海外的比例相对较低，老中青传承受到的冲击不像其他科研领域那么大，人员断层不算太大，队伍相对稳定，从而较好地保障了农业科技的持续、创新发展（罗青，2017）。

（五）农业管理体系与政策

1. 农业管理机构

保加利亚农业、食品和林业部创立于1911年7月24日，是从原来的商业和农业部分离出来的，以前的名称是农业和林业部，2008年启用新名称——农业、食品和林业部。农业、食品和林业部是农业政策的重要实施部门，组织农业工作的开展，实施农业领域的相关法律法规，同时也负责增补与修订国家有关法律。

农业、食品和林业部的职能机构包括农业和区域政策司、农村发展司、动物育种司、有机农业和植物种植司、欧洲国际关系协调司、农业食品链政策司、水利司、国家援助计划和法规司、直接支付和促进司、土地权属和巩固司、贸易公司和国家参与司、战略规划和分析司、市场措施和生产者组织司、海洋和淡水渔业司。农业、食品和林业部最重要的职能是负责制定和实施农业支持计划，其中农村发展董事会尤为重要，下设农业环境和农村发展与投资2个部门，以及国家农业基金。国家农业基金有2个分支，分别是农业及农村发展特别援助机构（SAPARD）和国家支持计划。农业部在全国27个州建有国家农业咨询服务站，为农民提供资金支持、评估实施国家农业基金项目。

国家植物保护局负责开展促进农业生产发展的活动，控制植物保护产品、肥料等产品的进口、市场流通、运输、保护和利用。为保证食品安全，控制原材料、植物产品和农业土地与灌溉用水中的化学和生物污染物，下设有植物保护研究所。

国家畜牧兽医局负责开展动物卫生和动物福利，原材料、动物产品、饲料和饲料添加剂安全，以及环境保护的相关活动，防止畜牧育种、畜产品加工和兽药利用带来的危害影响。

兽医专业和生态学中心实验室负责实验室分析，控制兽药和畜牧生产带来的污染。

国家农业咨询服务局在全国设有28个区域办公室，负责向农业生产者提供信息、咨询和应用研究服务，帮助其提高效率和竞争力。

畜种选育繁殖执行机构负责监测选育计划的实施，确定育种协会的品系价值，对动物生产性能进行监测，提供冷冻精液、卵和胚胎，协调新的杂交品系的建立，支持农业部的决策。

农业、食品和林业部下属机构国家农业科学中心在开展有关土壤保护和实施有机农业生产上发挥重要作用。该中心的玫瑰、精油和药用植物研究所主要开展精油和药用植物的栽培和加工研究，为有机生产提供应用研究支持。

环境和水资源部负责国家的整体环境保护，包括生物多样性保护。特别是国家自然保护服务董事会，负责保加利亚保护区系统的协调与管理。在加入欧盟以前，还负责确定欧洲自然保护2000的区位点。环境和水资源部的环境执行机构负责与国家农业科学中心共同开展土壤和土地污染的监测。

2. 农业支持政策

2007年以前，保加利亚农业政策的主要内容是土地私有化、农业生产组织形式改革、实行加入欧盟所需的农业发展计划，以及过渡到市场经济体制的各种措施。由于经济、农业发展与欧盟国家有一定差距，提高农业发展水平和竞争力，以及适应共同农业政策的环境尤为重要，为此欧盟制定了《农业和农村地区入盟计划》（2000—2006）。根据欧盟与保加利亚签署的协定，保加利亚获得了补贴支持。2007年，保加利亚加入欧盟，主要执行欧盟共同农业政策。根据欧盟2014—2020年的共同农业政策和农村发展计划，保加利亚农业获得的补贴支持力度不断加大。

2014—2020年，保加利亚农业支持的重点有3个方面：一是提高农场稳定性和农业竞争力，保证高质量食品生产；二是保护生态系统，实现农业、林业和食品加工业资源的可持续利用；三是创造就业，减少贫困，提高社会包容性和农村居民生活质量，繁荣农村地区经济和社会的发展。然而，资金支持力度将向保护生态环境和促进农村发展倾斜，分别占总预算的46%和30%，农业生产方面仅占24%。

从具体的支持政策来看，主要包括欧盟共同农业政策第一支柱和第二支柱支持、国家基金支持的国家援助计划以及国家农业基金资助的短期和长期贷款。

（1）直接支付

在欧盟新的共同农业政策框架下，2014—2020年保加利亚农业获得的资金支持将超过29亿欧元。其中，24亿欧元来自欧盟，5亿欧元来自国家基金。直接支付的总预算额为

2800万欧元。为保证政策一致性，保加利亚实施了面积支付计划，并将获得补贴的最小面积从1公顷下调至0.5公顷，最小地块面积为0.1公顷。截至2017年6月30日，共计获得补贴7.13亿列弗，补贴标准最高为每公顷201.11列弗。该补贴机制的目的是通过较高的单一面积支付提高中小农场的经济收入。与此同时，还提供了环境直接补贴（有机农业补贴），绿色支付的标准为每公顷126.17列弗。

为对脆弱部门进行更直接、有效的支持，保加利亚减少了挂钩支持。同时，为保证畜牧业的稳定发展，对畜牧部门仍提供挂钩支持，主要涉及奶牛、肉牛、小母牛、绵羊和山羊。对奶牛的补贴标准是每头272列弗，对用于选择育种的奶牛和肉牛补贴标准为每头275列弗，对肉牛和小母牛的补贴标准是每头206列弗，对绵羊和山羊的补贴标准是每只50.75列弗，对用于选择育种的绵羊和山羊补贴标准是每只47.10列弗，对水牛的补贴标准是每头390.20列弗。同时，对水果和蔬菜也有单独的挂钩支持计划。对水果的补贴标准为每公顷1342.66列弗，对蔬菜的补贴标准为每公顷1080.51公顷。保加利亚还对温室蔬菜生产提供了维持自我发展补贴，由于生产区域的特殊性，对面积大于0.5公顷的大棚和温室蔬菜生产每公顷提供8912.77列弗的补贴。为间接支持畜牧业发展，提供更多的蛋白作物和饲草，2015年，保加利亚启动对蛋白作物的挂钩支持，2016年的补贴标准为每公顷216.47列弗。

在农村发展计划项目中，截至2017年6月30日，保加利亚获得了3400.08万列弗的面积支付。在2014—2020年农村发展计划项目中，还获得了农业生态和气候变化补贴3271.31万列弗、有机农业补贴5784.58万列弗、自然灾害及山区和非山区困难条件直接补贴8691.06万列弗。

（2）市场支持机制

保加利亚实施市场支持机制的范围主要是奶业部门、水果和蔬菜部门、养蜂部门、酒业部门和糖业部门。

在奶业部门，保加利亚首先对拥有直接销售和农场收购单独配额的生产者进行了现场检查，进行了风险分析。其次是理顺奶业部门的合同关系。根据2015年1月28日发布的1号法令，协调了奶及奶制品生产者组织、协会和分支机构的关系，目的是稳定发展各类原料奶的生产，提高生产者的议价能力，保证供应链价值增值的相对公平分配。最后，推广学生奶计划。为促进健康饮食习惯，提升儿童对奶及奶制品的长期消费，全国实施学生奶计划。

在水果和蔬菜部门，首先是实施学生水果计划。欧盟实施该计划的目标是为成员国在儿童营养中提高水果和蔬菜的份额提供政治和资金框架，保加利亚对城市、国家和私立学校的儿童实施了该计划。其次，临时紧急救助计划。由于俄罗斯对欧盟蔬菜和水果等特定农产品实施了进口禁令，欧盟委员会于2016年6月签署第921/2016号令，决定实施临时性特殊措施，以支持蔬菜和水果生产者。保加利亚主要对番茄、黄瓜、小黄瓜、胡萝卜、甜椒、卷心菜、西兰花、蘑菇、苹果、梨、木莓、食用葡萄、李、樱桃和油桃等果蔬提供支持，获得补贴的果蔬数量最多为3300吨。最后，果蔬生产者群体计划。对生产者群体的支持旨在鼓励建立稳定的生产者组织。生产者群体可以获得两种形式的支持，一是欧盟对加强组织管理能力的援助，二是联合投资达到认可标准。此外，还有生产者组织计划，包括水果和蔬菜生产者组织、农产品生产者组织。未来，保加利亚对生产者组织采取的政策是通过修改法律以及增补生产者组织和生产者群体支持措施来刺激、巩固业已建立的协会。

在蜂业部门，主要是国家养蜂计划。该计划的目标是改善蜂蜜和蜂产品的生产和贸易条件，提高生产效率、质量和竞争力，保护蜂群的可持续发展。

除上述5个部门的市场支持措施，还有公共干预和私人收储措施、市场提升计划和原产地保护质量政策。公共干预主要是国家收储政策，涉及的品种包括普通小麦、黄油、脱脂奶粉、硬质小麦、大麦、玉米、稻谷、牛肉等。2016年，保加利亚没有实施国家收储政策。私人收储措施仅涉及猪肉和奶酪。市场提升计划涵盖所有产品，将提供每件产品的相关信息，旨在改善产品形象，促进市场销售活动。原产地保护政策即地理标识，如"保加利亚玫瑰油"，新加入的生产者必须登记，并对产品进行特殊标识。

（3）农村发展计划项目支持

2014—2020年农村发展计划共包括17个项目以及一个小农场发展子项目，预算资金达7.07亿列弗。保加利亚实施了咨询服务提供援助项目、小农场咨询服务提供项目、农场投资项目、农产品加工和营销投资项目、青年农民创业项目、小农户启动支持项目、准备行动援助项目、基于社区的地方发展战略提升项目、技术援助项目等。

（4）国家援助计划

保加利亚农业领域国家援助政策的目标是提高农场经济效益以及农民生活水平。国家援助计划主要根据国家的预算能力来确定，作为一个辅助的支持工具，主要聚焦重点和敏感领域。2015—2020年国家援助政策支持的重点是优先支持传统、脆弱，但具有重要发展潜力的农业部门，目标是减少不同农业部门之间的发展差距，特别关注中小农户。2016年，主要关注领域是作物和畜牧部门，主要措施是税收减免和增加投资。

具体来讲，国家基金对烟草、牛、水牛、绵羊和山羊实施过渡期国家援助计划。对烟草部门的援助支持达到8.91亿列弗，对非生产性的肉牛和水牛补贴标准分别为每头190列弗和336列弗，对与生产挂钩的绵羊和山羊的补贴标准为每只35.43列弗。

（5）短期贷款

保加利亚国家农业基金为农民提供短期贷款，目的是帮助农民购买肥料、种子或使用经过认证的种子。家禽育种者和养猪户也可以获得短期贷款。农业基金对农业投资支持的信贷计划主要支持作物生产、畜牧生产以及技术提供，从而刺激投资，促进农民获得金融支持，提高农业生产的质量和竞争力。

3. 农业发展规划

早在加入欧盟前，保加利亚根据自身的社会发展状况以及入盟进程和欧盟纲领，制定了《2000—2006年国家农业和农村地区发展规划》。该规划确定的战略目标是通过完善市场、加工基础设施和改进战略投资政策，发展有效益的农业生产和有竞争力的食品加工部门；通过建设必须的基础设施和就业岗位、创造多样化的经济活动，改善农村地区的居民生活和劳动条件，稳定农村就业，实现农业可持续发展。为实现上述目标，保加利亚确定了优先发展政策：发展生态农业，按欧盟标准改进农产品、林业和渔业产品的生产、加工和市场条件；全面发展农村地区，减少人口流失，缓和并改变部分农村地区过疏化的进程；投资人力资源，培训在农林渔业生产和加工部门的就业者，提高专业技术水平；对农村地区进行技术援助。政府致力于有效地管理土地和农业资源，完善市场结构，促进规模经营，形成中等规模农场阶层并实现农业地区经济的综合发展，提高农业和农产品加工部门的竞争力。

加入欧盟后，保加利亚农业的战略目标、政策与其他欧盟成员国保持一致。根据欧盟发布的《2007—2013年农村发展计划》，保加利亚制定了《2007—2014年农村发展计划》。为发展有机农业生产，政府制定了《2007—2013年有机农业发展规划》，确定到2013年将有8%的耕地用于有机农业生产，3%的食品供应是有机食品，并扩大有机产品出口。根据欧盟的共同渔业政策、欧盟议会和海洋与淡水渔业基金委员会的相关条款规定，2013年，保加利亚制定了《2020年水产养殖业发展战略规划》。

当前，保加利亚农业政策主要依据《国家2017—2021年治理规划》以及《2020年保加利亚国家发展规划》来制定。未来发展的战略重点包括：实现可持续、有竞争力和市场化的农业；稳定发展食品部门；实现可持续多功能森林管理；在可持续利用自然资源和保护生态环境的前提下实现商业化的渔业发展；激发农村地区潜能，实现社会和国家的平衡发展。根据欧盟的2014—2020年农村发展计划，不断支持有潜力的小农户发展生产并进入市场，创造条件获得更多的直接支付。实施保加利亚《2014—2018年园艺部门支持计划》《2017—2019年国家养蜂计划》。根据欧盟的2014—2020年海洋和淡水渔业计划，支持保加利亚渔业和水产养殖业的动态、可持续和有竞争力的发展。

在林业部门，相关的国家战略规划是《2014—2020年国家林业发展战略》《2014—2023年林业发展战略规划》《2020年保加利亚国家发展规划》《2013—2020年国家第三个气候变化行动计划》《国家可再生能源行动计划》和《2008—2020年国家长期生物质利用提升计划》。这些规划文件为保加利亚林业部门的发展提出了长期目标，即通过优化平衡森林的生态功能和长期提供物质利益和社会服务，实现可持续发展；为经济增长和更加协调的社会经济发展，增强森林功能，提升森林对绿色经济发展的贡献。

三、农业投资环境

（一）国家商业环境

1. 投资吸引力

保加利亚的商业竞争力较强，根据世界经济论坛（World Economic Forum）最新发布的《2017—2018年全球竞争力报告》，保加利亚在全球最具竞争力的137个国家和地区中名列第49位，比2017年上升1个位次。但据欧盟区域竞争力指数，保加利亚在制度建设和基础教育方面比较差，这两个因素将严重影响其获得高水平的生产力和竞争力。近年来，保加利亚的营商环境几乎没有改善，而且相当不稳定。与其他欧盟国家相比，保加利亚的公共管理并不利于中小企业发展。2017年的可持续治理指标显示，保加利亚在重要政策的执行上容易摇摆，政策效果指数为5.24，在OECD国家和欧盟国家中排名第33位。总的来说，环境政策执行较好，经济和社会政策执行较差。

世界银行发布的《2018年营商环境报告》显示，保加利亚营商效率在全球190个国家和地区中名列第50位，比2016年大幅下降12个位次。DTF（前沿距离）评分为71.91，较欧洲地区平均分71.33略高。影响营商效率的主要因素在于获得电力和开办企业两方面，政府职能亟需加强（表11）。由于政府增设办事环节，延长了受理时间，执行效率明显滞后，从而影响企业的商业经营。

表11　2016—2018年保加利亚在《营商环境报告》中相关指标排名

指　　标	2016年	2017年	2018年
开办企业	52	82	95
办理施工许可证	51	48	51
获得电力	100	104	141
登记财产	63	60	67

(续表)

指　标	2016 年	2017 年	2018 年
获得信贷	28	32	42
保护少数投资者	14	13	24
纳税	88	83	90
跨境贸易	20	21	21
执行合同	52	49	40
办理破产	48	48	50
总体	38	39	50

数据来源：世界银行

近年，保加利亚宏观经济环境不断改善，2017 年，标普已将其 BBB- 评级的展望由稳定调为正面。根据竞争形态，保加利亚的经济发展处于第二阶段，即效率驱动阶段。政府也积极出台多项措施，吸引外国投资者，其中包括将投资促进法案和中小企业法案合并，从而改善投资环境。另据透明国际（Transparency International）腐败指数，保加利亚是东欧最腐败的国家，2017 年指数排名在 100 个国家中名列第 43 位。总体上，保加利亚的商业环境相对较好，但信贷需求不足，急需行政改革和实现电子政务。目前，投资企业需要关注的主要不利因素包括：腐败、政府官僚主义导致低效运行、税率、国内劳动力职业道德淡薄、融资困难等（图 11）。

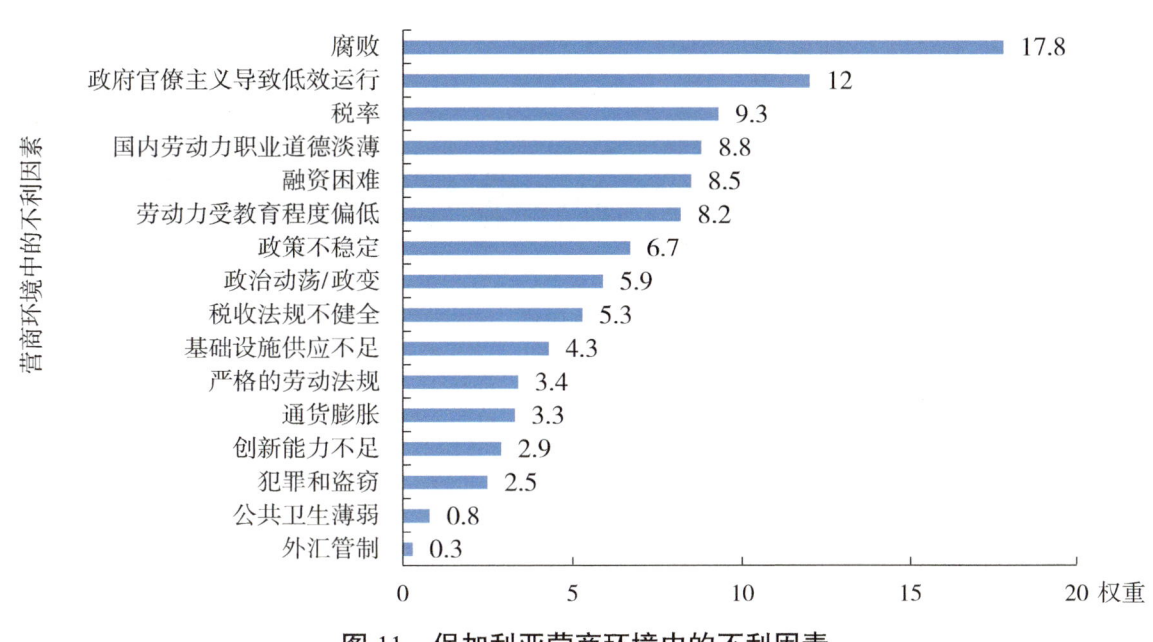

图 11　保加利亚营商环境中的不利因素

数据来源：世界经济论坛《2017—2018 年全球竞争力报告》

2. 农业投资指标

（1）农业土地价格

土地是农业投资的重要要素，保加利亚土地价格在欧洲国家中属于较低水平，但近年来农业土地价格呈快速上涨趋势。2017年，农业土地平均价格达到872列弗/dca，比2010年上涨2.13倍。农业土地中，耕地的价格最贵，且上涨速度最快。2017年，耕地价格比2016年上涨13%，而永久草地的价格下跌3.4%（表12）。保加利亚农业土地最贵的地区位于西北部地区，2017年价格达到11401列弗/dca；西南地区的价格涨幅最大，达到83%。中北部地区的农业土地价格下跌13%。

表12　2010—2017年保加利亚土地交易价格　　　　　　　　　　　（单位：列弗/dca）

土地类别	2010年	2011年	2012年	2013年	2014年	2015年	2016年	2017年
农业用地	279	398	547	594	684	732	761	872
耕地	279	413	556	621	708	761	770	870
果园	242	284	412	433	440	480	534	—
葡萄园	206	248	262	319	451	339	370	—
永久草地	189	207	217	198	246	227	271	262

数据来源：保加利亚国家统计局

从农业土地租赁价格来看，整体亦呈上涨态势，2017年的价格达到46列弗/dca，比2010年上涨1倍。2017年，农业土地价格比2016年上涨4.5%，其中，耕地和永久草地价格分别上涨6.8%和6.7%（表13）。保加利亚东北部地区的农业土地租赁价格最高，为67列弗/dca，租金上涨速度也是全国最快的。

表13　2010—2017年保加利亚土地租赁价格　　　　　　　　　　　（单位：列弗/dca）

土地类别	2010年	2011年	2012年	2013年	2014年	2015年	2016年	2017年
农业用地	23	30	34	38	41	42	44	46
耕地	24	30	36	39	43	44	44	47
果园	16	20	29	30	35	32	41	—
葡萄园	13	26	21	34	24	36	31	—
永久草地	12	13	18	16	17	18	15	16

数据来源：保加利亚国家统计局

（2）外国农业投资

近年来，保加利亚政府将农业作为重点发展产业之一，欢迎外资进入农业领域。欧盟农业基金、低税率和相对低廉的土地出售和租赁价格，使保加利亚农业具有投资优势，吸引了不少外国投资者的目光。2016年，保加利亚的外国农业投资额达到8391.17万欧元，投资来源国包括了以色列、丹麦和荷兰等，在奶业加工等领域跨国公司已占据了较大的市场份额。

但从近年来保加利亚的农业投资趋势来看，增长缓慢，特别是私人投资，主要制约因素是外国直接投资流量有限以及公司债务较高。预计这种趋势在未来几年还会持续。外国直接投资的下降反映了经济的持续去杠杆化和较低的利润预期，同时也反映了人力资本的匮乏。2016年，保加利亚的外国投资降低到GDP的1.5%。私人部门债务仍然较高，通缩压力和较低的名义增长率都对投资带来负面影响。在农业、狩猎和林业领域，外国净投资为负值（1040万列弗）。

3. 与农业投资相关的政策法规

（1）土地投资政策

根据2007年3月20日签署的入盟协议，保加利亚修订了《农业用地所有权和使用权法》。根据修订案，欧盟成员国和欧洲经济区成员国公民（常住居民）和法律实体均可以依照入盟协议的规定，在保加利亚取得土地所有权。外国人（非居民或居民）可以通过法律继承的方式取得土地所有权。若是继承农业、森林和林业用地，如果该外国人不满足保加利亚入盟条约或其他国际条约所规定的条件，则应当在3年内将土地所有权转让给有权取得上述土地的个人或实体。

2015年3月，保加利亚议会通过一项法案，禁止非欧盟国家自然人或法人通过直接或间接方式在保加利亚购买农地。首次违法购地者将被处以每公顷1000列弗（约合500欧元）的罚款。若是二次违法，罚款金额将增加两倍。该法案于2015年5月1日正式生效。

（2）农业保险和外商农业投资保险政策

保加利亚对于单一风险保险采取的是私营非补贴模式。农业保险主要包括农作物保险（大田作物、果树、葡萄园）和牲畜保险（公牛、水牛、绵羊、山羊、家禽），其中农作物保险的承保风险有雹灾、雷电暴风、暴雨、火灾、霜冻、洪水（泥石流），总保费占保险价值的比例为4.8%；牲畜保险的承保风险有由于火灾、自然灾害、寄生虫病和传染疾病（世界动物卫生组织名单所列明的及其他疾病）导致的死亡及宰杀，总保费占保险价值的比例为0.8%。

（3）有关农业生产、贸易的其他鼓励政策

为了支持农产品和食品出口，2016年，保加利亚农业部专门设立了支持出口的部门。其主要职能是提供潜在的出口市场信息，促进出口手续简化，促成欧盟与第三方国家（乌克兰、波黑、巴西、加拿大）或组织的协议。目前已经着手推动促进种禽、种蛋、禽肉、鹅肝以及传统肉制品的出口，启动了双边兽医认证磋商。总的来说，保加利亚正积极致力于促进对第三方国家的农产品出口。保加利亚还于2016年废除了原料奶生产农场登记制度，颁布

大麻进口许可制度，允许从第三方国家进口。

（二）农业优势与潜力

保加利亚地理位置优越，土地、光照和水资源富足，具有适合农业生产的有利条件。农业作为传统优势产业，提供了众多特色、品牌产品。农业发展的主要特点是相对小农经济，83.2%的农场面积小于2公顷；农民年龄相对偏大，年龄小于35岁的农民仅占6.4%（欧盟28国平均为6%），年龄大于64岁的农民占36.7%（欧盟28国平均为31.1%）；农业对国民经济的贡献大，提供6.8%的就业（高于欧盟28国的平均水平4.3%）。综合来看，保加利亚农业的优势来自4个方面。

一是保加利亚可以提供发展农业和食品业的最优解决方案。全国近50%的土地为农业用地，具有适合谷物、水果、蔬菜种植的独特自然条件，土壤肥沃、生态安全、有机产品的质量高。农业部门已经建立了稳固的当地生产者组织和生产传统，并有苏联时期建立的流通渠道，欧盟的食品标准已经纳入保加利亚的相关法律。高级别的健康和环境保护标准使保加利亚的食品完全可以满足消费者的高端需求。由跨国公司主导的主要外国投资已经在甜食、奶制品、食品和饮料等重要部门占据了很大份额。西欧及其他国家不断增长的食品和饮料需求将拉动对保加利亚传统产品的需求。

二是保加利亚的基础设施完备。保加利亚可以链接快速增长的巨大欧洲市场，其战略位置可以通达欧洲、俄罗斯、独联体国家、中东和北非国家，5条泛欧走廊通过保加利亚连接中东、北非和北欧，拥有50个工业区和物流中心。保加利亚拥有发达的、持续改进的基础设施，6条高速公路、230个火车站、5个国际机场，在多瑙河上拥有7个港口，在黑海上拥有6个海口口岸，物流网络比大多数巴尔干半岛国家发达。同时，还与68个国家签有双边协议，避免双重征税。

三是人力资源素质相对较高。保加利亚的教育体系比较发达，有许多公共及私立研究和分析中心，共有1万多名研究人员。劳动力资源尚可，而且人力成本在欧洲国家中具有竞争力。研究机构、大学和公司共同为农业部门培养有技术的劳动力。

四是特殊的政策激励和欧盟基金资助。在2014—2020年欧盟农业农村发展计划期，保可获得约23.39亿欧元的资金支持，商业计划、农村发展计划、渔业发展计划等都将为农业发展提供投资，从而保证了农业的发展。

综上，保加利亚发展农业的基础较好，拥有丰富的土地资源、完善的基础设施、较高素质的劳动力、有竞争力的成本优势，加上加入欧盟后将获得更多的投入，未来农业发展的潜力巨大。

（三）风险分析

1. 制度风险

保加利亚由于仍处于经济转轨阶段，政治经济社会发展的基础还比较脆弱，体制机制建设不够完善，整体商业环境存在诸多先天不足。目前，经商环境中最大的障碍因素就是制度建设和政策执行力。缓慢的法律法规建设进程已成为国家发展的阻力，部分行业法律法规修订频繁给投资者信心和投资合作带来很大冲击。例如，2017年，政府计划出台延迟退休政策，将退休年龄调整至65岁，引发工人大罢工。另外，保加利亚饱经历史沧桑，国内外关系问题，成为投资者面临的潜在政治风险。总体上，作为一个地处战略要冲的欧洲国家，地缘政治因素、制度因素、价值理念和文化差异等都将对外国投资企业带来风险。

2. 市场风险

保加利亚的农业生产以小规模为主，不利于机械化生产，且近年的耕地价格上涨明显，因此投资成本较大。由于国内市场规模较小，产品购买力较弱，产品主要以出口为导向。投资保加利亚主要是利用当地成本低廉的优势，但国际市场产品价格波动带来的风险不容小视。目前，保加利亚正积极申请加入欧元区，以降低汇率明显波动造成的不利影响。此外，由于保加利亚属于欧盟国家，受欧盟政策的影响较大。近年，欧盟与俄罗斯、巴西等国的贸易摩擦不断，先后发布贸易禁令，将会中断部分产品的销售，这种不确定性的贸易政策变化，将会给投资企业带来较大风险。再者，保加利亚98%的农业企业为微小型企业，经营分散，技术含量和生产效率低，由于缺乏国际化大企业的视野和管理经验，不利于形成完整的产业链和产业集群。

3. 劳动力风险

虽然保加利亚的劳动生产力和劳动力成本在欧盟国家中是最低的，但其劳动力市场发展面临着结构性问题。由于人口老龄化和移民导致劳动力不断萎缩，同时也有许多未就业的劳动力，特别是未受过教育、未经过培训的青年人比例很高。年轻人不愿意就业，劳动力老龄化明显。保加利亚的预期工作年限是32.1年，在欧盟国家中排名倒数第2位，仅次于最短的意大利（30.7年），与希腊接近（32.3年）。保加利亚农村人口不足30%，农业劳动力数量本身就不多，加之国家宏观就业背景，投资保加利亚可能会面临用工难的风险。迫切需要保政府出台相应政策，满足不就业青年的需求，调动其就业的积极性。除了劳动力不足的问题，在保加利亚投资还会面临劳动力效率低的困境。

4. 自然风险

保加利亚因特殊的地理位置，是欧洲国家中冰雹发生率和发生强度最高的国家。近年危险的自然灾害，如冰雹、洪水、飓风和闪电等呈多发、频发趋势，且危害程度加大。据多个气候变化模型预测，未来极端天气造成的自然灾害发生率呈增加趋势，甚至将遍及整个欧洲东南部地区。保加利亚共有防冰雹区域172.02万公顷，其中112万公顷属于农业农地、常年作物和混合利用区，高冰雹风险的地区包括维丁、蒙塔纳、弗拉察、普列文、帕扎尔吉克、普罗夫迪夫、旧扎果拉和斯利文。此外，虽然保加利亚开始推广节水灌溉技术，灌溉面积有所增加，2016年达到81.81万公顷，但仍处于较低水平。据预测，未来仍将面临持续干旱威胁，以及比较频繁、严重的洪涝灾害，农业生产的风险增加，因此要保证利用灌溉基础设施来满足农业用水需求，保护农业土地免遭气候变化带来的不利影响。自然灾害多发将对中国企业海外农业投资带来一定的风险。

（四）综合评价

总体上，保加利亚政治社会稳定，经济发展平稳，投资环境不断优化，适合外资进入，政治风险较低。保加利亚的投资环境具有三大优势：一是人力资源优势明显，国民受教育程度普遍较高；二是政府鼓励外商投资，税率在全欧洲范围内最低，企业所得税和个人所得税仅10%；三是目前已经加入欧盟，可以获得欧盟结构基金支持，并且是申根区国家。因此，凡是在保加利亚境内投资的企业，其产品可以自由进入其他欧盟国家，无税收限制，并且企业人员也可以自由出入申根国家。但保加利亚也存在制约外国投资的因素。由于历史原因导致很多土地归属权复杂，购买土地风险很大，集约化生产障碍重重。保加利亚法律建设整体滞后，政策调整频繁、政府效率低下，且存在有组织的犯罪和利益集团等问题。虽然2016年保加利亚的经济自由度指数排名为第47位，比上年提升13位，且福布斯最佳营商国家排名为第38位，比上年提升7位，但法律框架的频繁改变使其商业环境存在不确定性。对司法系统公正、高效的担忧将对外国和国内投资带来不利影响。

四、中保农业合作现状与合作重点

（一）农业合作现状

1. 合作机制

中国与保加利亚于1955年签署《中保科技合作协定》，两国政府建立了科技合作委员会机制。自20世纪80年代中期以来，中保科技合作委员会每2年召开一届例会。2016年，两国签署《中华人民共和国和保加利亚共和国科学技术合作委员会第十五届例会议定书》。

2004年，中保两国农业部签署了农业合作协议。2012年，中国—中东欧国家合作倡议（"16+1合作"）启动，该多边框架为双方务实合作提供了重要机制保障。2014年，中国农业部与保加利亚农业部领导共同召开农业合作工作组会议，中保两国签署了《中国—中东欧国家农业合作促进联合会执行机构落户保加利亚的谅解备忘录》。2015年，在双方的共同努力下，中东欧16国农业部共同签订了《关于设立和运营中国—中东欧国家农业合作促进联合会的基本原则》，标志着"中国—中东欧国家农业合作促进联合会"正式成立。2016年11月，《中国—中东欧国家"16+1"农业部长会议昆明共同宣言》发布。2017年5月，两国签署《中华人民共和国农业部与保加利亚共和国农业、食品和林业部关于建立农业合作示范区的联合声明》，共同支持在保加利亚建立首个中国与中东欧国家"16+1"农业合作示范区。合作示范区的建立是继"中国与中东欧国家农业合作促进联合会"之后，又一个"16+1"合作农业领域实体化运作的多边区域合作平台，将与"中国与中东欧国家农业部长会议暨经贸合作论坛"一起，形成"三驾马车"共同推动"16+1"农业多边合作的局面。2018年5月，两国农业部召开中保农业合作工作组第三次会议，明确提出全力支持农业合作示范区建设，积极推动农业科技合作。

2. 科技合作

农业科技合作是中保农业合作的重要组成部分，也是优先方向。多年来，在中保政府间科技合作委员会的指导和协调下，中国与保加利亚农业科技合作取得重要成果。保加利亚在育种、土壤肥力、食品加工等领域的技术研发颇具特色，中国农业科学院、中国农业大学、上海交通大学及相关地方农科院、农业院校与保加利亚农业科学院、普罗夫迪夫农业大学、保加利亚食品技术大学以及索非亚林业大学等单位广泛开展了科技合作与人员交流。其中，烟台市农业科学院果树研究所从保加利亚引进樱桃、苹果、梨、葡萄、黑莓等品种200多个；黑龙江农科院引进蔬菜、果树、玉米等优良种质资源600余份，开展合作项目20多项，人员交流百余次。2017年，首届中国—保加利亚农业科技合作研讨会召开。中国农业科学院与保加利亚普罗夫迪夫农业大学签署合作谅解备忘录，双方将在土壤科学、作物科学、品种改良、兽医科学、农业可持续发展、联合实验室建设等方面加强合作；并就适时建立果树联合实验室，开展果树育种栽培合作研究达成共识，同意在"Erasmus+"计划框架下加强人才交流与培养。2018年4月，中国—保加利亚乡村振兴发展合作论坛召开，就加强科研人员的合作交流，开展前沿性和应用性联合研发，共建联合实验室、联合研究中心、技术转移中心等合作平台达成共识。中国与保加利亚的农业科技合作已从过去的种质资源交换、品种引进和人员互访交流逐步转向更高层次的联合科研攻关，在果蔬、畜牧、水产、香料、生态保护等领域全方位开展合作。

3. 贸易合作

近年来，中保两国贸易不断增长。2017年，双边货物进出口额为19.7亿美元，增长18.6%。其中，保加利亚对中国出口7.2亿美元，增长40.3%；自中国进口12.5亿美元，增长8.9%。保加利亚与中国的贸易逆差5.3亿美元，下降16.4%。保加利亚的农产品在中国具有更广阔的市场，对中国的出口呈不断扩大之势。两国政府也正致力于促进双边农产品贸易的发展。为推动扩大双边农副产品贸易，2015年，中保两国签署了《有关中国自保加利亚进口玉米和苜蓿植物检疫议定书》，正式启动自保加利亚进口一系列农副产品的16项程序。2016年，双方签订《保加利亚乳制品输华动物卫生及公共卫生条件议定书》，对保加利亚乳制品出口中国起到积极的促进作用。与此同时，为促进对中国农产品和食品出口的便利化，保加利亚政府正在积极改善农产品出口手续。

4. 投资合作

中国与保加利亚除了科技合作与交流、农产品贸易外，已经有一些中国企业直接到保加利亚投资农业。从走出去企业的发展情况来看，主要有两个比较典型的案例，但都不能作为农业合作的成功范本。2011年，天津农垦集团租用保加利亚10万亩耕地种植玉米、苜蓿等农作物，建立饲料生产基地。天津农垦最初种植玉米并不成功，产量不如预期，为此开始寻找新的合作伙伴，探讨多元化种植模式，开始苜蓿合作生产。2014年，公司在保加利亚第二大城市普罗夫迪夫正式设立农场，总投资约2.7亿元。通过收购和租赁，经营土地15万亩，主要生产小麦、向日葵等。天津农垦开创了中国在欧盟国家农业投资实体项目的先河。2012年，北京微通农业投资公司在保加利亚东南部城市杨博尔租赁600公顷土地，主要开发蔬菜种植。该公司有中方管理人员三人，生产以雇用当地人员为主，以发展大棚种植为方向。在项目建设阶段，考虑到当地缺乏农业劳动力供应和劳动力效率较低，公司积极招租更多中国企业共同生产，促进产品的多样化。此外，有关企业已经在玫瑰油生产领域投资保加利亚。总体上，目前中国企业对保加利亚的农业直接投资比较有限，规模小、涉及领域较窄，还面临着一些制约因素，企业走出去的步伐比较缓慢。

（二）合作潜力

1. 合作基础

保加利亚是中国进入东南欧市场并进一步开拓全欧市场的桥头堡，在中欧合作中发挥着至关重要的作用，战略意义不可低估。保加利亚愿意积极参与到"丝绸之路经济带"建设的倡议中，成为沟通中欧贸易的天然桥梁。在农业领域，深化双边合作具有良好的基础。

一是两国双边政治关系发展良好。中国与保加利亚于1949年10月4日建交，几十年来两国各领域的交流与合作逐步增多，两国关系平稳发展。近年来，两国领导人互访交流频繁，双边关系发展顺利。2014年，习近平主席与保总统普列夫内利埃夫在京会见；2013年、2015年、2016年、2017年李克强总理先后会见保总理；2018年7月李克强总理出访保加利亚。两国人民友谊深厚，政治关系基础牢固是开展农业合作的重要前提。

二是两国合作机制不断完善。近年来，中国与中东欧（保加利亚）的多边和双边农业合作机制不断建立，从科技合作协定到农业合作工作组、农业合作促进会，再到农业经贸合作论坛和农业合作示范区，为推进双方的农业合作提供了重要的平台基础。此外，中国—中东欧国家（"16+1"）合作机制也将为促进16国经济发展发挥积极作用，有助于推进欧洲一体化进程。目前，保加利亚是欧盟轮值主席国，保方支持"一带一路"倡议，愿在此框架下进一步加强基础设施建设和互联互通，促进中国和中东欧的农业合作。

三是两国资源和技术互补性。保加利亚土地资源丰富，人均耕地面积高于中国，农业生产特别是谷物产量高，可供大量出口，可以作为中国粮食市场调剂品种结构的重要来源。另外，保加利亚酿酒产业发达，属传统支柱行业，葡萄酒远销欧洲腹地和俄罗斯等国，葡萄酒酿造业被誉为"国家经济的靓丽风景线"。保加利亚作为酸奶的发源地，其乳制品行业拥有百年历史，品种齐全，出口优势突出。因巴尔干山脉南麓地区独特的气候条件，保加利亚盛产高品质油玫瑰，花瓣出油率极高，玫瑰加工产品享有世界盛名。在葡萄酒、乳制品和玫瑰油产业上，保加利亚拥有一定的技术优势。同时保加利亚的果树种质资源丰富，而且性状优良，栽培技术先进，中国可以引进品种资源和栽培技术，为国内市场提供丰富、多元、优质的农产品。

四是保加利亚具有吸引外国投资的需求。目前，保加利亚为了支持本国酿酒业、乳制品行业及玫瑰产业的发展，鼓励外资进入，加快融资，扩大农业种植面积及牧场面积，行业发展进入黄金时期。保加利亚从政府到商界，对与中国开展投资贸易合作的意愿都非常强烈。在与其需求有效对接的前提下，农业已经成为中国在保加利亚投资的重要领域，保加利亚加入欧盟以来关税降低及贸易规范化也为双边贸易、投资奠定了牢固的基础。

2. 合作前景

保加利亚具有发展农业的优越条件，中保两国在农产品生产上存在一定的互补性。保加利亚的自然资源环境为其生产葡萄酒、奶制品、加工果蔬、玫瑰油和香料等提供了得天独厚的条件，这些产品在国际上已经享有盛名。随着中国居民生活水平的提高，保农产品在中国市场上也会有很大的需求。近年来中国农业发展取得举世瞩目的成绩，未来农业发展要积极对外开放，统筹利用国内外两个市场，中国农产品和农业走出去可以借助保加利亚的地理区位优势，确保中国农产品顺利进入欧洲、独联体、北非和中东国家。再者，由于保加利亚的税收条件宽松，公司税和所得税税率在欧洲国家中较低，且在高失业地区还可享受利润税减免优惠，这为中国企业在保加利亚投资兴业带来利好。近年来，保加利亚的玫瑰精油和葡萄酒等产品已经引起国内企业关注，不少企业纷纷考察，也有了比较明确的合作意向，比如玫瑰种植和产品开发加工、葡萄酒生产、蘑菇种植以及蜂蜜加工等。保加利亚的特色农业产业优势明显，投资合作环境相对有利，中保双方合作空间广阔。

（三）合作重点

1. 重点领域

中国与保加利亚传统友好，自建交以来双边关系持续健康平稳发展，经贸等各领域合作富有成果，两国农业合作稳步发展。中保经济具有互补性，两国在农业领域的合作潜力巨大。结合双方的优势，未来农业合作可以从以下几个重点领域扎实推进。

（1）畜牧业

保加利亚具有谷物生产优势，小麦和玉米产量的60%用于出口，发展畜牧业具有充足的饲料原料。目前保猪肉和禽肉仍需要进口，进口占国内消费的比重高达50%以上，牛肉产量不足，也存在消费缺口，中国企业可以在此领域投资，引进现代化的养殖系统，开展饲料生产，共同发展畜禽养殖业，提升保加利亚的畜禽规模化生产水平，满足国内需求。

（2）设施园艺

保加利亚的果树资源丰富，具有很多优良品种，中国积极引进并进行试种，同时共同培育适合当地气候和土壤条件的新品种。在蔬菜领域，保加利亚的蔬菜生产仍以露地为主，大棚和温室生产比重非常低，国内蔬菜进口量也比较大。为提升国内生产水平，丰富蔬菜品类，满足市场需求，中国企业可以将先进的设施蔬菜生产技术引入保加利亚，生产符合欧洲生产质量和环保标准的蔬菜和水果，推动保加利亚果蔬生产的设施化、智能化和现代化水平，并扩大对欧盟国家的出口。

（3）农产品加工

保加利亚农业比较发达，农产品在世界上享有极高的声誉，但工业相对落后，一直比较欢迎中国在农产品加工领域的投资。保加利亚在乳制品加工、葡萄酒、玫瑰精油加工技术上有一定优势，但其他食品加工领域比较薄弱。中国光明乳业曾从保加利亚引入乳酸菌，从而将莫斯利安酸奶打造为中国最成功的酸奶品牌之一。未来，中保双方可以在肉类、果蔬、粮食、牛奶、香料、药用植物等农产品加工和食品加工领域进行深入合作，引入现代化的加工工艺满足国内和国际卫生检疫需求，提升保加利亚的食品加工业整体水平。

（4）有机农业

保加利亚生态环境良好，大部分土地适合发展有机生产，而且根据欧盟的有机农业法规，发展有机农业是未来的发展趋势。但保加利亚发展有机农业面临着当地产品加工能力有限、购买力有限，以及劳动力缺乏的挑战。中国可以借力保加利亚发展绿色农业的有利条件，在农业环境可持续发展、有机产品加工与食品安全等领域与其开展深入合作。

（5）水产养殖

随着保加利亚禁渔政策的实施，国内渔业产量比较有限，但居民水产品的消费水平还有很大的提升空间，为满足国内消费需求，发展水产养殖业是当务之急。保加利亚已在萨莫科夫市建设完成欧洲首家银鲑鱼渔场。中国在水产养殖领域具有比较优势，两国可以开展水产养殖技术、水产品加工与新品创制、技术创新、市场拓展以及渔业资源保护等领域的交流与合作。

2. 重点项目

（1）畜牧养殖项目

保加利亚自然环境好，拥有充足且质优价廉的草场、饲料，人力和经营成本相对较低，适合发展畜牧业。但目前除了牛奶生产规模较大外，其他产业均未发展壮大。国内产业还受到欧盟国家的进口冲击；由于企业规模小，缺乏竞争力，无法抵御市场波动的风险。中资企业利用自己的资金和管理经验，建立奶牛养殖小区、基于动物福利的集约化家禽养殖场，开发养殖技术规程，发展规模化养殖，提升畜牧生产标准化水平和畜产品竞争力。

（2）奶、肉制品加工项目

保加利亚奶牛、奶羊等畜牧业发达，牧场环境一流，质量能满足中国消费者对奶粉产品的要求，中国可以利用当地的优质奶源建设奶制品加工厂。此外，保加利亚具有肉类加工的传统，拥有欧盟地理标志的肉制品（香肠）。利用保加利亚已有的肉类加工技术，投资建立现代化的肉类加工厂，进一步提升保肉类工业发展水平，并将丰富的、多种肉类加工新品引入中国，满足中国居民对高端肉类产品的需求。

（3）有机农业发展项目

保加利亚90%的土地适合有机生产，而且国内也禁止种植转基因作物。近年，保加利亚国内对有机食品和有机产品的供需均显著增长。国内市场的有机产品种类增加很快，主要包括奶制品、蜂蜜、药草、茶、蔬菜、香料、坚果等，有机产品主要出口德国、瑞士、法国和荷兰。中国企业可以投资保加利亚的有机农业，利用其地理区位优势，扩大有机产品的生产，并推动有机产品对中国乃至全球的出口。

（4）农产品物流园区项目

保加利亚地理位置优越，辐射面广，中国与中东欧国家在推动交通设施改造和建设，开辟中国和欧洲之间陆海联动的运输通道上已达成共识，鼓励双方企业在铁路沿线和港口附近建设保税区和物资分拨中心，打造中欧物流新动脉。保加利亚的物流服务水平达到欧盟平均水平，2017年，在普罗夫迪夫近郊的色雷斯经济区已成功建立中东欧农产品物流中心。此物流园区项目拟通过电子商务平台，促进中国与中东欧国家的农产品贸易、销售、展示和流通，推动中保乃至中国与中东欧国家的农产品贸易稳步发展。

（5）农业可再生能源项目

在保加利亚投资可再生能源项目可通过欧盟结构基金获得融资。近年来，中国政府也一直支持中国企业参与中东欧国家的可再生能源合作。保加利亚的小麦和玉米资源丰富，可用来生产燃料乙醇，中国企业可以投资农业可再生能源生产，将项目建设地点设在保加利亚的粮食主产区。

五、中保农业合作建议

中国与保加利亚具有很强的经济互补性，农业领域合作空间广阔，有望成为中保合作的亮点。随着中国与中东欧"16+1"农业合作促进中心和农业合作示范区在保加利亚建立，中国和中东欧16国的农业实体合作拥有了很好的平台，将助推农业领域的投资合作。为此，保加利亚也将会在与中国的农业合作中发挥主导作用，不断深化农业和食品领域的双边和多边合作。在"一带一路"倡议的框架下，为推动中保农业重点领域合作的纵深发展，建议在以下几方面做好相关工作。

（一）完善多边和双边合作机制

在已有的多边和双边合作机制和平台框架下，以"政府搭台、科研机构和企业参与"的市场化运作原则，积极动员和协调资源，鼓励"16+1"各方科研机构、企业和实体以各种方式参与合作示范区建设。建议中保双方应建立具体的工作机制，从政策、资金、人员等方面给予支持，从规划做起，共同推动双向农业投资和双边农产品贸易往来，促进农业领域多双边合作。结合重点合作项目推进的现实需求，不断完善多边和双边合作机制，搭建机构合作平台，建立风险管理机制，为科研机构、企业合作提供更加有效、顺畅的机制保障。

（二）深化农业科技合作层次

围绕中保双方的农业科研优势，在科技合作委员会的指导下，大力支持农业科研机构、专家和科研人员开展合作与交流，通过人员互访、专业培训、学术研讨等方式，确定一批双方感兴趣的研究课题和项目，通过建立联合实验室、联合研究中心等方式开展联合科研攻关，协同创新。将科技合作的领域从品种改良、果蔬种植与加工、乳制品加工、葡萄酒生产、农产品加工和农业机械化等领域逐步拓展到乡村振兴和文化资源保护、产业发展科技支撑等务实合作，定期进行项目评估，不断总结经验，使之成为农业合作的新亮点。

（三）探索农业贸易新路径

以中国—中东欧国家农产品物流中心为抓手，积极探索电子商务新业态，促进中保乃至中国与中东欧国家的农产品贸易。同时，两国要进一步加强农产品贸易信息互通，抓住"一带一路"的机遇，创造条件。积极组织举办农产品推介会、展览会等活动，鼓励双方商务部门、行业协会等建立分支机构，搭建信息交流网络平台，加强信息收集与沟通，支持双方企业参与农产品贸易投资，共同促进双边农业贸易往来，做到优势互补，互利互惠。

（四）创新多元化农业合作模式

目前，中国与保加利亚农业合作的主要方式是科技合作与农产品贸易，农业投资尚处于起步阶段。今后，要加强统筹规划，以规划的重点合作项目为突破口，依托农业合作示范区积极开展各类投资项目，并交流发展经验，加强更广领域的投资合作。在投资合作模式上，积极探索绿地投资、并购投资等多种方式，建立全产业链的一体化合作模式，充分发挥技术、资金、人才等方面的互补优势，实现合作共赢。

参考文献

陈海燕，尹美娥．2008．保加利亚水资源开发与管理［J］．水利发展研究，8（2）：72-76.
罗 青．2017．中保农科技合作的实践与思考［J］．全球科技经济瞭望，32（8）：66-72.
深圳市贸促委．2014．海外重点市场调研——保加利亚考察报告［EB/OL］．http://www.tradow.com/bjly/index.html.
王 代，苑 鹏，王 巍．2004．保加利亚农业发展近况［J］．俄罗斯中亚东欧市场，（8）：30-36.
驻保加利亚经商参处．2014．初析中国企业投资保加利亚农业面临的机遇［EB/OL］．http://images.mofcom.gov.cn/bg/201402/20140226204033238.doc.
走出去智库 CGGT．2018-05-16．中东欧营商环境分析——以保加利亚为例［EB/OL］．http://www.sohu.com/a/231837252_610982.
Alexander Todorov．2017-12-15．Exporter Guide Bulgaria［EB/OL］．https://gain.fas.usda.gov/Recent%20GAIN%20Publications/Exporter%20Guide_Sofia_Bulgaria_12-15-2017.pdf.

Alexander Todorov. 2017-5-15. Food Processing Ingredients Bulgaria[EB/OL].https://gain.fas.usda.gov/Recent%20GAIN%20Publications/Food%20Processing%20Ingredients%20Bulgaria_Sofia_Bulgaria_5-15-2017.pdf.

Alexander Todorov. 2018-4-16. Fish and Seafood Market Brief – Bulgaria[EB/OL]. https://gain.fas.usda.gov/Recent%20GAIN%20Publications/Fish%20and%20Seafood%20Market%20Brief%20-%20Bulgaria_Sofia_Bulgaria_4-16-2018.pdf.

Angelina Todorova, Milena Slavcheva. 2018.RIO Country Report 2017: Bulgaria[EB/OL]. https://www.researchgate.net/publication/324775438_RIO_Country_Report_2017_Bulgaria.

European Commission.2014.European Maritime and Fisheries Fund (EMFF)[EB/OL].https://ec.europa.eu/fisheries/cfp/emff_en.

European Commission.2017. CAP in Bulgaria:Investing in Bulgaria's Agriculture 2014–2020[EB/OL].https://ec.europa.eu/info/sites/info/files/food-farming-fisheries/by_country/documents/cap-in-your-country-bg_en.pdf.

Eurostat.2012. Agricultural census in Bulgaria[EB/OL].https://ec.europa.eu/eurostat/statistics-explained/index.php?title=Agricultural_census_in_Bulgaria.

Klaus Schwab. 2017. World Economic Forum. The Global Competitiveness Report 2017–2018[EB/OL]. http://www3.weforum.org/docs/GCR2017-2018/05FullReport/TheGlobalCompetitivenessReport2017%E2%80%932018.pdf.

Mila Boshnakova. 2015-9-29. Bulgaria Agricultural Biotechnology Annual[EB/OL].https://gain.fas.usda.gov/Recent%20GAIN%20Publications/Agricultural%20Biotechnology%20Annual_Sofia_Bulgaria_9-29-2015.pdf.

Mila Boshnakova. 2017-10-23. Bulgaria: Livestock and Products Annual[EB/OL]. https://gain.fas.usda.gov/Recent%20GAIN%20Publications/Livestock%20and%20Products%20Annual_Sofia_Bulgaria_10-23-2017.pdf.

Mila Boshnakova. 2017-10-24. Bulgaria: Dairy and Products Annual[EB/OL]. https://gain.fas.usda.gov/Recent%20GAIN%20Publications/Dairy%20and%20Products%20Annual_Sofia_Bulgaria_10-24-2017.pdf.

Mila Boshnakova. 2017-11-5. Bulgaria:Grain and Feed Annual[EB/OL].https://gain.fas.usda.gov/Recent%20GAIN%20Publications/Grain%20and%20Feed%20Annual%20_Sofia_Bulgaria_5-11-2017.pdf.

Mila Boshnakova. 2017-1-31. Bulgaria:Wood Products Sector Update[EB/OL]. https://gain.fas.usda.gov/Recent%20GAIN%20Publications/Wood%20Products%20Sector%20Update_Sofia_Bulgaria_1-31-2017.pdf.

Mila Boshnakova. 2017-4-7. Bulgaria:Oilseeds and Products Annual Report[EB/OL]. https://gain.fas.usda.gov/Recent%20GAIN%20Publications/Oilseeds%20and%20Products%20Annual%20Report_Sofia_Bulgaria_4-7-2017.pdf.

Mila Boshnakova. 2017-8-7. Bulgaria Expects Record Wheat Crop[EB/OL]. https://gain.fas.usda.gov/Recent%20GAIN%20Publications/Bulgaria%20Expects%20Record%20Wheat%20Crop_Sofia_Bulgaria_8-7-2017.pdf.

Milia Boshnakova.2017-9-25. Bulgaria:Poultry Sector Annual Report[EB/OL]. https://gain.fas.usda.gov/

Recent%20GAIN%20Publications/Poultry%20Sector%20Annual%20_Sofia_Bulgaria_9-25-2017.pdf.

Ministry of Agriculture, Food and Forestry. 2013. Multiannual National Strategic Plan for Aquaculture in Bulgaria（2014–2020）[EB/OL]. http://www.mzh.government.bg/media/filer_public/2018/03/05/mnspa_en.docx.

Ministry of Agriculture, Food and Forestry.2017. Annual Report on the Situation and Development of Agriculture（Agrarian Report 2017）[EB/OL]. http://www.mzh.government.bg/media/filer_public/2018/02/28/agricultural-report-2017_en.pdf.

National Statistical Institute.2017. Brochure Bulgaria 2017 [EB/OL]. http://www.nsi.bg/sites/default/files/files/publications/Brochure_Bulgaria2017.pdf.

World Bank Group. 2018. Doing Business Reforming to Create Jobs 2018 [EB/OL]. http://www.doingbusiness.org/~/media/WBG/DoingBusiness/Documents/Annual-Reports/English/DB2018-Full-Report.pdf.

克罗地亚

克罗地亚共和国（简称"克罗地亚"）位于"丝绸之路经济带"和"21世纪海上丝绸之路"的交汇地区。克罗地亚国土面积不大，生态资源环境良好，农业综合生产水平有待提升。克罗地亚农业增加值占其国内生产总值（GDP）的比重基本保持在3.0%~4.0%，总体呈现减少态势，2017年比重为3.0%。克罗地亚大部分谷物的自给率都在100%以上，在葡萄种植和葡萄酒生产、鱼类罐头的生产和加工领域具有比较优势。中国与克罗地亚有着悠久的交往历史和友好的经贸关系，农业资源具有多样性和互补性。尽管两国农产品贸易额很小，但近年来贸易合作不断升温。未来双方可根据产业基础和产品市场需求状况，重点在食品加工业、水产养殖业、种植业和农业旅游业等领域加强合作和交流。

一、国家基本概况

（一）地理及行政区划

克罗地亚位于欧洲的中南部，巴尔干半岛西北部，亚得里亚海东岸。东邻塞尔维亚、波黑、黑山，北靠匈牙利，西北接斯洛文尼亚，南与西南濒临亚得里亚海。克罗地亚北部为丘陵和平原地区，中部和中南部为高原和山地，南部和西南部为亚得里亚海，岛屿众多，有"千岛之国"之称，有8个岛屿面积超过100平方千米，其中最大的2个岛是克尔克岛（Krk）和茨雷斯岛（Cres），面积均为405.78平方千米。克罗地亚海岸线总长6278千米，其中陆地海岸线长1880千米，岛屿海岸线长4398千米。

克罗地亚全国共设20个省和1个省级直辖市，下设128个市，428个区。省、市、区均为克罗地亚地方自治机构。萨格勒布（Zagreb）是克罗地亚的首都，同时也是克罗地亚的政治、经济、文化中心，位于克罗地亚的西北部，坐落在萨瓦河西岸。斯普利特是克罗地亚第二大城市，是达尔马提亚地区第一大海港和航运中心。

（二）人口状况

克罗地亚人口是417.1万（2016年底）（表1），人口密度为每平方千米73.7人，其中城市人口占60%。近年来，克罗地亚人口逐年减少，2010—2016年，人口减少24万人。从人口不同年龄段来看（图1），0~14岁人口占总人口的14.6%，15~64岁人口占66.0%，65岁及以上人口占19.4%。从人口性别看，男性占总人口的比重为48.3%，女性占51.7%，其中，44岁及以下各年龄段的男性人数略大于女性，45岁及以上的男性人数低于女性人数，年龄越大，男女比例差距越大，80岁及以上女性人数是男性的2倍。克罗地亚主要民族为克罗地亚族（90.4%），其他为塞尔维亚族（4.4%）、波什尼亚克族（0.7%）、意大利族

（0.4%）、匈牙利族（0.3%）、阿尔巴尼亚族（0.4%）、捷克族（0.2%）等。主要宗教是天主教。

表1 克罗地亚人口数量 （单位：万人）

年　份	人口数量	年　份	人口数量
1991	451.3	2012	426.8
1995	466.9	2013	425.6
2000	442.6	2014	423.8
2005	444.2	2015	420.4
2010	441.8	2016	417.4

数据来源：克罗地亚统计局

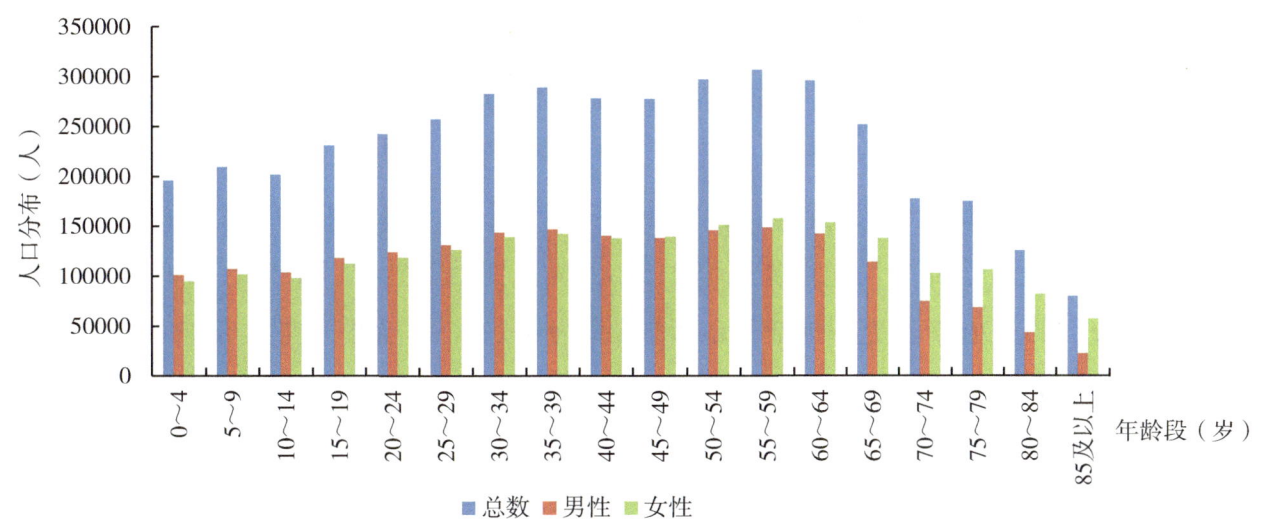

图1 2016年克罗地亚不同年龄段人口数

数据来源：克罗地亚统计局

2016年，克罗地亚就业人数159万人，其中男性占54%，女性占46%。在农业、林业和渔业就业人数12万人，约占全国就业人数的7.6%（欧盟28国的平均水平为4.3%），其中男性占67%，女性占33%。2015年克罗地亚劳动力人均月收入为7978库纳（1欧元=7.61库纳），其中农林渔业劳动力人均月收入为6881库纳，最高收入为金融保险业，人均月收入为12064库纳。

（三）政治制度

克罗地亚政体为议会内阁制。议会是国家最高权力和立法机构，实行一院制。议会的主要职权是审议和通过法律、通过国家预算、决定战争与和平问题、通过国家安全战略和国防战略、决定国界的变更、决定举行全民公决、监督政府工作等。议员由全民直接选举，任期4年。总统是国家元首、克罗地亚武装力量最高统帅，由全民直接选举产生，任期五年，连任不得超过两届。政府是国家权力执行机构。总理为政府首脑，由总统提名，议会任命。克罗地亚的主要政党有克罗地亚民主共同体、社会民主党、桥党、克罗地亚农民党、克罗地亚社会自由党、克罗地亚人民党—自由民主主义者、伊斯特拉民主大会党、塞尔维亚独立民主党等。2015年1月民主联盟总统候选人科琳达·格拉巴尔·基塔罗维奇当选总统，成为克罗地亚独立以来的首位女总统。2016年10月，民共体主席安德烈·普连科维奇（Andrej PLENKOVIĆ）宣誓就任总理。新政府将经济增长、创造就业、人口增长、社会公正团结作为四大执政目标。

（四）社会及经济发展状况

1991年6月25日，克罗地亚宣布脱离南斯拉夫社会主义联邦共和国独立；1992年5月22日加入联合国；2009年4月1日加入北约；2013年7月1日加入欧盟。2000年克罗地亚新政权积极推行面向市场经济的转轨政策，经济缓慢回升。2005年GDP达到360.34亿欧元，人均8110欧元，全年平均通货膨胀率1.5%，为克罗地亚独立以来最低水平，在中东欧地区也是最低水平。2007年克罗地亚GDP增长率为5.2%，是克罗地亚经济自2002年以来增长最强劲的年份。2003—2007年，克罗地亚经济保持稳定增长，年均增长率超过4.8%，2007年GDP为439.35亿欧元，年增长率为5.2%。2008年受全球金融危机影响，经济增速有所放缓，年增长率为2.1%。2009—2014年，克罗地亚经济陷入困境，GDP增长率均为负，特别是2009年GDP增长率仅为-7.4%，2015年，克罗地亚经济走出长达6年的衰退期，2016年经济发展态势继续向好，GDP增长率为3.0%。近期欧盟统计局发布报告显示，2017年欧盟28个国家的GDP按当前价格计算为15.3万亿欧元，克罗地亚只占0.3%，是贡献低于1%的11个国家之一。2007—2016年克罗地亚经济发展状况见表2。

表2　2007—2016年克罗地亚经济发展状况

年　份	GDP（亿欧元）（现价）	GDP增长率（%）	人均GDP（欧元）
2007	439.35	5.2	10187
2008	481.35	2.1	11166
2009	450.93	-7.4	10471
2010	451.46	-1.4	10509
2011	448.37	-0.3	10469
2012	440.22	-2.2	10312
2013	437.54	-0.6	10285

(续表)

年 份	GDP（亿欧元）（现价）	GDP 增长率（%）	人均 GDP（欧元）
2014	434.16	-0.1	10249
2015	445.46	2.3	10586
2016	463.09	3.0	11076

数据来源：克罗地亚统计年报 2017

二、农业发展现状

2016 年，克罗地亚农业、工业和服务业占 GDP 的比重分别为 4%、27% 和 69%。克罗地亚虽属小国，但生态资源环境良好，发展潜力较大，农业集中在沿萨瓦河两岸的平原地区，葡萄种植与酿酒、休闲农业等方面较有特色，农产品有玉米、小麦、甜菜、烟草、葡萄等。沿海产橄榄、柠檬、柑橘等亚热带果类。山地丘陵区畜牧业较发达，渔业集中在亚德里亚海沿岸及附近岛屿。

（一）农业资源条件

克罗地亚全国农业用地 154.60 万公顷（2016 年），占其国土面积比例 27.3%。农业可耕地面积为 87.24 万公顷，占农业用地的比重为 56.4%；永久性草地和牧场 60.00 万公顷，占农业用地的比重为 38.8%，其余为果园、葡萄园、橄榄园、林地等（图 2）。克罗地亚可耕地中有 60.7% 用于谷物生产（52.94 万公顷），20.5% 用于经济类作物（17.90 万公顷），12.3% 用于青贮饲料种植（10.74 万公顷），3.1% 用于块茎类作物（2.66 万公顷）（图 3）。克罗地亚 80% 以上的耕地和牲畜为私人所有。根据克罗地亚法律规定，国有耕地可以租借

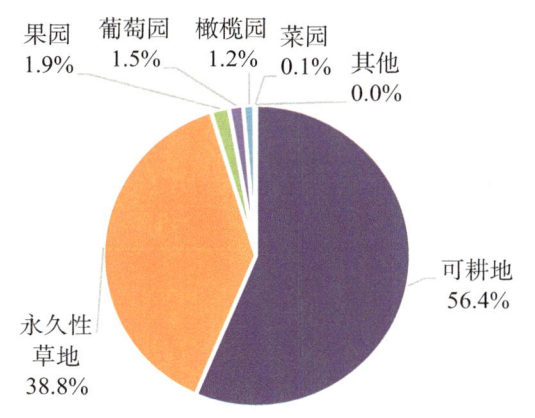

图 2　2016 年克罗地亚农业用地面积分布情况

数据来源：克罗地亚统计年报 2017

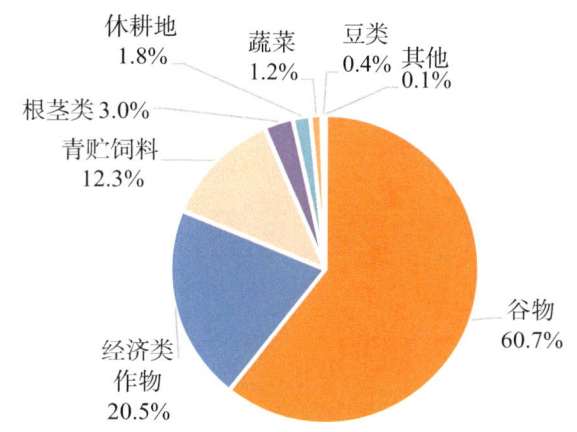

图 3　2016 年克罗地亚可耕地面积分布情况

数据来源：克罗地亚统计年报 2017

给农民种植，由农民独立经营，免交土地使用租金。

克罗地亚气候依地形相应分为地中海式气候、山地气候和温带大陆性气候，3种地形气候区成为发展农业的主要优势。夏季温和，7月平均气温18～22℃；冬季寒冷，气温低于0℃。中部和中南部为高原山地气候，夏季凉爽，气温不超过18℃，冬季严寒且降雪频繁，平均气温低于零下2℃；南部和西南部海岸为地中海式气候，夏季炎热干燥，平均气温超过22℃，冬季温和多雨，气温在0℃以上。

（二）农业生产情况

1. 农业产值规模及构成

2005—2017年，克罗地亚农业（包括林业、渔业）增加值呈先增后减再增的态势（表3）。2008年农业增加值达到最大，为136.11亿库纳，之后波动减少，2014年减至97.84亿库纳，2015年开始逐年增加，2017年增加至110.22亿库纳。农业增加值占GDP比重基本保持在3.0%～4.0%，总体呈现减少态势，2006年和2009年农业增加值占GDP比重达到4.0%，2017年降为3.0%。

表3　2002—2017年克罗地亚农业增加值及占GDP比重

年　份	农业（包括林业、渔业）增加值（亿库纳）（现价）	占GDP百分比（%）
2005	105.53	3.9
2006	118.52	4.0
2007	120.42	3.7
2008	136.11	3.9
2009	133.94	4.0
2010	122.02	3.7
2011	120.41	3.6
2012	109.48	3.3
2013	113.56	3.4
2014	97.84	3.0
2015	102.43	3.0
2016	110.18	3.1
2017	110.22	3.0

数据来源：克罗地亚统计局

从农产品产值看，2005—2016年，克罗地亚农产品（种植业和畜牧业）产值总体呈下降态势。2005年农产品产值为174.13亿库纳，其中种植业产值和畜牧业产值分别为96.94亿库纳和77.19亿库纳，分别占农产品产值的55.7%和44.3%。2016年，农产品产值为

152.53亿库纳，其中，种植业产值96.08亿库纳，占63.0%；畜牧业产值56.45亿库纳，占37.0%。在种植业中，谷物（包括种子）产值27.50亿库纳，占种植业产值的28.6%，其次是饲用作物15.62亿库纳，占16.3%；葡萄酒13.75亿库纳，占14.3%；含油子仁及果实（包括种子）10.55亿库纳，占11.0%。在畜牧业中，牛业产值15.35亿库纳，占畜牧业产值的27.2%，其次是奶类产值13.03亿库纳，占23.1%；猪业产值12.57亿库纳，占22.3%。

按农业用地规模划分（表4），拥有5公顷以下农地的农业经营主体数量占近70%。2016年，克罗地亚共有134459个农业经营主体，拥有2公顷以下农业用地的有50806个，占37.8%；2～4.9公顷农业用地的有40840个，占30.3%；5～9.9公顷农业用地的有20079个，占14.9%。拥有10公顷以下农业用地的占83.1%，拥有100公顷及以上农业用地的仅占1.2%。

表4 克罗地亚按农地规模划分的农业经营主体数量 （单位：个）

农地规模	2007年	2010年	2013年	2016年
经营主体数量	181250	233280	157450	134459
其中，无地	4200	230	350	1785
2公顷以下	88680	122560	60700	50806
2～4.9公顷	46800	55430	48220	40840
5～9.9公顷	23880	30240	24690	20079
10～19.9公顷	10710	13880	12610	9466
20～29.9公顷	3210	4330	3880	3163
30～49.9公顷	1950	3470	3030	3160
50～99.9公顷	1240	2290	2610	3536
100公顷及以上	580	850	1350	1624

数据来源：克罗地亚统计局

2. 主要农产品产量

（1）种植业

粮食和饲用作物。克罗地亚主要种植小麦、玉米、大麦、马铃薯、豆类及饲用作物等。

1992—2017年，克罗地亚小麦产量基本在80万吨上下波动，波动幅度较大。1992年小麦产量为65.80万吨，1998年达到最高水平102.05万吨，2003年减至50.62万吨，2012年和2013年恢复至近100万吨，2017年为68.22万吨（表5），较上年减少28.9%，主要原因是小麦面积大幅减少30.9%。

玉米产量上下波动较大。1992年玉米产量为153.77万吨，之后逐年增加，1997年达到 218.31 万吨，2000 年减至 119.02 万吨，之后产量呈现波动态势，2008 年达到最高水平 250.49 万吨，之后连续 4 年减少，2012 年减至 129.76 万吨，2016 年增加至 215.45 万吨，2017 年基本回到 1992 年的水平，为 155.96 万吨，较上年减少 27.6%，主要原因是单产由每公顷 8.5 吨减少至 6.3 吨，减幅达 25.9%，而面积仅减少了 2.0%。

表 5　2012—2017 年克罗地亚主要农作物面积、单产和产量

年　份	收获面积（公顷）	单　产（吨/公顷）	产　量（吨）	收获面积（公顷）	单　产（吨/公顷）	产　量（吨）
	小麦			玉米		
2012	186949	5.3	999681	299161	4.3	1297590
2013	204506	4.9	998940	288365	6.5	1874372
2014	156139	4.2	648917	252567	8.1	2046966
2015	140986	5.4	758638	263970	6.5	1709152
2016	168029	5.7	960081	252072	8.5	2154470
2017	116150	5.9	682322	247119	6.3	1559638
	大麦			马铃薯		
2012	56905	4.1	235778	10232	14.8	151278
2013	53796	3.7	201339	10234	15.9	162501
2014	46160	3.8	175592	10310	15.6	160847
2015	43700	4.4	193451	10047	17.0	171179
2016	56483	4.7	263165	9866	19.7	193962
2017	53950	4.8	260426	9833	15.9	156089
	豆类（干）			三叶草（干）		
2012	788	0.6	472	20270	4.1	83817
2013	1097	1.3	1480	16783	4.9	82844
2014	1483	0.9	1329	10497	6.8	70873
2015	1475	0.8	1156	9549	8.7	82992
2016	1574	0.9	1461	9920	6.8	67853
2017	1539	0.9	1340	5326	4.7	24861
	苜蓿（干）			青贮玉米		
2012	24803	5.0	124055	28945	25.8	746807
2013	25694	6.9	177857	29679	35.0	1038666
2014	22116	5.8	128702	28794	35.3	1015614
2015	18386	6.1	112876	32601	35.6	1159307
2016	23559	8.1	191540	30977	41.4	1283068
2017	26057	7.2	187917	28288	30.3	858058

数据来源：克罗地亚统计局

大麦产量波动增加。1992 年大麦产量为 10.68 万吨，2008 年达到最高水平 27.91 万吨，

之后有所波动，2016年为26.32万吨，2017年略有减少，为26.04万吨，较1992年增加143.8%，年均增长3.6%。

马铃薯产量先增后减再到持稳，但总体呈减少态势。1992年马铃薯产量为48.01万吨，2002年达到最高水平73.62万吨，之后连续2年大幅减少，2004年减至24.71万吨，减幅达66.4%，之后5年较为平稳，基本保持在27万吨上下，2010年又下一台阶，减至20万吨以下，之后几年维持在16万吨上下，2016年接近20万吨，2017年再次减产至15.61万吨，较1992年减少67.5%，年均减少4.4%。

青贮玉米产量总体呈增加态势。2000—2016年，青贮玉米产量由36.16万吨增加至128.31万吨，增幅为254.8%，年均增长8.2%。2017年青贮玉米产量大幅减少至85.81万吨，较上年减少33.1%，不仅单产减少26.8%，收获面积也减少8.9%。

2016年，克罗地亚大部分谷物品种的自给率都在100%以上（表6），其中小麦的自给率为145.2%，玉米为128.2%，大麦为113.5%，燕麦和杂粮为102.4%，黑麦为100.4%。混合麦的自给率为61.3%。小麦产量中有50%用于出口，玉米产量中有23%用于出口。

表6　2016年克罗地亚谷物平衡表　（单位：万吨）

项　目	小　麦（普通和硬粒）	混合麦	大　麦	燕麦和杂粮	玉　米	黑　麦	其他谷物
总供给量	128.72	0.99	35.05	8.38	230.19	8.27	1.12
产量	96.01	0.47	26.32	8.04	215.45	8.14	1.03
进口	18.78	0.42	6.00	0.25	6.74	0.13	0.04
期初库存	13.93	0.10	2.73	0.09	8.00		0.06
总需求量	128.72	0.99	35.05	8.38	230.19	8.27	1.12
出口	47.60	0.11	6.04	0.35	49.17	0.16	0.01
国内消费	66.12	0.76	23.18	7.85	168.03	8.11	0.81
食用	48.23	0.73	6.51	0.35	4.93	1.83	0.55
工业			8.50		1.32		
种子	3.34	0.00	0.79	0.09	0.40	0.16	0.11
饲料	12.16	0.02	6.72	7.23	155.99	5.92	0.13
其他	2.40	0.01	0.66	0.18	5.39	0.20	0.03
期末库存	15.00	0.12	5.82	0.18	13.00		0.30
自给率（%）	145.2	61.3	113.5	102.4	128.2	100.4	126.8
人均消费量（千克）	113.74	1.72	15.36	0.83	11.63	4.31	1.29

数据来源：克罗地亚统计局

经济作物。克罗地亚主要经济作物有甜菜、向日葵、大豆和油菜籽等。

1992—2017年,克罗地亚甜菜产量总体呈增加态势(表7)。1992年,甜菜产量52.52万吨,2007年达到最高水平158.26万吨,2012年降至91.92万吨,2015年降至75.65万吨,2016年和2017年连续2年增加,2017年产量129.55万吨,较上年增加10.8%,尽管单产减少12.2%,但收获面积增加26.1%。

向日葵产量总体呈增加态势。1992年,向日葵(籽)产量4.04万吨,之后波动增加,2013年产量达到13.06万吨,之后两年减少,2015年减至9.41万吨,2016年因面积增加16.7%,产量增加17.6%,2017年尽管面积减少7.7%,但单产增加14.8%,产量增至11.59万吨。

大豆产量大幅增加。1992年大豆产量4.61万吨,2016年产量达到24.41万吨,增幅为429.1%,年均增长7.2%。2017年大豆产量减至20.78万吨,较上年减少14.9%,尽管收获面积增加8.3%,但单产由每公顷3.1吨减少至2.4吨,减少了22.6%。

油菜籽产量大幅增加。1992年油菜籽产量2.42万吨,2017年增加至13.58万吨,增幅为4.6倍,年均增长7.1%,主要是面积增加较快,2017年较1992年增加3.1倍。

表7 2012—2017年克罗地亚主要经济作物面积、单产和产量

年份	收获面积(公顷)	单产(吨/公顷)	产量(吨)	收获面积(公顷)	单产(吨/公顷)	产量(吨)
	甜菜			向日葵		
2012	23502	39.1	919230	33534	2.7	90019
2013	20245	51.9	1050715	40805	3.2	130576
2014	21900	63.6	1392000	34869	2.9	99489
2015	13883	54.5	756509	34494	2.7	94075
2016	15493	75.5	1169622	40254	2.7	110566
2017	19533	66.3	1295459	37152	3.1	115880
	大豆			油菜籽		
2012	54109	1.8	96718	9893	2.7	26406
2013	47156	2.4	111316	17972	2.7	47827
2014	47104	2.8	131424	23122	3.1	71228
2015	88867	2.2	196431	21977	2.6	56783
2016	78614	3.1	244075	36778	3.1	112990
2017	85133	2.4	207765	48616	2.8	135810

数据来源:克罗地亚统计局

蔬果类。克罗地亚主要蔬菜品种有番茄、卷心菜、瓜类、洋葱和大蒜、辣椒、萝卜等。

2017年蔬菜产量依次为：番茄4.12万吨、卷心菜（白）3.53万吨、瓜类2.34万吨、洋葱和大蒜2.08万吨、辣椒1.93万吨、萝卜1.37万吨和黄瓜1.06万吨（表8）。

表8　2012—2017年克罗地亚蔬菜产量　　　　　　　　　　　　　　（单位：吨）

品　种	2012年	2013年	2014年	2015年	2016年	2017年
花椰菜和西兰花	2556	2354	2360	1909	2778	1736
卷心菜（白色）	23093	34542	23399	36413	37722	35318
生菜	5217	5974	3300	5320	5602	5911
番茄	25418	33787	22818	39666	30707	41223
黄瓜	6714	12076	8291	7613	7847	10622
瓜类	20752	30955	27933	17774	22886	23399
辣椒	14553	17377	13203	15848	19257	19303
萝卜	15294	5885	8277	11589	18225	13676
洋葱和大蒜	27501	28276	32323	32937	28301	20770
青豆	3528	3595	4265	3865	3502	4342
四季豆	2851	3416	2668	1775	2931	2535

数据来源：克罗地亚统计局

克罗地亚主要水果品种有葡萄、苹果、柑橘、樱桃、李子等，2017年水果产量依次为：葡萄11.63万吨、苹果5.66万吨、柑橘1.90万吨、樱桃1.02万吨、李子0.83万吨。

2010—2016年，克罗地亚葡萄产量总体呈减少态势，由20.77万吨减少至12.37万吨，减幅为40.5%，年均减少8.3%。2017年葡萄产量为11.63万吨，较上年减少5.9%。葡萄酒产量也大幅减少，由2010年的14330万升减少至2016年的7600万升，减幅达47.0%。

从2010/2011—2016/2017年度葡萄酒供需平衡表看（表9），克罗地亚葡萄酒供给量呈减少趋势，减幅达32.4%，尽管进口量增加102.6%，但国内葡萄酒产量减少了47.0%，期初库存也减少31.2%。

需求方面，随着克罗地亚葡萄酒的品质逐渐得到认可，周边国家逐年加大了对克罗地亚葡萄酒的进口量，克罗地亚葡萄酒出口量增加了40.5%，但国内消费量减少了34.4%，主要是饮用消费和工业消费都有所减少，减幅分别为24.2%、77.0%。从葡萄酒自给率看，年度间有所波动，2010/2011年度为93.7%，2016/2017年度下降为75.8%。人均消费量在2013/2014年度较高，达到38.86升，2016/2017年度减少为22.03升。

表9 2010/2011—2016/2017年度克罗地亚葡萄酒供需平衡表　　　　（单位：万升）

项　目	2010/2011	2011/2012	2012/2013	2013/2014	2014/2015	2015/2016	2016/2017
供给量	26168.60	26040.60	24900.30	21329.10	18694.80	19649.90	17696.50
生产量	14330.00	14090.00	12930.00	12490.00	8420.00	9920.00	7600.00
进口量	1460.00	1454.00	1580.30	2012.10	2620.20	3043.20	2957.40
期初库存	10378.60	10496.60	10390.00	6827.00	7654.60	6686.70	7139.10
需求量	26168.60	26040.60	24900.30	21329.10	18694.80	19649.90	17696.50
出口量	384.80	578.60	530.70	323.10	419.60	440.70	540.50
国内消费量	15287.20	15072.00	17542.60	13351.40	11588.50	12070.10	10028.30
饮用消费	12200.10	13262.20	16551.10	12414.90	10858.20	11347.40	9253.10
工业消费	2934.20	1694.20	781.00	803.00	614.40	602.00	674.90
损失	152.90	115.60	210.50	133.50	115.90	120.70	100.30
期末库存	10496.60	10390.00	6827.00	7654.60	6686.70	7139.10	7127.70
自给率（%）	93.74	93.48	73.71	93.55	72.66	82.19	75.79
人均消费量（升）	28.50	31.06	38.85	29.28	25.61	26.76	22.03

数据来源：克罗地亚统计局

2010—2016年，克罗地亚橄榄产量波动减少，由3.80万吨减少至3.12万吨（表10），减幅为17.9%，年均减少3.2%，其中2012年橄榄产量达到5.09万吨，2014年大幅减少至0.88万吨。2017年橄榄产量为2.89万吨，较上年减少7.2%。橄榄油产量在2010—2013年较为平稳，基本保持在510万升上下，2014年大幅减少至106.40万升，2015年有所增加，2016年为345.38万升，2017年为374.63万升。

表10 2010—2017年克罗地亚橄榄、橄榄油产量

品　种	2010年	2011年	2012年	2013年	2014年	2015年	2016年	2017年
橄榄（吨）	38001	31423	50950	34270	8840	28270	31183	28950
橄榄油（万升）	520.60	500.00	550.00	500.00	106.40	353.52	345.38	374.63

数据来源：克罗地亚统计局

（2）畜牧业

克罗地亚畜牧业以养猪、牛、羊、禽及蜂为主，主要畜产品包括各种肉类、奶类、蛋类和蜂蜜等。2000—2017年，克罗地亚畜牧业中，牛、绵羊的存栏量呈现增加态势，而猪、山羊和禽类存栏量呈现减少态势。2016年克罗地亚的肉类（包括猪肉、牛羊肉、禽肉）生产结构中，猪肉产量占肉类总产量的比重最高，为40.7%，其次是禽肉（34.7%）、牛肉

（22.0%）、羊肉（2.7%）。

克罗地亚养猪业近几年较为低迷。生猪存栏从2000年的123.35万头减少至2017年的112.10万头（表11），减幅为9.1%。2017年，生猪存栏中，20千克以下的仔猪有25.85万头，占比23.1%；20~50千克的生猪有25.21万头，占比22.5%；50千克以上的育肥猪有48.21万头，占比43.0%；50千克以上的母猪有11.00万头，占比9.8%；50千克以上的公猪有0.32万头，占比0.3%；其他占比1.3%。猪肉产量在2010年为17.8万吨，之后逐年减少，2015年减至13.1万吨，2016年略有恢复，为13.7万吨（表12）。

表11 克罗地亚畜牧业存栏量

年份	牛（万头）	猪（万头）	山羊（万只）	绵羊（万只）	家禽（万只）
2000	42.66	123.35	7.94	52.88	1125.58
2005	47.10	120.50	13.45	79.65	1064.08
2010	44.43	123.06	7.52	62.94	946.94
2011	44.66	123.34	7.00	63.86	952.34
2012	45.15	118.23	7.20	67.93	1016.04
2013	44.24	111.07	6.89	61.98	930.67
2014	44.06	115.62	6.07	60.49	1031.71
2015	44.00	116.69	6.21	60.77	1018.98
2016	44.46	116.30	7.55	61.89	985.63
2017	45.08	112.10	7.68	63.68	1039.94

数据来源：克罗地亚统计局

表12 克罗地亚畜产品产量

年份	牛肉（万吨）	猪肉（万吨）	羊肉（万吨）	禽肉（万吨）	牛奶（亿升）	原毛（吨）	鸡蛋（亿枚）	蜂蜜（吨）
2005	7.7	17.3	1.3	14.0	7.66	758	8.24	2657
2010	8.2	17.8	1.3	11.3	7.69	849	7.04	2088
2011	9.8	17.2	1.1	10.5	7.80	1000	6.92	5670
2012	8.6	15.0	1.4	10.5	7.86	1067	5.85	6887
2013	7.8	13.8	0.9	9.4	6.97	1026	6.06	8992
2014	7.2	13.1	1.1	9.9	6.90	941	5.72	6269
2015	6.9	13.1	1.1	10.7	6.74	1038	5.64	11477
2016	7.4	13.7	0.9	11.7	6.51	1070	6.62	8677

数据来源：克罗地亚统计年报2017

养牛业发展比较平稳。牛存栏从 2000 年的 42.66 万头增加至 2017 年的 45.08 万头，增幅为 5.7%。2017 年，牛存栏中，1 岁以下的犊牛和小母牛有 15.6 万头，占比 34.6%；1~2 岁的公牛和小母牛有 9.99 万头，占比 22.2%；2 岁及以上的奶牛（包括其他母牛）有 16.10 万头，占比 35.7%；其余占比 7.5%。牛肉产量 2011 年为 9.8 万吨，之后逐年减少，2015 年降为 6.9 万吨，2017 年略有增加，为 7.4 万吨。牛奶产量在 2007 年达到最高水平 8.34 亿升，之后缓慢减少，2016 年降至 6.51 亿升。

养羊业稳步发展。养羊不仅生产羊肉、羊奶，还提供羊毛。羊存栏从 2000 年的 60.82 万只增加至 2017 年的 71.36 万只，增幅为 18.4%。其中，绵羊存栏由 52.88 万只增加至 63.68 万只，增幅为 20.4%；山羊存栏由 7.94 万只减少至 7.68 万只，减幅为 3.3%。羊肉产量基本在 1 万吨上下波动，2010 年为 1.3 万吨，2012 年增加为 1.4 万吨，2016 年为 0.9 万吨。羊奶产量 2003 年达到最高水平 2315 万升，之后波动减少，2016 年为 1794.8 万升，其中，绵羊奶产量 806.8 万升，山羊奶产量 988.0 万升。原毛产量在 2013 年达到 1067 吨，2014 年降至 941 吨，2016 年恢复至 1070 吨。

家禽业有所萎缩。家禽存栏从 2000 年的 1125.58 万只减少至 2017 年的 1039.94 万只，减幅为 7.6%。2017 年，克罗地亚家禽存栏中，肉鸡存栏 583.81 万只，占家禽存栏的 56.1%；蛋鸡存栏 358.72 万只，占 34.5%；火鸡存栏 49.31 万只，占 4.7%；鸭存栏 5.08 万只，占 0.5%；鹅 1.33 万只，占 0.1%，其他占 4.1%。禽肉产量 2005 年为 14.0 万吨，之后逐年减少，2013 年降至 9.4 万吨，之后有所恢复，2016 年为 11.7 万吨。鸡蛋产量 2005 年为 8.24 亿枚，之后波动减少，2016 年为 6.62 亿枚。

另外，克罗地亚养蜂业在 2011 年得到快速发展，2011 年蜂蜜产量达到 5670 吨，较上年增加 1.7 倍，2015 年蜂蜜产量超过 10000 吨，达到 1.15 万吨，2016 年有所减产，为 8677 吨。由于克罗地亚国内对蜂蜜的消费量很少，也限制了其养蜂业的发展。

（3）渔业

克罗地亚拥有很长的海岸线，渔业具有悠久历史，特别是在沿海和岛屿地区。克罗地亚海水养殖业集中在亚德里亚海沿岸及附近岛屿，淡水鱼养殖分布在其内陆地区，以鲤鱼和鳟鱼养殖为主。

亚得里亚海相对产鱼量不大，但鱼的种类却很丰富（表 13）。2016 年海鱼捕获量为 8.50 万吨，其中远洋鱼产量 6.83 万吨，占海鱼产量的 80.4%；其他鱼类 1.31 万吨，占 15.4%；甲壳类产量 923 吨，占 1.1%；牡蛎及贝类产量 2664 吨，占 3.1%。在远洋鱼中，沙丁鱼产量 5.39 万吨，占远洋鱼产量的 78.9%，占海水鱼产量的 63.4%。沙丁鱼主要用于鱼制品加工。

表 13 2012—2016 年克罗地亚渔业产量　　　　　　　　　　　　　　　　（单位：吨）

年 份	海 鱼					淡水鱼
	总　量	远洋鱼	其他鱼类	甲壳类	牡蛎及贝类	
2012	72714	58687	9040	487	4500	4268
2013	85713	71008	10182	685	3838	3288
2014	88847	73964	10941	764	3178	3860
2015	84229	67739	12521	875	3094	4891
2016	85028	68339	13102	923	2664	4099

数据来源：克罗地亚统计局

克罗地亚淡水鱼养殖已有近 120 年的历史，2016 年鲤鱼鱼塘有 29 个，占地面积 1.03 万公顷，鲤鱼产量 3568 吨；鳟鱼鱼塘有 22 个，占地面积 4413 公顷，鳟鱼产量 467 吨。

2016 年，克罗地亚从事水产品（包括海洋和淡水鱼产品）商业捕捞或养殖的渔民 7746 人，较上年减少 103 人，其中商业捕捞人数 5049 人，较上年增加 784 人。海上捕捞船只 7746 艘，总吨位 4.92 万总吨（GT），总马力 38.76 万千瓦（kW），其中，长度超过 12 米且吨位大于 15 总吨的船只海上捕捞船只 628 艘，总吨位 3.40 万总吨（GT）。渔网的种类有：拖网（trawl nets）1073 张，围网（purse seine nets）799 张，漂网（drift nets）688 张，刺网（single and triple gillnets）9245 张，其中刺网数量较上年增加 38.4%，其他类型渔网均有不同程度的减少。

（4）林业

克罗地亚森林资源比较丰富，2016 年克罗地亚林地总面积 275.90 万公顷，森林覆盖率为 48.8%，其中国有林地 209.73 万公顷，占 76.0%；私有林地 66.17 万公顷，占 24.0%。克罗地亚森林面积 249.27 万公顷，13% 为针叶林，阔叶林最多的树种为山毛榉、橡树、白腊树等，树林品质较高。2016 年克罗地亚林木采伐量 516.5 万立方米，较上年减少 1.4 万立方米，其中针叶木材总产量下降 3.7%，非针叶木材总产量同比增长 0.4%。克罗地亚森林公司（HrvatskaSuma）为国有公司，负责克森林及林木采伐管理。克罗地亚林业资源丰富，发展木材加工业潜力很大。2016 年克罗地亚拥有的林业资源价值约 16.49 亿库纳，较上年增加 5.8%，平均价格为每平方米 313.29 库纳，较上年下跌 0.6%，其中，针叶林木材价格上涨 8.1%，非针叶林价格下跌 2.1%，由于非针叶木材在销售的木材中占有很高的比例，造成木材平均价格有所下降。

3. 主要农业产业布局

克罗地亚农业用地中，有 70.9%（109.55 万公顷）在内陆地区，有 29.1%（45.05 万公顷）在亚得里亚海沿岸地区。其中，可耕地中有 96.0%（83.78 万公顷）在内陆地区，4.0% 在亚得里亚海沿岸地区。因此，克罗地亚谷物类、块茎类、经济类作物、蔬菜及草莓、青饲料等基本是在内陆地区种植；2.34万公顷葡萄园中，有53.3%（1.25万公顷）分布在内陆地区，46.7%（1.09万公顷）分布在亚得里亚海沿岸地区；1.82万公顷的橄榄全部在亚得里亚海沿岸地区种植。

从2016年克罗地亚农业经营主体数量看，134459个农业经营主体中有96.9%的都属于家庭农场，其余3.1%属于公司或小作坊性质的企业。在家庭农场中，从事有机农业的农场占1.1%，并且有逐步扩大的趋势。从农业经营主体在20个省和1个直辖市分布情况看（表14），萨格勒布省最多，有11214个，占8.3%，其次是斯普利特省、别洛瓦尔省、奥西耶克省和科普里夫尼察省，这5个省农业经营主体合计占全国的35.9%。

表14 2016年克罗地亚农业经营主体的分布情况

省市名称	农业经营主体数量（个）	经营农地面积（万公顷）	其中					牛饲养量（万头）
			谷物	甜菜	菜园	永久作物	果园（不包括柑橘类水果）	
全国	134459	156.30	53.31	1.51	0.18	7.20	2.78	41.84
萨格勒布	11214	6.15	3.35	0.00	0.02	0.25	0.13	2.63
克拉皮纳	7334	2.06	0.91	—	0.01	0.21	0.09	0.90
锡萨克	6707	6.36	2.44	—	0.01	0.20	0.17	1.81
卡尔洛瓦茨	6601	((17.08))	((2.66))	—	0.01	0.16	0.13	((9.29))
瓦拉日丁	7360	3.23	2.09	0.00	0.01	0.16	0.07	0.63
科普里夫尼察	8628	6.99	4.67	0.00	0.01	0.19	0.10	4.22
别洛瓦尔	9512	8.58	4.87	0.00	0.01	0.24	0.20	4.45
布利摩尔斯可	2376	1.60	((0.01))	—	0.00	0.12	(0.03)	0.14
利卡-塞尼	4277	12.56	0.44	—	0.01	0.06	0.04	1.04
维罗维蒂察	5718	8.32	4.17	0.06	0.01	0.21	0.16	0.98
波热加	4383	4.48	2.20	0.07	0.01	0.29	0.15	0.81
斯拉沃尼亚	6085	7.00	3.72	0.04	0.01	0.25	0.23	1.02
扎达尔	5943	8.30	0.13	—	0.01	0.57	0.15	0.44
奥西耶克	9282	21.27	11.25	0.70	0.01	0.72	0.47	7.67
希贝尼克	4661	9.49	0.06	—	0.00	0.35	0.02	0.44
武科瓦尔	6087	13.06	6.79	0.62	0.01	0.32	0.16	2.46
斯普利特	9701	8.40	0.16	—	0.02	0.84	(0.12)	0.83
伊斯特拉	5378	4.56	(0.67)	—	0.00	0.89	0.05	0.78
杜布罗夫尼克	6618	1.85	((0.02))	—	0.01	0.82	0.05	(0.09)
梅吉穆列	3758	3.46	2.20	0.01	0.00	0.17	0.10	0.90
萨格勒布市	2836	1.48	0.52	0.00	0.00	0.20	0.17	0.34

数据来源：克罗地亚统计局

注："—"表示无数据；"(( ))"表示数据有偏差；"( )"表示数据略有偏差

从农业经营主体拥有的农业用地情况看，奥西耶克省最多，有 21.27 万公顷，占 13.6%，其次是卡尔洛瓦茨省、武科瓦尔省、利卡—塞尼省和希贝尼克省，这 5 个省农业用地面积合计占全国的 47.0%。其中，谷物用地面积最多的是奥西耶克省，有 11.25 万公顷，占 21.1%，其次是武科瓦尔省、别洛瓦尔省、科普里夫尼察省和维罗维蒂察省，这 5 个省谷物用地面积合计占全国的 59.6%。甜菜种植比较集中，用地面积最多的是奥西亚科省，有 0.70 万公顷，占 46.4%，其次是武科瓦尔省、波热加省、维罗维蒂察省和斯拉沃尼亚布罗德省，这 5 个省甜菜用地面积合计占全国的 98.8%。菜园用地最多的是斯普利特省，有 205 公顷，占 11.1%，其次是萨格勒布省、斯拉沃尼亚布罗德省、扎达尔省和科普里夫尼察省，这 5 个省菜园用地面积合计占全国的 39.1%。永久作物用地最多的是伊斯特拉省，有 0.89 万公顷，占 12.3%，其次是斯普利特省、杜布罗夫尼克省、奥西耶克省和扎达尔省，这 5 个省永久作物用地面积合计占全国的 53.3%。果园（不包括柑橘类水果）用地最多的是奥西耶克省，有 0.47 万公顷，占 17.1%，其次是斯拉沃尼亚布罗德省、别洛瓦尔省、锡萨克省和萨格勒布市，这 5 个省市果园用地面积合计占全国的 44.6%。

从经营主体养牛情况看，卡尔洛瓦茨省养牛数量最多，达到 9.29 万头，占 22.2%，其次是奥西耶克省、别洛瓦尔省、科普里夫尼察省和萨格勒布省，这 5 个省市养牛数量合计占全国的 67.5%。

由于得天独厚的土壤和气候条件，克罗地亚伊斯特拉半岛、达尔马提亚和斯拉沃尼亚地区产出的葡萄具有很高的品质。克罗地亚葡萄在亚得里亚海沿岸地区和内陆地区均有种植，据克罗地亚统计局数据，2016 年生产红葡萄酒的葡萄主要种植在亚得里亚沿岸地区，面积为 3593.56 公顷，占全国的 79.9%，内陆地区面积为 905.18 公顷，占 20.1%，红葡萄酒的葡萄品种主要有 Frankovka、Cabernet Sauvignon、Merlot、Plavac mali、Plavina 等。生产白葡萄酒的葡萄主要种植在内陆地区，面积为 5726.07 公顷，占全国的 75.2%，亚得里亚沿岸地区面积为 1890.10 公顷，占 24.8%，白葡萄酒的葡萄品种主要有 Chardonnay、Malvazija Istarska、Rajnski rizling、Graševina 等。

（三）农产品贸易情况

克罗地亚对外贸易长期呈逆差态势（表 15）。2017 年，对外贸易总额为 359.09 亿欧元，贸易逆差 78.75 亿欧元。其中，出口额 140.17 亿欧元，进口额 218.92 亿欧元，贸易逆差较上年有所扩大。其主要贸易伙伴为欧盟和中欧自贸协定（CEFTA）国家，分别占贸易总额的 81.7% 和 11.9%。最大的贸易伙伴依次为德国、意大利、斯洛文尼亚、奥地利、波黑、俄罗斯和法国等。

表15　2012—2017年克罗地亚对外贸易情况　　　　　　　　　　（单位：亿欧元）

年　度	出口总额	进口总额	贸易总额	差　　额
2012	92.28	162.16	254.44	-69.88
2013	95.89	165.28	261.17	-69.39
2014	103.69	171.29	274.98	-67.60
2015	115.28	184.83	300.11	-69.55
2016	123.17	197.12	320.28	-73.95
2017	140.17	218.92	359.09	-78.75
2017较2016变化（%）	13.8	11.1	12.1	

数据来源：克罗地亚统计局

1. 主要农产品贸易规模

按照2007版国家行业分类（2007 NKD），2017年克罗地亚农林渔业初级产品出口额6.64亿欧元，占出口总额的4.7%；进口额6.31亿欧元，占进口总额的2.9%，农林渔业初级产品呈贸易顺差，顺差额0.33亿欧元。从加工产品看，加工食品、饮料及烟草制品出口额13.23亿欧元，占加工业出口额的10.6%；进口额23.14亿欧元，占加工业进口额的12.1%。其中，加工食品出口额10.80亿欧元，占加工业出口额的8.7%，进口额20.39亿欧元，占加工业进口额的10.7%，加工食品呈贸易逆差，逆差额9.59亿欧元；饮料出口额1.54亿欧元，占加工业出口额的1.2%，进口额2.00亿欧元，占加工业进口额的1.0%，饮料呈贸易逆差，逆差额0.46亿欧元；烟草制品出口额8960.3万欧元，占加工业出口额的0.7%，进口额7528.4万欧元，占加工业进口额的0.4%，烟草制品呈贸易顺差，顺差额1431.9万欧元。2012—2017年克罗地亚农林渔业初级产品及加工品贸易情况见表16。

表16　2012—2017年克罗地亚农林渔业初级产品及加工品贸易情况　（单位：亿欧元）

年　度	农林渔业初级产品			加工食品、饮料及烟草制品		
	出口额	进口额	差　　额	出口额	进口额	差　　额
2012	4.16	4.44	-0.28	8.96	15.48	-6.52
2013	4.27	4.68	-0.41	8.47	16.50	-8.03
2014	4.40	4.95	-0.55	9.63	18.18	-8.55
2015	5.34	5.49	-0.15	11.06	19.90	-8.84
2016	5.92	5.50	0.42	12.69	20.97	-8.28
2017	6.64	6.31	0.33	13.23	23.14	-9.91

数据来源：克罗地亚统计局

按照国际贸易标准分类（SITC），2017年，克罗地亚食品和活动物出口额13.98亿欧元，占出口总额的10.0%，进口额24.09亿欧元，占进口总额的11.0%；饮料和烟草出口额2.51亿欧元，占出口总额的1.8%，进口额2.98亿欧元，占进口总额的1.4%；动植物油和脂肪出口额6029.3万欧元，占出口总额的0.4%，进口额9922.0万欧元，占进口总额的0.5%。这些产品都呈贸易逆差。2012—2017年克罗地亚农产品贸易情况见表17。

表17 2012—2017年克罗地亚农产品贸易情况（SITC）　　（单位：亿欧元）

年度	食品和活动物			饮料和烟草			动植物油和脂肪		
	出口额	进口额	差额	出口额	进口额	差额	出口额	进口额	差额
2012	9.59	16.19	-6.6	1.82	1.57	0.25	0.20	1.21	-1.01
2013	9.04	17.42	-8.38	1.70	1.66	0.04	0.19	1.09	-0.9
2014	10.30	19.17	-8.87	1.72	1.95	-0.23	0.26	0.97	-0.71
2015	12.15	21.11	-8.96	1.76	2.18	-0.42	0.28	0.94	-0.66
2016	13.77	21.95	-8.18	1.94	2.33	-0.39	0.50	0.99	-0.49
2017	13.98	24.09	-10.11	2.51	2.98	-0.47	0.60	0.99	-0.39

数据来源：克罗地亚统计局

从出口商品分类看，2017年，克罗地亚主要出口农产品为巧克力及其他可可制品，出口额1.15亿欧元，其次是鱼（鲜或冷冻）出口额1.02亿欧元；甘蔗或甜菜糖出口额0.99亿欧元，大豆出口额0.89亿欧元；玉米出口额0.81亿欧元。

从进口商品分类看，2017年，克罗地亚主要进口农产品为猪肉（包括鲜、冷冻）进口额1.98亿欧元，其次是面包、糕点、饼干等进口额1.29亿欧元；饲料进口额1.28亿欧元；巧克力及其他可可制品1.27亿欧元；奶酪和凝乳进口额0.97亿欧元。

2. 主要贸易伙伴

克罗地亚的主要贸易伙伴是欧盟成员国，主要包括德国、意大利、斯洛文尼亚等。

从出口产品看，2017年，克罗地亚巧克力及其他可可制品主要出口波黑（出口额占巧克力及其他可可制品总出口额的22.7%），其次是斯洛文尼亚（19.0%）、塞尔维亚（15.8%）、德国（13.2%）和黑山（6.9%）。

鱼（鲜或冷冻）出口国家比较集中，主要出口意大利和日本，出口额分别占鱼（鲜或冷冻）总出口额的45.3%和30.3%。

甘蔗或甜菜糖主要出口捷克、斯洛文尼亚、保加利亚和意大利，出口额分别占甘蔗或甜菜糖总出口额的16.4%、13.3%、10.4%和10.4%。

大豆主要出口塞尔维亚、俄罗斯、意大利和波黑，出口额分别占大豆总出口额的44.2%、23.0%、13.7%和10.5%。

玉米出口比较集中，主要出口意大利和奥地利，出口额分别占玉米总出口额的63.9%和11.8%。还出口斯洛文尼亚、波黑和马耳他。

从进口产品看，2017年，克罗地亚猪肉（包括鲜、冷冻）主要从德国（占猪肉进口额的29.1%）进口，其次是西班牙（19.2%）、匈牙利（14.2%）、荷兰（11.9%）、波兰（7.2%）和法国（6.3%）。

面包、糕点及饼干主要从德国、意大利、波兰、波黑、斯洛文尼亚和塞尔维亚进口，进口额分别占面包、糕点及饼干总进口额的18.8%、14.4%、11.7%、8.6%、7.4%和6.3%。

饲料主要从意大利、匈牙利、德国、法国和奥地利进口，进口额分别占饲料总进口额的28.4%、15.3%、13.6%、11.7%和7.1%。

巧克力及其他可可制品主要从德国、奥地利、波兰、意大利和保加利亚进口，进口额分别占巧克力及其他可可制品总进口额的38.4%、19.4%、8.3%、7.3%和5.0%。

奶酪和凝乳主要从德国、意大利、斯洛文尼亚、奥地利和匈牙利进口，进口额分别占巧克力及其他可可制品总进口额的18.5%、13.6%、11.6%、8.6%和6.6%。

3. 中国与其贸易情况

据中国海关统计，2017年，两国双边贸易额为13.42亿美元，较上年增长13.9%。其中，中国对克罗地亚出口11.59亿美元，较上年增长14.0%；中国自克罗地亚进口1.83亿美元，较上年增长13.4%。贸易顺差9.76亿美元。

中国与克罗地亚农产品贸易额很小，以出口为主（图4、表18），但近年来贸易合作不断升温，尤其是中国自克罗地亚农产品进口额增长较快，由2008年的10.26万美元增加至

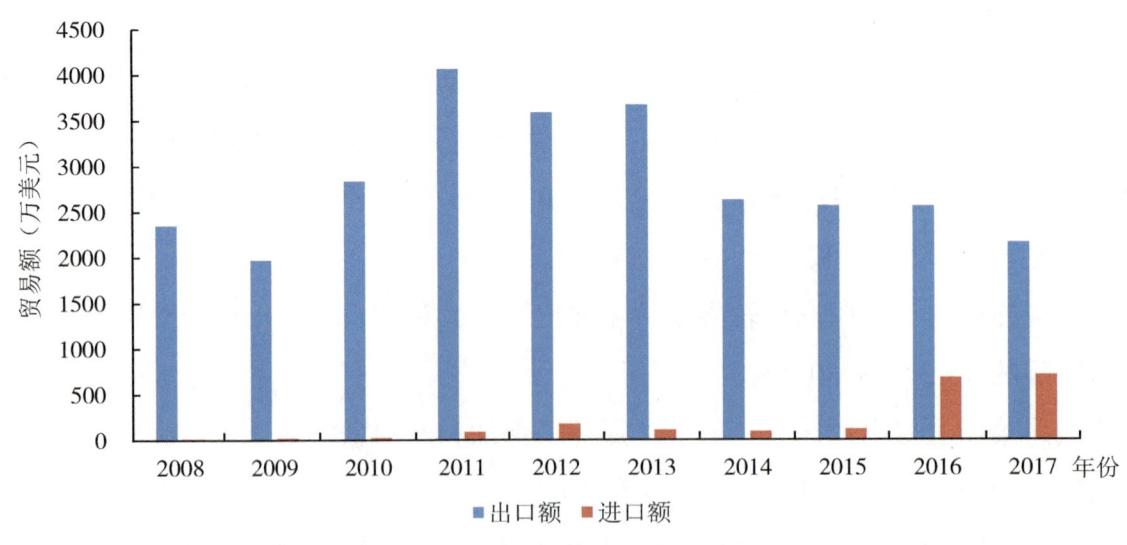

图4　2008—2017年中国与克罗地亚农产品贸易

数据来源：中国海关统计

2017 年的 707.27 万美元，增幅达 67.9 倍，年均增长 60.0%。

表 18　2017 年中国与克罗地亚农产品贸易　　　　　　（单位：万美元，吨）

品　种	出口额（万美元）	进口额（万美元）	出口量（吨）	进口量（吨）
农产品	2163.88	707.27	12855.70	1903.56
粮食制品	0.00	3.96	0.00	13.59
干豆（不含大豆）	183.65	0.00	1664.07	0.00
水产品	392.67	3.99	814.58	6.69
糖料及糖	35.41	0.00	560.15	0.02
饮品类	23.42	62.82	182.03	0.95
坚果	113.08	0.00	321.00	0.00
水果	109.06	0.06	982.83	0.28
蔬菜	371.02	1.96	2424.23	3.26
畜产品	225.03	614.30	708.71	1873.91
精油	0.08	13.99	0.31	3.42
油籽	84.48	0.00	628.47	0.00
植物油	9.62	0.04	25.08	0.03
花卉	0.61	0.02	0.51	0.07
药材	7.26	0.02	8.50	0.00
其他农产品	591.75	6.11	4060.24	1.33

数据来源：中国海关统计

从农产品出口看，中国主要向克罗地亚出口水产品，出口额 392.67 万美元，占中国向克罗地亚出口农产品总额的 18.1%，其次是蔬菜，出口额 371.02 万美元，占 17.1%；畜产品出口额 225.03 万美元，占 10.4%；干豆（不含大豆）出口额 183.65 万美元，占 8.5%。

从农产品进口看，中国主要从克罗地亚进口畜产品，进口额 614.30 万美元，占中国从克罗地亚进口农产品总额的 86.9%，其次是饮品类，进口额 62.82 万美元，占 8.9%。

（四）农业科技发展

1. 农业科研机构

克罗地亚农业研究机构致力于提高国家粮食生产力，促进农业多样化发展，同时助力农产品市场化、渔业资源多元化开发以及林业资源的管理和保护。克罗地亚的农业科研机构有：克罗地亚农业、食品和农村事务中心，奥西耶克农业研究院，萨格勒布大学农业学院，克罗地亚林业研究所等机构。克罗地亚的农业科研体系是政府主导型，研发投入不断提高。

（1）克罗地亚农业、食品和农村事务中心（Croatian Center for Agriculture, Food and Rural Affairs, HCPHS）

克罗地亚农业、食品和农村事务中心由四个研究所组成：植物保护研究所，葡萄栽培研究所，种子研究所和果树研究所。该中心成立于2009年7月1日。研究所隶属于克罗地亚农业部。

植物保护研究所的任务是保护作物不受有害生物的侵害，其中主要包括：① 监测植物季节期间植物的健康状况和市场中的植物产品。收集植物和植物产品的有害生物的外观，侵染强度，种群和分布的数据并记录有关数据；对种子生产，水果，葡萄园和观赏苗圃的作物进行监测和监测，颁发植物护照，提供植物种植户和植物建议检查人员对有害生物鉴别和对植物健康保护的培训和教育；② 检测检疫对农业经济生产有害的生物，报告其存在、出现和传播的风险评估，阐述和提出预防和控制措施的建议；③ 诊断植物样品、植物产品、土壤、水和其他受管制物体中的有害生物。分析诊断部门包括：细菌学实验室，草药学实验室，真菌学实验室，线虫实验室，病毒学实验室和动物学实验室；④ 编制预测调查活动和并监督其实施情况；⑤ 组织植物保护负责人，植物检疫检查员，农业药店雇员和植物保护产品使用者培训的专业培训以及克罗地亚农业推广服务（HZPSS）雇员的培训。

葡萄和葡萄酒研究所的任务是检测葡萄、葡萄酒和其他葡萄产品质量的影响因素。其中包括：① 颁发葡萄酒，其他葡萄和葡萄酒产品和果酒的质量证书；② 颁发销售证书；③ 控制生产和销售数量；④ 建立和维护欧盟生产的葡萄酒数据库；⑤ 从专业和科学的角度为农业部提供技术支持。

种子和幼苗研究所成立于1988年，作为国家制定农业机构，种子和幼苗研究所负责种质等级，并在农业部的支持下负责种子和幼苗的管理和认证，确保为商业植物繁殖提供优质材料。研究所成立后的前12年是作为独立机构履行其任务和目标。2010年并入克罗地亚农业、食品和农村事务中心。其主要惹怒包括：① 根据品种清单注册的需要测试新的植物品种；② 颁发饲料，谷类，甜菜，蔬菜，马铃薯，油籽和纱线植物，水果品种和葡萄树的种子和种植材料合格证书；③ 保护农业植物遗传资源；④ 测试新品种的质量。这些测试包括测试培养使用价值（VCU）以及测试清晰度，均匀性和稳定性（DUS）。对某些植物品种的DUS测试也可以针对植物品种保护的需求进行；⑤ 监督授权供应商，授权实验室，授权种子采样者和授权维护者；⑥ 核实供应商，实验室，种子采样者和品种的维护者的登记要求。

果树栽培研究所的任务是改善和提高克罗地亚的果树学研究，并负责水果部门的检测，研究和改进工作。① 建立和维护 Donja Zelina 和 KaštelŠtafilić 试验地点的水果品种和砧木参考品种；② 在 Donja Zelina 和 KštelŠtafilić 的试验场所与主要育种公司合作引进水果作物新品种和砧木；③ 通过克罗地亚国家粮食和农业植物遗传资源保存和可持续利用计划建立和维护传统水果作物品种国家基因库，并注册登记新的水果作物品种；④ 参与实施对植物繁殖材料生产者的控制和监督；⑤ 引进和研究与水果生产各方面相关的新技术。

（2）奥西耶克农业研究所（Agricultural Institute Osijek）

奥西耶克农业研究所是克罗地亚在生物技术科学领域的一个公共研究机构，通过科学研究寻找农业创新解决方案，从而促进植物科学和农业生产的发展和进步。

该研究所为克罗地亚制定了具有战略意义的农业科学规划。它与高等教育机构合作建立了整个科学和高等教育体系的科学基础，并参与了高等教育的进程。研究所致力于确保和发展植物科学领域的应用研究和发展方面的卓越成果，改善食品和生物能源的生产，支持区域、国家和欧洲范围内的自然资源的产业和管理。

研究所现有133名研究人员，其中博士34名，硕士研究生1名，初级研究员14名，24名完成了高等教育。研究所由8个科学部门组成：植物育种和小禾谷类作物遗传学部、玉米育种与遗传学学部、工业植物育种与遗传学部、牧草植物育种和遗传学部、果树栽培学部、种子生产和加工部（包括种子质量检测实验室）、农业工程和开垦部和农化实验室部。

2. 农业科技发展状况

由于克罗地亚的地理多样性，其农业生产也呈现多样性特点，有耕种的低地地区，以牧场为主的山区以及葡萄种植，水果和橄榄为主的沿海地区。政府出台旨在改善国家宏观经济和政策稳定性的改革措施；农民贷款推动了农业机械更新计划，并与邻国签署了自由贸易协定，惠及农业部门。

克罗地亚工业、科技基础较好。属于中等发达国家。克罗地亚仍保持着一支较有势力的科技队伍，文化教育程度较高，全国有4个大学中心：萨格勒布、里耶卡、奥西耶克和斯普利特，共包括52所高等院校。克罗地亚政府十分重视科技在国家经济发展中所起的关键作用。为发展和提高本国经济和科技水平，政府提供从政策、资金到人力、物力的保障和优惠条件，鼓励和支持国际科技合作。克罗地亚在地震科研和技术方面，兽医药的研究及生产管理方面和造船技术、化工、电子、机械制造等领域均有一定特色。

（1）生物技术

生物技术研究必须产生有竞争力，可持续的产品和工艺，并可以在农业，食品和药品生产以及医疗保健方面作出创新性贡献。该领域的研究应有助于更好地了解食品的营养价值，从而提高其在市场上的价值和竞争优势。海洋与渔业研究所是开展渔业和水产养殖领域国家和国际科学项目的主要平台。除此之外，该研究所已被克罗地亚政府任命为参考海事中心，并且该研究所的浮游生物和贝类毒素实验室是国家生物毒素参考实验室。生物技术的发展为开发海洋资源开辟了很大的空间，预计海洋（蓝色）生物技术部门的生产力平均每年会增加10%。

（2）植物育种

在萨格勒布、奥西耶克和克里泽维奇的8个机构和企业（公共和私营），有50多位育种专家对植物育种进行研究。研究的作物种类主要有玉米、大麦、大豆、向日葵、苜蓿和烟草。国家植物育种计划包括改良当地品种和根据当地需要调整进口种质。

（3）品种测试、评估、注册和发布

品种评估按照现场和实验室测试进行，通常需要3年的时间。负责品种测试和注册的机构是奥西耶克种子和幼苗研究所。除了已注册登记的品种，克罗地亚还为国外和当地育种的新品种制定了单独的名单。品种由农业部新品种委员会发布。

（4）种子生产和质量控制

克罗地亚有30多个机构和企业致力于种子的研发和生产。但与国际公司相比，地方品种的产量通常低得多，种子质量通常不足。农业部利用19个国家授权实验室进行种子质量控制测试并用于出售。种子质量标准与欧盟标准同步，以增加其市场竞争力。

（5）植物病虫害研究

萨格勒布农业学院和奥西耶克农业研究所的科学家们合作开展以甜菜病虫害综合管理（IPM）技术转让作为提高农民收入和减少农药使用的研究，并制定一项综合保护甜菜免受有害生物影响的战略 确保高产量，防止病虫害暴发，减少杀虫剂的使用并减少损害。

（五）农业管理体系与政策

1. 农业管理体系

克罗地亚农业部旨在监督克罗地亚农业和渔业发展部。下设有农业、食品、植物检疫、渔业、兽医、农村发展、土地、建议、国际合作、农业保护、项目和资金管理、水资源管理、公共采购等部门。同时还有农业土地局、农业、农村和渔业支持机构、克罗地亚农业局、咨询服务机构、克罗地亚农业、食品和农村服务部、克罗地亚食品局、以及克罗地亚投资部门等相关单位和机构。此外，克罗地亚于2013年7月1日加入欧盟，其农业管理体制和政策体系开始不断融入到欧盟农业共同政策大框架下。

农业部主要职责是负责农业、渔业、林业、农村发展；国有农用地的管理和处置；农业政策；农业、食品和烟草工业的市场和结构支持以及在兽医领域开展的行政和其他活动，

即：农业生态学、植物品种保护和农业植物品种的认证，化肥和土壤改良剂的运输和施用，植物健康，植物保护产品的运输和应用，动物育种和繁殖，制定生产和销售葡萄、葡萄酒和其他葡萄酒产品的条件。协调克罗地亚农业政策和农村发展政策并将其与欧盟农业、粮食、农村发展和渔业领域的相关政策协调一致，执行欧盟基金和计划以及其他形式的国际援助项目。

2. 农业支持政策

在20世纪90年代初期，克罗地亚绝大多数的农业政策都遵从老南斯拉夫通用的一些目标：经济增长、在可接受的价格水平下提供高质量食物、出口具有相对优势的产品；家庭农场致力于达到当对富裕的生活水平，通过信贷提供必要的基金，用于产品投入、采用新技术以及通过咨询公司获得信息。提高农业投资；保护来自国外的竞争；改变所有权和管理结构；发展市场基础设施，采用遵循市场趋势的资质框架。在20世纪90年代中期，出台了许多有关资源保护和分配的法律，经济私有化进程被当作是克罗地亚农业发展战略。第一项重要的措施是于2001年生效的《农业和农业土地法》。这是倡议规范和协调国内农业和农村发展方面立法与欧盟标准和原则的开始。此后，克罗地亚政府越来越意识到农村经济发展不仅仅是农业本身，而是一个系统的、全面的、有机的结合。2002年克罗地亚政府通过了农业和渔业发展战略，正式确定了未来发展的目标。这些农业措施不再仅仅着眼于改善农业活动（包括狩猎，林业和捕鱼），而是延伸到整个农村地区。此外，新的重点放在食品安全和有机农业，为实现可持续管理和可持续发展提供了可能性。

（1）农村区域发展政策

从2005年起，克罗地亚开始将财政资金支持向农业领域倾斜，支持农业发展，尤其是农村地区的发展。2006年农村地区发展的预算占农业预算的11%，到2012年上涨为21%，目前这个比例仍在上升。上涨的预算主要用于支持农场投资，包括：购买牲畜、购置农业机械、农场建设以及农牧产品生产到市场的全过程。

（2）食品安全

克罗地亚农业政策的首要任务首先是确保粮食安全，促进农产品高效生产和销售，提高居民生活水平和增加农业收入，确保满足消费者需求，尤其是食品价格、质量以及食品安全，发展可持续的环境友好型农业，发掘农村价值，实现农业、农村发展。财政支出对粮食安全的支持从2006年的200万欧元上涨到2016年的460万欧元。

3. 农业发展规划

农业共同政策（Common Agricultural Policy，CAP）是欧洲为提高5亿公民以及2200万农民和农业从业人员的生活水平、提供多样和安全的食品供应而提出的解决方法。作为所有28个欧盟国家的共同农业政策，CAP旨在通过稳定农场收入的直接支付的方式来增强欧盟农业的竞争力和可持续性，并资助国家（或地区）农村发展计划以满足国家特定需求的项目。资金的使用范围还覆盖了更广泛的农村经济和生活。CAP还提供一系列市场措施，包括解决价格波动和其他市场难题的工具以及完成CAP项目所需的其他要素，例如质量标志或欧盟农产品促销。

2014—2020年，CAP的预算为4083.1亿欧元，3087.3亿欧元用于直接支付和支持其他市场措施，其中995.8亿欧元用于农村发展。到2020年，CAP将在克罗地亚的农业和农村地区投资约35亿欧元，并确定了CAP资金的使用优先事项：就业和增长，可持续发展，现代化，创新和提质。但与此同时，克罗地亚也可以灵活调整资金的支付方式和农村发展方案，以优化资金利用率，满足其具体需求。

2015年5月26日，欧盟委员会批准了克罗地亚共和国2014—2020年农村发展计划（RDP）。克罗地亚2014—2020年的农村发展计划预算约24亿欧元。该方案确定了18项措施，旨在提高克罗地亚农业、林业和加工业的竞争力，并改善农村地区的生活和工作条件。克罗地亚农村发展计划2014—2020年期间的投资主要由欧盟通过欧洲农村发展农业基金（EAFRD）提供，其余的则出自克罗地亚国家预算。具体措施包括：

一是农业、林业和农村的知识转移和创新。RDP旨在支持知识、信息、咨询服务、农场管理和农场救济服务与合作之间的转移。为了实现这一目标，将为42000人提供培训，以提高这些部门员工的服务和合作意识、知识和技能。此外，在欧洲创新伙伴关系框架下预计开展109个合作项目，成立33个业务小组。

二是农业部门和可持续林业的竞争力。在RDP框架下，预计约有2000家农业企业将在优先考虑的范围内获得投资支持，以实现业务现代化并提高其竞争力。并为大批小农生产者提供启动援助，大约1000名年轻人将从中受益，获得企业启动支持；除了与农业部门相关的活动外，农民在农村地区开展非农业投资活动也将会得到支持；森林技术现代化和森林基础设施建设也在RDP的支持范围之内。

三是食物供应链，包括农产品的加工和销售、动物福利和农业风险管理。为了缩小农业供应链中各环节之间的距离，RDP为农场与当地市场、短供应链和生产者组织的农产品质量计划合作提供支持。近1000个农场将从农产品质量计划中受益，大约110个农场将参与和供应链相关的合作项目和地方推广活动。除此之外，RDP还将设立33个生产者组织；约11800万欧元将用于恢复因自然灾害和灾难事件而受损的农业基础设施，3.5%的农场将参与风险管理计划。

三、农业投资环境

（一）国家商业环境

在 2017 年 6 月世界银行公布的全球经济展望报告中，2017 年克罗地亚经济增长率为 2.9%，较 2016 年提升了 0.4 个百分点，预计 2018 年、2019 年克罗地亚的经济增长率与前期基本保持稳定，分别为 2.5% 和 2.6%。

世界银行于 2017 年 10 月份发布了《2018 年营商环境报告》，报告指出，克罗地亚在所有被评测的 190 个经济体中排名第 51 位，处于中等水平，在一带一路沿线国家中属于营商环境较好的地区。但 2017 年整体排名较 2016 年下降了 8 位，其主要原因有：① 税收政策的测评从 2016 年的第 49 位下降到第 95 位；② 合同执行力从上年的第 7 位下降到 23 位；③ 破产解决方案评估从第 54 位下降到第 60 位；④ 电力能源评估也从第 68 位下降到 75 位。评估上升的项目有：初创企业的发展指数从 2016 年第 95 位提升到第 87 位；跨境贸易评估为满分，国际贸易发展环境非常有利。

克罗地亚政府就报告发表评论称，由于报告反映的时间跨度为 2016 年 6 月至 2017 年 5 月，2017 年 1 月份开始的税收改革成果没能在报告中得以体现。预计 2018 年克罗地亚营商环境排名将有所提高。2018 年 5 月，克罗地亚国家银行（HNB）预计未来 2 年 GDP 增长率低于 3%。预计 2018 年克罗地亚就业人数应再增 5 万人，2019 年公共债务下降到 GDP 的 70% 以下，下降速度比预期快 3 倍，这也确保克罗地亚为加入欧元区取得有利的谈判地位，克罗地亚通胀率也将维持在 1.3%～1.4%。

克罗地亚在经济困难的前提下，商业环境指数基本保持稳定，虽然政府改革不力、劳动力市场缺乏竞争力等影响了经济恢复，但克罗地亚具有地理、基础设施、金融等优势，预计总体商业环境随着经济缓慢恢复而有所改善。2017 年克罗地亚营商环境整体相对较好，但略低于其邻国，如保加利亚、罗马尼亚、捷克、斯洛伐克、波兰等。克罗地亚政府虽强调 2017 年初的税收改革会提升克罗地亚的营商环境排名，但具体实施的进度和力度仍需进一步观察。由克罗地亚外商投资者协会发布的 2017 年克罗地亚营商和投资环境以及投资障碍白皮书中指出，克罗地亚的税制改革有效地提高了外商来克投资的热情，吸引了一大批新的投资商。报告同时也指出，克罗地亚最大的投资障碍仍是克罗地亚人民对于大型项目的认识不够。外商投资者协会希望克罗地亚政府能够支持有利于其经济增长的国内外大型直接投资。

（二）农业发展优势与潜力

1. 气候优势

克罗地亚被誉为地中海地区的一颗明珠，拥有得天独厚的气候条件。克罗地亚依据地形形成了3种不同的气候区，由内陆到沿海分别是温带大陆性气候、山地气候和地中海气候。地形和气候的多样性也为克罗地亚提供了丰富的农业资源。克罗地亚农产品种类丰富，沿海低纬度地区可以生产热带水果、咖啡、蔬菜、葡萄等，尤其葡萄种植和葡萄酒生产是克罗地亚重要的农业经济产业。中部山区为克罗地亚的畜牧业发展提供了良好的条件；而内陆地区则是主要的产粮区，主要集中在北部的潘诺平原。克罗地亚注重农业发展与环境保护相结合的可持续发展模式，降低农业污染程度，发展绿色农业，保护生物和生态环境的多样性。

2. 地理优势

克罗地亚是世界上同时处在欧洲、多瑙河和地中海中部的唯一国家。克罗地亚地理位置优越，连接东西欧，辐射西欧和东南欧，且拥有包括里耶卡港在内的多个主要港口，海洋运输发达。现代化的运输装备和能源基础设施、没有遭到污染的土壤和海洋以及丰富的淡水资源都为克罗地亚在欧洲和全球市场进一步发展奠定了基础。克罗地亚位于欧洲中心，距离欧洲任何一个地方都只需2~3个小时的飞行时间。不仅如此，它还最抵近欧洲入海口，这使它成为了中、东欧的门户，为进入欧洲和世界市场提供了便利。克罗地亚与欧洲和世界各地的陆地和海上路线都最短，通过它从欧洲抵达中、远东地区可以比绕欧洲北部港口节省好几天时间。

3. 资源优势

克罗地亚地处亚德里亚岛海，拥有很长的海岸线，西部和南部皆为沿海地区。而且亚得里亚海处于亚平宁半岛与巴尔干半岛之间，属于地中海气候区，夏季炎热干燥，冬季温暖湿润，加之北部阿尔卑斯山区对北冰洋寒流的抵挡，冬季受西风带和大西洋暖流影响，降水量较多，因此也为克罗地亚沿海地区带来了丰富的鱼类资源。虽然克罗地亚的海水养殖业属于近30年左右发展起来的新型产业，但丰富的海洋资源，使克罗地亚的海水养殖业发展迅速，鱼类产品丰富，以海鲈鱼、金枪鱼、鲷科鱼、贝类等为主，海洋浴场散布在亚得里亚海沿岸及附近岛屿。克罗地亚淡水鱼类养殖主要集中在内陆地区，以鳟鱼和鲤鱼养殖为主。淡水养殖在克罗地亚已有近120年的历史，淡水养殖经验丰富。总体来讲，克罗地亚具有非常优越的水产养殖条件，水产养殖具有很大的发展潜力。但由于其养殖技术与其他发达国际相比仍有较大差距，克罗地亚非常希望与国外合作，通过引入先进的养殖技术提高克罗地亚水产养殖水平。

4. 政策优势

克罗地亚 2007 年颁布了《鼓励投资法》，在税收、关税等方面对外国投资明确了具体的优惠政策；2012 年颁布了《投资促进与改善投资环境法》，在鼓励投资和增加就业方面给予了具体优惠政策。克罗地亚积极鼓励外来投资，制造业、技术中心、高增值服务和旅游都是政府吸引投资的重点领域，投资者会享受各种激励政策扶持。克罗地亚 2009 年修订的《所有权和其他物权法》规定，欧盟成员国的个人和法人可以在克罗地亚购买除农业用地和自然保护区外的一切不动产，并且没有任何特殊条件，即享有国民待遇。除欧盟成员国外，其他与克罗地亚签有双边对等条约的国家公民和企业亦可在克罗地亚购买不动产。目前，中国公民和企业在克罗地亚不能购买土地。但中国公民和企业在克罗地亚注册的公司享有克罗地亚国民待遇，可以在克罗地亚购买土地等不动产（王小波，迪里亚·布萨迪，2017）。

（三）风险分析

1. 政治风险

克罗地亚政治基本稳定，未来克罗地亚国家风险主要在于政府能否继续推动结构性改革以及私有化，吸引外资流入是否有成效。克罗地亚 2009 年加入北约，2013 年加入欧盟，支持欧盟形成统一的外交与安全政策，在能源、环保、气候变化、可持续发展与人权政策等方面与欧盟协调一致。虽然与塞尔维亚等邻国时有摩擦，但国家间发生严重冲突的可能性不大，分歧有望和平解决。目前正值克罗地亚经济复苏，积极吸引外资，中国实施"一带一路"倡议之际，中克贸易与投资合作潜力巨大。

2. 经济风险

克罗地亚经济受金融危机与欧债危机冲击严重，克罗地亚政府采取紧缩政策应对债务危机，但政府结构改革缓慢，应对措施效果不佳。且由于经济增长动力不足，债务比例过高。根据克罗地亚统计局数据，2015 年克罗地亚负债 3965 亿库纳，2016 年上升至 3989 亿库纳，未来经济存在一定的脆弱性。

3. 法律风险

克罗地亚各项法律制度相对完善，法律体系长期保持稳定。近年来，政府大力反腐，包括前总理萨纳德尔、首都萨格勒布市长班迪奇接连被捕，充分显示了司法权威性与独立性。综合来看，克罗地亚法律风险展望为正面。2016 年世界银行世界治理指数显示，克罗地亚的腐败控制指数约为 60.7（满分 100），在中东欧国家中尚处于中等水平。

4. 自然风险

克罗地亚自然灾害时有发生,包括暴风雨、地震还有火灾等,比如,2018 年 6 月 7 日克拉沃尼亚布罗德地区发生了地震,据估计,此次地震的震级为 3.8 级。2017 年 12 月 11 日,克罗地亚西北部遭遇强烈暴风雨袭击。2014 年 6 月杜布罗夫尼克地区遭到暴雨和闪电的侵袭,多道闪电划过夜空,击中了当地多处建筑,造成部分房屋损坏。亚得里亚海沿岸地区每年都有森林火灾。例如,2015 年的达尔马提亚(Dalmatian)海岸发生大火,殃及到数十公顷葡萄园,数千瓶葡萄酒被烧毁。

(四)总体评价

克罗地亚是巴尔干地区经济较为发达的国家,经济基础良好。近年来,受世界经济危机特别是欧债危机的影响,克罗地亚经济增长乏力,但已进入触底反弹阶段,克罗地亚的投资合作环境具有以下优势:政局相对稳定,政党政治渐趋成熟;经济发展潜力大,前景良好;加入欧盟后,政策法律强调与欧盟的全面对接,市场范围扩大,投资风险降低;金融体系较为稳定,致力于加入欧元区;地理位置优越,传统上是进入中欧和东南欧地区的门户;港口设施较完善,公路、铁路交通便利;社会治安良好,民众对华友好。

克罗地亚是"一带一路"沿线上的重要国家,也是中国推进"一带一路"倡议的重要一环。对于中国与中东欧务实合作的举措在西巴尔干国家纷纷落地,克罗地亚政府表示非常期待能够获得中国的投资。一方面,克罗地亚的行政能力较弱,在获取欧盟结构基金支持上竞争不过其他大的中东欧国家,如波兰、罗马尼亚、匈牙利等。另一方面,旅游业是克罗地亚经济发展最重要的支柱,但过度依赖旅游经济,受外部环境影响较大,国家实体产业匮乏,且难有发展前景。再加之,克罗地亚整体物价水平偏高,最近几年经济发展前景不好,因此克罗地亚迫切需要从其他国家获得支持和合作。

四、中克农业合作现状与合作重点

(一)合作现状

1. 合作机制

中国是克罗地亚在亚洲的重要贸易伙伴。1992 年 5 月 13 日中国与克罗地亚建交。1992 年两国签署了政府间经贸协定,之后又签署了相互鼓励和保护投资协定,避免双重征税协定,比如《关于鼓励和相互保护投资协定》(1993 年 3 月)、《科学技术合作协定》(1994 年 4 月)、《关于对所得避免双重征税和防止偷漏税的协定》(1995 年 1 月)等(张琳,姚海华,

2015）。2005 年，两国建立全面合作伙伴关系。两国外交部建有磋商机制。2014 年李克强总理提出"16+1 合作"计划，旨在深化中国同中东欧 16 国的传统友谊，加强互利合作。克罗地亚积极参与该框架合作，2015 年的"16+1"旅游部长会议在克罗地亚顺利举办。这一计划也为中克经贸往来搭建了良好的平台。2017 年 5 月，中克签署《两国政府关于共同推进"一带一路"建设的谅解备忘录》。

两国农业合作在多、双边合作机制下逐步深入，合作领域不断拓宽，农业科技合作逐渐展开，农产品贸易额稳步增长。2015 年 1 月中国农业部时任副部长牛盾与克罗地亚农业部部长共同签署了《中华人民共和国农业部与克罗地亚共和国农业部 2015—2016 年农业领域合作行动计划》。2017 年 3 月，中克经贸联委会第 11 次例会在萨格勒布举行。同月，中国农业部副部长屈冬玉访问克罗地亚，并与克罗地亚签署两国农业部《2017—2018 年农业领域合作行动计划》，中克经贸关系进一步加强，双边贸易将更上一个台阶。

2. 科技合作

科技是当代和未来社会经济发展的关键，一个国家只有不断提升自己的科技实力，才能在不断发展的国际社会中保持领先地位。一直以来，克罗地亚政府十分重视科技在国家经济发展中所起的关键作用，不断鼓励和支持国际科技合作。为发展和提高本国经济和科技水平，政府出台多项计划，提供从政策、资金到人力、物力的保障和优惠条件。总体来讲，克罗地亚科技基础较好，在"一带一路"沿线国家中处于领先地位，属于中等发达国家。中国与克罗地亚的科技合作主要集中在工业和高端制造业领域，在农业科技的合作起步较晚，但在一带一路的新形势下，双方都强烈希望能够把握时机，促进两国农业科技领域的合作与交流。

3. 贸易合作

中国与克罗地亚双边贸易继续增长。2017 年克罗地亚与中国贸易总额（按美元计算）排名第 11 位，前十位的国家分别是德国、意大利、斯洛文尼亚、奥地利、匈牙利、波黑、塞尔维亚、荷兰、波兰和法国。与上年相比，克罗地亚与中国贸易总额增幅（23.9%）高于克罗地亚总体贸易增幅（13.8%）。其中，向中国出口增幅（50.2%）远高于克罗地亚总出口增幅（15.6%），也高于中国所在的"亚洲其他国家"组别的增幅（35.9%）；从中国进口增幅（20.5%）高于克罗地亚总进口总额增幅（12.7%），也高于从欧盟进口增幅（14.0%）。

两国在农业领域的经贸合作也受到了高度重视，比如，由中国农业部主办的中国—中东欧国家农业经贸合作论坛自 2006 年开始已连续举办了 12 届，该论坛旨在进一步促进中国与中东欧各国农业企业间的农业科技、投资与经贸合作，探索企业和科技部门的有效合作机制，总结交流合作的成功经验，充实中国—中东欧国家农业经贸信息平台内容，为企业和科技部门间的广泛合作提供及时便捷的信息（农业部，2018）。克罗地亚政府积极参与该论坛，并希望进一步加强合作。对于中国与中东欧各国举办的各类农产品贸易活动，以及农产品各方面信息的公布，很大程度上将推动中国与克罗地亚在农产品贸易方面的合作。

4. 投资合作

中国政府于2017年发布了《关于进一步引导和规范对外投资方向的指导意见》，通过"鼓励发展＋负面清单"的模式来正确规范和引导企业境外投资方向，鼓励开展农业领域的境外投资合作，提出应重点增加农业领域对外投资与合作，不断增进农林牧副渔等各个领域的投资力度与合作次数。两国应基于各国政策、未来的发展方向与规划上，协作形成合作方案，对于具体的计划与活动协商决定，共同推进两国在农业领域的务实合作不断深入发展。中克两国加强金融领域合作，对于中国—中东欧金融控股有限公司发起的投资基金，支持以自愿的方式进行企业与金融机构的投资参与。支持中资银行来中东欧各国开展相关业务，同时也鼓励中东欧各国的银行机构来中国开展相关业务，增强金融各监管部门开展合作与交流。支持中方金融机构来中东欧国家进行投资，丝路基金及2017年中国—中东欧投资合作基金为中国—中东欧各国间的交流投资提供了有力的金融支持。在欧洲复兴开发银行建立的框架之下，鼓励中国、中东欧国家之间的合作，同时鼓励与其他地区及国家进行三方或者多方合作。

对欧盟同中国在商签高水平以及全面的中欧投资协定谈判方面的支持，将有力增进中国—中东欧国家的投资合作，可以通过关税税率优惠以及降低非关税壁垒促进两国间国际贸易的开展，为两国企业建立起良好的投资与合作环境。2017年6月，中国—中东欧国家投资贸易博览会在中国宁波市的顺利开展，增进了各国间的交流与沟通，为不同国家间企业投资提供平台。

（二）合作潜力

1. 合作基础

克罗地亚非常重视与中国在互利基础上不断发展的各领域合作，特别是在经贸领域。两国间的合作来自3个方面：双边、中国与欧盟框架内以及在中东欧16+1机制框架下。克罗地亚早在加入欧盟前就已经与中国建立了联系；2005年，两国签署了建立全面合作伙伴关系的联合宣言。克罗地亚充分认识到中国在全球经济中的引领作用，并且很可能在未来几年里成为世界最大的经济体；非常希望实现进一步拓展两国合作的领域和空间。为促进与中国的交流合作，2004年10月，克罗地亚萨格勒布大学正式开设汉学专业。2012年5月，萨格勒布大学孔子学院正式揭牌。

克罗地亚地理位置优越，辐射西欧和东南欧，基础设施达到了现代化的水平，因此，对于吸引物流行业投资，尤其是建设物流和配送中心项目更具优势。得天独厚的地理位置已经得到大多数中国知名企业的认可，他们对选择克罗地亚作为进入中东欧的入口或枢纽中心表现出了极大兴趣。正是出于对其地理特征的考虑，2015年，克罗地亚总统科琳达·格拉巴尔—基塔罗维奇在对中国进行国事访问时，提出了"三海连接倡议"，这一倡议促成了中国与中东欧国家就亚德里亚海、波罗的海和黑海港口合作的联合声明（即里加宣言）。2016年11月在里加峰会期间，该声明作为中国与16个中东欧国家合作框架下的一个重要的跨国项目获得通过。

2. 合作前景

克罗地亚是"一带一路"沿线重要国家，区位优势明显，正在推动经济转型。双方要探讨两国发展战略对接，更加积极参与中国—中东欧国家合作，着力挖掘双方在能源、交通、工业园区、金融、通讯、农业等领域合作潜力，更好地助力双边关系提升（新华网，2015）。

2017年5月14日中国主办的"一带一路"高峰论坛正式举行，29位国家元首和119个国家的代表出席。克罗地亚外交部国务秘书布里奇（Marija Pejcinovic-Buric）率团出席。习近平主席在论坛上宣布，中国将向"一带一路"项目投资约1240亿美元，其目的是"连接东方与西方"以促进合作和更开放的世界经济。"一带一路"项目计划建成约13000千米的交通网络，包括铁路和高速公路，中国已为此投入500亿美元。中国驻克大使胡兆明提到，"中国对克罗地亚的投资将越来越多，但另一方面，我们希望克罗地亚能够为中国的投资提供更好的投资环境，因为投资者总是趋向于最具有吸引力的地方。"

2015年在拉脱维亚里加举行峰会期间，中国与克罗地亚签署了关于港口和港口基础设施建设投资的备忘录，但截至目前尚未有任何中国投资。中国与克罗地亚的贸易额已经增长到15亿美元，但是克罗地亚并没有充分利用中国市场的潜力来实现发展和对外开放。

（三）合作重点

1. 重点领域

（1）农业技术方面

克罗地亚农业生产技术和生产力相对落后，在欧盟国家间的竞争力相对较弱，因此克罗地亚政府希望着力改善这一现状，引进国外先进的生产技术与设备，提高农产品产量，推进农业现代化建设，将引进农业技术、提高农业机械化水平提升到国家战略高度上来。中克两国在农产品技术开发和科技合作领域开展日趋频繁的沟通与交流，农业科技领域作为中克两国交流与沟通的重要部分，中国可通过输出先进设备与经验方面与克罗地亚进行农业领域的互鉴，吸取两国先进经验，建立健全农业科技、绿色消费和生产、金融监管等法律制度，推动农业领域的改革与发展。克罗地亚愿与中国进一步探讨在食品加工、奶制品、育种、水产养殖等领域加强技术合作，而克罗地亚先进的葡萄种植和酿造技术也值得中国学习和引进。

（2）农产品贸易方面

受欧债危机影响，中克经贸关系虽时有上升，但整体呈下降趋势，但2015年以来，依托于"一带一路"建设，中克经贸关系发展迅速，双边贸易额稳步增长。中克经贸合作关系具有雄厚的发展基础以及广阔的发展前景。随着"一带一路"的重点项目建设，中克农业方面的交流日趋丰富，双方派遣农业部官员学习对方的先进技术，考察农业贸易供给链，同时还组织了多种多样的产品推介会、展览会、贸易博览会等，推动了两国农产品贸易的进一步发展。

为深入推动与克罗地亚企业间交流合作，2018年6月由中国深圳市政府发展研究中心主办的深圳—克罗地亚企业交流对接会在深圳召开。通过此次对接会，搭建克罗地亚与中国企业的交流平台，促进贸易、教育、旅游等多方面项目的合作，实现多方共赢。中国决定2018年7月1日起加工食品进口关税平均税率从15.2%降至6.9%，这对于以食品等为主要出口商品的克罗地亚而言是很大的商机。

（3）农业绿色发展方面

克罗地亚农业污染程度很低，具有发展绿色农业的良好条件。克罗地亚的发展理念主要是环境优先，注重保护生态环境，不追求数量，而关心质量，宁愿不开发也不能破坏环境，意在把好的环境与资源留给子孙后代。目前克罗地亚全国至少还有一百万公顷土地荒芜无人开垦，加上没有像样的现代化农场，缺少劳动力和技术，非常希望引入先进的科技、资本提高其农业生产水平。过去落后保守的土地政策，现在已放开合作。双方合作潜力巨大。《2014—2020年克罗地亚农村发展规划》提出了"农业—环境—气候"发展理念，规划指出，现代机械改变了传统的耕作方式和景观特征，使得大面积的耕地、篱笆和树林被清理、草地被耕种、湿地被破坏、并对生物多样性产生了重大影响。因此，为加强农业可持续发展，规划提出了三项基本要求：第一要防止土壤侵蚀，增加土壤肥力和土壤有机质；第二要维护水、土壤和空气质量；第三要保护景观和多样性。规划还提出对因使用生态保护技术进行耕种、或为满足绿色农业发展的特殊条件而造成的收入损失和额为费用，国家按耕地面积予以补助。

2. 重点产业

（1）食品加工业

克罗地亚食品加工业较发达，是克罗地亚加工业中就业人数最多的行业。克罗地亚主要出口的加工食品有烟草、调味品、汤料、糖果、各类罐头和酒类等，克罗地亚"波斯图普"和"丁加奇"牌葡萄酒及部分奶酪、李子酒等产品享有原产地保护商标。2015年，克罗地亚食品加工方面注册企业4000家左右，员工约4万人，占就业总人数的3.5%。相对于中国的市场规模而言，克罗地亚出口到中国的农产品只占中国市场的一小部分，中国相关加工企业可以加快"走出去"的步伐，利用当地优质食品与原料在当地进行生产，并销往欧洲和国内市场。

（2）种植业和农业旅游业

中克两国农业领域有着良好的交流互动，两国间开展的双边农业务实合作不断取得新进展。在农业种植方面，两国政府应加强建设农机合作示范中心，积极推进基地建设，搭建面向农户的服务平台，为农业种植提供坚实的基础。同时，旅游业是克罗地亚经济的重要支柱产业之一，也是克罗地亚经济发展的重要动力之一。旅游业和农业相结合将带动中克双方更加全面的农业交流与合作，也将为中克两国开辟更多新的合作机会。为进一步推动两国人民、企业间更加便利和深入的合作，2016年克罗地亚商会在中国上海设立了代表处，希望能够吸引更多的中国游客去克罗地亚旅游观光、交流学习，并希望能够引进中国企业在克罗地亚水资源、能源、农业、交通基础建设等领域的投资，具体落实中国—中东欧国家"16+1"合作机制。

（3）水产养殖业

克罗地亚拥有丰富的渔业资源，水产养殖业是克罗地亚农业的重要组成部分。中国的水产养殖业作为中国的优势产业，具有悠久的发展历史和先进的发展经验。和克罗地亚相比，中国的水产养殖业更具规模化、机械化、科技化，养殖种类丰富，水域利用率较高。但克罗地亚更加注重对环境的保护以及生态可持续发展，水域污染程度很低。中克两国可以根据两国水产养殖业的发展特点，互相借鉴对方的先进经验，加强水产养殖业的合作，依托"一带一路"和"16+1"框架下的有关项目，深化务实中克两国水产养殖业的交流与合作。

五、中克农业合作建议

（一）创新合作方式，拓展合作领域

通过两国交流协商，选定对于两国关键领域生产者和经营者直接的有效互动，协助中国与克罗地亚之间的农业和食品领域的双边和多边合作的开展和强化。为两国从事农业、林业和生产加工、食品、饮料、农业设备等次级生产者以及该领域内的交易者和投资者提供和创建真实合作的平台。

双方在农业合作方面具有互补性和多样性的特点。中国拥有丰富的劳动力资源，在劳动密集型农产品生产加工和贸易方面具有比较优势，例如禽肉、蔬菜、渔业等。而克罗地亚在一些经济作物的生产加工领域具有比较优势，例如葡萄种植和葡萄酒生产、鱼类罐头的生产和加工等。中国与克罗地亚的农产品贸易具有广泛的发展前景。目前两国的合作已初见成效，一些双边的和多变的贸易合作机构、组织等都已成立，两国农业部可利用现有的贸易和合作平台积极组织开展有关农产品贸易的活动，如组织研讨会、商业博览会、农业博览会等。此外，随着双方合作的不断加深和扩大，新的合作企业和组织等会为双方的经贸合作搭建新的平台，为探索新的合作模式提供可能。中国可利用现有的和即将建设的贸易平台作为固定交易平台，如中国与中东欧国家农业合作促进联合会、上海自由贸易区等，推动克罗地亚农业产品在中国市场上的流通和交易，如肉类和肉制品、牛奶和乳制品、灌装水果和蔬菜、果汁、蜂蜜、蘑菇、葡萄酒和烈酒、矿泉水、烟草等。因此双方应进一步加强信息交流和贸易往来，推动两国在农业领域更加深入和广泛的合作。

（二）推动双边交流，奠定合作基础

中克两国可以通过现有的农业科技生产企业和研究机构、组织等加强信息沟通，了解对方科技发展水平，确定实施具体的农业合作领域和合作项目。作为农业管理机构，双方农业部应该在加强农业合作方面起到引导、组织、监督等作用。协调农业各领域开展合作，代表企业和组织与克方政府进行磋商，签署相关合作协议，为两国的农业合作创造条件。推动两国农业合作的健康发展。农业交流的方式可以通过开展技术培训、技术引进和专家交流等活动，建立农业基础信息与科技交流平台，鼓励两国的科研单位和企业开展合作。尤其是建立青年科技人员交流机制，开展强强联合和强弱互补性的合作，通过互派访问学者、博士后等方式培养一批了解中国和克罗地亚两国国情特色的农业科技高层次人才，为两国农业科技的长期合作奠定人才基础。

（三）加强多边合作，增强科技合作

克罗地亚不仅是中国推动"一带一路"合作的重要国家之一，也是中国加强与欧盟合作的重要门户。作为欧盟成员国，克罗地亚十分重视加强与欧盟的科技合作，希望能获得欧盟更多的资金和技术支持。因此中国在加强与克罗地亚的合作的同时，可以与欧盟开拓多边合作渠道，利用欧盟框架计划这一重要合作平台，与欧盟发达国家开展农业科技合作。根据具有发展前景的合作领域，拓展具体的农业合作项目，如葡萄种植和加工技术、水产养殖技术、动植物品种的培育、动物防疫防控技术等。利用中国、克罗地亚、欧盟的优势资源和技术，促进互惠互利合作。增加科研人员和企业家的交流和培训，为多边农业合作奠定基础。

参考文献

达利娅·布迪萨，王小波.2017.克罗地亚"三海连接"引投资［J］.中国投资，（4）：60-61.

辛岭，胡景丽.2008.克罗地亚农业现状及其与中国的合作［J］.世界农业，（7）：46-48.

新华社，（2015-06-24）［2018-06-06］. 中国金融信息网."一带一路"之克罗地亚投资法律规则与实践（上、下）［EB/OL］.http://world.xinhua08.com/a/20150624/1516212.shtml?f=arelated.

新华网.（2015-10-14）［2018—06-01］.习近平同克罗地亚总统基塔罗维奇会谈 强调挖掘合作潜力 提升中克全面合作伙伴关系［EB/OL］. http://www.xinhuanet.com/world/2015/10/14/c_1116825391.htm.

张琳，姚海华.2015.克罗地亚外商投资与产业结构优化的灰色关联分析——兼论中国企业对克投资对策［J］.欧亚经济，（6）：40-53.

中国国际贸易促进委员会湖州市委员会.（2017-09-05）［2018-06-06］."一带一路"沿线国家基本情况及风险分析——克罗地亚共和国［EB/OL］.http://www.hzccpit.com/art/2017/9/5/art_12706_679720.html.

中国外交部.（2018-02）［2018-06-04］.中国同克罗地亚的关系［EB/OL］. http://www.fmprc.gov.cn/web/gjhdq_676201/gj_676203/oz_678770/1206_679306/sbgx_679310/t6985.shtml.

中华人民共和国商务部.（2017-12-28）［2018-06-04］. 对外投资合作国别（地区）指南--克罗地亚［EB/OL］.http://fec.mofcom.gov.cn/article/gbdqzn/.

中华人民共和国驻克罗地亚共和国大使馆经济商务参赞处.（2003-03-26）［2018-06-06］. 克罗地亚农业及农产品、食品进出口［EB/OL］.http://hr.mofcom.gov.cn/aarticle/ztdy/200303/ 20030300077874.html.

中华人民共和国驻克罗地亚共和国大使馆经济商务参赞处.（2014-07-14）［2018-06-16］. 克罗地亚农业简况［EB/OL］.http://www.mofcom.gov.cn/article/i/dxfw/jlyd/201407/20140700661401.shtml.

中华人民共和国驻克罗地亚共和国大使馆经济商务参赞处.（2014-06-24）［2018-06-16］. 克罗地亚农林渔业概况［EB/OL］. http://hr.mofcom.gov.cn/article/ddgk/201406/20140600637901.shtml.

Biodiversity Information System for Europe. 2018-06-01. Green Infrastructure in Croatia［EB/OL］. https://biodiversity.europa.eu/countries/gi/croatia.

Civello, Concetta. The Agriculture Sector in Croatia. 2012. 2018-06-01. Flanderds Investment & Trade Market Survey［EB/OL］. https://www.flandersinvestmentandtrade.com/export/sites/trade/files/market_studies/2015-Croatia-Agriculture.pdf.

Croatian Center for Agriculture, Food and Rural Affairs. 2018-06-01. Introduction［EB/OL］.https://www.hcphs.hr/croatian-center-for-agriculture-food-and-rural-affairs/.

European Investment Bank.2018. 2018-06-01 .Potential Future Use of Financial Instruments (FIs) in Croatia's Agricultural Sector in the 2014-2020 Programming Period［EB/OL］. https://ruralnirazvoj.hr/files/documents/

Final-Report-Ex-ante-Croatia-Agriculture.pdf.

Republic of Croatia, Ministry of Agriculture.2013. 2018-06-01. IPARD Programme 2007 – 2013 Agriculture and Rural Development Plan[EB/OL]. http://www.mps.hr/ipard/UserDocsImages/dokumenti/IPARD/IPARD%20 2013/IPARD%20VI%202013%20EN%20FINAL.pdf.

The European Agricultural for Rural Development. 2014. 2018-06-01. Rural Development Programme of the Republic of Croatia for the Period 2014-2020 [EB/OL].http://ruralnirazvoj.hr/files/documents/Programme_2014HR06RDNP001_5_3_en.pdf.

The World Bank. 2017. 2018-06-01. Implementation Completion and Results Report (IBRD-80210) on Aloan in The Amount of Euro 20.8 Million (US$28.8 Million Equivalent) to the Republic of Croatia for A EU Natura 2000 Integration Project (P111205)[EB/OL]. http://documents.worldbank.org/curated/en/189801509712483401/pdf/Croatia-ICR-P111205-Oct-27-2017-Final-10312017.pdf.

爱沙尼亚

爱沙尼亚是波罗的海三国之一，位于东欧与西欧、欧洲大陆与北欧诸国交界处，是人口稀少、社会经济发展水平高的高收入国家。自然环境优美，森林覆盖率高，拥有世界领先的信息通信技术，社会数字化服务水平高、覆盖广。政治环境稳定，法制健全，经济开放度高，外商投资风险低。爱沙尼亚支持中国"一带一路"倡议，与中国农业合作发展势头良好，两国已建立稳定的双边和多边合作机制，两国农业部门也签署了合作协议，科研单位有一定交流，农产品贸易稳步增长。目前，中国企业尚未在爱进行农业投资。中爱两国农业合作有很大的增长空间，双方在农业科学研究、农业信息化、多功能农业等方面可以交流借鉴，在乳业和食品加工领域的产业合作有很大的潜力。

一、国家基本概况

（一）自然地理

爱沙尼亚位于波罗的海沿岸，北望芬兰，南接拉脱维亚，东临俄罗斯，西与瑞典隔海相望。境内地势平坦，平均海拔50米，海岸线长3794千米，有2222个岛屿和小岛，最大岛是萨列马（Saaremaa）岛，岛上兰花品种丰富，每年6月有36种兰花竞相开放，其中最著名的是以岛名命名的萨列马掌裂兰（Saaremaa dactylorhiza）兰花品种。

爱沙尼亚淡水资源丰富，有7000多条河流，最长的河流分别是沃汗杜河（Võhandu）（162千米），帕尔努河（Pärnu）（144千米）和帕尔特萨马河（Põltsamaa）（135千米），沼泽湿地占国土面积的22%。湖泊共有1400多个，最大的湖泊是与俄罗斯交界的楚德湖（Peipus），面积3555平方千米，其中爱方拥有的水域面积为1529平方千米，为欧洲第四大湖。第二大湖泊为沃尔茨湖（Vortsjarv），水域面积271平方千米。全国水域总面积2840平方千米。

爱沙尼亚森林面积222.2万公顷，森林覆盖率达48%。森林蓄积量4.66亿立方米，每公顷森林蓄积量222立方米，人均木材拥有量达362立方米，排名欧洲第三。树种有716种，主要有松树、柏树、杉树、桦树、椴树、白杨、植木等，最古老的一棵"橡树王"，已有700多年的树龄。林下产品丰富，40%的森林属于国有有机采摘区，可以免费采摘浆果和菌类。根据WHO的排名，爱沙尼亚城市空气质量位居世界第四。

爱沙尼亚平坦的地貌、不同的冰川形式和潮湿的气候形成了相当多的水资源和湿地生态系统，特别是泥沼地。爱沙尼亚有33个国际重要湿地，涵盖5种主要类型的国际湿地类别：海岸湿地、河口湿地、河流湿地、湖泊湿地和沼泽（张立，2009）。

（二）人口和语言

爱沙尼亚总人口131.91万，人口密度约为29.09人/平方千米，属于人口稀少国家，仅为欧盟平均水平的1/4。近10年人口一直呈下降趋势，2017年人口自然增长率为-1.3‰，65岁以上人口占19.6%。根据爱沙尼亚统计局2011年人口普查结果，爱沙尼亚男女性别比88∶100，有192个民族，其中人口最多的是爱沙尼亚族、俄罗斯族、乌克兰族、白俄罗斯族和芬兰族。根据爱沙尼亚统计局2010年农业普查结果，爱沙尼亚由于小农户依然占有不少的比例，农业从业人员接近6万人。2015年，近2/3的人口生活在城镇，不到1/3的人口生活在农村。

官方语言为爱沙尼亚语，约有110万人使用，是世界上使用人数最少的官方语言之一。英语、俄语、芬兰语和德语在爱沙尼亚也被广泛使用。

（三）政治制度

爱沙尼亚于1991年8月脱离苏联，宣布恢复独立，同年9月与中国建交，并被联合国接纳为成员国，2004年加入欧盟和北约，2007年加入《申根协定》，2010年成为经济合作与发展组织（OECD）正式成员国，2011年加入欧元区，成为欧元区第17个成员国。

爱沙尼亚实行三权分立的多党议会民主制，主要党派有改革党、中间党、社会民主党、祖国联盟—共和国党、自由党和保守人民党等。现任总统克尔斯季·卡柳莱德（Kersti Kaljulaid）于2016年10月10日就任，无党籍，为爱沙尼亚第一位女总统。现任总理为中间党主席尤里·拉塔斯（Jüri Ratas），2016年11月就任，组建中间党、社会民主党和祖国与共和国党联盟组成新的联合政府。

（四）社会经济发展

爱沙尼亚实行零关税和自由贸易政策，经济发展迅速，年均经济增速在欧盟成员国内位列前茅（图1）。2013—2017年，爱沙尼亚国民经济平均增长率为5.0%，人均GDP增长率为5.2%。2017年，国内生产总值（GDP）为230亿欧元，同比增长9%；人均GDP为17460.6欧元，同比增长8.9%。世界银行将爱沙尼亚列入高收入国家，采用单一税制，债务占GDP的比率全欧洲最低。

2009年由于受全球金融危机和国内经济调整的影响，爱沙尼亚经济陷入严重衰退，失业率在2010年达到16.7%的峰值。随着经济的逐渐恢复，失业率逐年下降，2017年降低至5.8%，接近金融危机前4.6%的水平。

图1 2008—2017年爱沙尼亚GDP总量和增长率

数据来源：爱沙尼亚统计局

爱沙尼亚主要经济部门中，制造业、批发零售、房地产、交通和仓储在GDP中占比较大，2016年分别占13.5%、10.4%、8.5%和6.5%。

爱沙尼亚信息化程度非常高，首都塔林，被纽约时报称为"波罗的海的硅谷"。世界经济论坛（World Economic Forum）认为爱沙尼亚是欧洲最具创新精神的国家。2015年，爱沙尼亚政府启动了"电子居民"项目，外国公民可以远程注册公司。爱沙尼亚也是政务数字化水平最高的国家，每个居民都有一个电子签名，与手写签名具有同等效力，可以便捷地用于2500多项数字服务。著名网络电话Skype的关键技术也是爱沙尼亚人发明的。

教育方面，OECD的国际学生能力评估计划（PISA）结果显示，爱沙尼亚的基础教育水平居欧洲第一，全球第三；小学生的科学、数学和阅读技能仅次于新加坡和日本。

二、农业发展现状

（一）农业资源条件

1. 气候条件

爱沙尼亚位于东欧平原西北部，属于大陆性气候和海洋性气候过渡的地区。一年四季分明，春季凉爽少雨，夏秋季温暖湿润，冬季寒冷多雪，平均积雪期75～135天，萨列马岛西海岸的小岛屿上平均积雪期最短，哈尼亚（Haanja）和潘迪维尔（Pandivere）高地平均积雪期最长。7月最高温内陆18.1℃，海岛16.3℃；2月最低温内陆-7.6℃，海岛-3.5℃。夏季白天时长16小时，冬季仅为6小时。年均降水量550～800毫米，平均湿度80%～83%。每年3月底至4月初，陆地水平面最高升至5米，当地人称之为"第五季"。第五季并非洪灾，陆地变成湖泊，形成美丽的景观，人们可以泛舟湖上。

2. 土地资源

根据爱沙尼亚统计局2015年的数据，全国农业用地99.36万公顷，占国土面积的近四分之一。农产生产面积86.81万公顷，包括耕地66.97万公顷，永久性草地19.23万公顷，果园苗圃6100公顷。人均耕地0.51公顷。

3. 水资源

爱沙尼亚河流众多，但由于地势平坦，落差小，水力发电潜能低。全国淡水抽取量18亿立方米，人均可再生淡水资源近1万立方米，是欧盟28国平均水平的2倍，比OECD国家平均水平高20%。

4. 光热资源

爱沙尼亚的光热资源分布不均，全年日照时间最长的地区为2200小时，主要在萨列岛（Saare）南部和北部的里亚内—维鲁（Laane-viru）、哈留（Harju）和依达—维鲁省（Ida-viru）的北部。绝大部分地区的日照时数在2000小时以下，西部的里亚内省（Laane）和拉普拉省（Rapla）是全国日照时间最短的省，最低的区域仅为1700小时。

5. 生物资源

爱沙尼亚16%的国土属于《欧洲自然2000》界定的自然保护区，包括66个鸟类保护区和509个自然保护区。爱沙尼亚发现了64种哺乳动物、329种鸟类和65种鱼类。森林树种中松树林占33.4%，阔叶林占26.3%，混合林占40.3%。

（二）农业生产情况

1. 农业产值规模及构成

农业总产值整体呈增加趋势，2017年为9.06亿欧元，比2009年增加了58.9%。农业以种植业和畜牧业为主，畜牧业比重一直略大于种植业。2015年爱沙尼亚粮食作物大丰收，产量创历史新高，种植业产值首次超过畜牧业。农业服务业产值呈下降趋势，所占比重从2009年的27.6%下降至2017年的9.2%（表1）。

表1 2009—2017年爱沙尼亚农业总产值及结构

项 目	2009年	2010年	2011年	2012年	2013年	2014年	2015年	2016年	2017年
农业总产值（亿欧元）	5.70	6.68	8.11	8.98	9.24	9.00	9.35	7.50	9.06
种植业产值（%）	39.8	41.2	41.5	47.7	41.4	42.7	50.0	42.5	41.8

(续表)

项 目	2009年	2010年	2011年	2012年	2013年	2014年	2015年	2016年	2017年
畜牧业产值（%）	49.3	48.0	47.8	42.7	48.9	47.1	39.0	46.5	49.0
农业服务业产值（%）	27.6	10.8	10.7	9.6	9.8	10.2	11.0	11.0	9.2

数据来源：爱沙尼亚统计局

爱沙尼亚将经济规模4000欧元以下的农户定义为小农户，尽管小农户数量近年来不断下降，仍有56%的农业生产者为小农户，生产不到2%的农产品。小农户数量多、产出少，是包括爱沙尼亚在内的东欧国家农业生产的典型特点。

2. 主要农产品产量

（1）种植业

小麦和大麦是爱沙尼亚最重要的农作物。2015年冬小麦和春小麦播种面积共计16.97万公顷，比2011年增加32.2%，这主要是由于冬季气候较往年有利，小麦大幅增产。大麦主要是春季播种，近5年播种面积基本保持稳定，产量由于单产的提高而逐年增加。豆类播种面积大幅增加，2015年同比增加63.9%，产量增加了一倍多。油菜播种面积略有下降，但由于单产提高产量仍逐年增加。马铃薯和饲料作物播种面积和产量逐渐下降。详见表2。

表2 2011—2015年爱沙尼亚主要大田作物面积、产量和单产

品 种	指 标	2011年	2012年	2013年	2014年	2015年
冬小麦	面积（万公顷）	5.28	6.35	4.49	8.10	9.78
	产量（万吨）	15.90	29.62	13.78	34.78	51.85
	单产（吨/公顷）	3.01	4.66	3.07	4.30	5.30
冬大麦	面积（万公顷）	0.03	0.03	0.01	0.02	0.11
	产量（万吨）	0.07	0.10	0.03	0.06	0.51
	单产（吨/公顷）	2.29	3.39	3.21	3.39	4.58
春小麦	面积（万公顷）	7.56	6.08	7.93	7.34	7.19
	产量（万吨）	20.12	18.85	26.9	26.77	29.41
	单产（吨/公顷）	2.66	3.10	3.39	3.65	4.09
春大麦	面积（万公顷）	11.80	10.87	13.30	12.56	13.03
	产量（万吨）	29.43	34.03	44.07	45.75	55.15
	单产（吨/公顷）	2.49	3.13	3.31	3.64	4.23
豆类（干豆）	面积（万公顷）	0.86	1.10	1.36	1.91	3.13
	产量（万吨）	1.55	1.29	3.14	3.95	8.62
	单产（吨/公顷）	1.81	1.18	2.32	2.07	2.76
油菜籽和白菜型油菜籽	面积（万公顷）	8.90	8.71	8.61	8.00	7.08

（续表）

品　种	指　标	2011 年	2012 年	2013 年	2014 年	2015 年
	产量（万吨）	14.42	15.78	17.40	16.62	19.63
	单产（吨/公顷）	1.62	1.81	2.02	2.08	2.77
露地蔬菜	面积（万公顷）	0.29	0.29	0.28	0.29	0.31
	产量（万吨）	7.41	5.38	6.74	5.55	7.25
	单产（吨/公顷）	24.87	18.39	23.95	19.19	23.08
马铃薯	面积（万公顷）	0.92	0.76	0.66	0.64	0.58
	产量（万吨）	16.47	13.89	12.77	11.73	11.72
	单产（吨/公顷）	17.84	18.22	19.25	18.47	20.14
多年生饲料作物	面积（万公顷）	16.94	15.84	15.71	14.97	13.53
	产量（万吨）	205.17	243.93	203.54	195.34	190.20
	单产（吨/公顷）	12.11	15.40	12.95	13.05	14.06

数据来源：爱沙尼亚统计局

蔬菜种植面积和产量过去5年基本保持稳定。以露地蔬菜为主，主要种类包括甘蓝、黄瓜、红甜菜、胡萝卜、洋葱、大蒜、青豌豆和芜菁甘蓝等。温室蔬菜主要种植黄瓜和番茄。

（2）畜牧业

畜牧业以奶牛、肉牛和生猪为主。2011—2015年，牛和家禽存栏量都有较大增加，分别增长了7%和6.3%，但奶牛存栏量下降了5.8%。生猪存栏量持续下降，5年间下降了16.7%。绵羊和山羊存栏量略有增加。详见表3。

表3　2011—2015年爱沙尼亚畜禽存栏量

产　品	2011 年	2012 年	2013 年	2014 年	2015 年
牛（万头）	23.83	24.60	26.14	26.47	25.62
奶牛（万头）	9.62	9.68	9.79	9.56	9.06
生猪（万头）	36.57	37.51	35.87	35.79	30.45
绵羊和山羊（万只）	8.82	8.14	8.68	8.98	9.09
马（万匹）	0.65	0.62	0.63	0.63	0.63
家禽（万只）	203.29	217.09	213.92	233.96	216.18

数据来源：爱沙尼亚统计局

爱沙尼亚主要畜产品为猪肉、禽肉和奶。奶牛养殖业是爱沙尼亚最为发达的农业产业，但其养殖规模在波罗的海三国中最小，仅为拉脱维亚的一半、立陶宛的1/3。通过良种培育、全混合日粮和精细化的牧场管理，奶牛存栏数虽然近5年持续下降，但生产率不断提高。2015年牛奶产量78.32万吨，比2015年增长了13%；2015年每头牛年均产奶8442千克，

2011年仅为7168千克。生猪养殖业生产效率也不断提高，2011—2015年生猪存栏量虽下降幅度较大，但猪肉产量基本保持稳定（表4）。

表4 2011—2015年爱沙尼亚主要畜产品产量

产品	2011年	2012年	2013年	2014年	2015年
肉类（屠宰重量，万吨）	8.06	7.84	7.98	8.07	8.56
牛肉	1.22	1.23	1.15	1.19	1.50
猪肉	5.02	4.88	4.95	4.87	5.01
羔羊和山羊肉	0.06	0.07	0.07	0.06	0.07
禽肉	1.75	1.65	1.81	1.95	1.98
奶（万吨）	69.30	72.12	77.20	80.52	78.32
蛋（亿枚）	1.84	1.80	1.90	1.99	2.04
羊毛（物理重量，吨）	126.00	138.00	167.00	134.00	108.00
蜂蜜（吨）	694.00	957.00	979.00	1155.00	1117.00

数据来源：爱沙尼亚统计局

爱沙尼亚农产生产集约化程度不断提高，67%的农业用地面积集中在8%的农场主手中，生产了81%的农产品。上述农业用地中的81%用来生产畜禽养殖产品。尽管大型农场中奶牛的存栏数过去几年持续下降，仍然有63%的农场奶牛存栏数在300头以上。生猪和禽类全部采用集约化养殖，1000头（只）规模以上养殖场占97%。

（3）主要农产品人均占有量

2011—2015年，爱沙尼亚奶制品人均占有量500～600千克，是发达国家200～300千克平均水平的两倍。其蔬菜供给严重不足，仅在50～65千克的水平，是中国的1/10。肉类人均占有量与中国持平。详见表5。

表5 2011—2015年爱沙尼亚农产品人均占有量　　　　　　　　　　（单位：千克）

产品	2011年	2012年	2013年	2014年	2015年
谷物	581	749	740	929	1168
马铃薯	124	105	97	89	89
蔬菜	66	50	60	50	65
水果和浆果	4	4	6	4	5
肉类	61	59	61	61	63
奶制品	522	545	586	613	596
鸡蛋	138	136	144	152	155

数据来源：爱沙尼亚统计局

3. 主要农业产业布局

根据爱沙尼亚 2010 年农业普查结果，爱沙尼亚 15 个省中，农业用地面积分布不均，多集中在爱中北部和中南部。农业用地面积在 10 万公顷以上的有中北部的里亚内—维鲁省，在 8 万公顷以上的有帕尔努（Parnu）、维良地（Viljandi）和塔尔图省（Tartu）。耕地比例占农业用地 80% 以上的有塔尔图、贝尔瓦（Polva）、雅尔瓦（Jarva）和里内亚—维鲁省。希尤（Hiiu）和萨列省的农业用地中，70% 左右是永久性草地。

爱沙尼亚全国均有牛奶生产，规模最大的养殖场集中在中部地区的里亚内—维鲁、雅尔瓦、帕尔努和耶盖瓦省（Jogeva），牛奶产量均大于 10 万吨，奶牛存栏量大于 1 万头。东南部的塔尔图和贝尔瓦省存栏量低于上述四省，但生产率全国最高，2014 年平均每头奶牛年均产奶在 9000 千克以上。

根据 2010 年农业普查结果，爱沙尼亚禽类养殖几乎全部集中在北部的哈留省，存栏量 140 万只，约占全国 3/4。爱东南部的瓦尔加（Valga）、贝尔瓦和塔尔图省也有养殖，存栏数在 10 万~20 万。生猪养殖以爱中南部的维良地省存栏量最多，达到 12 万头；耶盖瓦和里亚内—维鲁省次之，存栏量约 6 万头。绵羊在各省都有养殖，存栏量最小的伊达—维鲁省仅有 2000 只，存栏量最大的爱西部的萨列省有 1.6 万只。

（三）农产品贸易情况

1. 主要农产品贸易规模

爱沙尼亚是贸易逆差国家。2004—2008 年，贸易逆差维持在 20 亿~30 亿欧元的水平，其中 2007 年达到 34.05 亿欧元。进出口总额一直呈增长趋势，金融危机之后，贸易逆差缩小至 15 亿~20 亿欧元。2017 年，爱商品进出口贸易总额为 275.92 亿欧元，逆差 18.73 亿欧元。爱沙尼亚出口的商品和服务占 GDP 的 85%，主要是机电设备、木材、木制品和矿产品。2017 年主要出口国是瑞典、芬兰和拉脱维亚。

爱沙尼亚是农产品净进口国家，农产品进出口贸易总额自 2009 年起逐年上升，进出口总额 2013 年达到峰值 30 亿美元，之后逐年下降，2016 年下降至 21.73 亿美元，占进出口总额的 8.5%（表 6）。

表 6 2009—2016 年爱沙尼亚农产品进出口总额　　　（单位：亿美元）

年 份	2009 年	2010 年	2011 年	2012 年	2013 年	2014 年	2015 年	2016 年
进口额	9.23	11.00	13.00	13.00	15.00	15.00	13.00	12.00
出口额	7.52	9.10	12.00	12.00	15.00	13.00	11.00	9.73

数据来源：https://resourcetrade.earth

主要进口农产品为可可、咖啡、水果和浆果、蔬菜、鱼和水产品以及肉类，主要出口农产品为可可、咖啡、奶和乳制品、谷物、鱼和水产品以及油籽。2009—2016年，水果浆果和蔬菜的进口持续增加，2016年比2009年分别增长65.7%和50.6%；鱼和水产品进口增加45.3%（表7）。

表7 2009—2016年爱沙尼亚主要农产品进口额　　　　　　　　　（单位：万美元）

产　品	2009年	2010年	2011年	2012年	2013年	2014年	2015年	2016年
可可	17700	25700	26400	26100	28200	29700	29800	22500
咖啡	5730	5420	5060	3910	4100	5370	4690	4770
水果和浆果	9840	10700	13700	14200	15000	14000	14500	16300
蔬菜	4530	5050	5450	5380	6340	6390	6170	6820
鱼和水产品	9840	12100	14900	20200	22300	24100	17600	14300
肉类	9890	11700	14600	14100	15100	14400	12000	12700
猪肉	5370	6160	7210	7370	8490	7760	5990	6260
禽肉	3060	3330	3910	3840	4420	4260	3960	4020
牛肉	1230	1890	2840	2510	1800	1820	1500	1900

数据来源：https://resourcetrade.earth

2009—2016年，谷物出口翻了一番。爱沙尼亚是除了玉米和黑小麦以外谷物的净出口国（Mira Kobuszynska，2017）。主要出口小麦和大麦，占谷物出口的90%以上。2009—2016年奶和乳制品出口增加12.3%，鱼和水产品出口增加13.5%。咖啡进出口贸易均呈持续下降趋势。详见表8。

表8 2009—2016年爱沙尼亚主要农产品出口额　　　　　　　　　（单位：万美元）

项　目	2009年	2010年	2011年	2012年	2013年	2014年	2015年	2016年
可可	15800	17200	22700	21800	23600	25200	21600	21000
咖啡	3680	3610	2530	2300	1580	1930	1280	910
奶和乳制品	12650	18650	22680	20740	26610	25160	14970	14210
谷物	5190	6920	12900	15100	16100	15500	19700	13800
小麦	2860	4200	3620	1040	8520	8390	11500	8470
大麦	1029	1620	7360	2800	5260	4180	5650	3920
鱼和水产品	11800	14600	18700	19800	22300	21900	18000	13400
油籽	7710	9640	12100	12900	12600	11200	8360	9660

数据来源：https://resourcetrade.earth

分省来看，出口鱼最多的是萨列岛和西部沿海的里亚内省，出口奶制品最多的省是雅尔瓦和耶盖瓦省，动植物油脂的出口则主要集中在耶盖瓦省。出口谷物最多的省是雅尔瓦和维良地省，出口谷物制品（prepared cereals）最多的省是拉普拉和维鲁省。出口动物饲料制品最多省是耶盖瓦省，出口油籽最多的省是雅尔瓦省（Mihkel Servinski, et al., 2015）。

2. 主要贸易伙伴

爱沙尼亚农产品主要出口至俄罗斯和拉脱维亚、立陶宛、芬兰、德国和乌克兰等欧洲国家，2016年对俄罗斯农产品出口额为1.49亿美元，其中可可出口额1.28亿美元；主要农产品进口来源地是拉脱维亚、立陶宛、芬兰、加纳和荷兰。

爱沙尼亚近年来致力于发展与邻国的贸易关系，与拉脱维亚、芬兰和立陶宛农产品贸易往来密切，是乳制品、肉类、水果、蔬菜、谷物、油籽和水产品等农产品的重要贸易伙伴。2016年，双边农产品贸易额均超过2亿美元，其中，2013年爱沙尼亚与拉脱维亚双边农产品贸易额达到4.49亿美元（表9）。

表9 2012—2016年爱沙尼亚农产品主要贸易伙伴国家 （单位：%）

国家	主要出口国*					主要进口来源国**				
	2012年	2013年	2014年	2015年	2016年	2012年	2013年	2014年	2015年	2016年
拉脱维亚	13	16	12	10	11	13	14	10	10	7.9
芬兰	13	9.6	9.9	9.7	11	7.8	8.6	8.5	7.2	7.6
立陶宛	10	12	14	11	11	8.1	7.7	7.6	7.6	8.7
俄罗斯	22	24	19	15	15	—	—	—	—	—
德国	5.3	3.7	5.3	4.5	3.6	—	—	—	—	—
乌克兰	5.5	4.1	3.6	4.3	5.2	—	—	—	—	—
荷兰	—	—	—	—	—	5.3	5.5	5.6	6	6.5
加纳	—	—	—	—	—	7.2	6.3	3.7	5	6.5

*按出口至各国农产品贸易额占爱沙尼亚出口农产品总额的比例（%）计算，**按从各国进口的农产品贸易额占爱沙尼亚农产品总额的比例（%）计算。

数据来源：https://resourcetrade.earth

爱沙尼亚主要从非洲加纳和科特迪瓦进口可可，并向俄罗斯主要出口可可；主要与立陶宛、拉脱维亚和芬兰以及德国、荷兰等国进行奶制品贸易；向欧盟、北美洲以及哈萨克斯坦、中国、日本等亚洲国家出口鱼和水产品；从欧盟、俄罗斯、哥斯达黎加、秘鲁等南美洲国家以及俄罗斯和南非进口水果和浆果；从欧盟进口肉类并向欧盟、伊朗、阿拉伯以及摩洛哥、阿尔及利亚、乌干达、肯尼亚和坦桑尼亚出口谷物。

3. 中国与爱沙尼亚农产品贸易情况

2009—2016年，中国与爱沙尼亚农产品贸易一直呈顺差格局，中爱农产品贸易总额整体呈上升趋势，2016年比2009年增加了67.3%（表10）。中国主要向爱沙尼亚出口可可、坚果、水果浆果和蔬菜、水产品；主要从爱沙尼亚进口水果浆果和海产品。中爱农业贸易在两国农产品贸易总额中所占比例很小，爱沙尼亚向中国出口的农产品占其农产品出口总额的1.3%，占中国进口农产品总额不到0.1%。

表10　2009—2016年中国与爱沙尼亚农产品贸易额　　　　　　　　　　（单位：万美元）

年　份	2009年	2010年	2011年	2012年	2013年	2014年	2015年	2016年
出口	1300.91	1784.48	2044.23	1213.67	1341.76	2072.59	1696.42	1711.41
进口	273.17	257.40	405.30	538.76	787.28	622.94	839.50	922.07
总额	1574.08	2041.88	2449.53	1752.43	2129.04	2695.53	2535.92	2633.48

数据来源：中国海关

（四）农业科技发展

1. 农业科研机构

爱沙尼亚生命科学大学是爱沙尼亚最重要的农业科研机构，也是爱沙尼亚唯一国家级的农业高等教育院校，承担了大部分的农业科研工作，涉及畜牧兽医、农业经济、农村社会学、环境、植物科学和食品科学等领域。其他综合性大学的涉农研究中，塔尔图大学主要从事环境科学方面的研究，塔林理工大学主要从事生物技术和食品科学方面的研究。农业部也设有下属的科研单位，其中作物研究所是从事作物科学研究的专业研究所，农业研究中心（ARC）主要进行田间检测和试验和实验室分析，制作肥料地图，推广最佳农业实践，开展农业化学研究和评估环境措施等。

爱沙尼亚生命科学大学是爱沙尼亚唯一从事自然资源可持续发展领域学术研究的公立大学，最早可追溯到成立于1632年的塔尔图大大学，1951年组建成爱沙尼亚农业科学院，1991年苏联解体后更名为爱沙尼亚农业大学，2005年加入欧盟时更名为爱沙尼亚生命科学大学。根据2018年QS世界大学学科排名，该大学在农林专业领域排名第51～100位。目前同时开展教学和科研的学院有：兽医和动物科学研究所、技术研究所、农业与环境研究所、林业与农村工程研究所、经济与社会科学研究所。其中，坐落在爱沙尼亚维良地省的农业与环境研究所规模最大，每年研究经费占爱沙尼亚总研究经费的5%。

爱沙尼亚作物研究所隶属于爱沙尼亚农业部，2013年7月1日由爱沙尼亚农业研究所和耶盖瓦植物育种研究所重组后成立，致力于提升农业生产效率和竞争力，减少农业生产对环境的负面影响，保护生物多样性。从事环境友好的农业技术研究、作物育种和品质改良、植物保护、农业化学、肥料和农业气象等领域的基础研究和应用研究。建有国家长期种质资源基因库一座，保存有59个植物品种的3000多份材料，其中谷物和豆类占40%，牧草和豆科植物占20%，油料和纤维作物占17%。研究所为咨询系统、政府官员和立法部门提供科技支撑，与国内外科研机构、企业和农民广泛开展合作。2013年与立陶宛共同审定2个冬小麦品种，与印度和瑞士开展冬油菜和马铃薯方面的合作研究。研究所下属的耶盖瓦种业中心，作为国家种子生产中心，每年生产谷类种子1500吨、油菜种子100吨、蔬菜种子30吨、马铃薯种子300吨。

2. 农业科技发展状况

从专利、出版物和引用三个方面评价，爱沙尼亚的农业与食品领域的科研产出占全国科研总产出的比重均远高于OECD国家平均水平。根据Scopus期刊目录，2007—2012年，爱沙尼亚农业科技领域出版物的数量占全国科技出版物的13.7%，占农业领域出版物的12.8%；农业科技出版物被引频次占全部科技出版物被引频次的14%，占农业领域被引频次的13.1%（表11）。汤森·路透基本科学指标数据库（ESI）数据也显示，1996—2006年，爱沙尼亚论文的平均被引频次比世界平均水平低17.5%，而2004—2014年，则比世界平均水平高5%（Jüri Allik，2015）。

表11 2007—2012年农业食品科研产出占全部科研产出的比重 （单位：%）

项 目	爱沙尼亚	拉脱维亚	丹 麦	OECD平均
专利	12.0	3.1	11.3	5.6
出版物	13.7	6.9	10.2	9.4
引用	14.0	8.3	8.7	11.9

数据来源：OECD（2018）Innovation, Agricultural Productivity and Sustainability in Estonia

爱沙尼亚站在生物科学研究的前沿。科研机构中专业领域论文被引频次世界排名前1%的42名科学家中，有2/3属于生物和环境科学领域（Allik，2015）。生态环境以及植物和动物科学领域的论文引用率比科学论文平均引用率高40%。在农业领域，爱沙尼亚生命科学大学是引用率世界排名前1%的科研机构。

爱沙尼亚科学家深入参与欧盟地平线2020项目，获得经费资助额度是欧盟国家平均水平的2倍，获得资助总经费位列第四。科研项目是爱沙尼亚政府的主要资助形式，80%的科研经费来自爱沙尼亚教育与研究部的支持，这个数字在其他OECD国家仅在20%～50%之间（Allik，2015）。

乳制品研发是爱沙尼亚的优势农业科研领域之一。2004年，塔尔图大学生物系、爱沙尼亚生命科学研究院与爱著名乳制品生产企业、乳制品协会、乳牛饲养协会和饲料添加剂生产商共同建立了乳制品生物技术中心（Bio-Competence Centre of Healthy Dairy Products），开展农产品生产、食品加工和医药保健品生产之间的跨学科研究。该中心通过向奶酪生产过程添加特殊生物菌落方式开发出了"功能性奶酪"，具有降低血压的作用，短期使用即可见效。此项研究在世界上居领先地位，已在爱沙尼亚、芬兰、俄罗斯等国家注册了专利，并已获得欧盟认证。该中心还正在培育和研究其他类型的食品生物菌，并可根据用户需求研发功能性矿泉水和功能性酸奶等具有不同功能的食品和饮料。

（五）农业管理体系与政策

1. 农业管理体系

爱沙尼亚农村事务部是爱沙尼亚的农业主管部门，主要负责农村、农业和渔业政策的制定与实施、动物和植物保护部门的协调、农业应用研究类国家项目的规划管理和影响评估、农业研发和教育、欧盟共同农业政策和爱沙尼亚农村发展战略的执行、农民市场导向与农业可持续生产、增强渔业的竞争力，以及饲料安全、动物健康和动物育种以及食品安全与保障。

农村事务部设部长 1 名、秘书长 1 名、副秘书长 4 名，分别主管行政事务司、渔业政策和对外合作司、农业和农村政策司以及食品安全和研发司。

农村事务部管理的下属机构有：农业委员会（The Agricultural Board）、注册者与信息委员会（ARIB）、农业研究中心、C.R. Jakobson 农业博物馆、爱沙尼亚农业博物馆、爱沙尼亚作物研究所、爱沙尼亚畜牧业情况记录公司（EPJ）、畜牧和食品委员会（Veterinary and Food Board）以及畜牧和食品实验室。其中，农业委员会负责植物领域的管理、监督和执法，下设植物健康与园艺、植物保护与肥料、有机农业与种子和土地改良等业务部门，并在 12 个省设有地区中心。登记与信息委员会是支持农业和农村发展的援助机构，有工作人员 370 名，2/3 人员在塔尔图总部，其余分布在爱 15 个省的服务站。兽医和食品委员会负责兽医、食品安全、市场监管、动物福利和动物良种培育等领域的管理、监督和执法，并负责食品贸易与动物检疫进出口许可的签发（植物检疫及进出口许可则由农业和农村政策司负责）。兽医和食品委员会下设食品、动物健康福利和饲料、进出口贸易、动物饲料渔业和市场监管等业务部门，并在爱 15 个省都设有地区中心。

2. 农业支持政策

根据爱沙尼亚生命科学大学和塔尔图大学的一项关于爱农业保险的合作研究（Maire Nurmet et al, 2016），农民自愿购买农业保险，购买者主要是大型农场主，因为保费对小农户来说价格太高。与美国和西欧等发达国家相比，爱沙尼亚的农业保险体系比较落后，保险市场规模非常小，爱沙尼亚仅有两家保险公司向农业企业提供特殊畜产品保险，覆盖牛、猪和绵羊等家畜的疾病、火灾、自然灾害和失窃。保险公司没有爱沙尼亚农民可购买的作物产量险。

根据欧盟共同农业政策，国家可以对农民购买保险予以补贴。因此爱沙尼亚出台了针对中小型生产者的保费补贴政策，最高可报销保费的 2/3。保险范围涵盖洪水和森林火灾等自然灾害，冰霜、冰雹、风暴和干旱等不利天气条件（前提是产量减少 30% 以上），以及动物疾病和植物病害。保险对象包括谷物、豆科植物、马铃薯等农作物，也涵盖动物。2011—2016 年，政府保险补贴预算逐年削减，从接近 3.2 万欧元下降至 1 万欧元。2016 年，农民申请保险补贴的总额超出预算两倍多，因此农民实际获得的保费补贴大幅缩水。

3. 农业发展规划

爱沙尼亚每 7 年制定一个农村发展规划，作为对欧盟共同农业政策、凝聚政策和共同渔业政策的补充。农村发展政策与欧盟区域发展基金、欧盟社会基金、凝聚基金、欧盟海洋和渔业基金一起共同纳入了共同战略框架。爱沙尼亚计划与欧盟达成多项合作协议，共同规划上述基金的执行。政府制定了《爱沙尼亚农村发展规划（2014—2020）》，目标是提高农业竞争力，加强自然资源的可持续管理，改善应对气候变化的措施以及确保农村地区的均衡区域发展。根据农业发展需求和目标制定了 20 项政策措施，规划了六大优先领域，包括以下方面。

一是加强农林领域和农村地区的知识转移和创新。

二是提升农业经营者的活力以及所有地区所有农业经营形式的竞争力，促进创新农业科技的发展和可持续林业管理。

三是改善农业食品链的组织，包括农产品加工和市场营销、动物福利和风险管理。

四是恢复、保护以及改善农林生态系统。

五是提升资源使用效率，支持农林食品业向低排放和气候适应型经济转型。

六是促进社会包容、减贫和农村经济发展。

此外，爱政府还制定了《爱沙尼亚农业、食品和渔业科学研究和知识转移发展规划（2015—2021）》《农业应用研究与发展规划（2015—2021）》《食品和农业植物遗传资源收集和保存计划（2014—2020）》以及《国家植物育种计划 2009—2019》。

三、农业投资环境

（一）国家商业环境

爱沙尼亚是高收入国家，处于 OECD 高收入地区，2018 年人均国民收入 17750 美元，2018 年全球 190 个经济体中营商环境便利度排名第 12，前沿距离分数 80.80，比 2017 年提高了 0.05 分。根据爱沙尼亚投资法规定，对外国投资者予以完全国民待遇。爱沙尼亚执行欧盟的贸易管理制度和海关管理规定，农产品税率在 0～15%。

企业最低注册资本为 2500 欧元，开办企业手续办理时间短，成本低，平均耗时 3.5 天。爱沙尼亚主要靠油页岩发电，电力资源充裕供应稳定，价格低，每千瓦时 9.9 美分。爱沙尼亚采用单一税制，编制企业所得税、增值税和社保缴费报表、归档以及缴纳这些税费所需的时间全球最少。进出口贸易手续便利，对外汇没有管制，对国际支付没有限制。司法体系完善，法庭数字化服务水平高，可以在线申诉和缴纳费用，并且所有商业案件的审判都是在互联网上公开的。

爱沙尼亚的最低工资为每月 533.2 美元，与每个工人平均增加值的比例为 0.2∶1。晚间工作和超时工作均需额外支付工资。2017 年平均月工资 1221 欧元，同比上涨 6.5%。每年带薪年假平均为 24 天。由于爱工资水平低于邻国，如芬兰最低工资为 2026.1 美元，爱沙尼亚高素质、有技能的劳动力外流严重。但由于市场规模小，本国劳工素质较高，对外籍劳务的需求不大，每年配额数量为总人口的 0.1%，即 1300 人。

爱沙尼亚给外资以国民待遇，外资企业可以向当地银行申贷，无特别限制。企业利润用于再投资的部分不收所得税，此政策有利于助推企业滚动发展，增强产品竞争力。

爱私有土地占 60%，国有土地占 39%，地方政府占 1%。2010 年，租地比例高是爱沙尼亚农业的特点之一。企业只有 40% 的土地用于自身农业生产，其余均用作租赁或无偿使用。农业企业法人多为爱沙尼亚本地居民。外国人持有爱沙尼亚农业用地和林业用地面积的 10%。外资在畜牧业占有比率较高，奶牛占 4%，生猪 40%，禽类 76%。欧盟国家的外资购买或租赁爱沙尼亚的土地面积超过 10 公顷的，须经地方当局批准。外国人和在爱沙尼亚注册公司的法人可以购买土地和不动产，超过 10 公顷需获得当地政府批准。不允许外国人购买边境地区的土地和森林。欧盟国家的企业和个人不受购买土地的面积和地区限制，但是需从事农业生产和林业工业 3 年以上并提供相关证明文件（范丽萍等，2015）。

（二）农业优势与潜力

爱沙尼亚自然生态环境良好，政府十分注重农业发展过程中对生态景观和环境的保护，支持有机农业的发展。企业也希望通过有机农业生产中获得更多收入。2010年有机农业种植面积与2003年相比，增长了3倍多，达到12.2万公顷，超过农业用地面积的10%；到2015年，有机农业种植面积超过农业用地面积的15%，这一比例在欧盟国家中居第三位。

奶业是爱沙尼亚的传统优势产业，从生产到乳制品加工到高科技产品的研发，爱沙尼亚均站在世界前沿。每头奶牛年产量最高可达9000千克，乳制品加工业发达，生产生牛乳、黄油、奶酪、酸奶、白干酪和凝乳等品类丰富的产品以及功能食品。食品加工业则是爱沙尼亚近10年来增速最快的行业。肉类加工产品十分丰富，包括肉糜类、烟熏类、速冻和冷冻产品、罐头产品和火腿、肉卷、维也纳香肠、法兰克福香肠、烟熏香肠等成品。渔业产品有生鲜和冷冻产品，罐装产品、烟熏类和腌制类产品，品种有波罗的海鲱鱼、西鲱鱼、鲑鱼、大西洋鲱鱼等。随着国内市场和国际市场消费者购买力的不断提高，食品加工业发展潜力巨大，将极大地促进农村的经济社会发展，一方面有利于减少企业和人才外流，另一方面有利于降低农业和相关供应链对农村自然景观的影响。

爱沙尼亚农业科技发展先进，多数生产者愿意采用现代农业技术降低生产成本，四分之一的耕地采用了如保护性耕作和免耕等现代农业生产技术。另一方面，爱沙尼亚先进的信息技术产业为数字农业的发展提供了技术和基础设施的支撑。自主开发的VitalFields和eAgronom农场管理系统，实现了农场数据采集、监测农药化肥等农业投入用量、管理库存和制订生产计划等一站式数字管理。值得一提的是，政府制定的各项农业检测标准也嵌入了系统，可以帮助农民计算化肥使用量，规划植保计划等。

（三）风险分析

1. 宏观环境

爱沙尼亚政局总体稳定，社会秩序良好，法律体系较为健全，司法严明，官员廉洁。在透明国际公布的全球2015年清廉指数排行榜上名列第23位。根据美国传统基金会发布的世界经济自由度指数排名，2015年爱沙尼亚经济自由度指数为7.95，居全球第10位，指数高于高收入发达国家的平均水平；指标体系中，信贷市场规制分值为最高分10分。根据世界银行发布的全球治理指数（WGI）指标体系，2016年爱沙尼亚公民表达与政府问责、法制、政府效能和控制腐败均居第二级"高水平"，政治稳定性以及杜绝暴力和恐怖活动指标居第三级"较高水平"；规制质量指标居第一级"很高水平"。各项指标在中东欧国家中均名列前茅。

2. 内部风险

从国内看，投资爱沙尼亚农业的风险主要是生产风险。尽管长期来看气候变化有利于延长冬季作物的生长期，干旱、洪灾等极端天气事件发生的增加依然增加了生产风险。夏季易发洪涝，冬季严寒，因此爱沙尼亚的农作物产量受天气影响十分明显。而农民又缺少足够的风险管理工具来控制生产风险。一方面作物险种不够丰富，没有作物产量险；另一方面，保费昂贵，公共预算对农业保险补贴支持不足，导致农民对购买保险兴趣不大。畜牧业方面，非洲猪瘟给生猪产业造成不利影响。据中国农业农村部国际疫情信息，自2014年9月首次出现非洲猪瘟病例，截至2016年4月，爱沙尼亚13个地区发生1034起野猪和18起家猪非洲猪瘟疫情，1746头野猪和71头家猪感染。2017年7月，爱沙尼亚兽医和食品局在萨列马岛奥里萨雷教区的一家猪场检测到非洲猪瘟，3200头猪被销毁。

从境外投资角度看，爱工资增长一段时间以来快于生产率的增长，导致外国直接投资和出口都受到不利影响。而爱沙尼亚对外籍劳务配额管理非常严格，欧盟成员国以外的国家公民不易获得劳动许可。尤其金融危机以来，爱沙尼亚本国失业严重，对外籍劳务需求锐减，一般爱沙尼亚每年外籍劳务人数控制在1300人以内。目前，在建筑、修造船、基础设施建设等行业需要的外来劳务人员较多，对劳务技术要求高，由于订单减少，有时工时和工资无法保障。

3. 外部风险

爱沙尼亚的经济规模较小，对外依存度较高，容易受外部因素影响。外部风险主要是来自欧盟和俄罗斯经济制裁和反制裁措施导致的出口市场风险。2011年8月，俄罗斯宣布解除对欧洲联盟成员国实施的蔬菜进口禁令，但爱沙尼亚等5个国家仍然在不在解禁名单之列。2013年底，俄罗斯宣布禁止进口爱沙尼亚农产品。爱俄关系在2014年乌克兰危机之后再度紧张，包括乳制品和水产品等进口禁令在内的制裁措施使爱方遭受直接经济损失约5亿欧元。2015年6月起禁止从拉脱维亚和爱沙尼亚进口鱼罐头。随后，基于俄罗斯兽医局的检验结果，哈萨克斯坦也宣布禁止自爱沙尼亚和拉脱维亚进口鱼类产品。爱沙尼亚乳业受到进口禁令的影响最大，加上欧盟牛奶生产配额体系终止带来的竞争的加剧以及国内市场低廉的牛奶价格，乳业发展受到挑战。

（四）总体评价

总体来说，爱沙尼亚投资环境好，国内市场开放度高，但市场规模小；劳动力素质高，但总数不足且流失严重；农业科技先进，农业生产效率高，但生产规模小。另外，爱俄关系的波动性增加了在爱沙尼亚投资的政治风险，但政治风险仍属于低风险的范围。中爱两国相隔遥远，国情迥异，中国对爱农业投资要走创新合作的道路，而不是传统意义上"走出去"购买耕地和从事初级粮食生产。

四、中爱农业合作现状与合作重点

（一）合作现状

1. 合作机制

从双边合作机制看，爱沙尼亚主要与中国农业农村部和国家质量监督检验检疫总局高层互访频繁并签署了部级合作协议。中爱两国农业部 2011 年于签署了《关于农业合作的谅解备忘录》。2015 年，时任中国农业部副部长牛盾与时任爱沙尼亚农村事务部部长帕达尔在塔林签署了《中华人民共和国与爱沙尼亚共和国农业部 2015—2016 年农业领域合作行动计划》。2015 年 12 月，时任爱沙尼亚农村事务部部长乌尔玛斯·克鲁泽克鲁泽率团访华，与国家质量监督检验检疫总局签署了《中爱食品安全合作协定》。2016 年 4 月，国家质量监督检验检疫总局与爱农村事务部签署了《关于中国从爱沙尼亚输入大西洋鲱鱼和黍鲱检验检疫要求议定书》；同年 5 月，双方在爱沙尼亚签署了《关于爱沙尼亚输华乳品动物卫生和公共卫生条件议定书》。

从多边合作机制看，中国与爱沙尼亚在中国—中东欧国家"16+1"框架下开展农业合作。该合作框架于 2012 年正式启动。《中国—中东欧国家合作中期规划》明确了 2015—2020 年的工作重点和方面，其中农林和质检合作部分指出，保持农业与质检合作的快速发展势头，充分发挥"中国与中东欧国家农业经贸合作论坛"和"中国—中东欧国家农业合作促进联合会"的作用，加强农产品贸易、农业可持续生产、农产品深加工、农村发展和农业科技以及种植业和养殖业等方面合作，鼓励建设农产品基地。2016 年，首届中国—中东欧国家农业部长会议在昆明举办。2017 年 8 月，第二届部长会议在斯洛文尼亚布尔多召开，会议通过了《中国—中东欧国家农业部长会议布尔多共同宣言》，表达了中国与中东欧国家对构建公平的农产品贸易体系以及保障农民在全球价值链中利益的高度关切，并特别指出积极推进"16+1"农业合作与"一带一路"建设对接。2017 年 11 月，第六次中国—中东欧国家领导人会晤期间，中爱两国政府签署了《中华人民共和国政府和爱沙尼亚共和国政府关于共同推进丝绸之路经济带与 21 世纪海上丝绸之路建设的合作谅解备忘录》和《中华人民共和国国家发展和改革委员会与爱沙尼亚共和国经济事务和通信部关于加强"网上丝绸之路"建设合作促进信息互联互通的谅解备忘录》。

2018 年 7 月 7 日，爱沙尼亚农村事务部部长 Tarmo Tamm 和爱沙尼亚总理拉塔斯在索菲亚举行的中国和中东欧高层经济论坛上，与中国农业农村事务部长韩长赋签署了《中国和爱沙尼亚2018—2022年农业合作行动计划》，旨在推动农业领域的合作交流，推进双方在农业贸易、科技和农村发展方面的务实合作。

2. 科技合作

爱沙尼亚作物研究所与辽宁省农业科学院2010年建立了合作关系。2014年8月，辽宁省农业科学院派遣高层代表团访问了爱沙尼亚农业部、作物科学研究所下属的耶盖瓦植物育种研究所和爱沙尼亚生命科学大学农业与环境研究所。2015年5月，双方签署了关于继续在植物育种领域开展合作的协议，合作内容包括饲料、蔬菜、马铃薯、冬黑麦等植物的种质资源交换和抗病、抗旱、高产、优质的作物育种；直播、有机肥和覆盖作物利用等领域的合作研究等。2017年，双方就建立马铃薯联合实验室事宜达成一致并签署合作协议。双方将合力推进马铃薯的遗传育种，联合培育抗病抗逆性更高的马铃薯品种。同时，双方同意促进更多学科领域的科学家交流。

3. 贸易合作

中国与爱沙尼亚经贸关系发展顺利，中国与爱沙尼亚1991年建交后，1992年两国政府签订了经济贸易合作协定，1993年签订了关于促进和保护投资协定，1998年签署了《关于避免双重征税和防止偷漏税协定》。1993年双方召开第一次经贸混委会会议，两国经贸合作混委会机制运转良好，至2016年双方已经召开了十次会议。2015年9月，第九次中爱经贸混委会在京举行。双方同意推进农业交流与合作机制化建设，推动经贸合作，加强农产品推荐活动，推动人员和科技交流合作。2017年11月，第六次中国—中东欧国家领导人会晤期间，双方签署了《中华人民共和国商务部和爱沙尼亚共和国经济事务和通信部关于电子商务合作的谅解备忘录》鼓励两国企业通过电子商务推广各自的优质特色产品。

4. 投资合作

据中国商务部统计，截至2016年末，中国对爱沙尼亚直接投资存量350万美元。目前，中国在爱沙尼亚中资企业共有6～7家，多为当地华商经营的私营企业，主要集中在贸易、餐饮、旅游和中医保健等领域。中兴、华为公司在爱沙尼亚设有常驻代表处。中爱爱沙尼亚国营邮政公司下属的Omniva物流公司已与中国顺丰速运在爱沙尼亚设立"Post 11"合资公司，欧洲消费者在电商平台上购买的中国商品到达首都塔林港后，再发往华沙、赫尔辛基等城市。目前尚无中资企业在爱沙尼亚进行农业投资。

（二）合作潜力

1. 合作基础

爱沙尼亚是中国在欧盟和波罗的海区域的重要合作伙伴。两国关系近年来发展势头良好，政治、文化交往日益密切，科技、经贸合作不断发展。2017年4月，国务院副总理张高丽访问爱沙尼亚，与爱总统卡柳莱德和总理拉塔斯会谈时均指出，爱沙尼亚与中国在中国—中东欧机制下的合作富有成果，爱沙尼亚支持中国提出的"一带一路"倡议，双方在基础设施、农业和信息技术等领域应充分挖掘合作潜力，进而推动双边贸易提质升级。2018年2月，北京市与塔林市共同举办了"欢乐春节—北京周"科技专场论坛活动，促进科技合作和经贸发展。会上，北京市贸促会与爱沙尼亚工商会缔结了友好合作关系。

爱沙尼亚拥有丰富的土地资源和先进的农业生产技术，但受自然条件约束，农产品贸易市场规模小，容易受到外部因素的冲击。天气条件不确定性大，种植业更容易受到不利天气的影响，农作物产量波动大，如当地人更倾向与发展畜牧业。畜牧业自动化程度非常高，农场利用挤奶机器人和信息化农场管理，300多头牛的规模农场只需要1名人工。

中爱虽然不是重要的农产品贸易合作伙伴，但是近年来农产品贸易总额不断上升。中国在爱直接投资企业不多，目前尚无农业企业在爱投资。农业科技合作有一定的人员交流基础并签署了相关协议，尚未落实到具体项目合作上。

2. 合作前景

宏观经济环境稳定，经济快速发展，公路、铁路和港口等基础设施完善，数字化水平高，农业生产集约化程度不断提高，农业科技和教育水平先进。爱沙尼亚小而精的外向型经济非常需要中国巨大的市场需求的支撑，以对冲俄罗斯经济制裁对其出口市场造成的波动。爱沙尼亚优越的自然生态环境和投资环境，对中国企业也非常有吸引力。可以说中爱农业合作有很大潜力，也有很多机会。

近年来，中爱在食品检疫领域签署了多个合作协议，中国市场对爱沙尼亚的农民和企业来说非常有吸引力。2017年，对华食品出口总额达到630万欧元，比2016年增长了17%。目前爱沙尼亚企业可以向中国出口某些鱼类和鱼类产品，有5家乳品企业获得了向中国出口乳制品的资质。爱沙尼亚有望近期获得鲑目鱼类和鸡肉的出口许可。

中国农作物品种丰富，种植技术先进，通过科技合作的渠道，筛选和培育适宜在爱沙尼亚种植的作物品种，尤其是培育对气候变化抗性较强的作物，对丰富爱沙尼亚人的餐桌和保障粮食安全有重要意义。爱沙尼亚也有意引入中国的食品技术和园艺作物加工技术，有意与中国更多的农业科研机构和大学建立合作关系。

（三）合作重点

1. 重点领域

爱沙尼亚经济总量小，农产品市场容易受到外部因素的影响，农产发展过程中重视生态保护和绿色发展，在信息技术和农业科学研究方面有优势。结合上述特点，笔者认为中爱农业合作应该重点关注以下领域：

一是农业科学基础研究和应用研究。爱沙尼亚致力于加强农业科技领域的国际合作。《爱沙尼亚农业、食品和渔业科学研究和知识转移发展规划（2015—2021）》制定了农业合作研究项目2021年比2014年增长50%的目标，到2021年将有45个合作项目。其中，兽医领域4个、食品科技3个、畜牧和动物育种3个、作物生产和植物育种18个、园艺（浆果、水果、园林景观）8个、渔业和水产业6个、农业经济学6个。爱沙尼亚在生物和环境领域的研究优势明显，中国则在兽医和植物保护领域世界领先。双方都认可绿色、可持续的现代农业发展理念，科研合作互补性强、空间大。

二是产业合作。爱沙尼亚奶业有传统优势，但是国内市场消费不足，出口市场受外部环境影响大。中国奶制品人均占有量非常低，随着消费结构的升级，对优质乳产品的需求日益增加，中爱奶业的产业合作有利于推动爱沙尼亚奶制品早日进入中国市场，丰富中国人民的餐桌。中爱在食品加工行业的合作也颇具潜力。爱沙尼亚的出口产品目前多为初级品，出口肉类，但是进口肉制品供国内消费；出口初级谷物，但是进口加工食品。加强食品加工领域的合作，有利于丰富爱沙尼亚国内食品消费市场，提升出口农产品的附加值。另外，爱沙尼亚符合欧盟标准的有机农产品生产也具有一定吸引力，爱沙尼亚具备发展有机农业的耕地资源和支持政策。爱蔬菜生产一直不能满足需求，可以考虑投资设施园艺，利用先进农业技术克服不利气候条件，发展有机蔬菜种植。

三是农业信息化合作。爱沙尼亚的电子政务十分发达，信息化技术在农业农村有广泛的应用。中国的农村信息化任重而道远，在农业信息化管理和服务方面可以借鉴爱沙尼亚的经验和模式。在此领域双方了解不够深入，缺少交流的渠道。

2. 重点项目

（1）奶业全产业链创新合作

建立从奶牛品种选育、环境友好的现代化式生产、乳制品加工、高科技产品研发和推广到乳制品贸易一体化的全产业链合作体系，学习借鉴爱沙尼亚奶业的管理和经营模式，投资建立现代奶业合资企业，将奶农、加工企业以及食品科技和人体营养与健康等方面的技术和资源整合起来，生产优质乳制品，研发功能型产品，丰富国内外市场。

（2）有机蔬菜设施园艺

爱沙尼亚虽然温室蔬菜单产很高，但是蔬菜依然不能自给。有机蔬菜在当地非常受欢迎，且消费价格是一般农产品的4倍左右。当地蔬菜主要以家庭式小农场生产为主，种类偏少，设施蔬菜种植不多。中国在现代化温室设计、设施栽培技术等方面积累了不少科研成果和应用经验，在爱发展设施园艺具备一定有利条件，可以探索建立合资企业，发展设施园艺，生产符合欧盟标准的有机蔬菜，供爱沙尼亚国内消费和加工，并瞄准欧盟市场出口。

（3）农产品电子商务

中爱已经签署了关于电子商务方面的合作协议。爱沙尼亚有望成为中国农产品在欧洲销售的中转地。随着"一带一路"互联互通的逐步加深，农产品电子商务将成为双方农产品贸易的新的增长点。非常有必要摸清需求和现状，及早进行业务布局。

（4）农业旅游

爱沙尼亚一般只有不到一半的农业用地用于农业生产，其余皆用于租赁以发展其他产业。爱沙尼亚优美的自然风光对中国游客非常有吸引力，随着中国赴爱游客不断增加，休闲农业和乡村旅游的需求将会加大。事实上，爱沙尼亚很多农场都是农业综合体。中国企业在爱投资农业要走综合发展的道路，一二三产融合发展。

五、中爱农业合作建议

（一）加强多双边农业合作机制，促进科技和人才交流

充分利用中爱农业混委会、中东欧农业部长会议等机制，加强两国农业合作的顶层设计，落实两国农业合作行动计划，促进两国农产品贸易的扩大和农业科技合作的深入开展。中爱农业科研交流规模与深度与两国农业科研实力和科研机构数量十分不匹配，建立合作关系的农业科研院所和大学不多。要加强两国农业科研和教育单位的合作，联合优势科研单位共同申请欧盟项目，开展前沿基础科学领域的合作研究和人才交流。

（二）创新农业合作模式，多领域融合发展

单纯依靠在海外置地从事农业生产的企业"走出去模式"在爱沙尼亚行不通。企业在爱沙尼亚进行农业投资要打开思路，充分利用爱沙尼亚国内宽松的投资环境和政策和优越的自然条件，面向全球市场，面向多个领域的融合发展，如农业与生物科技、农业与人体健康、农业与信息技术等与前沿科技密切结合的领域。

(三)多种交流渠道并举,扩大宣传影响

爱沙尼亚作为一个临近北欧的国家,国土面积小,人口稀少,虽然其社会经济发展水平高,但并不为人熟知。中国企业和农业科研单位对其农业自然条件、科技产业发展更是知之甚少。中爱应充分利用"一带一路"带来的互联互通契机,大力促进基础设施连通和政策沟通,通过工商、人文、科技、经贸领域的各类交流活动,让中国人更多地了解爱沙尼亚的农业和农产品,让更多中国人访问爱沙尼亚的农场和农业科研单位,从而促使双方企业挖掘更多农业投资机会。

参考文献

范丽萍,于戈,叶东亚.2015.中东欧16国土地政策概览[J].世界农业,(7):201.

何小溪.2009.在爱沙尼亚开展蔬菜种植的可行性分析[J].国际农产品贸易,(4):56.

黄日涵,朱子杰.2015."一带一路"投资政治风险研究之爱沙尼亚.[EB/OL].http://opinion.china.com.cn/opinion_52_139752.html.

张立.2009.爱沙尼亚湿地保护现状及可持续利用[J].湿地管理与科学,(4):61.

中华人民共和国商务部.2017.对外投资合作国别(地区)指南爱沙尼亚[EB/OL].http://fec.mofcom.gov.cn/article/gbdqzn.

中华人民共和国外交部.2018.中国同爱沙尼亚的关系[EB/OL].http://www.fmprc.gov.cn/web/gjhdq_676201/gj_676203/oz_678770/1206_678820/sbgx_678824/t6742.shtml.

Elina Härsing, Karin Sahk. 2012. Agricultural Census 2010. Published by Statistics Estonia, Tallinn.

Encyclopedia about Estonia. General overview of Estonia nature [EB/OL]. http://www.estonica.org.

Jüri Allik. 2015. Executive Summary, Progress in Estonian Science Viewed through Bibliometric Indicators (2004—2014). Proceedings of the Estonian Academy of Sciences [C],64(2):125–126.

Maire Nurmet, Katrin Lemsalu, Anne Põder. 2016. Agricultural Insurance in Estonia-Current Situation and Farmers' Willingness to Use Crop Insurance [J]. Science and Studies of Accounting and Finance: Problems and Perspectives, 10(1):122-128.

Marika Kivilaid, Mihkel Servinski, Greta Tischler. 2017. Mini Facts about Estonia. Published by Statistics Estonia, Tallinn.

Mihkel Servinski, Marika Kivilaid and Greta Tischler. 2015. 2015 Regional Development in Estonia. Published by Statistics Estonia, Tallinn.

Mira Kobuszynska. Grain and Feed Annual-Estonia 2017. [EB/OL]. https://gain.fas.usda.gov/Recent%20GAIN%20Publications/Grain%20and%20Feed%20Annual_London_EU-28_3-30-2017.pdf.

OECD. 2018. Innovation, Agricultural Productivity and Sustainability in Estonia, OECD Food and Agricultural Reviews, OECD Publishing, Paris.

World Bank Group. 2018. Doing Business Reforming to Create Jobs. World Bank Publications, Washington.

匈牙利

匈牙利农业生产资源条件优越，70%的土地适合农业生产，70%的农业土地属于可耕地，农业区域主要集中于匈牙利大平原、外多瑙地区和西北部的小匈牙利平原。1990年经过社会变革后，建立了以小农为基础的农业生产系统和土地分配制度，合作社成为小农经济主要的组织方式。农业生产以种植业为主，小麦和玉米是最主要的谷物，向日葵和葡萄等经济作物在欧洲具有重要的地位，农产品加工业以肉类（禽肉为主）、果蔬、油料和奶制品为主，尤其是禽肉加工呈现良好增长势头。在经济转型过程中，由于内外部原因，经济发展不平稳，20世纪90年代开始农业生产持续下滑，主要农产品均较转型前出现了大幅缩减。目前，匈牙利政局稳定，经济开始恢复，小麦、玉米、向日葵等农作物生产恢复性增长。尽管匈牙利农业资源丰富，但经济以个体经济为主、国内消费动力不足，适合发展外向型的农业经贸合作。

一、国家基本概况

（一）地理及行政区划

匈牙利全称为匈牙利共和国（简称匈牙利）是位于欧洲中部的内陆国家，全境以平原为主，80%的国土海拔不足200米。首都为布达佩斯，它东邻罗马尼亚、乌克兰，南接斯洛文尼亚、克罗地亚、塞尔维亚，西靠奥地利，北连斯洛伐克，边界线全长2246千米。全国分为首都和19个州，有23个州级市，州以下设346个市和2809个乡，共3155个居住点。

（二）人口状况

匈牙利主要民族为马扎尔族，约占90%。少数民族有斯洛伐克、罗马尼亚、克罗地亚、塞尔维亚、斯洛文尼亚、德意志等族。官方语言为匈牙利语。居民主要信奉天主教和基督教。

人口呈现下降趋势。据匈牙利中央统计局数据，1980年匈牙利人口为1071万人，人口达到历史最高峰，此后由于出生率下降，人口开始减少，2018年1月共有977万人，比上年末的980万人减少3万人，较1980年减少将近1000万人（表1）。

表1 1980—2018年匈牙利人口规模 （单位：万人）

年 份	人 口
1980	1071
1990	1037
2001	1020
2012	993

(续表)

年 份	人 口
2013	991
2014	988
2015	986
2016	983
2017	980
2018	977

数据来源：匈牙利中央统计局

（三）政治制度

匈牙利实行多党议会民主制。总统由议会选举产生，每5年选举一次，基本是礼仪性职位（虚位元首），但亦有权指定总理。总理由国会最大党的党魁出任，负责任命内阁部长并有权解雇部长。部长候选人必须经过一个或者多个议会委员会的听证，并由总统正式任命。国会负责起草和通过法律，是国家最高权力机构。党派须赢得5%以上的选票才能进入议会。宪法法院由15人组成，可以裁决法案是否违宪。国会是立法机关和国家最高权力机构，实行一院制，每四年普选一次。本届国会于2018年4月产生，由匈牙利中青年民主党（FIDESZ-Hungarian Civic Union）、匈牙利民族主义政党（Jobbik）、基督教民主人民党（KDNP-Christian-Democratic People's Party）、匈牙利社会主义党（MSZP -Hungarian Socialist Party）、匈牙利自由派绿党（LMP）、民主联盟（DK-Democratic Coalition）、匈牙利社会党—对话（MSZP-Párbeszéd）和Nemzetiségi képviselők 党等8个党组成，分别占117席、25席、16席、15席、9席、8席、4席和2席。Viktor Orbán再次当选总理，开始第四个总理任期。

（四）社会和经济发展状况

1989年以来，为尽快地与欧洲经济融为一体，匈牙利经历了从计划经济向市场经济的转变。政治局势稳定，经济不断发展，匈牙利于1996年加入了经济合作发展组织，1999年加入北大西洋公约组织，2004年被欧盟接纳。匈牙利现正按照欧盟的法律框架加紧完善其国内法律体系。20世纪90年代中期，匈推行了一套经济改革计划，在市场经济的基础上实施私有化和经济自由化的政策，大力吸引外国投资。改革取得了明显的成效，匈失业率逐年下降，通货膨胀大幅度降低，外国投资不断增加，发展以出口带动经济快速增长的道路，1990年1月成立了国家私有化局（SPA），当时为偿还高达212亿美元的外债，政府决定出售国有资产。1990—1994年最先开始私有化的是小型商店和零售业，而Tesco、Cora和IKEA也开始以绿地投资模式进入匈牙利。1995年3月政府实施Bokros一揽子计划，其中包括简化和加速私有化。1996年财政部又引入了一个新的补偿体系：私有化补偿储蓄账户。这些措施都极大的加速了经济私有化。由于经济改革政策适当，2006年以前匈牙利经济持续增长。2007年，由于国际金融危机使整个中东欧地区缺少资金来源，以及积累的大量外债，匈牙利经济受金融危机影响严重，2007年经济仅增长0.4%，2009年负增长6.6%。2010年，在世界经济特别是欧元区经济复苏的大背景下，经济逐步缓慢回升。2012年由于债务危机，经济再次负增长1.6%，2013年才开始恢复，但增速明显下滑，2016年GDP增速2.2%，为354203亿匈牙利福林（按照匈牙利福林兑美元汇率281.44，约合1259亿美元），人均GDP360.9万匈牙利福林（约合12824美元），按购买力平价为27008美元。详见表2。

表2　2000—2016年匈牙利GDP总量及增速（现价）

年　份	GDP（亿匈牙利福林）	GDP增速（%）	人均GDP（万匈牙利福林）
2000	133501	4.2	130.7
2001	154191	3.8	151.4
2002	174617	4.5	171.9
2003	191389	3.8	188.9
2004	210991	5.0	208.8
2005	225599	4.4	223.7
2006	242570	3.9	240.9
2007	256802	0.4	255.4
2008	271936	0.9	270.9
2009	264246	-6.6	263.6
2010	272246	0.7	272.2
2011	283049	1.7	283.9
2012	287811	-1.6	290.1
2013	302471	2.1	305.7
2014	325917	4.2	330.3
2015	343241	3.4	348.7
2016	354203	2.2	360.9

数据来源：匈牙利中央统计局

二、农业发展现状

(一)农业资源条件

1. 气候条件

自然条件较好。匈牙利地处多瑙河中游平原。多瑙河以东的匈牙利大平原,面积约5万平方千米,还有西北部的小平原,大部分海拔100～150米。山地不足1/5,北部为喀尔巴阡山脉的一部分,海拔300～1000米。北部山地的凯凯什峰为全国最高点,海拔1015米。西部外多瑙山地为阿尔卑斯山的余脉,一般海拔300～500米,最高科里什峰,海拔704米。包科尼山南麓的巴拉顿湖,为中欧最大湖泊。巴拉顿湖为最大淡水湖。属温带大陆性气候,平均气温1月-4～-2℃,7月20～22℃,年降水量480～800毫米,自西向东递减。全境2/3地区有地下热水蕴藏。

2. 土地资源

陆地面积905.30万公顷。2016年,农用地面积537.2万公顷,占国土面积2/3,其中耕地面积433.43万公顷,约占农用地面积的五分之四,森林面积193.97万公顷。

3. 水资源

匈牙利是欧洲地下水资源储量最大的国家之一。2016年水资源5.98亿立方米,水域长5.24万千米,其中供给量为4.42亿立方米。主要河流是多瑙河(Danube)、蒂萨河(Tisza)和德拉瓦河(DRÁVA),多瑙河及其支流和提萨河之间的地区和提萨(Tisza)河以东的地区是匈牙利大平原。多瑙河是匈牙利境内的最主要河流之一,全长2860千米,匈牙利境内河段长417千米,平均流量是每秒361.3立方米,与高峰期2006年的853立方米相比下降比较明显。在南部边境的是德拉瓦河。蒂萨河是欧洲另一条国际河流,属多瑙河水系,全长962千米,在匈牙利境内为598千米,是匈牙利境内的另一条最主要河流。

(二)农业生产情况

匈牙利在传统上是一个农业国家。主要农产品有小麦、玉米、甜菜、马铃薯等。第二次世界大战前,50%以上的劳动力参与农业生产;第二次世界大战后,政府政策开始集中于工业化,实施中央计划经济,包括建立国有的和合作社所有的农场。20世纪80年代进行过企业私有化的试验和市场导向的改革,取消了政府定价,国有农场开始私有化,小农经济通过组建合作社等方式逐渐适应了新的生产和市场形势,但由于农业内外部原因及其他产业的发展，农业在 GDP 中的比重由变革前的 17% 下降到当前的不足 5%（图 1），农产品出口占出口贸易比重由 22% 下降到 7%。导致农业产量下降的外因包括：苏联解体后外部市场萎缩，尤其是专门针对苏联市场的农场数量下降；由于生活标准下降，国内需求不足；进口农产品的冲击；国家补贴下降；投入品价格上涨。从内因来说，由于资金不足和负债，许多农场和企业倒闭；私有化引起的生产变动。

图 1　1995—2016 年匈牙利农业 GDP 占比

数据来源：匈牙利中央统计局

1. 农业产值规模及构成

农业 GDP 中，种植产值比重由 1998 年的 47.9% 提高至 2017 年的 64.7%，而畜牧业产值比重由 43.1% 降至 35.3%（图 2）。

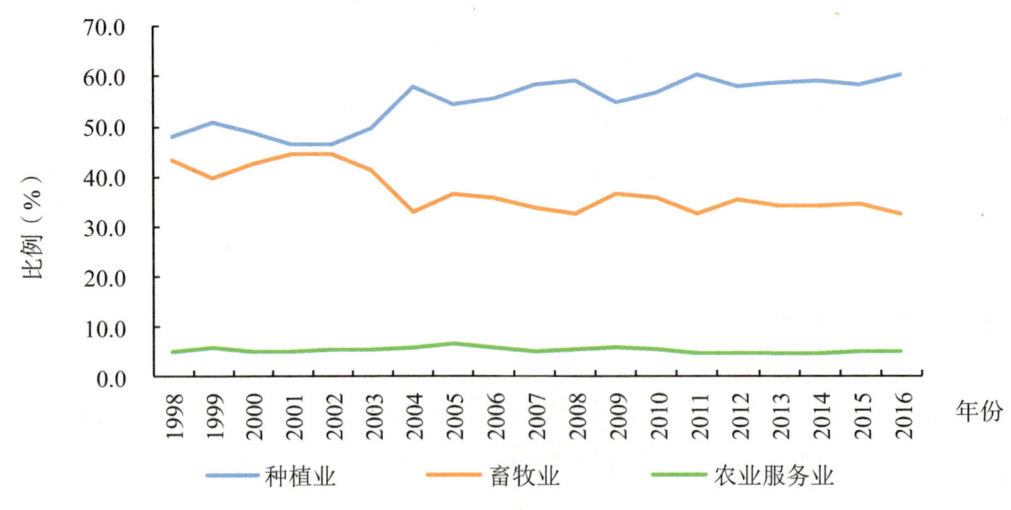

图 2　1998—2016 年匈牙利农业产值结构

数据来源：匈牙利中央统计局

其中，在种植业中，谷物占农业产值的27.2%，经济作物占16.5%，饲料作物占2.9%，蔬菜和园艺作物占9.4%，马铃薯占1.0%，水果占5.6%，葡萄占1.4%。

在畜牧业中，家禽业产值最高，占农业总产值的10.8%，其次为生猪，占9.6%，奶业第三位，占7.6%，禽蛋次之，占2.7%，肉牛占2.0%，养羊业最低，仅0.6%。

匈牙利在欧盟农业中占重要地位，其2016年谷物产量占欧盟的5.2%，葵花籽占比20.2%，家禽占比4.1%。

2. 主要农产品产量

匈牙利的主要粮食作物是小麦和玉米，其他主要作物包括马铃薯、油菜、水果、蔬菜和葡萄。

（1）粮油作物

小麦收获面积近几年趋于稳定，产量在2010年以后总体呈增加趋势，单产变动对产量影响较大。小麦是最主要的粮食作物，也是主要的出口谷物，出口量在200万吨以上。小麦的生产集中在国家的南部和东部。2016年匈牙利小麦产量占欧盟小麦总产量的3.4%。

小麦种植面积近几年总体稳定，单产波动较大。1990年小麦收获面积122.1万公顷，1992年下降至84.6万公顷。匈牙利经济转型走上正轨之后小麦收获面积开始快速增加，1997年达到124.7万公顷。1999年小麦收获面积再次大幅减少到历史最低的73.4万公顷。进入21世纪以后，小麦收获面积快速回升到110万公顷，近几年，小麦种植面积趋于稳定，2016年小麦收获面积为104.4万公顷。在计划经济体制的最后几年以及经济转轨的初期，小麦产量急剧减少，由1990年的619.8万吨降至1993年的302.1万吨（图3）。在经济转型完成后，小麦产量开始呈现增加态势，但是每年的产量波动很大，2016年，小麦产量

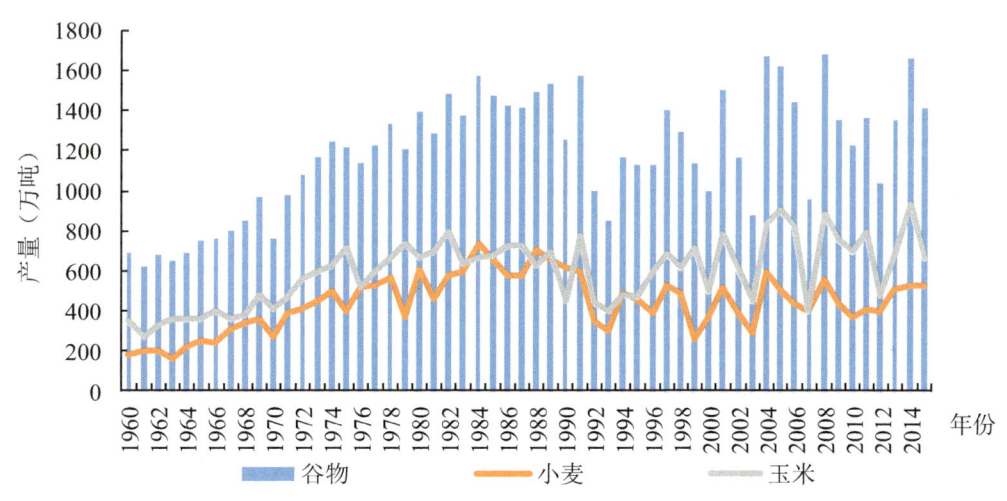

图3　1990—2016年匈牙利谷物产量

数据来源：匈牙利中央统计局

为 560.3 万吨。20 世纪 90 年代小麦单产从 1990 年的 5050 千克/公顷降至 1993 年的 3050 千克/公顷后，1994 年之后小麦单产恢复并保持在 4000 千克/公顷上下波动，2013 年开始呈现增加态势，2016 年小麦单产为 5370 千克/公顷。

玉米的收获面积变化不大。匈牙利的土壤和气候很适合玉米。玉米几乎全部用于国内市场，只有少量出口，主要用作饲料。1990 年，玉米收获面积为 108.2 万公顷，至今在 100 万公顷到 120 万公顷之间波动，2016 年玉米收获面积为 101.2 万公顷。1993 年以后，随着经济转轨的逐步深入，玉米产量也开始增加，从 1990 年的 450 万吨增至 2014 年的 931.5 万吨，创 1990 年以来最高水平，但玉米产量年际间波动较大，2016 年，玉米产量为 873 万吨。玉米单产波动较大，1993 年玉米单产最低，为 3500 千克/公顷，2016 年最高，为 8630 千克/公顷。

（2）经济作物

重要的经济作物包括甜菜、油料、马铃薯、蔬菜、水果和葡萄等。其中，甜菜产量呈明显下降趋势，从 2004 年的 353 万吨降至 2008 年的 57 万吨，之后恢复，但 2016 年仅 112 万吨，不足 2004 年的 1/3，仅相当于 90 年代初期的 1/5（表 3）。油料作物以葵花籽为主，产量总体增加，从 2000 年的 48 万吨增至 2016 年的 188 万吨。马铃薯产量从 2001 年的 91 万吨降至 2016 年的 43 万吨。蔬菜产量从 2004 年的 203 万吨降至 2016 年的 163 万吨。水果产量年际间变化也较大，2000 年以来，2007 年最低，仅 36 万吨，2000 年、2004 年和 2014 年达到 104 万吨，2016 年为 76 万吨。葡萄产量 2001 年为 81 万吨，2016 年降至 48 万吨。

表 3　2000—2016 年匈牙利主要经济作物产量　　　　　　　　（单位：万吨）

年 份	甜 菜	油 料	其中：葵花籽	马铃薯	蔬 菜	水 果	葡 萄
2000	198	71	48	86	150	104	68
2001	290	90	63	91	186	92	81
2002	227	107	78	75	185	70	50
2003	181	117	99	58	194	72	58
2004	353	158	119	78	203	104	79
2005	352	149	111	66	155	73	54
2006	245	162	118	56	178	86	52
2007	169	162	106	56	176	36	54
2008	57	222	147	68	182	84	57
2009	74	193	126	56	161	88	55
2010	82	160	97	49	114	77	30

(续表)

年份	甜菜	油料	其中：葵花籽	马铃薯	蔬菜	水果	葡萄
2011	86	201	138	60	148	51	45
2012	88	181	132	55	136	82	36
2013	99	211	148	49	144	85	45
2014	107	244	160	57	151	104	41
2015	91	232	156	45	160	78	47
2016	112	301	188	43	163	76	48

数据来源：匈牙利中央统计局

（3）畜牧业

畜牧业以牛、猪和家禽为主。肉蛋奶产量总体下降。其中肉类产量从1990年的128.67万吨降至2016年的89.81万吨；牛奶产量从27.63亿升降至18.68亿升；禽蛋产量从46.79亿枚降至25.27亿枚。

2016年畜牧产值占农业总产值的32.4%，家禽2008年超过生猪成为产值最大的部门（表4）。其中，2017年公司制农场（合作农场和公司）生产了60%和59%的肉牛和奶牛，77%的生猪以及66.6%的家禽；但是87%的羊是农户散养的。在经济体制转型之前，绵羊主要由大型农场饲养。

表4 1998—2016年匈牙利畜牧业不同部门产值比重 （单位：%）

项目	1998年	2000年	2002年	2004年	2006年	2008年	2010年	2011年	2012年	2013年	2014年	2015年	2016年
猪	35.4	33.9	35.2	31.7	32.6	28.1	27.9	25.8	27.4	26.7	26.3	25.2	26.1
牛	5.2	4.8	3.7	5.5	6.3	5.3	6.1	8.2	7.5	6.7	5.9	10.0	9.9
禽	22.7	23.2	24.4	25.7	23.2	29.3	30.0	30.9	30.1	31.2	30.6	30.9	31.9
奶	22.2	23.7	22.4	21.5	23.8	22.4	19.9	20.5	20.3	21.4	22.8	18.1	17.0

数据来源：匈牙利中央统计局

生猪存栏数持续大幅下降，猪肉产量持续减少。1994年，生猪存栏数较1990年减少了364万头，为436万头，几乎减半。在随后的9年间，生猪存栏数在500万头上下波动。2004年以来，生猪存栏数再次持续减少，2016年生猪存栏290.7万头（图4）。猪肉产量从1990年的129万吨降至2016年的59.6万吨（表5）。

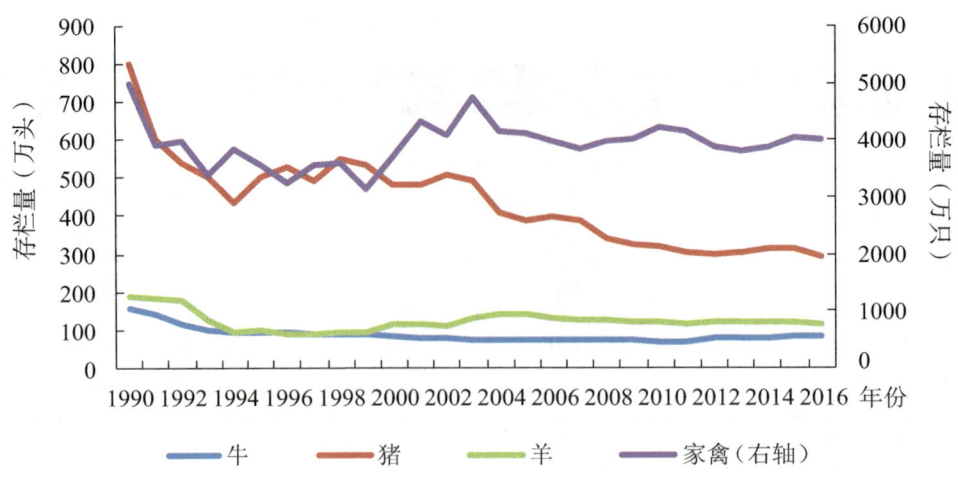

图 4　1990—2016 年主要家禽存栏量

数据来源：匈牙利中央统计局

表 5　2000—2016 年匈牙利畜产品产量

年　份	猪肉（万吨）	牛肉（万吨）	禽肉（吨）	牛奶（亿升）
2000	79.3	6.69	45.8	20.94
2001	68.9	5.58	46.6	20.95
2002	74.2	5.41	48.9	20.81
2003	79.8	5.75	46.0	19.85
2004	68.3	5.15	44.7	18.53
2005	60.8	3.25	37.5	18.86
2006	61.3	3.36	38.5	18.02
2007	64.3	3.45	37.6	18.00
2008	62	3.24	38.8	17.97
2009	57	3.02	38.7	17.17
2010	55.3	2.76	37.6	16.46
2011	54.4	2.64	40.2	16.73
2012	53	2.54	42.8	17.71
2013	52.3	2.35	40.5	17.31
2014	55.7	2.41	44.2	18.32
2015	58.7	2.73	49.0	18.96
2016	59.6	2.89	51.5	18.73

数据来源：匈牙利中央统计局

家禽存栏数先减少后近年趋于稳定，禽肉产量呈现增加趋势。从 1987 年开始，家禽存栏数开始快速减少，从 1986 年的 6700.8 万只降至 1999 年的 3124.4 万只，之后开始恢复，2016 年存栏数为 4018.5 万只。禽产量 1988 年达到了 46.6 万吨后下降，1993 年迅速减少到

30.88万吨，之后开始恢复，2016年为51.45万吨。

肉牛存栏经过近30年的下降后，最近10年开始恢复。80年代初肉牛存栏数曾经达到190多万头，之后总体开始下降，90年代初开始下降到100万头以下，90年代后期下降到90万头以下，2001年为78.3万头，2010年降至68.2万头后开始恢复，2016年为85.2万头。牛肉产量在1985年曾经达到20.18万吨，随后的30年间牛肉产量持续缩减，尤其是90年代中后期，2013年减少到2.35万吨，之后牛肉产量缓慢恢复，2016年为2.89万吨。

奶牛存栏总体较平稳，牛奶产量增加。1995年奶牛存栏42.1万头，2010年下降到30.92万头后开始恢复，2016年为38.27万头。牛奶产量1988年最高为27.97亿升，2010年降至16.46亿升后开始恢复，2016年为18.73亿升。

影响农业产出的主要因素是投入品使用量增加，而投入品价格上涨，涨幅超过了农产品价格，农业和畜牧业收益下降，降低了生产积极性。

化肥用量持续增加，但总体使用量偏低。化肥总用量从2000年的35.5万吨增至2017年的63.9万吨（表6），其中，氮肥从25.8万吨增至41.5万吨；磷肥从4.5万吨增至11.3万吨；钾肥从5.2万吨增至11.1万吨。每公顷化肥用量从61千克增至119千克。

表6 2000—2017年匈牙利化肥用量

年 份	氮肥（万吨）	磷肥（万吨）	钾肥（万吨）	总计（万吨）	平均用量（千克／公顷）
2000	25.8	4.5	5.2	35.5	61
2001	27.5	5.8	6.2	39.5	67
2002	30.3	6.2	7.2	43.7	74
2003	28.9	6.7	8.3	43.9	75
2004	29.3	7.5	8.5	45.3	77
2005	26.0	6.1	7.1	39.2	67
2006	28.9	7.5	9.2	45.6	78
2007	32.0	8.7	10.0	50.7	87
2008	29.4	6.3	7.4	43.1	74
2009	27.5	4.4	4.8	36.7	64
2010	28.1	4.6	5.8	38.5	72
2011	30.2	5.1	6.0	41.3	77
2012	31.3	5.9	6.6	43.8	82
2013	34.3	7.6	7.1	49.0	92
2014	32.7	8.2	7.8	48.7	91
2015	35.8	8.1	8.0	52.0	97

(续表)

年 份	氮肥（万吨）	磷肥（万吨）	钾肥（万吨）	总计（万吨）	平均用量（千克／公顷）
2016	36.6	9.2	9.7	55.5	104
2017	41.5	11.3	11.1	63.9	119

数据来源：匈牙利中央统计局

植保产品用量总体增加。农药用量从2011年的8473吨增至2016年的9767吨。其中，杀菌剂从2923吨增至3835吨；除草剂从3668吨增至4580吨；杀虫剂从522吨增至845吨；植物生长调节剂则从224吨降至192吨，其他植保产品从1135吨降至309吨（表7）。

表7　2000—2016年匈牙利植保产品用量　　　　　　　　　　　　　（单位：吨）

项 目	2011年	2012年	2013年	2014年	2015年	2016年
杀菌剂	2923	3141	3238	3680	3868	3835
除草剂	3668	3824	3562	4011	4270	4580
杀虫剂	522	610	607	922	830	845
杀螺剂	2	1	2	4	7	6
植物生长调节剂	224	209	186	203	288	192
其他植保产品	1135	357	173	191	231	309
总 计	8473	8142	7767	9011	9494	9767

数据来源：匈牙利中央统计局

生产投入品价格上涨，农产品价格涨幅低于投入品涨幅。以2000年为基期，农业投入品价格2017年达到206.1，其中，种子、化肥、动物饲料价格指数分别为250、223.5和212.9，而生产者价格指数为178，仅蔬菜价格指数涨幅超过了投入品价格指数，为213.9。种植业所需要化肥中，硝酸铵、尿素、磷肥和钾肥2017年价格分别较2006年上涨50.2%、58.8%、105.1%和79.6%，杀菌剂、杀虫剂和除草剂价格分别上涨13%、65.6%和60%（表8）。畜产品配合饲料中，肉鸡配合饲料和育肥猪配合饲料价格分别上涨58.3%和56.7%。同期，小麦、玉米和马铃薯价格分别上涨65.8%、65.4%和37.9%（图5），大麦、洋葱、胡萝卜、番茄仅上涨43.2%、20.4%、7.2%和20.3%。畜产品中，肉牛、生猪和肉鸡价格分别上涨37.5%、38%和35.9%（图6）。

表8 2006—2017年匈牙利主要农业投入品价格 （单位：万匈牙利福林/吨）

项目	2006年	2007年	2008年	2009年	2010年	2011年	2012年	2013年	2014年	2015年	2016年	2017年
化肥												
硝酸铵	5.0	5.4	7.6	7.4	6.5	8.3	8.9	8.6	8.5	8.8	8.0	7.5
尿素	5.0	6.5	8.8	9.1	7.4	9.3	11.4	9.8	9.4	9.8	8.5	8.0
磷肥	3.0	3.4	7.8	5.5	5.7	7.7	7.8	7.3	6.2	6.4	6.6	6.2
钾肥	5.0	5.1	12.0	11.9	8.8	10.6	11.3	10.9	9.6	10.2	9.0	9.1
配合饲料												
肉鸡饲料	5.9	6.9	8.6	7.6			10.2	11.2	10.2	9.9	9.7	9.4
育肥猪配合料	4.5	5.8	7.3	6.4	6.5	7.6	8.3	8.8	7.9	7.8	7.4	7.0
杀菌剂												
Tango Star 51	0.6	0.6	0.7	0.7	0.7	0.7	0.7	0.8	0.8	0.8	0.8	0.7
杀虫剂												
Karate Zeon 5CS	0.8	0.8	0.9	1.0	1.0	1.0	1.1	1.1	1.1	1.2	1.3	1.3
除草剂												
Monsoon 5 l	0.4	0.4	0.4	0.5	0.5	0.5	0.5	0.6	0.5	0.6	0.6	0.7

数据来源：匈牙利中央统计局

图5 2006—2017年匈牙利主要农作物价格

数据来源：匈牙利中央统计局

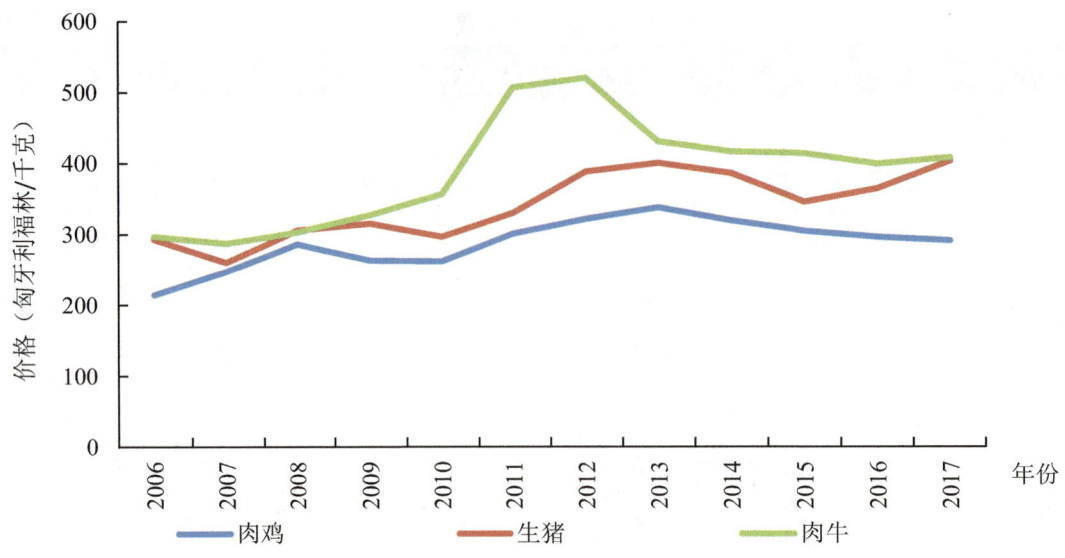

图6 2006—2017年匈牙利主要畜产品价格

数据来源：匈牙利中央统计局

（4）渔业

水产品产量先降后增。1990年水产品达到2.50万吨，之后持续下降到1996年的1.53万吨，1997年开始总体呈恢复性增长，2016年恢复到1.95万吨（表9）。

表9 2000—2016年匈牙利渔业产量 （单位：吨）

年 份	累 计
2000	19662
2001	18075
2002	18011
2003	17754
2004	18729
2005	19103
2006	20762
2007	21384
2008	20071
2009	19927
2010	18559
2011	20250
2012	19111
2013	19073
2014	18771
2015	19883
2016	19530

数据来源：匈牙利中央统计局

从人均消费来看，肉类、水产品、奶制品等总体增加，禽蛋、面粉、大米和马铃薯消费稳中有降。肉类人均消费量从 2004 年的 60.9 千克增至 2016 年的 66.4 千克，水产品人均消费量从 3.4 千克/年增至 5.7 千克/年，奶制品从 155.2 千克/年增至 169 千克/年；面粉消费量从 2005 年的 91.2 千克降至 2016 年的 82.8 千克，马铃薯人均消费量从 2004 年的 68 千克降至 2016 年的 59.4 千克，禽蛋人均消费量从 292 枚/年降至 234 枚/年；食用油和脂肪人均消费量稳中略增（表 10）。

表 10　2004—2016 年匈牙利人均食品消费量　（单位：千克）

项目	2004 年	2005 年	2006 年	2007 年	2008 年	2009 年	2010 年	2011 年	2012 年	2013 年	2014 年	2015 年	2016 年
肉类	60.9	63.5	65.9	63.2	61.5	61.7	56.7	55.8	56.4	55.5	58.6	63.9	66.4
水产品	3.4	3.6	3.7	3.8	3.8	3.7	3.5	3.6	3.5	3.7	5.4	5.8	5.7
奶制品	155.2	166.8	163.1	163.5	158.2	155.9	156.8	152.3	156.2	147.5	156.7	165.6	169
鸡蛋（枚）	292	280	273	270	261	247	235	217	215	214	221	229	234
脂肪	36.0	36.5	37.7	37.4	36.8	36.6	34.6	34.4	33.6	33.1	34.6	36.3	37.3
食用油	19.5	20.0	21.7	21.5	21.9	21.6	20.1	19.9	19.4	19.6	20.2	20.9	21.2
面粉	83.3	91.2	86.0	82.4	82.9	82.5	83.2	80.3	81.0	81.4	80.1	79.3	82.8
大米	6.1	6.1	6.0	5.9	6.0	5.9	5.1	4.6	4.0	3.6	4.1	4.5	5.6
马铃薯	68.0	66.8	61.8	59.7	65.5	60.8	60.5	63.5	62.3	58.6	63.0	60.6	59.4
糖	32.7	31.2	32.3	31.2	31.9	29.8	28.7	28.1	27.5	28.3	28.9	30.2	30.8

数据来源：匈牙利中央统计局

3. 主要农业生产布局

匈牙利农业部将匈牙利的国土分为以下 7 个区：① 匈牙利中部区域（Central Hungary Region）；② 跨多瑙河中部区域（Central Transdanubia Region）；③ 跨多瑙河西部区域（Western Transdanubian Region）；④ 跨多瑙河南部区域（Southern Transdanubian Region）；⑤ 匈牙利北部区域（Northern Hungarian Region）；⑥ 北部大平原区域（Northern Great Plain Region）；⑦ 南部大平原区域（Southern Great Plain Region）。

（1）种植业

谷物种植以大平原及北部地区和跨多瑙河为主。2017 年谷物种植面积 236.76 万公顷。大平原及北部（包括匈牙利北部区域、北部大平原区域和南部大平原区域）谷物种植面积占全国种植面积的 51.3%，其中北部大平原区域和南部大平原区域分别占 20.4% 和 22.4%；跨多瑙河地区（跨多瑙河中部区域、跨多瑙河西部区域和跨多瑙河南部区域）谷物种植面积占比 42.1%，其中跨多瑙河中部区域、跨多瑙河西部区域和跨多瑙河南部区域分别占比

12.8%、11.9% 和 17.4%。2000 年以来尽管面积有所下降，但种植业的区域布局变化不大，大平原及北部种植面积占比略降 0.6%，而跨多瑙河地区增 0.1 个百分点。经济作物以大平原及北部地区为主。葵花籽种植面积呈现增加趋势，大平原及北部地区 2017 年种植面积占 66.5%，跨多瑙河地区占 27.6%，其中北部大平原区域面积最大，占 29%。马铃薯大平原及北部地区 2017 年种植面积占总面积的 56.7%。大平原及北部地区 2017 年葡萄种植面积占 57.6%。

（2）畜牧业

匈牙利的生猪、肉牛和家禽农场主要分布在北部和南部大平原区域，另外，跨多瑙河中部区域的牛肉产量也较大。绵羊农场和奶牛饲养主要分布在两个大平原区域和匈牙利北部区域。2017 年大平原区及北部地区牛存栏占比 52.5%，其中北部和南部大平原区域分别占 22.5% 和 20.3%，跨多瑙河区域占 38.4%。大平原区及北部地区家禽存栏占比 54%，其中北部大平原地区饲养量最大，占全国总存栏比重的 27%，其次为南部大平原地区，占 21%。

（三）农产品贸易情况

1. 主要农产品贸易规模

农产品贸易呈现顺差。2001 年农产品出口额 6562 亿匈牙利福林，占总出口额的 7.5%，之后总体呈现增加趋势，2017 年达到 22433 亿匈牙利福林，占总出口额的 7.2%；2001 年农产品进口额 2814 亿匈牙利福林，占总进口额的 2.9%，2017 年增加到 15377 亿匈牙利福林，占总进口额的 5.4%。贸易顺差持续扩大，从 3748 亿匈牙利福林增加到 7056 亿匈牙利福林（表 11）。

表 11　2001—2017 年匈牙利农产品进出口额　　（单位：亿匈牙利福林）

年　份	进口额	其中：农产品	出口额	其中：农产品
2001	96651	2814	87482	6562
2002	97041	2924	88740	6013
2003	106954	3271	96437	6303
2004	122189	4487	112324	6718
2005	131455	5369	124255	7180
2006	162247	6430	155911	8578
2007	173745	7254	173445	10858
2008	185035	8612	184404	12346
2009	155175	8535	165740	12011
2010	181743	9010	196900	13653

(续表)

年 份	进口额	其中：农产品	出口额	其中：农产品
2011	203639	10883	223425	16832
2012	212210	11223	231431	18872
2013	221628	11238	241178	19383
2014	241265	12424	260640	19754
2015	253486	13095	280135	20402
2016	259312	14004	289605	20452
2017	286017	15377	311030	22433

数据来源：匈牙利中央统计局

2. 主要进口农产品

主要进口农产品为动物制品、蔬果、谷物及其制品、咖啡、动物饲料等。2017年，进口总额15377亿匈牙利福林，其中，肉类制品占14.7%，蔬果占14.6%、谷物及其制品占10%，其他食品占10.5%。

3. 主要出口农产品

主要出口产品为谷物及其制品、肉类制品、蔬果和动物饲料。2017年，出口额22433亿匈牙利福林，其中，谷物及其制品出口额占总出口额24.8%，肉类制品占17%，蔬果占13.3%，动物饲料占11.7%（表12）。

表12 2017年匈牙利主要农产品贸易额　　（单位：亿匈牙利福林）

项 目	进口额	出口额
总额	15377	22433
活动物	850	1007
肉类制品	2258	3809
奶制品和禽蛋	1464	1513
水产品	315	76
谷物及其制品	1533	5555
蔬果	2248	2978
糖及制品	607	1047
咖啡等	1513	892
动物饲料	1383	2616
其他食用产品	1617	1470
饮料	834	997
烟草及制品	755	473

数据来源：匈牙利中央统计局

4. 中国与其贸易情况

匈牙利和中国农产品贸易额持续增加，出口增加明显。两国农产品贸易额从 2008 年 2149 万美元增至 2016 年 10851 万美元（表 13）。其中自中国进口农产品贸易额相对稳定，从 2008 年的 1773.86 万美元增至 2015 年的 2109.89 万美元后，2016 年有所回落，为 1881.93 万美元；对中国农产品出口额激增，从 2008 年的 375.24 万美元增至 2016 年的 8969.38 万美元。主要出口农产品比较集中，绝大部分为畜产品，2016 年出口额为 8057 万美元，占总出口额的 90%，其次为饮品，为 557.64 万美元。主要进口农产品呈现多元化，主要为蔬菜、水产品、畜产品等。2016 年自中国进口蔬菜 402.96 万美元，水产品 254.96 万美元，畜产品 134.02 万美元，水果 121.53 万美元，干豆 111.49 万美元，坚果 96.05 万美元，其他农产品 627.68 万美元。

表 13　2008—2016 年中国与匈牙利农产品贸易额　　　　　　　　　　（单位：万美元）

年　份	出　口	进　口	合　计
2008	375.24	1773.86	2149.10
2009	426.09	1244.92	1671.01
2010	966.74	1421.97	2388.71
2011	1793.34	1687.00	3480.34
2012	1694.42	1618.35	3312.77
2013	2425.38	1795.64	4221.02
2014	2090.62	2094.16	4184.78
2015	6464.23	2109.89	8574.12
2016	8969.38	1881.93	10851.31

数据来源：中国海关统计

（四）农业科技发展

1. 农业科研机构

匈牙利农业科研体系分为研发、推广、教育和支持体系 4 个部分（图 7）。主要由农村发展部所属科研机构、其他国家科研机构、国家资源部下属科研机构（主要为大学）和匈牙利国家科学院组成。其中，农业研发主要由国家农业研发中心（National Agricultural Research and Innovation Center，NARIC）负责。2014 年根据政府法令第 1476 号（Ⅶ.24.）成立的国家农业研发中心，是综合性的、独立研究组织，由原来分散的、独立的 13 个政府农业研发机构组成。NARIC 主要从事于动植物生物技术/遗传学、动物育种、繁育和营养、水产和渔业、食物和肉类科学、植物和蔬菜生产、葡萄和葡萄酒酿造、林业研究和管理、气候变化和生物多样性、农业环境和技术以及农业机械化等有关的基础和应用研究和开发。研究人员将近 200 人。主要研究组成单位包括：① 农业生物技术研究所（Agricultural Biotechnology Institute），拥有匈牙利最大和最重要的植物和动物生物技术研究团队；② 农业环境研究所（Agro-Environmental Research Institute），主要研究农业技术的化学、微生物和遗传安全性以及应用环境研究/环境科学的研究生培养，包括遍布匈牙利的农业相关研究所，其前身是 1880 年建立的国家根瘤蚜研究站（后更名为匈牙利昆虫学皇家实验站），之后 1917 年建立农业昆虫学和葡萄酿酒学匈牙利皇家研究所，1949 年建立的罐装肉类和冷藏研究所（KOHIKI），1959 年重建的食品中心研究所（2012 年更名为环境和食品科学中心研究所），2003 年成立匈牙利科学院植物保护研究所；③ 食品科学研究所（Food Science Research Institute），除了食品领域基础研究外，还与食品企业合作，支持其研发活动；④ 大田作物研究所（Department of Field Crops Research），研究不同的耕作系统，维护和发展其他植物遗传资源，研究小麦和玉米种质资源生物抗逆性和改良；⑤ 林业研究所（Forest Research Institute），主要负责林业管理相关研究；⑥ 果树栽培研究所（Fruitculture Research Institute），2014 年 1 月成立，是 1950 年园艺研究所水果栽培在布达佩斯等地的研究站的前身，主要是研究核果、壳果、软果品种的育种；⑦ 农业机械研究所（Institute of Agricultural Engineering），主要负责提高农业机械化的农机和技术研究、开发、创新及相关活动；⑧ 灌溉和水资源管理研究所（Research Department of Irrigation and Water Management），该研究所是由渔业、水产和灌溉研究所分离出来的，负责水资源管理、灌溉和水稻育种的研究和创新项目；⑨ 动物育种、营养和肉类科学研究所。负责大型畜种（牛、猪、羊和马）的遗传学、育种、繁育、肉类科学、营养、饲料应用、营养生理及养殖技术的基础和应用研究；⑩ 渔业和水产研究所（Research Institute for Fisheries and Aquaculture），1953 年建立的政府机构，1975—1980 年 FAO/UNDP 项目对研究所进行了升级改造，成为具有国际知名度的研究和培训中心，主要负责渔业生产技术及渔业环境保护；⑪ 葡萄和酿酒研究所（Research Institute for Viticulture and Oenology），主要负责葡萄及酿酒技术研究，在 Badacsony 和 Kecskemét 有 2 个实验站；⑫ 蔬菜作物研究所（Vegetable Crop Research Department），2014 年成立，研究所与其他科研机构、大学合作，负责抗性辣椒、番茄、洋葱和蒜品种的育种，环境友好技术研发，当地蔬菜品种的保护和繁殖。此外，匈牙利国家科学院的农业研究中心也从事兽医科学、作物生产、植物育种、农艺、植物保护、土壤科学和农业化学的研究。

推广主要由农场咨询系统、农场信息服务、农村农业专家网络和私人部门组成。2014年匈牙利政府签署协议，管理所有的公共农产咨询服务，农村农业专家网络与农业信息服务合并，建立了650个专家组成的服务网络，给农民提供资讯。2014年10月，欧盟资助的农场咨询系统也纳入这一网络。

大学主要负责农业教育。2012年新的公共教育法颁布，除了4年职业培训项目外，还引入了3年的培训计划。2012年国家职业教育注册系统实施，隶属于国家资源部的21个大学和科研机构从事农业高等教育，这些大学包括Debrecen大学、Szent István大学等。

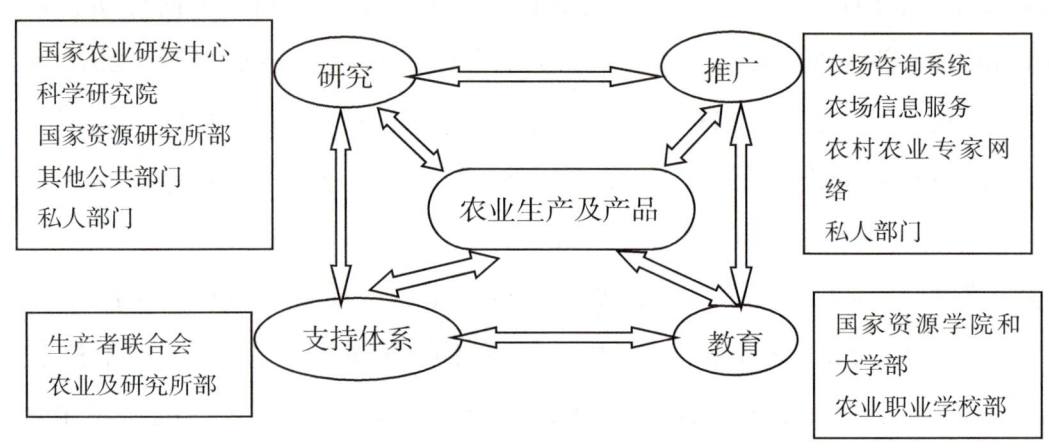

图7　匈牙利农业研发和推广体系

2. 农业科技发展状况

匈牙利政府重视农业研发。2015年研发人员占劳动力比重由90年代初的0.6%提高至0.9%，研发投入占GDP比重为1.4%。2016年共有2727个研发单位，其中预算类研究机构125个，高校1311个，企业研发机构1291个。企业和政府研发投入比重2016年分别占56.4%和26.2%，其他来自国外资助和欧盟。在动植物育种方面，匈牙利科学院农业研究所从事谷物、玉米等育种研究。至今育成74个冬小麦品种，其中56个品种推广了15年以上，具有良好的抗性和品质。90年代开始，匈牙利建立了自己的动物育种系统，1993年通过动物育种法，建立育种者协会，包括猪、马、牛、绵羊、山羊、小型动物等，由农业农村发展部提供补贴和支持。

在植物生物技术方面，匈牙利的农业科研机构和大学进行多数的农业生物技术研究。尽管匈牙利政府反对转基因技术，但匈牙利科研机构在生物技术方面仍进行了有效的探索，以有助于传统育种。匈牙利农业生物技术所研究植物微生物交互作用中植物小型

RNA 的作用，此外还研究利用植物遗传和代谢物组学改良精准育种所需的 CRISPR/Cas9 系统。其他活动包括影响经济重要特性或者植物发育过程中重要的新的保守型小型调控 RNA 和植物因子。在动物生物技术方面，NARIC 的农业生物技术研究所和匈牙利国家科学院的生物研究中心从事动物生物技术研究，研究重点为牛疾病遗传学及精准育种所需的基因组编辑工具的适应性和开发，以及多功能性干细胞的功能性研究以及生物技术应用模型。

（五）农业管理体系与政策

1. 农业管理体系

匈牙利农业和农村发展部（MoARD）负责管理农业和农村发展，环境和水资源部（MoEW）也承担一部分管理。农业部分包括作物生产司、园艺司、植物生产供给和贸易司、动物养殖和水产养殖司、动物产品供给和贸易司，以及农产品贸易司，食品业部分包括加工和烘焙业司、肉类加工司、奶类加工司、烟草 & 烟草产品司、葡萄种植和葡萄酒和饮料司，以及食品加工和贸易司。农村发展部分包括合作、整合和农业服务司、林业和野味管理司、农业环境、水资源管理和创新司。农业部主要负责提供信息、培训、管理、测算和预测系统及经济组织服务，也提供资助、贸易和出口服务。通过提供信息、基础设施、培训和管理支持，提升农业生产环境，通过提高经济效率、生产效率、扩大经济机会来提升农业部门的竞争力，同时改善农村人口的生活条件。

农业推广部门包括农场咨询系统、农场信息服务和农村农业专家网络。农场咨询系统建立于 2007 年，由农业农村发展部和农村发展、培训和资讯研究所（NAKVI）管理，由欧盟农村发展农业基金（EAFRD）资助，拥有 640 余名注册咨询师、7 个地区资讯中心和 51 个地方咨询中心，付费后提供资讯。农场信息服务系统建立于 2007 年，71% 的预算来自 EAFRD，为农户提供欧盟共同农业政策和直接支付的免费信息资讯服务。农村农业专家系统由匈牙利国家食物链安全局负责管理，负责为农民提供免费的资讯和公共管理。

其他支持体系。不同类型的协会组织参与农业管理，例如生产者协会，拥有 1.1 万名成员；农产品委员会，涉及家禽、水果蔬菜、肉类、谷物和饲料等；农业管理办公室，通过地区办公室进行管理、监督和鉴定。农业和农村发展局负责欧盟和匈牙利政府补贴的发放。

2. 农业支持政策

2013 年 6 月，欧洲委员会（European Commission）与欧洲议会共同达成欧盟共同农业政策（CAP）的改革协议，并于 12 月欧盟正式通过并公布全新 2014—2020 年改革方案。

在2014—2020年改革方案仍保留过去的机制，并强化机制间的连结性，提供整合程度更高的政策支持，旨在有利于维护环境，并更加平等地满足农民需求，并与农村发展政策紧密相连。2015年匈牙利在CAP框架内引入新的直接支付国家系统。匈牙利CAP补贴69.8%用于直接支付，27.1%用于农村发展，3.0%用于市场措施。政策执行机构为匈牙利支付局，实施欧盟及匈牙利政府及联合资助的所有农业和农村发展支持计划。

3. 农业发展规划

2015年8月10日欧盟通过匈牙利《农村发展计划（2014—2020）》，项目执行期为7年，总金额为42亿欧元，其中34亿欧元来自欧盟预算，7.40亿欧元来自国家联合资助。计划的重点在于重塑、保护和提升生态系统，提高社会包容度，减少贫困，推动农村地区经济发展，提升食品价值链组织和农业风险管理。匈牙利53.8万公顷农业用地将受管理合约调控，以支持生物多样性、更好地进行水资源管理和土地资源管理。管理合约下调控的森林面积为13.20万公顷，以保护生物多样性。2600个投资项目用于支持农业和食品加工部门的能源效率提升；5500个投资项目用于加工活动以及4800个项目用于改善农民竞争力，3000个年轻农民和3900个农场获得支持。

三、农业投资环境

（一）国家商业环境

据《2018年营商环境报告》，匈牙利营商环境2018年在190个国家中排名第48位，较上年下降7位，在欧盟国家中排名相对靠后，但高于保加利亚、克罗地亚、比利时、塞浦路斯、卢森堡、瑞典和马耳他。通过欧盟发展基金，匈牙利国内需求增加、出口提升，政府赤字不足GDP的3%，降至2013年以来最低水平。基础设施较好，吸引大量外资。1989—2016年，吸引外资存量达800亿美元，主要投资领域为汽车、软件开发和生命科学。欧盟占FDI总量的79%，美国是最大的非欧盟FDI来源国。匈牙利政府鼓励制造业和高附加值产业的投资，包括研发中心和服务中心。为吸引投资，2017年政府将公司税率降至9%，劳动税降至22%，为欧盟最低水平。尽管如此，匈牙利的经济地区竞争力在下降，缺少有技术的合格劳动力，特别是工程师和技术人员。全球创新指数2017年排名39位，较上年下降6位。一些政策偏向于匈牙利本国企业和与政府有关的企业。此外，政府还存在腐败和任人唯亲的问题，2017年，世界著名非政府组织"透明国际"发布的清廉指数排行榜匈牙利排名45位，较上年提高3位。

（二）农业优势与潜力

匈牙利具有优越的地理环境、气候条件和先进的农业生产技术，农产品在全球具有较高影响力。匈牙利位于欧盟东大门，是进入巴尔干地区的门户、通往俄罗斯、中东和远东地区的走廊，公路、铁路、空运或水运条件便利。农业用地超过 530 万公顷，占国土面积 2/3，土地肥沃，无论单产还是品质都在全球名列前茅。长达 5.2 万千米的水域、优越的土地资源为农作物、园艺作物、牧草和动物养殖提供了潜力。在农作物方面，小麦、大麦、燕麦、玉米等在中欧国家具有领先地位，生产技术标准高、育种技术先进，保障了作物生产的安全；以市场为导向的畜牧业生产占农业的 40%，应用欧盟的畜产品标准保障了畜产品品质。其奶制品和奶类生产技术具有世界级标准，吸引大量西欧国家来匈牙利投资。同时，其牲畜健康水平和畜产品加工标准高。近两年匈牙利农产品生产和出口呈现增加趋势，为提升农产品附加值，未来利用优越的农产品生产资源，加强食品加工业的合作，有利于提高匈牙利农业附加值。

（三）风险分析

1. 制度风险

匈牙利政治稳定，制度风险小。2018 年 4 月选举后，右翼政党 Fidesz 与基督教民主人民党获得议会 2/3 席位，反对党较分散。Viktor Orbán 开始其第四个总理任期，因此在政策、法律制定上具有连续性和稳定性。Viktor 对移民和欧盟一体化呈反对态度，对媒体、非政府组织和大学实施高度管控。2017 年匈牙利议会通过一项法令管理非政府组织，如果获得资助超过 2.6 万美元，就列为国外支持，必须公布资助者身份。

2. 经济风险

经济风险较小，主要问题是小农经济易受外部环境影响。匈牙利经济属于出口驱动型，其外部市场以欧盟成员国为主，但小农经济容易受到外部经济发展影响。2015 年匈牙利中小规模企业数量占企业总量的 99.8%，其中微型企业占 94.2%，比欧盟 28 国平均水平高 1.5%；雇佣劳动力占总劳动力的 69.8%，其中微型企业占比 34.6%，比欧盟平均水平高 5.3%；中小规模企业价值增值占比 53.6%，比欧盟平均水平低 4.2%，其中微型企业占比 18.7%，比欧盟平均水平低 3.4%。受欧盟资助、消费提振和出口增加以及扩张型货币和财政政策影响，目前匈牙利经济已经从 2008—2009 年经济危机中恢复过来，2018 年和 2019 年经济增速预计在 3%～4%。投资和消费将是未来经济增长驱动力。预算赤字保持在 3% 的目标以内。最大的经济问题来自于公共债务，2016 年和 2017 年分别占 GDP 的 76% 和 73.6%，2018 年和 2019 年预计下降到 70%～73%。受经济发展推动，失业率较低，2017 年仅 4.2%，较上年下降 4.5%，2019 年预计下降到 4% 以下，劳动力主要的问题在于技术熟练劳动力不足。通胀在过去几年接近零，2018 年预期提高到 2% 以上，属于正常水平。

3. 基础设施风险

基础设施条件较好。摩托车密度在欧盟国家排名第一，政府大量投资升级和延伸摩托车道路网络和公路基础设施。公路密度仅次于比利时和荷兰，高速公路直达边境和不同地区。匈牙利地处欧洲中心，位于欧盟四大主要运输通道节点上，包括从德国北部/北海到黑海的 IV 号公路；从亚得里亚海港口到基辅—莫斯科的 V 号公路；从 Danube 河和莱茵河主干渠到北海的 VII 号公路；波罗的海到土耳其和瑞典的 X 号公路。高速公路从 2006 年的 1053 千米提高至 2015 年的 2530 千米，每 1000 平方千米公路达 1720 千米，比欧盟 15 国高 52%，仅布达佩斯就有 7 条高速公路，连接欧盟的公路网络。匈牙利政府还开展国际合作与周边国家继续推进公路建设。铁路网络也十分发达，国有铁路系统具有成本低、可靠的优点。在水运方面，可以通过 Dahuhe 河到达黑海和北海，主要港口分布在 Győr-Gönyü，布达佩斯，Dunaújváros 和 Baja。空运也比较便利，最大机场位于布达佩斯。电讯系统也高度发达，并且属于自由竞争市场，现在有 50 家因特网服务商和 3 家手机服务商。匈牙利优越的地理位置使它成为国际集散中心，尤其在布达佩斯周围 30 千米半径，有超过 30 家现代物流中心和 130 万平方米的仓库，物流服务占匈牙利 GDP 的 5%～6%。

4. 自然风险

匈牙利自然风险较小，主要是洪涝。1990—2014 年发生的自然风险中，洪涝占 53.6%，其次为暴风和极端天气，均为 17.9%，干旱占比较小，为 7.1%。经济损失中，洪涝导致的经济损失占 4.1%，干旱占 35.2%。全国大约 1/4 的面积受到洪涝影响，700 个定居点，250 万人和 2000 个工厂受到影响，尤其是蒂萨河盆地。

（四）总体评价

匈牙利农业生产自然条件优越、政治稳定、消费提振、农产品出口增加、经济保持较高增速，农业资源和食品产业开发潜力较大。从生产条件来说，无论光照、降水等气候条件还是灌溉基础设施、物流设施都非常优越；从地理优越性来说，地处中东欧的重要地理位置，是 OECD、NATO 和欧盟成员国，进入欧盟和非欧盟市场具有便利性。土地制度稳定，有利于高科技农业和新生产技术的应用。政府重视农业研发，全国 200 多家农业研究和开发机构，未来技术转移等农业服务具有很大潜力，能够有利于匈牙利由传统农业生产技术向高科技农业生产技术发展。匈牙利农业和食品工业与欧盟标准高度一致，农业投资有利于开发欧盟 5 亿人口的市场以及俄罗斯、巴尔干和东欧市场，尤其是谷物、糖、畜产品以及葡萄酒等优势产品。

四、中匈农业合作现状与合作重点

（一）合作现状

1. 合作机制

自 1984 年以来，中、匈两国已签署以下 20 余项经贸协议，主要包括《中华人民共和国政府和匈牙利人民共和国政府经济技术合作协定》（1984 年）、《中华人民共和国政府和匈牙利人民共和国政府关于成立中匈经济、贸易、科技合作委员会议定书》（1984 年）、《中华人民共和国政府和匈牙利人民共和国政府关于植物检疫和植物保护合作协定》（1986 年）、《中华人民共和国和匈牙利人民共和国关于经济和科学技术长期合作基本方向的协定》（1987 年）、《中华人民共和国政府和匈牙利共和国政府贸易协定》（1990 年）、《中华人民共和国和匈牙利共和国关于鼓励和相互保护投资协定》（1991 年）、《中华人民共和国政府和匈牙利共和国经济合作协定》（2004 年）、《中匈发展规划合作协议》（2017 年）、《中匈中小企业合作协议》（2017 年）。这些经贸协议的签订为两国投资、农产品贸易和科技合作提供了合作机制。两国政府近年为农业等产业合作搭建了多个平台。2012 年 4 月 26 日，首次中国—中东欧国家领导人会晤在波兰华沙举行，中国—中东欧国家合作（"16+1 合作"）正式启动，"16+1 合作"已建立地方、经贸投资、农业、旅游、人文教育等十余个领域合作平台。同年 9 月，中国政府在外交部设立中国—中东欧国家合作秘书处，作为推进合作的协调机构，中方成员单位包括 20 多家中央部委和有关机构。中东欧国家任命国家协调员负责与中方秘书处协调对接。2015 年 4 月，设立"外交部中国—中东欧国家合作事务特别代表"。2013 年 11 月 26 日，第二次中国—中东欧国家领导人会晤在罗马尼亚布加勒斯特举行，国务院总理李克强与中东欧 16 国领导人共同发表《中国—中东欧国家合作布加勒斯特纲要》，明确每年举行中国—中东欧国家领导人会晤。此外，每年举行两次国家协调员会议。2015 年为"中国—中东欧国家旅游合作促进年"，分别举行中国、匈牙利等国海关通关便利化合作框架协议第一次工作组会议、16+1 农业部长会议、首次中国—中东欧国家农业部长会议。2015 年 6 月 6 日，匈牙利政府带头与中国签署"一带一路"合作备忘录。2017 年 5 月两国政府发布《中华人民共和国和匈牙利关于建立全面战略伙伴关系的联合声明》，11 月签署《中华人民共和国和匈牙利政府在共建"一带一路"倡议框架下的双边合作规划》。

2. 科技合作

中匈两国建立了农业科技合作机制。2006年中匈农业合作工作组成立并召开第一次会议，标志着两国农业互利合作关系不断发展。2012年5月1日，两国签署《中匈关于建立农业科技合作促进中心的谅解备忘录》，10月19日"中匈农业科技合作促进中心"在内蒙古自治区农牧业科学院成立，为两国进一步拓展和加强在农业科技领域的合作奠定良好基础。中国内蒙古农牧科学院和匈牙利圣·伊斯特万大学签署了项目申报、技术转让和人才培养等方面的科技合作协议，共同推进在种质资源交换、畜牧养殖、农业机械化等领域的合作。2016年2月该院与匈牙利考文纽斯大学园艺学院签署了关于樱桃、葡萄抗逆资源和先进栽培技术引进的合作备忘录。

3. 贸易合作

随着两国贸易合作机制的不断完善及两国消费需求的增加，中匈两国包括农产品在内的国际贸易稳步增长。1990年中匈两国政府签署了《中华人民共和国政府和匈牙利共和国政府贸易协定》(1990年)。随着中国国内农产品消费市场的扩大和消费升级优化，匈牙利农产品对华出口持续增加，2006年开始两国陆续签订了《匈牙利输华小麦植物卫生要求议定书》(2006年)、《关于中国从匈牙利输入兔肉检验检疫和兽医卫生条件议定书》(2007年)、《关于中国从匈牙利输入牛肉检验检疫和兽医卫生条件议定书》(2014年)、《中国与匈牙利进出口食品安全备忘录》(2016年)、《匈牙利乳制品输华协定书》(2016年)，推动了匈牙利对中国农产品的出口。2006年双方签署了输华小麦植物卫生要求议定书后，11月，吉欧富贸易(上海)有限公司与山东省德丰粮食产业有限公司共同促成了首批匈牙利小麦经由青岛口岸顺利入境。目前，尚未完成市场准入程序的产品包括冷冻禽肉、新鲜水果（苹果、樱桃、李子、杏）、油菜籽和玉米（用于饲料）等。

4. 投资合作

匈牙利和中国两国农业经贸合作机制不断完善。基于匈牙利优惠的农业政策，我国已经与之签署了双边投资保护协定，1991年和2004年分别签署《中华人民共和国和匈牙利共和国关于鼓励和相互保护投资协定》和《中华人民共和国政府和匈牙利共和国经济合作协定》。中国与匈牙利在人民币国际化等金融领域的合作不断推进，2013年匈牙利进出口银行与中国进出口银行签署信用额度协议、匈牙利中央银行与中国人民银行签订双边互换协议（续期：2016年），2015年匈牙利政府与中华人民共和国政府签署《关于共同推进丝绸之路经济带和21世纪海上丝绸之路建设的谅解备忘录》。截至2016年底，中国对匈累计投资达3.2亿美元，投资领域涵盖化工、金融、通信设备、新能源、物流等行业，农业相对较小。烟台万华集团收购的匈牙利宝思德化工公司项目，是中国在中东欧地区最大投资项目。华为公司在匈牙利设立了欧洲供应中心和欧洲物流中心，建立了覆盖欧洲、独联体、中亚、北非等地区的物流网络。

（二）合作潜力

1. 合作基础

中国和匈牙利是长期稳定的战略伙伴，双方在政治、经济、社会和文化等领域的合作不断加强和深化。2017年5月中国和匈牙利建立全面战略伙伴关系，两国在经济、贸易和科技方面建立了完善的合作机制，搭建了包括农业在内的对话机制和合作平台。中国对匈牙利投资呈现增加趋势，尤其是最近三年，2016年对匈直接投资存量较2014年增36.5%，投资领域由制造业投资向农业等其他领域扩展，中国银行、中国工商银行以及一些法律公司开始在匈牙利设立分支机构和办事处，都为农业领域的投资合作提供了可借鉴的参考以及融资和法律保障。中国农产品消费需求升级优化，两国签署一系列贸易协定和市场准入协定，农产品贸易合作规模不断扩大，匈牙利农产品对中国出口不断增加，对以农产品出口为导向的匈牙利农业来说，未来进一步扩大农产品贸易规模和贸易结构的需求和潜力巨大。匈牙利农业科技发达，同时重视农业高新技术的开发，两国已经建立了较好的农业科技合作基础，未来可以加大农业科技合作范围、领域，创新合作方式，能够实现互利双赢。

2. 合作前景

匈牙利农业生产条件优越，基础设施完善，农业生产水平较高，农产品及其加工品按照欧盟标准生产，品质达到国际水平，匈牙利稳定的政治经济环境、良好的基础设施为进一步合作提供了可能。以出口导向型的农业生产驱动具有扩大与中国农业经贸合作的需求，其优越的地理位置有利于中国拓展欧洲尤其是东欧的农业合作，两国政府签署的共建"一带一路"谅解备忘录为加强各自农业发展战略对接、规划对接、强化农业经贸合作提供了广阔的前景。随着匈牙利国内经济的恢复和农村居民收入的提高，农产品消费市场未来仍可以进一步提升，农业和农产品加工发展的需求为农资、饲料及其添加剂加工和贸易带来市场机遇，其农产品加工技术和创新需求以及小农为主的生产模式为两国加强农业研发合作和农业服务投资合作提供了契机；玉米、小麦、葡萄酒、畜产品和奶制品等农产品在中国农产品消费市场具有进一步开拓空间，而中国的果蔬、水产品等在匈牙利也具有出口前景。

（三）合作重点

1. 重点领域

（1）全产业链食品加工合作

以农业服务和农产品加工为重点开展中匈农业投资合作。尽管匈牙利农业生产条件优越，但其农业生产以小农为主，农业生产技术仍有待提升，农业推广服务需求大，例如精准农业、畜牧业生产技术、农资供给、农业信贷服务等；农产品加工规模小，农业和食品公司全国有47.3万个，农产品加工水平有待提升，因此整个农业生产链缺乏有效监督和管理，这为跨国具有实力的农业企业投资农业全产业链提供了机遇，能够有利于提升匈牙利农产品加工增值和出口。

（2）以生物技术为核心的农业科技合作

匈牙利重视农业技术研发，两国农业科技合作具有互补优势。匈牙利全国有40个农业研究所和220个农业研发中心，包括生物技术（不包括转基因）、环境保护、生物能源等方面具有优势，中匈两国在玉米、小麦、油料以及畜产品的育种、栽培等方面均具有优势，未来在种质资源交换、新品种培育、生物技术研发、小农户适用技术及精准农业方面均具有合作潜力，通过联合资助、共建实验室，加强基础研发合作的同时，引入企业提升应用性研发合作力度，推动农业投资合作。

2. 重点产业

（1）食品加工业

以具有特色的油籽和葡萄酒为重点，兼顾玉米和小麦等传统优势作物和畜产品，搭建全产业链合作平台。农业是匈牙利政府重点发展的产业，而食品业更是战略性重点发展的部门，欧盟为匈牙利食品加工业提供了直到2020年9.6亿欧元的资助。匈牙利优越的自然条件保障了农产品的原料品质。油籽尤其是葵花籽和葡萄酒具有产品优势，畜产品生产和消费需求的增加又为油籽加工及副产品应用提供了机遇，围绕油籽加工，兼顾上游粮食和下游畜产品，布局食品全产业链，不但能够开拓中东欧农产品市场，还能提升中匈农产品贸易。

（2）农业和农村发展服务业

中匈两国都是以小农为主的生产模式，农业和农村服务业合作潜力大。匈牙利私人农场数量庞大，也同样经历由小规模向市场化、规模化经营方向发展，经营规模在50～200公顷的农场增速最快，未来匈牙利要提升农业生产力，农业适用技术推广和服务需求大。我国已经建立了较为完善的农业服务推广体系，企业在农村实用技术和农业生产服务方面积累了丰富的经验，加强农业和农村发展服务合作符合两国的合作需求和匈牙利农业发展战略。

五、中匈农业合作建议

（一）统筹中东欧农业合作机制

匈牙利与其他中东欧农业生产和市场具有趋同性，同时无论面积和经济体量在欧洲都属于小国，两国在合作过程中难免会出现合作机制的不对称性问题。匈牙利是中国在中东欧基础较好、相对成熟的合作对象，因此需要与中东欧国家在一些趋同或相似农业产业上做好协调，从区域层面统筹农业合作机制，双边的投资合作才能形成气候，同时可以避免两国合作机制的不对称。在挖掘农业合作潜力时，需要考虑到中东欧国家的农业发展和农产品市场共同性与差异性，做好国别与地区的平衡，既注重与重点合作伙伴发展关系，也不放弃与整个区域发展关系，通过以重点国家为纽带来推动整个区域"联动效应"。

（二）兼顾中东欧特色和重点农业领域的开发

从区域整体性上，中东欧地区农业具有普遍性和特色性。因此，在该区域开始农业合作时，应该统筹兼顾特色与重点领域的开发，例如，玉米、小麦、油料和畜产品等普遍性的农产品，而不同国家具有葡萄、向日葵等优势农产品。因此，在中东欧开始农业合作时，统筹整个次区域的农业优势和特色，以产品为纽带，统筹规划重点合作领域和特色合作领域，同时结合不同国家生产条件、农业发展战略和合作需求、农产品消费特色，针对性地建立有效的农业投资、贸易和科技合作机制。实施合作前，充分做好调研，了解不同国家的具体情况，相关执行机构在妥善处理不同国家国情和诉求方面要做好准备，因地制宜地选择合作路径，有效规避风险。

参考文献

邰浴日.2017.东欧剧变的国际背景新探——以匈牙利剧变的国际条件为例[J].当代世界与社会主义，（1）：70-75.

匈牙利科学院.2017. Research Network of The Hungarian Academy of Sciences[EB/OL]. http://mta.hu/data/MTA_kutatohalozata_ENG.pdf.

匈牙利投资局.2017. General overview for investors in Hungary's agriculture and food industry[EB/OL]. http://www.investhipa.hu/.../hipa_kiadvany_intro_agriculture_web_20170823.pdf.

匈牙利政府网.2016. New Hungary Rural Development Programme NHRDP[EB/OL]. http://umvp.kormany.hu/.../NHRDP_version_12_DG%20AGRI_Accepted_16_Novemb.

FAS of USDA. 2012.Hungary Exporter Guide［EB/OL］. http://gain.fas.usda.gov/.../Exporter%20Guide_Budapest_Hungary_12-9-20.
Ministry of Agriculture of Hungary. 2016.The Hungarian Agriculture and Food Industry In figures，2016［EB/OL］. http://www.nak.hu/kiadvanyok/kiadvanyok/1605-nak.../file.

拉脱维亚

拉脱维亚共和国地处欧洲东北部波罗的海之滨，与爱沙尼亚及立陶宛共同称为"波罗的海三国"。中拉两国虽相隔遥远，但长期保持了良好的外交关系。拉脱维亚是波罗的海地区首个与中国签署共同推进"一带一路"倡议谅解备忘录的国家。拉脱维亚自然资源丰富，具有发展农业、林业和渔业的得天独厚优势。近年来，拉脱维亚积极发展有机农业和绿色农业，在促进农业可持续发展方面付出了很多努力。中拉两国农业合作虽起步较晚，但随着"一带一路"倡议的实施，农产品贸易和农业投资都保持了较快的增速。高度互补的自然资源和消费市场，日益拓展的经贸人文交流，不断健全的合作机制将为中拉两国的农业合作开辟广阔的空间。

一、国家基本概况

（一）地理位置

拉脱维亚共和国位于东欧平原西部，波罗的海东岸，北邻爱沙尼亚，南临立陶宛，东接俄罗斯，东南与白俄罗斯接壤。拉脱维亚陆地边界全长为1368千米，海岸线长498千米。拉脱维亚地形以平原、低地和低矮丘陵相间。平均海拔87米，3/4的地区在海拔120米以下，最高点海拔311.9米。

拉脱维亚全国行政区划分为5个区，包括皮尔加地区（Pierīga region）、维泽梅地区（Vidzeme region）、库尔泽梅地区（Kurzeme region）、泽梅盖尔地区（Zemgale region）和拉特盖尔地区（Latgale region），以及一个区级市，即里加市（Riga region）。5个区下设110个县和8大城市，包括道加瓦皮尔斯（Daugavpils city）、文茨皮尔斯（Ventspils city）、利耶帕亚（Liepāja city）、叶尔加瓦（Jelgava city）、尤尔马拉（Jūrmala city）、雷泽克内（Rēzekne city）、杰卡皮尔斯（Jēkabpils city）和瓦米耶拉（Valmiera city）。

首都里加为区级市，濒临里加湾，地处欧洲西部和东部、俄罗斯和斯堪的纳维亚半岛的交汇点，总面积为304平方千米，是拉脱维亚的政治、经济、文化中心，也是波罗的海地区重要的工业、商业、金融和交通中心，被称为"波罗的海跳动的心脏"和"北方巴黎"。

（二）人口与民族

根据拉脱维亚中央统计局的数据，2017年全国总人口为195.01万人，人口密度为每平方千米30.5人。拉脱维亚人口约2/3居住在城镇，1/3居住在乡村。约64.12万人居住在里加地区，占总人口的32.9%。多年来，由于自然增长率下降和向国外移民增加，拉脱维亚人口呈现负增长趋势，2015年减少0.9%，2016年减少0.9%，2017年减少0.8%

（表1）。拉脱维亚女性多于男性，男女比例约为1∶1.18。

表1　2000—2018年拉脱维亚人口规模　　　　　　　　　　（单位：人）

年　份	总人口	城市人口	农村人口
2000	2377383	1618144	759239
2001	2353384	1598189	755195
2002	2320956	1574392	746564
2003	2299390	1558956	740434
2004	2276520	1543834	732686
2005	2249724	1525199	724525
2006	2227874	1511620	716254
2007	2208840	1500111	708729
2008	2191810	1489118	702692
2009	2162834	1468544	694290
2010	2120504	1438597	681907
2011	2074605	1406752	667853
2012	2044813	1382105	662708
2013	2023825	1366325	657500
2014	2001468	1357682	643786
2015	1986096	1348855	637241
2016	1968957	1339727	629230
2017	1950116	1332546	617570
2018	1934379	1324247	610132

数据来源：拉脱维亚统计局

同欧洲大多数国家一样，拉脱维亚人口也呈现出老龄化趋势。2017年初，15岁以下人口占15.6%，15～64岁人口占62.2%，65岁及以上人口占22.2%。同2010年相比，儿童比例略上涨1.1%，15～64岁人口比例下降12.4%，65岁以上退休人口上升1%。向外移民是造成拉脱维亚劳动力人口减少的主要原因之一。

拉脱维亚是一个多民族国家。根据2017年数据，拉脱维亚总人口中，拉脱维亚族占62.0%，俄罗斯族占25.4%，白俄罗斯族占3.3%，乌克兰族占2.2%，波兰族占2.1%，立陶宛族占1.2%，其他民族占3.8%。

官方语言为拉脱维亚语，通用俄语。官方场合主要使用拉脱维亚语和英语。拉脱维亚主要宗教包括基督教路德宗、罗马天主教、东正教、旧教和浸礼教。

(三)政治制度

拉脱维亚曾为苏联加盟共和国之一,于1991年8月22日恢复独立。拉脱维亚是独立的民主共和国,实行多党政治和议会民主制。议会是最高立法机构,实行一院制,由100名议员组成,任期4年,议员由18岁以上的公民直接选举产生。议会领导机构为议会主席团,由主席、2名副主席、秘书长和副秘书长5人组成。议会下设16个委员会,每年举行春季和秋季两次会议。参选党必须获得5%以上的选票才能进入议会。

总统为国家元首,由议会选举产生,任期4年,最多连任两届,任期不超过8年。总统的主要权力包括:作为国家武装力量最高统帅,在国家受到外敌入侵或他国对拉脱维亚宣战时做出抵抗侵略的决定,在对外事务中代表国家,负责任命外交代表,接受国外派遣的使节;签署并颁布本国与外国签订的条约和议会通过的法律;任命总理并授权其组成政府(需经议会简单多数通过)。总统有权宣布实行大赦;有权提出解散议会(但须经年满21岁的全体公民表决,若50%以上支持总统提议,则议会解散;否则总统必须辞职,由议会选出新总统)。拉脱维亚政府的主要部门包括国防部、外交部、经济部、财政部、教育和科学部、福利部、环境与地区发展部、交通部、司法部、内政部、文化部、卫生部和农业部。

拉脱维亚的司法机构分为三级:国家法院、地区法院和市县法院。国家法院为国家最高法院,负责审理上诉的审判决定。国家法院具有双重职能,既是国家最高审判机关,又是宪法监督机关。国家法院若认定违宪的任何法律和法令,有权宣布其无效。地区法院为中级法院,市、县法院为初级法院,负责审理各种刑事和民事案件。

(四)社会与经济发展状况

拉脱维亚曾经是苏联经济最发达的地区之一。独立以后,经济曾一度困难,人民生活水平严重下降。为促进经济发展,拉脱维亚按照西方模式进行了全面的经济体制改革,奉行自由经济政策,大力鼓励和发展市场经营活动。拉脱维亚于2004年5月1日加入欧盟,2014年1月1日成为欧元区第18个成员国。

从独立以来,拉脱维亚经济保持了较快的增长势头。1995年,拉脱维亚GDP仅为40.58亿欧元,2008年,达到了243.5亿欧元。在2008年经济危机中,拉脱维亚经济受到重创。为摆脱经济危机,拉脱维亚政府采取了一系列促进经济增长的措施,国际货币基金组织、欧盟委员会以及瑞典等国家向拉脱维亚提供了75亿欧元的贷款援助。从2010年起,拉脱维亚经济开始缓慢复苏,2012年和2013年连续两年增长率领跑欧盟成员国。2017年,拉脱维亚GDP达到268.5亿欧元，较上年增长4.5%，增长率在欧盟28国中名列第七，人均GDP为13855欧元（表2）。经济稳步发展的势头也带动了失业率持续下降，从2010年的19.2%下降到2017年的8.7%（表3）。

表2　2008—2017年拉脱维亚GDP和人均GDP（现价）

年　份	GDP（亿欧元）	GDP增速(%)	人均GDP（欧元）
2008	243.51	-3.5	11182
2009	188.27	-14.4	8789
2010	179.38	-3.9	8553
2011	203.03	6.4	9861
2012	218.86	4.0	10762
2013	227.87	2.4	11321
2014	236.18	1.9	11843
2015	243.20	3.0	12300
2016	249.26	2.2	12721
2017	268.56	4.5	13855

数据来源：拉脱维亚国家统计局

表3　2008—2017年拉脱维亚失业率

年　份	失业率（%）
2008	7.7
2009	17.5
2010	19.2
2011	16.5
2012	15.0
2013	11.9
2014	10.8
2015	9.9
2016	9.6
2017	8.7

数据来源：拉脱维亚国家统计局

拉脱维亚零售业、房地产业、制造业、交通运输和仓储业较为发达，2016年上述4个部门产值分别占GDP总额的14.7%、12.4%、12.3%和8.7%。近年来，信息通信业和金融业成为拉脱维亚增长较快的部门，2016年，上述两部门的增加值分别占GDP的4.9%和5.0%。

拉脱维亚通货膨胀率控制在较低水平，2012—2016年，消费者价格指数涨幅不超过

1%。2017年，消费者价格指数上涨2.9%，主要是由于黄油、鸡蛋、肉干、肉制品和奶制品价格上涨，带动食品和非酒精饮料类商品价格上涨3.8%（表4）。

表4　2008—2017年拉脱维亚消费者价格指数（2010=100）

年　份	消费者价格指数	增速（%）
2008	97.6	15.4
2009	101.1	3.5
2010	100.0	-1.1
2011	104.4	4.4
2012	106.7	2.12
2013	106.7	0
2014	107.4	0.6
2015	107.5	0.2
2016	107.7	0.1
2017	110.9	2.9

数据来源：拉脱维亚国家统计局

拉脱维亚进出口受经济危机影响，曾大幅下滑，从2010年以后恢复增长。2016年，拉脱维亚进出口总额达到225.5亿欧元，较2009年增加90%。在此期间，出口一直大于进口，但从2012年以来，贸易逆差逐步缩小。2017年，拉脱维亚贸易总额达到254.21亿欧元，比2016年增加28.14亿欧元，增幅12.4%。其中，进口总额为113.91亿欧元，较上年增加10.33亿欧元，增幅为10.0%；出口总额为120.29亿欧元，较上年增加17.81亿欧元，增幅为14.8%。

拉脱维亚基础设施总体良好，公路总长为58926千米，全国铁路总长2161千米，国际航线总长8400千米。拉脱维亚拥有里加、文茨皮尔斯、利耶帕亚3个国际机场。里加机场是"波罗的海三国"中最大的机场，2017年里加机场客运量达610万人次。拉脱维亚内河线全长350千米，共有10个港口。

信息技术运用在拉脱维亚非常普及。2017年，99.8%的大中型企业使用电脑和信息技术，98.6%的小型企业使用电脑，98.4%的小型企业接入互联网，62.9%的企业拥有网站；79%的家庭接入互联网，其中77%使用宽带连接；52%的居民使用手机或智能手机，社交媒体运用在拉脱维亚越来越普遍。

拉脱维亚的电力目前还不能实现自足，其电网是俄罗斯UPS IPS系统的一部分，欧盟正投资支持波罗的海能源市场整合计划，未来拟实现将包括拉脱维亚在内的波罗的海国家电力接入北欧和东部欧洲电网。

二、农业发展现状

（一）农业资源条件

拉脱维亚自然资源丰富，为农业发展提供了良好的条件。2017年，拉脱维亚农用地面积为193.22万公顷，占国土面积的36.9%。其中，耕地面积为128.90万公顷，占农用地面积的66.7%；草场放牧面积为63.49万公顷，占农用地面积的32.9%。拉脱维亚土壤以草甸灰化和沼泽土为主，土质肥沃。

拉脱维亚属海洋性气候向大陆性气候过渡的中间类型。夏季白天平均气温23℃，夜晚平均气温11℃，冬季沿海地区平均气温-3～-2℃，内陆地区-7～-6℃。拉脱维亚全年约有一半时间为雨雪天气。2017年，全年平均气温7℃，全年降水810毫米。历史最高气温为37.8℃（2014年），历史最低气温为-43.2℃（1956年）。

拉脱维亚境内多湖泊和沼泽，有3000多个湖泊，面积超过1平方千米的湖泊有140个，较大的湖泊有拉兹纳湖、埃古列湖和布尔特涅克斯湖；长度10千米以上的河流770多条，主要河流有道加瓦河、加乌亚河、文塔河和列卢佩伊河，为水产业的发展提供了良好的天然场所。波罗的海蕴有丰富的沙丁鱼、波罗地鲱、黍鲱、鲽、鳕、鲑鱼、马哈鱼等。

拉脱维亚森林资源十分丰富。2017年，森林面积为3.04万平方千米，森林覆盖率高达46.4%，是世界平均水平的1.6倍，木材储量达6.31亿立方米。主要树种包括松树、桦树、云杉、灰赤杨、山杨、黑赤杨及其他树种。拉脱维亚茂密的森林也为种类繁多的动植物提供了栖息之地，使其拥有丰富的种质资源，生物多样性保持良好。登记的植物、动物和昆虫品种达到2.77万种，实际数量更为可观，还有很多属于欧洲乃至全球濒临灭绝的品种。

（二）农业生产情况

1. 农业产值规模及构成

农业是拉脱维亚国民经济最重要的产业，是影响农村地区发展和国家经济稳定的重要因素。从2008年金融危机以来，拉脱维亚的农业产值呈现总体上升趋势，但由于制造业和服务业的加速发展，农林渔总产值在GDP中的比重逐年降低。2017年，农林渔总产值为9.14亿欧元，占GDP的3.9%。

拉脱维亚农业（包括种植业和畜牧业）占农林渔总产值的50%以上。2017年，种植业产值约占农业总产值的57.2%，其中，谷物、油料作物、马铃薯、蔬菜、水果和浆果、饲料作物分别占农业总产值的30.4%、8.5%、4.4%、3.6%、0.9%和5.8%；畜牧业约占农业总产值的 42.8%，牛肉、猪肉、禽肉、奶和鸡蛋的产值分别占农业总产值的 3.6%、5.5%、3.6%、24.2% 和 3.9%。

近年来，林业产值规模不断扩大，2015 年为 3.6 亿欧元，占农林渔总产值的 40.6%。渔业产值比较平稳，保持在 0.32 亿欧元左右，约占农林渔总产值的 4.0%（表 5）。

表 5　2012—2017 年拉脱维亚农业部门 GDP 增加值　　　　　　　　（单位：亿欧元）

年　份	2012 年	2013 年	2014 年	2015 年	2016 年	2017 年
GDP 增加值	193.63	200.72	207.95	213.62	216.85	234.49
农林渔总产增加值	7.16	7.47	7.89	8.86	8.54	9.14
作物、动物生产、狩猎及相关服务	4.02	3.65	3.64	4.95	—	—
林业和伐木	2.86	3.50	3.93	3.60	—	—
渔业及水产养殖	0.27	0.32	0.32	0.32	—	—

数据来源：拉脱维亚统计局

2. 主要农产品产量

（1）种植业

拉脱维亚主要种植作物主要包括谷物、油料作物、马铃薯、蔬菜、水果和浆果、饲料作物等。拉脱维亚的土壤适宜种植谷物，谷物种植分为冬春两季。冬季种植的主要谷物包括冬小麦和黑麦等，春季作物包括春小麦、大麦和燕麦等。由于拉脱维亚政府鼓励有效利用耕地，谷物种植面积近年来增长较快，2016 年谷物种植面积达到峰值 71.6 万公顷，2017 虽然有所回落，仍高达为 70.35 万公顷（表 6）。拉脱维亚积极推广高产优质的谷物品种，不断改进农田基础设施和种植水平，谷物特别是冬小麦的单产总体上呈现不断提高的趋势。2015 年，谷物单产达到历史最高水平 4.49 吨/公顷，较 2008 年提高 30%。但是，受天气和自然灾害的影响，小麦单产出现一定波动。例如，2016 年，由于受低温冻害的影响，拉脱维亚冬季谷物出现减产，使拉脱维亚谷物单产降低至 3.78 吨/公顷，较上一年度下降约 15.8%。2017 年，谷物单产为 3.8 吨/公顷，达到历史第二高水平，主要归功于冬小麦单产的显著提高，达到 5.15 吨/公顷（2016 年为 4.8 吨/公顷）。总体而言，近十年来拉脱维亚谷物产量增长较快，2015 年，拉脱维亚谷物产量高达 302.15 万吨，较 2008 年增长 78.8%。2017 年，谷物总产量为 269.25 万吨，其中冬小麦产量占谷物产量的比重从 2016 年的 58.6% 上升到 63.3%。

为鼓励支持气候和环境友好型耕作，拉脱维亚政府从 2012 年起采取系列措施鼓励农户进行豆科类作物种植，使豆类种植面积和产量都大幅提升。2012年，大豆种植面积仅为0.16万公顷；2017年，大豆种植面积达5.74万公顷，产量达17.07万吨。

表6 2008—2017年拉脱维亚主要农作物生产情况

农作物	项目	2008年	2009年	2010年	2011年	2012年	2013年	2014年	2015年	2016年	2017年
谷物	面积（万公顷）	54.42	54.08	54.15	52.66	57.46	58.39	65.52	67.24	71.60	70.35
	产量（万吨）	168.94	166.31	143.55	141.20	212.45	194.87	222.72	302.15	270.32	269.25
	单产（吨/公顷）	3.10	3.08	2.65	2.68	3.70	3.34	3.40	4.49	3.78	3.83
豆类	面积（万公顷）	0.16	0.25	0.27	0.38	0.46	0.70	1.19	3.16	4.18	5.74
	产量（万吨）	0.29	0.51	0.54	0.84	1.11	1.69	3.34	10.41	12.54	17.07
	单产（吨/公顷）	1.89	2.06	1.98	2.19	2.40	2.40	2.80	3.29	3.00	2.97
油菜	面积（万公顷）	8.26	9.33	11.06	12.13	11.75	12.82	10.01	8.90	10.11	11.74
	产量（万吨）	19.85	20.47	22.63	21.91	30.35	29.66	18.55	29.27	28.13	32.62
	单产（吨/公顷）	2.40	2.19	2.05	1.81	2.58	2.31	1.85	3.29	2.78	2.78
马铃薯	面积（万公顷）	3.78	3.00	3.01	2.97	2.82	2.73	2.68	2.48	2.33	2.27
	产量（万吨）	67.34	52.54	48.43	49.86	53.89	49.59	50.57	49.73	49.16	40.83
	单产（吨/公顷）	17.80	17.50	16.10	16.80	19.10	18.20	18.90	20.10	21.10	18.00
露地蔬菜	面积（万公顷）	0.95	0.82	0.81	0.81	0.81	0.85	0.82	0.81	0.81	0.80
	产量（万吨）	13.11	17.04	13.88	15.16	14.72	12.58	17.87	18.19	18.30	14.60
	单产（吨/公顷）	13.80	20.70	17.20	18.60	18.20	14.80	21.70	22.50	22.50	18.20

数据来源：拉脱维亚统计局

油菜是拉脱维亚主要的经济作物，近年来播种面积和产量都呈波动上升趋势。2017年，油菜种植面积达到11.74万公顷，产量达到32.62万吨。

近年来，拉脱维亚露地蔬菜种植面积保持在0.8万公顷左右，但蔬菜单产总体呈上升趋势，使蔬菜产量不断增加，平均保持在 18 万吨左右。但 2017 年蔬菜产量仅为 15.7 万吨，较 2016 年下降约 20.1%。其中，露地蔬菜种植面积为 8019 公顷，总产量为 14.6 万吨。虽然 2017 年拉脱维亚露地蔬菜面积只减少 100 公顷，但露地蔬菜单产从 22.85 吨/公顷下降至 18.2 吨/公顷。2017 年，温室蔬菜产量为 1.15 万吨，同比下降 15.9%。

（2）畜牧业

拉脱维亚畜牧业历史悠久，独立前曾是苏联重要的畜产品生产基地。拉脱维亚主要畜禽品种包括牛、猪、羊、禽类、马、蜜蜂等，畜产品包括肉类、奶、鸡蛋、羊毛和蜂蜜等。

1992 年拉脱维亚刚独立时，主要动物存栏量为：牛 114.4 万头、猪 86.7 万头、羊 16.5 万只、马 2.6 万匹、禽类 543.8 万只，蜂巢 12.8 万。肉类产量曾高达 24.72 万吨，其中，牛肉 11.96 万吨，猪肉 10.05 万吨，禽肉 2.11 万吨，羊肉 0.39 万吨；奶类产量 147.85 万吨，蛋 5.96 亿吨。之后由于集体农场的解体，畜牧业生产遭受重创。拉脱维亚肉类产量的低点出现在 2001 年，产量降至 6.04 万吨，仅为 1992 年的 24.4%。2003—2004 年，奶产量也遭遇严重滑坡，下降至 78.6 万吨，仅为 1992 年产量的一半。近 10 年来，拉脱维亚畜牧业开始缓慢复苏。2017 年，主要养殖畜禽的存栏量为：牛 40.58 万头（其中，奶牛 15 万头）、猪 32.1 万头、羊 10.7 万只（其中，山羊 1.3 万头）、马 0.9 万匹、禽类 471.2 万只（其中蛋鸡 251.5 万只）、蜂巢 9.6 万个。2008—2017 年，羊的存栏量和蜂巢的数量增长较快，分别增加 67.1% 和 123.2%；牛、禽类的存栏量有小幅增长，分别增加 6.8%、6.9%；猪存栏量下降 16.4%（表 7）。

表 7　2008—2017 年拉脱维亚主要畜禽存栏量

产品	2008 年	2009 年	2010 年	2011 年	2012 年	2013 年	2014 年	2015 年	2016 年	2017 年
牛（万头）	38.0	37.8	37.9	38.1	39.3	40.6	42.2	41.9	41.2	40.6
猪（万头）	38.4	37.7	39.0	37.5	35.5	36.8	34.9	33.4	33.6	32.1
羊（万只）	6.7	7.1	7.7	8.0	8.4	8.5	9.1	10.2	10.7	11.2
家禽（万只）	462.1	482.9	494.9	441.8	491.1	498.6	441.4	453.2	471.2	494.4
蜂巢（万个）	43.0	35.0	38.0	48	84	86	95	93	97	96

数据来源：拉脱维亚中央统计局

从主要畜产品的产量上看，近十年来拉脱维亚肉类产量基本稳定，平均维持在 8.5 万吨左右。奶和蛋的产量有小幅上涨，增长较快的羊毛和蜂蜜的产量。

2017 年，拉脱维亚肉类产量 9.1 万吨、奶产量 100 万吨、鸡蛋 8.01 亿枚、羊毛 244 吨、蜂蜜 1639 吨，较之 2008 年的水平，分别增长了 5.9%、19.7%、33%、577.7%、138.2%（表 8）。

表 8　2008—2017 年拉脱维亚主要畜产品产量

产 品	2008 年	2009 年	2010 年	2011 年	2012 年	2013 年	2014 年	2015 年	2016 年	2017 年
肉（万吨）	8.6	8.3	8.0	7.9	7.9	8.0	8.4	8.5	8.7	9.1
奶（万吨）	83.6	83.2	83.5	84.5	87.4	91.5	97.2	97.8	98.6	100.0
蛋（亿枚）	6.02	6.81	7.15	6.65	6.71	6.30	6.48	6.98	7.50	8.01
羊毛（吨）	36	42	69	133	134	150	153	197	200	244
蜂蜜（吨）	688	631	676	842	1180	1666	1704	2091	1585	1639

数据来源：拉脱维亚中央统计局

（3）林业和渔业

在过去十年中，拉脱维亚每年木材砍伐量达 1200 万立方米，但仍低于年均生长量，林业较好地实现了可持续发展（表 9）。

表 9　2008—2017 年拉脱维亚木材砍伐量　　　　　　（单位：万立方米）

项　目	2008 年	2009 年	2010 年	2011 年	2012 年	2013 年	2014 年	2015 年	2016 年	2017 年
国有林	553.99	772.54	763.61	669.00	574.58	557.26	542.81	522.19	511.08	574.89
其他林	342.20	300.25	533.56	602.98	598.04	608.64	625.05	540.46	544.50	569.45
总计	896.19	1072.7	1298.0	1271.9	1172.6	1165.9	1167.8	1062.6	1055.5	1144.3

数据来源：拉脱维亚中央统计局

拉脱维亚共有渔船 800 余艘，为确保野生鱼类资源的保护和可持续利用，拉政府每年分配一定的捕鱼配额，主要捕捞鲱鱼、鲭鱼、沙丁鱼等。2015 年，拉脱维亚鱼类捕捞量为 8.23 万吨。其中，海洋捕捞 8.12 万吨，在波罗的海和里加湾捕捞 6.25 万吨。内陆水域捕鱼量很小，2015 年仅有 1100 吨，占全部捕鱼量的 1.3%，主要鱼种有鲤科鱼、河鳗鳗和梭子鱼等。目前共有 100 多家企业经营水产养殖，主要品种为鲤科鱼，也养殖少量的丁鲷、鲫鱼、鳟鱼和小龙虾等，年产量 700 吨左右。

3. 主要农业产业布局

拉脱维亚拥有利于谷物种植的地理和气候条件。从地区分布来看，全国 45% 以上的冬小麦产自泽梅盖尔。2017 年，该区谷物种植面积为 19.66 公顷，占谷物种植面积的 27.9%；产量为 979.43 万吨，占总产量的 36.3%；单产达到 5 吨／公顷，是全国平均单产的 1.31 倍。

皮尔加地区和泽梅盖尔地区是露地蔬菜的主要产区，两区产量合计占全国蔬菜总产量的 85.9%。泽梅盖尔地区也是马铃薯种植面积最大的区域，2017 年该区马铃薯种植面积达到 7025 公顷，产量为 1.52 万吨，平均单产为 21.7 吨/公顷。

在畜产品生产方面，皮尔加地区和泽梅盖尔地区为肉类主要产区，2017 年产量分别为 3.7 万吨和 2.1 万吨，分别占拉脱维亚肉类总产量的 42.4% 和 24.0%。2017 年，泽梅盖尔地区生产鸡蛋 6.95 亿枚，占鸡蛋总产量的 86.8%。牛奶产量各区分布比较平均。

（三）农产品贸易情况

1. 主要农产品贸易规模

木材及木制品是拉脱维亚主要出口商品，2017 年，其出口额为 18.8 亿欧元，占出口总额的 16.5%。拉脱维亚农产品进出口额近年来都有所扩大，但出口额增长更快，顺差日趋明显。主要进出口农产品包括活畜和畜产品、加工食品、蔬菜、脂肪和油脂、羊毛及羊毛制品（表 10）。

表 10　2009—2017 年拉脱维亚主要农产品贸易额　　　　　　　　　（单位：亿欧元）

项 目	类 别	2009 年	2010 年	2011 年	2012 年	2013 年	2014 年	2015 年	2016 年	2017 年
活畜及畜牧产品	出口	2.24	2.86	3.75	4.31	5.00	4.39	3.79	4.11	5.08
	进口	2.58	3.01	3.78	4.30	4.86	4.24	3.74	4.16	4.53
	逆/顺差	−0.35	−0.16	−0.03	0.01	0.13	0.15	0.05	−0.05	0.55
蔬菜产品	出口	3.06	3.81	3.66	7.21	5.75	5.57	7.23	7.28	7.80
	进口	3.17	3.78	4.49	5.12	4.62	5.00	5.23	5.52	6.12
	逆/顺差	−0.11	0.02	−0.82	2.10	1.12	0.57	2.00	1.75	1.68
脂肪及油脂	出口	0.10	0.24	0.28	0.32	0.35	0.34	0.24	0.23	0.20
	进口	0.60	0.72	1.05	1.30	1.11	0.92	0.77	0.60	0.71
	逆/顺差	−0.49	−0.47	−0.78	−0.99	−0.76	−0.58	−0.53	−0.37	−0.51
加工食品	出口	4.13	5.03	6.28	8.41	9.38	9.51	7.98	8.36	10.85
	进口	5.93	6.19	7.26	8.57	9.44	9.80	9.33	10.16	12.57
	逆/顺差	−1.80	−1.16	−0.98	−0.16	−0.06	−0.29	−1.35	−1.79	−1.72
羊毛及羊毛制品	出口	8.47	12.67	14.37	14.67	15.94	17.00	17.10	17.80	18.81
	进口	0.94	1.37	1.64	1.99	2.48	3.31	3.59	4.07	4.60
	逆/顺差	7.53	11.30	12.73	12.68	13.46	13.69	13.51	13.73	14.20

数据来源：拉脱维亚中央统计局

2. 主要贸易伙伴

欧盟国家仍然是拉脱维亚主要的贸易伙伴。2017年，拉脱维亚向欧盟国家出口额达80.14亿，占出口总额的71.4%。拉脱维亚主要出口目的国为立陶宛（16.9%）、爱沙尼亚（11.7%）、俄罗斯（9.1%）、德国（7.3%）和瑞典（6.2%）。同期，拉脱维亚从欧盟国家进口100.90亿欧元商品，占进口总额的77.7%。主要进口来源国为立陶宛（18.5%）、德国（11.3%）、波兰（9.1%）、爱沙尼亚（7.7%）和俄罗斯（7.4%）。

2017年，拉脱维亚农产品和食品出口目的国包括立陶宛（4.31亿欧元）、爱沙尼亚（2.76亿欧元）、俄罗斯（4.35亿欧元）、德国（1.35亿欧元）；农产品和食品进口来源国包括立陶宛（6.17亿欧元）、德国（1.68亿欧元）、波兰（2.45亿欧元）、爱沙尼亚（2.37亿欧元）。拉脱维亚出口木材到爱沙尼亚（2.02亿欧元）、德国（1.92亿欧元）和瑞典（1.83亿欧元）等国。

3. 中国与其贸易情况

中拉两国自1992年建交以来，双边贸易总体平稳。2017年，双边贸易总额为11.94亿美元，出口额10.62亿美元，进口额1.32亿美元，中国成为拉脱维亚第12大贸易伙伴，第10大进口来源国和第19大出口市场。中拉两国农产品贸易起步较晚，但近十年来发展较快。2008年，中拉农产品贸易额仅为2151.13万美元，2010—2014年农产品贸易总增长较快，2014年达到峰值4248.49万美元，较2008年增长了97.5%。2015年，农产品贸易出现回落，但从2016年起又恢复增长。拉脱维亚与立陶宛、爱沙尼亚等欧盟国家签有自由贸易协定，不少农产品的关税水平比中国享受的最惠国待遇低，在一定程度上削弱了中国商品在拉的竞争力。但是随着两国企业交往的日益增多，中国农产品种逐渐为拉市场所接受，展现出较强的竞争力。同时，拉脱维亚农产品生产商正在积极拓展中国市场，中国从拉脱维亚进口的农产品总额增长较快。从农产品贸易种类来看，中国对拉脱维亚出口的主要农产品包括蔬菜、水产品、水果、饮料、汤料等，从拉脱维亚进口的农产品包括畜产品、水果、饮料等。

（四）农业科技发展

1. 农业科研机构

拉脱维亚早在150年前就开始重视农业科学研究。1862年，拉脱维亚里加理工专科学院成立，次年成立了农学系。1919年，里加大学成立，农学院并入其中。20世纪30年代中期，里加大学决定在叶尔加瓦设立分校，内阁决定将农学系迁入叶尔加瓦皇宫，并成立叶尔加瓦农业科学院，1990年更名为拉脱维亚农业大学，成为拉脱维亚农业部直属大学，主要目标是为拉脱维亚，特别是农村地区可持续发展提供知识和人才，致力于成为国际知名的大学。目前拥有 8 个院系：经济和社会发展学院、信息技术学院、农学院、环境和土木工程学院、林学院、食品技术学院、工学院、兽医学院。拉脱维亚农业大学通过终生学习中心、拉脱维亚农村顾问和教育中心提供终生教育。

拉脱维亚农业部下属的农业科研机构还包括拉脱维亚农业经济研究所、拉脱维亚国家水果生长研究所、国家谷物育种研究所、国家普瑞库里（Priekuli）大田作物育种研究所、拉脱维亚国家林业研究所、食品安全、动物健康和环境研究所。此外农业部合作单位包括拉特盖尔（Latgale）农业研究中心、普尔（Pure）园艺研究中心等。

2. 农业科技发展状况

目前，拉脱维亚已经形成了较为完备的农业学科、林业科学和渔业科学体系，并开展富有本国特色的农业科学研究。例如，在植物育种方面，拉脱维亚从 20 世纪 20 年代起开始对燕麦、黑麦、小麦、大麦、大豆等作物进行评价研究，并筛选适合当地种植的作物品种。近年来成功培育了 Talsis、Edwins、Fredis、Banga S 等冬小麦品种和 Robijs、Fffo 等春小麦品种，Kornelija、Austris、Kristaps、Druvis、Ansis、Rasa 等春大麦品种。这些优质、高产、抗逆性强的作物品种对提高拉脱维亚粮食单产和产量发挥了重要的作用。

由于拉脱维亚研发投入长期较低，政府目标是到 2020 年，研发投入经费达到 GDP 的 1.5%，到 2030 年达到 GDP 的 3%。拉脱维亚农业科研的优先发展领域包括微生物学、土壤学和土地资源、环境友好型技术等。拉脱维亚农民受教育程度较高，政府重视对农民提供农业、食品和林业方面的职业培训。2017 年，选择农业相关专业的学生人数约为 1.7 万人。

（五）农业管理体系与政策

1. 农业管理体系

拉脱维亚政府下设农业部，主管农业，林业、渔业和农村发展相关事务，负责落实农业领域的法律法规，并制定相关的政策措施。农业部下设国家森林服务局、农业数据中心、农村支持服务局、食品和兽医服务局、国家植物服务局、国家技术监测服务中心。

农村支持服务中心成立于 2000 年 1 月 1 日，主要负责落实本国和欧盟与农业、林业、渔业和农村发展相关的支持政策，监督农业法律法规的履行情况等。其主要职能包括接受和评估项目申请，以及划拨和管理资金的使用。农村支持服务中心总部设在里加，同时在各地区设由 9 个办事处。

食品和兽医局（FVS）成立于 2002 年 1 月 1 日，初衷是实现从"田地到餐桌"的农产品全程监管和全产业链追溯，旨在确保向消费者提供安全、无害的食品和健康正确的养殖动物方式。食品监管司、兽医监管司负责制订相关的规划计划并向 FVS 理事会提供方法支持。FVS 在拉脱维亚全境设有 11 个分理事会，负责国内的兽医监管和食品流通。边境防控司负责进口农产品检验检疫，评估和注册司负责特定食品种类和兽药入市前审批。

植物保护服务局根据 1998 年议会通过的植物保护法成立，负责监督和管理植物保护产品、化肥、介质、植物和植物产品、植物品种、种子及种植材料的自由流通，提升农业用地的肥力，同国际组织机构开展合作，同其他国家交换植物保护、植物检疫、种子流通及品种保护权方面的信息。下设植物保护司、植物检疫司、农化司、种子监管司、战略和方法司，总部设在里加，同时在各地区设有办事机构。

林业服务局是国家层面的林业事务管理机构，隶属于农业部，负责制定林业管理相关的法律法规，管理森林资源的利用，自然保护和狩猎活动。为考虑不同利益群体的意见和诉求，拉脱维亚成立了森林顾问委员会。国有森林由拉脱维亚国家林业公司负责管理，该公司成立于 1999 年，主要职能是保护国有林地并实现林业增值，从而提高林业对国民经济的贡献。

2. 农业支持政策

拉脱维亚属于欧盟成员国，现执行欧盟共同农业政策。新一轮的欧盟共同农业政策（Common Agricultural Policy，CAP）于 2013 年 12 月通过欧洲理事会和欧洲议会的批准，从政策层面支持和鼓励农业生产者实现可靠的粮食生产、自然资源可持续管理平衡区域发展的目标，拟通过 7 年的时间，深化欧洲农业生产的市场化改革，提高农产品国际竞争力，同时加强对农民收入保障、自然资源保护等政策性支持，实现农业可持续发展。CAP 的总预算为 3627.9 亿欧元，占欧盟 2014—2020 年多年财政框架预算的 37.8%，主要用于对农民的直接补贴和农村发展。2016 年度拉脱维亚获得欧盟补贴的总预算为 468.2 万欧元。

拉脱维亚国内的农业支持体系包括直接补贴、国家支持、市场干预、特别干预措施、发放进出口配额等。直接补贴采用单一面积直接补贴方案。这种简化的方案从 2004 年起开始执行，根据农业有效用地的公顷面积为单位来支付。此外农民还可以申请绿化补贴、小农户支持方案补贴、地区补贴、Natura 2000 补贴、农业环境措施补贴等。

拉脱维亚通过国家支持来促进农场的竞争力。主要措施包括减免部分农业贷款利息或者提供信用担保，开展动物育种和作物评价，推广使用良种，自主开展农业科学研究等。

为确保农村市场稳定和维持一定的生活水平，拉脱维亚在实行直接补贴方案的同时，也确立了价格补贴方案。价格支持体系考虑农业领域的实际需求和相关性，采取的具体措施包括：农产品的市场公共干预，谷物、稻米、糖、橄榄油和食用橄榄、牛肉和小牛肉、牛奶和奶制品、猪肉、羊肉的仓储补贴。

拉脱维亚在市场出现危机时会采取欧盟的特别措施。例如，在动物疫病或自然灾害发生时采取市场救助措施。拉脱维亚制订了糖和牛奶生产配额，配额在各省进行分配。法规特别规定了配额分配的方案及生产盈余管理方法。拉脱维亚政府提供的其他支持措施包括：对季节性农业从业人员征收专门的个人所得税，降低税负，简化手续；向农民提供购买柴油的折扣券等。

3. 农业发展规划

2014年，拉脱维亚农业部会同有关机构制定了拉脱维亚农业发展计划（2014—2020），并于2014年4月15日提交欧盟理事会。新一轮的农业发展规划依据欧盟立法制定，考虑了非政府部门建议，并借鉴了上一期计划实施的经验，更加专注于促进中小农场的发展，致力于激活市场、增加市场导向型农场数量，强化农业、渔业和食物生产链中各个主体之间合作，确保闲置的农业用地重新投入农业生产。为实现"以发展生产和经济活动促进增收，让农民劳有所得，改善家庭生活"的目标，计划明确了以下优先措施：

（1）知识和培训

促进农业、林业和农村地区的知识转移和创新。具体的措施包括：培训、授课、研讨会、经验交流等；向农户、林场主、中小企业主提供咨询，农场管理和农场救济等服务，提升与环境及气候友好型活动相关的经营管理水平，提高农场、企业和投资的生存能力；采取措施鼓励科学家、农民、林场主、食品生产者之间的合作，促进作物品种开发，因地制宜地推广适宜的农资和技术。

（2）增强竞争力

提高农业企业的竞争力，增强农场生存能力。措施包括：增加实物资产投入，用于农场修缮、加强多元化经营的能力，从而提高生产率，减少市场波动造成的负面影响；发展农产品加工，实现家庭农民向登记备案的职业农民转型，鼓励技术投资，鼓励购买食品加工企业生产设备等；提升公共基础设施功能，包括水利设施；支持对农业和林地改进体系进行修缮或翻新；支持创新创业；促进小型农场规模化发展，为小型农场创业、修缮购置等提供资金补贴，提高小型农产的效率和效益，增强市场参与度，提高产品市场竞争力；支持青年农民，吸引年轻人从事农业生产，为农场的发展注入新活力和新的劳动力。

（3）合作和风险管理

促进食物链的组织构建和提升农业风险管理水平，投资为2334万欧元，占总投资的1.5%。主要措施包括：支持生产组织；恢复林业生产潜力，采用适宜的保护措施和风险管理。

（4）恢复、保护和发展生态系统，有效利用自然资源

促进与农业、林业相关的生态系统恢复，增强经济对气候变化的适应能力，降低农业、林业和食品加工业的 CO_2 排放，促进资源的有效利用。对受自然灾害和其他特定限制的农场进行农业环境补贴、发展有机农业，提升森林生态系统的适应性和环境价值。

（5）农村发展

促进农村公路建设，提升农村公共服务水平。提高农村人口的积极性、知识和技能。通过 LEADER 途径促进地区发展。加强当地经济，商业多样型，促进资源利用最大化，改善乡村居住环境，吸引安居人口，鼓励低收入人口融入当地社会，增强地方经济水平和多样性。

鼓励创业，增强居民参与商业活动、家庭经营、手工业的兴趣，支持合作，缓解供应不足；发展乡村旅游；给农村人口自由发展权；促进各地区、各国之间的合作，促进各地和各国地方活动团体（Local action group）及居民之间的经验交流，通过合作启发乡村治理的新思想，新举措。确保社区主导型的地方发展（Community-led local development，CLLD）活动的顺利开展，为地方发展注入活力。通过规划、实施、监督和升级 CLLD 战略，确保地方发展的延续性。促进地方社区经验分享，鼓励居民全面参与，提供信息、知识和其他资源保障。

三、农业投资环境

（一）国家商业环境

拉脱维亚拥有良好的国家商业环境。根据世界经济论坛《2017—2018 年全球竞争力报告》，在全球最具竞争力的 137 个国家和地区中，拉脱维亚位居第 54 位。根据世界银行发布的《2018 年营商环境报告》，拉脱维亚属于 OECD 高收入国家，全球经商环境指数为 79.26（指数满分为 100 分），在 190 个国家中名列第 19 位，处于第 1 级，在欧盟高收入国家中名列第五，仅次于丹麦（第 3 位）、挪威（第 8 位）、爱沙尼亚（第 13 位）、立陶宛（第 16 位）。在其构成指标中，企业开办 94.11 分，名列第 21 位；施工许可证 73.41 分，名列第 49 位；电力供应 79.05 分，名列第 62 位；资产登记 81.87 分，名列第 22 位；贷款 85 分，名列第 22 位；税负 89.79 分，名列第 13 位；跨境贸易 95.26 分，名列第 25 位；契约 71.66 分，名列第 20 位；破产处理 59.10 分，名列第 53 位。拉脱维亚在波罗的海国家中的税率最低，在 OECD 国家中税收竞争力名列第三。根据全球知名智库美国传统基金会构建的经济自由度指数，拉脱维亚在全球 180 个国家中排名第 28 位，属于第 2 级。拉脱维亚大力鼓励创新创业，在波罗的海国家中率先通过了支持创业的法律，对初创企业实行统一税率。同

时，拉脱维亚政局稳定，社会治安状况良好，犯罪率在波罗的海三国中最低，且有逐年下降趋势。上述指标显示，拉脱维亚总体的商业环境较好，利于投资，吸引了宜家、KVIST 等国际知名生产企业前来投资设厂。

（二）农业优势与潜力

拉脱维亚农业发展具有得天独厚的自然资源。其耕地较广，水资源丰富，气候适宜，为种植业、畜牧业的发展提供了优良的条件；森林面积广阔，海岸线较长，为发展林业和渔业奠定了坚实的基础。拉脱维亚曾是苏联重要的农业生产基地，自独立以来，农业生产先后经历了由盛到衰，又逐步恢复的过程。拉脱维亚在充分利用自然资源的基础上，不断调整农业政策，开始执行欧盟共同农业政策，并在此框架下实施了一系列强农惠农措施，以保障粮食生产和农民持续增收，也越来越注重对农业环境的保护和农业可持续发展，使有机农业、生态农业在拉脱维亚蓬勃发展。拉脱维亚农产品必须符合欧盟标准，保障了产品品质和质量。在农业科学研究方面，拉脱维亚拥有健全的农业科学研究体系，覆盖了种植业、畜牧业、林业和渔业各个学科，为本国农业发展和生产力水平提高提供了强大的科技支撑。拉脱维亚农民受教育程度普遍较高，为农业发展积累了人力资源的优势。近年来，拉脱维亚农场规模不断扩大，规模效益越来越明显，具有较大的发展潜力。

（三）风险分析

1. 政治环境风险

拉脱维亚政治比较稳定，根据经济与和平研究所的全球和平指数平，2017 年拉脱维亚名列第 31 位，和平度高。世界银行的世界治理指数（WGI）及其中的腐败控制指数得分在 65~70 分，政治稳定性和腐败控制指数较高。根据 WGI 指标体系中的法制水平指数，拉脱维亚 2016 年，拉脱维亚得分 80.28，属于第 2 级法制水平高的国家。中国和拉脱维亚自建交以来，保持了良好的外交关系，签署了一系列鼓励双边贸易和投资的措施，投资的政治风险较低。但是，由于地域和历史的原因，拉脱维亚长期与欧洲国家保持着紧密的经贸、政治、人文关系，对中国等非欧盟国家在发展经贸关系方面还处于相互了解和探索合作阶段，社会舆论往往会出现不同的声音，企业通常会持审慎的态度与中国伙伴开展合作，为投资带来一定阻力。例如，2015 年，拉脱维亚修订了"国家植物保护服务费价目表"，原木的检疫检查证书价格从每立方米 0.14 欧元上涨至 2.85 欧元，该证书只适用于向欧盟以外的国家出口。

2. 土地使用风险

在土地方面，拉脱维亚为防止外国人购买大面积耕地和林地，对外国企业获得土地做了严格限制。2017年3月修订后的《农村土地私有化法》规定：不允许未获得永久居住的外国人购买农田，规定在拉购买土地的自然人和法人必须拥有A1级以上的拉脱维亚语知识，为避免农田集中在一个或多个联系密切的人手中，法律规定相关人员拥有农田合计不得超过4000公顷。此外还限定了禁止外国人拥有用地权益的范围，包括：边境地区土地；受保护的波罗的海和里加湾海岸地区和其他公共水域；当地政府规划的农业和森林用地；国家重要的矿床内土地和自然保护区内被保护的地域。因此，赴拉脱维亚投资种植业和林业具有较多土地使用上的限制。

3. 人力资源风险

拉脱维亚人口长期处于负增长，青壮年劳动力流失现象比较严重，人口老龄化比较明显，造成了人力资源成本较高，数量较为短缺。政府还严格控制外国劳务的输入，对欧盟以外国家，特别是亚洲国家劳务人员的进入持谨慎态度。外籍人口办理拉脱维亚工作许可的手续复杂。中国公司到拉脱维亚投资或设立代表处，都要面临实行本地化经营的问题。

4. 自然灾害风险

拉脱维亚气候寒冷，冬季漫长，冬季谷物是其主要的粮食作物。近年来，拉脱维亚粮食产量波动较大，往往是由于低温冻害、洪水等自然灾害引起粮食的减产。在全球气候变化的背景下，极端气候发生的频率和强度加剧，使农业生产面临更大的自然灾害风险。

（四）总体评价

拉脱维亚作为欧盟成员国，地理位置优越，自然资源丰富，近年来政治局势稳定，经济稳步发展，营商环境良好，法制健全，政府把吸引和鼓励外国投资视为经济发展的重要手段，出台和实施了系列鼓励外国投资的政策措施。农业是拉脱维亚吸引投资的重点领域之一，投资环境不断优化。但是拉脱维亚目前主要的国外直接投资大多来自欧盟国家，在土地使用、移民政策等方面对欧盟以外国家还存在较多的限制。

四、中拉农业合作现状与合作重点

（一）合作现状

1. 合作机制

中国和拉脱维亚于1991年9月12日在里加签署了《中华人民共和国和拉脱维亚共和国

建交联合公报》，正式建立了外交关系。双边关系保持了正常和稳定发展的势头，高层互访密切，两国在经贸、科技、文化、教育等领域签署双边合作文件近20个，在双边和多边的合作框架下长期开展宽领域、多层次的合作。拉脱维亚积极响应"一带一路"倡议，是波罗的海地区首个与中国签署共同推进"一带一路"建设谅解备忘录的国家，把发展对话经贸合作设为优先方向，愿为中国企业在拉脱维亚投资营造稳定环境，使拉脱维亚成为中国企业进入中东欧市场的门户。中拉两国政府高度重视推进农业领域的合作，中拉两国农业部签署了《中拉农业合作协议》，为开展双边农业合作奠定了基础。两国积极探索在中国—中东欧国家合作（"16+1"）合作机制下开展多边合作。2016年中国—中东欧国家领导人会晤在拉脱维亚首都里加举行。

2. 科技合作

由于地理、文化和语言上的差异，拉脱维亚和中国在农业科研领域的合作目前尚处于起步阶段，农业科技交流合作的人员、活动和范围还十分有限。但随着两国农业领域经贸合作不断深入，人文交流日益频繁，加强农业科技合作已经被提上已议事日程。2015年5月，拉脱维亚农业部长杜克拉夫斯访华，中拉双方就加强中拉农业合作及双方感兴趣的问题交换了意见，就积极推动两国农业科技合作，支持双方农业科研机构和科研人员之间开展合作与交流达成共识。

3. 贸易合作

近年来，中拉两国农业贸易合作更加密切，数十家拉脱维亚企业参加了中国—中东欧国家博览会、中国进出口商品交易会、中国义乌进口商品博览会等展会，提高了消费者对拉农产品的认知度，拉脱维亚蜂蜜、奶制品、糖果和冷冻浆果等优质加工食品逐渐被小众消费者认可和接受。拉脱维亚最大乳品企业富友联合食品（Food Union）已经向中国出口冰激淋，并采用旗下"林巴日乳品"（Limbazi Piens）品牌对中国出口牛奶和其他奶制品。中拉两国于2014年6月签署了《中华人民共和国国家质量监督检验检疫总局与拉脱维亚共和国农业部关于中国自拉脱维亚进口牛肉的检疫条件议定书》和《中华人民共和国国家质量监督检验检疫总局与拉脱维亚共和国农业部关于中国自拉脱维亚进口羊羔肉的检疫条件议定书》，为拉脱维亚的肉类产品进入中国市场奠定了基础。2016年11月，中国和拉脱维亚铁路运输线实现了全线开通，班列运载的部分商品很快被转运到其他东欧和北欧国家，使中拉两国开展农产品贸易更加便捷，有效降低了运输成本。

4. 投资合作

中国和拉脱维亚签署了《促进和保护投资协定》和《中华人民共和国政府和拉脱维共和国政府关于对所得和财产避免双重征税和防止偷漏税的协定》，为中国企业赴拉脱维亚投资营造了良好的政策环境。根据中国商务部统计，2016年中国对拉脱维亚直接投资存量为94万美元，是拉第22大直接投资来源国。但是目前中国对拉投资主要集中在通信行业、木材加工、建筑、电器设备、房地产和酒店餐饮等行业，在农业领域的投资尚未真正起步。拉脱维亚在土地使用上对外国投资者的限制，文化和语言差异、劳动力和经营成本等原因是中国农业企业赴拉投资的主要障碍。在吸引拉脱维亚农业投资方面，拉脱维亚30多家奶制品和鱼加工企业获得了对华投资的资质认证。太盟投资集团（PAG）和华映资本（Meridian Capital）分别投资1.616亿欧元和5240万欧元支持富友联合食品有限公司在中国市场扩大业务。该公司在中国内蒙古自治区和山东省建设两家工厂，牛奶原料从拉进口，生产奶酪、奶豆腐、酸奶和其他乳品，预计2018年投产，投资额将达数亿欧元。

（二）合作潜力

1. 合作基础

（1）友好外交关系营造良好宏观环境

中国同拉脱维亚拥有良好外交关系，两国高层互访密切，《中华人民共和国和拉脱维亚共和国建交联合公报》和《中华人民共和国和拉脱维亚共和国联合声明》等发展两国关系的纲领性文件，《中拉农业合作协议》等具体合作协议，以及政府间经贸合作委员会等政府间合作磋商机制为中国与拉脱维亚开展农业合作提供了良好的政治和经济合作机制。2016年，第五次中国—中东欧国家领导人会晤和第六届中国—中东欧国家经贸论坛在拉脱维亚首都里加举行，将中拉关系提升到了新的历史高度，在中国—中东欧（"16+1"）合作框架下，中拉农业合作迎来前所未有的历史新机遇。

（2）"一带一路"扩大拉脱维亚的区位优势

拉脱维亚拥有三个国际不冻海港，经由中转的货物可在48小时内覆盖波罗的海东岸、独联体和斯堪的纳维亚地区的2640万人口。里加国际机场运送了波罗的海地区近一半的乘客，2016年运送乘客量超过540万人。因此，拉脱维亚营商环境具有较强的辐射效应。

由于距离相隔遥远，历史文化、社会背景的差异导致中国同拉脱维亚的农业合作起步较晚。在"一带一路"倡议实施的背景下，中国不断加深同沿线国家的合作，铁路等基础设施实现联通，两国民众相互更加了解，经济活动日益紧密。拉脱维亚具有较强的区位优势和基础设施优势，希望借助中国"一带一路"倡议成为连接欧亚大陆的物流中心，中拉两国就在"一带一路"框架下加强多领域合作达成重要共识。拉脱维亚表示愿意参与中国提出的"一带一路"倡议，在基础设施、交通物流、清洁炼油、旅游、农产品等领域加强同中国的互利合作，希望成为中企进入中东欧市场的门户。两国经贸合作与中国同中东欧地区整体合作相得益彰、相互促进，前景更为广阔。

（3）资源互补性夯实互惠互利合作基础

中国—拉脱维亚两国农业具有差异性和互补性。从农业资源来看，拉脱维亚拥有丰富的耕地、林业、渔业资源，畜牧业和食品加工业发达，农产品符合欧盟标准。近年来，随着国内收入水平和生活水平的提高，国内消费市场多元化，对进口优质、绿色、健康食品的需求不断增加，来自拉脱维亚乳制品、鱼罐头、果酱等农产品可以有效丰富国内市场，满足消费者对高端农产品的需求。近年来，众多拉脱维亚企业正积极探索进入中国广阔市场的有效途径和方式，提升商品在中国消费者中的知名度和接受度。同时，拉脱维亚由于气候寒冷，冬季漫长，果蔬种植成本较高，国内市场对进口依赖较大，我国在反季节蔬菜生产上已经具有非常成熟的技术，可以以技术带动产品出口。拉森林资源丰富，原木和木制品是最主要的出口产品。中拉在林业方面的合作起步晚，但发展迅速，林业领域贸易和投资具有极大的潜力。

2. 合作前景

拉脱维亚农业扭转了下滑的局面，呈现稳步上扬趋势。农业、渔业和林业的自然资源，地处中东欧中心地带的区位优势，良好的政治环境和营商环境和政府吸引投资的优惠政策都是吸引中国企业同拉方发展农业合作的有利因素。同时，中国广阔的市场也对拉方充满吸引力。中拉两国在农业经济领域合作方面前景广阔。

（三）合作重点

1. 重点领域

（1）贸易合作

从近期来看，农产品贸易仍是中拉两国开展农业合作最主要的方式。两国农业资源和农产品市场高度互补。拉脱维亚对华出口目前以木材制品和食品为主，在鼓励和欢迎拉脱维亚农产品、渔业产品和林业产品进入中国市场，满足国内市场多元化需求的同时，要积极鼓励和引导中国农业厂商拓展与拉相关行业的合作，提高两国服务贸易水平，将农产品贸易向精深加工品、高新技术服务出口等方面拓展，并利用拉脱维亚地域优势，打开中东欧市场的大门，实现贸易和投资的协同发展。

（2）农业基础设施

拉脱维亚将加强农业基础设施建设，促进农业商业化发展作为农业发展的重要举措。中国在"互联网+"现代农业建设、推动休闲农业和乡村旅游业的发展，实现一二三产业的深度融合方面积累了一定经验，可以积极向拉方推广中国农业发展模式，拓展两国合作空间，实现技术、产品和服务三位一体的出口贸易格局，为两国经贸合作创作良好的氛围和环境。

（3）合作投资

随着"一带一路"倡议的实施，两国农产品贸易规模的扩大和人文交流的日益频繁，投资合作也将逐步成为两国农业合作的重要领域。要引导和鼓励农业企业因地制宜选择合适的投资项目，积极利用拉方招商引资的优惠政策，以产业园、企业联合体等形式开展对拉投资。引入国际合作资金，建立多主体的农业投资模式，围绕奶制品、畜禽产品、鱼肉制品、木材制品等拉脱维亚特色产业开展农业全产业链投资。

（4）农业科技合作

中国和拉脱维亚都形成了完备的农业科研体系，在保障粮食安全、应对气候变化，生态环境保护和促进农业可持续发展、动植物疫病防治等诸多领域具有共同研究目标。同时，由于农业资源条件和生产实际情况的差异，两国农业科技发展各具特色，优势互补。要通过科技交流、合作研究、研究生培养等多种方式，促进两国在动植物遗传育种、种质资源利用、农业可持续发展、植物保护、农业工程、植物保护、动物疫病防控等领域的科技合作与交流，不断提升中拉两国农业科技合作的层次和水平，为双边农业经贸合作提供强大的科技支撑，助推两国现代农业的发展。

2. 重点产业

（1）畜牧业

加强中拉在动物育种、兽医兽药、牧业机械、精深加工、畜禽废弃物处理等领域的交流合作。在拉推广中国种养结合、生态循环、智能化养殖方面的先进技术，积极参与拉脱维亚畜牧业基础设施建设，加强中拉双方在畜禽疫病防控方面的合作，通过畜牧养殖、机械、兽医兽药领域技术合作带动双边贸易、双边投资。

（2）食品加工业

充分利用拉脱维亚食品加工业发达，质量体系标准严格的优势，拓展深化双方食品加工企业合作。一是鼓励中国企业在拉脱维亚投资建立生产基地。拉脱维亚食品加工业发达，产品面向欧盟和独联体国家，劳动力和土地成本在欧盟处于较低水平，可作为我国食品企业开拓欧盟市场的生产基地。二是积极帮助拉脱维亚食品加工企业拓展中国市场。为拉脱维亚食品企业提供宣传展示的平台，提升拉脱维亚优质奶制品、蜂产品、糖果、果酱、鱼罐头等加工食品在中国的市场认知度，满足国内市场对多元化高品质食品的需求。

（3）渔业和林业

拉脱维亚海岸线长，水质肥沃，天然饵料丰富。鼓励中方企业积极探索同拉脱维亚在渔业领域的合作，组织对当地养殖环境的考察，加强水产养殖技术研发和水产养殖产业合作。

拉脱维亚林业、木材加工及家具制造业在其制造业中占据重要位置，原木和木制品是主要的出口产品，中拉在林业方面的合作方兴未艾。

五、中拉农业合作建议

（一）建立并强化政府间农业合作协调机制和企业服务机制

加强中拉两国在农业领域的对话，增进相互了解，建立政府间农业合作对话磋商机制，为两国开展全面农业经济合作营造良好宏观政策环境。建立中拉农业合作信息咨询网络，发挥政府引导作用，为参与合作的两国政府和机构提供自然资源、社会经济、政策环境、基础设施、人力资源、财政金融、合作风险分析等信息，增进相互间了解，减少合作风险，提高合作的稳定性和可持续性。设立包括中国—中东欧农业合作专项扶持资金，综合运用规划、投资、产业、财税和金融等政策措施，建立一个良性的面向市场的，有利于种植业、渔业、林业、渔业资源合作开发的投融资政策支持体系和环境，形成有效的激励机制。推动我国相关企业和部门与拉方沟通，优化贸易和投资合作的宏观环境。

（二）依托重点合作项目建立全产业链投资机制

在重点合作领域，依托重点合作项目，推进双方农业合作。一是农产品加工项目，从全产业链的角度，积极利用拉脱维亚自然资源、人力资源和区位优势，形成食品加工，物流配送、加工与销售等关键环节的全产业链投资合作机制。二是林业综合开发利用项目，强化双方在植树造林和森林资源保护方面的合作，在林业资源可持续发展基础上，选择优势区域，建设林产品加工基地，从事林产品深加工，满足国内对优质木材产品的需求。

（三）建立混合所有制合作模式

积极利用多边平台，建立混合所有制的农业"走出去"新模式。在中拉双边合作基础上，借鉴国际通行模式，充分发挥中国—中东欧（"16+1"）合作机制的作用，改变原有的单向投资模式，实现与国际接轨，充分利用国际先进的技术、经验和人才、资金，引入成熟的投资合作模式，开展属地化经营，促进投资合作的可持续性，降低投资风险。政府努力为企业搭建合作框架和合作平台，引入具有实力的第三方机构、企业和国际金融机构，建立多层次、多主体的合作模式。

（四）促进中拉农业科技领域的交流合作

目前中拉两国农业科技互补性强，拉脱维亚农业科研和推广机构体系健全，科研实力较强，在很多领域的研究富有特色，大力推进中拉两国科技人文交流，推动双方在农业可持续发展、应对气候变化、动植物育种、设施园艺、畜牧兽医、农产品加工及检测等共同感兴趣领域的加强研发合作。在建设知识型经济的过程中与拉脱维亚加强科技创新对话交流，不断推动中拉农业科技创新合作更上新台阶。加强中拉双方在产学研及国际技术转移等领域的合作，共同促进科研成果产业化，为双方农业经贸领域的合作提供科技支撑。

参考文献

毕马威会计事务所和拉中商业协会.拉脱维亚——中国的商业伙伴[EB/OL].http://www.liaa.gov.lv/files/liaa/attachments/china-2-final-small.pdf.

国家税务总局.2017.中国居民赴拉脱维亚投资税收指南[EB/OL].http://gys.gz-l-tax.gov.cn/ssxc/tzgg/201712/t20171205_2094422.html.

商务部.2017.《对外投资合作国别指南》（2017版）[EB/OL].http://lv.mofcom.gov.cn/article/ztdy/201712/20171202692190.shtml.

外交部.2018.拉脱维亚国家概况[EB/OL].http://www.fmprc.gov.cn/web/gjhdq_676201/gj_676203/oz_678770/1206_679330/1206x0_679332/.

World Bank Group. 2016. Doing Business 2017[EB/OL]. http://chinese.doingbusiness.org/reports/global-reports/doing-business-2017.

World Economic Forum. 2017—2018. The Global Competitiveness Report[EB/OL].http://reports.weforum.org/global-competitiveness-index-2017-2018/?doing_wp_cron=1530641848.6590919494628906250000.

马其顿

马其顿共和国（简称马其顿）是位于东南欧的巴尔干半岛南部的内陆国家，东临保加利亚，北临塞尔维亚，西临阿尔巴尼亚，南临希腊。马其顿采取自由开放的对外经济政策，积极构建自由、便利、低成本的"第三方贸易投资平台"，促进了经济的快速发展，目前经济增速位于欧洲前列。农业是马其顿的支柱产业，以种植业为主，以优质、特色、生态为理念，积极发展特色农业，葡萄酒、蔬菜和烟草是马其顿主要出口创汇农产品。中国是马其顿主要农产品贸易伙伴，中马在葡萄酒、烟草、蔬菜、水果、农产品加工和转口贸易等方面合作前景广阔。

一、国家基本概况

（一）地理及行政区划

马其顿位于东南欧，地处巴尔干半岛中部，地理位置优越。东与保加利亚接壤，西邻阿尔巴尼亚，南邻希腊，北靠塞尔维亚。马其顿地形多为山地，瓦尔达尔河自南北穿过，同时具有温带大陆性气候和地中海气候。

马其顿山区占国土总面积的79%，其余为低地（19%）和天然湖泊（2%）。大约一半的土地是农地，44%是森林。马其顿的水体包括3个天然湖泊：奥赫里德湖、普雷斯帕湖和多伊兰湖，还有一些人造湖泊、冰川湖泊和河流。

马其顿下辖10个大区，80个市镇。主要城市有斯科普里（Skopje）、比托拉（Bitola）、库马诺沃（Kumanovo）、普利莱普（Prilep）、泰托沃（Tetovo）、什蒂普（Stip）等。位于西北部的斯科普里（Skopje）是马其顿首都，现在约有人口61万人，占全国人口近1/3也是全国政治、经济、文化和交通中心。斯科普里（Skopje）四周高山环绕，瓦尔达尔河贯穿整个城市，是巴尔干半岛通往爱琴海和亚得里亚海的重要交通枢纽，也是全国最大的烟草加工中心，也是冶金、汽车、农业机械等生产中心。

（二）人口状况

马其顿人口规模近年来呈现缓慢上升的趋势，人口从2000年的202.6万人上升到2016年的207.2万人（表1）。2016年马其顿主要城市人口分布情况如下：斯科普里61万、比托拉9.3万、库马诺沃10.9万、普利莱普7.6万、泰托沃9.1万、韦莱斯5.5万。2016年全国工作适龄人口95万人，30岁以下人口约占33%。马其顿全国受教育程度普遍较高，劳动力价格偏低，税前收入每月560美元左右，低于周边国家许多国家，首都斯科普里被《外国直接投资（FDI）》杂志评为欧洲人力资源前五的中小城市。

主要民族为马其顿族（64.2%），阿尔巴尼亚族（25.2%），土耳其族（3.9%），吉卜赛族（2.7%）和塞尔维亚族（1.8%）。

表1　2000—2016年马其顿人口规模　　　　　　　　　　　　　　（单位：万人）

年　份	人　口
2000	202.6
2001	203.5
2002	202.0
2003	202.7
2004	203.2
2005	203.7
2006	204.0
2007	204.4
2008	204.7
2009	205.1
2010	205.5
2011	205.9
2012	206.1
2013	206.4
2014	206.7
2015	207.0
2016	207.2

数据来源：2016年马其顿统计年鉴

按照欧盟贫困线标准，人均收入不足平均收入中位数的60%即为贫困，对于独居人士，年收入少于82560代纳尔（约1342欧元）即为贫困，对于四口之家（夫妇加2个未成年子女），年收入少于173376代纳尔（约2819欧元）即为贫困。马其顿国家统计局统计，2016年超过45万马其顿人仍处于贫困线下，占总人口的21.7%。2016年9%的工作人口、41.1%的失业人口和7.1%的退休人口收入低于贫困线。2016年马其顿基尼系数为33.6%，同比下降0.1%，S80/S20（20%最富有人群与20%最贫穷人群收入比值）为6.6倍，与2015年持平。

（三）政治制度

马其顿实行议会制，国家的行政权由马其顿议会（一院制）的政党所组成的联合政府掌握，国家元首为共和国的总统，政府首脑为总理，由总统授权组阁。1991年马其顿通过的

《新宪法》规定总统以无记名投票方式通过普选产生，任期5年，最多不得超过两任。现任总统格奥尔盖·伊万诺夫（Gjorge Ivanov），现任总理佐兰·扎埃夫。

国家最高立法机构是议会，议员通过直选产生，每届任期4年。政府是国家权力执行机构，而司法则由宪法法院、普通法院和检察院负责，其中普通法院还分初级法院（区法院）、中级（地区法院）和最高法院三级。

马其顿实行多党制，主要政党有：马其顿内部革命组织（Internal Macedonian Revolutionary Organization Democratic Party For Macedonian National Unity）、自由党（Liberal Party）、马其顿社会民主联盟（The Social Democratic Union of Macedonia）、民主繁荣党（Party of Democratic Prosperity）、民主选择党（Democratic Alternative）。

（四）社会和经济发展状况

南联盟时期，马其顿的社会经济发展不稳定，属于经济发展较为落后的地区。1993年马其顿独立后，由于政府新建、国内社会不稳定、国际经济制裁等一系列的政治经济因素使得其社会经济发展处于滞缓的状况。

2002年以来，马其顿政府高度重视社会稳定发展，大力推进国家管理服务建设和社会治理，通过各党联合执政、融合各族发展措施社会稳定发展，GDP总量呈现不断增长趋势。2003—2014年GDP由42.41亿欧元增加到85.62亿欧元（现价），年均增长6.6%。GDP实际增长率也持续增长，2007年达到最高值6.5%，随后小幅下降，达到在3%～4%。人均GDP也持续增加，2002—2014年，人均GDP由2099欧元增加到4141欧元。GDP平减指数变幅不大，在99%～106%变化，说明马其顿总体物价水平变化不大，经济平稳发展（表2）。马其顿经济以第三产业为主，2016年农林牧渔等第一产业占GDP的比重是9.9%，第二产业占比29.7%，第三产业占比60.4%。

表2 2002—2014年马其顿GDP总量及增速（现价）

年 份	GDP（亿欧元）	人均GDP（欧元）	GDP实际增长率（%）	GDP平减指数（%）
2002	42.41	2099	1.5	100.9
2003	43.86	2164	2.2	101.7
2004	45.78	2252	4.7	99.8
2005	50.32	2470	4.7	104.9
2006	54.72	2682	5.1	103.3

(续表)

年 份	GDP（亿欧元）	人均GDP（欧元）	GDP实际增长率（%）	GDP平减指数（%）
2007	60.95	2982	6.5	104.6
2008	67.72	3308	5.5	105.5
2009	67.67	3300	-0.4	100.3
2010	71.09	3459	3.4	102.0
2011	75.44	3665	2.3	103.7
2012	75.85	3680	-0.5	101.0
2013	81.50	3948	2.9	104.5
2014	85.62	4141	3.6	101.4

数据来源：2017年马其顿统计年鉴

＊GDP平减指数=（名义GDP增长/实际GDP增长）×100%，反映经济中物价总水平所发生的变动。

二、农业发展现状

（一）农业资源条件

1. 气候资源

马其顿具有温带大陆性气候和地中海气候，以温带大陆性气候为主。全国降水不规律，年平均降水量733毫米。山区年均降水量约为1000～1500毫米，山谷600～700毫米。地中海气候是马其顿南部地区的典型气候，夏季炎热干燥，冬季温和多雨。地中海气候地区的年均降水量很低，不到500毫米。大部分农业地区夏季最高气温达40℃，冬季最低气温达-30℃。由于多山区丘陵，昼夜温差大，利于葡萄等水果生长和糖分的存储，也是形成葡萄酒特色产业的基础。

2. 土地资源

马其顿共和国以山区为主，占比达79%，平原面积占19.1%，水域面积1.9%。2017年，农业用地面积126.6万公顷，分为种植业用地、牧场、池塘、芦苇荡和鱼塘，其中种植业用地面积51.7万公顷、牧场74.8万公顷，占比分别为40.7%和59.2%，是最主要的两种用地类型。种植业用地包括耕地和园地、果园、葡萄园和草地，葡萄酒是马其顿主要特色和支柱产业，葡萄园用地占2.4万公顷（表3）。

表3 2012—2017年农业土地面积分布　　　　　　　　　　　　（单位：万公顷）

项目	2012年	2013年	2014年	2015年	2016年	2017年
农业用地	126.1	126.1	126.3	126.4	126.7	126.6
种植业用地	50.9	50.9	51.1	51.3	51.6	51.7
耕地和园地	41.3	41.3	41.3	41.5	41.7	41.7
果园	1.5	1.5	1.5	1.6	1.6	1.6
葡萄园	2.2	2.2	2.3	2.3	2.4	2.4
草地	5.9	5.9	6	5.9	5.9	6
牧场	75.1	75.1	75.1	75	75	74.8
池塘、芦苇荡和鱼塘	0.1	0.1	0.1	0.1	0.1	0.1

数据来源：马其顿统计年鉴2017

马其顿农业生产主要由包括家庭农场、农业企业和合作组织两种经营主体开展，总体上基本各占一半（表4），农业企业与合作组织占比49.5%，家庭农场占比50.5%，但是种植业用地主要以家庭农场为主，占比91.3%，葡萄园种植商业化程度高于其他种植业，有27.5%的葡萄园由农业企业与合作组织经营。牧场主要由农业企业与合作组织经营，占比达77.7%。

表4 2017年马其顿不同类型农业用地的经营主体情况　　　　　　　（单位：公顷）

项目	农业用地	种植业用地	耕地和园地	果园	葡萄园	草地	牧场	池塘、芦苇荡和鱼塘
全国	1266008	516870	416709	16546	23703	59912	748413	725
农业企业与合作组织	626409	44750	35224	2043	6526	957	581425	234
家庭农场	639599	472120	381485	14503	17177	58955	166988	491
农业企业与合作组织占比	49.5	8.7	8.5	12.3	27.5	1.6	77.7	32.3
家庭农场占比	50.5	91.3	91.5	87.7	72.5	98.4	22.3	67.7

数据来源：马其顿统计年鉴2017

3. 水资源

受气候原因影响，马其顿降水量较少，年均降水量约为619毫米。主要河流有瓦尔达尔河、德林河、黑德林河、南摩拉瓦河等。瓦尔达尔河为马其顿最长河流，源于马其顿和阿尔巴尼亚边境的萨尔山脉，流经马其顿北部，经斯科普里、韦莱斯，进入希腊境内，之后注入爱琴海的萨洛尼卡湾。全长388千米，流域面积25000平方千米。主要湖泊有奥赫里德湖、普雷斯帕湖等。

马其顿的国内径流量为13.78亿立方米,而地表水和地下水的外部流入量为62.61亿立方米,可更新淡水资源总量76.39亿立方米,人均可利用淡水量则为3742立方米。

4. 生物资源

马其顿生物多样性十分丰富,有超过380种动物物种、319种乔木和灌木,其中16%的物种是巴尔干地区特有物种。但由于受到人类活动的影响,马其顿生物多样性面临威胁。近20年来,马其顿森林资源得到保护,森林面积不断增加。据联合国粮农组织统计,马其顿2016年森林覆盖率达39.2%。其中,人工林面积10.50万公顷,天然次生林89.3万公顷。

(二)农业生产情况

马其顿农产品丰富,主要农产品包括小麦、大麦、玉米、葡萄等水果和各类蔬菜、烟草、咖啡、可可、胡椒等,畜产品主要包括牛肉、羊肉、禽肉、马肉。水产品主要是鱼类养殖,主要养殖种类是虹鳟、鲤鱼、镜鲤等。马其顿水果、蔬菜、奶制品、面粉等品质优良,享誉中东欧。

1. 农业产值规模及构成

马其顿的农业生产总值持续增长,且增长幅度有所提升,农业总产值于2008年达到高峰,随后有所下降,从2013年开始再次上涨,并突破500亿代纳尔。农业总产值占GDP比重在2004年达到最高,为11.6%,随后出现一定的波动,2008年达到新的高峰11.4%,其后保持在10%左右的水平(表5)。

表5 2002—2014年马其顿农业产值变化

年 份	农业总产值 (亿代纳尔(现价))	GDP占比 (%)	隐性物价平减指数 (上年=100)
2002	262.99	10.2	106.9
2003	310.03	11.5	106.6
2004	324.42	11.6	98.1
2005	300.31	9.7	92.1
2006	301.00	9.0	100.8
2007	333.08	8.9	108.2
2008	474.78	11.4	116.4
2009	429.97	10.4	88.2
2010	442.58	10.1	119.0
2011	434.05	9.4	96.3
2012	424.93	9.1	116.6

（续表）

年　份	农业总产值 （亿代纳尔（现价））	GDP 占比 （%）	隐性物价平减指数 （上年 =100）
2013	503.27	10.0	109.1
2014	537.01	10.2	103.5

数据来源：马其顿统计年鉴 2017

2. 主要农产品产量

马其顿气候非常适宜农作物的生长，农业生产以种植业为主，畜牧养殖占比相对较低，主要农作物有小麦、大麦、玉米、水稻、烟草、向日葵、蔬菜、水果。水果、蔬菜、烟草和葡萄酒出口量较大。

（1）种植业

从种植结构看，马其顿主要以谷物种植为主，2017 年谷物种植比例达 58%，其次是蔬菜占 19%，饲料作物占 14%，经济作物占 9%（图 1）。谷物以小麦、玉米、大麦和黑麦为主，蔬菜主要包括马铃薯、包头菜、番茄和胡椒等，经济作物以烟草和向日葵为主。饲料作物主要有饲料玉米、三叶草、紫花苜蓿、饲料豌豆干草和饲料甜菜等。

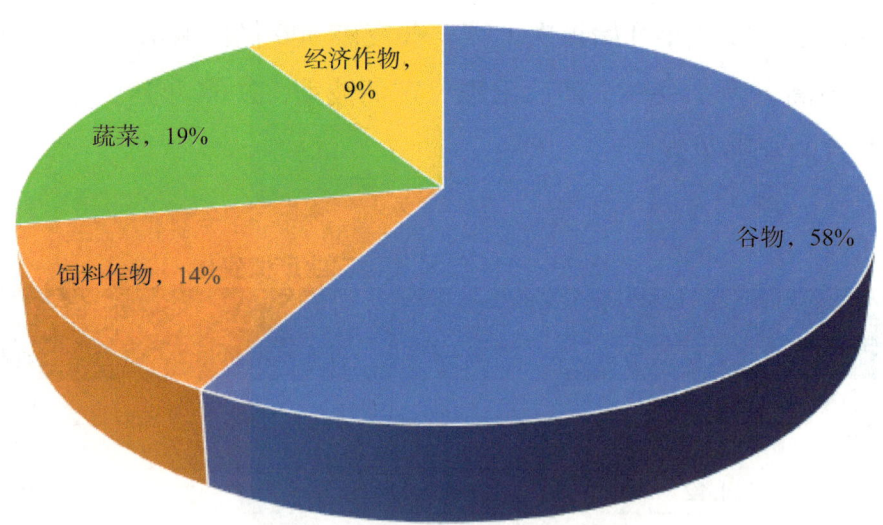

图 1　2017 年马其顿农业种植结构

资料来源：马其顿国家统计局，Field Crops, Orchards and Vineyards，2017

小麦是马其顿最重要的粮食作物，小麦总产量 1991 年即达到 34.07 万吨，之后呈现较大的波动，1995 年达到最高值 38.12 万吨，随后持续下降。单产也出现一定程度的波动，1993 年最低为 2135 千克/公顷，单产总体上呈现出增加的趋势，2016 年单产达到最高值

3838 千克/公顷。

玉米的产量相对较稳定，2016年达到14.38万吨，单产达到4633千克/公顷。向日葵总产出现持续下降，尤其2000年以来，向日葵播种面积大幅下降，总产量接近减半。烟草作为马其顿的主要经济创汇产业，单产有一定幅度的增加，总产在2010年达到最高3.03万吨，但随后出现了小幅下滑。详见表6。

表6　1991—2016年马其顿主要农产品产量　（总产单位：吨；单产单位：千克/公顷）

年份	小麦 总产	小麦 单产	玉米 总产	玉米 单产	向日葵 总产	向日葵 单产	烟草 总产	烟草 单产	葡萄 总产
1991	340747	3021	134958	3200	38685	1354	25195	1375	264281
1992	299522	2675	130259	2976	37756	1241	26502	1178	264614
1993	249789	2135	101063	2261	18841	678	24002	1123	127992
1994	336133	2754	133211	3118	17880	858	18862	1269	205486
1995	381226	2930	165652	3902	22290	1554	15683	1440	190677
1996	269303	2292	142421	3388	20586	1248	15412	1313	214513
1997	293762	2549	157234	3915	14902	1129	25308	1312	258360
1998	336562	2961	140949	3593	13148	1050	32746	1309	243567
1999	319419	2803	160550	4093	13937	1417	29368	1189	230104
2000	299356	2472	125383	3382	7351	1234	22175	973	264256
2001	246208	2132	117070	3563	5475	907	23217	1157	229805
2002	266961	2641	140694	4124	8760	1344	22911	1116	118935
2003	225300	2177	136492	4051	6794	1268	23986	1332	243821
2004	356825	3522	141875	4364	7764	1507	21630	1221	254613
2005	333880	3081	148234	4491	6711	1330	27691	1498	265717
2006	293326	3010	147494	4649	6016	1620	25036	1436	254308
2007	218076	2402	118378	3836	3579	1021	22056	1287	209701
2008	291719	3414	127125	4099	5444	1171	17087	1001	236834
2009	271117	3076	154237	4751	7774	1879	24122	1355	253456
2010	243137	3044	129045	4508	7592	1884	30280	1492	253372
2011	256103	3346	126096	4294	8497	1494	26537	1348	235104
2012	214963	2696	115928	3973	4765	1270	27332	1392	240461
2013	258960	3198	131043	4223	3832	1559	27859	1453	292075
2014	287954	3755	136930	4495	9268	1813	27578	1553	195888
2015	201218	2754	133771	4226	8499	1533	24237	1503	324769
2016	306433	3838	143823	4633	6266	1608	25443	1554	333319

数据来源：马其顿统计年鉴2017

黑麦、大麦、燕麦也是马其顿的主要作物，其中大麦种植面积最大，总产量最高，2012年以来产量持续增加，2016年总产14.48万吨，单产为3507千克/公顷。2012—2016年，黑麦、燕麦总产量也持续增加，单产总体上也呈现增加的趋势，个别年份受气候变化的影响出现减产。马其顿水稻品种优良，单产也较高，2015年达到6124千克/公顷，正常年份能达到5800～6000千克/公顷，由于气候异常和干旱，2016年水稻减产较严重见表7。

表7　2012—2016年马其顿主要谷物和产量　　（单位：吨，千克/公顷）

作物	项目	2012年	2013年	2014年	2015年	2016年
黑麦	总产量	7288	8898	11402	7747	10210
	单产	1935	2368	2736	2061	2277
大麦	总产量	90384	125565	153055	101677	144832
	单产	2201	2994	3719	2470	3507
燕麦	总产量	3898	5215	6033	5652	7612
	单产	1489	1875	2100	1841	2110
水稻	总产量	24361	27921	30500	30527	24792
	单产	5232	5992	5895	6124	4919

数据来源：马其顿统计年鉴2017

（2）水果蔬菜

马其顿盛产番茄、辣椒、洋葱、瓜类、马铃薯、卷心菜等蔬菜，凭借蔬菜生产优势，马其顿成为蔬菜净出口国，被誉为东南欧的"菜篮子"。水果主要包括：葡萄、苹果、李子、樱桃和梨等。约80%是大田种植，20%是设施蔬菜。

马其顿的主要蔬菜产量较高（表8）。2012年以来，蔬菜年均产量约为75万吨，总产量最高的是土豆，其次为胡椒、番茄和卷心菜。2012—2016年，马铃薯从16.88万吨增加到19.71万吨，单产由12788千克/公顷增加到14853千克/公顷。胡椒总产量也非常高，2012—2016年总产量由16.62万吨增加到18.1万吨，单产整体上呈现持续增加的趋势，2015年最高单产达到21985千克/公顷。番茄总产量和单产持续增加，2013—2016年均增长均为3.6%，均在2015年达到最高值，分别为17.34万吨和30740千克/公顷。2013—2016年，卷心菜总产和单产均持续增加，分别增长48.4%和20.7%，年均分别增长14.1%和6.5%。瓜类和西瓜的总产和单产也持续增加，2012—2016年，分别增长9.5%和14.4%，年均分别增长3.1%和4.6%。洋葱作为欧洲主要的蔬菜和调味品，需求的增加带动产量的快速增长，2012—2016 年，总产和单产分别增长 39.4% 和 37.3%，年均增长率分别达到 11.7% 和 11.1%。其他蔬菜水果的产量也逐渐增加，单产水平不断提升。

马其顿蔬菜除了满足本国消费外，还大量出口，蔬菜出口前南斯拉夫地区及欧盟国家，出口额每年增长率在 10% 以上。

表8 2012—2016 年马其顿主要蔬菜产量　　（单位：吨，千克/公顷）

作物	项目	2012年	2013年	2014年	2015年	2016年
马铃薯	总产量	168859	189590	198943	189408	197138
	单产	12788	14071	15101	14177	14853
豆类	总产量	5128	5127	6232	5569	6251
	单产	1085	1113	1289	1164	1298
卷心菜	总产量	94234	119662	115486	144931	139873
	单产	25237	26698	26451	30194	30454
晚白菜	总产量	34337	37754	48502	48865	45354
	单产	32090	29312	32249	37588	37826
番茄	总产量	145818	130960	160530	173434	161951
	单产	25974	23999	28065	30740	28899
胡椒	总产量	166247	152153	175867	189443	181852
	单产	19273	17898	20637	21985	20781
大蒜	总产量	4081	4134	4326	4214	4221
	单产	4360	4493	4652	4300	4316
洋葱	总产量	43732	50787	59974	59542	60958
	单产	12399	14552	16720	16512	17022
瓜类和西瓜	总产量	127593	128417	136730	131039	139679
	单产	22420	22989	24051	23786	25653
扁豆	总产量	77	77	98	68	110
	单产	1045	944	1226	810	1312

数据来源：马其顿统计年鉴 2017

马其顿的葡萄产业十分发达，距今已有 2500 年的历史，而适宜的气候和土壤也十分有利于葡萄的生长。马其顿葡萄酿造技术和工艺得到极大的发展。葡萄酒不仅在本国消费，也远销海外，是马其顿国民经济支柱。

一直以来，马其顿的葡萄和葡萄酒产量和出口保持增加的趋势，外资对该行业的投资兴趣也持续增加。2012—2016 年，马其顿的葡萄种植面积从 20948 公顷增加到 23193 公顷，产量从 24.04 万吨增加到 33.33 万吨，单产保持在 4 千克/公顷左右（表 9）。

表 9　2012—2016 年马其顿葡萄种植情况

年份	面积（公顷）	葡萄数量		产量	
		总葡萄数（万株）	产果葡萄（万株）	总产量（吨）	单产（千克/藤）
2012	20948	8071.3	7916.0	240461	3
2013	21109	8361.0	8235.4	292075	4
2014	22726	8598.6	8448.1	195888	2
2015	22918	8631.3	8478.1	324769	4
2016	23192	8766.8	8595.0	333319	4

数据来源：马其顿统计年鉴 2017

与此同时，马其顿其他水果的产量和规模出现一定的萎缩，尤其 2014 年水果单产和总产量均出现较大下滑，例如，苹果的产量从 2012 年的 12.7 万吨下降到 2016 年的 10.1 万吨，李子则由 3.5 万吨下降到 3.3 万吨。为缓解这种局面，马其顿政府对果农实行补贴，补贴方式是根据水果种植品种不同，每公顷补贴标准在 1.5 万～3.3 万代纳尔（约合 340～740 美元），补贴总费用达 1.47 亿代纳尔（约合 330 万美元）（杨照，2015）。由于补贴的刺激，加上当年气候适宜，2015 年，马其顿主要水果，苹果、李子和桃子均达到近年最高产量，年产水果 22 万多吨，其中，苹果 13.69 万吨，李子 4.15 万吨，桃子 1.2 万吨，樱桃和酸樱桃 1.47 万吨，梨 0.90 万吨。2012—2016 年马其顿主要水果产量见表 10。

表 10　2012—2016 年马其顿主要水果产量　　　　（单位：吨，千克/公顷）

项目		2012 年	2013 年	2014 年	2015 年	2016 年
苹果	总产量	127171	112929	95684	136931	101088
	单产	29	26	25	36	26
梨	总产量	6937	7265	6195	9016	7207
	单产	19	20	16	23	18
榅桲	总产量	1237	1257	1130	1369	1279
	单产	22	24	22	26	23
李子	总产量	35444	38902	33101	41477	33684
	单产	23	25	21	26	20
樱桃	总产量	5539	6037	6324	6248	5574
	单产	29	31	34	32	28

(续表)

项　目		2012年	2013年	2014年	2015年	2016年
酸樱桃	总产量	8127	8867	8042	8483	8072
	单产	12	12	12	9	9
杏子	总产量	4503	3968	4619	3255	3471
	单产	30	25	28	18	18
桃子	总产量	8987	11034	11558	12006	12108
	单产	21	24	21	21	21
核桃	总产量	4952	5467	4649	5790	5147
	单产	31	33	28	34	30

数据来源：马其顿统计年鉴2017

（3）畜牧业

马其顿的畜牧业以饲养牛（奶牛和肉牛）、羊和猪为主，家禽次之，其产值占农业总产值的30%左右。1991年以来，由于马其顿奶牛饲养量持续增加，牛奶产量增加。同时，随着奶牛品种和养殖技术的改进，奶牛日产奶量持续增加，1991—2016年总产奶量增长238.1%，年均增长5.0%，日产奶量增长129.2%，年均增长3.4%。但受饲料供给严重不足制约，马其顿肉类总产量和总产蛋量却持续下降。1991—2016年，肉类总产量减少37.6%，产蛋量减少69%，年均分别减少1.9%和4.6%。产蛋量的快速下降是由于母鸡饲养量和每只母鸡的年产蛋量出现双降。1991—2016年马其顿肉蛋奶总产量见表11。

表11　1991—2016年马其顿肉蛋奶总产量

年　份	牛奶产量（万升）	日产奶量（升）	肉类总产量（吨）	产蛋量（万枚）	产蛋量（枚/只）
1991	11919	1329	35258	57355	153
1992	11744	1307	34114	51618	138
1993	11840	1325	34009	51339	132
1994	11579	1283	33787	51015	127
1995	12883	1429	29375	48549	132
1996	13364	1406	29368	43460	142
1997	13331	1396	27800	42591	149
1998	17357	1902	25971	47084	160
1999	20239	2152	26512	44544	158
2000	22024	2343	27470	45247	151
2001	20090	2096	26041	39468	161
2002	19843	2094	27471	34503	158
2003	19153	2140	29835	28330	140

(续表)

年 份	牛奶产量(万升)	日产奶量（升）	肉类总产量（吨）	产蛋量（万枚）	产蛋量（枚/只）
2004	21290	2362	29839	34001	158
2005	19746	2245	28264	33967	152
2006	23471	2497	28041	33055	153
2007	37371	2880	27228	32115	187
2008	36822	2835	25065	27640	166
2009	34262	3004	25362	27404	179
2010	34710	2787	23271	33582	199
2011	37629	2866	21632	29591	193
2012	34977	2928	23124	23747	166
2013	38074	3009	20856	21554	174
2014	38701	3053	22146	24823	173
2015	36107	2828	21410	20338	150
2016	40304	3046	21994	17752	131

数据来源：马其顿统计年鉴2017

马其顿养殖牛、羊、马、家禽和生猪。2012年以来，生猪存栏量先下降后上升，牛存栏量基本持平，马存栏量下降，羊存栏量基本保持稳定，家禽存栏量小幅增加，蜂箱数量和蜂蜜产量增加（表12）。

羔羊养殖是马其顿的优势特色产业，马其顿有优质的山区生态牧场，"绿色、生态"羔羊肉是最具优势的出口产品，主要出口欧盟国家。

表12　2012—2016年马其顿畜牧业情况

年 份	牛（头）	猪（头）	羊（头）	马（匹）	家禽（只）	蜂箱（个）
2012	251240	176920	732338	21676	1776297	52897
2013	238333	167492	731828	20682	2201550	68294
2014	241607	165054	740457	19371	1939879	73869
2015	253442	195443	733510	18784	1761145	73960
2016	254768	202758	723295	19263	1865769	81476

数据来源：马其顿统计年鉴2017

马其顿养牛业为自给自足的小农生产。养牛业主要集中在丘陵地区，以家庭农场为主，多为满足家庭消费需求。近年来，马其顿加大了对农民养牛的财政支持，从事商业化经营的家庭农场数量正在增加。但由于饲料严重依赖进口（主要为玉米和大豆），缺少政策支持的大型企业对养牛业的投资减少。

3. 主要农业产业布局

（1）种植业布局

小麦： 马其顿小麦种植广泛，八大区域均有种植，种植面积较大的地区集中在培拉贡尼亚、东北、斯科普里、波洛、东南地区等区，特别是在培拉贡尼亚地区气候非常适合小麦种植，在培拉贡尼亚的盆地、平原上有大量小麦种植基地。该区小麦总产量达到76621吨，约占马其顿小麦种植的40%。该区也是马其顿小麦单产最高的区，平均单产达到3492千克/公顷。其次是东北区，约占总产量的16%，波洛、东南区约占9%。

大麦： 马其顿大麦主要种植在培拉贡尼亚、东北、瓦尔达尔和东部区，单产较高的区域在培拉贡尼亚、东南、东北和西南区域。

水稻： 马其顿的水稻种植范围相对较小，主要集中在东部山区地带，沿着布雷加尼卡河，什蒂普（Shtip）盆地蔓延，涵盖曼尔舍诺以及科查尼领域。该地区的自然、地理、气候和水文条件适合水稻种植，沿河有利于灌溉，生产的大米品种很好，但水稻单产不高，2016年平均单产5217千克/公顷。

玉米： 马其顿玉米种植较广泛，各区均有种植，主产区集中在波洛、东部、东南区、西南和斯科普里，其中波洛是最主要的玉米产区，产量约占30%，其次是东南、东部区约占15%，培拉贡尼亚约占12.5%。

2016年马其顿主要粮食作物分区产量情况见表13。

表13 2016年马其顿主要粮食作物分区产量情况 （单位：吨，千克/公顷）

项　　目	小　麦		大　麦		玉　米		水　稻	
	总产	单产	总产	单产	总产	单产	总产	单产
总产	200112	2746	93666	2138	120156	3840	17080	5217
合作组织	39892	3584	14053	2536	5688	2756	885	4836
家庭农场	160220	2595	79613	2080	114468	3917	16195	5239
斯科普里	14247	2286	9236	2112	11208	2769	—	—
瓦尔达尔	13548	1666	13587	1563	2692	2144	—	—
东部	13998	1939	10016	1552	18549	5300	17080	5217
西南	13710	2564	1480	2044	13677	2496	—	—
东南	17399	2878	6502	2524	19107	5707	—	—
培拉贡尼亚	76621	3492	29049	3002	15004	4373	—	—
波洛	18352	3334	404	1346	35174	4808	—	—
东北	32237	2591	23393	2123	4747	1632	—	—

数据来源： 马其顿国家统计局，Field Crops, Orchards and Vineyards, 2017

烟草： 马其顿最大的烟草生产地区是在培拉贡尼亚地区，位于马其顿共和国的南部，包括普拉吉尼亚盆地和普瑞斯帕湖盆地。佩拉贡尼亚盆地是该国最大的平原，普雷斯帕湖盆地的气候适宜该地区的农业发展，使得这个地区成为马其顿的粮仓和最大的烟草、苹果和牛奶生产地。2016年，培拉贡尼亚烟草产量达14584吨，占全国总产量的63.7%，其次在东南区和瓦尔达尔也有烟草种植。

胡椒： 马其顿多山的气候非常适合胡椒生长，胡椒种植也较广泛，是欧盟主要的香料供应地。2017年胡椒总产量达到17.51万吨，最大产区在东南区，2016年胡椒总产达到8.45吨，占48.3%。其次是培拉贡尼亚，占23.7%，另外，斯科普里、瓦尔达尔、波洛也有较多胡椒种植。

蔬菜水果： 蔬菜水果的种植面积大，由于气候适宜，蔬菜作物的生产集中在该国南部和东部地区，主要分布在东南地区和西南地区。这些地区人口城市较为集中，对蔬菜水果的需求量较大。同时，科佳、黑鹿河等河流流域以及奥赫里德湖盆地和大量人工湖，广泛的水文网络、适宜的气候和土壤条件，有利于水果蔬菜生长，其中有超过75%的产量在露天田地，20%在塑料大棚中，在玻璃温室也有少量种植。

马其顿主要蔬菜有卷心菜、番茄、黄瓜和洋葱等，主要种植在东南区，总产分别达到全国的75.5%、58.3%、85.7%和45.7%，单产也是全国最高，分别为347942千克/公顷、556850千克/公顷、611451千克/公顷和32603千克/公顷。土豆作为欧洲的重要食物，种植很广泛，第1大主产区在波洛山区，其次是东部、东南和培拉贡尼亚。

2016年马其顿主要农作物及蔬菜、水果分区产量情况见表14～表16。

表14　2016年马其顿主要农作物分区产量情况　　（单位：吨，千克/公顷）

项 目	烟草		胡椒		洋葱	
	总产	单产	总产	单产	总产	单产
总产	22885	1434	175100	19615	56259	15485
合作组织	5	638	551	21203	—	—
家庭农场	22879	1434	174548	19610	56259	15485
斯科普里	497	1065	15431	13644	4327	10504
瓦尔达尔	1140	1104	11006	14675	2236	6557
东部	362	1568	5317	12812	2062	7812
西南	152	1689	1017	3091	588	3436
东南	6012	1428	84482	34939	25724	32603
培拉贡尼亚	14584	1483	41593	16691	12311	17005
波洛	1	900	13565	14665	6919	12743
东北	136	1495	2688	5756	2091	5375

数据来源：马其顿国家统计局，Field Crops, Orchards And Vineyards, 2017

表 15　2016年马其顿主要蔬菜分区产量情况　　（单位：吨，千克/公顷）

项　目	土　豆		卷心菜		番　茄		黄　瓜	
	总　产	单　产	总　产	单　产	总　产	单　产	总　产	单　产
总产	177721	13476	132821	29522	159721	28537	51532	49789
合作组织	438	19924	208	10949	5510	48760	1348	53930
家庭农场	177283	13465	132613	29601	154212	28120	50184	49687
斯科普里	18198	11062	6595	19571	17432	15197	1776	12080
瓦尔达尔	8088	130802	5692	147313	18753	192232	2363	106100
培拉贡尼亚	22289	144040	4106	147683	7082	106166	1183	70748
波洛	37204	154240	6202	124637	12287	126346	864	70357
东北	13152	54555	2955	61929	2860	46085	172	25133
东部	31346	148302	3771	147720	7103	162894	876	144155
西南	19145	98976	3197	100438	1062	32813	148	27000
东南	28300	203402	100303	347942	93143	556850	44151	611451

数据来源：马其顿国家统计局，马其顿国家统计局，大田作物、果园和葡萄园（Field Crops, Orchards and Vineyards），2017

东南区也是马其顿的主要水果产区，瓜类和西瓜主要在东南区，苹果主要种植在培拉贡尼亚和西南部，李子主要种植在西南部和东南区，桃子主要种植在瓦尔达尔地区和东南区。

表 16　2016年马其顿主要水果分区产量情况　　（单位：吨，千克/树）

项　目	瓜类和西瓜		苹　果		李　子		桃　子		葡　萄	
	总　产	单　产	总　产	单　产	总　产	单　产	总　产	单　产	总　产	单　产
总量	121168	22501	43366	10	17880	11	11509	19	180349	2
合作组织	140	7380	1095	5	219	2	2679	10	34918	2
家庭农场	121028	22555	42271	10	17661	11	8830	25	145431	2
斯科普里	17282	16877	1443	27	2023	29	1718	25	10152	1
瓦尔达尔	15899	14914	345	22	688	16	6818	22	85029	2
东部	5294	10380	294	2	1231	2	14	1	2750	1
西南	1	600	11051	16	5974	24	611	20	4430	3
东南	66194	41371	2721	26	5098	21	2173	16	68027	4
培拉贡尼亚	9044	19876	22137	8	730	4	25	1	2595	1
波洛	4087	18004	4302	14	785	11	29	6	406	2
东北	3368	6723	1073	11	1351	5	121	13	6961	1

数据来源：马其顿国家统计局，Field Crops, Orchards And Vineyards，2017

葡萄种植范围广泛，马其顿境内的瓦达尔河谷中部、东南区以及东南区的泰克沃斯地区是葡萄的三大种植区。瓦尔达尔地区是葡萄的主要种植区，包括马其顿的中部、瓦达尔河沿岸和欧维切波尔盆地，占葡萄总产的47.2%，该地区人口稀少，水资源丰富，属于地中海气候区，有适宜葡萄生长的环境和气候，有该国最大的酒窖和葡萄加工厂。马其顿超过80%的国内葡萄酒用于出口，主要销往欧盟、塞尔维亚、黑山、斯洛文尼亚、科索沃、波黑等前南斯拉夫分解的国家、中国、加拿大、日本和美国。

（2）畜牧业布局

马其顿养牛业以自给自足为主的小农生产，以家庭农场为主。养牛业主要集中在丘陵地区，多用于满足家庭消费需求。马其顿最著名的养牛基地在波洛地区，包括西北部的波洛盆地和拉迪卡河谷。该地区是马其顿人口密度最高的地区之一，丰富的水系以及波洛盆地良好的植被，有利于牧草的生长和养牛业的发展。但由于大部分养殖户主要养奶牛，马其顿的牛肉明显供应不足。养禽业分布最广，禽类养殖场遍布全国。奶生产主要集中在皮拉哥尼亚、布罗德及斯科普里地区，产量占全国奶产量的30%。

（三）农产品贸易情况

马其顿主要出口农产品是葡萄酒、蔬菜水果、烟草原料和制成品等。主要农产品贸易伙伴是欧盟、塞尔维亚与黑山。主要进口产品包括肉类和肉制品、植物油和动物油脂、谷物及其制品、蔬菜水果等。马其顿作为东欧蔬菜篮子，进口的部分蔬菜用于加工后转口贸易。

1. 主要农产品贸易规模

2014—2016年，马其顿农产品年均出口额为2.22亿~2.74亿美元，约占马其顿年出口总额的5%；年均进口额为1.5亿~1.6亿美元，约占年进口总额的2.2%~2.4%，进口额小幅增长（表17）。

表17 2014—2016年马其顿农产品贸易情况　　　　　　（单位：亿美元，%）

年份	出口		进口	
	金额	占比	金额	占比
2014	274.03	5.5	159.79	2.2
2015	222.49	5.0	151.95	2.4
2016	254.64	5.3	160.81	2.4

数据来源：数字马其顿2017

肉类在马其顿农产品进口中占比最大。由于国内肉类难以满足消费需求，大量依赖进口，进口花费也最大，2015年和2016年占进口总额的比率分别为2.1%和1.9%。其次为谷物，2015年和2016年占比为1.4%和1.3%，蔬菜水果2015年和2016年占比均为1.4%，咖啡、茶以及香料2015年和2016年占比均为1.2%（表18）。

表18 2015—2016年马其顿主要进口农产品　　　　　　（单位：亿美元，%）

项　目	2015年		2016年	
	进口额	占　比	进口额	占　比
活体动物	25.55	0.0	44.51	0.1
肉类和肉制品	1358.74	2.1	1309.76	1.9
奶制品和蛋类	508.13	0.8	531.52	0.8
鱼类及其制品	228.13	0.4	206.40	0.3
谷物及其制品	931.43	1.4	867.45	1.3
蔬菜水果	869.32	1.4	919.03	1.4
糖类和蜂蜜	428.83	0.7	494.26	0.7
咖啡、茶、可可、香料及制品	750.12	1.2	785.18	1.2
动物饲料	362.68	0.6	256.41	0.4
其他	653.50	1.0	715.65	1.1
饮料	354.91	0.6	379.96	0.6
烟草及制品	311.13	0.5	428.19	0.6

数据来源：马其顿统计年鉴2017

马其顿出口最多的农产品是蔬菜水果类，并且在近两年来出口额增加，占马其顿出口总额的4%，位于第二位的是烟草及制品，占出口额的2.4%，其次是谷物及制品、饮料类，占比分别为1.5%和1.2%（表19）。

表19 2015—2016年马其顿主要出口农产品　　　　　　（单位：亿美元，%）

项　目	2015年		2016年	
	出口额	占　比	出口额	占　比
活体动物	23.97	0.1	8.66	0.0
肉类和肉制品	253.69	0.6	255.52	0.5
奶制品和蛋类	141.38	0.3	112.17	0.2
谷物及其制品	700.97	1.5	734.66	1.5
蔬菜水果	1826.36	4.0	1900.86	4.0
糖类和蜂蜜	95.99	0.2	94.37	0.2
咖啡、茶、可可、香料及制品	140.21	0.3	155.33	0.3
动物饲料	15.99	0.0	12.71	0.0
其他食用产品和制品	177.25	0.4	201.30	0.4
饮料	536.38	1.2	651.22	1.4
烟草及制品	1071.09	2.4	1310.89	2.7

数据来源：马其顿统计年鉴2017

2. 主要贸易伙伴

根据资源贸易地球数据（Resource Trade Earth），马其顿农产品出口贸易伙伴前5位国家分别为塞尔维亚、俄罗斯、希腊、美国和德国，出口产品集中在五大类：果蔬、园艺类，主要包括水果、浆果、蔬菜、园艺植物、块根类、鲜花、干果；饮料、烟草、香料类，主要包括烟草、香料、咖啡、可可、茶；油料：瓜子油、红花、芝麻、棕榈油、花生、大豆、橄榄油等；肉类主要有羊肉、猪肉、禽肉等肉类；其他出口农产品主要有皮革、皮毛、羊毛、饲料作物、棉花和棉纱等。

2011—2016年，马其顿向卢森堡、白俄罗斯、罗马尼亚、加拿大和波兰的出口额增长10%以上。

马其顿农产品主要进口来源国为塞尔维亚、保加利亚、巴西、希腊、意大利等。进口农产品主要包括：肉类有禽肉、牛肉、猪肉等；油料有瓜子油、红花、芝麻、棕榈油、花生、大豆油等；水果、蔬菜、园艺类植物、干果、啤酒等。同时，马其顿自摩洛哥、哥伦比亚和乌克兰的农产品进口额增长27%以上。

3. 中马农产品贸易情况

中国和马其顿在各领域的合作还处于逐渐发展的阶段，中国是马其顿第7大贸易伙伴，根据中国海关的统计，中国主要从马其顿进口钢铁及其制品、服饰等，马其顿主要从中国进口通信设备、便携式电脑和手机。2016年以前中马总体贸易逆差，2016年以来马其顿镍铁出口大幅下降，导致中国从马其顿进口额大幅下降，中马贸易出现顺差。两国在农业方面的合作比较有限，2012—2016年中马农产品贸易额占贸易总额的比重由4.2%上升到5.2%，后又下降到3.0%（表20）。

表20 2012—2016年中国与马其顿国际贸易总体情况 （单位：亿美元，%）

年　份	贸易额	农产品贸易占比	出口额	进口额	累计比去年同期增减%		
					贸易额	出　口	进　口
2012	2.28	4.2	0.89	1.39	-7.5	-3.3	-10
2013	1.72	5.2	0.63	1.08	-24.9	-28.5	-22.7
2014	1.68	5.1	0.77	0.91	-2.1	20.8	15.5
2015	2.20	3.0	0.87	1.33	31.3	12.8	47
2016	1.40	3.0	0.90	0.47	-37.6	4.1	-64.8

数据来源：中国海关

在农产品贸易方面，马其顿的葡萄酒、烟草、水果蔬菜等品质优良，在欧盟出口优势较明显，但饲料、肉类等产品需要大量进口。中国和马其顿的农产品贸易为顺差，但最近出口额降低,贸易顺差缩小。2010—2017年,中国出口到马其顿的农产品主要是油籽、蔬菜、畜产品和少量坚果。中国主要从马其顿进口葡萄酒等饮品和水果等(表21)。马其顿是东欧主要蔬菜供应国,却从中国进口较多的蔬菜,除了本国消费,增加品种供应外,还用于转口贸易(表21)。

表21　2012—2016年中国与马其顿农产品贸易情况　　　　　　　　(单位:万美元)

年份	项目	农产品	坚果	粮食制品	其他农产品	蔬菜	水果	畜产品	饮品类	油籽
2010	出口额	687	17	1	23	37	3	0	4	594
	进口额	53	0	0	0	0	22	0	31	0
2011	出口额	1022	4	0	235	62	2	15	3	688
	进口额	259	0	0	0	0	17	0	242	0
2012	出口额	859	8	7	47	58	3	16	0	717
	进口额	101	0	2	0	0	0	0	99	0
2013	出口额	753	58	2	58	49	—	39	0	520
	进口额	144	0	0	0	0	—	0	143	0
2014	出口额	714	28	1	57	46	0	37	0	544
	进口额	148	0	0	5	3	1	0	139	0
2015	出口额	447	14	3	49	30	0	39	1	302
	进口额	219	0	18	91	0	0	0	109	0
2016	出口额	245	5	5	33	42	0	6	0	144
	进口额	177	0	29	0	2	13	0	132	0
2017	出口额	339	14	2	10	38	0	0	0	262
	进口额	241	0	31	0	0	22	0	186	0

数据来源:中国海关

21世纪以来,中马两国加强了农业领域合作,包括葡萄酒、水果、蔬菜、烟草等领域。2003年,两国签署了政府间植物检疫合作协定,2005年签订了烟草协议,2007年签署了《中华人民共和国农业部与马其顿共和国农业、林业和水利部关于农业合作的议定书》等一系列文件和合作协定。

(四)农业科技发展

1. 农业科研机构

马其顿有发达的农业科研体系和教育系统。全国有10所农业职业学校,农业高等教育设有营养健康、农业技术与食品、生物技术和林业等4个学科,为家庭农场、中小企业、科研机构培养更多的专业人才。目前马其顿农业高等教育体系设置与欧盟全面接轨。同时,马其顿开展与欧盟学分对接等教育改革,2006年开始设立了三农教育基金,旨在建立农业科研与教育的链接机制，主要包括研究生教育和行政管理能力建设、培训等。

马其顿属于联合国粮农组织，该国按照国际保护植物公约，对本国植物进行保护。主管机构为植物保护理事会，共有3个部门组成：疫病控制部、疫病诊断部和疫病登记部。同时，马其顿专门成立兽医检验局，隶属于农业部，该局有动物健康、公众健康（检查食品和动物）、立法、兽药、边境检查5个处。目前，各机构也在进一步提高实验室的设备，朝更先进的方向发展。

马其顿的农业科研中，正规教育主要有中等农业学校、高等职业学校和高等教育机构；非正规教育没有制度化，在国家和国际项目中不定期实施。农业高等教育设有农业技术与食品、营养健康、生物技术和林业等4个学科。马其顿教育部门对农业高度重视，发展各部门的合作和教师学生的交流，还设立留学奖学金等多项政策鼓励国际交流学习，为家庭农场、中小企业、科研机构培养更多的专业人才。

马其顿的农业职业教育与培训系统的基础平台是3～4年期限的职业教育。《职业教育与培训法》规定了两种形式的中等职业教育和培训（硕士和专科），它为农民提供持续的培训体系，以提高他们的学历，特别是对管理的农场、新技术的应用。

在马其顿，有24所大学提供生物技术教育（11所农业和兽医专业、5所食品行业、8所林业、木材加工行业）；有4所农业科学和食品技术领域的州立大学设立农业科学和食品学院：西里尔和迪乌斯—斯科普里的学院由6个机构组成，共有64名教师和12名专家助理；林业学院共有17名教师和2名专业助理；兽医学院共有3个机构，共有21位教师和12位专业人员。

农业学院教学内容涉及种植业、园艺和花卉、动物生物技术、农产品加工、植物保护、葡萄栽培、葡萄种植和葡萄酒酿造等。还有烟草机械、植物保护、种子生产和种子控制、植物生物技术、动物生物技术、食品安全和质量等。更高级别的课程学习还会涉及农业经济学、动物生物技术、自然资源管理和环境保护、植物生物技术、植物医药学等。

林业则有园林设计、绿化和环境改善、提高森林作物、遗传学和森林树种、林业森林政策和管理、林业技术、山区生态系统管理、园艺昆虫学、林业和园艺植物病理学、森林和绿地保护的保护、设计和绿地的认识、树木学等。

2. 农业科技发展状况

马其顿农业科技发展总体水平不高，但政府相当重视。马其顿的农业机械化和农产品加工水平较高，马其顿的种植业、畜牧业和林业生产基本实现了机械化。食品加工业由50家公司组成，每年处理约12万吨蔬菜和水果，绝大部分是处理蔬菜，包括番茄、苹果、李子、红辣椒等。主要的农用机械设备有拖拉机、联合收割机、挤奶机、谷物烘干机等。

同时，马其顿政府将雷达系统应用于气候监测，有助于农业部门、农民对天气的了解，有助于面对及时采取保护措施。农业部通过农业农村发展国家计划，安装了新的自动化现代雷达控制和监测设备，对云团进行持续的监控，对危险天气事件及时通知，使农民可以及时获得信息并及时采取保护措施，免于潜在的天气灾害。

但由于受资金、技术、人员等因素的影响，马其顿农业生产设备有些老旧。马其顿农业推广、组织和公共服务，如生产者组织、技术示范推广、动植物疫病防控、食品检验检疫、渔政执法、出口产品标准化等管理水平还有待提升。

（五）农业管理体系与政策

1. 农业科研管理体系

马其顿重视农业科研的发展，重点在教育科学部职能、科研管理体系、国家创新战略2012—2020、高等教育和科研活动国家计划等规划中关注农业科研的发展，并且其与西巴尔干地区国家共建研究创新中心（WISE）、在世界银行项目下建设国家技术转移办公室、为促进技术转移建立创新和技术发展基金，大力推动农业科研进步和管理体系完善。

同时，高度重视与其他国家的农业科研合作，与中国商定，将充分利用中马政府间科技合作委员会机制、"16+1"合作平台，做好两国科技创新合作顶层设计，推动"一带一路"倡议与马其顿国家创新战略对接；利用中国"发展中国家杰出青年科学家来华工作计划"等渠道，促进两国青年科研人员交流合作；探讨以开展联合研发合作为基础，共建联合实验室、研发中心和技术转移中心，搭建长效科技创新合作平台。

2. 农业支持政策

在市场自由化和与欧盟（EU）共同农业政策（Common Agricultural Policy，CAP）协调的过程中，马其顿的农业政策持续不断改革。马其顿制定与欧盟接轨的农业发展和支持政策，通过农业补贴、土地优惠以支持农业发展。马其顿农业政策的主要框架由农业、林业和水利经济部2010年制定的农业和农村发展法（MAFWE，2010）界定，在此基础上针对具体问题补充了十几项其他法律规范。农业、林业和水利经济部（MAFWE）是规划、监测和评估农业政策措施和手段的主管部门，而农业和农村发展财政支持局（Agency for Financial Support in Agriculture and Rural Development，AFSARD）负责具体实施农业政策与措施。马其顿农村发展政策主要集中在提高农业竞争力方面，直接支付是最主要的政策工具。

(1) 农业直接支付政策

直接支付是马其顿农业补贴政策推行的主要工具，这种政策被视为农场重组的主要手段，旨在改善畜牧业的养殖结构，从而优化农业生产结构。农业直接支持政策预算来自国家2013—2017年的3年计划，并在《2014—2020年国家农业和农村发展战略》框架下实施，对农业农村发展支持预算包括生产者直接支持措施、农村发展措施和一般性农业支持措施，其中生产者直接支持措施占比最大达到60%，农村发展措施和一般性农业支持措施分别占28%和12%。在直接生产者支持措施中，直接支付占比达到86%。

除烟草外基本所有的谷物都可以获得区域支付补贴，如由认证种子生产的谷物、向日葵、大米和饲料作物等都可以获得补贴，而蔬菜的补贴因品种和生产类型存在差异。直接支付也分配给有机生产和生产受限制的地区，有机产品还可以获得额外30%的支持。2015年这种支持力度得到进一步增加，谷物增加30%、牲畜增加50%、果园和葡萄园增加70%、蔬菜生产增加100%，对具有自然约束的地区还有额外15%的补贴。

(2) 补贴政策

马其顿一般性农业支持措施也针对购买农机、设施装备、灌溉系统等，提供大约50%的补贴；2011—2015年，针对肉牛、蔬菜、烟草等出口优势农产品，马政府农业补贴额达6.7亿欧元（杨照，2015）。马政府也对青年农民提供约60万代纳尔的财政补贴，用于支持开展农业生产和经营。对于生态农业马政府按照牲畜数量或耕地面积给予一定的补贴。在信贷方面，农业生产投资可获得商业银行最低3%的年利率，加工工业和贸易投资可获得最低4%的年利率。

(3) 土地优惠政策

马其顿土地法规定土地分为私有和国有土地。土地征用、出售和开发必须取得马其顿国土局的许可。外国公司在马其顿投资项目，可获得土地所有权或使用权。根据2008年7月8日马其顿政府第82号公报公布的《土地建设法》，外资企业/外国人通过参加公共招标可获得土地所有权，租赁可获得土地使用权，同样需要公开招标，租赁期限最长不超过99年。

马其顿欢迎外资参与当地农业投资，给予投资者土地承包经营权，在符合环保要求情况下，租赁经营期限长达99年。同时，马其顿允许外资通过招投标方式获得林地承包经营权，并须按照国家规定的林地用途经营，根据种植林地品种的不同，享有不同的经营年限。

3. 农业发展规划

2007年欧洲理事会依据整合之前的援助工具"法尔计划"（PHARE）、"奥布诺瓦计划"（OBNOVA）、"预加入农业工具"（SAPARD）、"预加入结构政策工具"（ISPA）和"重建、发展和稳定的共同体援助"（CARDS）等，创立了一项全新的援助工具——"预加入援助工具"（Instrument for Pre-Accession Assistance，IPA），该计划具有明确的"入盟驱动"（Accession Driven），意在帮助东盟国家提高发展水平和层次，以达到加入欧盟的条件。作为欧盟的主要候选国，马其顿是"预加入援助工具"的重点援助国。这项援助计划的重点包括运用"欧洲乡村发展基金"促进西巴尔干地区农业发展等项目，该援助计划则仅针对马其顿和克罗地亚两个入盟候选国。

依据欧盟农村发展预加入援助工具（EU Instrument for Pre-Accession for Rural Development，IPARD），马其顿制定了农业农村发展国家计划（NPARD，National Programme for Agriculture and Rural Development，2007—2013）。旨在通过有针对性的投资促进农业部门（包括加工）的可持续发展和现代化。同时，鼓励欧盟改善相关食品安全、兽医、植物检疫、环境或在放大套餐规定的其他标准，为农村可持续发展做出贡献。提高马其顿的农业和食品工业的竞争力，使其符合与食品安全、兽医、植物检疫、环境或其他标准相关的共同体标准，并通过增加经济活动和就业机会，确保农村地区的可持续环境和社会经济发展。

农业农村发展国家计划由马其顿农业、林业和水利经济部（Ministry of Agriculture, Forestry and Water Economy，MAFWE）在欧盟资助和技术援助下，与欧盟委员会以及其他相关机构在各个层面对农业发展进行规划。该计划包括对农村经济总体状况的评估、农业和农业相关部门发展中存在的主要问题、地区差异分析及优先次序等，并根据所提出的问题确定可能的解决方案。特别是根据国内农业生产总值的贡献值，以及国家采纳计划（National Programme for Adoption of Acquis，NPAA），通过欧盟采纳程序的过程选择了四个子行业：牛奶和乳制品、肉类和肉类产品、水果和蔬菜以及葡萄酒和葡萄，进行了独立深入的研究，以确定要解决的主要问题和可能提升的潜力（MAFWE，2007）。

2014年，马其顿政府通过了一项为期6年的《2014—2020年国家农业和农村发展战略》，该战略由马其顿政府、农业协会、农产品加工者、专家等多方面共同协作完成，联合国粮农组织（FAO）通过技术合作计划提供支持，包括涉及农业食品部门市场的重组和现代化、法律法规调整、农村条件改善、农业知识提升和人力资本、食品安全和自然资源保护等内容。同时也包括改善和调整马其顿农业政策，增强对农村发展的支持，逐步脱钩直接支付，增加农业环境措施，支持青年农民，建立合作社和垂直整合组织，引入市场委员会和最低质量标准，减轻气候变化的影响，并改善废物管理和能源效率等内容，在农业农村战略发展方面有重要指导意义。

《2014—2020年国家农业和农村发展战略》提出马其顿共和国农业政策的战略目标：确保提供便宜、优质、足够数量的食品供应；提高农业的竞争力；确保农业经济的稳定发展；农村地区的可持续发展；以及重视自然保护和环境方面，优化利用自然资源。并针对主要产业和部门提出一些系列量化目标。

《2014—2020年国家农业和农村发展战略》与2013—2017年的3年计划（MAFWE，2013）相联系，该计划项目预计2016年和2017年的预算为1.5亿欧元。转移支付到农业的预算分为农业（主要是直接支付）和农村发展（包括农业的现代化和重组）两个部分。该政策的资金主要来自国家预算，也来自捐赠（投资占比很少）和欧盟预算（农村发展预加入援助工具—IPARD）。

马其顿政府预期通过该政策规划来加强马其顿农业部门在欧盟和其他区域市场上的竞争力，并积极促进农村地区的可持续发展。《2014—2020年国家农业和农村发展战略》是接受欧盟援助项目"预加入援助工具"（Instrument for Pre-Accession Assistance，IPA）II援助的先决条件，也旨在利用与欧盟近似的农产品质量的法规改善农产品的销售，实施最低质量标准。

为了与欧盟有机农业政策接轨，马其顿政府制定了《有机生产国家计划》（2013—2020），马其顿在农业有机生产的国家战略目标是增强国内外市场的有机农业竞争力。政府在初级农业生产、加工业、农业贸易、农业控制和认证、教育和科学、政策和立法、野生植物收集等方面制定一系列相关具体目标。其中包括：确定并支持战略性有机产品、提高有机生产投入的采纳率，促进农产品加工业中涉及有机加工的部门多样化、增加有机产品加工的食品和各种食物制品。增加有机农产品的种类和数量、提高公众对有机食品的认识、通过发展生态旅游发展有机产品消费、提高马其顿有机农产品在出口市场的配置。提高有机农业控制和认证服务的竞争力，从体制上加强有机生产监管体系。扩大教育中的有机生产（正规和非正规）教育，增加有机生产在该国的高等教育和研究机构比重，加强和扩大有机农业技术和自然资源潜力的研究。加强参与有机生产体制机构的专家培训，加强各方之间的合作与沟通，加强有机农民协会和其他非政府组织网络的合作和联系。增加经认证的野生植物实体和土地的数量，增加认证野生植物的供应，通过实体的有机认证建立可持续的自然资源利用方法。

由于各种援助项目和国家农业战略的支持，马其顿政府的农业总预算（包括对农业发展和农民补贴的财政支持）已从2007年的4930万美元增加到2017年的1.76亿美元（汇率1美元=55马克）（MAFWE，2014）。

同时，马其顿还依据欧盟标准制定多年度指示性规划文件（MIPD）等农业生产标准和规范。

三、农业投资环境

（一）国家商业环境

世界银行发布的《2018年营商环境报告》显示，马其顿在全球190个经济体中排名11位，获81.18分。根据世界经济论坛发布的《2016—2017年全球竞争力报告》，马其顿在全球138个国家和地区中，排第68位。在福布斯杂志2016年营商环境排行榜中，马其顿在144个国家和地区中综合排名位列第35位，位居巴尔干地区各国首位。

据《2016—2017全球竞争报告》，马其顿在2016—2017全球竞争力指数得分4.23，排名第68位，较上一年度的60名下降8位，在欧洲国家中排名相对靠后，但高于克罗地亚、阿尔巴尼亚、黑山、塞浦路斯、塞尔维亚、波斯尼亚和黑塞哥维那（波黑）。政府注重商业和市场环境建设，在2016—2017年马其顿竞争力评判分项中，商品市场效率得分4.7分，排名34位，在所有竞争力指标中排名最高；宏观经济环境得分5.2，排名44位，仅次于商品市场效率（表22）。

表22 2008—2017年马其顿竞争力分项得分

年 份	体制机制	基础设施	宏观经济环境	健康与基础教育	高等教育与培训	商品市场效率	劳动力市场效率	金融市场发展	技术就绪程度	市场规模	商业成熟度	创 新
2008—2009	3.58	2.90	5.51	5.67	3.85	3.91	3.92	4.04	3.05	2.69	3.45	2.86
2009—2010	3.69	3.05	4.84	5.52	3.90	4.07	4.18	4.10	3.87	2.85	3.56	2.89
2010—2011	3.75	3.45	4.91	5.67	4.04	4.24	4.38	3.97	3.60	2.80	3.52	2.88
2011—2012	3.68	3.66	5.34	5.53	3.98	4.26	4.33	3.94	3.67	2.79	3.47	2.81
2012—2013	3.80	3.65	5.04	5.59	4.04	4.28	4.13	3.97	3.81	2.85	3.44	2.83
2013—2014	4.05	3.63	4.94	5.60	4.18	4.47	4.21	4.15	3.84	2.9	3.65	3.09
2014—2015	4.26	3.73	4.93	5.64	4.32	4.64	4.21	4.49	3.99	2.91	3.78	3.28
2015—2016	4.14	3.77	5.09	5.61	4.79	4.65	4.07	4.09	4.15	2.94	3.87	3.38
2016—2017	3.98	3.84	5.20	5.42	4.25	4.70	3.96	4.16	4.31	2.87	3.83	3.44

资料来源：2008—2017年全球竞争报告整理

依据马其顿竞争力各项指标得分，计算与上年相比各项得分竞争力指数变化，可以看出2008—2009年度、2009—2010年度、2012—2013年度、2013—2014年度，马其顿营商环境整体上发展速度较快，基本上各项指标均为正值，即比上年度得分高。2008年全球金融危机以来，宏观经济环境、商品市场效率、技术就绪程度、高等教育与培训等方面持续改善（图2）。

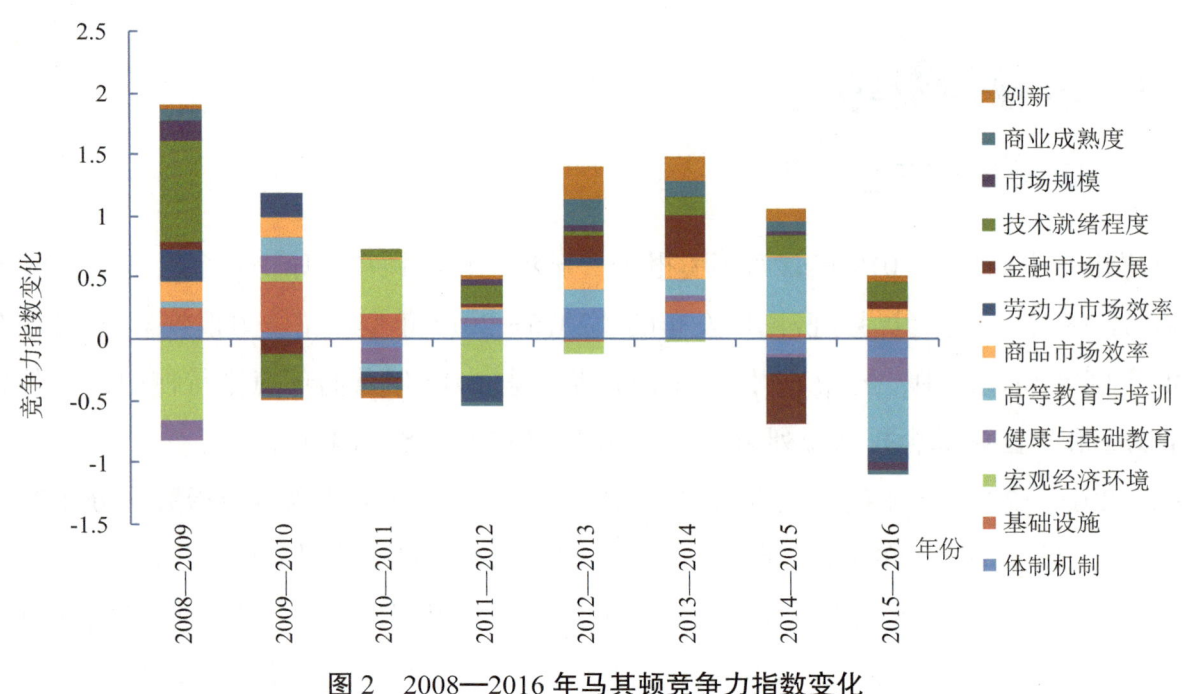

图 2　2008—2016 年马其顿竞争力指数变化

资料来源：2008—2017 年全球竞争报告整理

依据 2016 年世界经济论坛对各国发展不利影响因素的调研，认为马其顿商业发展最不利的影响因素主要包括政策不稳定（14.8%）、获得融资困难（13.5%）等。世界竞争力报告对 138 个国家的发展阶段和水平进行综合评定，认为马其顿处于第二阶段（Stage 2），属于效率驱动国家。

马其顿为促进经济发展，大力推进基础设施建设，成为欧洲增长最快的国家之一。同时，制订的农业农村发展国家计划（2007—2013）和《2014—2020 年国家农业和农村发展战略》等农村农业发展政策，促进了马其顿农业快速发展。同时，马其顿在地理位置、税收、劳动力等领域具有较强的竞争力，尤其是资本流动、政府运营和投资者保护方面的出色表现，成为企业海外投资的理想目的地。马其顿投资的优势主要体现在以下方面。

一是经济发展稳定。2010 年以来，马其顿的 GDP 增长率在 2%～3%，第三产业占比稳步上升，经济发展迅速。在过去 5 年中，马其顿通胀控制良好，年均通胀率在 0.98% 左右，其国内货币代纳尔与欧元挂钩，汇率保持稳定。同时，政府加大改革开放速度，开展一系列社会经济改革，经济发展条件和制度环境明显改善。

二是马政府采取各种优惠的财税政策吸引外资，为外国投资者提供良好的投资环境。基于前南斯拉夫一些经济法制体系和相关欧盟政策体系，马其顿经过进一步修改和完善，形成了比较完整的法律体系，已颁布《宪法》《反腐败法》《工业产权法》《环境保护法》《公司法》《反不公平竞争法》《贸易公司法》《并购法》等涵盖各领域的一系列法律。为了吸引外国投资，政府出台了税收、土地和通关等优惠政策，积极构建便利、自由、低成本的"第三方贸易投资平台"和"中间经济带"。

三是社会环境稳定，政策连续性较强。自2006年马其顿内部革命组织党联合其他党派执政以来，政府将促进经济发展、扩大就业机会、提高民众福利等作为重点，近几年经济增速位居欧洲前列，获得民众支持率较高，进而保持了政局的相对稳定性和执政政策的连续性。

四是区位优势明显，基础设施建设良好。马其顿有东西走向的欧洲8号走廊和南北走向的欧洲10号走廊贯穿全国，拥有公路9570千米，其中干线公路911千米，铁路925千米，两个国际机场分别位于首都斯科普里和南部旅游城市奥赫里德，交通便捷，物流成本较低。马其顿也对其国内道路特别是8号及10号走廊进行大规模升级改造，进一步改善交通条件。同时，马其顿与包括欧盟等在内的41个国家和地区签订双边贸易协议，与上述国家基本实现零关税贸易，可利用其区位优势实现与整个欧洲市场的自由贸易。

五是劳动力资源丰富。马其顿劳动力价格相对较低，2016年人均税前收入在每月560美元左右，在周边国家中排名靠后。目前马其顿30岁以下人口占总人口的比例约为33%，总体上国民受教育程度普遍较高，大学生数量在过去5年中上升了60%，首都斯科普里被FDI杂志评为欧洲人力资源前五的中小城市。马其顿目前有超过5.9万名在读大学生，工程学专业较为突出。

马其顿国家投资的不利因素主要体现在以下方面。

一是宏观经济增长主要依赖出口，内生消费拉动不足，易受国际经济环境的影响。

二是政治风险和其他不确定性因素。马其顿的党派林立、内部民族关系复杂，容易爆发国内政局危机。

三是技术创新型人才较少，劳动力的效率较低。

四是工业配套落后，很多机械设备和原材料依赖进口，科技发展不足。

（二）农业优势与潜力

马其顿位于欧洲东南部气候条件良好，适合各种农作物的生长，农产品丰富，优良品种的水果、大米、面粉、蔬菜等享誉中东欧。马其顿依靠优良的资源环境条件、气候特点和区域优势，农业生产优势和发展潜力巨大。马其顿以优质、特色、生态的理念，积极发展特色农业。由于农业生产方式的不断转变，马其顿初步形成了具有区域专业化和产业化的农业工业区。马其顿未来可在葡萄酒、烟草、胡椒、咖啡、可可、水果和蔬菜等特色优势领域进一步扩大高品质农产品供应，通过提高农产品精加工，融入高水平农产品价值链。马其顿税费低，投资政策优惠，基础设施良好，同时劳动力教育水平较高且价格相对较低。农业政策采取欧盟共同农业政策一致，并注重发展有机农业，欧盟农村援助项目也在资金和技术上给予支持，马其顿农业发展潜力很大。

（三）风险分析

随着中国"一带一路"倡议的推进，以及两国贸易的发展，中国对马其顿的农业投资将会面临很好的发展机遇，但也存在着各种风险。

1. 制度风险

马其顿社会治安总体平稳，但是居民可以合法持有枪支，加之历史原因造成大量枪支散落民间，存在治安隐患。马其顿部分边境地区，治安相对较差，对社会治安造成一定影响。2014年马其顿官方公布的社会犯罪率为6.7%。

2. 经济风险

由于马其顿农业发展的支出分配效率以及重要公共物品的资金不足，削弱了部门支持的有效性。它带来的风险是：农业支出的增加不会导致农业增长加快，贫困水平快速下降，政府的农业支出未能迅速解决该部门的结构性问题。特别是对于农业补贴政策的推行和发展，并不能从根本上解决农村发展问题，反而容易造成部门的结构性问题。由于大部分预算用于农业补贴，而灌溉、农业应用研究和咨询服务等公共部门的资金严重不足。目前农村农业政策执行也会存在一定的风险和问题。目前农业补贴和援助政策能够暂时减轻贫困，但同时也会使低效农场生存下来，降低农场整体竞争力，并主要生产国家保障的商品而不是市场所需求的商品。生产补贴、地区/牲畜补贴并不能解决农业生产结构性问题，特别是当主要公共物品例如灌溉、咨询服务和其他公共部门等预算分配过低时，会造成农村投资环境差，农村发展项目资金的吸收率低，从而影响农业发展。

3. 市场风险

马其顿的农业规模小，难以全面实现标准化、规模化、商业化生产。除了蔬菜和水果以外，粮食、棉花、油、糖、肉等食品的生产不能满足国内需求，需要进口。近年来，农产品市场供应链的剧烈波动和价格的剧烈变动已成为农产品市场的常态。

由于资本、技术和人员等因素，马其顿农业生产仍然依赖于老化的灌溉等生产设施。由于饲料依赖进口，肉类产量在降低，畜牧养殖尤其是马的养殖数量下降较快。马其顿的技术示范推广、生产组织、动植物疫病防控、食品检验检疫、渔业执法、出口产品标准化等公共服务体系也有待完善。

4. 自然环境风险

马其顿气候以温带大陆性气候为主，大部分农业地区夏季最高气温达40℃，冬季局部地区最低气温可达-30℃，地中海气候区夏季干旱也对农业生产存在一定影响。同时，马其顿的农业基础设施较为落后，也存在着环境退化、作物病虫害等风险。

（四）总体评价

总的来说，作为入盟候选国，马其顿在农业政策方面与欧盟保持一致，实施欧盟统一标准的共同农业政策，食品安全认证标准高。马其顿制定了有机农业发展规划，在欧盟农村基金援助下，大力发展有机农业。一方面，马其顿依靠自身的资源和区域优势，以优质、特色、生态的理念，积极推动农业生产方式转变，发展有机农业。马其顿在税费优惠、投资政策、体制机制创新等方面不断加强改革，农业投资营商环境良好。马其顿在葡萄酒酿造、果蔬加工、烟草、有机蔬菜种植等方面有很大发展潜力和合作空间。另一方面，马其顿国内党派归属、民族关系、工作效率等方面还存在一些问题。特别是2015年以来，投资环境潜在风险增加。中国企业和个人在发展与马其顿的贸易和投资中，必须掌握安全性和灵活性的原则，充分调查和了解整体市场环境和项目的可行性，做足够的风险管理和控制。

四、中马农业合作现状与合作重点

（一）合作现状

目前，中国和马其顿在农业方面的合作快速发展。马其顿的烟草、水果、蔬菜、葡萄酒等优质农产品大量出口中国，马其顿从中国进口畜产品、油料等。同时，马其顿出台优惠政策吸引中国农业生产企业到马其顿投资，加强农业科技合作和人员交流。随着两国农业合作的深入，两国将成为稳固的贸易合作伙伴。

1. 合作机制

近年来，中马两国在政治、经贸、文化、医药、旅游等领域的关系日益密切，随着"16+1"合作不断深化，中国成为马其顿投资合作人气最高的国家之一。

目前，中国已成为马其顿第七大贸易伙伴，是欧洲以外最大的贸易伙伴。中国企业在马其顿的合作数量和规模增加尤其明显。中马两国签署了《中马关于巩固和促进友好合作关系的联合声明》《中马政府关于植物检疫的合作协定》《中马政府关于动物检疫及动物卫生的合作协定》《中马政府经济技术合作协定》《中马文化部2002—2004年文化合作执行计划》以及《中国大连市和马其顿奥赫里德市建立友好合作关系的协定书》等多份协议，是中马农业合作的基础和依据，为中马农业合作提供了重要参考。

2. 科技合作

根据《中华人民共和国政府和马其顿共和国政府科学技术合作协定》，中国和马其顿政府两国共同成立中国—马其顿政府间科技合作委员会，加强人员交流与互访，利用中马政府间科技合作委员会机制、"16+1"合作平台，做好两国科技创新合作顶层设计，推动"一带一路"倡议与马其顿国家创新战略对接；以开展联合研发合作为基础，共建联合实验室、研发中心和技术转移中心，搭建中马农业科技合作平台，通过中国与中东欧国家农业科技交流的平台开展合作，围绕水果、蔬菜、生物质能源、灌溉和农机等农业科技专题进行交流和研讨。

3. 贸易合作

现已中国对马其顿主要出口鲜牛肉、冷冻牛肉、鸡肉、纺织品等。中国投资马其顿项目主要有葡萄酒厂、果园、水果蔬菜大棚、农产品加工等领域。

中国现已成为马其顿除欧洲外最大贸易伙伴，但总体上中马双边农业贸易合作规模较小，但随着"16+1合作"和中国—中东欧国家经贸论坛等的开展，中马两国合作需求增加，进一步扩大中马经贸合作的空间很大。

4. 投资合作

由于马其顿全欧税率最低，劳动力工资低、汇率稳定、农业优惠政策和补贴高等优势，是中资企业在东欧开展合作的主要国家之一。同时马其顿国有农用土地租金低廉。根据土地状况，每公顷每年仅30～120欧元（平均为80欧元）。投资葡萄园最高补助700欧元/（公顷·年），投资菜园、果园最多补助500欧元/（公顷·年），购买新建酒厂和物流中心等类型的建筑用地基础竞标价仅为每平方米1欧元。投资谷物和经济作物最多补助250欧元/（公顷·年）。建立现代化农场也有财政补贴额度，可享受占融资额60%的政府财政补贴。

近年来，中马两国持续深化合作，中国在马其顿的投资力度逐渐增大。中马两国还建立了中马政府间经贸混委会，并举行定期会晤。中国公司在马其顿投资了蔬菜水果种植、温室产品、葡萄酒厂、家禽牛羊肉和蜂蜜等有机产品、园艺等方面开展投资合作。

总体看来，中国对马其顿投资规模仍然较小，但潜力很大。

（二）合作潜力

中东欧是"一带一路"倡议的重点区域，是全球新兴市场的重要组成部分，与中东欧国家合作可以促进中国农产品价值链的延伸，增加农产品进出口合作的多样性，增加中国食品供应的多样性，更好的保障中国食物安全。"16+1合作"、每年一次的中国—中东欧国家经贸论坛和中国—中东欧国家创新技术合作及国际技术转移研讨会等合作活动的开展促进了中国和马其顿的农业合作，双方在农产品种植、深加工、葡萄酒酿造等方面合作潜力很大。

1. 合作基础

中国和马其顿在农业自然条件、农业发展历程和优势的差异，为双方农业合作奠定了基础。马其顿农业自然条件良好，利于蔬菜水果、小麦等谷物生长，盛产胡椒、咖啡、可可等热带作物，长期以来形成了烟草、香料和葡萄酒等优势特色产业。马其顿按照欧盟有机农业标准制定发展规划，有机蔬菜水果的生产也很有优势。同时，马其顿牛奶和奶制品产量高，品质优良，这些优势产业可以作为中国和马其顿进一步合作，扩大生产和增加进口的重要途径。同时，由于马其顿肉类、油料和棉花等农产品不能满足自身消费需求，可以从中国进口。同时，马其顿作为欧洲的蔬菜篮子，与中国合作，扩大蔬菜水果种植，增加蔬菜水果、肉类奶类产品深加工，出口欧洲，也可以发展转口贸易。另外，中国在农业机械化、化肥、育种、设施农业等农业生产技术比较发达，马其顿的农业生产条件较为落后，可以加强在马其顿的农业基础设施、葡萄酒厂、设施农业等领域的投资与合作。

中国与马其顿两国贸易往来逐步加深，签署了多项合作协议，同时与马其顿签署双边税费优惠协议，为中马农业合作提供了基础。1995年5月两国签署了《中华人民共和国政府和马其顿共和国政府经济贸易协定》，规定相互给予最惠国待遇。1996年9月，马其顿副总理兼经济部长贝·茹塔率团访华，期间召开了中马经贸混委会第一次会议；草签了投资保护协定。1997年6月双方签署了《中华人民共和国政府和马其顿共和国政府关于鼓励和相互保护投资协定》和《中华人民共和国政府和马其顿共和国政府关于避免双重征税和防止偷漏税协定》。2012年中国—中东欧合作（"16+1"合作）开展以来，每年定期召开经贸混委会议、中国—中东欧国家经贸论坛、"中国与中东欧国家农业合作促进联合会"、农业科技合作专题等，同时在国家层面，签订合作协议：《中国—中东欧国家合作里加纲要》《中国—中东欧国家合作苏州纲要》《中国—中东欧国家合作中期规划》《中国—中东欧国家合作贝尔格莱德纲要》《中国关于促进与中东欧国家友好合作的十二项举措》和《中国—中东欧国家合作布加勒斯特纲要》等，同时建立了秘书处和协调员制度，进一步促进了双边合作。

2. 合作前景

中国是最大的发展中国家，经济发展稳健且实力强劲，农业发展快，消费市场容量大，对外投资和贸易力度强；而马其顿在欧盟 IPARD 项目援助下，有机水果蔬菜种植、烟草和葡萄酒业产业发达，农产品加工业尤其蔬菜制品、烟草、水果、奶类等加工技术较高。

中国农业科技发达，尤其在杂交水稻等良种培育、生物植保技术方面有很大优势，而马其顿科技生产水平和资金水平相对落后，需要和中国加强合作与交流。

中国作为农业大国，农业生产经验丰富；马其顿在促进农业对外贸易方面也有一定的成功经验，加强与欧盟合作、发展精品农业、加大财政扶植力度、以私有化提高农民积极性、与欧盟及WTO制度并轨等，双方有广泛的合作空间。随着"一带一路"和"16+1"合作的不断推进，双方合作不断深化，合作前景十分广阔。

（三）合作重点

1. 重点领域

（1）加强中马在全产业链和高附加值农业产业的合作

加强对马其顿农业全产业链的投资和合作，小麦、蔬菜水果、葡萄、烟草的种植和奶产品加工、葡萄酒厂等方面有一定的优势。加强对马其顿优势特色农产品的全产业链投资，尤其高附加值农产品加工、有机农产品种植和加工，包括水果、蔬菜、奶酪、葡萄酒厂、烟草、可可、胡椒等香料的投资。建立有机农场、葡萄酒厂、现代农业示范区等。同时依据中国的经验，发展田园综合体、都市农业，把农业生产和乡村休闲旅游结合，提高农产品附加值。

建设信息化、智能化的植物工厂、蔬菜大棚等种植园区，进行精细化经营，通过提供高品质、反季节果蔬，提高农产品附加值。通过农业信息化和智能化的建设，也可以促进马其顿农业现代化发展。

（2）加强农业科技合作与交流

中马双方加强科技人才交流与合作，中方可以向马其顿学习葡萄种植和葡萄酒、烟草、肉类和牛奶加工等技术。马方学习中国在杂交水稻等育种、质保、土肥等农业生产技术。同时，加强农业人力资源开发，通过合作培养农业科技人才、新型技术人才和管理人员。

（3）开展农业基础设施建设项目

虽然有欧盟的援助，马其顿农业生产基础设施仍然相对落后。中国可以加强对马其顿农业灌溉、物流、设施农业、道路等进行投资，建立种植园区、物流中心和高水平农田建设。

马其顿的农业机械设施也需要改进。需要进行机械化的推广和普及提升，中国研制的小型农机可以因地制宜地在马其顿进行推广。中马双方也可以加强农业机械核心技术和农机农艺改良合作，使之适应马其顿地形，用以改善其农耕现状。在马其顿南部地中海气候地区建设塑料大棚和日光温室，生产早季节蔬菜，包括番茄、黄瓜、甜椒等；在斯科普里地区建设养鸡场，用国产鸡肉替代进口冷冻鸡肉，以填补60%的国内市场缺口；推进双边肉牛、肉羊养殖合作框架协议的签署；有实力的中国烟草企业参与马其顿的烟草投资和建设，逐步扩大双边烟草业的交流和合作，拓宽中马葡萄酒等的生产合作和贸易发展。

2. 重点产业

（1）种植业

种植业是马其顿农业发展的重要组成部分，马其顿农产品丰富，大米、面粉、蔬菜、水果、肉类、奶制品等品质优良，供应充足，是中东欧的主要供应地，同时马其顿有超过80%的葡萄酒用于出口，烟草也是主要用于出口。同时，马其顿农业产业规模偏小，难以实现规模化、标准化和商品化生产。除蔬菜、水果外，粮、棉、油、糖、肉、蛋、奶等食品的生产均不能满足国内需求。

基于这种现状，通过设施农业和精细化种植，提高马其顿优势农产品的产量，同时扩大禽类和牛羊肉养殖，符合马其顿农业生产需求。在马其顿地中海气候区建设信息化、智能化的植物工厂、蔬菜大棚等种植园区，生产番茄、黄瓜、甜椒等早季节蔬菜和桃子、无花果等水果；在斯科普里地区建设养鸡场以扩大鸡肉供应；在波洛地区建设肉牛、肉羊养殖厂；在培拉贡尼亚烟草生产区，投资和建设烟草厂，逐步扩大双边烟草业的交流和合作，在三大葡萄种植区：瓦达尔河谷中部、东南区以及东南区的泰克沃斯等地区建立葡萄酒厂，扩大马其顿葡萄酒的生产。

（2）农产品加工业

马其顿以将全球良好农业操作认证（Global GAP）以及危害分析和关键控制点认证（HACCP）为国家标准，已经建立了食品安全监控体系，并建立了较为完善的农产品加工体系，尤其是肉、奶加工、烟草加工、水果加工比较发达，特别是葡萄酒历史悠久，技术较发达。中国可以和马其顿合作，建设葡萄酒厂、奶酪加工厂、蔬菜水果处理和加工厂等，在马其顿建立加工转口贸易区，开展特色产业的合作。

（3）有机农业

由于欧盟对有机农业需求的增加，马其顿有机农业生产扩大，获得有机产品认证的耕地面积和生产企业数量都有明显的增长。2016年该国有机农业生产体系中有529家注册实体，生产肉类、奶制品、蜂蜜、谷类、油料作物、葡萄酒、水果和蔬菜。因此，扩大对马其顿有机农业生产的投资，也在满足欧盟等需求的同时，也可以获得更高的农产品附加值和产业收益。

五、中马合作建议

1. 完善区域合作协调机制，形成政府和民间多层次合作体系

马其顿政府提出农业政策的战略是推进农业食品部门的结构调整和现代化。实现现有农业食品企业的现代化转换，开办新的农业企业，推进农地市场的整合、土地整合和流动性的改善，促进农业食品部门的整合。提高农产品质量，通过有机认证和农产品加工，提高农业食物价值链的水平和层次。

根据中马双方合作需求制定相关的农业合作政策，保障政府间、民间合作交流的高效展开。发挥政府引导作用，为参与合作的企业和机构提供全面的信息和服务，增进了解，减少风险，提高合作的稳定性和可持续性。及时实现信息的更新和沟通，有效处理在交流合作中遇到的问题和挑战，协调完善合作体系和机制，综合运用规划、投资、产业、财税和金融等政策措施，建立一个良性、面向市场、有利于作物资源合作开发的投融资政策支持体系和环境，形成有效的激励机制。把特色农产品作为重点，建立农产品信息沟通渠道，利用中国—东欧合作平台和展销会，建立完善透明的多层次合作体系。在合作框架与合作方式上，要更多地利用多边平台，充分发挥"南南合作""16+1"模式，建立多层次、多主体的合作模式。

2. 加强农业技术交流合作，提高农业科研水平

科技是第一生产力，要积极突破农业科技的发展，用技术进步推动农业发展和合作进步。马其顿政府在农业发展规划中特别提出提高农业技术，建立有效的农业咨询体系，加强农民继续教育（义务教育和培训示范教育），以及重点领域的农业研究。

中马双方通过开展各项研讨会、座谈会、分享会等活动，分享新兴的农业科技创新经验。通过双方互相交流学习，促进农民使用现代技术和信息，通过培训和交流，提高农民在管理农场、应用新技术、应对新问题等方面的能力。开展种植业、畜牧业、水产、果蔬等多种领域的合作，促进两国农业技术创新模式。

通过推动两国科技主管部门以及科研单位间的交流合作，开展农业科技合作项目。通过农业科研院校、实验室、研发中心等机构共同建设农业技术示范研究基地，通过科研课题联合研究、人才培养和科技成果产业化开展合作。

通过农业科研人才定期交流学习、联合培养，实现农业科研人才的合作与交流。各大院校可以设置培养适应中马合作的农业相关专业人才，畅通交流与合作的渠道，为中马农业合作输出专业人才。

3. 发展重点领域，分步骤地启动农业合作

发展葡萄酒、烟草、咖啡、可可、蔬菜、水果和肉奶类加工为主的中马合作重点领域，分步骤、有计划、有重点地开展中马农业合作。马其顿葡萄种植历史悠久，葡萄酒加工酿造技术成熟，葡萄种植、酿造技术是重点合作方向，第一批首先在马其顿建立葡萄酒厂，投资新建菜园、果园、葡萄园，并开展烟草、咖啡、可可等经济作物种植，发展智能化信息化设施农业，规划建设农产品种植园区和农业示范区。

马其顿位于巴尔干半岛中部，横跨欧亚贸易线的中南，具有明显的区位优势，而且有低廉的劳动力成本优势。利用马其顿独特的地进位置和优惠的投资政策，结合马其顿与欧洲的市场需求，开展农产品加工、转口贸易，建立马其顿物流中心等。

参考文献

科技部. 2017. 中国—马其顿政府间科技合作委员会第5届例会在斯科普里举行 [EB/OL]. http://www.most.gov.cn/kjbgz/201707/t20170719_134135.htm.

马其顿外国投资和贸易促进署. 2017. 马其顿国家商业指南 [EB/OL]. https://www.export.gov/article?id=Macedonia-Agricultural-Sectors.

马其顿外国投资和贸易促进署. 2017. 欧盟委员会新闻发布 [EB/OL]. http://europa.eu/rapid/press-release_MEMO-07-608_en.htm?locale=en.

农业部对外经济合作中心. 2013. 中国与中东欧国家农业科技交流会为农业科技界搭建合作交流平台 [EB/OL]. http://www.moa.gov.cn/xw/bmdt/201309/t20130906_3599348.htm.

商务部国际贸易经济合作研究院. 2018. 对外投资合作国别（地区）指南—马其顿（2017年版）[EB/OL]. fec. mofcom. gov.cn./avticle/gbdqzn/.

辛 岭. 2018. 马其顿农业现状及其与中国的农业合作 [J]. 现代农业科技，(17): 353-354.

杨 照. 2015. 马其顿农业发展方向与中马合作探析 [J]. 欧亚经济，(6): 82-90.

IPA Rural Development Programme (IPARD) for the former Yugoslav Republic of Macedonia. 2017. 欧盟委员会新闻发布 [EB/OL]. http://europa.eu/rapid/press-release_MEMO-07-608_en.htm?locale=en.

黑 山

黑山共和国位于东欧西南部,是"一带一路"倡议沿线的中东欧国家。黑山自然条件优越,特别是葡萄种植以及葡萄酒产业享誉世界,农业机械化水平和农业技术限制了农业生产的发展。农业是黑山国家重点发展产业,政府建立了推动农业和农村发展的战略规划,旨在发挥中黑两国互补优势,不断完善合作机制,加强农业贸易和科技合作,从而促进黑山农业生产水平提升,减少农产品进口依赖,扩大优势农产品出口,开拓中东欧农产品市场,实现共赢发展。

一、国家基本概况

(一) 自然地理

黑山共和国位于欧洲巴尔干半岛西南部、亚得里亚海东岸,东北部与塞尔维亚毗邻,东部与科索沃接壤上。海岸线总长293千米,海滩长度73千米。黑山是多山国家,西南部主要为喀斯特地貌;博博托夫库克山位于中北部,是全国第一高峰,海拔2522米;塔拉峡谷位于黑山中部,长82千米,是黑山最长的峡谷,深1300米,是欧洲最深的峡谷。黑山东部地区比较富饶,深林和草地面积广大;沿海地区为狭长的平原。

(二) 人口状况

黑山人口稳步增长,增幅较小。2006—2017年,人口从61.78万人增至62.90万,增幅1.8%,年均增长0.2%(表1)。人口密度低,2017年为每平方千米46人。黑山族占43.2%,塞尔维亚族占32.0%,波什尼亚克族占7.8%,阿尔巴尼亚占5.0%。2016年,农业就业人口1.89万,占总就业人员的7.6%。其中,女性农业就业人口为9113人,占48.2%;男性9810人,占比51.8%。

表1 2006—2017年黑山人口规模 (单位:人)

年 份	人 口
2006	617832
2007	619484
2008	621205
2009	622852
2010	624285
2011	625466
2012	626386
2013	627094

(续表)

年　份	人　口
2014	627674
2015	628178
2016	628615
2017	628960

数据来源：FAOSTAT

（三）政治制度

黑山共和国是一个新独立的、规模较小但开放度较高的国家，原隶属于前南斯拉夫联盟共和国。2007年10月19日，独立后的第一部宪法以议会多数票获得通过，并于22日正式生效，规定国家正式名称为"黑山"。独立后，黑山政局稳定。

议会是黑山国家最高立法机构。议会实行一院制。议员通过直选产生，任期4年。本届议会于2016年10月16日组成，共81个议席。本届政府于2016年11月组成，由社会主义者民主党、社会民主者党、波什尼亚克党、阿尔巴尼亚族党联盟和克罗地亚公民倡议党组成。总统是武装部队最高统帅，现任总统米洛·久卡诺维奇于2018年5月22日由选举产生。国家安全委员会是黑山最高军事决策机构，成员包括总统、议长、总理、国防部长和总参谋长。

（四）社会和经济发展状况

黑山共和国是经济欠发达国家之一，经济发展在很大程度上受工业化、政治变迁等影响。20世纪70年代末80年代初，黑山经历工业化之后，经济开始高速增长；20世纪90年代，经济发展出现明显的停滞；2000—2004年，国家宏观经济环境较为稳定，2004年国内生产总值（GDP）增长率达7.0%；2006—2008年，经济保持年均9.0%的高速增长；2009年，在出口剧减、信贷水平下降、市场信心受损及劳资冲突升级等因素多重作用下，经济大幅收缩5.7%；之后，经济持续以约2.0%的速度增长，2016年为3.8%。通胀水平近年来保持在较为合理的曲线范围内。失业率水平较高，2010年为28.5%，近年开始回落，2016年为17.7%。

2016年，GDP为39.54亿欧元，人均GDP为6354欧元（表2）。服务业和工业是黑山经济重要组成部分。2016年，服务业占GDP的比重为68.8%，工业占比19.1%，农业占比7.5%，制造业占比4.6%（表3）。

表2 2010—2016年黑山宏观经济情况

年 份	GDP（现价）（亿欧元）	GDP（不变价）（亿欧元）	人均GDP（欧元）	GDP实际增长率（%）
2010	31.25	30.76	5045	2.5
2011	32.65	32.26	5265	3.2
2012	31.81	31.76	5126	-2.7
2013	33.62	32.94	5412	3.5
2014	34.58	34.22	5561	1.8
2015	36.25	35.75	5826	3.4
2016	39.54	37.62	6354	3.8

数据来源：黑山统计局

表3 2010—2016年黑山主要产业GDP占比 （单位：%）

年 份	服务业	工业	农业	制造业
2010	66.3	20.5	7.7	5.5
2011	68.0	18.0	8.1	5.9
2012	69.9	17.8	7.5	4.9
2013	68.2	18.8	8.0	4.9
2014	69.4	17.7	8.1	4.8
2015	69.6	17.4	8.1	4.9
2016	68.8	19.1	7.5	4.6

数据来源：黑山统计局

二、农业发展现状

（一）农业资源条件

1. 气候资源

黑山气候主要为温带大陆性气候，沿海地区为地中海气候。1月平均气温-1℃，7月平均气温28℃，年均气温13.5℃，谷地气候温和，地势较高地区气候恶劣，许多高山地区全年大部分时间积雪。黑山不同地区的降水量不同。海岸线地区降水量为1260～1940毫米，中心区降水量为2000～4500毫米，大陆地区降水量为800～1345毫米。首都采蒂涅年降水量超过3800毫米，全年都有降水，秋季尤其集中。除了独特的岩溶地区以外，高降雨量使黑山拥有丰富的温泉和水资源，也为农业生产特别是种植业提供了充足的水源。

2. 土地资源

2015年，黑山国土面积138.10万公顷，土地面积134.50万公顷，农业用地23.10万公顷，占国土面积的16.7%。近年黑山农业土地利用面积减少严重。2015年，耕种土地和永久作物面积仅为1.38万公顷，其中，耕地8700公顷，种植果树、橡胶和其他林木等永久作物5100公顷。与2010年相比，农地面积减少54.9%，其中，耕地面积减少94.9%，永久作物面积减少68.1%（表4）。

表4　2010—2015黑山农业用地面积　　　　　　　　　　　　　　（单位：万公顷）

年　份	农业用地
2010	51.20
2011	51.30
2012	51.30
2013	22.30
2014	23.00
2015	23.10

数据来源：世界银行

3. 水资源

2015年，黑山总灌溉面积2350公顷，用水量238.50万立方米，其中，地下水235万立方米，地表水3.50万立方米。黑山沿海地区河流向相反方向流动，皮卡河、塔拉河和利姆河向北流；莫拉察河和泽塔河向南流。利姆河流经黑山、阿尔巴尼亚、塞尔维亚，以及波斯尼亚和黑塞哥维那，是德里纳河右支，也是其最长的支流，河道全长220千米，流域面积5963平方千米。泽塔河发源于尼克希奇平原，流经尼克希奇市，在城市南部由地下河变为地面河流。

4. 生物资源

黑山森林资源丰富，生物多样性高。野生蘑菇是黑山较为重要的生物资源，存在于各种生态系统中，种类大概超过900种，每年增长20～40种亚种；葡萄品种约491种；苹果、西洋梨、李子杏梅、樱桃、樱桃李、紫叶李和坚果核桃约有35种；橄榄、无花果、石榴约有44种；小麦野生物种约有200种，其中小麦品种有113种，47种小麦品种来源于前南斯拉夫其他地区，另外40种小麦品种来源于意大利；苜蓿草有7种。目前，黑山本地布沙牛濒临灭绝，仅余上百只生存在通信不良的偏远地区；本国丘陵马和驴的数量显著下降。

（二）农业生产情况

黑山的自然条件极其复杂，适宜农业的多元化发展，但山地丘陵区地势起伏又限制了农业发展，导致农业生产规模较小，主要是小农生产。

1. 农业产值规模及构成

推动农业、农村持续发展是黑山政府总体发展目标和区域发展战略的重要组成部分。然而，黑山并没有充分发挥其生产潜力和可用资源，对农业部门的扶植有待加强。黑山政府对农业的财政支持力度呈增长趋势，但增速缓慢。

农业是黑山经济的重要组成部分。近几十年来黑山的农业一直被忽视，农业占GDP的份额从第二次世界大战后的40.0%下降到2016年的7.5%（图1）。农业最重要的部门是畜牧业，肉类和乳制品占农业总值的近60.0%；水果、蔬菜和葡萄酒约占30.0%；其他行业占10.0%。农业经营模式主要是平均规模为4.60公顷的小型家庭农场。2016年，黑山有43791户农户和43家农业企业。农业生产率水平较低，农用化肥和杀虫剂使用量较低，具备发展有机生态农业的良好条件。

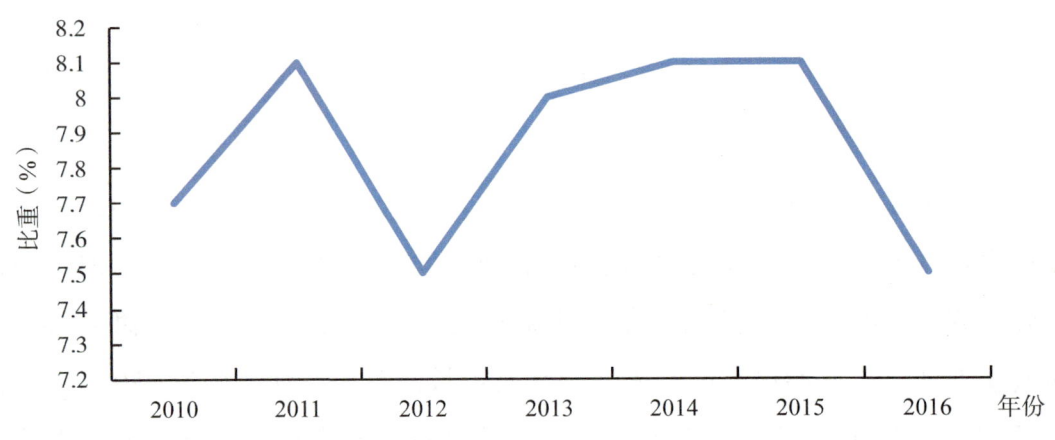

图1 2010—2016年黑山农业总产值占GDP的比重

数据来源：黑山统计局

2. 主要农产品产量

（1）种植业

粮食作物：主要的粮食作物为马铃薯、小麦和玉米（表5）。

马铃薯收获面积减少严重，单产明显提升。2012年，马铃薯收获面积骤减，产量也相应大幅减少，收获面积和产量分别从2010年的10241公顷、14.93万吨降至2012年的1327.40

公顷、1.57万吨。自2013年开始，收获面积、产量和单产都稳步提升，开始恢复性增长。2016年，马铃薯收获面积1612.70公顷，较上年减少0.2%；产量达到2.99万吨，较上年增长10.0%；单产提升明显，从2010年的14.50吨/公顷增加到2016年的18.60吨/每公顷。

小麦收获面积略有波动，但单产趋于稳定，保持在3.00吨/公顷左右，且近几年稳步提升。小麦收获面积由2011年的756公顷减少到2012年的515.60公顷，之后开始增加，2016年达747.10公顷，较上年增加1.4%；总产量在2012年仅738.60吨，2016年增至2353.80吨，较上年增长11.5%；2010年单产水平最高，为3.36吨/公顷，2016年恢复至3.20吨/每公顷。

玉米收获面积和总产量近年骤减，单产有所增加。玉米收获面积从2010年的2734公顷迅速降为2012年的588.20公顷，2014年开始回升，2016年为628.10公顷；总产量也相应减少，与2010年的1.05万吨相比，2016年仅为2650吨，下降74.7%；单产增加，从2010年的3.80吨/公顷增加到2014年的5.10吨/公顷，但2015年和2016年又略有下降，2016年降至4.20吨/每公顷，较上年下降17.6%。

表5　2010—2016年黑山粮食作物生产情况

粮食作物		2010年	2011年	2012年	2013年	2014年	2015年	2016年
马铃薯	收获面积（公顷）	10241	10902	1327.40	1345.40	1645.10	1616.40	1612.70
	单产（吨/公顷）	14.50	16.50	11.80	14.90	14.80	16.80	18.60
	总产量（吨）	149252	180126	15663.30	20041	24313.10	27193.40	29916.60
小麦	收获面积（公顷）	734	756	515.60	669.70	738.60	736.50	747.10
	单产（吨/公顷）	3.36	3.20	2.80	3.40	2.90	2.90	3.20
	总产量（吨）	2465	2446	738.60	2300.90	2158.70	2110.50	2353.80
玉米	收获面积（公顷）	2734	2798	588.20	569.10	650.30	629.40	628.10
	单产（吨/公顷）	3.80	4.20	3.20	5.20	5.10	4.30	4.20
	总产量（吨）	10484	11688	1882.20	2945.90	3304.60	2700.20	2649.90
大麦	收获面积（公顷）	731	740	414.30	405	423.80	370.10	385.90
	单产（吨/公顷）	2.80	2.60	2.30	2.90	2.70	2.60	2.80
	总产量（吨）	2011	1955	952.90	1182.30	1147.30	952	1067.80
燕麦	收获面积（公顷）	195	233	179.60	207.20	209.90	202.70	207.10
	单产（吨/公顷）	2.60	2.50	1.50	2.80	2.90	2.70	2.70
	总产量（吨）	499	586	287.40	585	475.90	555.50	557

数据来源：黑山统计局

蔬菜及瓜类：黑山的主要蔬菜及瓜类是西瓜、卷心菜、辣椒、番茄和洋葱（表6）。

西瓜是主要瓜类作物，单产和总产量均逐年增长，自 2016 年回落。西瓜收获面积从 2012 年的 306 公顷增至 2015 年的 482.70 公顷，2016 年为 419.90 公顷，同比减少 13.0%；产量先增后减，从 2012 年的 1.20 万吨增至 2015 年的 2.02 万吨，2016 年为 1.74 万吨，同比减少 13.8%；单产较为稳定，2016 年为 41.50 吨/公顷，同比减少 0.7%。

卷心菜是黑山的主要蔬菜，近年生产总体增加。2012—2016 年，卷心菜收获面积从 371.10 公顷增至 379.50 公顷，增幅 2.3%；产量也相应增加，从 9092 吨增至 1.23 万吨，增幅 34.8%；单产总体增加，由 24.50 吨/公顷增至 32.30 吨/公顷。

胡椒是黑山产量相对较多的蔬菜，收获面积和产量均逐年递增。2012—2016 年，胡椒收获面积由 173 公顷增至 229.60 公顷，增幅 32.7%；产量也相应增加，由 4013.60 吨增至 5643.80 吨，增幅 40.6%；单产由 23.20 吨/公顷增至 24.60 吨/公顷，增幅 6.0%。

表 6　2012—2016 年黑山蔬菜瓜果类生产情况

蔬菜瓜果		2012 年	2013 年	2014 年	2015 年	2016 年
西瓜	收获面积（公顷）	306	305	471.20	482.70	419.90
	单产（吨/公顷）	39.30	40.30	32.40	41.80	41.50
	总产量（吨）	12041	12290	15260.40	20194.20	17412.70
卷心菜	收获面积（公顷）	371.10	379.20	316.30	318.40	379.50
	单产（吨/公顷）	24.50	29.10	33	33.40	32.30
	总产量（吨）	9092	11034.70	10442.30	10623.20	12257.50
胡椒	收获面积（公顷）	173	179	179.60	180.60	229.60
	单产（吨/公顷）	23.20	23.30	22.50	24.90	24.60
	总产量（吨）	4013.60	4169.40	4042.90	4499.60	5643.80
番茄	收获面积（公顷）	110.90	114.40	114.10	114.30	139.60
	单产（吨/公顷）	32.90	33.80	31	34.40	32
	总产量（吨）	3648.60	3862.70	3533.30	3935.80	4464.10
洋葱	收获面积（公顷）	113.60	115.80	122.40	126.90	133.70
	单产（吨/公顷）	14.90	16.70	17.60	18.50	18.50
	总产量（吨）	1692.60	1938.70	2151.40	2341.60	2473.40

数据来源：黑山统计局

除此之外，农民还会种植一些番茄、洋葱、黄瓜、干豆等其他蔬菜。近两年黑山蔬菜、瓜类的收获面积基本都有所提升，相应的产量也有不同程度的提升，这说明多种植经济作物，无论是从自食还是出售的角度来看，都对农民有利。

蔬菜产品数量少，仅满足当地市场的需求。蔬菜生产缺乏集约化的耕地生产，同时，农业机械较为落后，加工能力低下，蔬菜种植者缺乏培训，种植效率和收益率较低。现今的蔬菜种子主要从荷兰进口，本国的蔬菜种子（除马铃薯种子）生产还没有发展起来。

水果：水果主要包括李子、苹果、梨、桃子、柑橘和葡萄等（表7）。

葡萄是最主要的水果，葡萄产量波动较大。黑山共有近4000个葡萄园，也拥有欧洲最大的单体葡萄园，主要分布在南部和沿海地区。葡萄大量出口，葡萄酒也闻名世界。葡萄大部分都产自葡萄种植园。葡萄总产量从2012年的2.72万吨增至2016年的3.02万吨，增幅10.7%，其中2.89万吨产自葡萄种植园，占葡萄总产量的95.9%。

苹果产量年际间波动较大。苹果总产量从2012年的5687.20吨降至2014年的4900吨，而后又迅速回升。2016年苹果总产量为7968.10吨，较上年减少24.9%，较2012年增长40.4%。2016年，苹果种植园产量为1638.30吨，占总产量的20.6%，表明苹果大部分来自家庭农场种植。

李子主要种植在黑山北部，主要用于生产白兰地酒，近年产量逐年递增。李子总产量从2012年的7454吨大幅提升到2016年的13127.60吨，增幅76.1%。2016年，李子种植园产量仅为1587.60吨，占总产量的87.9%，表明李子大部分来自家庭农场种植。近两年，李子总产量大幅提升，种植园产量反而下降。

表7　2012—2016年黑山水果生产情况　　　　　　　　　　　　（单位：吨）

水　果		2012年	2013年	2014年	2015年	2016年
葡萄	种植园产量	25079.20	24147.70	17128.70	23085.60	28925.40
	总产量	27228.90	26346.80	18873.50	24826.60	30153
苹果	种植园产量	2026.70	2375	2656	2816.80	1638.30
	总产量	5687.20	7065.50	4900	10614.80	7986.10
李子	种植园产量	1663.60	2092.90	1976.40	1259.20	1587.60
	总产量	7454	11736.80	5743.20	7035.10	13127.60
柑橘	种植园产量	1965.80	2786.50	3204.40	2574.70	3449.50
	总产量	3101.20	4396	4181	3040.20	4485
梨	种植园产量	163.90	160.60	180.70	365.50	431.60
	总产量	1521.50	1845.20	914.80	2648.90	2612.70
桃子	种植园产量	1497.80	1458.80	1276.10	1491.90	797.20
	总产量	1591.30	1549.90	1356.40	1585	884.60

数据来源：黑山统计局

家庭农场水果种植主要以李子、苹果和梨为主，柑橘和桃子主要以种植园大批量种植为主。黑山水果生产发展主要的限制因素是生产者的知识水平不足以及品种选择有限等问题。

（2）畜牧业

黑山主要养殖品种有牛、绵羊、山羊、猪、马和鸡（表8）。牛存栏从2011年的8.72万头增长至2014年的9.36万头，近2年小幅回落，2016年为8.92万头，较上年减少3.4%；绵羊存栏变化波动较大，2013年降到谷底为19万只，2014年短暂回升后近两年又有所回落，2016年为19.20万只，较上年减少1.4%；山羊存栏逐年递增，从2011年的2.37万只增至2016年的3.15万只，同比增加6.0%；猪存栏稳步递增，从2010年的1.12万头增至2016年的5.58万头，2016年增幅明显，同比增加23.8%；禽类总体保持增长趋势，从2010年的50.65万只增长到2016年的83.57万只，增加65.0%；马存栏量整体回落，从2010年的4828头降至2012年的3905头后恢复性增长，2014年达到4968头，2016年快速下降至3947头，较2010年减少18.2%。

表8　2010—2016年黑山畜禽养殖情况　　　　　　　　　　　　（单位：头、只）

年　份	牛	绵　羊	山　羊	猪	禽　类	马
2010	12046	198165	—	11205	506520	4828
2011	87173	208771	23660	21398	470047	4035
2012	84701	207047	23273	18451	732091	3905
2013	89058	190843	29675	20572	620354	4858
2014	93550	204403	32997	22053	595675	4968
2015	92452	194636	29678	24951	606225	4927
2016	89269	191992	31458	55841	835705	3947

数据来源：黑山统计局

黑山牛奶产量先增后减，鸡蛋产量稳步增加（表9）。牛奶产量2010年为1.36亿升，2011年增至1.91亿升，之后回落，2016年总产量为1.81亿升，其中牛奶占奶类总产量的93.1%，平均每头奶牛的产奶量为2803升。绵羊总产毛量从2010年的274吨震荡增至2015年的331吨后回落，2016年为276吨，平均每只绵羊产毛1.90千克。鸡蛋产量从2010年的6420万枚增至2016年的12019.50万枚，平均每只鸡产蛋182枚。

表9 2010—2016年黑山畜产品产量

年　份	牛奶（亿升）	羊毛（吨）	鸡蛋（万枚）
2010	1.36	274	6420
2011	1.91	260	7580
2012	1.46	275	6806
2013	1.69	310	8972
2014	1.78	238	8552.50
2015	1.71	331	10101.60
2016	1.68	276	12019.50

数据来源：黑山统计局

（3）渔业

远洋渔业产量总体增加。水产品产量从2011年的716吨增至2016年的875吨，增长22.2%（表10）。其中，深海鱼292吨，其他鱼类313吨，头足类50吨，贝类192吨，龙虾28吨。除贝类外，其余品种都比2011年有所增加。

表10 2010—2016年黑山海水鱼产量　　　　　　　　　　　　　　　　（单位：吨）

年　份	深海鱼	其他鱼类	头足类	贝　类	龙　虾	总　计
2010	206	310	61	206	27	810
2011	174	273	49	198	22	716
2012	245	298	55	156	25	779
2013	226	269	44	180	22	741
2014	222	299	51	184	31	787
2015	245	313	51	195	28	832
2016	292	313	50	192	28	875

数据来源：黑山统计局

淡水鱼产量波动较大（表11）。2013年产量最多，为838吨，而后逐年下降。2016年略有回升至646吨，同比增长16.0%。其中，鳟鱼增量较大，由2015年的516吨增加到2016年的606吨，增长17.4%；其他鱼类40吨，与上年持平。

表11 2010—2016年黑山淡水鱼产量　　　　　　　　　　　　　　　　（单位：吨）

年　份	鳟　鱼	其他鱼类	总　计
2010	216	83	534
2011	357	96	800
2012	202	142	610
2013	363	194	838

（续表）

年 份	鳟鱼	其他鱼类	总 计
2014	607	53	769
2015	516	40	557
2016	606	40	646

数据来源：黑山统计局

（4）林业

黑山森林覆盖率45.0%。2015年森林面积为54.30万公顷，树木总蓄积量9247立方米。其中，6443立方米为针叶林，占总蓄积量的69.7%，针叶原木蓄积量为4929立方米；2804立方米为阔叶林，占总蓄积量的30.3%，阔叶原木蓄积量为1786立方米。

3. 主要农产品产业布局

根据气候条件、农业生产结构、耕地面积、产量规模等特征，黑山共和国将全国划为5个农业特征区域：沿海地区、泽塔地区、岩溶地区、北部山区和比耶洛波列地区。

（1）种植业布局

黑山种植业主要分布在沿海地区、泽塔地区和比耶洛波列地区。沿海地区拥有2万公顷的耕地，比较肥沃，适合水果（热带水果和橄榄）和大田作物生产，拥有丰富的蜜源植物和药用植物，以及野生果树（狗蔷薇、无花果等）；泽塔地区拥有蔬菜生产的最佳条件，也特别适合大田作物、水果和葡萄酒的生产（包括无花果、橙子和猕猴桃）；比耶洛波列地区耕地面积最大，占黑山耕地总面积的32.9%，气候条件适宜，灌溉水源丰富，适合大田作物、蔬菜和水果生产。

（2）养殖业布局

黑山养殖业主要分布在沿海地区和岩溶地区。沿海地区的丘陵地形特别适合小反刍动物养殖；岩溶地区耕地数量稀少，主要土地分布为岩溶天坑和洼地，以养殖山羊、绵羊、牛和蜜蜂为主。

（三）农产品贸易情况

1. 主要农产品贸易规模

黑山农产品进出口总额波动较大和呈现绝对的贸易逆差（表12）。2014年，黑山农产品贸易总额达到峰值7.61亿美元，2015年明显回落，2016年开始恢复性增长，2017年为6.54亿美元，同比增长10.0%。农产品出口额变化波动较大，从2010年的6147.20万美元持续增长到2014年的1.21亿美元，后持续下降，2017年仅为5446.35万美元，占黑山出口总额的 12.9%，较 2014 年减少 53.4%；农产品进口额相对较稳定，2014 年达到峰值 63985.49 万美元，2017 年为 59972.08 万美元，占黑山进口总额的 23.0%。农业高度依赖进口，农产品贸易持续呈现逆差，且进口额与出口额相差较大。

表 12　2010—2017 年黑山农产品贸易情况　　　　　　　　　　（单位：万美元）

年　份	进口额	出口额
2010	53420.36	6147.20
2011	61267.29	7274.09
2012	56908.65	7285.75
2013	60224.51	7464.24
2014	63985.49	12125.73
2015	52072.16	6014.25
2016	53829.18	5655.29
2017	59972.08	5446.35

数据来源：UN Comtrade

黑山主要进口农产品为肉类及杂碎、饮料白酒、奶制品和谷物类，农产品进口种类分散（表 13）。其中，肉类及杂碎进口最多，2017 年进口额总计 9366.77 万美元，占农产品进口总额的 15.6%，猪肉进口市场较为集中，主要进口市场为荷兰、塞尔维亚、西班牙和德国，进口额分别为 2045.68 万美元、1919.98 万美元、1850.27 万美元和 1647.70 万美元，分别占猪肉进口总额的 21.8%、20.5%、19.8% 和 17.6%；农产品进口额第二的是饮料白酒，2017 年为 7315.29 万美元，占农产品进口总额的 12.2%，饮料白酒进口市场集中，主要进口国为塞尔维亚、克罗地亚和波黑，进口额分别为 4673.34 万美元、291.39 万美元和 267.24 万美元，占比分别为 63.9%、4.0% 和 3.7%；奶制品居农产品进口额第 3 位，2017 年进口 5120.71 万美元，占农产品进口总额的 8.5%，进口市场较为集中，主要由塞尔维亚、波黑、德国以及克罗地亚进口，进口额分别为 2088.43 万美元、1469.74 万美元、830.29 万美元以及 320.51 万美元，分别占奶制品总进口额的 40.8%、28.7%、16.2% 以及 6.3%；谷物居农产品进口额第四，2017 年为 4475.27 万美元，占农产品进口总额的 7.5%，谷物的进口来源较为集中，主要进口市场为塞尔维亚、意大利、克罗地亚和波兰，进口额分别为 2090.15 万美元、525.09 万美元、343.88 万美元和 333.96 万美元，占比分别为 46.7%、11.7%、7.7% 和 7.5%。

表13 2017年黑山农产品进口结构

农产品	进口额（万美元）	占比（%）
肉类及杂碎	9365.77	15.6
饮料白酒	7315.29	12.2
奶制品	5120.71	8.5
谷物	4475.27	7.5

数据来源：UN Comtrade

黑山主要出口农产品为饮料白酒、肉类及杂碎、谷物和水产品。饮料白酒出口最多，2017年总计2236.18万美元，占农产品出口总额的41.1%，饮料白酒出口较集中，主要出口塞尔维亚、波黑和中国，出口额分别达815.39万美元、543.64万美元和200.07万美元，分别占饮料白酒出口总额的36.5%、24.3%和8.9%；肉类及杂碎居农产品出口额第2位，2017年为945.62万美元，占农产品出口总额的17.4%，出口市场集中，主要出口塞尔维亚和波黑，出口额分别为705.56万美元和111.57万美元，占比分别为74.6%和11.8%；谷物居农产品出口额第三，2017年为642.26万美元，占农产品出口总额的11.8%，谷物出口市场分散，前3位国家为马其顿、塞尔维亚和美国，占比分别为3.7%、1.1%和1.2%；农产品出口额第四的是水产品，2017年为362.36万美元，占农产品出口总额的6.7%，主要出口波黑、马其顿和塞尔维亚，出口额分别为196.42万美元、52.08万美元和25.03万美元，占比分别为54.2%、14.4%和6.9%（表14）。

表14 2017年黑山农产品出口结构

农产品	出口额（万美元）	占比（%）
饮料白酒	2236.18	41.1
肉类及杂碎	945.62	17.4
谷物	642.26	11.8
水产品	362.36	6.7

数据来源：UN Comtrade

2. 主要贸易伙伴

黑山农产品进口主要伙伴国是塞尔维亚、德国、波黑、克罗地亚和意大利。2017年，黑山自上述国家农产品进口额分别为25621.26万美元、3535.66万美元、3458.24万美元、3253.15万美元和3190.44万美元，分别占黑山农产品进口总额的42.7%、5.9%、5.8%、5.4%和5.3%（表15）。黑山从塞尔维亚进口的主要农产品为饮料白酒、活畜、谷物和奶制品，从德国进口的主要农产品是肉类及杂碎、奶制品、谷物和可可，从波黑主要进口的农产品是奶制品、肉类及杂碎、水产品和饮料白酒，从克罗地亚进口的主要农产品是水产品、可可、谷物和奶制品，从意大利进口的主要农产品是谷物、坚果类、咖啡。

表15 2017年黑山农产品主要进口国情况

贸易伙伴	进口额（万美元）	占比（%）
塞尔维亚	25621.26	42.7
德国	3535.66	5.9
波黑	3458.24	5.8
克罗地亚	3253.15	5.4
意大利	3190.44	5.3

数据来源：UN Comtrade

黑山农产品出口主要伙伴国是塞尔维亚、波黑、阿尔巴尼亚和中国。2017年，黑山对上述国家农产品出口额分别为1903.48万美元、969.41万美元、293.69万美元和200.07万美元，分别占黑山农产品出口总额的34.9%、17.8%、5.4%和3.7%（表16）。黑山出口塞尔维亚的主要农产品为饮料白酒、肉类及杂碎、坚果类和可可，出口波黑的主要农产品为饮料白酒、水产品、肉类及杂碎和坚果类，出口阿尔巴尼亚的主要农产品为饮料白酒、小麦、饲料和可可，出口中国的主要农产品为饮料白酒。

表16 2017年黑山农产品主要出口国情况

贸易伙伴	出口额（万美元）	占比（%）
塞尔维亚	1903.48	34.9
波黑	969.41	17.8
阿尔巴尼亚	293.69	5.4
中国	200.07	3.7

数据来源：UN Comtrade

3. 中国与其贸易情况

黑山和中国农产品贸易总额波动较大，呈现贸易逆差。2013年，两国农产品贸易额达到峰值623.46万美元，随后下降至2015年的315.78万美元，之后保持增长趋势，2017年为745.19万美元，较2015年增长136.0%。黑山自中国农产品进口额自2012年开始下降，2015年降至192.24万美元，2016年大幅回升至491.64万美元，2017年增至510.89万美元，较 2015 年增长 165.8%；黑山对中国农产品出口额不高，前几年保持增长趋势，2013 年由上年的 138.94 万美元骤降至 79.09 万美元，而后缓慢上升，2017 年为 234.30 万美元，同比增长 103.9%（表 17）。中国对黑山农产品贸易持续呈现顺差格局。

表 17 2010—2017 年黑山和中国农产品贸易情况　　　　　　　　（单位：万美元）

年份	出口额	进口额
2010	30.62	292.19
2011	99.67	330.08
2012	138.94	484.52
2013	79.09	443.85
2014	87.21	315.92
2015	123.54	192.24
2016	114.91	491.64
2017	234.30	510.89

数据来源：中国海关

黑山对中国主要出口农产品为葡萄酒，2017 年，黑山对华出口葡萄酒 228.10 万美元。黑山自中国进口农产品呈现多样化，主要包括饮品类、坚果、蔬菜和油籽。其中，饮品类进口最多，达 130.79 万美元，占黑山从中国农产品进口总额的 25.6%；坚果进口额 87.33 万美元，占比 17.1%；蔬菜进口额 68.45 万美元，占比 13.4%；油籽进口额 51.29 万美元，占比 10.0%。

（四）农业科技发展

1. 农业科研机构

黑山从事农业科研的机构包括生物技术研究所和兽医局。

生物技术研究所位于波德戈里察，是黑山大学的研究所，主要涉及农业领域的科学研究、专家服务和教育活动。研究所内设两个农业教育部门，分管种植业和畜牧业。科学研究主要在果树、葡萄园、大田作物、畜牧生产、植物保护、兽医、林业、淡水渔业、农业经济和环境保护等领域开展。生物技术研究所由 10 个科学研究中心组成，分别是农业经济中心，土地和改良中心，林业、植物保护中心，农田和蔬菜生产中心，畜牧业生产中心，兽医中心，葡萄园和水果种植中心，温带水果种植中心和热带水果种植中心，此外还包括由农业部资助的 2 个实验室和 3 个服务部门，分别是基础植物生产实验室、乳品实验室，家畜选择服务部门、检疫服务部门合推广服务部门。

兽医局是农业部管辖下的负责管理相关动物医疗服务的机构，主要涉及传染性疾病的预防、早期诊断、抑制和消除特定传染病，实施兽医等研究。兽医局也负责制定兽医卫生条件标准，监督检测兽医设施设备，制定和监测动物疾病和人畜共患病的预防方案。兽医局下设专业兽医实验室。该实验室负责动物疾病的诊断和动物医学的研究，旨在保护和改善动物的健康状况，保护动物免受疾病，发现和诊断动物疾病，进行动物健康保护计划，开展兽医研究工作等。

2. 农业科技发展状况

根据2014年黑山研究发展报告，黑山研发方面总支出为1255.80万欧元，占GDP的0.4%。其中，现金支出占76.2%，资本支出占23.8%。在从事研发领域的所有研究人员中，包括1708名研究员、299名技工和其他相等职位的员工和332名助理员工。2014年，共有2339名研发人员，其中，2089名是全日制员工，250名为兼职员工；59.6%的员工具有高等教育经历（图2）。

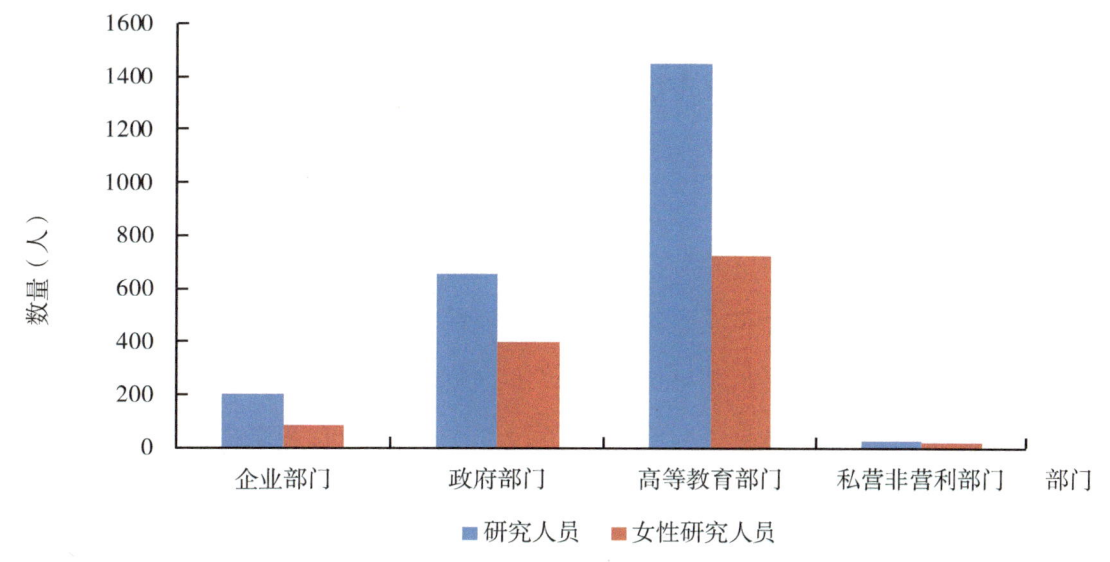

图2　2014年黑山研究人员情况

数据来源：黑山统计局

2014年，黑山共发表了765篇科学论文，其中，391篇发表在国内，374篇发表在国外。166篇科学论文发表在科学期刊的网络期刊上。其中，工程技术类最多，发表了79篇；医学类38篇；农业科学类18篇；社会科学类17篇；自然科学类11篇；人文科学类3篇（图3）。2014年，黑山发表科学专著48部，其中，在国内发表40部，8部发表在国外。

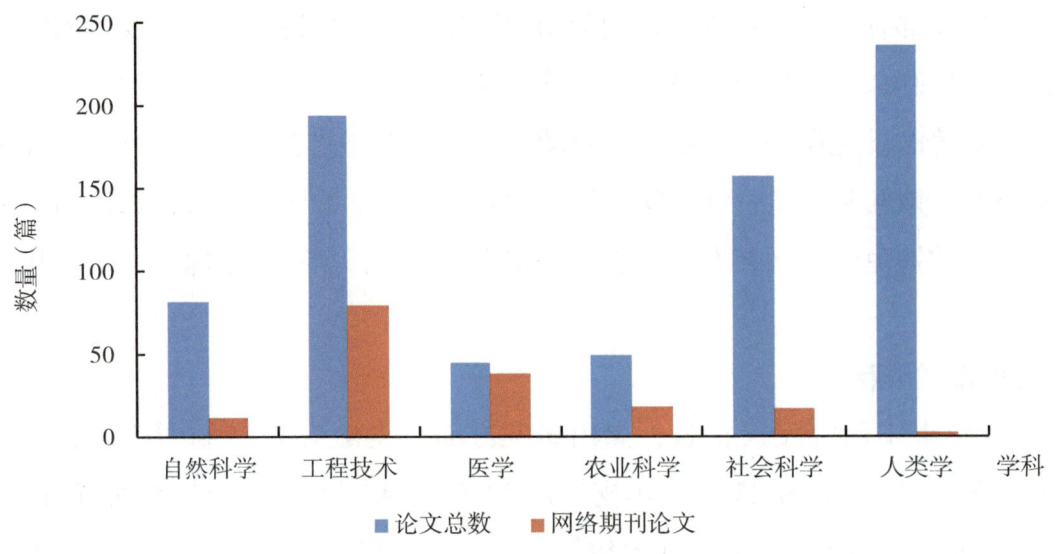

图3 2014年黑山科学论文发表情况

数据来源：黑山统计局

黑山的技术优势主要在种植业和畜牧业，其中葡萄种植是黑山的特色。生物技术研究所下属葡萄园中心已经收集到国内外葡萄品种491种，目前正在研究引进新的葡萄品种并进行克隆。此外，该研究所还在积极研究番茄、洋葱和十字花科的遗传资源。

（五）农业管理体系与政策

1. 农业管理体系

农业农村发展部是黑山负责农业政策制定和实施的政府机构。农业农村发展部的主要职责是通过农业和监管部门制定农业领域的发展政策，规范农业领域的相关活动，进行领域内的行政监督和农业法律实施。农业农村发展部下设3个部门：农业部门、林业及狩猎部门和渔业管理部门，分别设有市场部门、立法部门、检察机关和服务部门，市场部门主要跟进激励措施、管理市场价格，立法部门主要负责在农业领域的相关立法事项。

2. 农业支持政策

2009年年中通过的"农业和农村发展法"是黑山农业政策的主要法律文件，制定了农业战略目标和政策，并赋予了必要的法律形式。农业政策主要涉及到市场和生产者支持政策、农村发展支持政策、农业一般服务的支持政策这三方面内容。

（1）市场和生产者支持政策

市场和生产者支持政策中最重要的支持形式是基于种植面积或养殖数量发放直接补贴；直接补贴占该支持政策预算拨款的80.0%以上。直接补贴对象包括涵盖种植业和畜牧业在内的四大类农产品和一个加工部门。第一，谷物、马铃薯、饲料作物、荞麦和其他作物（除了烟草）。发放直接补贴的同时，政府还提供作物的种子资源；每类作物的最小种植面积为 0.50 公顷；每个农场可以申请多个作物补贴；用于商业目的或饲料生产的农作物基本补贴为 130 欧元 / 公顷，种子为 600 欧元 / 公顷。第二，烟草。根据干烟叶的质量等级发放支持补贴，为 0.20～0.55 欧元 / 千克。第三，牲畜。饲养超过 3 头牛且保持该数量超过 6 个月的农场都有资格获得小母牛和奶牛的支持补贴，每头 80 欧元，最多补贴 50 头，饲养的牛必须在兽医管理局进行注册并正确佩戴耳标；绵羊和山羊的补贴均是每只 10 欧元，只限于饲养超过 20 只的农场，最多补贴 300 只；屠宰保险补贴标准是育肥牛 120 欧元 / 头，淘汰奶牛 40 欧元 / 头，每个农场每年最多有 90 头牛可以领取屠宰保险补贴，且饲养的牛必须在兽医管理局进行注册并正确佩戴耳标，并在指定的屠宰场进行屠宰。第四，乳制品。补贴标准是每公升 0.04 欧元，月供奶量超过 200 公升的牛场有资格获得补贴，且必须递送给经批准的乳制品工厂。第五，支持加工部门，旨在改善收集农产品原材料的市场基础设施，依照收集的牛奶和屠宰的动物数量进行补贴。

（2）农村发展支持政策

农村发展支持政策通过三大类基本措施来执行。第一，加强食品生产者的竞争力，支持引入国际标准和生产者组织。该类政策最为重要，占农村发展支持政策总预算的 71.0%。主要是通过支持初级生产和加工企业来实现，投资各类农业设备和机械，投资养殖场和购买种畜，投资建立种植园，投资建造温室设备、畜产品加工企业、作物储存和包装企业。上述投资国家一般出资 30.0%，根据特殊情况，最高可达 50.0%。第二，资源可持续管理。这部分政策正处于发展阶段，主要采取直接补贴措施，按照牲畜单位或保护面积，对本土畜牧业和种植业品种保护、发展有机农业和山地牧场可持续利用进行补贴。第三，农村地区的基础建设，包括地方道路和水利管理，这部分预算占农村发展支持政策 17.0%。

（3）农业一般服务的支持政策

农业一般服务的支持政策是指为农业领域公共利益的一般服务提供财政支持，包括教育、研究与开发、推广服务、兽医和植物卫生计划措施，以及与产品质量控制有关的活动和计划。

3. 农业发展规划

《2015—2020 年黑山农业和农村发展战略》考虑到黑山的基本特征、农业发展及其在欧洲的定位，在制定战略时，考虑了农业多功能的原则。该战略的目标是建立框架，为农业和农村发展目标、优先事项和可持续发展奠定基础。该战略的出发点是承认农业的多功能作用，在经济发展、环境保护和其他社会方面取得良好平衡。

黑山农业的多功能可以分解为：① 可持续的农村和区域发展。投资农业也意味着投资农村发展，可持续农业的发展影响着特定地区发展差异的平衡。② 生态功能。以最佳和可持续的方式管理农地，保证对环境的最佳保护。③ 经济功能。农业以食品工业的发展为基础，但也支持许多其他部门（原材料产业、设备提供商、农业机械、包装、运输和众多其他服务）的发展。④ 对旅游业发展的支持。农业和旅游业共通领域越来越为重要，由农业部门生产的各种产品丰富了旅游服务和产品，通过培养游客对黑山美食和特色产品的兴趣，反过来支持农业部门的发展。⑤ 社会功能。农业以及其他相关活动确保就业和大部分人口的收入来源，缓解黑山的就业压力，同时也为农村扶贫事业做出贡献。⑥ 粮食生产功能。国家必须确保提供质量标准、价格合理的食品，保证本国粮食安全。⑦ 保存村庄的传统和文化遗产。黑山村庄具有悠久传统，文化的丰富性和多样性也深具保存价值。

农业和农村发展战略旨在改善农村地区的生活条件和农民的生活水平，为基础设施提供必要的投资并改善生产流程，提高国内生产者的竞争力并提高其加工能力，同时支持农民保护传统农产品等。国家将会加大预算以支持农民开展以下农业活动，包括：葡萄种植，建立和现代化水果农场，发展橄榄种植，蔬菜生产，建立多年生药用和芳香植物，改进质量标准，促进农业和农产品发展，提高生乳质量，合作社和国家协会的活动，可持续利用山地牧场，保护农业遗传资源和发展有机农业，农村经济活动的多样化，以及农村基础设施的更新和发展。

根据战略目标，政府提出农业2020年规划具体指标：计划到2020年，农业GDP增加值较2013年增长3.0%，农业从业人员整体保持增长趋势，农产品进出口贸易额之比为1∶6，出口额增长10.0%，农业用地增长3.0%，耕地增长15.0%，有机农业土地增长15.0%，农村道路硬化率保持增长趋势，农村供水系统提升。

三、农业投资环境

（一）国家商业环境

根据《2018年全球营商环境报告》，黑山营商环境良好，营商环境指数在全球位列第42位，得分73.18分。近几年黑山通过改善电力供应使营商指数较2016年提高1.9%。2017年，黑山营商便利度排名第42位，开办企业所需天数排名第60位，处理施工许可证排名第78位，电力获得排名第127位，财产注册排名第76位，信贷获得排名第12位，保护中小投资者排名第51位，纳税排名第70位，合同执行排名第44位，跨境贸易排名第42位，处理破产排名第37位。

（二）农业优势与潜力

黑山虽然是东欧小国，但发展潜力巨大。在经济方面，总体呈恢复性增长，长期走势看好，具有一定的投资前景；与黑山签订自由贸易协定的国家有欧盟成员国、中东欧自由贸易区成员国、俄白哈关税同盟以及土耳其，同时，美国给予黑山最惠国的待遇，黑山有关商品出口上述地区和国家享受免关税和免配额优惠待遇。在地理方面，黑山位置优越，是连接东南欧与西欧、欧亚大陆的陆路枢纽。在农业方面，自然条件优越，农业发展潜力较大；葡萄和葡萄酒产业都是黑山的特殊产业，品质享誉世界，具有良好的发展和投资前景；劳动力素质高，且劳动力成本低于西欧和周边多数国家；政府近几年越来越重视农业，已经将推动农业和农村持续发展纳入政府总体发展目标；国内农产品生产远不能满足国内消费需求，高度依赖进口，农业的发展空间较大。

（三）风险分析

1. 制度风险

黑山共和国自独立以来，政局基本保持稳定。黑山的政治稳定性较高，腐败控制水平较好。2018年全球和平指数报告显示，黑山的和平指数为1.89，在全球排名第58位，属于高度和平国家，这为投资黑山奠定了良好基础。

2. 经济风险

黑山经济自由度较高，但也存在一定的经济风险。美国传统基金会的报告显示，黑山经济自由度指数得分7.20，处第2级，经济自由度较高。从经济结构上看，黑山制造业较为薄弱，无法满足国内需求，农产品、日用品、工业产品以及能源等长期依赖国外进口；国内物价水平较高，蔬菜品种较少。从农业生产力看，农业设备落后，机械化水平低，劳动力水平低导致农业生产力增速缓慢，无法满足国内需求。国内区域经济发展不平衡，文化和种族的多样性以及地理地势的不同使得国内经济发展程度差距较大。

3. 基础设施风险

黑山基础设施老化，需要进行升级改造。黑山主要依赖公路和海运。公路总里程7353千米，但呈现地区不均衡状况，南部地区交通系统发达，北部地区相对较差。黑山海运较发达，经巴尔港口可到达世界各地。铁路总长250千米，波德戈里察是铁路枢纽，与塞尔维亚相接。铁路设备老化、火车保养等问题较为严重，主要原因是缺乏资金对铁路系统进行维护。落后的基础设施对中黑两国农业合作产生较大的影响，阻碍了两国贸易往来和中国企业前往黑山投资的意愿。

（四）总体评价

总体来看，黑山农业具有投资前景。黑山自独立以来政局基本保持稳定，经济总体呈恢复性增长。农业生产资源条件优越，本国农业资源未较好利用，农业设备落后，机械化水平低，农业有较大的发展空间。同时，黑山也具有特色产业，葡萄和葡萄酒闻名世界，近几年也开始发展有机农业，农业发展势头良好。此外，政府重视农业和粮食安全问题，希望吸引外商投资农业领域，但农业投资相关规定尚不完善，外国人在黑山无土地所有权，不能直接使用土地，影响了外商的投资热情。

四、中黑农业合作现状与合作重点

（一）合作现状

1. 合作机制

自 2006 年 7 月中黑建交以来，两国保持了良好的政治、经贸双边合作，双边贸易不断扩大，合作机制不断完善。2006 年 8 月，中黑签署《中黑政府经济贸易协定》，此后定期召开中黑经贸联委会，推动两国在经贸方面的合作。2009 年 4 月 16 日，两国签署《中华人民共和国政府和黑山政府文化、教育、社会科学和体育领域合作协定》，鼓励和支持两国有关机构在文化、教育、社会科学、体育、出版、广播、电影和电视等方面的交流与合作。2011 年 6 月，两国签署《关于加强基础设施领域合作协定》。2012 年，黑山总理久卡诺维奇签署了《十二项措施》的宣言，积极参与中东欧国家和中国之间的合作。2012 年，黑山和中国签署了在农业、文化、外交人员培训及经济等领域的框架协议。在"一带一路"倡议下，中国与黑山的合作取得了突破性进展，中黑友好交往正处于历史最高水平。

2. 科技合作

近几年，中黑两国在农业科技方面展开了众多合作，合作进展顺利，涉及领域众多。一是对信息资料以及出版物进行学术交流与合作；二是定期开展交流会、研讨会以及农产品博览会；三是育种方面，根据两国检验检疫规定，合理进行种子交换与交流；四是教育方面，科学教育机构在农林牧渔业开展合作研讨，同时，相关的专家和学生在两国进行交换学习；五是两国农业部门和相关机构的领导以及专家定期进行交流研讨，互相吸取农业管理上的成功经验。

2011 年，中黑两国签署科技双边合作协议，奠定了两国在科技领域进行双边合作的基础。中黑科技合作委员会批准的第一批 6 个双边交流项目，在 2011—2013 年间已经成功完成，共发表学术论文12篇，同时，也实现了双方共48人次的友好互访，为构建双边学术共同体奠定了基础。2014年，中黑科技合作委员会启动了第二批8个项目的科技合作。2014年11月5日，江南大学与黑山大学合作开展农业创新体系研究项目，该项目为两国政府在农业领域的决策及有效开展务实合作提供了参考与借鉴。2015年，黑山大学与长沙理工大学合作，在黑大成立了孔子学院。中国政府提供给黑山优秀学生的奖学金名额逐年增加，越来越多的黑山学生报名前往中国学习。另外，越来越多的中国学者出现在黑山组织的各种会议、论坛和研讨班上。

3. 贸易合作

中黑政府间建有经贸混委会和科技合作委员会机制，2006年签署《中黑政府经济贸易协定》，2012年3月签署《关于农业合作的谅解备忘录》，为确保双方贸易往来提供机制保障。2015年1月，两国签订经贸合作项目。中黑两国农产品贸易具有很强的互补性。从进口农产品来看，黑山种植业和渔业相对落后，为满足国内消费需求，蔬菜和水产品成为主要的进口农产品。从出口农产品来看，黑山主要出口本国优势农产品，由于葡萄种植业发达，葡萄酒享誉世界，品种众多，葡萄酒是黑山对华出口的主要农产品。但是，中国与黑山之间的农产品贸易存在不平衡，两国贸易合作还有非常大的提升空间。

4. 投资合作

2014年9月，为促进中国与中东欧国家的投资合作，中国与中东欧国家投资促进机构联系机制正式建立。中黑两国投资规模小，主要是由于两国企业对相互的市场及商业文化欠缺了解，影响投资决策。中国企业在黑山的投资有所增长，但投资规模总体不大。中国在黑山最大规模投资是建设高速公路。在农业方面，黑山普兰特兹葡萄酒集团和中国中化集团公司就葡萄酒的出口、生产原材料的进口签订了合作投资协议，这是黑山扩大对华葡萄酒出口的前提条件，更有利于两国的经贸合作。此外，黑山政府将为有兴趣在黑投资的中国公司提供支持与帮助，同时也呼吁本国公司在中国开展相关经贸业务。

（二）合作潜力

1. 合作基础

中黑两国自建交以来长期维持着友好的合作关系，两国政府积极探索开展更广泛的农业合作。近年来，通过在农业等多个领域的合作，两国友好关系也得到了进一步的巩固和加强。中黑两国签署的《中黑政府经济贸易协定》等纲领性文件，为推动中国与黑山农业合作的顺利进行提供了良好的政治环境和合作机制。

投资、贸易和科技合作取得的成功经验和模式为进一步拓深中国与黑山农业合作奠定了基础。中国经济快速增长、消费需求增加为黑山出口带来广阔市场，成为黑山葡萄酒的主要出口市场。中国对黑山高速公路的投资成效有利于两国今后在贸易科技等方面开展合作，也为在农业领域的合作创造了基础条件，并提供了相关经验。同时，两国通过技术援助、培训、合作研究等以政府、科研单位和高校为主导的农业科技合作模式，不但有助于提升黑山的农业科技水平，展示中国农业科研实力，也可以推动两国的农业经贸可持续合作。

2. 合作前景

中黑两国农业合作前景乐观。在欧洲一体化进程中，中国可以借助黑山优越的地理位置，通过黑山扩大东欧地区的农业贸易市场。黑山农产品高度依赖进口，而葡萄和葡萄酒大量出口，两国可以加强农产品贸易合作。同时，黑山农业技术落后，机械化水平低，中国在种植改良、农产品加工、饲料生产、农机等方面具有较强优势。两国在上述领域的互补性较强，具有较好的合作潜力。两国开展农业合作，既有利于沿线国家提高农业生产水平，又有利于中国优势农业产能输出。

（三）合作重点

1. 重点领域

（1）农业技术合作

开展多种方式的农业科技合作。黑山的农业科技发展水平较低，促进农业发展离不开科技支撑。中国可以在黑山合作建立农业科技示范园、技术示范中心、种业示范基地等。通过科技示范园建设，加强农作物新品种、新技术的科技示范，进行适宜黑山农作物优良品种的选育和种植的研究。借助科技示范园平台，进一步加强中黑两国科研机构、企业、高校之间的科技合作，如生猪繁育、优质饲料加工等，使科技合作成为推动农业合作深入发展的重要抓手。同时，加强双方人员交流与培训，深化两国农业合作的基础，通过为黑山培养农业技术人员和科技人才，进一步推动中国先进适用技术在黑山的示范与转移，提升中国参与区域合作的主导性。

（2）农业贸易合作

进一步加强优势农产品贸易。黑山主要对华出口葡萄酒，其葡萄酒品质优良。中国通过改良或更新相关基础设施，增加在葡萄产业的生产资料投入，使黑山的葡萄和葡萄酒产量得到较大提升，有潜力成为中国周边重要的葡萄酒进口来源地。黑山畜禽产量无法满足日益增长的国内需求，因此，有较为广阔的市场需求，中黑两国也可以加强畜产品的贸易合作，提高黑山的畜产品供应，拓宽中国的畜产品贸易市场。

2. 重点产业

（1）葡萄酒产业

葡萄酒是黑山最靓丽的名片，葡萄酒产业是黑山的主要产业。黑山葡萄酒质量优良，中黑两国在该领域已有广泛合作，还应该在此基础上不断扩大交流。通过与黑山开展葡萄酒产业投资，增加葡萄酒对华出口，对提升两国经贸合作，扩大黑山葡萄及葡萄酒在华知名度具有重要意义。

（2）畜禽养殖

发展畜禽合作，提高黑山畜产品自给率。黑山的农业传统优势产业是畜禽业，主要是牛和羊，近年来畜禽业的优势不断扩大。此外，畜禽养殖发展还带动了饲料作物产业的快速发展，畜禽养殖得到了政府大力扶持，也是带动农业发展的重要产业。尽管近年来黑山畜禽产量不断增加，仍然无法满足日益增长的国内需求。在发展畜禽养殖方面，黑山的产业基础和市场基础较好。中国与黑山在猪仔养殖、种猪生产、优质饲料加工、户用沼气等方面都尚未开展合作，在"一带一路"倡议下，中国可以推广先进适用养殖技术，帮助黑山提升畜牧业发展水平。

五、中黑农业合作建议

（一）积极扩大贸易规模

一是两国政府间要不断完善农业贸易合作机制，根据实际情况签订相关保护协定，搭建合作平台，不断促进两国的农产品经贸合作。二是加快将海关质检领域的贸易便利化措施覆盖整个黑山。三是中国协助黑山推广其优质农产品和食品，提高中国消费者对这些产品的消费认可度，同时也提高其知名度。四是增加中黑两国可贸易农产品的种类。通过定期举办中东欧农产品食品等专场展览活动，推动相关产品的贸易合作。五是推动中国企业扩大对黑山的投资。商务部等可印发黑山农业投资指南，并积极组织黑山投资交流会，解决企业投资黑山难题，鼓励企业投资黑山农业与食品等领域。

（二）改善贸易投资环境

不断通过政策、机制、平台推进中国企业赴黑山的农业投资合作。多年来，中黑农业合作已经取得一定成果，但也存在问题。投资黑山具有一定风险，基础设施差、劳动力素质低、生产效率低，经营成本较高等问题制约着企业"走出去"的步伐。在新的战略机遇期，建议中央政府、地方政府和企业合力推进农业合作，全国形成一盘棋，以可操作的合作规划与计划为指导，不断提升农业合作项目质量和合作水平。实现中国与黑山农业投资贸易协定的全覆盖，为中国企业在黑山投资创造良好的环境。加快中国与黑山农业投资协定谈判，推动两国商务人员的交往，并扩大双方农业投资的领域，为投资人员加快办理签证、工作许可等，提供相关投资便利。推动中国与黑山主管部门在基础设施建设领域的共识，主要关注有关标准、人员资质、设备标准认证等方面。

参考文献

戈丹娜·久多维奇，张佳慧，吴 锋．2015．中黑两国经贸和农业的合作现状与未来展望［J］．江南大学学报（人文社会科学版），14（2）：79-85．
姜超峰．2016．与中东欧合作的机遇与挑战［J］．中国储运，（5）：39-39．
孔田平．2014．中国与中东欧国家经济合作现状与发展趋势［J］．国际工程与劳务，（10）：2-6．
许万明．2003．塞尔维亚和黑山共和国近两年经济形势及投资环境［J］．东欧中亚市场研究，（6）：22-26．
姚 铃．2016．中国与中东欧国家经贸合作现状及发展前景研究［J］．国际贸易，（3）：46-53．
Błahut J. 2014. Some Geographical Aspects of Sustainable Development with View on Montenegro：A Review［J］. Zeszyty Nauk.politech.lsk.automat，42（16）：98-109.
Fabris N，Pejović I. 2013. Montenegrin Agriculture：Diagnosis and Policy Recommendations.［J］. економика пољопривреде / Economics of Agriculture，59（4）：657-673.
Rajović G，Bulatović J. 2014. Structural Changes in Livestock Production：A Case Study in Montenegro［J］. ВестникОрловскогогосударственногоаграрногоуниверситета，26：125-137.

斯洛伐克

斯洛伐克共和国，简称斯洛伐克，是欧洲中部的一个内陆国家，国土面积4.90万平方千米，人口544.31万人。斯洛伐克经济较为发达，人均GDP达到15014.33欧元。工业是国民经济的主导产业，农业仅占国民生产总值的3%～4%。全国近一半的土地为农业用地，超过1/4的土地为耕地，森林覆盖率达41.3%。斯洛伐克的农业规模化水平较高，户均经营规模达80.7公顷，远超欧盟平均水平。种植业比重高于养殖业，主要农作物有小麦、玉米、大麦、油菜、甜菜等，主要饲养猪、牛、羊和鸡、鸭等。由于国内资源有限，斯洛伐克对外贸的依存度较高，货物和服务进出口总额占GDP的比重达到193.2%。2016年进出口总额达到1526.89亿欧元，但农产品贸易占比较小。2017年，农产品出口额为28.57亿欧元，进口额为42.40亿欧元，主要的进口产品有水果、肉类、蔬菜、咖啡、乳品等，主要的出口产品有谷物、油籽、动物皮毛、咖啡等。

1993年斯洛伐克独立，中国即与其建交，两国关系一直保持顺利发展，经济、文化、教育、科技等各领域交流不断。近年来，斯洛伐克政府重视发展对华经贸关系，积极响应我国"一带一路"倡议并参加中国—中东欧国家合作框架下的各项活动。2017年，中斯双边贸易总额为64.31亿欧元，是斯洛伐克的第八大贸易伙伴。

一、国家基本概况

斯洛伐克位于欧洲中部，北接波兰，东临乌克兰，南界匈牙利，西南与奥地利接壤，西北与捷克相连，是一个内陆国家。历史上，斯洛伐克曾与捷克联合为一个主权国家——捷克斯洛伐克，1993年1月1日两国和平分离，此后捷克成为独立主权国家。斯洛伐克经济比较发达，人均收入水平较高，为高收入国家。2004年3月29日斯洛伐克加入北约，2004年5月1日加入欧盟，2009年1月起加入欧元区。

（一）地形地貌

斯洛伐克国土面积在欧洲43国位居第27位，与丹麦、瑞士和荷兰等国面积相当。境内40%左右的国土面积在海拔300米以下，45%的土地在海拔300～800米，14%的土地在海拔800～1500米，1%的在海拔1500米以上。山地面积较广，是一个多山国家，山地主要分布在中部和北部地区的西喀尔巴阡山脉，地势较高，大部分海拔在1000～1500米，国内最高峰是塔特拉山，海拔达2655米，位于斯洛伐克和波兰的边界；平原主要分布在国土南部，其中西南部多瑙河平原面积较大。多瑙河流经南部边境，是斯洛伐克与匈牙利和奥地利的界河。

（二）行政区划

在与捷克和平分离后，斯洛伐克最初划分为东斯洛伐克、中斯洛伐克、西斯洛伐克3个州和1个直辖市，1996年后调整为8个州，每州以其首府命名，分别为布拉迪斯拉发州、特尔纳瓦州、特伦钦州、尼特拉州、日利纳州、班斯卡·比斯特理察州、普列索夫州、科希策州（斯洛伐克统计局，2018）。州下为县，县下为市镇，目前共有79个县和2890个市镇。布拉迪斯拉发是斯洛伐克共和国的首都和经济、文化中心，也是斯洛伐克最大的城市，人口约64.2万，同时也是布拉迪斯拉发州的首府。

（三）政治制度

1993年1月1日斯洛伐克独立后，实行三权分立的多党议会民主制。总统为国家元首，也是国家武装力量的最高统帅，由全民选举产生，任期为5年。国民议会为国家最高立法机构，实行一院制，共150个席位，议员也由全民选举产生，每届任期4年。议会设议长1名，副议长4名，并下设19个委员会，主要负责讨论议会交付的法律草案。政府是国家最高权力执行机构，对国民议会负责，由总理、副总理和各部部长组成，由总统任免。斯洛伐克的主要司法机构包括宪法法院、法院和检察院。宪法法院是保护宪法的独立司法机关，主要职责为审查普通法律，政府法令是否违宪等。法院是行使司法权的重要国家机关，分最高法院和州县法院两级，最高法院是国家的最高司法机关，其院长、副院长均由议会选举产生，总统任命。检察院则负责保护自然人、法人和国家的权利，负责发起部分申诉，分总检察院、州检察院和县检察院三级建制，检察院的首脑是总检察长，由总统根据国民议会提名任免（斯洛伐克宪法，1992）。

（四）人口及语言

斯洛伐克人口规模较小，截至2017年底，全国人口数量为544.31万人，人口密度为110.93人/平方千米，其中男性人口265.65万人，女性人口278.66万人。斯洛伐克是一个典型的乡村国家，大量人口居住在乡村，乡村人口占总人口的比例达到46.4%。从年龄结构来看，斯洛伐克已经步入老龄化社会，15～64岁人口数量为374.86万人，约占总人口的68.9%，65岁以上人口占比达到15.5%。斯洛伐克的主要民族为斯洛伐克族，约占人口总数的85.8%；匈牙利族占9.7%，主要居住在斯洛伐克和匈牙利的边境上；罗姆族占1.7%，多居住于斯洛伐克东部。官方语言为斯洛伐克语，主要外语为英语、德语和俄语。

（五）经济社会发展

斯洛伐克经济发达，人民的收入水平较高。尽管经济总量不大，仅在欧盟28个成员国中排名19位（2016年），但其经济运行态势良好，经济增长速度较快。按可比价格计算，2000—2016年斯洛伐克GDP总量增长了88.7%，年均增速4.0%，期间仅2009年受全球金融危机影响，经济下降了5.4%，但2010年即恢复增长。工业是国民经济的主导产业，汽车业是斯洛伐克的支柱产业，电子工业、冶金和机械制造业也是其重要产业。农业在国民经济中占比较小，但为居民食品消费的主要来源。2017年，斯洛伐克GDP总量（可比价格）为817.24亿欧元，较上年继续增长3.4%，人均GDP达到15014.33欧元，国内需求和出口是经济增长的重要动力（表1）。目前，国内就业形势向好，就业率保持上升，主要来自于工业和服务业的就业增长较大，失业率下降到8.1%。价格通胀率为1.5%，扭转了2016年的价格通缩，食品消费价格指数上升的贡献较大（斯洛伐克国家银行，2018）。

表1　2000—2017年斯洛伐克经济发展状况　　　　　　　　（单位：亿欧元，欧元）

年份	GDP（现值）	GDP（可比价格）	人均GDP	GDP（可比价格）增速
2000	316.01	418.95	7754.59	1.2%
2001	343.10	432.84	8011.51	3.3%
2002	372.80	452.42	8410.53	4.5%
2003	414.04	476.93	8864.80	5.4%
2004	461.02	502.01	9322.72	5.3%
2005	504.15	535.90	9944.04	6.8%
2006	562.73	581.20	10775.69	8.5%
2007	630.54	643.97	11923.15	10.8%
2008	684.92	680.22	12568.20	5.6%
2009	640.23	643.34	11858.92	-5.4%
2010	675.77	675.77	12433.10	5.0%
2011	706.27	694.82	12856.81	2.8%
2012	727.04	706.34	13054.14	1.7%
2013	741.70	716.87	13236.22	1.5%
2014	760.88	736.58	13586.71	2.8%
2015	788.96	764.94	14097.07	3.9%
2016	811.54	790.37	14541.39	3.3%
2017	849.85	817.25	15014.33	3.4%

数据来源：斯洛伐克统计数据库

二、农业发展现状

（一）农业资源条件

斯洛伐克地处北温带，属于海洋性气候向大陆性气候过渡地带，四季交替明显，夏季较热，冬季较冷。全年平均气温9.8℃，1月最冷时可达零下10～16℃，7月最热时气温可达36.6℃。年降水量500～700毫米，低地地区降水量最少，山区雨量充沛；山区年降水量在1000毫米以上。多瑙河流域平原，年降水量只有500～600毫米。全年日照充足，南部低地和北部高山地区的日照天数最多，年日照时长超过2000小时。

国土面积不大，耕地规模有限。2017年，全国农业用地面积238.20万公顷，约占全国土地面积的48.6%，其中耕地面积140.87万公顷，约占土地面积的28.7%，人均耕地面积0.26公顷，草地面积为85.38万公顷，占17.4%。此外，森林面积为202.44万公顷，森林覆盖率达41.3%。

河网密布，水资源较为丰富。斯洛伐克境内有许多河流，多瑙河是流经的主要河流，其余多为多瑙河支流；瓦赫河、尼特拉河、赫龙河等也是境内的重要河流，主要发源于西喀尔巴阡山脉。此外，全国还有170多个湖泊，是重要的水源地。全国水资源总量为501亿立方米，人均占有量达到9279立方米，超过世界平均水平。

（二）农业生产与发展

1. 农业生产概况

20世纪90年代初，经历了政局变动后，斯洛伐克面临着经济体制变革和公共政策的变化，由于国内消费能力降低，消费需求减弱，农业生产出现了一定倒退。从1995年开始，农业生产基本保持平稳。进入21世纪后，农业生产总体呈现波动上升趋势。从营业额来看，2000—2016年，农业总产值增长了24.6%（图1）。其中2000年和2003年，受天气干旱影响，农业产值尤其是作物产值明显下降（斯洛伐克农业和农村发展部，2018）。2004年，由于气候适宜和欧盟共同农业政策（Common Agricultural Policy，CAP）收入补贴刺激，农民收入增加，农业产值出现回升。2005年略有下降，此后到2008年保持稳步增长。2009年受金融危机影响，宏观经济衰退，农业产值下降了23.5%。2015年斯洛伐克遭受重大干旱，农业产值再次下降，2016年农业总产值为21.80亿欧元，较上年增长12.1%。

斯洛伐克的农业产业规模较小，近年来在国民生产总值的比重约3～4%。从农业内部结构看，作物产品的比重逐渐上升，动物产品的比重下降。2000年时，动物产品是国内的主要产品，占农业总产值的比重为55.2%，作物产品占比44.8%。2007年开始作物产品超过动物产品成为支柱产品，到 2016 年，作物产品占比达到 63.9%，动物产品占比下降了近两成，为 36.1%。

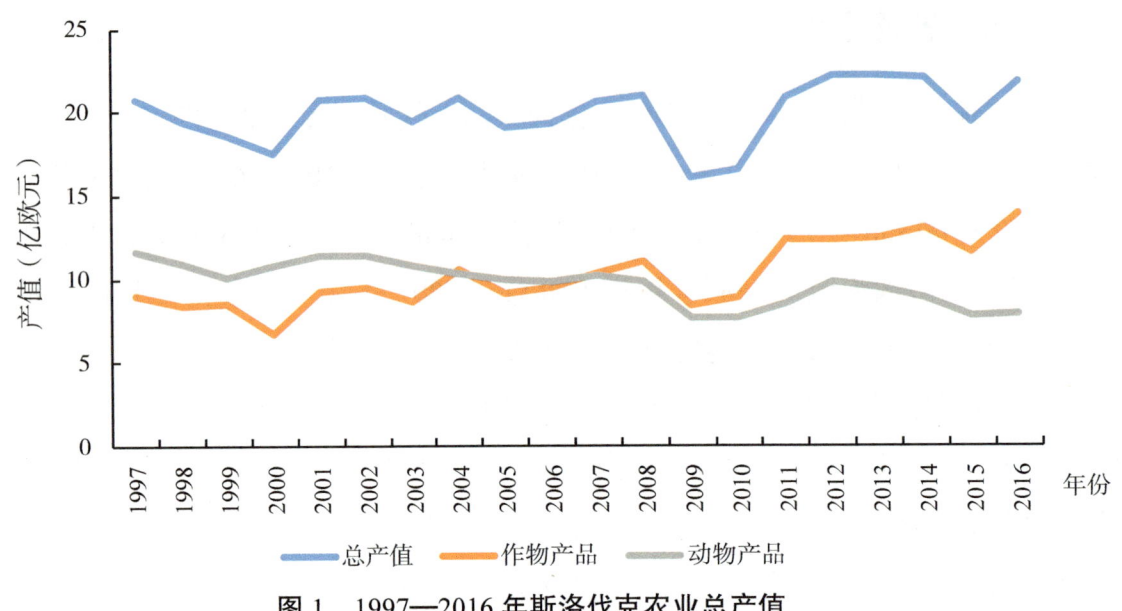

图 1　1997—2016 年斯洛伐克农业总产值

数据来源：斯洛伐克统计数据库

斯洛伐克农业经营规模化发展迅速。根据欧盟农场结构调查，经营面积在 5 公顷以下的农场数量比重由 2005 年的 90.0% 下降到 2013 年的 58.9%，户均经营规模由 27.4 公顷提高到 80.7 公顷，而欧盟的平均经营规模为 16.1 公顷。随着规模化水平的提高，生产效率得到提高，农民收入明显增加（图 2）。农业劳动力老龄化现象突出，55 岁以上中老年人占农业

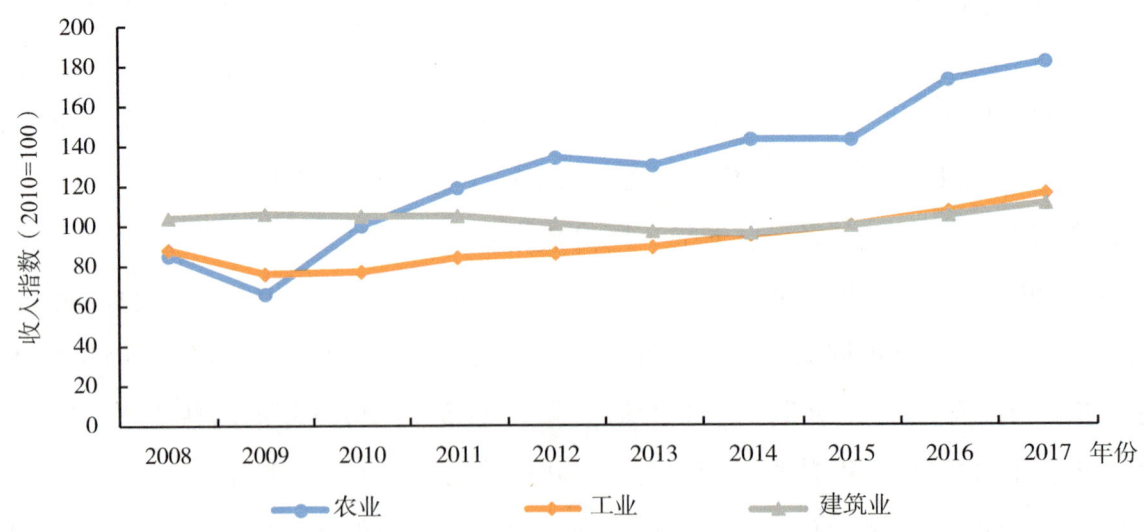

图 2　2008—2017 年斯洛伐克各行业收入指数对比

数据来源：欧盟统计数据库

从业人口的比例超过50%，35岁以下人口仅占8.1%。

2. 主要农产品

（1）种植业

斯洛伐克的作物种植以谷物为主，谷物收获面积占耕地面积的比例超过50%。小麦是面积最大的作物，近年收获面积在35万公顷以上。玉米为第二大作物，收获面积在18万公顷以上，大麦面积位列第三，在12万公顷左右。2000年以来，谷物面积不断下降，到2017年谷物收获面积为71.74万公顷，较2000年下降了11.7%，主要为小麦和大麦面积的减少，玉米面积呈现增加，但近年来小麦面积有所恢复，玉米面积出现下降。2017年，小麦、玉米、大麦的收获面积分别为37.37万公顷、18.78万公顷、12.02万公顷，产量分别为177.07万吨、106.62万吨、54.53万吨，三大作物的总面积和总产量分别占谷物总面积和总产量的95.0%和97.1%。

油料作物也是斯洛伐克重要的作物产品，其收获面积占耕地面积的比例超过15%，其中油菜和向日葵是主要的油料作物。2000年以来，油料作物面积呈现快速增长趋势，油菜、向日葵和大豆均大幅增长。2017年，油料作物面积占耕地的比例达到20.7%，其中油菜面积达到15.01万公顷，产量44.87万吨，分别较2000年增长63.7%、235.2%，向日葵面积达到8.73万公顷，产量21.88万吨，分别较2000年增长26.7%、86.5%。此外，尽管大豆面积仍然不大，仅为4.39万公顷，但增速较快，18年间增长了6.43倍。

2000—2017年斯洛伐克主要作物收获情况见图3。

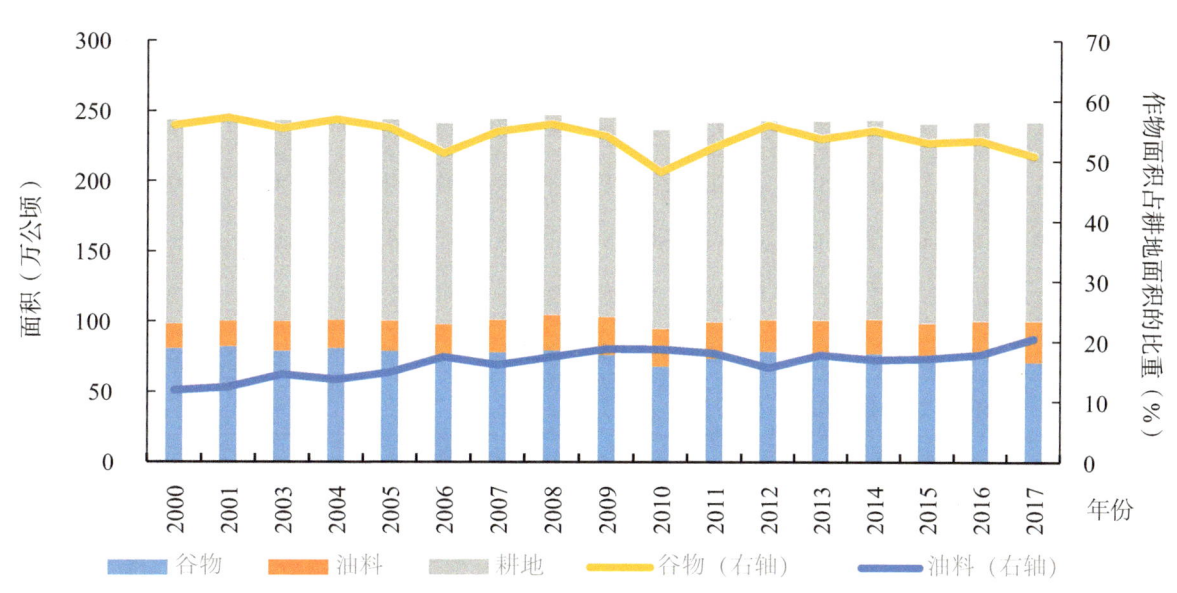

图3　2000—2017年斯洛伐克主要作物收获情况

数据来源：斯洛伐克统计数据库

其他重要作物还有马铃薯、甜菜，这两种作物的收获面积均明显下降，尤其是马铃薯，面积下降了72.5%。甜菜面积在经历了几年下降后又有所回升，目前面积保持在2万公顷以上，产量较2000年仍有所增加，2017年产量达到120.08万吨。此外，饲料作物也是斯洛伐克的重要作物产品，主要为青玉米和紫花苜蓿。2017年，青玉米和紫花苜蓿的收获面积分别为8.14万公顷和4.71万公顷，较前些年明显减少。

2000—2017年斯洛伐克主要农作物产量见表2。

表2　2000—2017年斯洛伐克主要农作物产量　　　　　　（单位：万吨）

年份	小麦	玉米	甜菜	大麦	油菜	苜蓿	向日葵	马铃薯	大豆	黑麦	燕麦
2000	125.43	44.04	96.15	39.67	13.38	37.05	11.73	41.88	0.48	6.42	2.50
2001	180.01	61.60	128.68	61.33	24.06	51.65	11.86	32.33	1.04	11.27	3.25
2002	155.44	75.38	134.62	69.50	25.73	47.14	11.69	48.43	1.50	9.65	4.34
2003	93.04	60.14	117.17	80.42	5.30	34.06	25.27	39.24	1.22	6.23	5.79
2004	176.48	86.24	159.88	91.59	26.27	47.15	19.64	38.19	1.35	12.43	5.56
2005	160.79	107.40	173.26	73.93	23.51	42.56	19.53	30.12	1.90	6.86	3.82
2006	134.27	83.83	137.09	64.18	25.97	37.34	22.86	26.31	2.06	3.02	4.14
2007	137.96	62.39	84.65	65.96	32.11	36.27	13.27	28.77	1.10	5.44	3.74
2008	181.95	126.06	67.89	89.13	42.44	38.29	19.23	24.53	1.14	8.03	3.50
2009	153.79	98.81	89.88	67.55	38.67	36.09	18.72	21.61	1.54	5.69	3.46
2010	118.53	92.13	97.77	36.14	32.25	34.82	15.03	12.59	2.40	3.55	2.46
2011	163.11	144.44	116.07	52.50	33.22	31.41	20.10	21.73	3.69	4.12	3.60
2012	127.53	117.04	89.45	47.05	21.26	29.42	19.72	16.57	4.18	4.94	3.37
2013	168.43	112.33	114.46	44.60	37.40	33.39	19.57	16.45	3.96	8.65	3.06
2014	207.24	181.41	155.02	67.59	44.89	35.58	20.07	17.88	8.39	5.35	3.87
2015	208.21	92.92	120.55	66.86	32.06	28.20	17.43	14.46	6.21	4.16	4.30
2016	243.42	171.02	150.69	58.46	43.05	32.98	24.65	17.71	9.25	4.11	3.56
2017	177.07	106.62	123.08	54.53	44.87	26.28	21.88	14.97	10.24	3.25	3.49

数据来源：斯洛伐克统计数据库

（2）养殖业

养殖业曾是斯洛伐克农业的主导产业，尽管近些年产值有所下降，但仍在农业中占相当比重。斯洛伐克主要的动物产品有猪、牛、羊和鸡、鸭等的肉蛋奶及其他相关产品。从数量看，牛和猪的养殖数量明显减少，到 2017 年底，全国牛存栏 43.98 万头，较 2000 年减少了 31.9% 其中奶牛 12.99 万头，减少 46.4%；猪存栏 61.44 万头，减少了 58.7%；羊存栏 36.53 万只，基本保持稳定；家禽年际间波动较大，到 2017 年底存栏 1335.38 万只，总量与 2000 年基本相当，其中多数为母鸡和小鸡，分别存栏 590.36 万只和 695.66 万只，其余依次为鸭、火鸡和鹅。详见表 3。

表 3　2000—2017 年斯洛伐克主要养殖动物的存栏量　（单位：万头，万只）

年份	牛	奶牛	猪	羊	奶羊	家禽	母鸡	小鸡	鹅	鸭	火鸡
2000	64.61	24.25	148.84	34.80	15.38	1358.00	584.60	713.93	4.03	24.64	21.05
2001	62.52	23.04	151.73	31.63	14.77	1559.04	771.28	700.39	3.80	24.84	34.89
2002	60.78	23.02	155.39	31.60	14.53	1395.94	621.30	703.15	3.40	25.26	28.51
2003	59.32	21.45	144.30	32.55	14.23	1421.68	612.69	747.53	3.64	25.09	16.30
2004	54.01	20.17	114.93	32.12	14.86	1371.32	564.75	746.57	3.61	24.86	16.69
2005	52.79	19.86	110.83	32.05	15.79	1408.41	559.12	787.56	3.47	24.97	18.04
2006	50.78	18.50	110.48	33.26	15.13	1303.83	570.22	674.39	3.35	23.88	16.40
2007	50.18	18.02	95.19	34.72	14.50	1288.01	577.35	650.77	3.65	24.00	16.01
2008	48.84	17.39	74.85	36.16	15.39	1122.81	555.63	517.54	2.90	19.39	12.64
2009	47.20	16.25	74.09	37.70	16.07	1358.33	625.22	685.18	3.18	17.89	12.33
2010	46.71	15.93	68.73	39.42	15.87	1299.19	626.62	625.31	3.23	17.92	11.60
2011	46.34	15.41	58.04	39.39	16.20	1137.56	618.34	474.62	2.75	17.06	12.31
2012	47.11	15.03	63.15	40.96	15.97	1184.98	626.55	509.98	3.09	16.63	13.15
2013	46.78	14.49	63.72	39.99	16.95	1096.89	568.09	474.09	3.31	19.19	13.88
2014	46.55	14.31	64.18	39.12	16.15	1249.41	565.13	637.59	2.81	16.66	11.82
2015	45.76	13.92	63.31	38.17	15.99	1283.62	604.37	630.12	2.65	17.10	12.59
2016	44.61	13.26	58.58	36.89	15.58	1213.05	611.82	555.35	2.41	17.41	12.64
2017	43.98	12.99	61.44	36.53	15.72	1335.38	590.36	695.66	2.38	16.38	13.64

数据来源：斯洛伐克统计数据库

从产值看，牛奶、鸡蛋、猪肉、牛肉和禽肉的产值较高。2000—2016 年，猪、牛、羊和禽肉等比重不断下降，鸡蛋明显增长，牛奶在 2010 年以前相对平稳，2011 年开始波动加大，近 3 年来呈现下降趋势。从产品结构看，牛奶和鸡蛋占养殖业产出的比重明显上升，分别较 2000 年增加了 3.4 和 10.2 个百分点，2016 年二者占比分别达到 30.2% 和 18.1%，猪肉产出占比大幅下降，占比仅为 17.6%，降幅达到 11.6%。牛奶、鸡蛋和猪肉是产值前三的产品，其次是牛肉和禽肉。详见图 4。

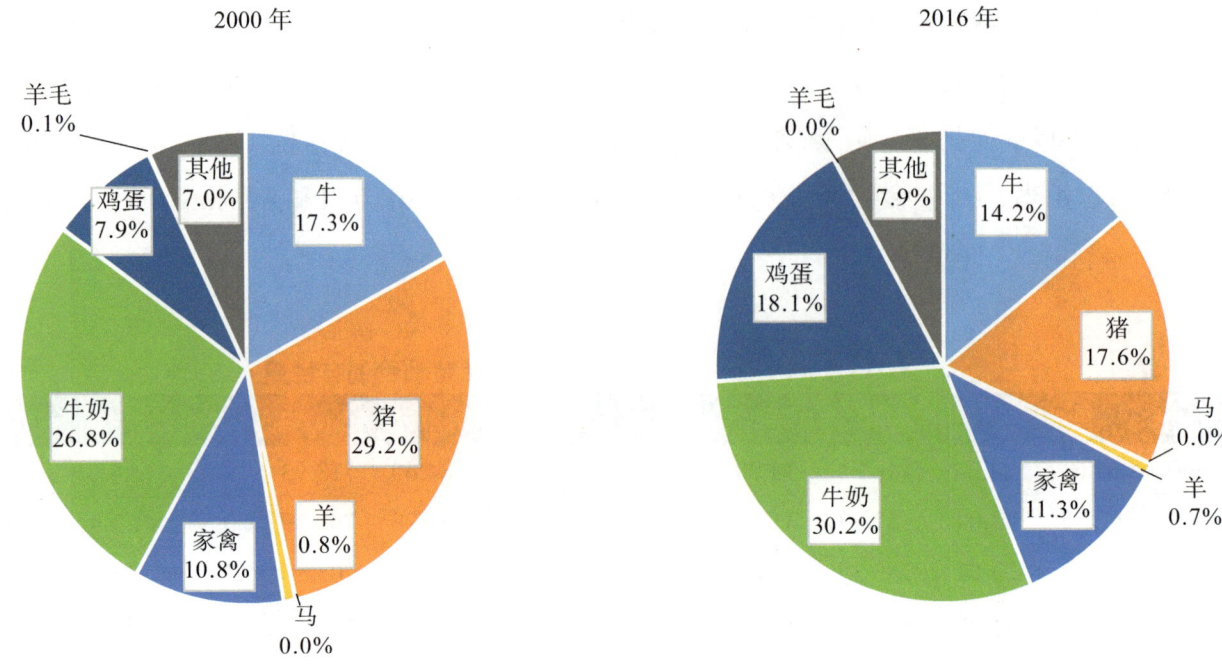

图4 2000年与2016年斯洛伐克养殖业产出结构对比

数据来源：斯洛伐克统计数据库

3. 主要农业产业布局

斯洛伐克几乎一半的土地被作为农用地，且超过一半的农用地为耕地，但耕地在各州的分布并不均匀。尼特拉（Nitriansky）州拥有十分优越的自然条件和气候，其农用地面积占全国的19.5%，其中87.3%的土地为耕地。班斯卡—比斯特里察（Banskobystrický）农用地面积位居第二，占比约17.1%。2012—2016年，斯洛伐克以现值计算的农业总产出下降了1.5%，其中作物产出增加了13.2%，养殖业产出下降了19.9%，布拉迪斯拉发（Bratislavský）、普雷绍夫（Prešovský）、日利纳（Žilinský）、特尔纳瓦（Trnavský）4州农业产出呈现增长趋势，分别增长了24.6%、13.0%、0.8%和0.7%，其余州农业产出均下降，其中比斯特里察（Banskobystrický）下降最为明显，降幅达26.8%（斯洛伐克统计局，2018）。总体来看，目前斯洛伐克的农业主要分布在尼特拉（Nitriansky）、特尔纳瓦（Trnavský）、科希策（Košický）等3州，农业总产值超过全国的60%。

作物种植方面，谷物主要分布在西南多瑙河平原的尼特拉州、特尔纳瓦州和东南部的科希策州，同时这三州也是油料作物的主要产地。马铃薯则主要分布在普雷绍夫州、特尔纳瓦州和布拉迪斯拉发州，甜菜主要分布在尼特拉州、特尔纳瓦州、特伦钦州和布拉迪斯拉发州。2012—2016年斯洛伐克的农产品销售收入增长了0.5%，其中作物收入增加了2.7%，动物产品收入减少了2.3%。全国所有地区的谷物产品收入都有所增加，布拉迪斯拉发州表现尤为突出，增长了90.3%。动物养殖方面，养牛业的分布较广且相对分散，普雷绍夫、班斯卡—比斯特里察、特尔纳瓦、尼特拉、日利纳和科希策等州的占比较重。猪、羊的养殖分布相比牛养殖更为集中，养猪业主要集中在特尔纳瓦、尼特拉、班斯卡—比斯特里察等州，养羊业主要集中在班斯卡—比斯特里察、日利纳、普雷绍夫等州，家禽养殖主要分布在普雷绍夫、科希策和特伦钦等州。2012—2016年牛存栏增长最明显的地区是布拉迪斯拉发州，增长了10.7%，猪存栏数量增长最大的地区是班斯卡—比斯特里察州，增长了7.1%，而羊存栏则只有尼特拉州和特伦钦州两个地区有所增长，分别增长了7.8%和0.8%。

（三）农产品贸易情况

自独立以来，斯洛伐克是一个外向型的市场经济国家，加入欧盟后，对外开放程度提高，对外贸易在国民经济中的地位不断提升，货物和服务进出口总额占GDP的比重由2000年的72.5%上升到2016年的193.2%，经济对外依存度加强。2000年以来，斯洛伐克的进口与出口呈现快速增长趋势，到2008年进出口总额增长了2.60倍。2009年，受全球金融危机影响，贸易出现大幅下滑，当年降幅达16.0%。2010年后贸易恢复增长，到2016年进出口总额达到1526.89亿欧元，较2000年增长了4倍多。同时，2010年也是斯洛伐克贸易形势发生根本改变的一年，此前对外贸易呈现逆差，此后贸易转为顺差，2016年贸易顺差为31.57亿欧元（图5）。

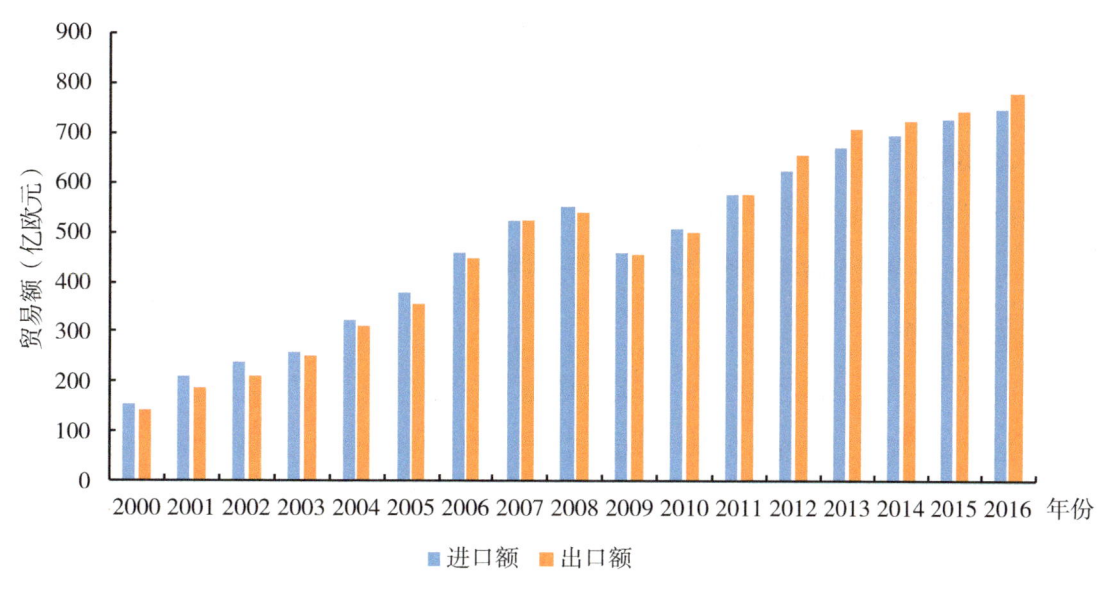

图5　2000—2016年斯洛伐克对外贸易情况

数据来源：斯洛伐克统计数据库

斯洛伐克的农业贸易规模不大，农产品进出口仅占对外贸易很小部分。2017年，农产品出口额为 28.57 亿欧元，占商品和服务总出口的 3.8%，进口额为 42.40 亿欧元，占商品和服务总进口的 5.8%。农产品贸易呈现逆差形势，且 2012 年以来贸易逆差不断扩大，2017 年贸易逆差达到 13.83 亿欧元，为近 10 年来最高，欧盟是主要的贸易逆差来源。主要的进口产品有水果、肉类、蔬菜、咖啡、乳品等，主要的出口产品有谷物、油籽、动物皮毛、咖啡等。

1. 主要农产品贸易规模

2000—2016 年，斯洛伐克的农产品进出口结构发生了较大变化，曾经占比较大的产品在农产品进出口中的比重趋于下降，一些产品趋于上升。从进口看，2000 年，进口额最高的食品工业残渣及废料和配制的动物饲料，为 1.04 亿欧元；其次是食用水果及坚果类，为 9752.48 万欧元；第三为烟草及烟草代用品的制品，进口额为 9213.00 万欧元；杂项食品进口额为 9031.81 万欧元，仅次于烟草产品。谷物和肉类当时也是重要的进口产品，进口额分别为 5831.72 万和 5014.68 万欧元，占比相对较低。到 2016 年，肉类成为第一大进口产品，进口额达到 4.25 亿欧元；饮料、酒及醋成为第二大类进口产品，进口额 3.38 亿欧元；乳品、蛋类及其他可食用动物产品为第三大类进口产品，进口额 3.2 亿欧元；食用水果及坚果类紧跟其后，进口额达到 3.19 亿欧元。

从出口看，2000 年，出口额最高的产品是乳品、蛋类及其他可食用动物产品，出口额为 7436.98 万欧元；其次是制粉工业产品，出口额为 5442.08 万欧元；第三大类产品是杂项食品，出口额为 5386.00 万欧元；第三是动植物油类产品，出口额为 4098.86 万；烟草类产品、食品工业残渣产品，以及饮料产品出口也较多，出口额分别为 3981.73 万、3940.56 万和 3917.72 万欧元。到 2016 年，出口结构发生了较大变化。谷物出口增长较快，较 2000 年增长了近 9 倍，成为第一大类出口产品，出口额达 3.50 亿欧元；乳品、蛋类及其他可食用动物产品也保持增长，但地位有所下降，为第二大出口产品，出口额为 2.55 亿欧元；可可及可可制品成为第三大类出口产品，出口额为 2.53 亿欧元；第四是糖类产品，出口额为 2.00 亿欧元；咖啡和茶及调味香料等产品也出口较多，出口额为 1.86 亿欧元。

2. 主要贸易伙伴

斯洛伐克农产品的主要贸易伙伴为欧盟国家，95% 左右的农产品出口到欧盟国家，同时 97% 左右的进口来自于欧盟（欧盟委员会，2018）。一直以来，捷克是斯洛伐克最大的农产品贸易国，其余国家的贸易变动较大。

进口来看，2000 年，捷克、德国、意大利、荷兰和俄罗斯是斯洛伐克前五大进口来源国，但此后来自斯洛伐克周边国家的进口增长较快，意大利、荷兰和俄罗斯的农产品进口份额下降明显。到 2016 年，捷克仍是第一大进口来源国，约占农产品进口总额的 23.2%，主要进口乳品、咖啡、果蔬等；德国仍处第二位，占比约 18.1%，主要进口橡胶、猪肉、果蔬和咖啡等；第三位则是波兰，占比约12.5%，主要进口猪肉、乳品、油籽和果蔬等；其次是匈牙利，占比约8.2%，主要进口油籽、玉米、禽肉和果蔬等。

从出口来看，2000年，捷克、德国、波兰、奥地利和意大利是斯洛伐克前五大出口目的地。到2016年，捷克仍是第一大出口目的地，约占农产品出口总额的17.9%，主要出口乳蛋、油籽、禽肉、小麦等；波兰成为第二大出口对象，占比约14.6%，主要出口大麦、小麦、油籽、咖啡、禽肉等；对匈牙利出口增长十分明显，上升为第三大出口对象，占比约13.7%，主要出口小麦、活猪、乳品、果蔬和咖啡等；尽管出口德国的产品总额保持增长，但在贸易中的地位则降为第四位，占比约12.4%，主要出口橡胶、动物毛皮、小麦、乳品和油籽等；第五名为奥地利，占比约11.4%，主要出口小麦、油籽、咖啡和活牛等。

3. 中国与其贸易情况

2017年，中国与斯洛伐克的双边贸易总额为64.31亿欧元，较2016年下降4.2%。中国是斯洛伐克的第八大贸易伙伴。其中，斯洛伐克从中国的进口总额为52.08亿欧元，占进口总额的7.3%；向中国的出口总额为12.23亿欧元，占出口总额的1.6%。斯洛伐克对中国出口的主要产品是运输设备和机电产品，合计占斯洛伐克对中国出口总额的89.9%。2017年，斯洛伐克对中国出口的塑料、橡胶出现较大幅度下滑，降幅达到33.2%。斯洛伐克自中国进口最多的是机电产品，占斯洛伐克自中进口总额的67.4%；其次是光学、钟表和医疗设备，占8.9%。

农产品在两国贸易中的比重较小，中国处于顺差地位。根据中国海关数据，2000年以来，中斯两国农产品贸易波动较大，2008年农产品贸易总额达到最高，为1658.2万美元，2009年由于金融危机贸易迅速下降，2010年有所回升，此后一直处于时降时升的波动状态，但值得注意的是，自2014年开始中国自斯洛伐克进口农产品增长明显。2017年，中国自斯洛伐克进口农产品262.09万美元，较上年增长47.0%；出口694.58万美元，较上年增长4.4%（表4）。

表4　2000—2017年中国与斯洛伐克农产品贸易情况　　　　（单位：万美元）

年　份	进口额	出口额	进出口总额
2000	0.01	98.36	98.36
2001	5.34	795.15	800.49
2002	3.17	1038.49	1041.66
2003	1.16	974.28	975.44
2004	39.84	524.56	564.40
2005	0.88	966.44	967.31

(续表)

年 份	进口额	出口额	进出口总额
2006	0.39	890.52	890.91
2007	4.61	1571.54	1576.16
2008	9.15	1649.03	1658.19
2009	16.99	967.27	984.26
2010	11.62	1078.49	1090.10
2011	27.36	1283.81	1311.17
2012	38.43	742.16	780.60
2013	78.33	691.90	770.23
2014	244.46	856.78	1101.24
2015	173.03	845.31	1018.34
2016	178.24	664.96	843.20
2017	262.09	694.58	956.67

数据来源：中国海关

从产品结构来看，中国自斯洛伐克进口的农产品主要为饮料类产品和活体动物，分别占斯洛伐克进口农产品总额的63.0%和15.8%。中国出口斯洛伐克的农产品主要为水果、水产品、畜产品、蔬菜和坚果等，分别占出口斯洛伐克农产品总额的24.3%、18.9%、13.9%和11.0%。

（四）农业科技发展

近年来，斯洛伐克的科研投入增长较快，但占GDP的比重较低。2012—2016年科研投入增长了9.5%，2016年总投入达6.41亿欧元，约占GDP的0.8%。科研经费来源主要有两种，一种是公共部门，另一种是私人部门，二者间的比重经常发生变化，有时私人部门资金占据多数，有时公共部门资金占比较重。2016年，公共部门资金较上年大幅下降，降幅达52.3%，私人部门资金较上年增长14.3%，超过公共资金成为最主要经费来源。

1. 农业科研机构

目前，斯洛伐克设有专门机构对科技研发进行管理。教育、科学、研究和体育部是负责国家总的科研政策的制定与实施，同时经济部也负责部分领域的研究与创新的发展战略与政策。农业与农村发展部负责农业领域的科技研发。斯洛伐克研究与发展机构（SRDA，Slovak Research and Development Agency）是国内主要的研发资金赞助机构，主要负责研究资金的分配与管理。斯洛伐克科学院（SAV，Slovenská akadémia vied，英文名：The Slovak Academy of Sciences）是依法成立的主管科技研发的独立研究机构，主要负责开展自然、技术、医学等基础研究以及社会科学研究，促进斯洛伐克的知识创新和科学发展（斯洛伐克科学院，2018）。

斯洛伐克从事农业科学研究与教育的机构主要有：国家农业和食品中心（NPPC，Národné poľnohospodárske a potravinárske centrum，英文名：National Agricultural and Food Centre）、斯洛伐克农业大学（Slovak University of Agriculture）、斯洛伐克兽医药大学（University of Veterinary Medicine and Pharmacy）等。

2. 农业科技发展状况

根据2013年提出的智能专业化研发战略，斯洛伐克将加强多部门合作，重点推进几个方面的研究：材料及纳米技术、信息与通信技术、生物医学和生物科技、可持续能源以及农业和环境研究。由于日益增长的农产品消费需求、不断增加的资源环境压力以及复杂多变的气候，斯洛伐克十分重视推进农业技术进步和创新。2014年斯洛伐克科学技术创新委员会批准了农业、食品与林业的应用研究战略，促进土地的可持续利用以提供具有竞争力的食品和非食用产品。当前，斯洛伐克的农业研究领域主要分为六方面内容。

一是土地管理和土壤科学领域。主要是开发和维护土壤信息系统，并建立土壤保护和土地可持续利用的专家系统；识别斯洛伐克不同土壤的生产能力，并建立土壤保护和恢复系统。持续监测土壤的退化过程，并找到消除其负面影响的方法；模拟分析土壤的水分状况等。

二是作物种植。主要是创造具有高抗性以及某些参数具有优势的作物品种；发展生物遗传技术和生物多样性；优化作物种植技术和模式，以适应区域经济和环境的差异；发展土壤保护技术和精准农业；发展生物质能源等。

三是动物养殖。主要是遗传育种以提高动物饲料转化率和对负面环境的抗性；使用动物遗传资源；改良动物养殖模式和技术，改善动物健康及福利；建立动物饲料和饲用原料的质量评估方法；建立动物传染疫病的监测与防控体系等。

四是食品生产。主要是开发新的食物产品和新食品加工技术；发展先进的食品风险评估体系；建立包括食品质量、食品成分、风险因素等在内的食品信息系统，等等。

五是农村发展。主要是提出应对区域发展不平衡，提高农村地区生活水平的建议；建立持续改善农村环境，保障农村就业的多种渠道；整合各种政策等。

六是环境保护。主要是建立农业环境监测、可持续发展指标；模拟分析天气变化、自然灾害对农业和环境的影响；构建绿色基础设施等。

（五）农业管理体系与政策

1. 农业管理部门

农业农村发展部是主管斯洛伐克全国农业生产管理与有关政策制定和实施的部门，其下设7个职能部门和8个业务部门。7个职能部门分别为：部长秘书办公室、部长办公室、部办公厅、控制和贸易监管司、危机管理司、对外协调司、内部审计局，8个业务部门分别为农业政策和预算司、法规司、农业司、农村发展和直接支付司、林业和林木加工局、食品和贸易司、区域发展计划司、跨境合作项目局（斯洛伐克农业和农村发展部，2018）。

2. 农业支持政策

自2004年斯洛伐克加入欧盟，其农业政策开始与欧盟并轨，共同农业政策成为斯洛伐克主要的农业支持政策，主要包括单一区域性补贴机制和农村发展计划。欧盟共同农业政策经过一系列的改革，形成了不与产量挂钩的农业补贴方式，基本支付计划和单一区域补贴就是脱钩补贴的重要方式。2013年开始基本支付计划（BPS）作为基本支付机制要求欧盟成员国强制实施，但作为新加入欧盟的国家，斯洛伐克仍继续实施单一区域补贴作为基本支付机制直至2020年（欧盟委员会，2016）。

（1）脱钩补贴

斯洛伐克目前仍实施以耕地面积为基础的单一区域补贴机制，即农户按照其耕地面积，在统一的补贴标准下获取补贴。根据规定，申请该补贴的土地面积最少为1公顷，申请补贴的区域可由几片土地组成，但每片土地面积最低不少于0.3公顷。申请人必须是在斯境内从事农业生产的自然人或法人，耕种及申请补贴的土地必须是在斯洛伐克土地识别系统中注册登记的土地，并保证将土地用于农业生产（斯洛伐克农业支付机构，2018）。该补贴不跟农户的农业生产品种挂钩，只跟农户的土地经营面积相关。补贴标准每年由斯洛伐克农业部测算确定。除单一区域补贴外，脱钩补贴还包括应对气候和环境变化的直接补贴和青年农民支付计划。

（2）挂钩补贴

对于不同的种植作物和养殖动物，按照共同农业政策还将按照种植面积或产量进行补贴，包括甜菜补贴、酒花补贴、马铃薯补贴、针对高劳动投入的蔬菜和水果品种的补贴、羊繁育补贴、牛育肥补贴等。

（3）农村发展计划

欧盟共同农业政策在直接支付以外还通过实施农村发展计划来支持农村就业和发展。主要目标是提高农业竞争力、保障自然资源的可持续利用和应对气候变化、促进区域经济和就业的均衡发展。在斯洛伐克，农村发展计划的大部分资金用于投资生产能力建设、补助自然环境较差或受其他因素制约的地区发展、补助 Natura 2000 框架下的农业用地和森林、补助环境保护区的有关措施、以及其他农场发展项目。

3. 农业发展规划

斯洛伐克将农业视为国民经济不可或缺的重要组成部分，也是保障社会就业的重要平台。政府也越来越意识到促进农村发展、提高农村居民生活水平的重要性。2016—2020 年，政府将重点在以下几方面开展工作（斯洛伐克政府宣言，2016）。

一是加强土地资源管理。保护农地不用于非农目的，努力解决本国土地所有权问题，探索农民土地交易模式。明确土地所有权，加强补贴申请管理，确保补贴精准到人。

二是建立农业保险体系。构建政府、商业保险公司、农业生产者和市场经营主体等多方参与的农业保险体系，以减少灾害对农民的影响。

三是培育职业农民。支持新型、小农户和青年农民发展，开展农业职业培训，提高农民职业技能。加大对创造就业的行业的投入，如动物养殖和水果、蔬菜种植等。

四是促进农业可持续发展。政府将支持与农业应对气候变化有关的措施，发展水力设施，保障农业产出能力。提高资源利用效率，支持农村地区的再生能源利用。

五是提高食物自给率。支持本地农产品生产和加工业发展，努力提高斯洛伐克生产的产品在本地市场的占有率，并继续支持提升农产品质量水平。

三、农业投资环境

斯洛伐克位于欧洲中心，是连接中东欧和西欧的地理枢纽。斯洛伐克也是欧盟、世界贸易组织、经济合作与发展组织等重要国际组织的成员国，其国内产品可以自由进出欧盟、欧洲自由贸易联盟框架下的国家。在投资、经商、旅游、购物等诸多方面，均具有较强的吸引力。斯洛伐克经济部是主管其国内商贸、对外贸易以及投资与援助方面政策制定和实施的主要部门，投资贸易发展局是经济部下属的促进外来投资和对外出口的重要部门。

（一）国家商业环境

1993 年斯洛伐克独立后，政府进行经济体制改革，着手建立市场经济体制，吸引外资，鼓励出口，经济取得了较大发展。2004 年加入欧盟，斯洛伐克进行了一系列改革，经商和投资环境大幅改善，吸引了大批外国投资者，利用外资数量逐年增加。根据《世界投资报告 2018》，2017 年斯洛伐克吸收外资流量资金 22.77 亿美元，外资总存量资金为 520.32 亿美元，在中东欧16国中居波兰、捷克、匈牙利之后位列第四位（联合国贸易和发展大会，2018）。同时，斯洛伐克的营商环境较好，根据《全球营商环境报告2018》，经商便利度在190多个国家和地区中排名第39位（世界银行，2018）。

1. 社会经济相对稳定

政府重视外交和经济发展，2007年加入"申根公约"，2009年成为欧元区一员，在不断加强与欧盟紧密联系的同时，也积极保持与欧洲以外国家和地区的经贸往来，尤其是"金砖国家"等新兴经济体。2008年金融危机后，斯洛伐克经济迅速恢复增长且增速较快，人民生活保持稳定，社会治安状况良好，经济发展前景较好，国际评级机构对斯洛伐克主权信用评级持乐观态度。

2. 基础设施较为完善

尽管地处内地，是典型的内陆国家，同时境内多山的地形也对斯洛伐克的交通运输产生一定影响，但斯洛伐克仍然拥有较为完善的水、陆、空交通运输网络，公路运输是最主要的运输方式，客运量达2.5亿人次，货运量达1.47亿吨。电信通讯业也较发达，移动电话覆盖率早在2009年已达100%，互联网应用程度高。国内电力供应充足，且电网已同欧洲电网联网，2016年供电量达255.2亿千瓦·时。

3. 劳动力素质较高

斯洛伐克劳动力中受过中高等教育的人数比例在欧洲国家位居前列，技术水平和熟练程度较高，劳动生产率也高于中东欧大多数国家。但劳动力成本相对较低，根据欧盟统计局网站发布的数据，2017年欧盟国家平均小时工资为23.1欧元，而斯洛伐克国家银行统计的斯洛伐克工人月平均工资仅为883欧元。另外，由于欧盟劳动力市场逐渐放开和东西欧国家收入差距，部分劳动力流向西欧国家，斯洛伐克面临劳动力短缺问题。

4. 贸易管理政策健全

斯洛伐克对贸易的依存度较高，对外贸易在国民经济中占有十分重要的地位。加入欧盟后，其贸易政策逐渐与欧盟并轨，执行欧盟的配额、反倾销、反补贴等限制措施和关税措施，实施欧盟的非关税贸易限制措施，与欧盟的技术标准、卫生检验检疫措施和消费者保护措施等统一。斯洛伐克与欧盟成员国之间的进出口产品享受零关税，非欧盟成员国出口货物到斯洛伐克则根据商品价值按照欧盟共同关税税率增收。对于动植物产品的进口，进口商需要向海关提供斯洛伐克检验机构出具的检验检疫证明。斯洛伐克贸易管理部门不仅对进出口环节进行监管，还要对国内市场的整个商品流通进行管理，涵盖了关税、进出口配额、许可证和其他限制、动植物检疫、国内市场规范、商品标准、检验和进入市场认证、卫生检验、环保、以及知识产权保护和消费者保护等多个环节。

5. 外资进出较为宽松

斯洛伐克对外国公司和个人并购当地企业没有限制，外国企业可以在斯境内新设公司，也可以通过收购现有企业股权或资产进行投资，这些投资行为必须符合斯洛伐克对反垄断经营方面的法律规定。为鼓励外资投入，斯洛伐克于2001年成立了专门发展对外贸易的投资贸易发展局（Sario），通过了《重大投资项目法》《国家资助法》《投资鼓励法》等一系列法律法规，还制定了一系列投资优惠政策。自然人或法律实体可以自由在斯洛伐克银行开设账户，在斯洛伐克注册的企业也可以开设外汇账户，用于进出口结算，但外汇进出需要申报。

（二）风险分析

1. 政治风险

独立以来，斯洛伐克重视发展友好睦邻关系，积极参与国际事务，加强与欧洲各国的联系。加入欧盟和北约后，仍然保持着和俄罗斯以及乌克兰等国的友好关系，并积极推动与中国、印度等亚太新兴经济国家的合作与发展。但国内的民族问题是经济稳定发展所面临的极大挑战，对于外国投资带来一定风险（黄日涵，2015）。

2. 经济风险

斯洛伐克国小人少，国内资源有限，对外贸的依赖程度较高，经济发展容易受到外部市场的影响，工业和对外贸易较为依赖汽车产业，抵御外部风险能力弱。2008年金融危机即对斯洛伐克造成了较大影响，2009年其GDP下降了5.4%。2017年斯洛伐克的财政赤字18亿欧元，约占GDP的2.1%，低于欧盟3%警戒线，政府外债总额约940亿欧元，较上年增长约200亿欧元，负债率为110.8%，超过负债率60%的警戒线。目前，斯洛伐克的宏观经济仍然保持良好运行态势，经济保持较快增速，失业率连续4年下降，标普、穆迪、惠誉等多家评级机构对斯洛伐克经济持乐观态度。

3. 投资风险

斯洛伐克对部分敏感行业的外国投资进行限制，例如军工、博彩、传媒和部分矿产开采和环保行业投资需要取得政府许可。政府鼓励投资工业生产、技术研发和旅游业，对于这些行业的投资提供优惠政策，但对于农业、渔业、传媒业、运输业等行业的投资没有投资优惠措施。另外，斯洛伐克的土地所有权和使用权都属私人永久所有，外国法人或自然人可以参与土地买卖，但在农业用地、矿产开发、水资源、历史古迹等领域限制外国人交易。

4. 法律风险

斯洛伐克是一个民主法治国家，十分重视法律在国家治理中的作用，法治水平较高。根据世界银行的世界治理指数（WGI）中的法治水平指数，斯洛伐克得分较高，是高法治水平国家。同时，斯洛伐克对腐败的控制程度较高，根据 WGI 中的腐败控制指数，其在全球 214 个国家和地区中处于较高水平。

（三）总体评价

斯洛伐克地理位置优越，是连接东西欧市场的重要桥梁和通往巴尔干地区的门户，有着独特的区位优势。作为发达经济体，斯洛伐克的经济发展水平和收入水平较高，政策制度完善，政局比较稳定，经济自由度高，经商和投资环境优越，综合风险较低。同时，境内水陆空交通运输便利，水电气网发达，网络通讯设施完备，劳动力素质较高，生产效率处于中东欧地区前列，对外资具有较强的吸引力。

斯洛伐克是一个乡村为主的国家，有接近一半的人口居住在农村。农业是国民经济的重要组成，也是居民食品消费的主要来源。然而，由于国土面积不大，土地资源有限，农业生产并不能完全满足国内需求，农产品还需要大量进口。2017 年农产品进口总额 42.40 亿欧元，远远超过国内农业总产值。但农业生产的规模化程度较高，户均经营规模为 80.7 公顷，远高于欧盟的平均经营规模，农民的生产效率较高，如谷物、糖料、乳蛋等部分农产品具有一定的比较优势。

历史上的农业集体化建设和独立后的私有化过程，使得斯洛伐克土地的所有权问题十分复杂，对于外国企业进入农业行业有较大影响（杜吟棠，王秀杰，2002）。同时，受当地法律约束，外企可以购买农地或林地以外的其他土地，购买农地或林地所有权需要获得斯洛伐克国籍或来自欧盟成员国并在该农地开发 3 年以上，或来自遗产所得。

总的看，斯洛伐克投资环境优越，适合外国企业进入。但考虑到农业资源相对有限，且农业并不是官方鼓励投资的行业，对于农地使用也有较多限制，农业投资的优势并不突出。

四、中斯农业合作现状与合作重点

（一）合作现状

中国同原捷克斯洛伐克于 1949 年 10 月 6 日建交，1957 年双方签订了双边友好条约，1993 年 1 月 1 日，斯洛伐克共和国成为独立主权国家，中国随即予以承认并与之建立大使级外交关系，中国同捷克斯洛伐克联邦签署的条约和协定对斯洛伐克继续有效。近年来，两国关系发展顺利，两国高层来往密切，各领域交流不断，合作范围越来越广。2017 年，斯政府通过了《2017—2020 年斯洛伐克与中国发展经济关系纲要》，旨在加强与中国在投资、商业、贸易、交通、旅游、科研及创新等领域的合作。

在农业合作方面，中国与斯洛伐克有着良好的农业合作传统，2007年斯洛伐克农业农村发展部与中国农业部2018年3月，重组为中华人民共和国农业农村部签订农业合作协议，积极推动农业科技合作和农产品贸易顺利发展，此后，两国逐步搭建起了农业合作框架和平台，农业合作机制逐步完善，农业合作保持良好发展势头。

1. 合作机制

2012年4月，首次中国—中东欧国家领导人会晤在波兰华沙举行，中国—中东欧国家合作（"16+1"合作）正式启动；9月，中国政府在外交部设立中国—中东欧国家合作秘书处，作为推进合作的协调机构，中东欧各国均设有一名部长级国家协调员，负责与中方秘书处协调对接，各国高层的定期对话初步机制化。在此框架下，约定每年均举行中国—中东欧国家（"16+1"）农业部长会议，并举办中国—中东欧国家农业经贸合作论坛，为深化中国—中东欧国家农业合作奠定了良好基础。2015年，中国—中东欧国家农业合作促进联合会在保加利亚首都正式成立，成为深化中国—中东欧国家互利合作的重要平台。

2. 科技合作

早在捷克斯洛伐克社会主义共和国时期，中国与其即在科技领域展开了合作。斯洛伐克独立后，1997年2月，中国与斯洛伐克签署了政府科技合作协定，约定定期召开科技合作委员会会议，以此促进两国科技合作。近年来，两国在农业、电动汽车、生物医药、环境科学等领域广泛交流。在农业领域，两国在作物生产和畜牧生产科技、农业机械化、食品生产科技以及土壤保护等方面开展了交流和合作。

3. 贸易合作

中斯两国建交以来，签订了一系列有利于经贸合作的条约与协定，如《两国政府经济和贸易协定》《避免双重征税协定》《投资保护协议》《关税合作协议》《动物检疫和动物卫生协定》《植物检疫和植物保护的合作协定》等，中国与斯洛伐克的经贸联系越来越紧密，斯洛伐克是中国在中东欧第4大贸易伙伴。1994年，中斯两国建立政府间经济合作联合委员会，为解决两国贸易投资问题发挥了重要作用，并积极推动双边投资和贸易便利化。2015年，两国签署"一带一路"合作备忘录。2016年，两国海关签署了通关便利化协定。近年来，中斯两国农业经贸合作在"16+1"框架内不断向前发展，中国的水果和水产品等优质农产品不断销往斯洛伐克，斯洛伐克的优质食品也越来越受到中国消费者的欢迎。

4. 投资合作

中斯相互投资的总规模不大，但增长势头明显，呈现出"规模扩大化、领域宽泛化、方式多样化"的特点，在电信、研发、机械、农业和新能源等诸多领域的合作取得积极进展。

据统计，2016年中国对斯洛伐克的直接投资存量为8277万美元，较2008年增长了15倍多，但主要投资主要集中在汽车产业、电子通信等行业，农业投资项目较少（中国商务部，2017）。

（二）合作潜力

斯洛伐克是中东欧国家中经济较为发达的国家，在汽车、电子通讯、机械制造等行业具有较好基础和产业优势。斯洛伐克实行自由经济政策，对外开放程度较高，法治健全，社会稳定，商业投资环境优越，且区位优势明显，可以成为中国进入欧盟市场的桥头堡。目前，中国与斯洛伐克的经贸合作密切，但农业合作项目的数量仍然较少，规模仍然不大，未来具有较大的发展空间和前景。

斯洛伐克区位优势突出，是连接东欧与西欧的重要通道。政府重视发展对华经贸关系，积极响应我国"一带一路"倡议并参加中国—中东欧国家合作框架下各项活动，两国政府签署了《关于共同推进丝绸之路经济带和21世纪海上丝绸之路建设的谅解备忘录》，斯方希望借助我国"16+1"合作框架和"一带一路"倡议，加强与中国在医药科研、IT技术、农业、环保和食品加工等多个领域的合作。

斯洛伐克由于国内资源有限，农业生产规模较小，进口依赖较强，每年需要大量进口。中国是世界主要的农产品生产大国和贸易大国，每年不仅生产品种多样的农产品，同时还需要进口农产品以满足国内不断增长的多元化消费需求。当前，中斯两国的农产品贸易规模不大且波动较大，未来还有较大的增长潜力。

近些年来中国农业发展取得了长足进步，农产品供给基本充足，但是在发展过程中越来越受到资源环境的制约，在国内资源有限的背景下，积极开拓国际市场，充分利用国内、国外"两个市场、两种资源"，加快农业走出去步伐，提升国家合作水平，促进农业可持续发展。同时，长期的经济社会发展，国内企业逐步与世界同轨，迈向世界积累了一定的资金和经验，也为中国企业开展跨国农业投资合作创造了良好机遇。

（三）合作重点

1. 重点领域

一是食品安全。食品安全是中斯两国农业合作的重要方面。斯洛伐克十分重视农产品的食品安全问题，农产品加工处于较高水平，而近年来中国居民也越来越重视食品安全问题，两国可以就食品安全政策和技术方面加强交流合作，共同保障两国的食品安全。

二是动植物育种。斯洛伐克的小麦、玉米和大麦的单产水平居于世界前列，单产分别较中国高8%、39.9%、37.0%，两国可以加强科技合作与交流，深化农业技术合作，推进在动植物种质资源保护和利用、动物和作物育种等方面的科研合作，共同培育高产优质的品种，促进两国农业技术共同进步。

三是农业可持续发展。当前中国农业发展已经转入高质量发展阶段，越来越重视农业对环境的影响，走绿色、环保、高效的可持续发展道路。斯洛伐克加入欧盟后，在生态农业的发展上走在中国前面，取得了丰富的经验和成果，两国在该领域有着较大合作空间。例如，斯洛伐克的农作物低农药残留技术，即是中国当前高度重视并急需突破的领域，两国可以加强合作。

四是农产品贸易。目前，斯洛伐克的出口产品主要集中在谷物、油籽和动物产品等，而其对于水果、蔬菜、肉类的进口需要较大。中国在蔬菜和水果产品上具有一定的国际竞争力，是斯洛伐克的重要进口来源，两国在现有贸易产品基础上，加大支持力度，扩大贸易规模，让两国人民享受到丰富的优质农产品。

五是电子商务。中国在电子商务方面发展较快，电商规模已经独占全球份额的40%，2016年中国网购规模达到7500亿美元。同时，中国电商持续出海，海外商品也通过电商渠道快速进入到中国市场。斯洛伐克电子通信行业较为发达，且地理位置优越，未来可以作为中国电子商务在欧盟的物流中心和集散地。

2. 重点产业

水果蔬菜产业。 斯洛伐克的水果、蔬菜产量有限，每年需要从欧盟大量进口，中国的蔬菜和水果产品上具有一定的国际竞争力，同时技术储备也较为丰富，两国可以加强在果蔬产业的贸易和技术合作，不仅可以满足斯国内市场需求，也可以推动中国产品走出去参与国际竞争，提高中国产品知名度和产业竞争力。

食品制造和加工业。 斯洛伐克的食品制造业和加工业较为发达，产业基础较好，加工装备研发与制造能力较强，加工技术水平较高，农业加工产品种类多样、质量较好，中国可以加强与斯洛伐克在食品制造和加工等方面的贸易、技术合作。

农机制造业。 斯洛伐克的汽车业和机械制造业比较发达，农机制造能力较强，农业机械设备在中东欧地区具有一定竞争力。中国对于农机设备的需求较大，国内也有较多的农机生产商，但在质量和类型上与世界发达国家还有差距，中斯两国可以加强农机制造的合作交流，互相学习、共同进步。

五、中斯农业合作建议

（一）完善农业合作机制

依托"16+1"合作平台，进一步加强中国与斯洛伐克两国农业部门及科研院所之间的交往，加快建设覆盖生产、贸易、科技等多方面的农业合作机制，细化合作内容，开展农业科技领域的政府间合作项目，充分发挥政府间农业合作项目对企业开展农业投资的带动作用（张鹏，2014）。探索适宜的合作模式，通过农业科技园区、联合实验室等方式，深化两国农业合作，如在两国建设类似宁波"16+1"经贸合作示范区的农业合作项目。

（二）扩大农产品贸易规模

中国与斯洛伐克的进出口商品结构单一，品种有待丰富。目前，中国从斯洛伐克进口产品主要为汽车、机械制品等，主要出口机电产品，贸易结构相对单一导致双边贸易并不稳定。未来两国可以将农产品可以作为未来的重要方向，加强在农业领域的贸易投资合作，积极推动斯洛伐克政府机构、企业赴华参加中国—中东欧投资贸易博览会、中国国际农产品交易会等活动，宣传本国葡萄酒、奶酪等优势产品，扩大进口斯洛伐克的优质产品，丰富产品种类，带动双方贸易结构优化。

（三）加强农业投资风险把控

农业项目具有投资金额大、资金回收周期长的特点，且容易受到投资当地的政治局势、市场环境和自然灾害等外部因素的影响，具有较大的不确定性。企业在向当地投资时，要和国家政策以及当地国家政策结合，以减少风险损失。尽管斯洛伐克投资环境较为优越，但当地市场审批、监管严格，劳工组织挑战性大。因此，企业要从整个项目周期情况入手，加强风险分析及管理，做好市场调研和运营策略，适当时可考虑通过购买投资保险的方式规避风险。

（四）促进信息交流和人才培养

斯洛伐克经济比较发达，但人口和资源储备不算丰富，农业发展规模不大，对中国企业开展农业投资合作的吸引力相对较弱。同时，由于语言等方面限制，许多企业对其农业政策法规和市场状况了解较少，因此要加强对当地市场的调研和分析，构建信息交流平台。通过构建政府、协会、科研院所、企业等多方参与的信息共享机制，加深两国在农业科技、市场信息、人才培训等方面的交流合作，有效增进两国彼此了解，推动农业合作不断深化。

（五）完善政策支持体系

农业对外合作归根结底是要以企业为主体的，但农业本身的特殊性使得投资合作所面临的风险较其他产业更大，因此也更需要政策的支持。首先是金融支持，对于有利于双方农业发展的优质农业项目，可以通过银行信贷、贷款贴息等方式提供融资支持。其次是税收优惠和政策配套，中斯双方可以探讨两国在农业投资方面给予对方税收优惠政策，以鼓励双方农业项目投资。再者是建立海外投资保障制度，针对企业海外经营可能发生的各种风险，设立农业对外投资保险，以提高企业海外生存能力（张海森，2008）。

（六）发展农产品电商合作

斯洛伐克地理位置优越，位于欧洲心脏地带，交通方便、快捷，是欧洲铁路交通网的枢纽，也是国际油气管道的重要途径国，是"一带一路"倡议建设贯通欧亚的交通大动脉的必经之路。中国可以依托国内高速发展的电子商务，加强与斯政府部门、物流公司、电子商务企业的合作交流，鼓励国内电商企业，利用斯洛伐克区位优势，积极参与搭建农产品电子商务合作平台，促进中欧跨境农产品以斯洛伐克为中心集聚分拨。

参考文献

杜吟棠，王秀杰. 2002. 斯洛伐克的土地私有化与合作社改制 [J]. 中国农村经济，（3）：77-80.

黄日涵. 2015-12-08. "一带一路"投资政治风险研究之斯洛伐克 [EB/OL]. http://opinion.china.com.cn/opinion_6_142206.html.

张　鹏. 2014. 中国在中东欧国家开展农业投资的研究 [D]. 北京：对外经济贸易大学.

张海森. 2008. 中国与中东欧国家农业合作战略研究 [M]. 北京：中国农业科学技术出版社.

中国商务部，中国国家统计局等. 2017. 2016 年度中国对外直接投资统计公报 [EB/OL]. http://hzs.mofcom.gov.cn/article/date/201803/20180302722851.

European Commission. 2018. Statistical Factsheet-Slovakia[EB/OL]. https://ec.europa.eu/agriculture/statistics/factsheets_en.

European Commission. 2016. CAP in your country-Slovakia[EB/OL]. https://ec.europa.eu/info/publications/cap-your-country_en.

Government of the Slovak Republic. 2016. Manifesto of the Government of the Slovak Republic[EB/OL]. https://www.vlada.gov.sk/.

Ministry of Agriculture and Rural Development of the Slovak Republic. 2004. Agriculture of the Slovak Republic[EB/OL]. http://www.mpsr.sk/en/index.php?navID=24.

Ministry of Agriculture and Rural Development of the Slovak Republic. [2018-6-15]. OrganizationChart of the Ministry[EB/OL]. http://www.mpsr.sk/en/index.php?navID=5&id=56.

National Council of the Slovak Republic. 1992. Constitution of the Slovak Republic Preamble[EB/OL]. http://www.nrsr.sk/web/Default.aspx?lang=en.

National Bank of Slovakia. 2018,Annual Report 2017[EB/OL]. http://www.nbs.sk/en/publications-issued-by-the-nbs/nbs-publications/annual-report.

Statistic Office of the Slovak Republic. 2018.Our Regions 2017[EB/OL].http:// www.statistics.sk.

United Nations Conference on Trade and Development. 2018.World Investment Report 2018[EB/OL]. http://worldinvestmentreport.unctad.org/.

World Bank. 2017. Doing Business 2018[EB/OL]. http://www.doingbusiness.org/en/reports/global-reports/doing-business-2018.

波 兰

一、国家基本概况

波兰地处欧洲中部，是欧盟成员国之一。地理位置优越，气候温和，水资源丰富，是欧盟的主要农产品供应国，众多农产品在欧洲甚至世界上都具有较强的竞争力。波兰农产品的对外贸易一直处于持续增长的状态，肉类和谷物是其最主要的出口农产品。为了不断强化农业和农产品的竞争优势，波兰不仅建立了完善的农业科研管理体制和运行机制，还制定了明确的农业管理体系和多重农业政策。近年来，中波两国不断深化农业战略合作与发展，完善农业合作机制，加强投资和贸易合作及农业科技合作，促进了两国农业现代化的共同发展。波兰是中国通往西欧、北欧国家的桥梁，深化两国间的农业合作不仅对中国进一步打开欧洲市场具有重要意义，也对中国在"一带一路"倡议中实现国际化发展起到重要作用。

（一）人口及语言

波兰自1991年1月1日起实行省、县、乡三级行政划分，目前省级行政区有16个，县级行政区有314个，其中县级行政市有65个，而乡级行政区有2479个。华沙（Warsaw）是波兰第一大城市，人口173.96万，是全国的工业和贸易以及科学文化中心，也是全国最大的交通运输枢纽。根据波兰2015年普查数据显示，波兰人口约为3845.5万人，其中男女比例约为94：100，男性1860.7万人，女性1984.7万人。

此外，波兰城乡人口比100：66，城市人口2320.3万人，农村人口1525.2万人。就民族分布而言，波兰总人口的98%以上都是波兰族人，剩下的约2%则是德意志、乌克兰、俄罗斯和白俄罗斯族人以及少量犹太、立陶宛和斯洛伐克族人等。波兰本地的母语为波兰语，英语也日益普及。

（二）气候及资源

波兰属于海洋性向大陆性气候过渡的温带阔叶林气候，由西向东，由北向南，海洋性渐减，而大陆性渐增，全国年降水量为450～800毫米，南部山区可超过1000毫米，森林占国土面积的28%。通常情况下，波兰全年气候温和，年均气温约为6～6.8℃，冬季寒冷潮湿，平均气温在-10～5℃；春、秋季气候宜人，雨水充沛；夏季凉爽，平均温度为15～24℃。

波兰的矿产资源十分丰富，煤、硫磺、铜、银等的产量和出口量均位居世界前列。截至

2012年年底，已探明的铜、硬煤和褐煤储量分别为17.93亿、482.26亿、225.84亿吨，其他如锌、铅、盐、琥珀以及天然气等资源也十分丰富。此外，据波兰数据显示，2012年电解铜的年产量为58万吨，2014年粗钢的年产量860万吨，天然气的储量约为1180亿立方米。同时，经探测，波兰还拥有约3460亿~7680亿立方米的页岩气储量。

（三）政治制度和外交政策

目前，波兰为议会民主制政体，行政权、立法权和司法权三权分立，相互独立，互相制衡，国内政局稳定，以宪法为波兰的根本大法。在行政体系上，总统是波兰的国家最高代表，负责维护宪法和国家的安全；而在政府的组成中，总理由国家总统提名，各部部长由总理提名，他们的任命最终由议会决定。在立法体系中，议会是波兰的国家最高立法机构，由众议院和参议院组成，负责国家法律的制定、颁布以及一些国家重大事项的相关决议等。此外，在司法体系中，波兰拥有最高法院以及一系列下属法院，最高法院是波兰的国家最高审判机关，与下属法院一同对波兰国内的司法活动进行审判监督。

波兰重视与世界各国之间的交流，1995年加入世界贸易组织（WTO），1996年11月加入经济合作与发展组织（OCED），1999年3月加入北约（NATO），2004年5月加入欧盟（EU）。近年来，波兰更是延续理性务实的外交路线，以"服务波兰、构建欧洲、了解世界"的外交政策为使命，注重现实利益和战略平衡。作为欧盟组织的一员，在政治和经济上受到了欧盟组织的约束和资助，而在国际安全上则受到了北约和美国的保护与支持，经济实力的不断增强以及国际地位的不断提高，促使波兰在欧洲地区和全球国际事务中的影响力也逐渐上升。

（四）社会发展

波兰治安状况良好，社会安定，重视科学教育以及科技发展，除实行免费教育外，还制定了一系列的科技创新战略等，在农业、新材料、新能源、矿山安全等应用技术领域都具有较强的优势和特色。同时，波兰也不断完善全国医疗保险体制，服务于全国人民。

此外，波兰经济成持续增长的态势。1990—2016年，国内生产总值由659.78亿美元增加至4695.09亿美元，提高了6倍，人均GDP也由1990年的1793美元提高到2016年的约4538美元（图1）。国内经济增长速度飞快，居民消费能力不断增强，消费市场也不断扩大，为波兰自身的发展以及其他国家的投资都提供了有利的机会。

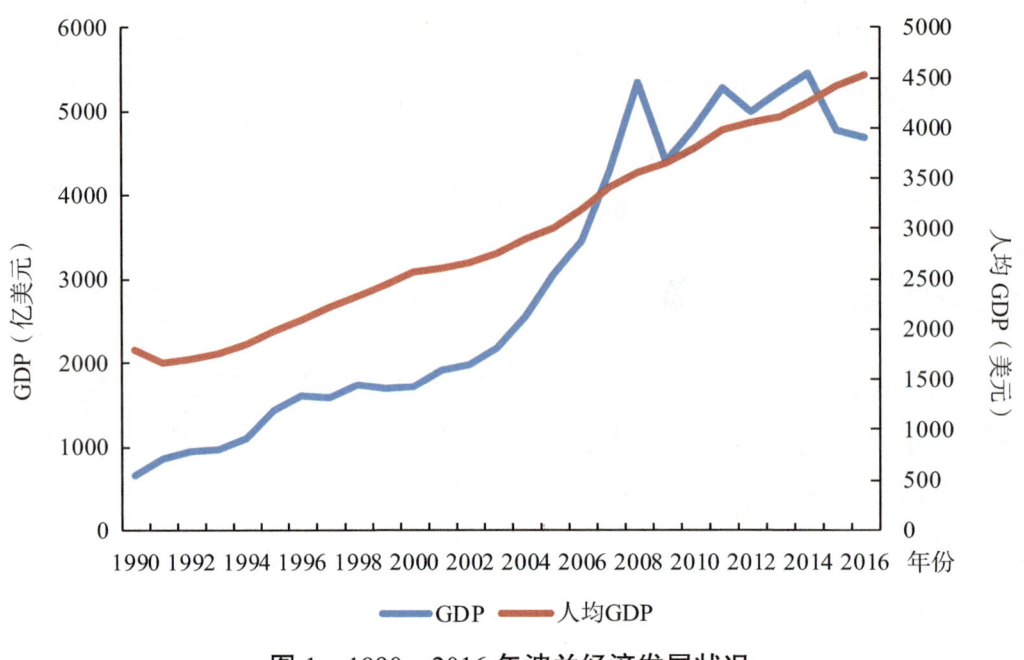

图1 1990—2016年波兰经济发展状况

数据来源：世界银行

二、农业发展现状

作为欧洲传统农业大国，农业在波兰国民经济中占有重要地位，它也是欧盟的主要农产品供应国，很多农产品在欧洲甚至世界上都具有较强的竞争力。同时，波兰也十分重视农业的政策支持和科技发展应用，并逐渐将其打造为现代化农业，增加农产品优势，提高在欧盟以及国际市场上的竞争力。

（一）农业资源条件

波兰属于海洋性气候向大陆性气候过渡的温带阔叶林气候，全国整体气候温和。冬季寒冷潮湿，平均气温在-10～5℃，春、秋季气候宜人，雨水充沛；夏季凉爽，平均温度15～20℃。波兰全国的平均年降水量为600毫米，但就降水量的全国分布而言，不同地区之间存在差异，南部丘陵地区和山区为1200～1500毫米，中部平原地区为450～550毫米。夏季（5—9月）的降水量占据了全年降水量的40%，是一年中降水量最多的季节，且降水主要在南部山区；而降水量最少的时节则是春夏交汇之时，主要集中在波兰中部地区。

与此同时，波兰土地总体较为贫瘠，优良土壤只占11.5%，差及极差土地超过可耕地的34%，牧草地情况更为严重，优良草地（1、2级牧草地）只占1.5%，差及极差草地超过42%。总之，波兰的气候和土壤条件对于种植业来说并不十分理想。然而，波兰十分注重农业的发展，农村人口约占40%，农业用地面积占到了国土面积的61.2%，生产的许多农产品在欧洲及世界上均获得了较高的认可。

（二）农业生产情况

据2013年中国农业信息网指出，波兰农业的生产面临着以下几个特点：第一，重视种植业，主要农作物包含小麦、黑麦、马铃薯、甜菜、饲料作物、油菜和蔬菜、水果等。第二，畜牧业产值高，畜牧养殖包括牛、猪、羊、马和鸡等，各种肉类和牛奶、鸡蛋等产量均位于欧盟前列。第三，渔业发展潜力大，境内河流湖泊分布广泛，为养殖业提供了有力的基础条件，除个别年份外，水产品自给有余。第四，农产品加工业发达，解决了国内很大一部分人的就业问题。第五，家庭农场规模小，农业生产效率低，但与此同时，政府为农村提供完备的基础设施，农民享有较好的社会公共服务，农业负担较轻。

1. 农业产值规模及构成

波兰的农业主要由种植业、畜牧业、渔业和农产品加工业等构成。如表1所示，波兰在2016年发布的国家农业统计数据中显示，2015年波兰农业总产值为986.38亿兹罗提（当前汇率：1美元=3.6兹罗提），其中种植业产值占了50.1%，畜牧业产值占49.9%，具体分别为494.36亿兹罗提和492.02亿兹罗提。

表1 2010—2015年波兰农业产值规模及主要构成比较 （单位：亿兹罗提）

项　目	2010年	2013年	2014年	2015年
总产值	844.84	1075.04	1053.45	986.38
种植业总产值	449.17	577.23	538.10	494.36
小麦	59.80	78.52	81.97	71.63
黑麦	15.20	21.85	16.07	10.47
大麦	17.97	22.80	20.66	16.84
马铃薯	40.95	41.98	40.61	31.70
甜菜	16.53	29.81	23.45	17.34
蔬菜	62.76	88.37	89.74	93.97
水果	39.85	63.55	49.26	64.16
牧场饲料干草	23.72	18.88	17.95	14.57
畜牧业总产值	395.68	497.81	515.35	492.02
牛	237.29	47.58	51.23	56.73
猪	92.70	111.01	111.43	103.87
家禽	68.90	101.09	109.63	112.36
牛奶	132.03	170.54	173.17	146.52
鸡蛋	41.46	49.89	51.10	51.76

数据来源：波兰2016农业统计年鉴

就种植业来看，小麦是波兰产值最高的粮食作物。2015年波兰小麦的产值达到了71.625亿兹罗提，占农作物总产值的7.3%；而黑麦和大麦的产值与小麦相比虽略显不足，但也分别占据了农作物生产总值的1.1%和1.71%，达到了10.47亿和16.84亿兹罗提。马铃薯是波兰的重要食品，也是工业原料和牲畜饲料，然而近年来的播种面积略有缩小，2015年播种面积为29.2万公顷，比2010年减少了约22.1%；2015年马铃薯产值达到了31.7亿兹罗提，占总产值的3.2%。此外，甜菜则是波兰最主要的经济作物，2015年产值占据农业总产值的1.8%，达到了17.34亿兹罗提。另外，波兰的蔬菜和水果也在农业中占据了不可忽视的地位，近年来产值不断提升。蔬菜的播种面积更是由2010年的15.87万公顷扩大至17.57万公顷，增加了约10.7%，2015年产值达到了93.97亿兹罗提，占农业总产值的9.5%；水果的产值相比于2010年提高了约61.0%，达到了64.16亿兹罗提，占农业总产值的6.5%。除此之外，牧场的干草饲料在近年来的播种面积不断扩大，由2010年的73.0万公顷到2015年的105.6万公顷，播种面积增加了约44.7%，2015年产值达到了14.574亿兹罗提。

畜牧业也是波兰农业的重要组成部分，其畜牧业的产值占农业总产值的28.4%，达到了279.81亿兹罗提，其中以猪和家禽的屠宰产值最大，分别为103.87亿和112.36亿兹罗提。2015年牛的饲养头数达到了596.1万，其中包含244.5万头奶牛；其中用以屠宰的牛总产值达到了56.73亿兹罗提，而牛奶的产量则为128.59亿公升，产值达到了146.52亿兹罗提，占农业总产值的14.9%。此外，鸡蛋的产量也不断提升，2015年总产量达到了104.74亿个，产值达到了51.76亿兹罗提，占农业总产值的5.3%。

2. 主要农产品产量

波兰的农产品可分为种植类作物和畜牧业产品两大部分，其中种植类作物包括谷物类（包含基本谷物，例如小麦、黑麦、大麦等）、土豆、经济类（包括甜菜等）、蔬菜类、水果类以及饲料牧草等；畜牧业产品包含用以屠宰的牲畜肉类（包括牛、小牛、猪、家禽等）、牛奶以及鸡蛋等。

小麦是波兰最主要的种植类农作物，播种面积不断扩大，2010年种植面积为212.4万公顷，至2015年扩增为239.5万公顷，增长了12.8%，产量也不断提高，由2010年的940.81万吨增加至1095.78万吨，与2010年相比，同比增长16.47%。甜菜是波兰最主要的经济作物，虽然播种面积近年来略有下降，但一直保持着较高的产量，2010—2015年基本保持在1000万吨左右。马铃薯是波兰重要的农作物之一，播种面积高于甜菜，2015年种植马铃薯的农业用地为29.2万公顷，与2010年相比，减少了23.1%，产量也有所下降，由818.77万吨降至615.18万吨，减少了24.9%。蔬菜和水果也是波兰农业产值中重要的一部分，2010—2015年，波兰蔬菜的产量非常稳定，基本保持在480万吨以上，而水果中苹果的年产量则不断提高，2010—2015年，波兰苹果的年产量增加了约0.7倍，达到了316.88万吨，是波兰种植业中重要的组成部分。此外，玉米粮食也是波兰近年来重点生产的农作物，播种面积由2010年的33.3万公顷扩增至2015年的67.0万公顷，播种面积增加了1倍多，产量也相应大幅提高，2015年产量为315.62万吨，与2010年相比，产量增加了约0.6倍（表2）。黑麦、大麦、燕麦、黑小麦、油菜籽等也是波兰农业发展的重要农作物，近年来的产量也都保持在一定的范围内，较为稳定。

表2 2010—2015年波兰主要农产品产量

农产品	2010年	2013年	2014年	2015年
农作物（单位：万吨）				
小麦	940.81	948.52	1162.87	1095.78
黑麦	285.17	335.93	279.26	201.31
大麦	339.72	293.36	327.48	296.06
燕麦	151.65	119.00	145.86	121.96
黑小麦	457.58	427.30	524.66	533.94
玉米粮食	199.44	403.97	446.84	315.62
马铃薯	818.77	711.09	742.41	615.18
甜菜	997.26	1123.42	1348.89	936.45
油菜籽	227.31	270.29	332.58	276.27
蔬菜	487.80	498.60	560.70	479.50
苹果	187.79	308.51	319.53	316.88
畜牧业产品				
肉类（单位：万吨）	390.90	390.60	437.80	460.10
牛奶（单位：亿升）	119.21	123.48	126.07	128.59
鸡蛋（单位：百万枚）	11124	10042	10255	10474

数据来源：波兰2016农业统计年鉴

除此之外，波兰的畜牧业发展也十分突出，在农业总产值中所占的比重不断提升。养猪业最为重要，2015年波兰养猪头数达到1163.98万头，与2010年相比，虽略有下降，但仍居波兰畜牧饲养的第一位。养牛也是波兰畜牧业中重要的组成部分，从2010年到2015年，波兰饲养的牛数量不断增加，2015年已达到596.07万头，其中奶牛占到了41.0%。各种肉类总产量持续增长，由2010年的390.89万吨已增至2015年的460.1万吨，增加了约

17.7%。随着畜牧业的发展,牛奶和鸡蛋的生产规模也成为波兰农业结构中的重要部分,从2010年到2015年,牛奶的产量一直不断增长,2015年牛奶产量达到了128.59亿升,比2010年增加了约7.9%,鸡蛋也一直保持在较为稳定的产量,基本稳定在100亿个左右。

3. 主要农业产业布局

波兰是欧洲农业大国,十分重视农业发展,农业生产以畜牧业和种植业为主。2015年,畜牧业产值约占农业总产值的58.5%,其中牛肉、猪肉、牛奶、鸡蛋的产值分别占农业总产值的5.8%、14.7%、18.3%和5.4%;种植业约占农业总产值的41.5%,其中谷物、马铃薯、蔬菜、水果的产值分别占农业总产值的13.5%、3.1%、9.4%和6.2%(表3)。

表3 2015年波兰各省份农业产业结构占比 (单位:%)

省 份	种植业						畜牧业				
	种植业	谷物	经济	马铃薯	蔬菜	水果	畜牧业	牛肉	猪肉	牛奶	鸡蛋
波兰	41.5	13.5	6.3	3.1	9.4	6.2	58.5	5.8	14.7	18.3	5.4
下西里西亚	73.5	43.6	17.6	3.3	6.3	1.7	26.5	2.5	2.5	6.2	6.2
库维亚—波美拉尼亚	40.5	14.8	10.8	2.3	10.0	1.8	59.5	5.8	24.5	17.0	2.6
卢布林	62.1	12.2	8.8	1.9	14.5	20.7	37.9	3.5	12.1	12.9	1.8
卢布斯卡	49.5	20.9	6.6	1.7	9.6	3.8	50.5	2.2	9.2	7.1	5.9
罗兹	38.8	5.9	1.8	7.9	13.4	9.1	61.2	7.3	18.8	17.6	5.3
小波兰	52.9	8.3	2.2	6.4	23.5	9.6	47.1	6.8	11.0	13.7	7.8
马佐夫舍	39.2	6.1	1.8	3.9	12.0	10.7	60.8	5.8	8.3	21.8	4.8
奥波莱	60.7	31.8	21.6	2.0	4.3	0.6	39.3	2.4	14.1	12.9	1.8
喀尔巴阡山	45.8	15.1	8.0	1.2	13.4	6.8	54.2	3.4	14.4	18.0	6.2
波德拉谢	9.2	4.5	0.5	1.1	2.0	0.8	90.8	12.3	9.0	58.1	1.3
滨海	36.7	17.3	8.2	5.2	2.8	1.2	63.3	4.9	28.2	12.1	3.3
西里西亚	40.3	13.6	4.0	3.6	8.9	1.7	59.7	6.0	13.7	13.3	7.2
圣十字	56.7	8.7	3.2	2.7	18.3	20.4	43.3	8.2	11.6	10.7	2.4
瓦尔米亚—马祖里	29	16.5	5.4	1.2	2.8	1.4	71.0	4.5	13.1	28.1	2.2
大波兰	30.7	10.6	5.0	1.7	7.6	1.5	69.3	7.0	21.2	14.8	12.4
西滨海	56.9	31.4	14.0	2.8	2.4	3.4	43.1	1.8	8.6	6.8	3.3

数据来源:波兰2016农业统计年鉴

波兰共有16个省,不同的省份所偏重的农业产业也有所不同。波兰重点发展畜牧业的省份是波德拉谢(Podlaskie)省和大波兰(Wielkopolskie)省。波德拉谢省对畜牧业发展十分重视,整个省份产值占到波兰全国农业产值的6.4%,而其中90.8%的产值是由畜牧业创造的。而畜牧业产值最大的省份则是大波兰（Wielkopolskie）省，该省的畜牧业产值占到了全国畜牧业产值的19.7%和该省总产值的71.0%。波兰重点发展种植业的省份则是下西里西亚（Dolnoslaskie）省，种植业产值占到了该省总产值的73.5%，占全国种植业总产值的6.9%。而波兰种植业产值最高的省份则是马佐夫舍（Mazowieckie）省，种植业占全国的14.0%，其次是大波兰（Wielkopolskie）省和卢布林（Lubelskie）省，分别占全国种植业产值的13.7%和11.5%。从更细的农产品角度来进行比较，大波兰省（Wielkopolskie）是谷物类农作物产量最高的省份，2015年产量达到了423.91万吨，约占全国谷物总产量的15.14%；对于油菜等经济作物，下西里西亚省（Dolnoslaskie）、库维亚-波美拉尼亚省（Kujawsko-pomorskie）、大波兰省（Wielkopolskie）和西滨海省（Zachodniopomorskie）的产量则不相上下，其中下西里西亚省（Dolnoslaskie）的经济作物产值更是达到了全省产值的17.6%（表3）。此外，罗兹省（Todzkie）、马佐夫舍省（Mazowieckie）及大波兰省（Wielkopolskie）的马铃薯产量也一直稳居波兰前三，2015年，产量分别达到了67.40万吨、64.13万吨及63.61万吨。甜菜是波兰最主要的经济作物，大波兰省（Wielkopolskie）的甜菜产量近年来始终稳居全国第一，2015年产量达到了210.16万吨，约占全国甜菜总产量的四分之一；同时，大波兰省（Wielkopolskie）还是波兰蔬菜产量最高的省份，2015年产量达到了52.89万吨，远高于其他省份。而马佐夫舍省（Mazowieckie）的水果产量则几乎占据了全国产量的一半，2015年产量达到了160.88万吨，其中苹果产量占到了92.1%。马佐夫舍省（Mazowieckie）的养牛业十分发达，饲养的牛接近全国总头数的五分之一，而养猪业最为发达的则是大波兰省（Wielkopolskie），其养猪头数远高于其他省份，约占全国养猪业总头数的三分之一。此外，马佐夫舍省（Mazowieckie）和大波兰省（Wielkopolskie）的养鸡业也十分发达，均占据了全国的五分之一左右。

（三）农产品贸易情况

波兰农产品的对外贸易一直处于持续增长的状态，波兰农业市场局数据表明，与2003年相比，波兰在2015年的农产品出口额达到了236亿欧元，出口额增长了将近60倍，而2015年农产品出口额在全国出口总额中占到了13.2%。波兰的农业贸易主要有三个特征：第一，欧盟是波兰的主要农业贸易伙伴；第二，农产品贸易增长迅速；第三，农产品出口以加工品为主。

1. 主要农产品贸易规模

除苹果交易外，波兰的谷物生产、牛奶产量分别位居欧盟的第三和第四，同时，冷冻水果、蔬菜和家禽肉制品以及伞菌供应等都排在世界前列，更是有约1/3的波兰农产品都用以进行外贸交易。

根据波兰农业市场局的数据，波兰农产品出口价值最高的是肉类及肉制类产品，占到了农产品出口总量的20%，这得益于波兰发达的畜牧业；此外，波兰的谷物和谷物制品的出口额也达到了农产品出口额的13%，展示了其谷物生产大国的实力。烟草制品、糖和糖果以及乳制品的出口量紧随其后，三者加起来的出口占比也达到了2%。与此同时，波兰市场局表示，在波兰的农产品出口结构中（图2），谷物、家禽肉以及糖和糖果所占的出口份额逐年增加，而水果和蔬菜的出口则略有降低。此外，与2014年相比，乳制品的出口额所占比重明显下降。在2015年的农产品出口中，出口贸易收入最多的产品是肉类及其肉制品（16.38亿欧元）、巧克力制品（13.22亿欧元）、牛肉（12.02亿欧元）、面包（11.07亿欧元）、肉类制品（8.94亿欧元）、小麦（7.73亿欧元）、猪肉（6.97亿欧元）、干鱼、咸鱼和烟熏鱼等（6.47亿欧元）、奶酪和凝乳（5.93亿欧元）、果汁（4.82亿欧元）和咖啡（4.7亿欧元）以及香烟（19.44亿欧元）等，相对于波兰对外出口的农产品总额来说，上述这些农产品的出口额占到一半。

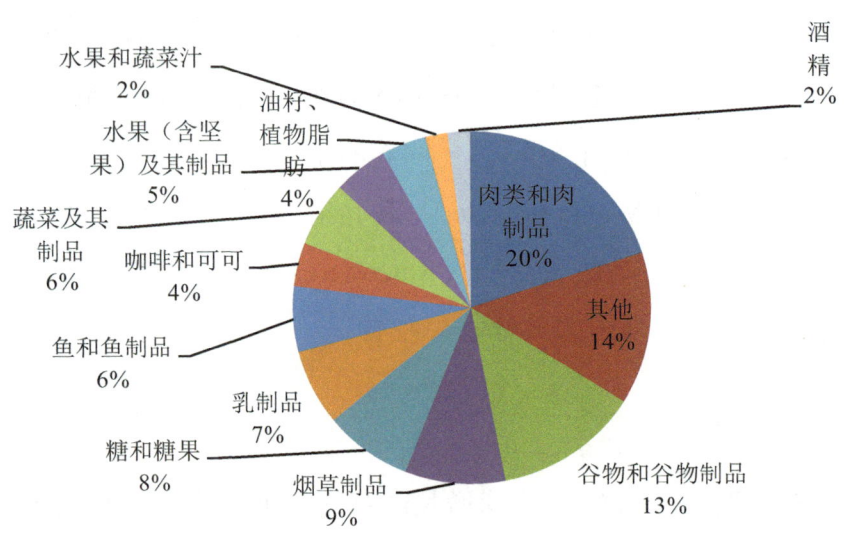

图2　2015年波兰农产品出口结构

数据来源：波兰农业市场局

2. 主要贸易伙伴

波兰是中东欧地区最大的国家和市场，从成立之初就积极寻找国际贸易伙伴，尤其是加入欧盟组织以后，农业、工业以及其他基础性设施等的快速发展使得波兰在欧洲的发展中占有重要地位，也与众多国家形成了贸易合作伙伴关系。波兰的主要贸易伙伴为欧盟成员国，据波兰农业市场局数据显示，2015年波兰农产品出口额中有82%来自欧盟成员国市场，出口额达到了193亿欧元，比2014年增长了11%（图3）。其中，德国是波兰最大的农业贸易伙伴，2015年德国对波兰农产品的进口额达到了53亿欧元，占波兰总产品出口总额的22.5%左右。接下来是英国和捷克，波兰对其农产品出口额分别达到了9%和7%，是波兰在欧盟的第二大和第三大农产品出口国，除此之外，法国、意大利、荷兰、斯洛伐克、匈牙利、立陶宛、比利时、西班牙等都是波兰的主要贸易伙伴。

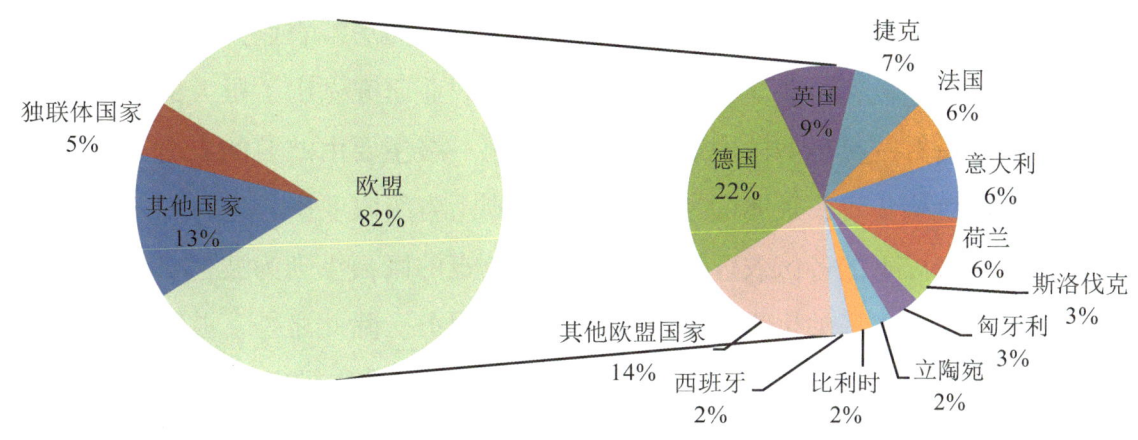

图3　2015年波兰农产品对外贸易出口国家构成

数据来源：波兰农业市场局

除欧盟之外，波兰还有很多贸易伙伴。在独联体国家中，俄罗斯曾是波兰最主要的贸易伙伴，但由于2014年俄罗斯对波兰的很多农产品实施进口禁运，使得波兰大大降低了与俄罗斯之间的贸易往来，而与独联体国家之间的贸易合作总量也受到了影响。

（四）农业科技发展

农业科研系统的发展和完善是农业发展的重要基础，在长期实践中，波兰逐渐探索出适合本国国情的农业科研管理体制和运行机制，既顺应了全面创新与快速发展为一体的农业发展现状需求，又以灵活、多样的方式提高了农业的产量和质量。

1. 农业科研机构

据对波兰农业的调查显示，其农业科研机构分为以下4个系统：一是波兰农业部所属专业研究所，主要负责对农作物生产和农业技术、畜牧兽医和饲料、食品经济和加工以及农业经济和组织等进行研究。波兰农业的主要研究力量大多集中在这里，除配备很多的实验室和实验设备外，波兰相关农业部门的各项农业科研任务以及对外合作交流活动等有很多都是由波兰农业部研究所负责的。二是波兰科学院下属研究所，其被设于波兰科学院的农业和林业分部内，进行相关的农业研究，包括动物生理和营养研究所、农村和农业发展科学研究所及植物遗传学科学研究所等8个研究所，侧重于基础和应用基础研究。另外，采用交叉学科研究方法来进行农业研究是农村和农业发展科学研究所的一大特色，在农业研究上较为注重国际交流，与欧盟之间的农业科研合作也很多。三是其他部门下属研究所。如卫生和社会福利部及自然资源和林业部等其他部门也分别拥有下属的与农业科研相关的研究机构，主要是根据不同部门的职能特点，以向对应职能部门服务为目标，从而建立对应的研究机构。四是波兰农业相关高等农业学校，除国家相关农业研究所外，波兰还有10所农业高等院校或设有农业相关学科的院校，它们是构成科研体系的重要部分，而华沙农业大学是这些高等农业学校中最具有代表性的院校，科研实力雄厚，为波兰的农业研究做出了很大的贡献。

此外，波兰还设有三级免费的农业推广体系。第一级主要由波兰的农村与乡村发展部等咨询以及科教推广机构负责，隶属国家级。第二级则由省级农业中心进行农业的推广，属于省级推广。而由省级以下的各区农业推广服务中心负责的区县级则为波兰农业推广体系的第三级，主要负责对各个农场的生产与养殖等提供咨询服务。除此之外，波兰的各农研所及农业院校也会负责一些相应的咨询工作，以此来对上述三个推广进行工作补充。值得一提的是，波兰农业推广服务全部由国家预算拨款，免费向农户提供咨询服务。

2. 农业科技发展状况

波兰农业科研系统具备比较完善的机构体系，这些机构对波兰农业的研究在很大程度上促进了其农业的现代化发展、农产品的产量以及质量的提高。杨永坤（2011）对波兰农业科研现状的研究中指出，波兰的农业科技发展现状具有以下两个特点。

第一，重视农业的发展，明确科研和创新优先发展领域。近年来，面对欧盟以及其他全球化的大市场，波兰的农业越来越受到欧盟以及世界的关注，政府也更为重视农业的发展，对农业的生态环境、食品安全及消费者的其他需求也更为重视。此外，在其农业科研创新体系中，波兰也进一步确定了农业科研和创新优先发展领域，包括可持续发展农业、优质食品链及安全食品、替代和可再生能源（绿色能源）以及环境保护等7个方面。

第二，加强对农业科研的投入，完善科研设施和团队的建设。波兰农业科研是全国科研建设的重要组成部分，近年来波兰政府对农业科研的投入不断增加，例如，国家农业专项补贴、国家专项计划拨款等都为波兰农业科研的顺利进行提供了支持，波兰政府也陆续推出了一系列计划，以推动农业的技术创新与应用。此外，作为欧盟组织的一员，波兰还受到了欧盟持续的农业资助与补贴，这些援助可以帮助波兰增加对农业设施的投入、农民的就业以及农业技术的创新和食品安全的加强等，并已取得了一些显著的成果。例如，波兰国家兽医研究所对动物疫病的防控、监察以及治疗等方面的研究促进了波兰畜牧产业的健康发展，保证了波兰多年来无重大动物疫病发生，在农业发展中发挥了重要作用。

（五）农业管理体系与政策

波兰在整个东欧国家中属于农业大国，其农业现代化发展程度较高，这不仅得益于波兰本身优越的自然资源和国家的补贴投入，也得益于对科技和人才的重视以及对农业管理体系的不断发展完善。另外，除在欧盟组织中获得的相当数量的农业补贴外，波兰政府还制定了其他的扶持政策来推动农业的生产和发展，如价格干预、轻征税费等方式来提高农民的生产积极性，并对其进行多渠道的保护，以促进波兰农业生产以及产量的提高。

1. 农业管理体系

波兰农业管理体系主要包含两个层面：一是农业及乡村发展部。其设有食品安全与检疫事务司、乡村发展司、农村社会与经济政策司、咨询与农业科教司、土地管理司、财务司、直接支付司、植物育种与保护司、法规司、渔业司、农业市场司、欧盟与国际合作司等12个司，以及部长办公室、内部审计与控制办公室、管理与经济办公室等8个办公室，主要负责对波兰全国的农业进行规划与控制以及对外农产品贸易的交流等。二是国家农业发展机构，下设3个局，由波兰农业及乡村发展部负责监管，分别为国有农业资产局、农业市场局和农业重建与现代化局。其中，国有农业资产局以农业资产为管理对象，主要负责将这些农业资产进行出售或长期出租；农业市场局以波兰市场为管理对象，负责对国家宏观调控政策进行执行，以保证农业市场和农民收入水平的稳定；农业重建与现代化局以农业的实施和发展为管理对象，主要负责农业生产投资的进行、基础设施的建设以及对农民的职业培训等。

2. 农业支持政策

波兰2004年5月1日加入欧盟，入盟给波兰农业带来巨大收益，除农民从欧盟获得直接补贴外，波兰还可从欧盟组织中获得农村落后地区发展基金及资助，如2014年波兰获得了来自欧盟2014—2020年的135亿欧元基金用以发展本国农业。

在推动波兰农村地区的经济发展和稳定全国经济这两方面，农业都发挥着重要的作用，以此，为了提高农业生产率，波兰政府颁布了一系列政策措施以鼓励农业的发展、保证主要农产品价格和市场的稳定。这些政策措施主要包括：土地政策，保护耕地政策；关税限制；对粮食、猪肉等农产品收购的政府干预性政策；粮食和烟叶收购、动物制品出口以及奶粉生产等补贴政策，以及其他一些对农业生产和发展的补贴政策等，以保证农产品的市场价格和农民收益。此外，对诸如盐碱地改良、造林、使用农用燃油以及使用农药和生物技术应用等环境保护措施以及优质鲜奶生产等现代化生产措施等进行补贴，以对波兰农业的生产环境以及农产品的质量进行保护和提升。

为进一步增添农业活力，波兰政府于2017年开始实施了两部新的农业法案，分别是"简化农产品直销法"和"波兰产品标志法"。一方面将波兰农民在直接面向市场销售自产农产品以及由此加工的农副产品时所支付的税率统一下调至2%，全年销售额低于2万兹罗提的农户实施完全免税，以此在降低波兰农民的税费负担的同时，进一步提高农民的生产积极性和农产品的销量。另一方面，波兰开始实行"波兰产品"标志政策，对于由波兰生产且未被加工过的农副产品以及在波兰境内加工且原料产自波兰的肉类加工食品，可以在获取该标志后享受国家免检等"绿色通道"。波兰政府以此来推动农产品生产者对产品质量的关注，促进产品品牌的创立，进一步提高了波兰农产品的质量标准，加强了农业竞争优势。

3. 农业发展规划

作为传统的农业大国，自2004年加入欧盟以后，波兰更加注重农业的投资与现代化发展，在欧盟的资助以及本国政府的重视下，波兰的农业在种植业以及畜牧业等方面均取得了长足的进步与发展。而从波兰近几年的农业规划以及生产数据来看，其农业发展规划主要如下。

第一，重视农作物的发展，不断扩大农作物的播种面积，提高产量。波兰的种植业非常发达，尤其是谷物类农作物的生产，是欧盟第三大谷物生产国。近年来，波兰重视谷物的生产，在小麦、黑小麦等谷物类农作物的种植面积上不断扩大，以此提高波兰的谷物产量与产值。另外，波兰近年来不断扩大玉米和油菜籽的播种面积，从2005年的33.9万公顷播种面积到2015年67万公顷，玉米的种植面积扩大了将近一倍；而油菜籽的播种面积也由56.9万公顷扩增至99.4万公顷，增加了约74.7%的播种面积。

第二，大力发展畜牧业，提高肉及肉制品和其他畜牧产品的产量，扩大对外出口量。波兰的肉及肉质产品和家禽饲养等在食品行业中具有很强的竞争力，更是欧盟第四大牛奶生产国。波兰十分重视畜牧业的发展，养牛和养猪业在欧盟中均名列前茅。2015年，波兰的养牛头数将近60万头，养猪头数达到了近1164万头，各种肉类产量达到了460多万吨，牛奶产量达到了138.6亿升，各种畜牧类产品出口额更是达到了近305亿兹罗提，丰富了波兰农业的经济产值。

第三，增加苹果等水果的种植，扩大苹果产量和出口优势。2015年波兰的苹果种植达到了18.04万公顷，比2010年增加了约6.3%的种植面积，远远高于其他水果的播种，而波兰更是世界第一大苹果出口国，利用波兰苹果的品质优势，进一步扩大苹果产量和出口量，将帮助波兰提高本国的出口和经济力量，同时打开其他国家的其他相关食品市场。

第四，进一步减轻农民赋税，将波兰农民销售自产农产品及加工的农副产品时所支付的税率统一下调至2%，鼓励农业生产与销售，同时大力发展农业科技，利用科技提高波兰的农业和农产品质量，扩大农业优势。

三、农业投资环境

波兰国内宏观经济形势十分稳定，是欧洲唯一连续20多年经济保持稳定增长的国家，也是欧盟唯一一个在2009年规避了金融危机的国家，并且在此之后实现了欧盟最快的经济增长率。波兰的GDP总量持续增长，在中欧地区内，其经济实力位列第一，但是在欧盟组织中则还属于中后国家发展水平。波兰是欧盟堡垒的突破口，也是国内企业开拓欧洲市场的中转站。

（一）国家商业环境

自从波兰加入欧盟以来，随着经济的不断发展以及对外贸易的加深，波兰的商业环境也在不断提升。

一是从政策法律环境来看，波兰的法律法规非常健全。总体而言，在从企业建立到生产运营等各方面，波兰对外国投资者的要求与本国投资者基本一致，此外，波兰对与跨国投资相关的国际法、行政法律制度、与外国投资者纠纷情况、争议解决法律制度等都进行了明确的法律规定与实施，保障了外国投资者在波兰的投资行为能够受到制度的约束与保护。与此同时，虽然波兰的法律体系较为健全，但受到欧盟的约束与限制，法律处于持续的调整与完善中，导致政策法规变化不断，这为在波兰的投资带来政策法律上的不确定性，甚至会对企业在波兰市场的开拓、经营以及风险评估等造成障碍。

二是从基础设施环境来看，与老欧盟成员相比，波兰的基础设施比较落后，高速、快速以及优质公路等建设还不够完善，另外，其铁路网技术不强，空运和海运水平也较低，从整体上来看，波兰的基础设施水平对外商投资造成了一定的阻碍。但近年来，随着波兰对外贸易的加深，并在一定程度上改善了交通运输网络及港口设施的运行能力。同时，欧盟对波兰的运输基础设施也比较关注，甚至专门下拨援助资金用以波兰基础设施建设，2007—2013年欧盟援助资金中约194亿欧元用于发展基础设施建设，而近来波兰获得的2014—2010年欧盟基础设施和环境项目基金中，用于铁路交通的资金有58.9亿欧元，用于城市低碳公共交通建设27亿欧元，以此来尽快提高波兰的基础设施状况，为经贸往来提供便利。

三是从行政效率方面来看，各国投资者反映的主要问题是波兰政府有待提高的行政效率，对于这一现况，虽然波兰政府积极采取了各项措施来进行改善，但是却未能取得让人满意的结果。根据世界银行《2018年营商环境报告》，波兰在世界国家中的行政效率并不十分靠后，位列第27位。但企业办理施工许可的难度却排到了第46位，因为要经过12道审批程序，平均耗时更是达到了 153 天。新设公司需经过 4 道程序审批，耗时约 37 天，排名第 107 位。此外，企业的多项申请也面临多重困难，诸如：效率低、周期长等问题，甚至有时需要经历多次审批。波兰较低的行政效率成为外国投资者在进行波兰市场开拓时的重要阻碍因素，增强了对其投资时面临的不确定性。

四是从金融环境来看，自 1989 年波兰转轨以来，在稳定的政治经济局势下其外汇管制逐步放宽，并且进一步改善了金融环境，这些都为外资引入创造了有利的条件。波兰当地通行货币为兹罗提，可自由兑换美元、欧元等货币进行交易，人民币虽不能与兹罗提进行直接兑换，但可以通过兑换美元或欧元等进行二度转换结算。此外，在波兰《外汇法》的监管下，外国企业的外汇进出口以及资本结算等都得到了较为完善的管理。而波兰对当地的银行和保险公司等各项金融机构以及对融资条件、信用卡使用等都建立了较为完善的体系机构和明确的规定，为其国内的金融环境稳定性提供了保障。

（二）农业优势与潜力

农业在波兰的整个经济发展中占据重要地位，就其国土面积使用情况来看，农业用地面积达到了 61.2%，属欧洲前三。同时，不仅波兰政府通过制定多项扶持政策来推动其农业生产与发展，波兰农业更是欧盟重点扶持的对象之一，2014 年，欧盟为波兰农业下拨了 135 亿欧元用以农业发展，波兰政府以及欧盟的支持都为波兰农业的快速发展提供了有力的基础条件与优势。

波兰十分重视农业的科技化应用，在政府的支持与监督下，波兰建立了一套比较完善的农业科研机构体系，使波兰的农业受到了科学的指导，在达到欧盟标准的基础上，逐渐获得了世界的认可。近年来，波兰更是对农业产业进行了现代化升级改造，农产品、食品通过采用世界先进的科学技术并严格地执行相关质量安全标准，根据市场和消费者的需求变化进行相应调整，出口的农产品更是朝着高品质、高安全的方向发展。目前，波兰形成了多个极具竞争力的领域，例如：肉类、香肠类、乳制品、甜品制造以及水果蔬菜栽培等。

波兰的环境非常适合农产品和食品行业的发展，波兰农产品具有物美价廉的特点，而食品在国际市场上也有很强的竞争力，生产的肉制品具有高质量的重要特点与优势。同时，作为欧洲水果和蔬菜的主要生产国，在其水果蔬菜种植领域的苹果产业表现十分优异，苹果生产在传统技术与现代科技的完美结合下，经过严格的欧盟检验标准，使波兰出口的苹果在质量与品质上均得到了很好的保证，品种繁多，口味多样，满足了各类人群的需要。此外，其他农产品也具有很强的生产力，如谷物生产和牛奶生产在欧盟分列三、四位，而冷冻水果、蔬菜、伞菌和软果、蘑菇及家禽类肉制品等在世界上有很强的竞争力。

（三）风险分析

波兰农业的优势与潜力为与中国农业的合作提供了有力的前提，然而，跨国间的合作必然会面临着一些问题和风险，正确认知这些问题并合理规避风险将有助于中波两国实现更好的农业合作。

一是国际政治环境因素是两国间进行贸易合作中不可忽视的重要因素。

二是欧盟内部对贸易投资与合作的规定及条约也是对波兰农业投资中需关注的重要因素之一。自2004年5月1日波兰成为欧盟成员国后，欧盟与第三方签订的国际贸易协议直接适用于波兰，而波兰与非欧盟国家（第三国）贸易使用欧盟共同政策和手段，如共同贸易、共同关税等，波兰的商品等进出口也都直接受到了欧盟法律的保护与限制。因此，在对波兰进行投资时，除了波兰本国的贸易政策会影响到中波间的农业投资及合作，欧盟对贸易政策的调整、改变甚至约束等都会进一步改变中波间的农业合作状况，使其受到影响。

三是对波兰农业的投资与合作需要在两国之间建立及时而有效的信息沟通渠道，一方面可以帮助中国政府和企业有效了解波兰本国的农业发展以及贸易等状况，另一方面也可以帮助中国政府和企业及时对波兰内部环境等的变化做出应对措施，减小损失。但就目前来看，中波两国之间的信息沟通还较为缺乏，相互之间还没有建立稳固的交流基础和渠道，这将可能使中国企业无法对波兰商业投资环境等的改变进行及时应变与处理。因此，在对波兰进行农业投资时，建立一个行之有效的交流甚至分析机构以及沟通渠道等刻不容缓。

四是虽然波兰与中国一直保持着良好的贸易合作关系，但是长期以来波兰对中国的进出口一直处于贸易逆差的状态，这种状态可能会影响到波兰对中国合作企业甚至产品种类的选择与约束。例如，波兰企业在无法与中国大型国企进行竞争的情况下会倾向于选择地方以及体量相近的中小企业进行合作等。而如何在中波贸易处于较大悬殊的状况下仍能维持与波兰农业的友好合作甚至交易是中国政府及企业在波兰进行农业投资所面临的巨大问题。

（四）总体评价

投资必然会面临着机遇与挑战，跨国投资也不例外。中国政府和企业在波兰的农业投资与合作在面临着波兰农业大国良好的农业发展诱惑的同时，也面临着政治环境、欧盟规则以及信息沟通渠道限制等的风险，但就目前中国大力提倡"一带一路"建设的条件下，中国政府和企业应当积极抓住与波兰的合作机会，把中国和中国农产品带向全世界。

一方面，波兰位于欧洲中心，是中国通往西欧、北欧国家的桥梁其地理位置的重要性决定了波兰是中国进一步打开欧洲市场的最好选择；另一方面，作为整个欧洲唯一一个没有被完全开发的市场，波兰拥有较多的商机，并且门槛较低。除此之外，波兰的多项农业产业在整个欧洲都是处于领先地位，对波兰的农业市场进行投资与合作一方面可以在进入波兰农业市场的同时借机进一步进入整个欧洲的农业市场，另一方面也可以进一步了解学习甚至掌握到欧洲地区更为先进的农业科技，提升本国的农业产量与质量。所以，在"一带一路"倡议带来的巨大机遇下，中国政府和企业应当牢牢抓住与波兰农业的投资及合作机会，大力推动本国及波兰农业的发展，实现共赢。但与此同时，中国企业和政府也应当重视在波兰进行农业投资所面临的风险，包括国际政治、欧盟政策以及波兰本国的贸易政策等，这些都将为中国在波兰的农业投资带来影响，因此，需要时刻关注国际以及波兰本国等的政治以及经济形势变化，及时做出预测与应对，对风险进行合理的规避，方能在风险最小化的同时利用机遇，实现中国的利润最大化。

总之，在对风险进行合理规避的条件下，波兰是中国在"一带一路"倡议下进一步打开欧洲市场的必要选择，对波兰农业的投资与合作也是中国农业国际化发展的重要一步。

四、中波农业合作现状与合作重点

中国一直是波兰最重要的合作伙伴之一，双方自建立农业合作关系开始就不断加强彼此间的农业战略合作与发展，试图达到共赢的目的。波兰是农业大国，谷物生产、水果蔬菜、畜牧业以及食品加工业和农业科技发展等方面在欧洲甚至世界上均有较强的竞争力，波兰农业的优势大大吸引了中国与波兰农业的合作与投资，使之在引入国际农业及农业产品的同时，也可以加速中国农业的发展以及世界化之路。

（一）合作现状

近年来，波兰一直是中国在中东欧地区最大的贸易伙伴之一，中国也是波兰在农业和农产品领域最重要的合作伙伴之一。中波两国双方对彼此间的农业合作都十分重视，不仅逐渐完善了彼此间的农业合作机制，还加强了两国间的投资和贸易合作以及农业科技合作，促进了两国农业现代化的共同发展。

1. 合作机制

中波两国农业合作组是两国进行农业合作的主要机构，2000年中波两国农业合作组在北京召开第一次合作会议，双方确立了围绕农业信息交流、作物品种和种质资源交换、作物育种与栽培、水果蔬菜栽培和加工等方面的交流与合作。此后，中波两国定期开展农业会展会议，而这项会议也已成为中波农业交流与合作的重要平台。在此指导下，双方农业科技合作不断取得重要突破，贸易往来得到了进一步增强，合作领域也得到了更深的拓展。

除了中波农业合作组外，2012年中国与中东欧国家的"16+1"合作机制的建设也为中国与波兰农业的合作提供了发展契机，促进了两国彼此间农业和农产品的市场渗透。另外，中国与欧盟的农业合作等多双边农业合作平台都为双方的农业合作提供了良好的环境和政策基础。

除了中国与波兰的政府及农业部门的直接合作外，中国企业与波兰企业间的直接投资及合作也是两国农业共同合作所不可忽略的形式之一。两国农业以及食品企业在彼此间的直接投资与合作行为可以帮助彼此更好地了解进入市场的环境、规则及消费习惯等，使农产品可以更好地实现海外本土化以获得外国市场的青睐。

为促进彼此间的农业合作，中波两国还实施了一系列的合作优惠政策，一方面吸引国外农业的投资，另一方面鼓励本国农业积极走向国外，进一步促进了两国农业的合作与发展。

2. 科技合作

中国与波兰都十分重视本国农业的科技化发展与应用，在很早以前，中波两国就在作物育种、栽培、加工等方面的合作颇有成效。近年来，两国不断进行合作机制的创新，一方面共同成立了中波农业科技中心，在此指引下，进行了一系列的相关农业课题研究，提高两国双方在彼此农业的种植业以及畜牧业等领域的进一步提升。另一方面，不断加强两国之间在农业相关科技部门以及管理部门与机构之间的合作与交流，进行农产品展示、签订相关合作协议与战略等，其涉及方面包含了种植业的农作物育种与保护等以及畜牧业的动物疾病防控与治疗等各方面。例如，2015年9月，中国农业部副部长屈冬玉率团访问波兰期间，两国农业部续签了中波农业科技中心合作协议，确定了19个农业科技合作重点领域。而早在2015年5月，波兰农业部长萨维茨基就曾出席重庆首届"一带一路"检验检疫高层国际研讨会。

一些主要的农业研究机构、农业大学、农业高科技企业等也成为了中波两国进行农业合作的重要桥梁，联合实验室、开发中心等形式的展开促进了双方之间农业科技合作的不断落实。同时，这些农业科技合作机构、研发中心等形式的建立也使得中波两国在农业的科技合作交流不断深化，例如，2016年中波正式联合成立了中国农业科学院兰州兽医研究所—波兰国家兽医研究所动物疫病防控联合实验室，该实验室在动物的繁殖以及疫病的检验、防治等多方面都取得阶段性成果。而在近年来的中波农业合作工作组会议中，双方更是不断强调农业科技合作的重要性,并逐渐加强了双方农业科技合作研究的进一步落实工作,希望能借农业科技合作的发展促进双方农业和农产品质量以及农业科研创新能力的共同提升,巩固和发展两国既有贸易并促进双边农业合作的进一步深化。

3. 贸易合作

波兰与中国的正式贸易交往开始于新中国成立之初,同为共和国制国家,波兰与中国在国家社会成分中存在着很多的相似性,这也为中波贸易的顺利进行与快速发展提供了有力的政治性基础条件。

近年来,随着两国之间经济贸易合作的加强,中波之间的农业贸易取得了较快发展。如图4所示,与2000年相比,2014年波兰对中国的农产品出口额上升到了1.32亿美元,出口额增加了20倍,中国对波兰的农产品出口额也从0.65亿美元提高至2.76亿美元,取得了显著提高。就农产品贸易总体来看,与两国整体贸易情况一样,波兰对中国存在着持续的贸易逆差,这种贸易逆差在2014年时曾出现了近年来的最低值,随后又逐渐拉大。

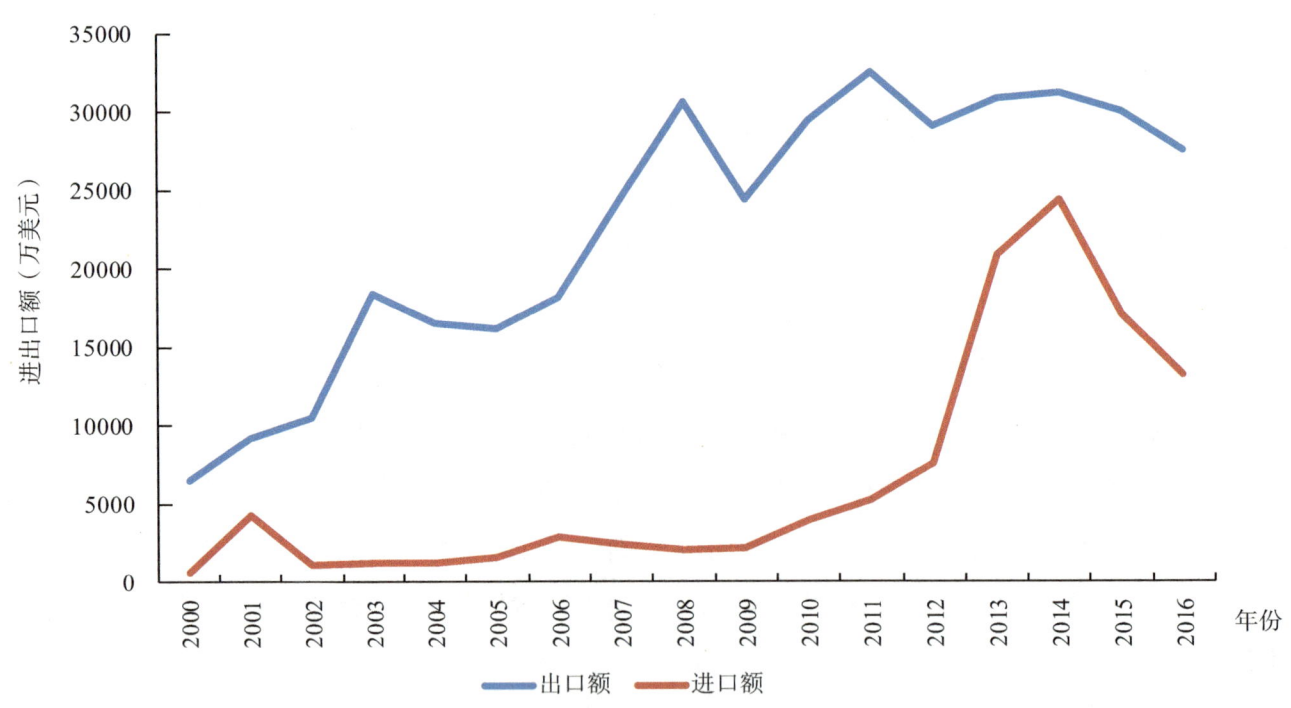

图4　2000—2016年中国对波兰农产品进出口贸易状况

数据来源：中国海关

从波兰对中国出口的农产品种类来看(图5),出口额最大的是波兰的畜牧业产品,其出口额远高于其他农产品。波兰农业市场局也表示,就2015年而言,波兰对中国出口最重要的农产品是乳制品,包括乳清(几乎占到对中国乳制品出口价值的2/3)以及奶和奶油,而肉类和肉制品的出口量超过1.3万吨,约为农产品出口总额的20%,达到了0.28亿美元。此外,药材成为波兰对中国出口的仅次于畜产品的农产品,其出口额在2014年曾达到了0.77亿美元,2016对中国的出口额比2000年增长了约114倍。其次,糖料及糖是波兰对中国出口的第三大农产品,2015年曾高达约0.09亿美元,2016年,其出口额占到了农产品出口总额的4.3%。同样的,水果、粮食制品以及干豆、坚果等都在波兰对华的农产品出口中起到了重要作用。

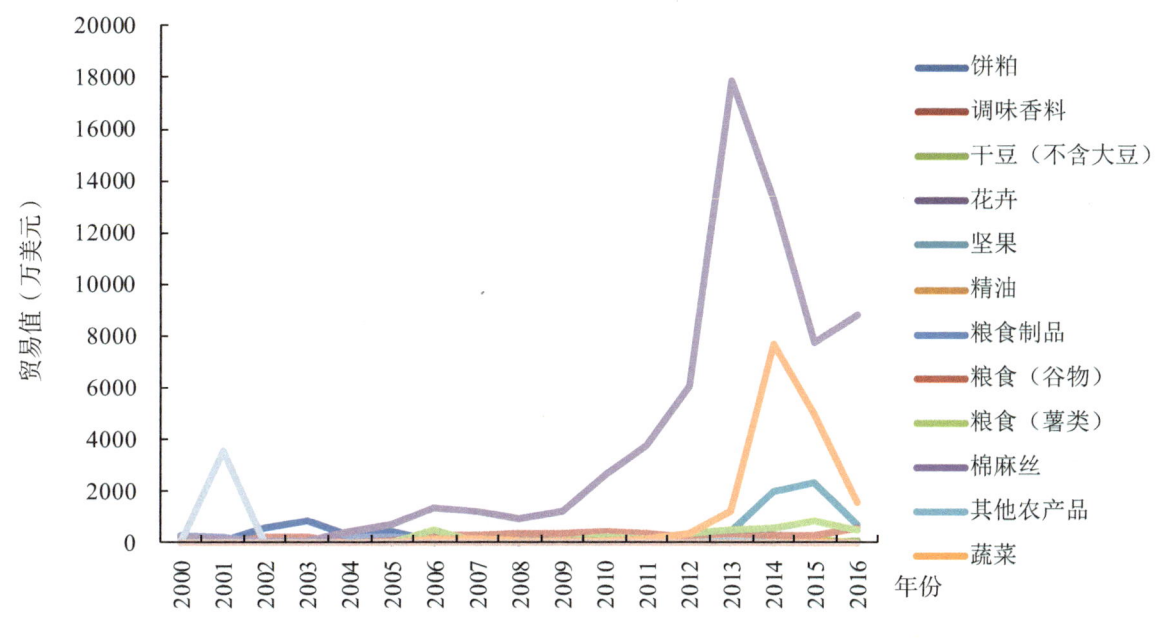

图5 2000—2016年波兰对中国农产品出口状况

数据来源:中国海关

从波兰对中国的进口农产品状况来看(图6),畜牧业产品曾是波兰从中国引进的最重要的农产品,其进口额在2008年曾高达1.55亿美元。但随着波兰畜牧业的发展,其对中国畜产品的进口额不断下降,水产品成为波兰对中国的主要进口农产品,其进口额在2000年至2016年这16年间增加了0.83亿美元,提高了6倍多。此外,蔬菜是中国对波兰的第三大出口农产品,且近年来出口额保持在基本稳定的状态,约为0.3亿美元左右,而坚果、水果、药材、糖料以及其他农产品等也是中国与波兰农业贸易的重要组成成分。

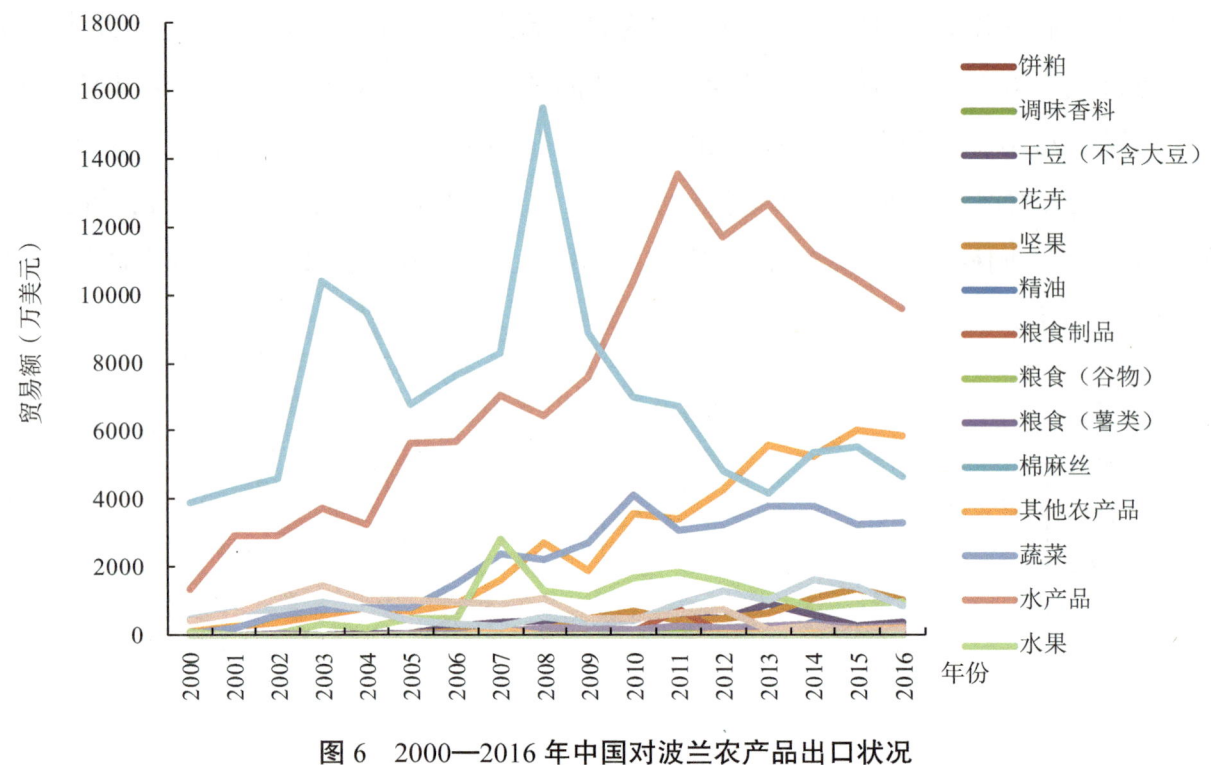

图6　2000—2016年中国对波兰农产品出口状况

数据来源：中国海关

4. 投资合作

波兰政府重视外国投资，不仅制定了诸如对经济特区的所得税豁免、不动产税豁免等激励性政策以吸引外资，还从国家及欧盟等多层面为投资者提供现金资助，以帮助外资进入的同时，进一步扩大国内的就业市场，该补助甚至可达到在波兰进行投资总额的50%。此外，波兰对市场的自由化、资产的私有化、基础设施的改进以及对投资资金的资助等都进一步促进了中国企业在波兰的投资。因此，整体来看，波兰政府为吸引外资而建立的政策、机制等为包括农业和食品在内的中国企业提供了非常良好的对波投资环境。

近年来，最为引人注目的中波农业投资合作是关于对波兰苹果的进口合作协议的签订。该项目的重要合作者——波兰的阿波罗尼亚公司主要以出口苹果为主，其市场面向欧洲和亚洲，而另一合作者——重庆金果源公司则主要以进口苹果为主。此中波两大水果公司关于波兰苹果进口中国合作协议的达成不仅促进了两国苹果产业的发展，也意味着中波农业投资合作又迈出了新的一步。

波兰农产品素有"物美价廉"的特点，高品质、高安全更是波兰农产品的特色，对波兰农业和农产品的投资将使中国的农业和农产品在无形中也获得提升，更能为中国人民带来更为丰富的农产品食物。同时，波兰政府的吸引外国投资政策也为中波农业的合作提供了政治基础，为借由对波兰农业的投资打开波兰甚至欧洲市场提供了良好的契机。

（二）合作潜力

波兰农业正处于加速发展的阶段，欧盟以及本国政府对农业的大力支持使得波兰的农产品在世界上具有越来越强的竞争力。另外，稳定的政治环境、相对良好的金融环境以及不断改善的基础措施等都成为波兰独特的竞争优势与潜力，也为波兰农业与他国的合作提供了有利的契机。在此背景下，中国与波兰的农业在多个产业方面具有较高的合作潜力，可以充分借助波兰农业的有利环境与发展，实现两国农业的共同发展。

1. 合作基础

首先，从波兰整体的合作与投资环境来说，波兰拥有如下的竞争优势：一是波兰有着优越的地理位置，位于欧洲中心，交通便利，有多条国际公路横穿波兰。二是经济保持持续增长。自1990年以来，波兰经济基本保持稳定增长，2008年的全球经济危机下更是欧盟中唯一保持经济增长的国家，人均GDP呈现不断地上升趋势，增长率基本保持在3%左右。三是人力资源高、成本低。波兰实施免费教育，使其拥有约200万大学生，其中90%熟练掌握外语。人力资源素质普遍较高，成本较低，为投资提供了有力的条件。四是优惠政策支持。作为欧盟成员国之一，波兰是欧盟基金的最大受益国，各项发展政策均得到了欧盟组织的支持，在其国家投资满足一定条件时不仅可以申请政府资助，还可以获得欧盟基金的支持，同时，波兰在经济特区内实施了税收减免优惠政策。这一系列政策支持为外国企业的投资提供了很强的吸引力。五是国内市场较大。波兰人口增长稳定，有3845.5万人，相较中东欧其他国家来说是人口大国，国民收入在逐年提高，2016年为1447.48万美元，表明波兰市场较大，具有很高的投资潜力。

其次，从波兰农业的合作与投资环境来说，一是由于国际政局的动荡，波兰正承受着失去俄罗斯这一农业合作伙伴的影响，而中国提出的"一带一路"倡议正好为波兰提供了寻找更大的贸易伙伴的机会，中波合作也为中国深入欧洲市场打开了贸易大门。中波两国均为农业大国，两国之间的农业合作正是两国进行更深入的经贸合作中基础而至关重要的一环。二是波兰拥有很高的农业优势与潜力，谷物生产、畜牧业、苹果、牛奶以及肉制品等在国际市场上均具有较强的竞争优势，尤其是波兰的乳制品、肉制品等高质产品深受中国消费者的喜爱，为中波农业合作奠定了坚实的物质基础。三是波兰政府十分重视农业的发展及与中国之间的农业合作，虽然就波兰的农产品对外贸易国家来看，目前占据很大部分的依旧是欧盟国家，但中波之间的农产品贸易额正在不断地提高。两国之间就农业合作问题也进行了多次的跨国会面，并签订了一系列促进中波农业合作的协议等，为两国之间的农业合作提供了政策支持。

2. 合作前景

随着中波两国交往关系的全面深化发展以及战略伙伴关系的建立，两国经贸合作进入了快速发展期，作为欧洲经济发展最快的国家之一，波兰不仅是最早对"一带一路"倡议做出响应的国家，更是中国在欧洲最大的贸易伙伴之一。

中国的"一带一路"和中国与中东欧的"16+1"政策，为波兰经济发展、农食品进入中国市场提供了机遇，这有利于促进中波贸易合作的进一步发展。中国是世界第四大食品市场，每年食品销售额高达1000亿欧元，它将是波兰出口商渗入中国市场可能性最大的入口通道型行业。另外，中国市场正在不断地增长发展中，迅速增加的中产阶级所带来的新的需求为中东欧地区，特别是波兰中小食品企业在中国市场的融入和发展提供了可能性，由此借助于"一带一路"的建设倡议，波兰可以更加便捷快速地打开中国市场，为其经济的进一步发展提供机会。

对于中国而言，苹果、乳制品及肉制品等都是波兰标志性的出口产品，它不仅是目前欧洲第一大、世界第三大苹果生产国，波兰以其优质肉制品闻名，还主要生产水果和蔬菜。与波兰农业的合作可以帮助中国了解并学习波兰农业中一些更为先进的培育、种植和生产技术，从而提高自身的农业及农产品质量。波兰位于欧洲中心的独特位置，在欧盟中具有重要地位，是中国在打开欧洲市场计划中最为便捷有利的选择，借助于与波兰农业的合作，中国可以更快地将农产品以波兰为中心对欧洲的其他国家进行辐射渗透，从而打开欧洲的其他国家市场。同时，作为中欧运输中经过的重要国家，与波兰的友好合作可以使中国更为顺畅地将本国农产品以及其他制造产品运输至欧洲的其他国家，带来运输便利。

农业合作是中波两国进行经贸合作中的最关键领域，同样作为农业大国，中国与波兰均意识到，两国在农业上的良好合作将帮助彼此进一步提高本国的农业和经济发展。由此看来，两国农业的合作拥有良好的前景。不仅如此，在"一带一路"倡议背景下，两国为促进彼此间更好的贸易合作还纷纷签署了一系列的合作协议等，希望能进一步促进中波两国农业的发展。

（三）合作重点

波兰是欧洲的农业大国，许多农产品在欧洲及世界上均占有一定地位。在欧盟地区一提及农产品当属波兰，其是世界第一大苹果出口国，此外，肉类和肉制品、生鲜和加工罐头、蔬菜、粮食等农产品都已经达到世界顶尖水平，对中国的农业具有很大的投资与合作吸引力。根据波兰农业的优势与特色及近年来中波农业贸易往来的数据，未来中波农业合作的重点可以从以下几方面进行加强。

一是波兰的苹果种植业是中波之间目前以及未来可以进行农业合作的重点产业。波兰是欧洲第一、世界第三大苹果生产国，苹果一直是波兰人引以为豪的"名片"。然而，由于市场波动，俄罗斯苹果出口市场的失去使波兰苹果出口量迅速下跌，苹果产业损失惨重。为挽回苹果损失，波兰政府积极拓展国外市场，而中国政府的"一带一路"建设，正好为波兰政府和苹果产业带来了希望。为促进与波兰苹果产业之间的良好合作关系，中国农业部曾多次参观波兰苹果种植基地，并将其引入国内。中国农产品企业也积极与波兰企业展开苹果合作，2016年11月波兰阿波罗尼亚公司与中国重庆金果源公司签署的波兰苹果进口协议就是落实波兰苹果产业合作的重要一步。

二是波兰的禽肉业在国际上也是颇负盛名，素有安全高质的特点，2016年波兰对华出口的畜产品总额高达0.89亿美元，是波兰农产品出口中的重要组成部分，也是中波间进行农业合作的重点产业之一。为了与波兰的禽肉业进行更好的合作，中国一方面进行农业科技合作，成立了中国农业科学院兰州兽医研究所—波兰国家兽医研究所动物疫病防控实验室，对两国的牲畜疫病等进行研究防控；另一方面扩大与波兰禽肉间的贸易合作，确立波兰对华出口禽肉的合法地位，而波兰国家禽肉协会也在2016年9月于中国上海设立代表处，试图进一步提高波兰禽肉在中国市场的销售。

三是中国与波兰在谷物蔬菜种植、食品安全以及畜牧兽医等方面均有投资与合作，并已取得了丰硕的成果，未来也需进一步加强。最近，中波两国会晤，进一步深化了双方在农业合作方面的交流，双方在未来将在"16+1"等政策的依托下，加强中波联合科技中心建设、农业投资以及人才交流互访和培训等方面的深入交流，并努力将中波农业合作打造成"一带一路"农业合作的典范。

五、中波农业合作建议

中国与波兰正处于农业发展的重要时期，与他国农业的合作不仅可以引入新的农产品品种，还将帮助本国农业打开更广的市场，获得更大的贸易和经济利益。对于中国而言，波兰位于欧洲大陆关键的十字路口，它连接着西欧、东欧、南欧和北欧，独特的地理位置使得在波兰的货物可以快捷、迅速地转运至整个欧洲的不同目的地，是中国在"一带一路"建设中的重要参与者。与此同时，作为农业大国，波兰在很多农业领域以及农产品生产上具有独特的优势，波兰的某些农产品在世界上也具有很强的竞争力，而较为稳定的政治、商业环境以及吸引外来投资的一系列政策等都为中国与其进行农业合作提供了强有力的保障。因此，在"16+1"以及"一带一路"等背景下，中国政府和企业应当充分抓住机会，与波兰农业进行更深入的合作与投资，使中国农产品迈向更广的市场，尽快实现真正的国际化。

（一）政府层面

中国与波兰政府之间的农业合作与协议等是中波之间进行农业合作的基础与保障，更是两国间企业进行农业合作与投资的参考指南，将帮助企业更好地进行合作事项的具体落实，因此，两国政府间对农业合作关系的确立在中波农业进行合作中是至关重要的一步。为了更好地发挥政府在中波农业合作中的重要作用，中国政府需注意以下方面。

1. 完善两国政府间的政策与战略合作

两国政府间的战略合作关系与协议等的确立是两国进行农业合作的基础。所以，中国政府应当注意与波兰政府之间的关系处理，加强彼此之间的友好联系，增加对两国之间的农业合作问题的商讨，并制定和签署明确的合作协议及合同等，建立明确的合作规章制度以规范两国之间的合作行为，为企业之间的合作与投资提供可依循的规则。

2. 增加两国农业间的交流与学习

建立两国农业之间的交流学习平台可以进一步促进中波两国农业合作的达成与落实。所以，中国政府可以与波兰政府积极增加对彼此农业种植以及生产状况等的考察，一方面可以更为了解对方农业的发展状况，从而学习到彼此农业中更为先进的农业技术以提升本国农业的发展，另一方面也可以为本国企业的农业投资提供参考信息，推动中国企业在波兰进行更为有利的农业投资。另外，增加由政府承办的合作国家农产品展览会、农业及农产品论坛等也是使中国企业掌握波兰农业发展信息进行更多有利投资的好渠道。

3. 加强两国农业科技的进一步合作

科技是农业发展的根本前提。中波两国政府间还需大大加强彼此之间的农业科技合作，农业科技成果的孕育不仅将帮助两国之间实现农业和农产品质量的进一步提升，增加农业和农产品在国际上的竞争力，实现农产品市场的进一步扩大，同时农业科技的提高对于全球农业的进一步发展也是一项十分有价值的工作。

（二）企业层面

除了两国政府在农业合作上的努力外，中国企业更是将两国农业合作进行真正落实的重要主体，但在进行跨国农业合作时，企业需要注意和解决的问题也很多。

1. 了解波兰市场，全面规避和应对投资风险

进行跨国合作时，中国企业需要解决的一个重要问题便是了解波兰当地的文化习俗、农业市场以及政治法律商业等环境问题，并且需要恰当处理与当地政府及民众之间的关系，这

是投资能否顺利展开并取得成功的关键因素。所以，中国企业进行严谨扎实的调查工作是进入波兰农业市场的前提，包括市场、金融、法律、税务、财务、管理等方面，可以聘请当地有名的专业咨询机构做出有针对性的系统分析评估，以保证农业合作的成功实现。

2. 加强对波兰国际环境的了解与防控

波兰隶属于欧盟组织，在商业上遵循欧盟的监管体制，所以，中国企业在进入波兰农业市场时，不仅需要了解波兰本国关于农业的政策与法律，还需充分掌握欧盟组织关于农业发展的相关规章制度以及与波兰之间存在的相关约束性条约和规则等，以防止在进入波兰市场时受到不了解的规章的制约而错失投资机会甚至造成损失。此外，波兰背后的北约组织以及美国等行为动向也有可能会影响到波兰本国的发展，需提前做好深入的了解与防控。

3. 不断提升本国农产品质量，积极开展产品展览会

进行农业合作，农产品以及服务的质量仍旧是最有利的合作条件，中国企业在与波兰进行农业合作时，更加需要不断提升产品和服务的质量，从而在取得合作优势的同时，建立中国农产品的良好形象以促进中国农产品的国际化之路。同时，还需注意波兰当地的市场偏好，适当地进行"本土化"策略，以更便捷有利的方式打开波兰甚至欧洲市场。此外，为了吸引波兰企业的投资，中国企业也可以以市场为背景，在政府的支持下，定期召开两国间的农业贸易投资博览会、企业农业经贸论坛、农产品招商会等，吸引波兰企业的对华农产品投资和与中国企业的农业合作。

4. 时刻关注两国政府间的政策动向

政府的支持是企业间进行合作的基础与保障，中国企业在与波兰进行农业合作时，要在政府的规划指引下，不断夯实自己的农产品实力，获取更大的发展空间，时刻注意国家在实施"16+1"以及"一带一路"等倡议或战略中出台了哪些政策，有哪些企业可以参与的投资、项目等，积极抓住机会。此外，还需关注波兰政府对跨国投资公司的约束以及支持政策等，以更好地制订投资计划，规避投资中存在的风险，获得投资国的支持。

5. 做好跨国投资的海外本土化工作

中国企业进入波兰国家进行农业合作投资时，可以提前在当地进行相关资源的准备工作，包括人才资源配置、中介服务机构聘用、农产品科研、组织管理等。一方面为进入波兰市场建立相关的资源储备，节省投资到正式营业过程中所耗费的时间；另一方面也可以为企业提供公司正常运营所需的基础条件，提高境外经营管理能力和本地化水平。

中国与波兰政府之间的农业合作为中波企业间的农业合作与投资提供了政策与方向支持，而中国与波兰企业间的合作是两国农业合作真正落实的重要主体，只有中国政府与企业进行切实的合作，充分发挥自身在与波兰农业合作中的关键作用与职责，方能在"16+1"

及"一带一路"等多项背景下,抓住机会推动与波兰农业之间的友好合作,从而进一步扩大中国农产品的市场,实现中国农业的国际化之路。

参考文献

陈春华. 2017. 波兰在欧盟影响力的发展趋势与决定因素 [J]. 俄罗斯东欧中亚研究,(3): 117-133.
范丽萍. 2013. 中国与中东欧国家农业经贸合作探析 [J]. 世界农业,(2): 7-10.
李伟. 2012. 中国与波兰、捷克、匈牙利近二十年经贸合作发展述评 [J]. 生产力研究,(4): 252-253.
李增伟. 2017. 波兰,推动农业由"大"转"强" [J]. 经济视野,(2): 10-11.
林海,于戈,潘征新. 2011. 波兰农业科研系统现状及其与中国合作问题探讨 [J]. 世界农业,(12): 64-66.
刘英. 2016. 将中波合作打造为"一带一路"合作典范 [J]. 中国投资,(13): 58-61.
刘作奎,鞠维伟. 2016. 中国—波兰外交政策论坛:进展、潜力与前瞻 [J]. 欧洲研究,(4): 151-154.
罗伯特·古拉尔赤克. 2016. 波兰:稳定而具有吸引力的投资目的地 [J]. 中国投资,(1): 84-85.
齐力. 2016. 波兰加大对华农产品出口力度 [J]. 中国对外贸易,(12): 14-15.
司洪文,张保明,袁学志,等. 2005. 罗马尼亚与波兰的农业及农业科研 [J]. 世界农业,(6): 38-40.
塔德乌什·霍米茨基. 2015. 波兰:一带一路重要参与者 [J]. 中国投资,(3): 42-44.
王强. 2016. 波兰乳制品、苹果、禽肉商品亮相中国 [J]. 上海商业,(6): 60-60.
王强. 2017. 扩大波兰产品出口波兰经贸中心将在沪成立 [J]. 上海商业,(1): 59-59.
王世钰. 2017. "一带一路"铁杆粉,波兰食企期待"抓住中国消费者的胃" [J]. 中国对外贸易,(4): 68-69.
翁忠义,融汐. 2013. 马中经济合作方兴未艾 [J]. 博鳌观察,(2): 124-125.
谢颜,李文明. 2014. 韩国、波兰农业现代化发展模式比较研究与借鉴 [J]. 世界农业,(11): 130-133.
杨东群,李先德. 2007. 中国对波兰农产品出口市场分析 [J]. 世界农业,(12): 33-36.
杨尚荣. 2017. 新中国成立之初中波贸易对"一带一路"战略的启示 [J]. 兰州学刊,(3): 53-59.
杨永坤. 2011. 德国、波兰农业与农业科研管理体制特点及对中国的启示 [J]. 情报杂志,(2): 289-291.
姚铃. 2016. 中国与中东欧国家经贸合作现状及发展前景研究 [J]. 国际贸易,(3): 46-53.
余锦. 2016. "一带一路"倡议下的中国与波兰经贸关系 [J]. 中外企业家,(1): 4-7.
赵锋. 2016. 波兰果树科研与生产概况 [J]. 北方果树,(6): 54-55.

罗马尼亚

罗马尼亚位于东南欧巴尔干半岛东北部，是"一带一路"倡议的沿线重要国家。中国为罗马尼亚在亚洲最大的贸易伙伴，罗马尼亚则是中国与中东欧合作的重要支点。中罗两国在农产品贸易、农业科技等领域的合作快速发展，当前中国—中东欧友好合作的大环境又为两国的农业合作提供了新的机遇。中国和罗马尼亚双方农业互补性强，合作空间巨大。两国加强农业领域务实合作，实现互利共赢。

一、国家基本概况

（一）自然地理

罗马尼亚位于东南欧巴尔干半岛东北部。北部和东北部分别与乌克兰和摩尔多瓦交界；西北部和西南部分别同匈牙利和塞尔维亚接壤；南部同保加利亚以多瑙河为界；东临黑海。海岸线长245千米。罗马尼亚首都是布加勒斯特。

（二）人口状况

2017年罗马尼亚全国人口共1964万人。其中，城市人口所占比例约为53.6%，农村人口所占比例约为46.4%。农村人口较多，为发展农业提供了充足了劳动力资源供给。农业就业人口396.8万人。

（三）政治制度

罗马尼亚是前东欧的社会主义国家，1989年东欧剧变后，国家开始由计划经济向市场经济转轨，全面推行民主化、私有制和市场化经济，20世纪90年代经济出现了严重滑坡。2004年罗马尼亚加入北约，2007年正式加入欧盟，获得了欧盟的资金扶持，经济保持了较快的增长势头。1991年罗马尼亚议会批准新宪法。《宪法》规定罗马尼亚是一个主权、独立、统一和不可分割的民族国家，政体为共和制。2003年修改《宪法》，进一步确立政治多元化、三权分立的制衡原则。罗马尼亚全国设有1个直辖市和41个省，下设市、镇、乡。

（四）社会和经济发展状况

1989年后罗马尼亚开始由计划经济向市场经济过渡。罗马尼亚的经济在全球经济危机前保持快速增长势头，受全球经济危机影响，2009年和2010年罗马尼亚国内生产总值同比分别下降7.1%和1.3%。2011—2012年罗马尼亚经济逐步走出衰退，国内生产总值持续增长。2017年，罗马尼亚国内生产总值为2113.14亿美元，人均国内生产总值10780美元。

农业、工业和服务业占罗马尼亚国内生产总值比重分别为3.9%、23.1%与73%。服务业占据主导地位，农业占比较低。

二、农业发展现状

（一）农业资源条件

1. 气候条件

罗马尼亚属典型的温带大陆性气候，年平均温度在10°C左右。春季短暂，却气候宜人；6—8月是夏季，平均温度22～24°C，南部和东部低地是最热的地区，最高温度可达38°C；秋天凉爽干燥；12月至次年3月是冬季，平均温度零下3°C。年降雨量约为660毫米，春末和夏初为多雨季节。

2. 土地资源

罗马尼亚地形奇特多样，境内平原、山地、丘陵各占国土面积的1/3。有"罗马尼亚脊梁"之称的喀尔巴阡山绵亘在40%的国土上。

罗马尼亚的土地资源丰富，农用土地面积约为1470万公顷，约占国土面积的61.7%。森林面积635万公顷。耕地940万公顷；草场和牧场493万公顷；果园25.2万公顷。人均农用土地面积0.74公顷，人均耕地面积为0.48公顷。罗马尼亚60%的耕地拥有比较肥沃的土壤。农用土地的布局十分合理，耕地、草场和牧场、果园均拥有充足的土地面积。

3. 水资源

罗马尼亚的河湖水面总面积7160平方千米，占国土总面积的3.8%左右，水网密集且分布均匀，灌溉水源充足，适合发展农业生产。罗马尼亚境内有4864条河流，河流总长度约78900千米。罗马尼亚境内多年平均地下水产水量83亿立方米。

（二）农业生产情况

农业是罗马尼亚国民经济的基础部门，优越的地理位置和自然禀赋为罗马尼亚农业的发展提供了得天独厚的条件。长期以来，罗马尼亚一直是欧洲主要的粮食生产国和出口国，曾有"欧洲粮仓"的美誉。

1. 农业产值规模及构成

罗马尼亚农业生产总值为81.02亿美元。在农业产值结构中，种植业产值占整个农业产值的1/2以上。其中，粮食作物产值最高，占农业总产值的21.8%，其次为蔬菜和花卉以及饲料作物，分别占农业总产值的15.2%与15%。经济作物占农业总产值的8.0%，马铃薯占6.4%，水果占6.2%。畜牧业产值在农业总产值中约占1/4，其中乳业产值最高，占农业总产值的7.5%。其次为猪业与蛋类，分别占农业总产值的6.0%与4.8%。家禽业占2.9%，牛业占1.7%，羊业占1.1%。

2. 主要农产品产量

（1）种植业

种植业是罗马尼亚农业中最重要的部分，包括粮食作物、经济作物和各种瓜果蔬菜等。2000—2016年，谷物产量受气候影响波动较大，蔬菜与水果产量保持稳定。2016年罗马尼亚的谷物种植面积为548.08万公顷，总产量为2176.55万吨。

罗马尼亚主要作物为小麦、玉米、大麦、黑麦、燕麦、马铃薯等（表1）。2016年小麦种植面积为213.53万公顷，单产为3948千克/公顷，总产量为843.11万吨。大麦种植面积为48.09万公顷，单产为3779千克/公顷，总产量为181.72万吨。玉米种植面积为257.85万公顷，单产为4168千克/公顷，总产量为1074.64万吨。马铃薯种植面积为18.62万公顷，单产为14442千克/公顷，总产量为268.97万吨。

罗马尼亚的园艺业较发达，主要瓜果品种有李子、葡萄、苹果、樱桃、杏。葡萄酒是罗马尼亚特色产业，罗马尼亚是世界十大葡萄酒酿造国之一，葡萄种植面积占全国可耕地面积的5%以上。

2016年葡萄种植面积为17.55万公顷，单产为4464千克/公顷，总产量为78.36万吨。李子和黑刺李种植面积为6.65万公顷，单产为7442千克/公顷，总产量为49.52万吨，居世界第三位。

罗主要的经济作物有向日葵、亚麻、油籽、甜菜等。近年，罗政府积极鼓励增加油籽生产，油籽产量以葵花籽为主，2016年种植面积为103.84万公顷，单产为1957千克/公顷，产量达203.23万吨。

表1 2000—2016年罗马尼亚主要作物产量（万吨） （单位：万吨）

年 份	小 麦	大 麦	玉 米	马铃薯	葵花籽
2000	445.60	86.70	489.76	346.98	72.10
2001	776.40	158.00	911.92	399.71	82.35
2002	442.10	116.04	839.98	407.76	100.28
2003	247.91	54.08	957.70	394.72	150.64
2004	781.24	140.60	1454.16	423.02	155.78
2005	734.07	107.91	1038.85	373.86	134.09
2006	552.62	77.29	898.47	401.59	152.62
2007	304.45	53.14	385.39	371.24	54.69
2008	718.10	120.94	784.91	364.90	116.99

（续表）

年　份	小　麦	大　麦	玉　米	马铃薯	葵花籽
2009	520.25	118.21	797.33	400.40	109.80
2010	581.18	131.10	904.20	328.39	126.29
2011	713.16	132.97	1171.76	407.66	178.93
2012	529.77	98.64	595.34	246.52	139.82
2013	729.64	154.22	1130.51	328.97	214.21
2014	758.48	171.25	1198.86	351.93	218.93
2015	796.24	162.63	902.14	269.97	178.58
2016	843.11	181.72	1074.64	268.97	203.23

数据来源：FAOSTAT

（2）畜牧业

畜牧业是罗马尼亚的传统产业，天然牧场占全国总面积的14%左右，现代化养畜场日益发展。主要养殖牛、猪、羊、鸡等（表2），经营方式以个体农户饲养为主，大型机械化饲养也在发展。

表2　2000—2016年罗马尼亚主要畜禽存栏量

年　份	牛（万头）	山羊（万头）	绵羊（万头）	猪（万头）	鸡（万只）
2000	305.10	55.80	812.10	584.80	6914.30
2001	287.00	53.80	765.70	479.70	7007.60
2002	280.00	52.51	725.12	444.70	7141.30
2003	287.80	63.30	731.20	505.80	7737.90
2004	289.70	67.80	744.70	514.50	7661.60
2005	280.80	66.10	742.50	649.50	8701.40
2006	286.20	68.70	761.10	662.20	8655.20
2007	293.40	72.70	767.80	681.50	8499.10
2008	281.90	86.50	846.90	656.50	8203.60
2009	268.40	89.80	888.20	617.40	8437.30
2010	251.23	91.73	914.15	579.34	8384.30
2011	200.11	124.08	841.74	542.83	8084.50
2012	198.89	123.61	853.34	536.38	7984.20
2013	200.91	126.57	883.38	523.43	8013.60
2014	202.24	131.30	913.57	518.02	7944.00
2015	206.89	141.72	951.82	504.18	7544.70
2016	209.24	144.02	980.95	492.69	7864.80

数据来源：FAOSTAT

2000—2016 年，罗马尼亚的牛存栏量持续下降，山羊和绵羊存栏量呈增长趋势，猪存栏量自 2009 年开始呈下降趋势，鸡存栏量保持稳定（表 3）。2016 年牛存栏量为 209.24 万头，山羊 144.02 万头，绵羊 980.95 万头。猪存栏量为 492.69 万头，鸡 7864.80 万只。乳业为罗马尼亚畜牧业的重要部分，2016 年牛奶产量达到 395.43 万吨。在肉类产品中，猪肉产量最高，为 50.10 万吨。其次为鸡肉，产量为 41.87 万吨。牛肉和绵羊肉产量分别为 11.62 万吨与 7.74 万吨。山羊肉产量比较低，为 9649 吨。此外，鸡蛋产量为 30.31 万吨。

表 3　2000—2016 年罗马尼亚主要畜禽产品产量　　　　　　　　　　　　（单位：万吨）

年　份	牛　肉	山羊肉	绵羊肉	猪　肉	鸡　肉	牛　奶	鸡　蛋
2000	16.20	0.40	4.92	50.23	25.94	430.13	26.28
2001	14.46	0.38	4.81	46.01	28.39	445.74	30.01
2002	15.61	0.35	5.10	47.62	33.99	463.74	32.16
2003	18.54	0.54	6.21	53.25	34.42	485.21	33.21
2004	16.16	0.63	6.68	37.40	30.29	505.31	33.51
2005	19.02	0.31	4.87	43.64	30.86	500.78	35.54
2006	15.93	0.33	4.20	45.18	27.33	601.15	35.67
2007	16.46	0.44	5.04	47.02	31.21	565.21	31.13
2008	14.97	0.42	4.66	43.90	31.60	546.82	33.36
2009	15.52	0.71	6.38	47.06	37.14	520.87	29.73
2010	15.45	0.73	6.26	42.89	34.90	441.08	29.75
2011	14.23	0.71	6.24	45.44	32.70	452.66	30.43
2012	11.45	0.77	6.85	44.29	35.17	432.97	31.17
2013	9.62	0.85	6.81	39.61	32.29	438.45	30.79
2014	10.76	0.91	6.77	45.98	39.70	453.36	32.24
2015	11.89	0.86	7.10	47.01	41.08	400.60	31.92
2016	11.62	0.96	7.74	50.10	41.87	395.43	30.31

数据来源：FAOSTAT

（3）渔业

罗马尼亚的主要渔业生产形式有淡水养殖、天然河湖捕捞、黑海捕捞和大西洋远洋捕捞。渔品产量较低，目前只有 2 万吨左右。罗马尼亚年人均水产品食用量只有 3～4 千克。罗马尼亚境内有大量的天然湖和人工湖，基本都是空闲，鱼的品种单一，需要大量进口冷冻海鱼满足市场需求。

3. 主要农业产业布局

农业是罗马尼亚传统经济部门。罗马尼亚约有426万个农场，平均面积约3.3公顷，其中99%以上属私人所有，其中个体农场占绝大多数，平均面积只有2.15公顷，其余农场类型包括农业协会所有、国有资本控制、公共机构所有、合作社所有等，这些农场面积较大，平均约263公顷。罗马尼亚主要农产品是由私人农场提供的。

罗马尼亚主要农业区是南蒙特尼亚地区，农业用地面积240万公顷，占罗马尼亚农业用地面积的17%，种植的主要作物是玉米和小麦。罗马尼亚中部地区的农业用地为190万公顷。

东北地区农业用地为210万公顷，西南地区180万公顷。草原主要集中在中部和西北部。东南部是主要葡萄种植地区，其次是西南地区。

（1）种植业

罗马尼亚的小麦第一大产区为南蒙特尼亚地区（South-Muntenia），小麦产量占全国总产量的30%。其次是罗马尼亚的东南部地区，占总产量的22.7%，奥尔特尼亚西南地区（South-West Oltenia）占总产量的15%。罗马尼亚的大麦第一大产区为南蒙特尼亚地区，产量占全国大麦总产量的32.4%。其次为东南部地区，占总产量的30%。南蒙特尼亚地区也是罗马尼亚的玉米第一大产区，玉米产量占全国总产量的22.3%。其次为罗马尼亚的东南部以及东北部，均占玉米总产量的18.1%。罗马尼亚的蔬菜主产区主要分布在南蒙特尼亚地区、东南部地区以及东北部，蔬菜产量比较高，分别占全国总产量的19.1%、18.3%与16.8%。

位于罗马尼亚南部地区的瓦拉其亚（Walachia）、中西部地区的特兰西瓦尼亚（Transylvania）、东部地区的摩尔多瓦（Moldavia）、东南地区的多布罗加（Dobruja）和西部地区的巴纳特（Banat）等具有良好的土壤和气候条件，使其适宜进行农业生产，是主要的粮食生产区。

特兰西瓦尼亚降水多于瓦拉其亚，但土壤不如后者肥沃，再加上地形崎岖，限制其发展大规模的机械化耕作。山区主要进行畜牧养殖，马铃薯和谷物是中部盆地的主要作物。摩尔多瓦降水量较少，其主要作物为玉米、小麦、水果、葡萄和马铃薯。多布罗加总体降水不足，其传统作物为谷物、向日葵和豆类。巴纳特不仅具有丰富的黑钙土土壤，而且降水丰沛。主要谷物是小麦，也生产水果和蔬菜。

罗马尼亚素有"葡萄酒土地"的美誉，除中部的高海拔山区之外，全国各地均有适合葡萄生长的土地，从西北部的特兰西瓦尼亚到东部的多瑙河三角洲，葡萄种植园分布在各个区域，罗马尼亚葡萄种植面积排名欧洲第五位。

罗全国主要用于酿酒的葡萄种植地区有七大种植地区分别为：摩尔多瓦、蒙特尼亚和奥尔特尼亚、多瑙河低地、多布罗加、克里什纳和马拉穆列什、特兰西瓦尼亚以及巴纳特。

（2）畜牧业

罗马尼亚的养牛区主要集中在罗马尼亚东北部，养牛数占全国总数的25.9%。其次为西北部，占17.4%。东南部与南部分别占12%。

养猪区主要位于罗马尼亚的西部与南部地区，养猪数占全国总数的18.7%。其次为东南部，占16.2%。罗马尼亚的中部地区是主要的绵羊养殖区，绵羊数量占全国总数的22.4%。其次为西北部、东南部以及西部。家禽养殖区主要位于罗马尼亚的南部，占全国总数的25%。其次为东北部与东南部地区，均占全国总数的16.7%。

（三）农产品贸易情况

1. 主要农产品贸易规模

罗马尼亚历史上是欧洲农产品重要出口国之一，对外贸易以海运为主，康斯坦察是最主要海港。由于国内产量难以自足，罗马尼亚需大量进口猪肉、禽肉等产品，为农产品净进口国。2015年罗马尼亚农产品出口额为65.7亿美元，进口额67.1亿美元，贸易逆差额为1.4亿美元。

（1）进口结构

2000年以来，罗马尼亚的农产品产量远远不能满足市场需要，进口量逐渐加大。在进口的农产品中，主要进口肉类、蔬菜、水果及糖类等。2000—2016年罗马尼亚猪肉与禽肉进口额呈波动性增长趋势，2016年进口猪肉3.8亿美元，禽肉1.79亿美元。2000—2016年蔬菜、水果及糖类进口额呈持续增长趋势，2016年进口额分别为4.04亿美元、6.23亿美元与3.12亿美元（表4）。

表4 2000—2016年罗马尼亚主要进口农产品进口额　　（单位：百万美元）

年 份	猪 肉	禽 肉	食用蔬菜、根及块茎	食用水果及坚果；甜瓜等的果皮	糖及糖食
2000	32.79	28.78	20.57	60.38	113.47
2001	73.83	57.61	22.87	55.86	151.33
2002	101.08	56.61	25.99	70.16	102.00
2003	107.55	58.34	47.90	89.27	133.61

(续表)

年 份	猪 肉	禽 肉	食用蔬菜、根及块茎	食用水果及坚果；甜瓜等的果皮	糖及糖食
2004	221.96	86.52	50.78	117.43	145.44
2005	388.10	131.43	68.80	170.01	166.70
2006	412.47	114.32	93.05	206.52	244.02
2007	440.35	200.59	193.52	330.44	217.13
2008	658.72	213.16	217.33	347.94	334.76
2009	531.33	218.19	158.14	226.17	334.34
2010	403.79	152.97	191.56	230.45	352.98
2011	360.42	159.73	202.19	251.23	509.24
2012	331.64	166.08	204.96	301.38	464.56
2013	357.73	162.57	245.03	390.63	386.67
2014	378.39	194.71	304.99	453.76	302.11
2015	328.00	162.25	303.57	528.89	286.45
2016	380.26	179.29	403.87	622.93	312.49

数据来源：UN Comtrade

（2）出口结构

谷物、油籽、活畜为罗马尼亚主要的出口农产品（表5）。罗马尼亚是欧洲主要谷物出口国，出口谷物主要为小麦、大麦、玉米。2000—2016年，谷物出口额呈不断增长趋势。2016年罗马尼亚出口小麦12.64亿美元，是农产品出口中的主力，其中有相当一部分经康斯坦察港出口至匈牙利和保加利亚用于再出口。玉米与大麦出口额分别为7.74亿美元与2.15亿美元。葵花籽出口呈增长趋势，2016年出口额为5.39亿美元。罗马尼亚为传统活牛出口国，其出口量远高于进口量。2000—2016年活牛出口额呈增长趋势，2016年活牛出口量为27.65万头，出口额为1.76亿美元。

表5　2000—2016年罗马尼亚主要出口农产品出口额　　（单位：百万美元）

年 份	小 麦	玉 米	大 麦	葵花籽	活 牛
2000	11.82	13.29	8.34	18.71	49.36
2001	40.19	5.04	21.98	25.04	18.75
2002	24.62	21.10	30.19	30.01	34.96
2003	3.01	15.22	1.25	82.75	57.92

(续表)

年份	小麦	玉米	大麦	葵花籽	活牛
2004	4.66	43.34	6.46	77.96	62.90
2005	30.23	55.31	37.62	55.11	73.86
2006	118.81	47.49	14.91	165.21	94.27
2007	63.64	102.52	37.37	145.06	125.08
2008	559.55	179.88	164.82	273.72	120.15
2009	417.21	344.76	84.88	203.67	102.97
2010	500.13	519.78	122.38	288.78	130.60
2011	430.49	795.29	205.85	701.03	140.09
2012	693.49	773.09	191.66	432.27	183.25
2013	1303.02	977.43	297.29	734.73	174.26
2014	1280.65	990.69	305.33	591.19	154.13
2015	769.34	1066.70	333.57	501.95	140.40
2016	1264.07	773.83	214.96	539.20	176.23

数据来源：UN Comtrade

2. 主要贸易伙伴

罗马尼亚农产品贸易的最主要贸易伙伴为欧盟，主要农产品出口国为意大利、匈牙利、保加利亚、荷兰和德国，主要农产品进口国为匈牙利、德国、保加利亚、巴西和荷兰。

2016年小麦出口国主要为埃及、约旦、越南、利比亚、埃塞俄比亚等国，前三者占小麦出口总额的41.7%。玉米出口国主要为西班牙、埃及、意大利、荷兰、俄罗斯等国，其中西班牙出口额最大，占玉米出口总额的15.3%。大麦出口国主要为沙特阿拉伯、利比亚、约旦、以色列、希腊等国，其中沙特阿拉伯出口额最大，占玉米出口总额的43.1%。葵花籽出口国主要为法国、荷兰、巴基斯坦、葡萄牙、匈牙利等国，其中法国与荷兰出口额分别占葵花籽出口总额的21.7%与20.2%。活牛主要出口为克罗地亚、以色列、约旦、利比亚等国，其中克罗地亚与以色列占活牛出口总数量的28.2%与23.5%。

2016年猪肉进口国主要为西班牙、德国、匈牙利、荷兰、波兰等国，这五个国家占猪肉总进口额的82.5%，其中西班牙与德国分别占25.5%与23.2%。禽肉进口国主要为匈牙利、波兰、德国、荷兰、保加利亚等国，这五个国家占猪肉总进口额的75.5%，其中匈牙利与波兰分别占30.6与21%。食用蔬菜、根及块茎进口国主要为土耳其、荷兰、波兰、德国与匈牙利，这五个国家占总进口额的56.3%。其中土耳其、荷兰、波兰分别占总进口额的 15.2%、12.6% 与 10.0%。蔬菜主要进口国为意大利、西班牙、荷兰、德国、波兰、匈牙利、比利时等国。

3. 中国与其贸易情况

2016 年中国成为罗马尼亚第九大贸易伙伴和欧盟外第二大贸易伙伴。2000—2016 年，中国与罗马尼亚的农产品贸易额呈增长趋势（表 6）。根据中国海关数据，2016 年中国从罗马尼亚进口农产品 1.10 万吨，进口总额 2338.72 万美元，主要为畜产品、粮食制品和植物油。其中畜产品进口量为 8932 吨，占农产品总进口量的 81.4%。中国出口罗马尼亚农产品 3.71 万吨，出口总额 1.24 亿美元，主要为蔬菜和水果，分别为 1.08 万吨和 1.13 万吨，二者占农产品总出口量的 59.6%。

表 6 2010—2016 年中国与罗马尼亚农产品贸易情况

年 份	进口总量（吨）	进口总额（万美元）	出口总量（吨）	出口总额（万美元）
2010	2146.47	529.39	47633.71	9620.13
2011	1298.03	443.02	46715.52	12567.66
2012	1995.51	778.43	43340.29	10589.90
2013	1485.25	535.96	33108.12	11984.15
2014	3411.36	1555.14	32034.33	11789.88
2015	3660.35	1253.20	37449.95	11416.52
2016	10978.83	2338.72	37059.47	12384.43

数据来源：中国海关

（四）农业科技发展

1. 农业科研机构

罗马尼亚农业科研体系比较完整，农林科学院统管全国农业科研业务。除此之外，还有一些研究所归农业部有关专业局领导。农业咨询主要是由国家农业咨询机构承担，其在全国设有 700 个咨询中心。在罗马尼亚有 5 个农业和兽医大学以及 1000 多个农业院校，涵盖国家层面农业专业教育。

农林科学院在全国各地设有 11 个研究所和 48 个农业研究开发中心，研究所包括田间作物学、园艺学、畜牧学、农业机械化、土壤科学与农业经济与农村发展等。涵盖作物、动物育种、园艺、葡萄园和酿酒厂开发中心、水果和蔬菜科学、山地科学、鱼类养殖和水产养殖、农业经济和农村发展等科学研究。6个国家级研究机构主要研究领域为土壤科学、植物保护、土地开垦、作物科学、生物和动物营养、生物技术与动物育种等。

罗马尼亚农业科研院研究目的是通过增加对农林牧区可持续发展的科学研究，以实现粮食安全重大国家目标；制定关于农业科学和生产发展的短期、中期和长期战略；促进多学科科学研究，以应对当今重大挑战，特别是全球气候变化和农业可持续发展对土壤、水、大气和能源不可或缺的环境资源退化所造成的问题；考虑到气候条件、资金状况和人力资源状况，建立最有效的不同类型农业；保护本土基因组，以提高动物和植物生产质量；促进技术进步，增加和保证农产品的稳定性、多样化和高品质；确保对植物、动物和环境健康的保护；提高罗马尼亚农业科研竞争力；支持将罗马尼亚农业研究纳入欧洲研究的一体化进程；发展与国外合作伙伴的合作和协作关系，促进农业研究的发展；向从事农业和食品加工业人员进行农技推广、咨询、技术转让和传播活动。罗马尼亚农林科学院每年科研经费来自两个方面，一部分来自国家预算，另一部分是农业企业在使用科研成果的新技术后，在增收的部分中，抽出一定比例给科研部门。

2. 农业科技发展状况

目前，全国各地培育的良种包括杂交种已能满足生产上80%的需要，并可以出口一部分良种。除了少部分品种同国外进行交流以外，已不需要从国外进口种子、种畜等。畜牧业的良种和兽用药剂已全部满足本国需要，不需进口。研究所普遍运用遗传工程进行作物和畜禽优良品种的培育，并将新育成的良种及时推广应用，有力促进了农牧业的不断发展。

农业与农村发展部于2014年发布"农业研究—发展—创新中长期战略（2014—2020年／2020—2030年）"。战略提出创新的七个具体目标：确保粮食和农产品适宜的生产；最大化保证农产品供应稳定；确保现有的农业资源提供人类健康所需的基本食物；按实际生产从食品净进口国向出口国过渡；利用其所有农业潜力；为每年休耕400万公顷的农地重新整合找到合适支持方式；制定研发创新体系和实施体系。

（五）农业管理体系与政策

1. 农业管理体系

罗马尼亚农业管理体系主要由农业和农村发展部、农业和农村发展董事会、农业支付和干预局、农村与渔业发展支付局、国家渔业和水产养殖局、国家土地开垦局、国家葡萄和葡萄酒产品办公室、国家生态产品局等部门构成。农业和农村发展部是罗马尼亚主要的农业管理部门，综合管理种植业、畜牧业、食品工业等产业的职能部门，又是农村发展宏观管理的协调部门。下设种植业、畜牧业、农业环境、土地改良和农业地产、食品工业—生态生产—转基因生物、研究—统计—市场分析、植物检疫7个机构。农业和农村发展部的任务是为发展农业建立适宜环境；管理国家自然资源（包括土壤保护和土地开垦）；确保粮食安全，食品安全和动物健康；农业产业结构优化；管理来自国家和欧盟农业项目资金；管理农业和农村经济信息，开展相关农业统计的工作。农业支付和干预局负责管理执行CAP（共同农业政策）第二支柱资金支付，实施国家援助措施以及间接收集统计数据，其服务对象为农业生产者/农民以及土地所有者。

2. 农业支持政策

2007年，罗马尼亚加入欧盟，受到欧盟CAP（共同农业政策）的支持。2013年，欧盟农业部长理事会正式通过了新一轮的CAP改革。本次改革保留了市场支持和直接补贴、农村发展两个支柱。直接补贴资金约占CAP支出的70%，主要用于稳定农民收入。

2007—2013年，欧盟CAP在罗马尼亚农业和农村地区投入超过100亿欧元，稳定了农民收入，增加了罗马尼亚农场的可持续性和现代化，确保了食物安全和优质。近年来，直接支付是罗马尼亚农民获取农业支持的重要部分。2014年，罗马尼亚约118.63万个农场获得直接支付约12亿欧元，其中绝大多数（97.7%）低于5000欧元。2015年，欧盟在改善罗马尼亚农业市场措施方面投入超过4200万欧元，主要用于葡萄酒行业。

2007—2017年，罗马尼亚农业支付和干预署共发放了超过200亿欧元欧盟补贴资金，其中通过综合管理与控制系统软件（IACS）支付的金额为172亿欧元。2007年农业支持计划仅有3个，目前已超过100个。CAP投资支持的关键优先事项包括就业与增长、可持续发展、现代化、创新和质量。欧盟许可本国获得的CAP资金在两个支柱间相互转换。罗马尼亚可灵活地将直接支付和其农村发展计划适应其自己的具体需求。例如，罗马尼亚将1.12亿欧元从直接支付拨款转移到农村发展。

3. 农业发展规划

罗马尼亚启动2014—2020全国农村发展计划（PNDR），总额超过95亿欧元，来自欧盟预算为81亿欧元（其中包括从2015—2017年直接支付拨款转拨的1.123亿欧元），来自罗马尼亚政府13.4亿欧元。主要的3个优先发展领域包括：促进竞争力和结构调整；环保与气候变化；刺激经济发展，创造就业机会。在"优势农业和林业可持续发展"项目基础上，农村发展基金将有助于近3400个农场和合作社现代化建设，支持3万多个小农场的发展。优先恢复、保护和加强与农林相关的生态系统，超过130万公顷的农地以及超过80万公顷的森林将受益于支持生物多样性和促进环保土地管理做法。另有470万公顷的土地将得到保护，以防止土地流失和水土流失。PNDR将在所有6个发展优先事项的基础上资助行动，特别强调农业部门和可持续林业的竞争力；恢复，维护和加强与农业和林业有关的生态系统；以及农村地区的社会融合和地方发展。

罗马尼亚政府在《2017—2020年执政纲领》中确定了一系列目标愿景并阐明了拟采取的具体政策措施。农业和乡村发展是罗马尼亚政府优先发展领域之一。政府希望通过投资计划重现农村地区的活力，将农业打造为经济增长的引擎和农村人口的就业来源。此外，还将对农业领域研究创新进行改革，制订农业研发国家计划。

三、农业投资环境

（一）国家商业环境

根据世界经济论坛发布的《2017年全球竞争力报告》显示，罗马尼亚在报告涉及的137个国家中排名68位，比前两年持续下滑。罗2016年的排名为62位，2015年排名为53位。根据世界银行发布的《2017年全球商业环境报告》显示，罗马尼亚商业环境得分74.26分，排名36位。从单项得分来看，罗经商指标下滑幅度最大，比2016年降低了11个位次，为全球第62位。根据该报告，在罗马尼亚获得增值税注册税号的时间比以前有所延长，在供电、建筑许可等方面得分不高，而在纳税、获得信贷等方面表现较好。

1. 地区安全形势

罗马尼亚是新兴工业国家，因其劳动力、土地、税收（企业所得税税率为16%）等方面的优势，成为东欧地区最有吸引力的投资目的国之一。罗马尼亚民主体制不断完善，政局相对稳定，加入欧盟后法律与欧盟接轨，执行力度加大。

罗马尼亚奉行和平友好的外交政策。主张在维护和发展本国利益的基础上实行广泛的对外开放。罗马尼亚国内政治稳定，没有民族宗教问题，政权发生非正常更替和失控的风险较小。

2. 基础设施现状

罗马尼亚位于处于欧盟与独联体和巴尔干国家交汇处，交通便利，泛欧四号、七号和九号通道穿越境内，并拥有黑海第一大天然良港康斯坦察港。罗公共道路总里程86080千米，铁路总长10774千米，其中电气化铁路长4030千米，占比37.4%。罗马尼亚航空定位为区域性航空中心，目前已开辟连接首都和国内17个城市，欧洲大多数国家的航线。罗马尼亚电力资源相对充裕，输电网络是欧洲电网的组成部分。总体来说罗马尼亚基础设施网络密集，但现代化程度有待提高。2016年罗马尼亚政府批准《2016—2030年罗交通基础设施总体规划》，根据规划道路交通基础设施共有五个高速公路优先项目，其中最主要的是锡比乌-皮特什蒂高速公路项目，道路基础设施条件有望逐渐改善。

3. 外商投资政策

自 1991 年以来，罗马尼亚出台了若干法律和法规，规范外国在罗马尼亚的直接投资和改善投资环境。这些法律和法规主要包括：《吸引外资法》（1990 年）、《外国投资法》（1991 年颁布，1994 年修订）、《自由区法》（1992 年）、《鼓励直接投资法》（1997 年）、《工业园区法》（2000 年）和《关于促进具有重要经济意义的直接投资法》（2001 年）等。

2014 年，政府通过第 536 号政府决定，设立外国投资和公私合营署，作为具有法人地位的中央政府组成部门，负责外商投资的指导和促进工作。罗马尼亚法律规定，对外资企业实行国民待遇，相关优惠政策对内外资企业同等适用，包括申请使用欧盟资金和国家财政提供的支持措施。外商投资企业可投资领域宽泛，可以对在罗全资企业进行自由管理。罗马尼亚外商投资政策宽松，政府对外国企业在合资公司中的持股比例没有要求，允许 100% 持有，没有外资并购安全审查机制。为了鼓励投资，罗马尼亚政府出台了以国家财政资助为主要形式的鼓励政策，制定了大型投资企业资助条件和政策，同时规定符合条件的中小型企业也能够享有财政补贴。

（二）农业优势与潜力

1. 农业资源优势

罗马尼亚农业具备很大的投资潜力，主要优势包括可耕种土地面积广、水资源丰富、土质优良、土地价格优惠等。罗马尼亚地处喀尔巴阡山—多瑙河下游平原—黑海西岸地区，属四季分明的过渡型温和大陆性气候，与中国辽宁地区的气候基本相似。温度适宜，雨量充足，很适合农作物的生长。罗马尼亚拥有充足的水资源，可耕地多而且十分肥沃。罗马尼亚土壤以黑钙土、棕壤和冲积土为主，土壤肥沃，排水性能好。丘陵地区以棕壤和酸性森林土为主，适宜于林业和牧业。罗马尼亚的农用土地布局合理，耕地、牧场、森林、果园和葡萄园均拥有充足的土地面积。

罗马尼亚地广人稀，农业土地面积大，租用和购买土地价格便宜。农地价格约在 2500～3000 欧元/公顷，林地价格约在 3000～3500 欧元/公顷。根据罗马尼亚现有法律规定，罗马尼亚和欧盟内国家公民可以自由交易私有土地所有权；欧盟外国家公民在罗注册的法人也可以购买罗马尼亚私有农地和林地、城市规划内和规划外私有土地永久产权。

2. 生态优势

农民历来在农业生产中较少使用化肥和农药，全国绝大部分农田没有受到滥施化肥和农药的危害。在罗政府发布的《入盟后发展纲要》中，将发展生态农业和建立绿色食品生产基地作为发展目标和政府努力的方向之一。近年来，罗政府重视发展生态作物和生态牲畜养殖业，生态作物面积扩大，生态饲养牲畜数量增加。90%的生态农产品对欧盟国家出口，主要出口品种有粮食、油料作物、药用植物和蜂蜜等。

（三）风险分析

1. 政治风险

罗马尼亚政体为共和制，政局总体相对稳定，但不稳定因素仍然较多。周边局势的不稳定性和区域局势的复杂性可能影响罗马尼亚国内政治社会的稳定。尽管经历了20多年的政治和经济转型，罗马尼亚国内的制度建设，尤其是法制建设仍然缺乏完备的制度规范和有效的法律约束力。

2. 经济风险

近年来，罗马尼亚经济外部环境趋好，出口增长带动经济增长的恢复。罗马尼亚财政收支、金融状况有所改善，经常账户赤字和外债都处于可控水平。2016年，政府财政赤字占GDP的2.69%，2016—2018年公共债务预计约为GDP的40%。

3. 商业环境风险

罗马尼亚《投资促进法》核心原则是对内外资实行无差别非歧视待遇，对外资企业实行国民待遇，对内外资企业实行相同的优惠政策。在税收优惠方面，只有经济特区或工业园区内的企业可享受部分税收优惠。从税收体系、投资便利性、基础设施和行政效率来看，加入欧盟后，罗马尼亚投资环境取得许多积极变化。罗马尼亚对外资持欢迎态度，为吸引更多的外资投资正积极采取措施。

4. 法律风险

罗马尼亚的法律制度属于罗马法系，同时受到英美法的影响。为加入欧盟，罗马尼亚大幅修订本国法律法规，以与欧盟法律保持一致。罗马尼亚司法体系完善，中央设有宪法法院、审计法院、最高法院和总检察院，县、市、镇设各级法院和检察院。加入欧盟后，罗马尼亚政府部门的规范化和透明度正逐步提高。

（四）总体评价

从政治风险、经济风险、商业环境风险和法律风险综合来看，罗马尼亚政局总体稳定，宏观经济形势趋好，维持较好增长态势。

四、中罗农业合作现状与合作重点

（一）合作现状

1. 合作机制

近年来，中国与中东欧国家双边合作机制日益完善。中国与中东欧国家签署多项多边协定。2013年，中国与中东欧国家领导人签署《中国—中东欧国家合作布加勒斯特纲要》，为促进双边经贸、金融、互联互通、科技创新环保能源、人文交流等领域深化合作指明方向。双方建立经济联委会机制等定期沟通磋商机制。2014年，签署《贝尔格莱德纲要》，规划了双方合作方向，明确了合作重点领域。

2006年，中罗双方签署《中华人民共和国政府与罗马尼亚政府经济合作协定》。2008年，签署《中华人民共和国商务部和罗马尼亚中小企业、贸易和商业环境部关于在中小企业领域加强交流与合作的意向声明》。2012年，签署《中华人民共和国政府与罗马尼亚政府关于加强基础设施领域合作协定》。2013年，签署《中华人民共和国商务部与罗马尼亚经济部促进投资合作谅解备忘录》与《中华人民共和国商务部与罗马尼亚经济部关于开展合建中罗经济技术园区可行性研究的谅解备忘录》。2015年，中国商务部和罗马尼亚经济贸易部签署《关于在两国经济联委会框架下推进"一带一路"建设的谅解备忘录》。

自2009年《农业合作协议》签署以来，中罗两国在农产品贸易、农业科技等领域的合作快速发展，当前中国—中东欧友好合作的大环境又为两国的农业合作提供了新的机遇。2013年，在"中国—中东欧国家16+1总理级经贸洽谈会"上，中国和罗马尼亚签订了进口奶牛议定书，为两国间的活畜贸易打开了大门。2014年，中罗双方就全面深化中罗农业务实合作进行了磋商，达成多项共识并签署《关于进一步加强农业领域合作的谅解备忘录》。此项农业合作备忘录涵盖葡萄等作物栽培、畜牧和食品工业等领域的合作。

2. 科技合作

随着中罗双方农业经贸合作的深入，以促进双赢为目的的农业科技领域的合作正在兴起。近年来，中国与罗马尼亚在育种技术领域开展合作。例如，国家半干旱农业工程技术研究中心与罗马尼亚Fundulea农业研究与发展研究所建立了长期的科研合作关系，开展油葵育种合作，引进罗马尼亚油葵播种、受粉和制种阶段的优势技术。

3. 贸易合作

在中国与罗马尼亚贸易合作中，双边贸易合作总体规模不大。但近几年来在战略支撑、政策扶持以及有关地方政府和企业的共同努力下，双边贸易保持良好增势。葡萄酒为罗马尼亚传统优势农产品和重要出口产品，越来越多的罗葡萄酒生产商也看好中国庞大的消费市场。中国已成为仅次于英国的罗马尼亚第二大葡萄酒出口市场。

4. 投资合作

中国对罗马尼亚的直接投资呈持续上升趋势。根据中国外交部、商务部发布的《对外投资国别产业导向目录》显示，罗马尼亚在欧盟27国中对中国投资的吸引力排名第二，仅次于德国。据罗马尼亚国家商业注册办公室公布的数字，截至2015年8月底，中国在罗注册企业总数11753家，注册资本总额4.02亿美元。2015年，流入罗马尼亚的外商直接投资（FDI）达644.33亿欧元，中国为2.09亿欧元，占总FDI的0.3%。

（二）合作潜力

1. 合作基础

中罗双边关系在2004年就进入全面友好合作伙伴关系阶段。罗马尼亚目前将中国列入与其保持战略伙伴关系和特殊关系国家行列。从2003年起，中罗间确立了副部长级的定期会晤机制。

政府间多项协定构筑双边经贸合作基础。20世纪90年代中期以来，两国政府签署了《中华人民共和国政府和罗马尼亚政府关于鼓励和相互保护投资协定》《避免双重征税协定》《中华人民共和国政府与罗马尼亚政府经济合作协定》《中华人民共和国政府与罗马尼亚政府关于加强基础设施领域合作协定》等。中罗经贸合作在《中国—东欧布加勒斯特合作纲要》的指导下得到稳步提升，中罗经贸合作的3个主要方向为能源基础设施、公路铁路基础设施和农业合作。

2. 合作前景

中国和罗马尼亚的农业合作正面临快速发展的重要机遇，双方农业互补性强，合作空间较大，加强双边的交流合作符合中罗双方的根本利益。对于罗马尼亚而言，中国不仅是他们的农产品消费国，还是主要投资来源国之一。

罗马尼亚地多人少、拥有充足的水资源，土地资源丰富，气候适宜，境内河网密布，淡水资源丰沛，具备发展传统及生态农业的优越自然条件。欧盟将其定位为欧盟主要农业产品生产地，农业将得到大力发展。中国拥有庞大市场，也有比较先进的技术、雄厚的基础设施建设力量和相对充足的资金。中国已成为罗马尼亚在亚洲最大的贸易伙伴，罗马尼亚则是中国与中东欧、欧洲合作的重要支点，中罗之间有着巨大的合作潜力。罗马尼亚有资源优势，中国有技术和资本优势。中国农业投资者可以通过开办农场、种植粮食和其他经济作物以及发展畜牧业，带动农产品加工业的发展，达到优势互补、互惠互利的目的。

（三）合作重点

1. 重点领域

中罗两国在农业领域的合作有许多新契机，通过建立合作项目推动双边农业合作，加强两国农业产品贸易。贸易重点主要包括肉类（主要为猪肉）、粮食、蔬菜、葡萄酒等产品。

中国企业在罗马尼亚投资农业项目，应根据中国企业已具有的成熟先进农业技术，开发适合当地市场需求的农副产品。充分利用罗马尼亚不同的资源优势，围绕优势领域，进行分层次可持续的农业合作，与罗马尼亚开展种植业、畜牧业等领域的合作项目。建成基础设施完善、产业链条完整、关联程度较高的农业产业园区。投资重点领域主要包括农作物种植、农副产品的深加工等。经营模式可购买或租赁土地，独资经营或者同当地公司合资合作。

2. 重点产业

（1）科技示范园

由于种子、化肥农药不足、缺少耕作设施，罗马尼亚作物生产水平低。小麦单产在欧盟成员国中均处于落后地位。罗马尼亚小麦单产为3598千克/公顷，远低于欧盟平均水平每公顷5472千克。在小麦深加工方面技术落后，资金缺乏，投入不足。罗马尼亚大部分地区土地比较肥沃，适宜发展小麦种植。中国具有相关优良品种和先进的生产技术，在小麦育种、生产和综合加工利用等方面具有丰富经验，同时具有资金优势。利用罗马尼亚当地的种质资源，通过常规和先进的育种技术，建立优良种质开发基地，培育优良品种，引入先进的技术、推广优良品种、提高产量水平，发展高效农业。

（2）蔬菜种植项目

罗马尼亚主要蔬菜种植品种有番茄、洋葱、大蒜、甘蓝、甜椒以及食用根蔬菜，更多品种是从土耳其、奥地利、荷兰和匈牙利进口。蔬菜加工产品十分丰富，在超市等商店随处可见蔬菜的加工品。可在罗开展大棚蔬菜和大棚水果种植，以及反季节蔬菜种植项目。

（3）葡萄生产加工项目

罗马尼亚是欧洲主要的葡萄生产国之一。罗马尼亚葡萄和葡萄酒一向以质量好和产量高而享有盛誉。罗马尼亚的气候条件有利于栽培多种鲜食和酿酒葡萄品种。自2000年以来，罗葡萄酒行业已经吸引了5亿欧元投资，是当前最高效的农业部门之一，投入资金主要用于葡萄种植园更新。中国企业应加强和扩宽葡萄产业贸易与合作渠道，在罗马尼亚摩尔多瓦、蒙特尼亚和奥尔特尼亚主要种植区，采取对种植园的购买、合资、合营等多种合作方式，建立葡萄产业园区，发挥双方各自优势，推动葡萄产业发展。

（4）生态农业产业园项目

由于罗马尼亚拥有肥沃的有机土壤，近年来，有机农地在罗马尼亚迅速发展，扩大到30万公顷，占农业地的2.25%。主要的有机农产品有谷物、蔬菜、油籽、蜂蜜和林果，大约有1万多家有机农产品加工企业。由于扶持政策落实不到位和缺少必要资金投入，生态作物种植没能全面推广。另外，本国还没有生态证书发放机构，目前生态证书还得从国外有关机构获取。可在罗马尼亚瓦拉其亚、特兰西瓦尼亚、摩尔多瓦、多布罗加和巴纳特等农业生产区建设生态农业产业园。

五、中罗农业合作建议

（一）政府层面

在"一带一路"倡议引领下，中国和罗马尼亚的农业合作正面临发展的重要机遇。应进一步构建双边合作机制，完善合作组织架构，促进两国农业合作的机制化发展。明确中国企业开展农业合作的领域、目标和具体内容，完善相关配套政策和措施，为企业间交流合作提供有力保障。通过与罗马尼亚开展高层互访、团组和农业科技人员交流培训，开展双边农业科技交流与合作。鉴于当前中国企业在罗马尼亚农业投资较少，政府应为企业搭建合作多层次平台，加强双方的信息交流与共享。搭建现代化网络信息平台，便于企业找到适宜合作项目和合作伙伴。政府间农业合作项目对企业开展农业投资可发挥带动作用。地方政府与企业是对罗农业合作的主力，对推进农业合作落到实处将发挥关键作用，从而促进两国农业领域务实合作，实现共赢发展。

（二）企业层面

罗马尼亚具有地理位置优势，拥有丰富的土地资源和水资源。目前，中国与罗马尼亚农业合作主要以农产品贸易合作为主，中国企业应以现有合作机制为基础，拓宽农业合作领域。中国企业在罗马尼亚的农业领域投资经验不足，投资规模小，农业投资合作仍处于初级阶段。农业投资合作容易受到罗马尼亚政治局势、市场环境波动和自然灾害等影响，中国企业应根据自身实力和优势，选择具有比较优势的农业合作项目，做好与外国企业之间的交流合作，熟悉当地的政治法律等情况。此外，需要建立相应的风险管理与防范机制，及时预警各种相关风险和制定防范和化解风险的政策措施。

参考文献

邓克堂. 2010-11-20. 罗马尼亚：欧盟新成员 市场潜力大[N]. 经济日报.

邓克堂. 2010-11-20. 中罗经贸合作潜力巨大[N]. 经济日报.

范丽萍. 2013. 中国与中东欧国家农业经贸合作探析[J]. 世界农业, (2)：7-10.

冯悦鸣. 2008. 欧洲粮仓罗马尼亚[J]. 农产品市场周刊, (21)：32.

高艳明. 2005. 罗马尼亚蔬菜发展现状[J]. 蔬菜, (11)：12.

国家半干旱农业工程技术研究中心. 2016. 中心先后与匈牙利布达佩斯CORVINUS大学等国外科研机构合作[EB/OL]. http：//gjbgh.hebstd.gov.cn/bgh_html/kycg/hzjl/2016/0629/97.html.

罗马尼亚国家概况. 2018. 中华人民共和国外交部[EB/OL]. http：//www.fmprc.gov.cn/web/gjhdq_676201/gj_676203/oz_678770/1206_679426/1206x0_679428/.

农业部网站. 2014. 农业部部长会见罗马尼亚副总理兼农业和乡村发展部部长[EB/OL]. http：//www.gov.cn/xinwen/2014-06/09/content_2697473.htm.

钱孟轩，倪善芹，于汶加，等. 2017. 中国 - 罗马尼亚产能合作前景分析[J]. 中国矿业, (3)：66-71

商务部. 2017. 对外投资合作国别（地区）指南 - 罗马尼亚[EB/OL].

司洪文，张保明，袁学志，等，2005. 罗马尼亚与波兰的农业及农业科研[J]. 世界农业, (6)：38-40

宋黎磊. 2013-11-27. 罗马尼亚：中国与中东欧合作的桥头堡[N]. 东方早报.

陶荣宗. 1985. 罗马尼亚农林科学院及果树科研简况[J]. 天津农业科学, (2)：34-36.

新华网. 2015. 中国—中东欧合作机制及其走向[EB/OL]. http：//news.xinhuanet.com/world/2015-11/24/c_128461513.htm.

信用中国（山东）网. 2016. 罗马尼亚[EB/OL]. http：//www.creditsd.gov.cn/184.news.detail.dhtml?news_id=4497.

张 丹，张 威. 2014. 中国与中东欧国家经贸合作现状、存在问题及政策建议[J]. 中国经贸导刊, (27)：36-38.

张 鹏. 2014. 中国在中东欧国家开展农业投资的研究[D]. 北京：对外经济贸易大学.

中国信保. 2008. 罗马尼亚投资与经贸风险分析报告[J]. 国际融资, (4)：65-67.

驻罗马尼亚经商参处. 2015. 中国企业在罗马尼亚直接投资总额排名第18位[EB/OL]. http：//ro.mofcom.gov.cn/article/jmxw/201510/20151001151651.shtml.

驻罗马尼亚经商参处. 2016. 罗马尼亚葡萄酒市场情况[EB/OL]. http：//ro.mofcom.gov.cn/article/jmdy/201602/20160201256929.shtml.

驻罗马尼亚经商参处. 2016. 罗马尼亚政府通过决议，发放2400万列伊资助畜牧业农民[EB/OL]. http：//ro.mofcom.gov.cn/article/jmxw/201609/20160901395507.shtml.

驻罗马尼亚经商参处. 2016. 罗马尼亚对中国企业投资合作有何保护政策？[EB/OL]. http：//ro.mofcom.gov.cn/article/ddfg/201609/20160901387707.shtml.

驻罗马尼亚经商参处. 2016. 罗马尼亚宏观经济[EB/OL]. http：//ro.mofcom.gov.cn/article/jjgk/201601/20160101228198.shtml.

驻罗马尼亚经商参处. 2016. 罗马尼亚水力资源概况、管理体制和发展前景调研[EB/OL]. http：//

ro.mofcom.gov.cn/article/jmdy/201609/20160901394726.shtml.

驻罗马尼亚经商参处 .2017. 罗本届政府执政纲领经贸领域主要内容调研报告［EB/OL］.http：//ro.mofcom.gov.cn/article/jmdy/201705/20170502575422.shtml.

驻罗马尼亚经商参处 .2017. 罗马尼亚家畜饲养情况报告［EB/OL］.http：//ro.mofcom.gov.cn/article/jmdy/201702/20170202516429.shtml.

Bureau of Public Affairs of U.S. 2013. State Department. 2013 Investment Climate Statement-Romania［EB/OL］. https：//www.state.gov/e/eb/rls/othr/ics/2013/204719.htm.

EMILIA BĂLAN. 2015. Regional agriculture in Romania：a quantitative assessment［EB/OL］.http：//www.globeco.ro/wp-content/uploads/vol/split/vol_3_no_1/geo_2015_vol3_no1_art_014.pdf.

National Bank of Romania. 2015. Foreign direct investment in Romania in 2015［EB/OL］.http：//www.bnr.ro/files/d/Pubs_en/FDI/eFDI2015.pdf.

Nineoclock 网 .2016. 罗马尼亚与中国签署农业领域合作备忘录［EB/OL］. http：//www.fdi.gov.cn/1800000628_18_972_0_7.html.

World Bank. 2010. Romania functional review agriculture & rural development administration［OL］. http：//documents.worldbank.org/curated/en/365651468094455789/pdf/NonAsciiFileName0.pdf.

World Bank. 2017. Doing Business 2017［EB/OL］. http：//www.doingbusiness.org/~/media/WBG/DoingBusiness/Documents/Annual-Reports/English/DB17-Report.pdf.

World Economic Forum. 2018.The Global Competitiveness Report 2017-2018［EB/OL］.http：//www3.weforum.org/docs/GCR2017-2018/05FullReport/TheGlobalCompetitivenessReport2017%E2%80%932018.pdf.

捷 克

一、国家基本概况

捷克位于欧洲中部，海洋性气候向大陆性气候过渡的温带气候，雨量充沛，耕地资源充裕，土壤肥沃，褐煤和森林资源丰富，具有良好的农业生产条件。为推动农业的持续发展，捷克设立了完善的农业科研机构与发展政策，并重视科研成果的推广与应用，大力促进现代化农业的实现。近年来，捷克农产品出口贸易持续增长，其中畜牧业产品是中国从捷克进口的主要农产品。同时，在中国与捷克政府的大力推动下，两国间的农业合作不断加深，使双方农业实现了共同发展与提升，并对两国友好关系的发展起到促进作用。捷克背靠欧盟统一市场，地理条件优越，成本优势明显，未来持续加强和深化中捷两国的农业合作，将对中国的"一带一路"倡议起到重要的推进作用。

（一）自然地理及人口

捷克共和国位于欧洲大陆的中部，其前身为捷克斯洛伐克，于1993年与斯洛伐克和平地分离，首都是布拉格，截至2014年捷克的人口数量是1051万，人口密度为134人/平方千米，其中约90%以上为捷克族，斯洛伐克族占2.9%，德意志族占1%，此外还有少量波兰族和罗姆族（吉普赛人）。官方语言为捷克语。主要宗教为罗马天主教。

捷克东面毗邻斯洛伐克，南面接壤奥地利，北面邻接波兰，西面与德国相邻。由波希米亚、摩拉维亚和西里西亚3个部分组成。境内大部分地区海拔200～750米，北部的克尔可诺谢山和南部舒马瓦山为主要山脉，两山之间有一些平原地带，西部是波希米亚高地，东部是喀尔巴阡山地。主要河流有拉贝河、伏尔塔瓦河和瓦赫河。

捷克的自然资源相对较少，严重依赖进口的能源和原材料。大量的褐煤是该国国内主要的能量来源，储量约为132亿吨，分别居世界第3位和欧洲第5位。石油、天然气和铁矿砂储量很小，基本依赖进口。其他矿物资源有铀、锰、铝、锌、萤石、石墨和高岭土等。整个国家的森林资源丰富，覆盖面积达265.5万公顷，森林覆盖率为34%，占全国总面积的约1/3，在欧盟居第12位。主要树种有云松、冷杉、橡木和榉木等。

（二）政治制度

捷克全国共分为14个州级行政区，其中包括首都布拉格市与13个州。布拉格（Prague）是捷克共和国的首都和最大的城市，位于该国的中波希米亚州、伏尔塔瓦河流域。该市地处欧洲大陆的中心，在交通上拥有重要地位，与周边国家的联系也相当密切。捷克于

2006年被世界银行列入发达国家行列。在东部欧洲国家中，捷克拥有很高水平的人类发展指数。还是欧盟和北约的成员国。

捷克采用多党议会民主制，政府首脑为总理。捷克国会是两院制：下议院和上议院。国会联合推选的总统5年一任，可连任一次。注册政党65个，但多数政党人数较少，组织松散，对国内政治生活影响有限。主要政党有：公民民主党、捷克社会民主党、捷克和摩拉维亚共产党、基督教民主联盟—捷克斯洛伐克人民党和绿党。

捷克系北约、欧盟成员国，奉行经济靠欧盟、安全靠美国的对外政策，积极参与欧盟共同外交和安全政策及北约行动并将"经济外交"和"人权外交"作为重点。捷克与斯洛伐克保持"超常"关系，重视与德国、奥地利开展睦邻合作。积极倡导次区域合作，努力加强维谢格拉德集团（波兰、匈牙利、捷克、斯洛伐克）在地区事务中的作用与影响，2011年下半年至2012年上半年担任维谢格拉德集团轮值主席国。捷克与195个国家建立了外交关系并加入了联合国、欧安合作组织、国际货币基金组织及世界银行等国际组织。1993年1月1日，中国承认捷克共和国为独立国家并与其建立大使级外交关系。建交以来一直保持着良好的关系，在涉藏、涉台问题上保持一个中国原则。近些年来，两国领导人互访不断。2015年10月捷克现任总统米洛什·泽曼曾访华。2016年3月，中国现任国家主席习近平首次对捷克进行了国事访问，并与米洛什·泽曼总统举行会晤。2017年5月捷克总统泽曼再次来华出席"一带一路"国际合作高峰论坛。

（三）社会和经济发展状况

捷克属于前华沙条约组织国家之中，与西欧国家接触较密切，也是工业化程度与经济情况较好的国家之一。捷克原为奥匈帝国的工业区，70%的工业集中在此。它以机械制造、各种机床、动力设备、船舶、汽车、电力机车、轧钢设备、军工、轻纺为主，化学、玻璃工业也较发达。纺织、制鞋、啤酒酿造均闻名于世。工业基础雄厚，第二次世界大战后，改变了原来的工业结构，重点发展钢铁、重型机械工业，工业在国民生产总值中的比重占40%。2009年受国际金融危机影响经济下滑，2010年捷克国内生产总值达到1976.56亿美元（世界排名45名），人均GDP 18288美元（世界排名38名），2010年以后实现恢复性增长（图1），到2015年捷克国内生产总值（GDP）增长率为4.4%，远高于欧盟1.6%的平均增长率。作为欧洲经济增长最快的国家之一，意味着捷克经济已进入复兴阶段。

捷克是啤酒生产和消费大国，其出口的主要对象是斯洛伐克、波兰、德国、奥地利和美国。2015年捷克啤酒年产量突破2000万升，啤酒出口量达414万升，人均啤酒消费量为143

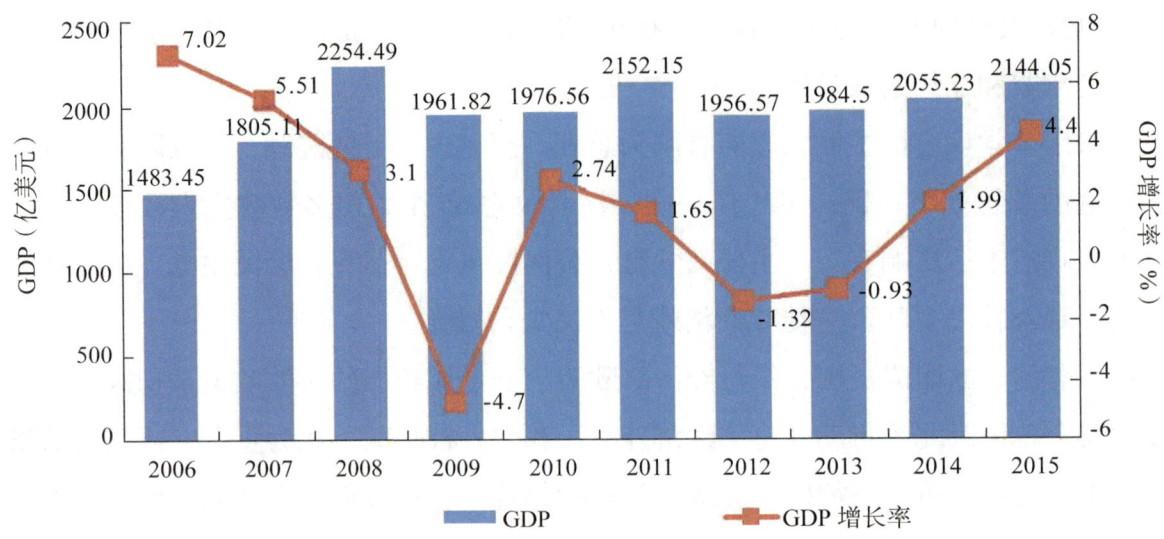

图1　2006—2015年捷克GDP发展状况

数据来源：捷克统计局

升，以人均啤酒消费量计，捷克位居世界榜首。除此之外旅游业也是捷克经济收入的重要来源。2010年，旅游业的总收入1274亿克朗（约合72亿美元），占GNP的5.5%。旅游业雇用职员超过11万人，占全国人口的1%。目前该国经济大多已经私有化，包括银行和电信业。捷克拥有一个高度工业化的经济体，是东欧和中欧的新兴民主国家其中最为发达的国家之一。

二、农业发展现状

农业生产和与此相关的粮食生产是捷克国民经济的传统产业之一，捷克农业自20世纪90年代以来开始进行所有制改革，土地所有者和其他农业生产资料所有者经过市场化改革后，捷克农业走上了以市场为导向，高效、国际化的发展道路，成为捷克有竞争力的行业之一。捷克入盟后实行共同农业政策，得到欧盟结构基金的支持。根据欧盟农业共同贸易政策，捷农业主管部门采取了一系列措施，初级农产品生产量稳步增加，农业生产效率不断提高。农业（连同林业）在国民经济中的份额现在已经接近于欧洲十五国的平均水平。

（一）农业资源条件

捷克地处北温带，属海洋性气候向大陆性气候过渡的温带气候。夏季炎热，冬季寒冷多雪。其中7月最热，最高温度为30℃，1月最冷，最低温度为零下20℃。年平均温度为8～10℃，年降水量800毫米，分布相对均匀，大部分地区无霜期160～200天。土壤类型主要是灰化土、黑钙土和冲积土，其中灰化土占国土面积的70%。境内大部分地区海拔

200～750m，北部的克尔可诺谢山和南部舒马瓦山为主要山脉，两山之间有一些平原地带，西部是波希米亚高地，东部是喀尔巴阡山地。主要河流有拉贝河、伏尔塔瓦河和瓦赫河。

捷克土地总面积788.7万公顷，农业用地426.4万公顷，其中可耕地305.3万公顷，牧地97.2万公顷。人均耕地面积0.42公顷（欧盟人均耕地面积0.35公顷），农业劳动人口比重为4.4%。农作物和果园覆盖了土地的2/5。捷克的土壤因不同的地形而不同，据统计，约8%的土壤质量都是处于一流。主要农作物有小麦、大麦、黑麦、玉米、甜菜、油菜、马铃薯、啤酒花和亚麻等。捷克种植业以谷类为主，多种作物并存，其中谷类作物种植面积占耕地总面积的51.1%，小麦种植面积占谷类作物种植面积的54.7%，可见小麦是捷克主要粮食作物。

捷克土地的1/3以上由林地组成。自1995年以来，农地面积减少了1.5万公顷，林地增加了1.6万公顷。然而，耕地面积在最近几十年里持续下降，目前登记为永久性草地的土地面积已经达到了7.1万公顷。而且有将近一半的农业用地位于不利于农业的地区（所谓的LFA地区），这些地区是支持草地和牧场的创建和维护的区域。目前捷克的森林覆盖率达到了34%，是世界上重要的木材来源地。捷克大部分森林植被都是常绿植被。主要落叶树是橡树、山毛榉、桦树、杨树、柳树。野生动物有兔、山鸡、鹿和野猪。

（二）农业生产情况

1. 农业产值规模及构成

虽然捷克的工业很发达，但农业也有很长的传统。由于捷克的气候条件的影响，各类蔬菜和水果在这里大量收获，传统的农产品有：谷物、马铃薯、甜菜、啤酒花和葡萄酒、水果、谷物。目前播种最多的是小麦，几乎占了捷克耕地面积8.7万公顷，其他的谷物包括大麦，黑麦还有燕麦。

捷克的农业产业主要由种植业、畜牧业、林业和渔业、农产品加工业构成。① 种植业以谷物为主，谷物种植面积占耕地总面积的51.1%，小麦种植面积占谷物种植面积的53.5%，产量占57.4%。主要农作物有小麦、大麦、黑麦、玉米、甜菜、油菜、马铃薯、啤酒花和亚麻等，蔬菜以黄瓜、花椰菜、胡萝卜为主，果树主要有苹果、梨、葡萄和少量桃、杏等。种植业占农业总产值的50.3%。② 畜牧业。畜牧业以饲养牛、猪和羊为主，畜牧业占农业总产值的49.7%。③ 林业和渔业。捷克森林和水资源丰富，林业中的木材加工、造纸、纤维素制造、出版印刷等发展迅速。渔业以池塘养殖为主，年产量约2万吨。④ 农产品加工业。捷克重要行业之一，是仅次于汽车制造业的第二大行业，从业人数比例占10.7%，产值约占国内工业生产总值的13.1%。表1对2015—2016年捷克农业产值规模进行了详细的数据总结。

表1　2015—2016年捷克农业产值规模及主要构成比较　　（单位：亿捷克克朗）

项　目	2015年	2016年	2016年/2015年
谷物类	329.36	299.44	90.9
小麦	209.09	185.69	88.8
黑麦	4.13	3.81	92.3
大麦	83.68	68.25	81.6
燕麦	6.23	5.00	80.3
谷物玉米	18.63	29.63	159.1
其他谷物	7.62	7.07	92.7
经济作物	196.67	215.95	109.8
油籽和含油果	148.47	156.66	105.5
蛋白质作物	6.95	6.04	86.9
甜菜	28.98	35.58	122.8
其他经济作物	12.27	17.66	143.9
饲料干草	103.63	131.95	127.3
蔬菜和花园类产品	55.90	59.91	107.2
新鲜蔬菜	21.78	24.70	113.4
树苗和花	34.12	35.21	103.2
土豆（包括幼苗）	21.93	28.24	128.7
水果	17.64	14.46	81.9
动物	213.14	221.49	103.9
牛	66.80	72.60	108.7
猪	82.85	87.77	105.9
羊	0.88	1.70	193.4
家禽	62.40	59.22	94.9
动物产品	246.93	241.83	97.9
牛奶	223.09	219.45	98.4
鸡蛋	23.15	21.67	93.6
其他畜牧类产品	0.71	0.72	100.6

资料来源：捷克2016年农业总结报告

除此之外，作为餐桌的常备食品，捷克马铃薯的年产量约为60万吨。在捷克的耕地上甜菜也是一种经常种植的产物，主要用于糖的生产，年产量超过3500万吨。啤酒花的种植有0.58万公顷，年产出0.63万吨的啤酒花，它是制造备受人们欢迎的捷克啤酒中的一个关键的原料。葡萄园的种植面积在捷克有大约1.27万公顷。

2. 主要农产品产量

捷克的农产品可分为种植类作物和畜牧业产品两大部分（表2、表3），其中种植类作物包括谷物类（包含基本谷物，如小麦、黑麦、大麦、燕麦等）、土豆、经济类（包括甜菜等）、蔬菜类、水果类以及饲料牧草等；畜牧业产品包含用以屠宰的牲畜肉类（包括牛、猪、羊、家禽等）、牛奶以及鸡蛋等。

据捷克统计局数据显示，2017年捷克谷物产量为695万吨，比上年减少19.1%。上年捷克谷物产量为859.64万吨。2017年捷克小麦产量为482.46万吨，上年为545.47万吨，2015年为527.43万吨。2017年黑麦产量为10.77万吨，上年为10.44万吨，2015年为10.79万吨。大麦产量为167.83万吨，上年为184.53万吨，2015年为199.14万吨。2017年捷克燕麦产量为16.35吨，上年为13.22吨，2015年为15.46吨（表2）。杂交黑麦产量为17.11吨，上年为19.32吨，2015年为20.26吨。

表2　2015—2016年捷克种植业主要农产品产量

农产品	种植面积（万公顷）		平均产量（吨/公顷）		总产量（万吨）	
	2015年	2016年	2015年	2016年	2015年	2016年
谷物总计	138.98	135.90	5.96	6.33	827.94	859.64
冬小麦	77.82	80.91	6.50	6.57	505.46	531.56
春小麦	5.16	3.06	4.26	4.54	21.97	13.90
黑麦	2.20	2.10	4.91	4.98	10.79	10.44
冬大麦	10.45	10.40	5.46	6.13	57.10	63.74
春大麦	26.14	22.17	5.43	5.45	142.04	120.78
燕麦	4.24	3.76	3.65	3.52	15.46	13.22
谷物玉米	8.00	8.64	5.54	9.79	44.27	84.58
其他谷物	4.97	0.91	6.21	2.31	30.86	2.10
豌豆种植	2.39	2.66	3.27	2.58	7.82	6.87
土豆	0.09	0.11	19.71	20.11	1.86	2.23
糖类作物	5.76	6.07	59.38	67.81	342.10	411.84
油菜	36.62	39.30	3.43	3.46	125.62	135.91
罂粟	3.27	3.55	0.82	0.8	2.67	2.86
青贮玉米	24.50	23.44	29.13	40.72	713.44	954.52
饲料作物	17.74	18.39	6.16	7.42	109.30	136.51

资料来源：捷克2016年农业总结报告

表3　2014—2016年捷克畜牧业主要农产品产量

农产品	2014年	2015年	2016年	2016年/2015年
牛总量（万头）	137.40	140.70	141.60	100.6
牛奶（亿升）	77.05	80.01	80.61	100.75
牛肉（万吨）	16.96	17.47	17.33	99.2
猪总量（万头）	160.70	156.00	148.00	95.1
猪肉（万吨）	31.25	30.98	31.05	100.2
家禽总量（万只）	2146.40	2250.80	2131.40	94.7
禽肉（万吨）	23.68	23.90	24.74	103.5
鸡蛋（亿枚）	22.37	21.74	21.61	99.4
羊总量（万只）	22.50	23.20	21.80	94.3
羊肉（万吨）	721.70	726.10	841.30	115.8

资料来源：捷克2016年农业总结报告

3. 主要农业产业布局

包括首都布拉格在内，捷克共有14个州级行政区，如4所示，不同的州在农业产业上有不同的侧重点。

首先，就畜牧业而言，布拉格和中波西米亚是捷克的马和猪的养殖重点区域，两个州在2015年合计所饲养的马和猪分别占到了全国的20.6%和19.5%。南捷克和维索基纳是捷克的养牛大州，其所饲养的牛的头数分别达到了约21.9万头，合计占据了全国养牛头数的31.1%。同时南捷克也是捷克饲养羊头数最多的州，其2015年羊的养殖头数达到了约3.4万头（包括绵羊和山羊）。此外，捷克对家禽养殖最为重视的州是帕尔杜比采，其家禽养殖在2015年达到了约350.6万只，占全国家禽总数的15.6%。而全国母鸡养殖数最多的是赫拉德茨—克拉洛韦州，其养殖数达到了167万只。

其次，对于作物种植来说，谷物是捷克最为重视的农作物种类，全国种植面积达到了140.3万公顷，其中中波西米亚是捷克谷物种植面积最大的州，占全国谷物种植面积的19.7%。中波西米亚和南摩拉维亚是捷克豆类作物种植面积最大的州，而土豆、饲料作物以及青贮玉米种植面积最大的州则是维索基纳，其种植面积分别达到了0.8万公顷、7.9万公顷和3.8万公顷。中波西米亚州是捷克经济类和油菜作物种植面积最大的州，分别占全国种植面积的27.6%和22.5%。

表4 2015年捷克各州畜牧业及种植业布局

项目	合计	布拉格	中波希米亚	南捷克	比尔森	卡罗维发利	乌斯季	利贝雷科
畜牧业养殖（万头）：								
马	3.37	0.69	0.48	0.22	0.15	0.23	0.22	
牛	140.71	15.03	21.92	16.90	4.31	4.06	4.74	
奶牛	58.01	5.90	8.91	7.09	1.99	1.68	2.09	
猪	155.96	30.36	12.87	11.85	1.33	10.03	2.21	
母猪	9.63	1.93	0.84	0.81	0.01	0.54	0.18	
绵羊	23.17	2.61	3.07	2.07	1.38	1.61	1.88	
山羊	2.68	0.42	0.33	0.14	0.16	0.21	0.28	
家禽	2250.82	484.05	234.54	232.44	26.24	61.04	7.79	
母鸡	629.72	159.32	36.05	39.13	11.68	6.44	0.38	
作物种植（万公顷）：								
谷物	140.34	0.64	27.67	14.07	10.39	1.93	9.38	2.12
小麦	82.98	0.42	1.77	7.78	5.87	1.13	6.38	1.22
黑麦	2.20	0.01	0.37	0.35	0.21	0.09	0.10	0.10
大麦	36.59	0.18	7.13	3.68	2.88	0.45	2.28	0.47
豆类	3.31	0.01	0.61	0.32	0.26	0.05	0.21	0.06
土豆	2.27	0	0.53	0.27	0.10	0.01	0.05	0.02
经济作物	5.76	0.03	1.59	—	—	—	0.30	0.09
油菜	36.62	0.20	8.24	4.01	3.21	0.60	2.25	0.56
饲料作物	45.83	0.08	6.34	5.65	4.82	0.65	1.44	0.77
青贮玉米	23.14	0.03	3.20	3.18	2.62	0.20	0.63	0.32

项目	赫拉德茨—克拉洛韦	帕尔杜比采	维索基纳	南摩拉维亚	奥洛穆茨	兹林	摩拉维亚—西里西亚
畜牧业养殖（万头）：							
马	0.24	0.23	0.15	0.16	0.17	0.19	0.25
牛	1.03	11.67	21.94	6.24	9.47	6.15	7.94
奶牛	4.20	4.55	8.74	2.49	3.99	2.73	3.65
猪	8.18	14.38	25.35	16.84	9.80	8.35	4.40
母猪	0.47	0.95	1.65	0.85	0.59	0.52	0.29
绵羊	1.64	1.36	1.58	1.07	1.00	2.27	1.64
山羊	0.16	0.14	0.28	0.15	0.12	0.11	0.17
家禽	2,53.19	3,50.57	61.57	298.97	61.62	51.01	127.76
母鸡	167.03	90.84	3.58	51.80	16.43	11.65	35.39

（续表）

项　目	赫拉德茨—克拉洛韦	帕尔杜比采	维索基纳	南摩拉维亚	奥洛穆茨	兹林	摩拉维亚—西里西亚
作物种植（万公顷）：							
谷物	8.60	9.12	13.65	20.46	10.00	5.51	6.82
小麦	5.69	5.38	7.21	11.41	5.22	3.50	4.08
黑麦	0.17	0.06	0.37	0.20	0.09	0.01	0.09
大麦	1.62	2.27	4.79	4.09	3.74	1.13	1.88
豆类	0.27	0.20	0.36	0.58	0.14	0.15	0.10
土豆	0.08	0.11	0.83	0.14	0.04	0.3	0.09
经济作物	0.99	0.35	0.03	0.48	1.10	0.16	0.64
油菜	2.46	2.48	3.76	3.53	2.31	1.26	1.74
饲料作物	3.32	4.28	7.88	4.05	2.77	1.89	1.90
青贮玉米	1.68	2.02	3.84	2.12	1.54	0.80	0.96

数据来源：捷克统计局

（三）农产品贸易情况

1. 主要农产品贸易规模

近年来，捷克农产品贸易增长迅速，2004年加入欧盟后，农产品贸易比2003年增长了22%。2015年农产品贸易量达到自1993年以来的最高水平，表5列举了捷克十大出口农产品，其中香烟、小麦和油籽是捷克最主要的出口物资，2015年香烟出口值达到164.73亿捷克克朗，小麦出口值116.30亿捷克克朗，油籽出口值102.90亿捷克克朗。2011—2016年捷克十大出口农产品。

表5 2011—2016年捷克十大出口农产品　　（单位：亿捷克克朗）

项　目	2011年	2012年	2013年	2014年	2015年	2016年
香烟	79.52	89.96	90.44	118.77	164.73	139.37
小麦	77.76	79.69	81.05	114.84	116.30	114.65
油籽	40.56	79.79	75.23	82.74	102.90	107.26
面包制品	44.74	57.22	68.55	72.03	80.08	96.71
动物食品制品	44.29	47.32	59.74	76.19	81.60	89.23
可可和可可制剂	39.68	48.68	54.42	64.78	82.85	84.31
食物制品	49.44	50.89	59.21	64.66	72.34	71.76
咖啡	16.37	23.90	22.71	47.41	111.22	69.62
牛奶和奶油	64.19	66.31	74.90	85.87	78.14	67.92
啤酒	38.69	45.43	50.24	55.48	61.04	62.45

资料来源：捷克2016年农业对外贸易总结报告

在捷克的农产品中,进口农产品的份额为 5.4%,出口农产品的份额的 4.3%。主要农产品出口为牛奶和奶制品、鸡蛋、蜂蜜,饮料(含酒精饮料)、谷物和油种子。主要进口商品有各种肉类、水果和坚果、牛奶和奶制品、鸡蛋和蜂蜜。

2. 主要贸易伙伴

捷克主要贸易伙伴在欧洲,大多为欧盟成员国。在出口方面,主要的五大出口国分别是斯洛伐克、德国、波兰、意大利和奥地利,占整体出口额的 80% 以上(表 6)。进口方面,德国、波兰、斯洛伐克、荷兰和意大利是其最重要的进口市场。2016 年农产品进口的 79% 和出口的 84.9% 在欧洲国家。进口的农产品主要有水果、蔬菜、饲料、谷物、饮料和加工蔬菜水果奶酪、狗猫粮等附加值高的产品,出口的农产品主要有谷物、牲畜、生牛奶、油菜籽、小麦等低值产品。另外,由于欧盟所进行的糖改革,糖料市场是捷克农民目前面临的一个最大问题。

表 6 2012—2016 年捷克十大出口国出口值　　　　　(单位:亿捷克克朗)

项　目	2012 年	2013 年	2014 年	2015 年	2016 年
斯洛伐克	402.43	409.10	428.99	472.05	456.01
德国	294.06	324.90	368.32	402.47	369.01
波兰	166.40	176.19	202.79	234.86	242.39
意大利	101.18	109.43	125.53	133.36	176.25
奥地利	83.36	93.83	114.97	120.46	117.84
匈牙利	68.33	68.17	81.52	85.59	96.22
联合国	43.49	51.88	49.11	58.70	62.98
荷兰	25.14	34.62	34.18	41.37	51.80
法国	40.19	48.33	66.87	70.51	43.28
比利时	23.47	23.87	29.43	47.67	40.34

数据来源:捷克 2016 年农业对外贸易总结报告

(四)农业科技发展

1. 农业科研机构

捷克农业科研体系主要由农业部、农业科学院和农业高等院校下属的科研机构组成。强调科研、教学与生产的密切结合,重视科研成果的推广应用。通过科研单位与生产部门签订科研合同和共同组织科研生产联合体的形式,将科研成果迅速应用于生产实践。

农业部负责管理农业领域的应用性开发研究和社会公益性科学研究,并公布农业领域的高科技发展的国家级计划和纲要。农科院和农业院校的基础科研经费由国家预算拨款，可参加国家项目的招标，享受项目资助。另外，捷克科学院和捷克科学基金会也支持一些农业研究。

农业部在内部建立一个研究与发展理事会，对研究成果进行评估并对各种农业研究计划提出修改建议。理事会由各种类型的参与农业研究的研究机构的代表组成，包括私营研究机构或组织以及商会等。此外，农业部还在捷克农业与食品信息研究所内成立了一个农业科研基金会，负责项目的准备、组织专家评审并选择项目、准备各种材料、管理项目数据库和评估项目的结果。

目前捷克农业科研的结构已经发生了很大的变化，1989 年以前共有 44 个研究机构，全部为国有，其中有些有单独的国家预算，有些则隶属于生产企业并由企业预算支持。90 年代开始私有化以后，隶属于企业的都纳入了私有化改革，有的则撤销了。同时国家预算内的机构全部改为部分经费支持，即国家预算只能是经费的部分来源。当前大约有 25 个独立研究所和 5 所大学的 13 所学院及 2 个研究所直接从事农业基础研究，其中 13 个是私营的研究机构，还有一些较小的公司从事各种各样的农业技术工作，它们一般是从独立研究所或大公司分离出来的。

2. 农业科技发展状况

捷克拥有良好的国家科技政策大环境。十多年前，捷克国家科技政策就明确了国家与科技的关系，要求政府各部门、科研组织和各地区把政府提出的原则作为制定各自的科技政策和采取有关措施的基本依据。捷克国家科技政策强调要有更有效的实施战略工具。主要战略工具一是对科研提供经费支持，2010 年捷克研究开发经费占到 GDP 的 3%，其中来自公共财政即国家的投入达到 1%。另一个主要战略工具是创造有利于科技发展的法律环境，调整科技系统的结构和地方科研体系，加强公众对科技的理解，提高研究机构、组织和个人的科研道德水平，在某些敏感领域，如人胚胎克隆和干细胞研究等，进行专门立法和设立专门的道德委员会。政策强调要为现代科技的发展提供现代化的科研条件，即加强科技信息系统和技术基础设施，包括大型仪器设备和服务设施的建设。

捷克拥有较完善的农业教育与培训体系。捷克建立了以高等农业教育、中等农业职业教育和业余农业技术教育为主要内容的农业教育体系。目前，50% 的青年农民都达到了中等农业学校毕业水平，12% 的农民具有大学文化，但是农业从业人员也存在日益老化的问题，年轻一代大多不愿意从事农业。

捷克目前有高等农业院校 4 所，他们是捷克布拉格农业大学（农学学院、森林学院、农业经济与管理学院、技术学院、热带与亚热带农业研究所），孟德尔农林大学（农学学院、园艺学院、森林与食品技术学院、经济学院），南波西米亚大学（农学院、养鱼与水生生物研究所）布尔诺兽医与制药大学（兽医药学院、兽医卫生与生态学院、药学院），化工技术大学（食品与生物化学技术学院）。除高等农业院校外，还有从事农业培训的职业中等学校，在校人数也不少，其任务主要是培养具有独立经营能力的农业经营者或具有某项专门技术的农业工人。另外，捷克农业部还通过对农业从业人员举行1～2天的短期培训、函授教育、农业人员再就业培训以及农业企业家的认证等，使没有受过农业教育、不具备经营农业知识的农民，取得经营农业所必需的基础知识，进一步提高专业知识和经营管理水平。

长期以来，捷克形成了多元农业信息服务主体共存的局面。他们在服务内容上侧重点各有不同，服务对象各有不同，具有良好的互补性。同时欧盟对捷克在生态农业、水源保护、废料处理和动物福利领域从事信息服务的公司给予大约1500欧元的补助。捷克的农业信息服务大致可分为：① 国家农业部门；② 各种行业组织和专业技术协会；③ 对应于多样化的信息服务主体，捷克农民获取信息服务的形式和渠道也是多样化的，通常是从会议、广播、电视、报刊、电话、传真、计算机网络中得到相关信息；④ 由各专业公司根据用户需求提供的有偿专题信息服务。

捷克多项农业技术具有国际领先水平。如捷克在小麦育种方面非常重视种质资源，其保存的小麦品种有1.3万份，相当于我国小麦地方品种资源的总和；捷克国家果树研究所拥有2000多个品种资源，其中许多超矮化果树品质好，产量高，能适应不同消费者的口味需求。捷克牛胚胎移植技术有其独到之处，操作简便，成功率高，实际效果好。此外，捷克粮库虫害防治技术也具有国际领先水平。

（五）农业管理体系与政策

1. 农业管理体系

捷克农业管理主要由捷克国家农业部负责。农业部负责农业、林业、食品工业和水资源管理等方面的事务，主要包括农业生产、森林管理、狩猎、国家公园水域外的渔业生产、农林产品贸易、动植物检疫、动物保护、动植物新品种保护等。但不负责农业土地保护、自然水域保护以及水资源和水质保护等。

捷克农业部也是一个政府的大宗商品证券交易所，负责组织农业和森林工业的商品交易。此外，农业部还负责管理农业及食品安全检验检疫、兽医和植物保护等问题，包括防止残忍对待动物、保护植物和动物新品种等。

2. 农业支持政策

捷克农业支持政策主要包括农业发展政策和农业补贴两种。

农业发展政策主要包括以下 4 个方面。① 农业稳定和发展政策。在欧盟共同农业政策范围内，制定稳定农畜数量的措施，与欧委会合作，解决农产品过剩问题。按照入盟协定落实各个农产品根据统一市场结构进行流通。制定农村发展规划，充分利用国家预算和欧盟补贴资金，特别是利用国内社会资金支持小型农业项目。为国内不同类型农业企业创造公平的市场环境。寻找实施国家支持农业保险的适当形式。继续修改在捷克加入欧盟前所签订的部分国际协定。② 环境政策。按照农村长期发展规划，继续实施支持农村发展措施，帮助落后地区发展，支持发展非农产品项目。加大农业企业环保投入。与卫生部和环境部合作在公共卫生和环境领域实施共同措施。③ 农业企业现代化与转轨。继续通过技术改进、转制和经营多样化提高初级农产品加工企业竞争力，作为创造农村就业岗位的前提。支持以发展土地市场为目标的农用地收购。在初级农产品生产和加工企业和农产品销售商的关系中，加大前者的法律保护力度，改善其市场地位。④ 服务政策。在政府援助范围内，在研发、培训、信息、基因和咨询方面通过提供政府基础服务设施来农业企业的市场地位，加强其竞争力。

捷克入盟后，对的农业补贴政策有较大改变。入盟前，财政拨付是捷对农业补贴的最主要途径。入盟后，政府财政补贴的额度受到欧盟相关规定的限制，捷农业补贴改为以欧盟资金资助为主，捷政府财政拨付为辅。根据欧盟有关规定，捷可从欧盟获得的农业补贴资金不少于原欧盟15国平均水平的25%，经欧盟批准后由捷政府财政直接补贴农业的资金，不超过原欧盟15国平均水平的55%。2004年捷克对于农业的补贴达到7亿欧元，其中获得欧盟农业补贴资金1.9亿欧元，捷本国财政补贴5.1亿欧元。入盟后，捷本国财政补贴所占比重迅速下降，2005年1—4月捷对农业补贴总计为1.7亿欧元，其中来自欧盟的资金补贴达1.6亿欧元，捷克本国财政补贴仅为1232万欧元。

就补贴的方式而言，直接支付是捷克对农业补贴的主要手段。捷克已加入欧盟"单一地区支付框架"体系（SAPS），可从中获得2.3亿欧元资金，用于对346.9万公顷农业土地补贴。此外，捷克还可从"农业与贫困地区发展特别项目"（SAPARD）、"贫困地区发展计划"（HRDP）和"共同市场组织"（CMO）中获取欧盟资金支持。

3. 农业发展规划

捷克十分重视农业的发展，尤其是在2004年加入欧盟后，在欧盟成员国的共同发展促进下，捷克的农业也在不断地发展与提升中，逐渐成为国家重要的支柱产业。受欧盟共同农业政策（CAP）的影响，捷克近年来农业发展的主要目标是促进当地就业和支持青年农民，重视老龄化问题，并在此基础上，注重提高农林业的竞争力，推进农业现代化。

2016年，捷克发布了2016—2030年的农业战略部署，涉及农业和粮食生产、林业和渔业、水资源、农业科学研究、农业法和行政活动以及具体的执行战略七大部分。具体的战略目标包括：① 建立具有竞争力和可持续性的农业、食品、森林以及水管理等；② 在国内实现可持续的粮食安全，保证充足的粮食自给自足；③ 对自然资源实现可持续管理，并建立应对气候变化的及时性措施；④ 在全国内促进城市和农村经济的发展平衡，积极创造农村就业机会。

除此之外，捷克还提出 2014—2020 年的农村发展规划。具体包括以下几个方面。① 加强对从事农业人员的知识教育与培训，促进农业、食品以及林业等知识的全国性学习与交流。② 在全国内提供农业咨询、管理和支持服务，加强农业知识的指导作用。③ 加强对农业的有形资产投资，包括农作物和牲畜、农产品加工以及林业等，一方面促进农场结构调整和现代化建设，从而以市场导向加大农业产品的市场参与度和市场多元化。④ 加强对捷克农业的经营活动建设，吸引年轻农民进入农业生产，支持农业旅游等其他非正式性生产活动，促进农民收入多元化，增加对可再生能源的投资与利用。⑤ 加强对森林发展的投资，提高森林的可利用性，促进林地的可持续性和环保性利用，加强森林管理。⑥ 积极促进农业工艺和技术等的开发和实施，提高农业创新，支持新产品的开发以及积极促进农业研究成果与农产品和林业等企业的结合，以提高创新实施的速度，增加捷克农业的竞争力。除此之外，在生态农业、畜牧业以及气候服务等方面，捷克均进行了多方面的规划以充分实现农业的全面发展与提升。

三、农业投资环境

截至 2016 年年底，捷克吸引外国投资总额达 9600 亿克朗（约合 436 亿美元），投资项目总数为 1728 个，创造就业岗位 27.5 万个。其中来自中国的投资项目 16 个，累计投资金额 58 亿克朗（约合 2.6 亿美元）。仅 2016 年中国投资额达到 31.5 亿克朗（约合 1.4 亿美元）。2017 年，捷克最大的一笔外国投资来自中国延锋汽车内饰公司，投资额超过 4 亿克朗（约合 1800 万美元），预计未来该项目总投资将达到 18.5 亿克朗（约合 8400 万美元），创造 588 个就业岗位。

从国别看，对捷投资最多的国家是德国（2190 亿克朗，约合 100 亿美元），其次是日本（1239 亿克朗，约合 56 亿美元），美国（827 亿克朗，约合 38 亿美元）；从投资领域看，排名前三位的分别是汽车、石化和机械工业。

（一）国家商业环境

1. 雄厚的工业基础

在两次大战之间捷克GDP曾位居世界第七位，尽管在1948—1989年间这种领先地位削弱了许多，但仍保持着较雄厚的工业供应基础。捷克制造的机械产品如编织机、金属和橡胶加工机械、发电和采矿设备等在许多发达和发展中国家尤其著称。

20世纪90年代以来，捷克经济状况受各种因素影响，也同一些发达国家一样持续衰退，价格自由化和物价上涨带来的国内需求下降，国有企业预私有化停顿导致工业生产滑落，许多企业面临严重的资金短缺问题，其中不乏资不抵债者，预计未来几年将有大量企业发生破产。目前许多国有和私有企业期待通过对外贸易和外国投资来获得资本、技术和管理技能，打入国际市场。对捷克企业来说资本缺乏是其发展的最大问题之一，捷克银行因其庞大的坏账负担而难于提供长期信贷，特别是对中小型企业。许多捷克实体亦因15%～20%的利率而难以进行资本投资。因此，为了在愈加激烈的竞争市场中保持不败，许多捷克制造企业开始寻求国外合作者建立合资企业或战略性伙伴关系。这些企业主要涉及如下商品领域：汽车部件、电器、食品加工、一般工程、重机械、水利机械和部件、注模和浇铸、测量设备、医药、精密工程、无线通信设备、纺织品、运输工程、木材加工。

2. 市场经济改革成效显著

捷克政府致力于使其国家经济向市场经济完全转变的进程中。完成了价格自由化、引进内部转换机制、外贸自由化、货币紧缩政策和财产清偿，并在布拉格启动了证券交易市场。

（1）私有化

私有化被认为是捷克国家体制改革中最为成功的方面。自20世纪90年代起，捷克业主权利开始向私有部门转换，私有制进程使大批公众拥有企业股份，前国有企业大部分转变为股份公司或有限责任公司。在小型企业私有化浪潮中，有2万多商店、餐馆和工厂通过公开拍卖转向私有业主。新创立的财务机构"私有化投资基金"是小户股民投资活动的代表，被视为产生"快速投资者"的有效工具，来促进新私有企业的重组。同时捷政府不断寻求改善公司管理、财务法律制度化和加快银行私有化。

目前尽管80%以上的国有资产转入私有部门，但国家在许多实体中仍然保有主要股权。国家财产基金（NPF）仍然是全国最大的股东，某些战略性企业仍作为国有公司在运作，如捷克邮政、捷克铁路、俄罗斯燃气独家进口商、采铀公司等，此外，NPF在许多大公司（如捷克最大电站及其独家经销商、捷克航空、炼油和石油运输企业）和商业银行以及地区电力和燃气分销商中都保有高至100%的股权。

（2）重组

捷克政府正计划对其主要工业企业进行重组，重组进程则不像私有化那样迅速，那些国家保有绝对股权（无论通过 NPF 还是国有银行的形式）的大型企业重组经常受到政治因素而不是经济因素的影响。

私有化投资基金（PIFs）并没能对其控制的企业重组起到促进作用，许多捷克企业缺乏资金，极度依赖向银行借贷，从而导致银行、PIFs 和工业企业间错综复杂的关系继续发展，对经营透明度和管理质量带来不利影响，由此造成银行往往既是一个企业的主要债权人又是与其相关的 PIFs 的主要股东。由于最大的 PIFs 大部分是由银行拥有的投资管理公司掌控，公众对是否能保证所有股东权益产生疑问，为此政府制定了法规来迫使银行与其投资基金管理公司间筑起城墙，同时限制银行及其基金的直接股份不得高于公司股本的 11%。

（3）地区 / 特殊工业发展

捷克最被看好的具有良好前景的部门是与科技、环保、生物技术和高附加值产品有关的工业，而老式的重冶金和其他能源 / 原料密集型工业则将会减少或重组。服务和基础建设开发具优先权。

捷政府对新建国内中小型企业设有奖励和补贴奖金，内容涉及开办期、开发期、地区、专利项目、扶持小型企业发展（特别是边境地区）、创就业和使用国内技术等。1992 年成立了捷克—摩拉维亚担保发展银行，参与风险分担，提供银行担保和履行政府奖励规定。

（4）自由贸易区

捷克在 Cheb、Hostivar（属布拉格）、Ostrava、Pardubice、Trinec 和 Zlin 建有自由贸易区。元件、原料和半成品货物可免关税进入特别地区做进一步加工和贸易。

（5）财政服务

捷克是国际货币基金组织、世界银行、国际结算银行和欧洲建设开发银行成员。

捷克实行两级银行制，国家银行负责制定银行经营政策和执行银行监管，授予银行许可，持有各银行和国家预算户头，制定外汇政策和交易。捷克目前约有 54 家商业银行，自 1994—1998 年一些银行垮台后，政府和央行加紧了对银行的控制，冻结分发新的银行许可，新法规给予央行更严厉并更灵活的权利来管理问题银行。

（6）劳动组织

捷克劳动力水平较高，受过良好教育的劳动力占据较大比重，熟练工人不乏存在。近年来失业率的不断上升，与其工业重组有关。矿区失业率为最高。各工业领域有其自己的工会组织，工会组织尤其是在制定最低工资法规以及其他维护失业工人权益等方面起着重要作用，每年代表劳方与许多大型企业雇主签订劳资协议。总的来说，捷克工会比波兰和德国的工会组织要弱些。

（二）农业优势与潜力

作为工业强国，捷克农业虽占GDP的比重很小，但捷克工业历史悠久，基础雄厚，目前在汽车、机械设备、化工、环保、能源等领域仍有雄厚的工业基础，基础设施建设完善，都为捷克农业的发展提供了有利的条件与优势。

捷克重视发展农业的科技和信息化，建立了一套比较完善的农业科研机构体系，强调科研、教学与生产的密切结合，重视科研成果的推广应用。通过科研单位与生产部门签订科研合同和共同组织科研生产联合体的形式，将科研成果迅速应用于生产实践。

农业生产、加工、储运现代化。捷克粮食生产全部实现了机械化。马铃薯和饲草生产机械化率达到了85%。果园在施肥、喷药、锄草甚至部分修剪整形都是机械化操作，苹果、梨蔬果实现了化学化；尤其是果园里安装的气温、气压、土壤温度、叶面温度、大气湿度、降水量等探测仪器同终端计算机相连，实现了自动观测，自动分析，可准确地进行田间管理和病虫害预测预报。灌溉方面主要是喷灌和滴灌。在粮食储存和加工方面有专门的储运公司负责，具有现代化的加工包装设备。蔬菜、水果按种类、产地以适宜温度低温贮藏，并根据市场价格变化决定上市时间，基本达到人为调节目的。

农业科研工作的连续性和稳定性较强。捷克科学研究具有长远规划，不受人员调动和工作变化的影响。如捷克农作物研究所做的2个肥料试验已进行了44年之久，人员换了一批又一批，试验项目变化不断，可这2个已定试验无论谁来做，都是依试验方案进行，技术资料完整、结论明确。另外，已进行17年以上的轮作试验还有8个，这些连续试验对农业的可持续发展提供了试验数据。

（三）风险分析

1. 政治风险

捷克政治环境的不稳定为在捷克的投资带来一定的环境威胁。捷克注册政党约65个，但多数政党人数较少，组织松散。其政党力量比较分散在一定程度上影响联合政府的执政效率。另外，叙利亚难民问题也给政府带来额外负担，并导致捷克与欧盟关系变冷。这些政治风险都不容忽视。

2. 经济风险

捷克是中欧和东欧经济最多发达的国家之一，但是其经济严重依赖出口和外国直接投资，很容易受到外部政局以及市场动荡的冲击影响。此外，农业在捷克经济发展中所占的比重较小，农业发展不被重视。根据欧盟委员会农业部统计，截至 2015 年，农业在捷克国内生产总值中的比重仅为 3%。捷克最被看好的具有良好前景的部门是与科技、环保、生物技术和高附加值产品有关的工业，农业普遍不被人们所重视。农业进入私有化之后，缺乏国家政策方面的支持，农业在激烈的市场竞争中较难生存。

3. 法律风险

目前，捷克经济发展的重点是加速经济结构优化和调整，鼓励经济创新和发展，并且捷克政府确立了重点支持的投资领域和优先发展的行业，包括：信息与通信技术、工程机械、高技术制造业。捷克政府出台一系列的法律制度鼓励支持机械、电子、化工、半导体、软件开发、共享服务中心等传统工业、高科技行业及高科技服务行业领域，对农业给予的法律上的支持比较少。

4. 自然环境风险

捷克的农业用地数量较少，土地质量不高，只有 8% 的土地为质量较好的土地，能够种植的高收入经济作物有限。目前捷克种植业中谷物类作物种植面积较大，而小麦种植面积在谷物类作物中占比最大。

捷克从事农业的人口较少，农业劳动人口比重仅为 4.4%。据布拉格电台 2017 年 5 月 3 日报道，捷克农业正面临着有史以来最严重的劳动力短缺，务农人员及农业专科生的数量都已降至历史最低点。在过去 10 年里，学习农业的专科生数量已由 17.5 万人减少到 9.6 万人。为吸引更多的劳动力从事农业，捷克不得不从包括乌克兰在内的第三国招聘劳务。劳动力的严重短缺会影响到捷克农业经济的发展。

（四）总体评价

捷克作为工业强国，机械设备等基础设施为农业的现代化生产、加工以及运输等提供了保障性的基础条件，科研工作的稳定进行也为捷克农业的发展提供了一定的有利支撑。然而，国内政局的不稳定、具有依赖性的经济、对工农行业政策支持的明显失衡以及从事农业生产的不利自然环境等都对捷克农业的发展形成了阻碍性因素，也对中捷农业合作提出了挑战。

虽然如此，但就整体来看，投资捷克农业仍然具有很大潜力。一方面，捷克对外开放程度较好，国内基础设施较为完善，另一方面，捷克农业的发展也存在一定的提升空间，为中国农业企业进入捷克农业领域提供了契机。而与此同时，考虑到与捷克合作与投资所面临的风险，中国企业在决定是否投资捷克农业之前，必须衡量好这些因素之间的利弊，并结合自身的条件综合考虑，做好对不利因素的应对措施，以加大在捷克进行跨国投资成功的机率。

四、中捷农业合作现状与合作重点

（一）合作现状

1. 合作机制

近年来，中捷农业合作形式趋于多样化，合作内容也越来越丰富。

一是不断加强农业互访，建立常态沟通合作机制。在现有的农业工作组的基础上，建立部级互访机制，增进双边高层交流，加深了解，并以高层互访为契机，推动开展具体的双边农业合作项目，促进中捷农业贸易。2016年5月，时任捷克农业部部长的尤雷奇卡首次访问中国，介绍了捷克的高品质饮食、旅游资源和服务业。同年3月，中国国家主席习近平对捷克进行国事访问，成为首位访问捷克的中国最高领导人。捷克农业部部长尤雷奇卡对习主席的访问给予了高度评价，两国在发表建立战略伙伴关系的联合声明中也提出了要加强农业科技等领域的合作，这将大大促进中捷两国在食品领域的合作。

二是在农业交流的基础上，为双方农业合作签订了一系列战略协议。

三是为加强双方科技合作，联合建立双边国家级联合实验室和研发中心，共同开展农业高水平研发，同时，不断组织两国国家杰出青年科学家进行互访工作，促进双方科技人才的培养与互相提高，并开展重大技术示范项目，联合建设农业科技产业示范园。另外，中捷两国还积极搭建双边合作平台，共同组织企业对接、技术示范与培训等，促进两国企业之间农业合作的发展与落实。

2. 科技合作

中国和捷克有60多年的交往史，在很早以前，中国和捷克就在蔬菜种植、食品加工、农作物培育等方面取得了显著成效，并在1995年，双方就签署了《中华人民共和国政府和捷克共和国政府科学技术合作协定》。

近年来，中捷两国在农业科技合作方面互访频繁，2016年5月，京津冀捷克日开幕式在捷克驻华大使馆举行，这次活动旨在介绍捷克的高品质饮食、旅游资源和服务业；2017年7月10日，中国与捷克农作物科学院研究所签署了《关于建立农业联合研发中心的协议》，双方将通过建立中捷农业研发联合中心这一平台，进一步深化农业科学研究合作，未来双方的合作重点将聚焦种植导致不良环境影响防范、遗传育种、高效育种、病虫害综合防治、生物科技和研究创新能力建设六大方面。

中国和捷克就农业方面也建立了科研中心和实验室，以进一步深化双方在农业科技合作方面的交流，双方在联合实验室建设、加强合作研究与种质资源交换、搭建共享农业数据平台、科技成果推广、人才交流与联合培养等方面进行了深入交流，并取得了预期成果。例如，2013年中国农科院蔬菜花卉研究所与捷克科学院植物研究所共同组建了"中捷菌根研究联合实验室"，此实验室的建立将加强双方实验室在菌根资源交换、探讨菌根增抗生理与分子机制、推广菌根在中国蔬菜生产上的应用，同时将进一步推动双方科技人员互访培训，加强合作交流，发展国际农业。2015年中国农业科学院访问了捷克农业合作所，中捷双方商定在农业体系、农作物种植、植物基因资源、作物育种、植物病虫害防治、生物技术、生物质能等优先领域全面开展交流与合作，加强科研人员交流，共同开展合作研究，并利用"地平线2020"等欧盟的渠道，积极开展多边合作。

3. 贸易合作

中国是捷克主要的贸易伙伴之一，近年来，两国间农业贸易合作迅猛发展。捷克对中国的出口额基本处于快速上升的趋势，而中国对捷克的出口额增加速度则较为稳定，两国之间的贸易差在不断地缩小，甚至在2012年，捷克对中国的农产品出口额曾高达5372.67万美元，超过了中国对捷克的农产品出口额，实现了贸易顺差（图2）。而从中捷两国的农产品贸易种类来看，则存在着一定的差异。

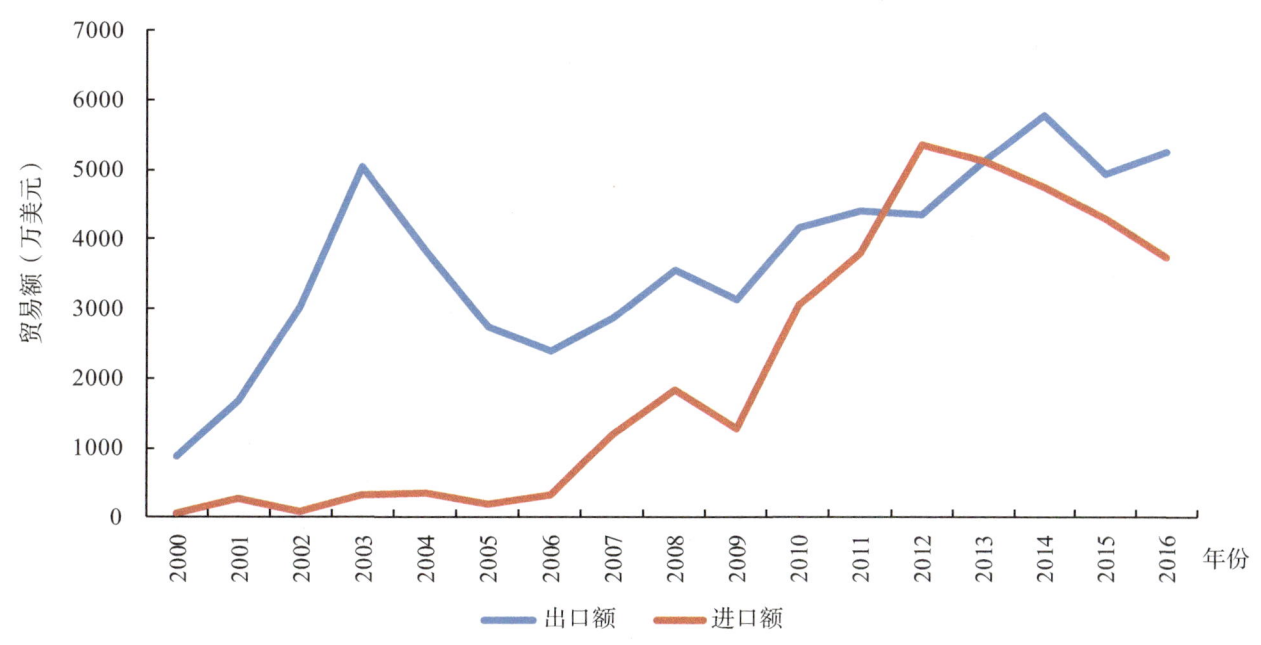

图2 2000—2016年中国对捷克进出口贸易状况

数据来源：中国海关

从捷克对中国的农产品出口种类来看（图3），畜牧业产品是捷克对中国曾经出口额最大的农产品，其 2012 年对中国的畜牧业产品出口额曾高达 3850.93 万美元，但最近几年畜产品的出口额呈直线下降趋势，2016 年仅为 2012 年的 16.9%。药材是捷克对中国出口的第二大农产品，近年来呈稳定的增长趋势，2016 年捷克对中国的药材出口额达到 320.08 万美元左右。此外，捷克对中国的粮食制品、糖料及糖等农产品的出口额也在不断的增长，同时，由于中国也正在积极地寻找捷克更具多样化的农产品种类，因此，捷克其他农产品的出口额也在大幅上升。

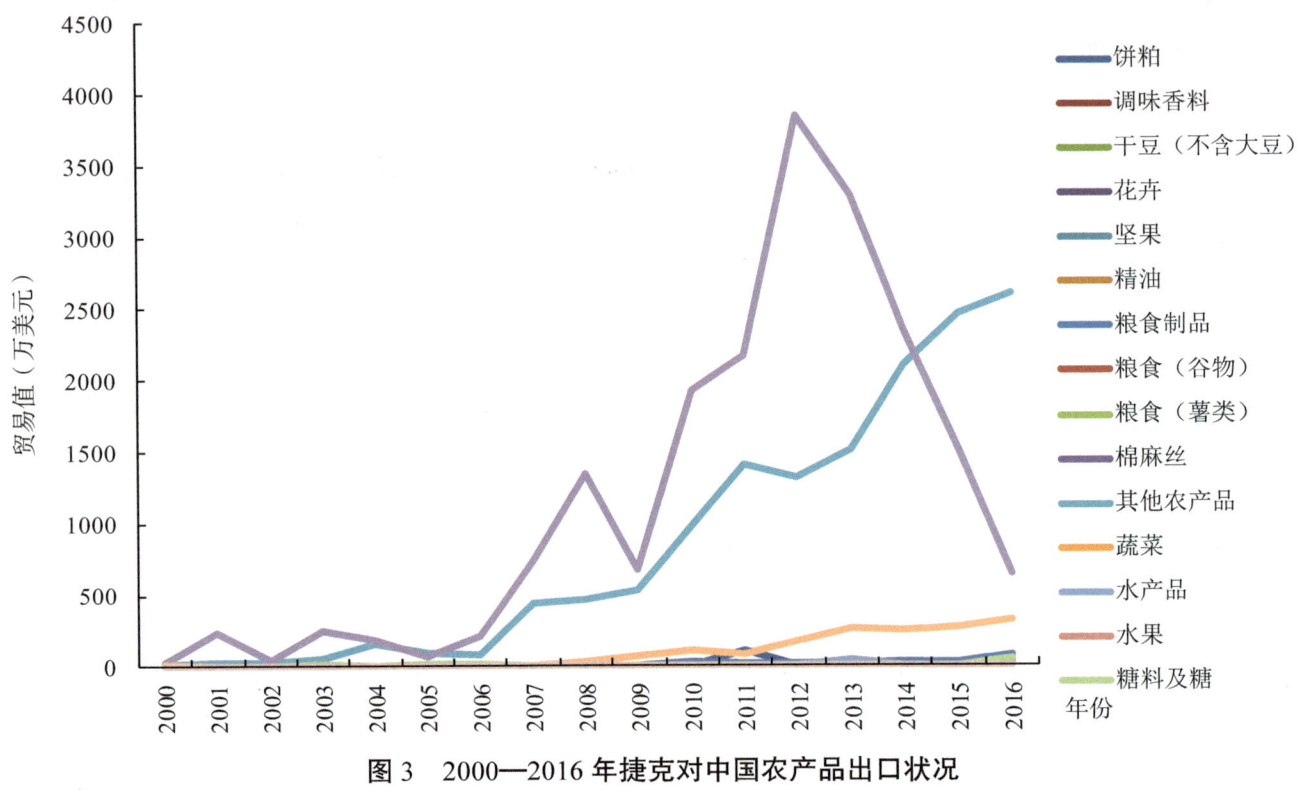

图 3　2000—2016 年捷克对中国农产品出口状况

数据来源：中国海关

从捷克对中国进口的农产品种类而言（图 4），畜产品、蔬菜及水果都是捷克从中国引进的主要农产品，尤其是畜产品，中国畜牧业的发展使得捷克从中国进口的畜牧业产品进口额不断扩大，2014 年曾高达 1888.90 万美元。蔬菜是继畜产品之后捷克从中国进口额最大的农产品，在 2010 年进口额曾达到历史最高值之后，近年来一直保持 800 万美元的稳定状态。水果是捷克从中国进口的第三大农产品，其进口额波动较大，近 5 年来总体呈下降趋势，仅在 2016 年出现了一定的回升。此外，水产品、饮品类以及油籽及其他农产品等也在捷克从中国进口的农产品中占有一定的比例。

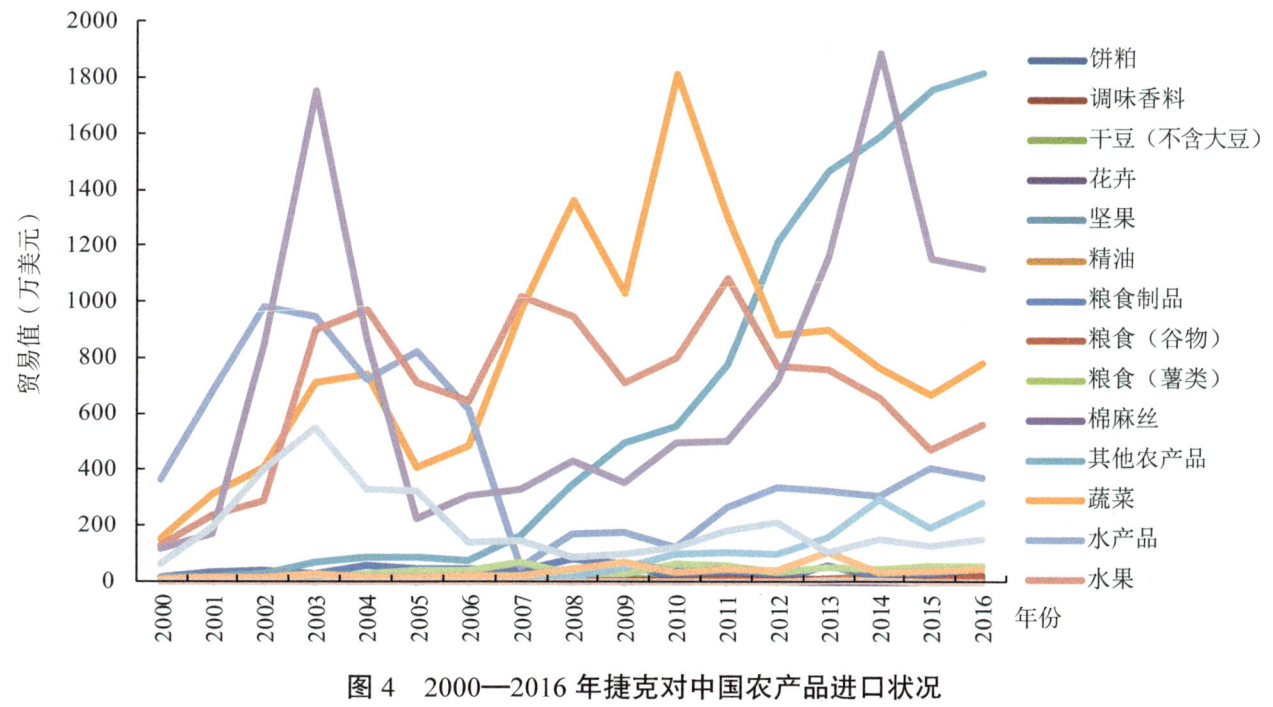

图4 2000—2016年捷克对中国农产品进口状况

数据来源：中国海关

4. 投资合作

近年来，捷克经济加速发展，据《2017—2018年全球竞争力报告》显示，捷克全球竞争力指数为4.77。在全球137个经济体中排名第31。目前捷克已成为中国在中东欧16国的第二大贸易伙伴，许多中国企业抓住"一带一路"机遇加速在捷克的投资。捷克欢迎外来投资，主张自由贸易政策，同时捷克为吸引外资出台了一系列优惠政策，包括税收减免政策、战略性投资现金补助政策、就业机会补助政策和培训补助政策等，这为中国在捷克的投资提供了良好的环境基础。

近年来，中捷加强了农业企业间的投资合作。中国华信是在捷克投资最大、最早的企业，其引领了海外投资热潮，不仅涉足金融业，还包括能源、食品加工业、食品酿造、旅游等方面，这极大地促进了中捷之间的农业投资合作。2016年"捷克中国农业论坛"在布拉格举办，主要宣传中国的茶文化——福建茶，此次论坛促使了捷克企业与中国企业的合作，打开了中国茶产品在捷克的市场。2017年捷克表示愿借"一带一路"促捷中经贸投资合作，合作领域包括基础设施建设、工业贸易、农业等方面，捷克这一举措有利于促进中捷之间的农业投资合作，利于中国企业对捷克的农业投资。

（二）合作潜力

长期以来，基于中国和捷克两国双边经贸关系的特点，形成了两国良好的经贸合作基础。随着"一带一路"倡议深入发展，中捷两国之间经济、人才、贸易交往不断加深。

1. 合作基础

从与捷克合作的整体大环境来看，捷克拥有以下的优势。① 当前捷克经济发展速度很快，在欧盟国家经济发展速度中排名第八。并且其金融体系也十分稳定。另外，作为一个工业强国，捷克近年来在高科技和服务业方面发展迅猛。② 捷克地处欧洲中部，可以辐射到欧洲的全部市场，地理位置十分优越。如中国知名企业长虹就在捷克设立了一个分公司。③ 拥有国际先进高科技技术。Hydal 生物技术可利用餐厨废油，即地沟油，经过特殊的发酵处理，将其转化为 PHA，且不消耗来自食物链的原材料。而 PHA 正是制造生物塑料包装及其他应用的关键生物聚合物，具有 100% 的生物降解性。2016 年，Hydal 生物技术荣膺世界博览会"最佳创新奖""2015 年度弗若斯特沙利文技术创新奖"。DAISY 自动化信息系统公司，提供用于所有电压等级电网的规划、设计和营运筹备的全套软件产品，产品在权威的"布拉格电工及电子国际贸易展览会"上连续两年获得金奖。Smart Hearting 公司为大型智慧楼宇提供智慧型工业供热解决方案，智能温室加热解决方案、智能型生态房，生产全自动、环保型优质特性锅炉、木屑颗粒空气处理机组等。④ 非常重视发展旅游业。捷克专门在北京、上海、香港设立了负责旅游推广业务的办事处，推广捷克的旅游业。2016 年大约 30 万中国游客来到捷克。为了促进两国的交流，2017 年 8 月开通了 3 处可以直飞捷克的航线，包括北京到布拉格、上海到布拉格，以及成都到布拉格的直飞航线。

2. 合作前景

捷克是"一带一路"沿线的重要国家，在"16+1 合作"的背景下，中捷双方在贸易、金融、教育和医疗等方面取得了重要进展。目前，中国已成为捷克第三大贸易国，捷克成为中国在中东欧的第二大贸易国，中捷贸易总额已连续两年接近或超过 200 亿美元，占我国与中东欧 16 国贸易总额的近 20%。

作为一个以产品出口为主的工业强国家，捷克 75% 的产品都用于出口。目前捷克向中国的出口额已经接近 20 亿美元。捷克与中国在机械制造业方面的合作较多，两国经贸关系的核心也集中在工程器械领域，其中工程器械占比 60%，此外，还有食物和啤酒等也是捷重要的出口产品。除了汽车、家用电器、玻璃等传统技术，捷克也在研发其他高新技术，比如航空业、纳米技术和医疗设备等。在航空业方面，捷克与中国就有很好的合作例子。现在有两家中国的公司购买了捷克两架飞机的知识产权，两国的合资企业也在研发新的产品，生产飞机。作为通用航空大国,超轻型飞机是其强项,美国的超轻型飞机有25%的份额购自捷克。

未来,中国——中东欧国家合作("16+1合作")和"一带一路"倡议进一步推进,更将助推中捷两国合作伙伴关系的发展。双方将会在更多领域有更广泛的合作,合作方式也将更系统化、更可持续。加之,中国被视为世界上最大的潜在市场,而捷克背靠欧盟统一市场,地理条件优越,成本优势明显,双方经贸合作前景广阔。

(三)合作重点

近年来,中捷贸易增长十分迅速,双边进出口贸易总额从2007年的约50亿美元增加到2016年的196亿美元,不到10年时间翻了近4倍。除了2012年中国对捷克出口额出17.6%的下降外,双方合作势头迅猛。但就中捷双方贸易合作与投资的产业来看,双方合作的重点产业则主要集中在机械制造业、航空业和食品加工业等。

捷克工业历史悠久,基础雄厚,目前在汽车、机械设备、化工、环保、能源等领域仍有雄厚的工业基础,投资基础较少。同时,捷克一直准备扩建高速公路、铁路等公共交通体系;捷克还拥有丰厚的旅游资源,希望中国投资者能够来开发捷克的旅游资源,吸引更多的中国游客,基础设施建设和旅游业正成为中国投资的重点领域。

作为工业大国,捷克的农业生产已经在国内基本实现了机械化,农业机械设备的制造与生产水平较高。故中国在捷克的农业投资可以充分利用其机械化优势,在其农业机械设备上进行充分的合作与投资,一方面,将其先进的农业生产与收割等机械设备引入国内,提高中国的农业机械化与现代化水平。另一方面,可以在捷克的农业机械设备制造上进行进一步的投资,研发更适应中国农业生产特点的机械工具,以加强中国的农业生产效率与;同时还可以在此基础上,面向国际市场,研发更具有高技术特点的农业机械,提高世界农业生产水平。

捷克对国内农业的相对忽视正好为中国企业的进入提供了机会,一方面可以充分抓住捷克农业市场的空白,对其进行农产品投放,尤其是捷克国内未生产的农产品,在引起捷克国内市场消费者需求的同时,进一步打开欧洲市场的需求。另一方面,可以在捷克进行更多农产品的引入和生产,为其带来新农产品种类的同时引起捷克对农业的重视,将会获得捷克政府的更多支持,从而为中国企业的进入提供更为有利的市场环境。

对两国之间已有的重要农产品贸易可以进一步地重视与强化。例如,食物和啤酒是中捷双方贸易合作的两类重要农产品,随着中捷两国经贸关系的发展,捷克对中国的食物和啤酒出口也在不断增加,而中国对捷克出口的畜产品以及水果蔬菜等也都在不断地发展中。所以，在对捷克进行农产品贸易合作的时候，需要加强对这些产品的关注，一方面不断提高自身农产品的生产与质量等，另一方面就双方贸易的农产品进行积极地沟通与交流，并形成稳定而良好的投资与交易模式，以带动其他农产品之间的合作投资。

此外，注重两国农业合作人才的培养。中捷两国之间的贸易合作离不开人力资源的沟通与促进，联合培养双方共同的农业技术人才、了解双方国情的信息人才以及促进贸易合作的交流人才等都是两国进行农业合作的重点。农业合作人才的建设与储备以及农业科技的提高等都将在促进双方达成进一步合作的同时，对双方农业的共同发展也起到更大的提升作用。

五、中捷农业合作建议

（一）政府层面

1. 进一步完善中国—捷克合作机制

"16+1"以及"一带一路"等倡议或战略的提出为中国和欧洲国家的经贸合作提供了良好的国家政策支持，然而具体到国家层面来看，中国与欧洲不同国家之间的贸易关系仍然存在着较大的差异，与国家的不同产业之间的合作也存在着不均衡的现象。尤其对于捷克来说，无论是双方的经贸往来还是农业贸易市场都还有很大的提升空间。为此，中捷双方政府应当进一步完善两国之间的合作机制，加强双方之间在科技、政治、贸易以及人才等各方面的交往，进行更为密切的统筹、协调以及沟通等，从而为两国之间的合作与投资提供更为坚实的政策支持与后盾。

2. 加速中捷合作平台的建设

从近年来中捷双方的农业贸易往来数据看，两国之间的贸易额并不高，且存在着一定的贸易逆差，这有可能会对中捷双方的进一步合作造成阻碍。为此，中捷两国政府应当积极并加快双方合作平台的建设，一方面加强农业信息的展示，使双方可以更为了解彼此之间的农产品种类以及其他相关信息；另一方面，也需加强对彼此之间的国内政策、经济、社会、商业等环境以及投资政策等方面信息的展示，以促进两国企业之间的投资合作，并为其提供信息与交流平台。

3. 促进双方农业科技及人才的交流合作

捷克的农业在其本国内并不受重视，但其国家工业化处于较高水平，国内农业的生产、收割等基本实现了机械化。对此，中捷双方可以进行优势互补，加强科技合作，中国政府可以对捷克农业的机械化以及现代化进行深入学习研究，而捷克可以在中国进行农业种植、培育等方面的学习，以促进双方农业的共同发展。

此外，双方政府也可建立人才的交流与合作平台，在加强双方农业人才共同培养的同时，实现双方农业科技的共同提升。

（二）企业层面

1. 进行全面的风险评估与应对

跨国投资与合作不仅受到更多的法律法规以及政策的影响外，还受到国际政治经济等环境的影响，此外，投资国的风俗习惯以及文化差异等都可能对跨国投资的成败产生影响。所以，中国企业在进行跨国投资的时候，除了解投资所带来的机遇外，更加需要全面了解投资过程中可能遇到的威胁，可以在投资国寻找专业的咨询公司进行全面的风险评估，并在此基础上对所有可能遭遇的风险提前制定应对策略，以加大跨国投资的成功概率。

2. 获得投资国当地政府及民众等的支持

政府对投资合作的支持是帮助企业顺利打开市场的重要一环，不仅可以为跨国企业的投资提供一定的政策帮助，还可以使企业更多了解投资国的政治环境变化，以提前做好应对策略。

此外，投资地的民众是进行农业跨国投资的重要消费群体，与民众建立良好的关系并获得其支持可以帮助企业更为快捷地打开投资国的市场，增加投资与合作成功的概率。所以，中国企业在捷克进行农业投资与合作时，需积极与当地政府、组织及民众等建立良好的关系，并加快融入当地市场中，使用当地的劳动力，遵守当地的法律法规，注重环境保护等。

3. 不断发展和提升自身产品质量

农产品的质量品质保证是打开国外市场的重要条件与保障，而中国企业在进行跨国投资的时候，不仅需要保障农产品原本的质量品质，有时还须适当进行"本土化"生产，从而在很大程度上满足捷克国内市场的需求。甚至可以在此基础上，利用国外投资的优势，将捷克优异的生产以及加工技术等进行吸收融入，从而进一步提升中国自身农产品的质量，促进中国农业的发展。

参考文献

范丽萍.2013.中国与中东欧国家农业经贸合作探析[J].世界农业，（2）：7-10.
李 纬.2012.中国与波兰、捷克、匈牙利近二十年经贸合作发展述评[J].生产力研究，（4）：252-253.
李跃波.2009.中国与捷克贸易关系的回顾[J].社科论坛，15：119-120.
刘作奎.2016.捷克外交政策的转变与中捷关系的前景[J].当代世界，（5）：28-31.

沈子傲.2016."一带一路"共建中的中国与捷克贸易合作研究［J］.经济贸易,(21):10-11.

佚　名.2011.捷克投资与经贸风险分析报告［J］.国际融资,(8):58-60.

苑生龙.2016.捷克经济形势及中捷合作展望［J］.中国经贸导刊,(5):43-25.

Petr Zapletal et al. 2013.中国与捷克的贸易联系:部门分析［J］.山东财政学院学报,(4):5-13.

立陶宛

立陶宛共和国位于波罗的海东岸，北界拉脱维亚，东南邻白俄罗斯，西南临近俄罗斯的加里宁格勒州和波兰，区位优势明显。立陶宛农业总体规模不大，2016年其农业产值（不包括林业和渔业）占GDP的比重为5.9%。在立陶宛的农业生产总值中，种植业产值所占比重为63.5%，畜牧业产值所占比重为36.5%。农作物有小麦、大麦、马铃薯、甜菜、蔬菜等；畜牧业主要以饲养家禽、猪和牛为主。中立两国都非常重视开展农业领域的合作，农业合作在中立合作中占据重要地位。中立两国虽相距遥远，但随着全球化不断推进，国际合作持续开展，中立农业领域合作具备广阔前景和深厚潜力。

一、国家基本概况

立陶宛气候介于海洋性气候和大陆性气候之间，冬季较长，多雨雪，日照少，9月中旬至第二年3月中旬温度最低，1月份平均气温为-4～7℃；夏季较短而凉爽，日照时间较长，最温暖是6月下旬至8月上旬，7月平均气温为16～20℃。全年植物生长期为169～202天，年平均降水量748毫米。

截至2016年1月1日，立陶宛总人口288.86万人，人口密度为44.2人/平方千米，其中城镇居民194.32万人，占总人口的67.3%；农村人口94.54万人，占总人口的32.7%。近年来，立陶宛人口逐年减少，2010—2015年，人口减少25万人，平均每年减少5万人。人口减少的原因除了自然的人口变化外，也有移民人数的变化，而移民是其人数减少的主要原因。与2014年相比，因自然因素减少1.03万人，因移民减少2.24万人。而工资差距大是其移民潮产生的主要原因。2015年，立陶宛在农林牧渔行业的就业人数为12.1万人，占总就业人数的9.1%。其中男性为7.6万人，占62.5%；女性为4.5万人，占37.5%。

全国划分为10个县（表1），下设60个城镇或小城市，44个农民聚居区。

表1 2015年立陶宛人口分布 （单位：万人）

名　称	人　口	名　称	人　口
维尔纽斯县 Vilnius	80.54	马里亚姆波列县 Marijampolė	14.91
考纳斯县 Kaunas	57.74	阿利图斯县 Alytus	14.51
克莱佩达县 Klaipėda	32.46	泰尔夏伊县 Telšiai	14.13
首莱县 Šiauliai	27.63	吴捷纳县 Utena	13.72
潘涅维日县 Panevėžys	23.10	陶拉格县 Tauragė	10.12

资料来源：立陶宛统计年报2016

2004年立陶宛成为欧盟成员国后，较好地完成了经济体制转型，连续4年保持7%以上的经济增长速度，2007年更是达到了创纪录的9.8%，与拉脱维亚和爱沙尼亚一起赢得了"波罗的海三虎"的美誉。随着全球金融危机持续蔓延，立陶宛经济形势加速恶化。2009年GDP增长率为-14.8%（表2）。2010年受外部经济复苏、需求回暖的拉动，立陶宛出口导向型经济已出现复苏态势，GDP增长率为1.6%，但受内需萎缩、投资下滑等制约因素影响，立陶宛经济复苏尚不稳固，总体缓慢且缺乏大的动力，实现全面经济复苏仍需时日。2012年立陶宛GDP增长率为3.8%，主要来自农牧渔业、管理和服务、批发零售贸易等，2013年和2014年GDP增长率略有下降，2015年下降至2.0%。2016年立陶宛GDP增长2.3%，较上年有所增加，主要驱动力来自家庭消费以及商品和服务的出口。

表2 2005—2016年立陶宛经济发展情况

年 度	GDP（亿欧元）	GDP增长率（%）	人均GDP（美元）
2005	210.02	7.7	9242
2010	280.28	1.6	11986
2011	312.75	6.0	14369
2012	333.48	3.8	14343
2013	350.02	3.5	15708
2014	365.90	3.5	16567
2015	373.31	2.0	14272
2016	386.81	2.3	

资料来源：立陶宛统计年报2016

二、农业发展现状

（一）农业资源条件

立陶宛农业用地面积343.15万公顷（2016年），森林用地面积219.85万公顷，道路用地10.41万公顷，开发用地23.84万公顷，水域用地26.45万公顷，其他用地29.16万公顷。在农业用地中，可耕地面积309.82万公顷，果园种植面积1.32万公顷，草地和天然牧场32.01万公顷。从人均占有资源看，立陶宛人均可耕地面积1.08公顷，人均草地和天然牧场面积0.09公顷，人均森林面积0.76公顷。

立陶宛是欧洲湖泊最多的国家之一，湖泊总面积达880平方千米，其中，最大的DRUKSIAI湖面积4479公顷；共有722条河流，最长的河流涅曼河全长937千米，流经立陶宛境内长度475千米，自东向西流入波罗的海。

立陶宛共有 1800 种植物。面积最大的森林主要集中在南部和东南部，多为针叶林，主要为松树。阔叶林占国土面积的 2%，主要树种是橡树、桦树。森林中的蘑菇、浆果、草药资源也比较丰富。良好的生态环境为动物提供了较佳的栖息地，在立陶宛共有 70 多种哺乳动物，既有硕大的欧洲野牛，也有体重仅有 4 克的鼩鼱，有 13 种飞鼠，还有被列入保护名单的白兔、猞猁、水獭，并有狼出没。其中，数量较多的是野猪、狍子、马鹿、驼鹿、狐狸、獴等，河狸的数量近 4 万只。立陶宛有大约 330 种鸟类，其中，国鸟白鹳约 1.3 万对；99 种鱼类，其中 26 种为海鱼；1.5 万种昆虫和无脊椎动物。

（二）农业生产情况

1. 农业产值规模及构成

立陶宛农业总体规模不大，2017 年其农业产值（不包括林业渔业）占 GDP 的比重为 6.1%。在立陶宛的农业生产总值中，种植业产值所占比重为 62.0%，畜牧业产值所占比重为 38.0%。农作物有小麦、大麦、马铃薯、甜菜、蔬菜等；畜牧业主要以饲养家禽、猪和牛为主。

由于 2014 年 8 月起俄罗斯针对欧盟食品和农产品实施反制裁措施，使得立陶宛农业遭受影响。2014 年立陶宛农产品收购价格下跌 12.1%，其中谷物价格下跌 14.9%，畜牧产品价格下跌 9.9%。基于收购价格大幅下挫，导致同期立陶宛农业总产值同比下降 3.9%，为 24.51 亿欧元。2015 年立陶宛农业总产值为 25.30 亿欧元，较上年增加 3.2%。其中，种植业产值为 16.79 亿欧元，较上年增加 15.3%，主要是因为在大部分农产品价格下跌的情况下，水果、粮食和油菜籽种植面积不同程度增加的影响；畜牧业产值 8.52 亿欧元，较上年减少 14.4%，主要是受牛奶、猪肉、牛肉和禽肉价格下跌的影响。2016 年立陶宛农业总产值为 22.70 亿欧元，较上年减少 6.2%。其中，种植业产值为 14.65 亿欧元，较上年减少 7.7%，主要是因为谷物减产 15.6%；畜牧业产值 8.05 亿欧元，较上年减少 3.5%，主要是受牛奶减产 6.4% 的影响。2017 年农业总产值 25.35 亿欧元，较上年增加 11.6%，其中，种植业产值 15.71 亿欧元，较上年增加 7.2%，主要是因为几乎所有农作物产品的价格都上涨；畜牧业产值 9.64 亿欧元，较上年增加 19.7%，主要是牛奶、牛、猪和鸡蛋收购价格的上涨。详见表 3。

表 3　2010—2017 年立陶宛农业发展情况　　　　　　　　　　　　　　（单位：亿欧元）

年　度	2010 年	2011 年	2012 年	2013 年	2014 年	2015 年	2016 年	2017 年
农业生产总值	18.50	23.54	27.11	25.49	24.51	25.30	22.70	25.35
其中：种植业产值	10.07	13.97	17.52	15.12	14.56	16.79	14.65	15.71
畜牧业产值	8.43	9.57	9.59	10.37	9.95	8.52	8.05	9.64

注：按照现行价格计算

资料来源：立陶宛统计年报 2016，立陶宛统计局

在立陶宛农业产值中，农户及家庭农场的农产品产值占总产值的 72.1%，农业企业和公司的农产品产量占总量的 27.9%。其中，在农作物总产值中，农户及家庭农场占 81.9%，农业公司及企业占 18.1%；在畜牧业产值中，农户和家庭农场占 54.2%，农业公司及企业占 45.8%。私人农场和农户主要种植谷类作物和饲养奶牛，而农业企业和公司主要从事牲畜饲养业等。

立陶宛农业、林业及渔业增加值占其总增加值的比重逐年下降。2012 年这一比重曾达到历史最高的 4.4%，主要是因为粮食丰收，以及当时全球粮食市场价格处于高位的缘故。2013—2016 年，由于农产品价格下跌，该比重逐年减少，2015 年降为 3.3%，但在欧盟 28 个成员国中仍排第 9 位。2017 年该比重有所上升，为 3.5%

2. 主要农产品产量

（1）种植业

立陶宛主要种植小麦、大麦、马铃薯、甜菜、蔬菜等（表4）。2015 年，立陶宛粮食产量为 652.1 万吨，较上年增加 22.5%，是近年来最高水平。其中，谷物种植比重最大，产量达 606.7 万吨，在欧盟 28 国排名第 13 位。粮食喜获丰收得益于两个因素：一是粮食单产同比提高 12.9%；二是粮食收获面积同比扩大 8.0%。粮食种植面积近几年逐年恢复，2010—2015 年间，年均增长 7.0%。2016 年，粮食产量有所下滑，降至 575.7 万吨较上年减产 11.7%。

表4　2011—2016 年立陶宛粮食产量　　　　　　　　　　（单位：万吨）

项　目	2011 年	2012 年	2013 年	2014 年	2015 年	2016 年
粮食	330.4	473.7	456.4	532.4	652.1	575.7
谷物	322.6	465.7	447.5	512.3	606.7	512.1
冬季谷物	119.2	281.0	263.2	212.0	377.3	337.1
小麦	91.2	225.7	212.5	170.8	327.2	298.3
黑小麦	18.7	37.0	38.7	29.2	37.9	29.2
黑麦	8.5	15.5	9.4	8.4	10.7	7.6
大麦	0.8	2.8	2.5	3.7	1.5	2.0
春季谷物	203.4	184.7	184.3	300.3	229.4	175.0
小麦	95.7	74.2	74.7	152.3	110.9	86.2
黑麦	75.2	71.4	66.0	98.2	79.6	52.6
黑小麦	5.0	6.5	6.6	10.3	8.9	3.9
燕麦	12.8	16.4	16.5	18.4	16.3	15.5
荞麦	2.6	3.1	2.8	3.6	3.7	5.0
混合谷物	4.7	5.0	5.5	5.8	4.2	3.1
食用玉米	7.2	7.9	12.1	11.5	5.6	8.6
其他谷物	0.1	0.2	0.1	0.1	0.0	0.0

数据来源：立陶宛统计年报 2016

粮食作物主要以小麦种植为主，2015年冬小麦收获面积为57.3万公顷，较上年增加61.4%，春小麦收获面积为26.3万公顷，较上年减少25.4%；大麦收获面积为20.24万公顷，较上年减少24.2%。甜菜、马铃薯收获面积近几年逐年减少，2015年分别为1.22万公顷、2.35万公顷。

立陶宛小麦产量近几年持续增加。2009年突破200万吨，达到210.02万吨，2010年因小麦单产较上年减少了23%，产量降低至171.04万吨，较上年减少18.6%，2011年增加至186.93万吨，2012年达299.89万吨，较上年大幅增加了60.4%，2014年和2015年产量持续增加，分别达到323.06万吨和438.03万吨。2010—2015年，小麦产量年均增长20.7%，主要是立陶宛增加了春小麦的种植面积，单产水平也大幅提高。

立陶宛大麦产量在2007年突破100万吨，之后几年连续减少，2010年大麦产量减至55.00万吨，主要是因为大麦种植面积大幅缩减。2011年和2012年基本保持在75万吨左右，2014年大麦种植面积大幅增加，大麦产量达到101.85万吨，2015年产量减至81.15万吨，较2014年减少20.3%。2010—2015年，大麦播种产量波动较大，总体呈现增加态势，年均增长8.1%。

饲用玉米产量在2014年达到历史高点83.71万吨，2015年减少至77.12万吨，较上年减少了7.9%。2010—2015年，饲用玉米产量总体呈现增加态势，年均增长8.5%。

马铃薯产量呈现逐年减少的态势，主要是种植面积不断减少，2000年产量为179.16万吨，2015年减少为39.92万吨，减幅为77.7%。

甜菜产量近几年波动较大。2012年产量为100.30万吨，2014年为101.44万吨，但没有恢复至2002年的最高水平（105.24万吨）。2015年产量减少至61.95万吨，较上年减少38.9%。

2011—2015年，粮食产量不断增加，库存大幅提高，2015年粮食库存量较2011年增加1.6倍，粮食供给量增加了98%，粮食自给率已达到324%（表5）。粮食消费中，饲料、食用以及工业用量变动不大。由于产大于需，国内消费占粮食供给总量的比重由2011年的40.4%下降至2015年的22.6%，减少了近18%，出口增加了1.5倍。2016年虽然粮食产量减少，但出口依然增加，粮食自给率降为276%。

表5　2011—2016年立陶宛粮食及制品平衡表　　　　　　　　　　（单位：万吨）

项　目	2011年	2012年	2013年	2014年	2015年	2016年
期初库存	86.61	125.51	203.56	204.05	224.96	312.57
产量	330.39	473.65	456.68	532.41	652.14	575.71
进口	40.89	47.70	42.54	48.78	33.83	32.27
总供给量	457.89	646.86	702.78	785.24	910.93	920.55

(续表)

项　目	2011年	2012年	2013年	2014年	2015年	2016年
出口	147.50	243.83	293.05	355.69	397.22	448.44
国内使用	184.88	199.47	205.68	204.59	201.14	208.28
种子	22.92	24.04	25.04	28.10	29.82	33.44
饲料	103.61	114.16	119.73	116.16	106.97	108.89
损失	5.15	5.40	5.22	6.81	9.20	10.16
工业使用	17.92	20.39	20.60	18.14	19.60	20.62
食用消费	35.28	34.71	35.09	35.38	35.55	35.17
人均消费量（千克）	117	116	119	121	122	123
期末库存	125.51	203.56	204.05	224.96	312.57	263.83
自给率（%）	179	237	222	260	324	276

数据来源：立陶宛农业统计2016

（2）畜牧业

畜牧业是立陶宛农业的重要组成部分，向国内消费者提供各类畜产品，并为农业部门提供有机肥料。立陶宛主要以饲养家禽、猪和牛为主（表7），2016年立陶宛的肉类生产结构中，禽肉产量占肉类总产量的比重最高，为45.3%，其次是猪肉（33.9%）、牛肉（20.1%）、羊肉（0.5%）和其他肉类（0.2%）。

家禽业稳步发展。禽肉占据了立陶宛肉类生产的主导地位，立陶宛是波罗的海各国中最大的禽肉生产国，因为饲料价格低、国内需求强劲以及出口增长等利好因素，2014年家禽存栏数为10.22万只（表6），2015年有所减少，2016年恢复至1009.89万只，较2010年增加6.7%。2016年禽肉产量11.55万吨，较2010年增加了42.4%。

表6　2010—2016年立陶宛畜牧存栏量

年　份	家禽（万只）	牛（万头）	奶牛(≥2岁)（万头）	猪（万头）	马（万匹）	羊（万只）
2010	946.63	74.80	35.98	92.94	4.47	7.45
2011	892.12	75.24	34.95	79.03	3.64	7.54
2012	908.56	72.92	33.10	80.75	2.95	9.64
2013	976.16	71.35	31.57	75.46	2.22	11.34
2014	1021.84	73.66	31.40	71.42	1.82	13.69
2015	936.96	72.26	30.05	68.78	1.73	16.06
2016	1009.89	69.48	28.58	66.39	1.63	17.70

资料来源：立陶宛农业统计2016

注：各年存栏均指年底数。

表7 立陶宛畜产品产量　　　　　　　　　　　　　　　　　　　　　　（单位：万吨）

年份	肉类	牛肉	猪肉	禽肉	羊肉	蛋（亿枚）	牛奶
2000	18.64	7.54	8.45	2.51	0.09	6.92	172.47
2005	23.86	6.23	11.89	5.66	0.07	8.64	186.16
2010	22.12	5.23	8.61	8.11	0.07	8.30	173.65
2011	22.40	5.02	8.85	8.39	1.06	7.74	178.64
2012	23.12	4.86	9.28	8.83	0.07	7.71	177.81
2013	24.38	4.53	10.15	9.58	0.08	7.72	172.31
2014	25.30	4.81	9.95	10.40	0.08	8.06	179.51
2015	27.01	5.39	9.91	11.54	0.11	7.86	173.85
2016	25.49	5.12	8.63	11.55	0.13	7.89	162.77

资料来源：立陶宛农业统计2016

注：肉类产量指胴体重，包括可食用内脏和脂肪。

养猪业近几年发展较为低迷。2006年立陶宛生猪存栏最多，达到112.71万头，2008年生猪存栏下降至89.71万头，之后两年有所恢复，2010年为92.94万头，但发现非洲猪瘟以来，由于欧盟禁止其在欧盟出口猪肉后，对立陶宛养猪业造成严重影响，2011年生猪存栏下降至79.03万头，较上年减少15.0%，2013年起继续减少，2016年降至66.36万头，较2010年减少28.6%。猪肉产量在2006年突破12万吨，之后逐年减少，2009年减为7.09万吨，之后几年逐渐增加，2013年为10.15万吨，2014年起逐年减少，2016年为8.63万吨，略高于2010年水平。

养牛业近几年有所萎缩。2016年牛存栏数为69.48万头，较2010年减少了7.1%，其中奶牛存栏数为28.58万头，较2010年减少了20.6%。2016年牛肉产量5.12万吨，较2010年减少了2.1%；牛奶产量在2007年达到历史最高水平193.66万吨，2010年产量减为173.65万吨，较2007年减少了10.3%，2014年恢复至179.51万吨，较2010年增加了3.4%，2015年、2016年产量连续减少，2016年为162.77万吨，较2010年减少6.3%。牛奶单产持续增加，2016年为5536千克，较2010年提高了13.0%。尽管奶牛存栏数近些年逐年减少，但由于单产持续增加，牛奶产量保持增加态势。立陶宛农业公司和企业的牛奶单产水平较高，2016年为7995千克，而农户和家庭农场的较低，为5054千克。

（3）林业

森林是立陶宛重要的天然资源，林业和林产工业在国民经济中占有重要地位，林业产值约占国内生产总值（GDP）的4%。立陶宛通过森林私有化、建立健全林主协会和拓展木材销售网络等政策的制定与实施，使私有林事业迅速发展。

2017年年初，立陶宛林地面积218.96万公顷，占国土面积的33.5%，其中：森林覆盖面积205.84万公顷，非森林覆盖面积7.80万公顷。人均森林面积0.77公顷。实施森林私有化之后到2007年4月1日，立陶宛全国森林面积的35%（约77万公顷）已划归私人所有，另外还有14%的森林（约30万公顷）也划归私有。

（4）渔业

2016年，立陶宛渔获量为10.69万吨，较2010年减少了30.1%，较2015年增加了25.6%。其中大西洋东南区域渔获量4.68万吨，占总渔获量的43.7%；摩洛哥海域渔获量2.48万吨，占比23.2%；波罗的海渔获量1.91万吨，占比17.9%。2017年立陶宛船舶总数为142艘，平均吨位288吨，其中1~49.9吨位的船舶有101艘，占总数的71.1%。

3. 主要农业产业布局

从立陶宛的农产品产值比重看（图1），2016年谷物占34.3%，其次是奶类16.3%、饲料作物和其他13.3%、经济作物7.8%、禽6.2%、猪5.0%、牛4.3%、蔬菜3.4%、蛋2.1%、马铃薯1.9%、水果1.4%、其他动物产品4.0%。

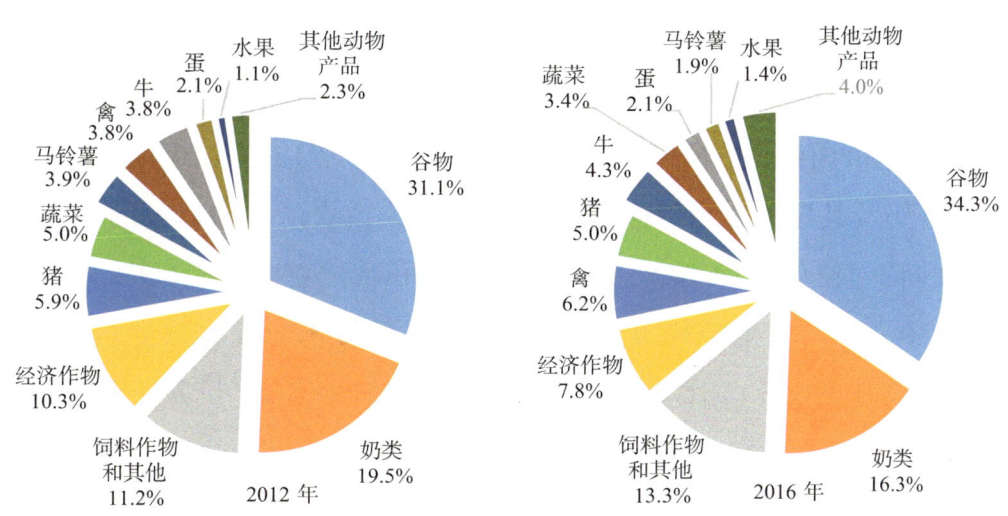

图1　2012年和2016年立陶宛农产品产值比重

资料来源：立陶宛统计局

从立陶宛的农业区域布局看，农业产值占比最高的是首莱县（Šiauliai），该县农业产值占全国农业产值的19.7%，其中农作物产值占全国的23.1%，畜牧业产值占全国的13.1%。其次是考纳斯县（Kaunas），占比分别是18.6%、18.5%、18.9%；潘涅维日县（Panevėžys），占比分别是15.5%、16.2%、14.1%。农业产值占比较小的县有阿利图斯县（Alytus），占比3.9%；吴捷纳县（Utena），占比4.7%；泰尔夏伊县（Telšiai），占比5.3%。

从粮食作物布局看，2015年立陶宛粮食作物种植面积占总播种面积的71.5%。首莱县（Šiauliai）粮食作物收获面积最多（占粮食作物总面积的 20.4%），其次是潘涅维日县（Panevėžys）18%、考纳斯县（Kaunas）16.2%。从畜禽屠宰比例看，占比最大的是在考纳斯县（Kaunas），占全国屠宰量的 26%，其次是潘涅维日县（Panevėžys）、维尔纽斯县（Vilnius），占比分别是 14.8%、14.6%。奶类产量最高的是首莱县（Šiauliai），占全国奶类产量的比重为 14.7%，其次是潘涅维日县（Panevėžys），占比 14.3%。蛋类产量最高的是维尔纽斯县（Vilnius），占全国产量的 36.7%，其次是泰尔夏伊县（Telšiai），占比 20.5%。

（三）农产品贸易情况

据 FAO 数据，2016 年立陶宛农产品出口额 41.41 亿美元，占世界的 0.3%，占欧盟的 0.8%，居欧盟第 19 位；立陶宛农产品进口额 31.87 亿美元，占世界的 0.2%，占欧盟的 0.7%，居欧盟第 20 位。

1. 主要农产品贸易规模

据立陶宛统计数据，2016 年，立陶宛农产品出口额为 43.85 亿欧元，较上年减少 2.0%，占立陶宛出口（商品）总额的 19.4%，其中出口额最高的农产品是谷物，出口额为 5.94 亿欧元，占农产品出口额的 13.5%，其中 85% 出口的是小麦，谷物主要出口沙特阿拉伯（占谷物出口总额的 19%）、西班牙（13%）、拉脱维亚（12%）、土耳其（8.9%）和德国（5.8%）。其次是奶及其制品，出口额为 4.07 亿欧元，占农产品出口额的 9.3%，主要出口欧盟（78%）、沙特阿拉伯（4.6%）、美国（4.6%）和哈萨克斯坦（1.9%）。第三是鱼和甲壳类，主要是干制、腌制、烟熏和其他加工品，出口额为 3.98 亿欧元，占农产品出口额的 9.1%，主要出口德国（38%），比利时（14%）、意大利（14%）、拉脱维亚（4.9%）和英国（4.6%）。

2016 年，立陶宛农产品进口额为 34.07 亿欧元，较上年减少 5.0%，占立陶宛进口总额的 13.7%，其中进口额最高的农产品是鱼和甲壳类，进口额为 4.56 亿欧元，占农产品进口额的 13.4%，主要从瑞典（47%）、挪威（10%）、德国（9.7%）、俄罗斯（6.4%）、拉脱维亚（4.4%）和美国（4.0%）进口，这些国家合计进口额占进口鱼和甲壳类总额的 82%。其次是食用水果和坚果，进口额为 3.65 亿欧元，占农产品进口额的 10.7%，其中包括苹果和梨（16%），柑橘类水果（15.1%），杏、樱桃、桃李（15.0%），新鲜草莓、猕猴桃、树莓、草莓和覆盆子（10.7%），香蕉（9.7%），累计占进口水果和坚果的 66%，主要来自荷兰（20%）、西班牙（14%）、波兰（9.3%）、比利时（7.6%）、拉脱维亚（4.6%）和意大利（4.4%），上述国家进口占进口水果和坚果总额的 60%。第三是饮料、酒及醋，进口额为 3.58 亿欧元，占农产品进口额的 10.5%。其中葡萄酒占 47%，烈性酒占 24%，矿泉水及其他饮料占 12%，啤酒占 6.4%。80% 的葡萄酒从法国、意大利和西班牙进口；71% 的烈酒从法国、德国、拉脱维亚、西班牙、英国、爱沙尼亚和俄罗斯进口；72% 的矿泉水及其他饮料从波兰、拉脱维亚、奥地利、德国和爱沙尼亚进口；62% 的啤酒从白俄罗斯、德国、波兰、乌克兰、荷兰和芬兰进口。

2. 主要贸易伙伴

立陶宛的主要贸易伙伴仍是欧盟成员国。中立双边贸易额在立陶宛外贸总额中所占的比重很小，但中国仍保持立陶宛在亚洲的最大贸易伙伴地位。

欧盟国家是立陶宛农产品出口的主要市场，占立陶宛农产品出口总额的 67%（2016年），包括：拉脱维亚（占出口欧盟总额的 19%）、波兰（15%）、德国（14%）、爱沙尼亚（7.4%）和意大利（7.3%）。立陶宛的主要贸易伙伴还有俄罗斯、白俄罗斯、沙特阿拉伯、日本和印度。

2016 年，立陶宛农产品进口主要来源于欧盟成员国、欧亚经济联盟（EEU）国家（俄罗斯、白俄罗斯、哈萨克斯坦、亚美尼亚和吉尔吉斯）。从欧盟成员国进口的农产品金额为 28.26 亿欧元，占立陶宛农产品进口额的 82.9%，主要国家是荷兰、波兰、拉脱维亚和德国；从俄罗斯、白俄罗斯和哈萨克斯坦进口的农产品金额为 1.77 亿欧元，占立陶宛农产品进口额的 5.2%。

2016 年，立陶宛共出口谷物 350.63 万吨，较上年增加 10.8%，其中小麦出口量为 325.38 万吨，占谷物出口的 92.8%，比上年增加 46.9%，在欧盟 28 国中排第六位。在立陶宛谷物出口量中，有 44.4% 的出口欧盟国家（包括拉脱维亚 31.2%、西班牙 31.0%、荷兰 12.1% 和德国 11.5%），33.3% 出口沙特阿拉伯，16.3% 出口土耳其，5.4% 出口肯尼亚。

2016 年，立陶宛牛奶及制品的主要出口市场依然是欧盟，占比由 2012 年的 57% 扩大到 2016 年的 78%。另外还出口美国和沙特阿拉伯。俄罗斯因为 2014 年 8 月对食品采取禁运措施，出口到该国的牛奶及制品的份额明显减少，从 2012 年的 30% 下降到 2016 年的 0.7%。立陶宛是牛肉和禽肉的净出口国。2016 年，立陶宛牛肉和禽肉出口量分别为 3.00 万吨和 5.30 万吨，合计占肉类出口量的 63.8%。其中 90% 的牛肉和 92% 的禽肉出口到欧盟国家，牛肉主要出口意大利、荷兰、瑞士和丹麦；禽肉主要出口荷兰、拉脱维亚、爱沙尼亚和法国。立陶宛是猪肉的净进口国。2016 年，立陶宛进口猪肉 8.50 万吨，占肉类进口总量的 57.4%。其中 1/3 的猪肉是从波兰进口，其余来自德国（14%）、比利时（13%）和西班牙（9%）。

3. 中国与其贸易情况

2010 年以来，中立双边贸易稳步发展，立陶宛一直保持中国在波罗的海地区最大贸易伙伴的地位，中国也是立陶宛在亚洲的最大贸易伙伴。2016 年双边贸易额为 8.31 亿欧元，较 2010 年增长 81.4%。其中，立陶宛从中国进口 7.08 亿欧元，较 2010 年增长 64.6%；对中国出口 1.23 亿欧元，较 2010 年增长 3.4 倍。

双边贸易不平衡问题一直存在，2015 年立陶宛贸易逆差为 6.23 亿欧元，2016 年有所减少，为 5.85 亿欧元（表 8），主要是进口额较上年减少了 2.3%，出口额增加了 20.6%，而出口的增长是由于立陶宛国内产品出口和再出口的增加。由于立陶宛存在大量转口贸易的情况，双方海关统计数据可能存在较大差距。

表 8　2010—2016 年立陶宛与中国双边贸易额　　　　　　　　　　（单位：百万欧元）

项　　目	2010 年	2011 年	2012 年	2013 年	2014 年	2015 年	2016 年
出口额	28	58	67	88	102	102	123
进口额	430	452	531	565	666	725	708
贸易逆差	403	394	465	477	564	623	585

资料来源：立陶宛统计局

根据中国海关数据，中国与立陶宛的农产品贸易并不活跃，以出口为主（图 2）。2016 年，中国对立陶宛的农产品出口额为 4481.51 万美元，仅占中国农产品出口总额的 0.06%，出口的农产品主要有蔬菜（650.27 万美元）、水果（628.62 万美元）、水产品（617.29 万美元）；中国从立陶宛进口的农产品为 456.95 万美元，仅占中国农产品进口总额的 0.004%，进口的农产品主要有水果（252.22 万美元）、饮品类（121.12 万美元）、粮食制品（43.42 万美元）。

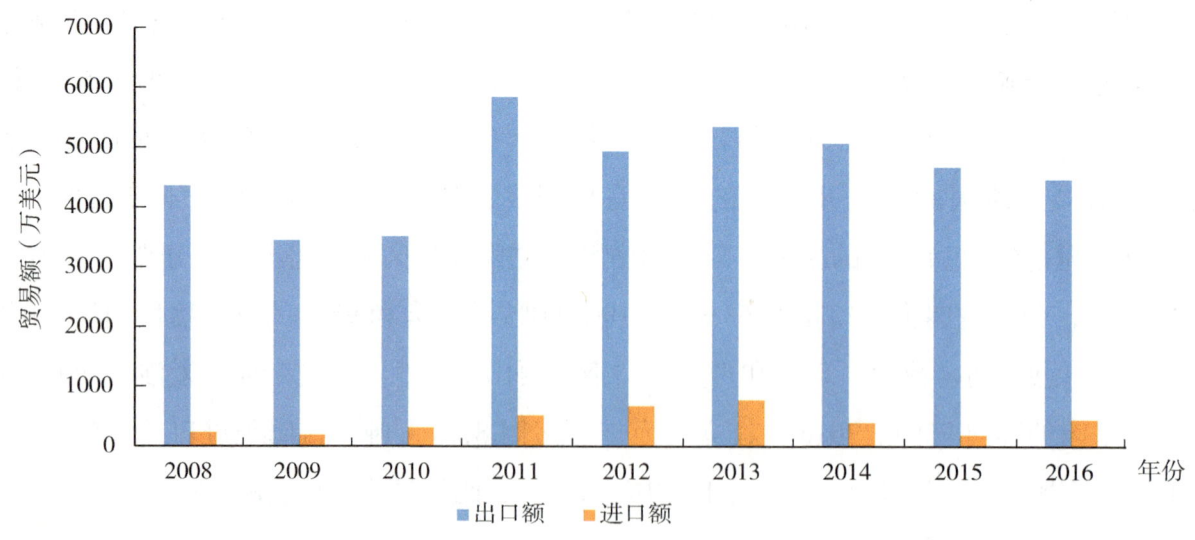

图 2　2008—2016 年中国与立陶宛农产品贸易情况

资料来源：中国海关

（四）农业科技发展

1. 农业科研机构

立陶宛主要农业科研机构如下。

（1）立陶宛农业和林业研究中心（Lithuanian Research Center for Agriculture and Forestry，LAMMC）

立陶宛农业和林业研究中心是一个作为预算机构（Budgetary Institute）运作的国家型研究机构。该机构成立于2010年，由立陶宛农业研究所、林业研究所和园艺学研究所合并而成。中心的战略目标是在农业、林业、生态和环境科学、生物学、生物物理学、植物学和动物学等领域进行研发。中心的研究人员在立陶宛研究委员会、环保部、农业部、经济部和其他国家机构的支持下已经实施了许多科学计划研究项目和一些国际项目。例如，自1922年立陶宛实施水果和植物育种以来，中心已经开发了470多个花园和蔬菜植物品种，并成功在立陶宛及其邻国和其他国家中广泛应用。立陶宛农业和林业研究中心除了保留了合并之前的三大研究所，还建立了一些地方研究机构，以服务于不同区域的农业发展需求。

研究中心的主要研究领域包括：① 研究土壤的物理、化学、生物学特性和植物营养过程，揭示其规律性；② 发展农业植物育种，遗传学和生物技术科学的基础，创造新植物品种，研究和开发植物基因库；③ 研究农业植物生物学的规律性，通过农业生态系统建模确定农作物生产质量及生产力；④ 研究植物微生物学，病理学，发病机制和植物原料及其产品的毒理学；⑤ 研究在不断变化的气候条件下的农业生态系统的可持续性；⑥研究农业制度和农业政策中的社会经济问题。

（2）亚历山大斯图津大学（Aleksandras Stulginskis University）

亚历山大斯图津大学是立陶宛唯一的一所农业院校，前身是立陶宛农业大学，1942年建立于立陶宛多特努瓦，2011年改名为Aleksandras Stulginskis大学。该校是立陶宛共和国唯一提供生物医学、技术和社会科学等课程的国立高等教育研究机构，设有农业、林业、水土资源管理、生物能源及机械工程、自然资源的可持续利用专业。立陶宛共和国首任农业部长和第二任总统均毕业于该校。学校现有4700名学生，设有学士、硕士和博士学位。学业领域涵盖了生命科学的重要研究课程和对国家农业、林业、水域、土地管理。

（3）立陶宛农业经济研究所（Lithuanian Institute of Agrarian Economics，LAEI）

立陶宛农业经济研究所成立于1990年，其前身是1959年成立的立陶宛农业经济科学研究机构（Lithuanian Scientific Research Institute of Agricultural Economics）。LAEI是隶属于立陶宛农业部的国家农业经济和政策研究机构。该机构现有60名员工、38名研究人员，包括

10位博士学者。研究所下设农业政策和国际贸易部门，农产品市场研究部门，农村发展部门，农业企业经济部门和农场经营调研部门等。

立陶宛农业经济研究所的首要任务是成为一个负责全面解决立陶宛农业经济和政策发展问题的科学研究机构，帮助国家、商业机构和非政府组织加强对农村的了解，以促进农业科学的研究和实践能力。立陶宛农业经济研究所涉及的农业科学研究包括：立陶宛农业、食品工业和立陶宛渔业的经济政策研究；立陶宛农场经济、渔业以及其他农业企业主体的研究；立陶宛农村区域发展政策；立陶宛保护环境和自然资源的经济政策；立陶宛消费者行为研究和食品供应链管理。

（4）立陶宛医科大学—兽医学院

现代的立陶宛医科大学是由考纳斯医科大学和立陶宛兽医学院合并而成。兽医学院是立陶宛唯一授予兽医学和专业食品安全硕士研究生学位的机构。目前兽医学院下设2个二级学院，兽医学院和畜牧技术学院。根据学科分类，兽医学学生可以诊断动物疾病，治疗动物，采取防御措施，检测动物疾病转移和食物链安全；开展相关研究，利用所学知识，解决复杂的兽医学相关问题，并在不同活动中应用获得的能力和知识进一步自我教育。食品安全管理学生可以分析和评估在整个食物链中食品和原材料对人类的安全性。他们设计并管理食物生产过程中的控制食品质量和食品安全的管理系统。兽医学院的研究机构包括挤奶玄链中心，实务研究指导中心，可以颁发健康畜牧证书的教学农场，现代冷藏农场，大型和小型动物诊所，家畜屠体分类实验室，移动门诊和12个研究实验室。兽医学院还与一些食品工业，动物诊所，制药公司达成协议，在校学生和毕业生可以在这些合作机构中进行实践。

2. 农业科技发展状况

立陶宛重视发展科学技术，政府采用建设高新技术园区和集群的方式为科研创造条件，重点领域包括：生物技术、通信、激光和医疗设备等，其中，激光技术水平居世界前列，生物技术和医疗设备的发展被广泛看好，对网络、手机等现代通信的利用居欧盟前列。

立陶宛政府的首要目标是推广创新与科技研究。由立陶宛经济部发起的一次民意测试显示，立陶宛企业的年度预算大多包括研究新产品的投资，几乎70%的工业企业和超过60%的零售业领头企业要求把预算的一部分作为创新研究费用。

立陶宛的生物技术领域是中东欧国家中的佼佼者，依靠遗传工程药品及遗传工程相关的生物化学和化学媒介进入西方市场。该国生物技术公司向许多国家出口产品，发展较快。

立陶宛形成了五大科技"硅谷"，分别专注于不同的领域。例如，以生命科学为主要研究目标的Santara Valley，以物理和生物科技为主的Sunrise Valley，以能源研究为主的

Santaka Valley，以农业科学为主的 Nemunas Valley，和海事研究 Maritime Valley. 各个研究中心以大学和研究院为依托，吸引了大量人才和企业，并由此衍生出了 9 大科学技术园区。立陶宛的 9 家科学技术园区位于国家最发达的经济中心，聚集了大量合格的科技人才，为立陶宛创新企业的发展提供了良好的基础设施，作为企业、科学家和学生结合知识、经验和想法的实践基地，引领创新发展并启动和实施多种商业项目。

以农业科学研究为主的 Nemunas Valley 依托于立陶宛农业大学和立陶宛医科大学，建立了包括立陶宛农业和林业科学研究中心在内的 5 个重点科学研究中心，汇集了超过 1000 多为科学家和研究者，成为逾万名农业科学领域的学生和教师的学习工作交流之地。Nemunas Valley 作为全国最重要的农业科技研究和发展场所已获得了超过 8500 万美元的政府支持。

（五）农业管理体系与政策

1. 农业管理体系

立陶宛农业和农村事务由农业部主管。该部制定的农业发展战略目标是：改善农村地区行政管理水平，促进农村地区发展；改善法律环境和管理体制，为农业发展创造良好的外部条件；增强农业生产主体的竞争力；鼓励创新，改善农村地区生活条件；加强对土地、森林和水资源的保护。立陶宛农业部负责制定和实施农业产业政策，促进立农业经济长期发展，推进农村地区各类经济活动的开展，促进可再生能源的开发，保护家庭农业的发展等。

2. 农业支持政策

立陶宛参与欧盟共同农业政策（CAP）已经超过 13 年。立陶宛在实现本国农业发展的同时，也履行欧盟共同农业政策的方案。欧盟共同农业发展目标是：保持农业农村可持续发展，为农村居民提供食物，保护环境和资源，减少对农村居民的社会排斥。为了实现这些目标，立陶宛的农业企业和其他农业生产组织可以获得欧盟和立陶宛国家预算的支持。2017 年立陶宛的农业投资达 10.42 亿欧元，较 2016 年减少 2.6%。

直接支付。直接支付系统是欧盟 CAP 资助的最大的农业支持措施。通过使用直接支付系统，大部分直接支付的价格与农产品的产量是互不影响的，确保农场的长期经济可行性，使其更少受农产品价格波动的影响。2017 年立陶宛持续对一些特定区域实施直接支付计划，对农作物和动物的农业生产组织给与直接付款。同 2016 年保持一致，立陶宛的直接支付款项来自于欧洲农业担保基金（EAGF）和国家预算，其中 2017 年分配给立陶宛直接支付的 EAGF 资金份额占立陶宛直接付款总额的 90.9%（4.67 亿欧元）。目前已支付的金额为 4.54 亿欧元。与 2016 年相比，分配的 EAGF 资金份额增加了 5.6%，但支付金额减少了 12.4%，主要原因是2016年的预付款较高。国家预算支持方面，2017年过渡性国家援助（TNA）比2016年增加了42.4%。

市场调控措施。为了保护农产品和食品的市场平衡，并确保生产商的收入，立陶宛每年都实施不同的市场监管措施。基本措施是指干预购买、储存和销售，包括来自干预仓库的谷物、黄油、脱脂奶粉和牛肉。其他市场监管措施还包括：支持私人储存奶酪、黄油、脱脂奶粉、白糖、牛肉、猪肉、羊肉和山羊肉；工业用糖；从市场撤回新鲜水果和蔬菜以及非收获季节的水果和蔬菜等，并为教育机构采购的牛奶和奶制品、水果等提供援助。目前，立陶宛每年人均牛奶的消费量非常低，几乎不到25升，而波兰和爱沙尼亚是60升，芬兰每年人均140升。因此立陶宛尤其重视对教育机构购买水果、蔬菜和乳制品的消费。为保障儿童和青少年养成良好的饮食习惯，确保良好的公共卫生，立陶宛斥资360万欧元实施了"儿童奶粉"支持计划（320万欧元来自于国家预算）。2017年共有941所学校、625所幼儿园和8所儿童寄养家庭参与了此项目，为22.27万名儿童提供了优质乳制品，儿童人数比2016年增加了3.7%。这项投资将有助于减少未来与营养不良有关的公共卫生支出。自2014年以来，立陶宛取消了出口补贴方式（包括直接出口补贴和出口信贷等），其他市场监管措施也逐步建立，通过网络推广本国产品，在国际展示会上展示立陶宛产品等，支持本国企业走出去。2017年立陶宛支付350万欧元用于促进本国产品出口，较2016年增长16.7%，其中，260万欧元来自欧盟资金支持，90万欧元来自于国家预算。

农村发展措施。在立陶宛农民的直接支持下，CAP进行了一系列的长期投资措施，旨在实现农村发展目标，提高农村地区的经济发展水平，改善农村福利，保护自然资源和资源的可持续利用，实现农村地区的和谐发展。立陶宛建立了2014—2020年立陶宛农村发展计划（RDP），2017年收到了近10万份申请，虽然较2016年减少12%，但实际支付金额较2016年增加7.7%。申请范围涵盖了农业环境与气候、有机农业、水资源利用，农业生产组织投资、支持青年农民参与农业生产、购置新的农业机械和设备等。2017年申请的农业投资支持总额为3380万欧元，2740万欧元获批。根据RDP"农业和商业发展"措施的要求，2017年RDP逐渐向投资创造、发展经济活动和支持青年农民创业等方面倾斜，其中"支持青年农民创业"的申请金额约为1160万欧元，较2016年增长近21.5%，980万欧元获批。有机农业也是RDP的投资重点之一，2017年收到的申请金额为4354万欧元，较2016年减少3.5%。此外，立陶宛政府支持地方发展战略，鼓励以社区为单位刺激农业发展。2017年，在"领导者"（LEADER）政策的支持下，批准了13项地方发展战略。2014—2020年预计将投资1.09亿欧元用于实施此项农村发展战略。

国家援助。立陶宛建立了一整套的国家援助措施用于支持农业和食品部门的发展，提高其竞争力和农业生产效率，提升农产品质量。国家援助资金主要来自于国家财政预算。2017年国家援助主要资助生物燃料生产、补偿农业生产组织的保险费、家畜的养殖和选育、动物及副产品的处理等。与2016年相比，立陶宛国家援助措施的资金达2880万欧元，较2016年增长16.8%。2017年农民积极使用农作物保险服务，2016—2017年，补偿农作物保险的国家援助从260万欧元增加至290万欧元，增加11.5%，其中一部分来自欧盟预算基金，通过RDP项目对农民进行补偿。家畜养殖和选育方面，根据立陶宛国家援助措施"家畜品种选育"等提供更高质量的农产品和种牛、种羊等，该项措施预算450万欧元，约占国家援助措施总资金的15.7%，较2016年降低6.7%。

3. 农业发展规划

立陶宛政府于2016年12月13日发布了关于政府规划的第XIII-82号决议，国家发展愿景和解决方案基于以下原则，即五个和谐要素，包括和谐个体、和谐社会、和谐教育与文化、和谐经济以及和谐治理。政府明确表示，保持和谐是其基本目标。立陶宛政府非常重视农业农村的可持续性发展，在规划里指出：未来农业农村的发展将从促进农业农村可持续发展、改善农业市场形势以降低农业生产风险和提高农业部门监管的有效性等方面着手，并制定一系列吸引和激励青年在农业部门创业的扶持措施。

一是促进农业农村的可持续性发展。不仅鼓励有机农业的发展，而且在减少农业污染方面采取措施，包括：采用先进技术，制定农业监管措施，确保作物均衡施肥，基于先进管理方法划定粪便处理和地表水保护区等。在促进土地利用和土壤肥力保护方面，将鼓励实施可持续性的农业耕作方式，促进土壤肥力的恢复，合理使用自然资源，促进农业的可持续发展。对农村及其社区可持续性的保护是负责任政府决定其命运的最重要任务，有竞争力和有效益的农业、适合的基础设施以及充足的社会、卫生和文化服务是农村赖以生存的必要条件。

二是改善农业市场形势以降低农业生产风险。借鉴欧洲最佳实践做法，开发农业市场监测与分析系统，对农产品市场进行监测和趋势分析。基于欧盟层面的欧洲每日市场监测机构而建立的系统将成为确保农业部门稳定和可持续发展的重要工具。适时引入临时性农业市场监管机制，当农产品价格低于生产成本时，在法律允许的基础上采取临时性部门市场监管措施，确保生产者最低收入。为降低农业生产风险，鼓励建立农业风险基金，应对由自然因素和市场价格波动引起的风险。这些基金应以私人捐款为基础，在紧急情况下国家加以援助。国家鼓励银行和保险机构参与此类基金活动。

三是提高农业部门监管的有效性。政府将审视农业部门主要农产品的生产发展趋势，尽力减少中小农场间的机会差异，确保公平竞争和机会平等，从欧盟对所有经济参与体的支持中获益；将简化立法中对农业活动和农业支持的规范条例，促进以公民、企业实体和国家利益为导向的可持续行政减负进程；将评估由另一个独立的金融或监管机构代替农业相关部门作为经营项目审计机构的可能性，确保评估的客观性，目标是引入欧盟支持计划的年度部门监测和运营效率评估机制。按照欧洲最佳做法，建立农业生产市场监督机构，用于农业市场监测，确保相关信息、最佳实践和创新的转移以及公众教育的传播。

另外，立陶宛政府非常重视青年在农村开展的创业活动，并提供相应的支持措施，把促进移民、提高农村地区吸引力作为重点，鼓励青年参与社会活动。

三、农业投资环境

（一）国家商业环境

根据美国传统基金会与《华尔街日报》联合发布的 2017 年全球自由经济度指数报告，在参与评选的国家中，立陶宛从 2016 年的第 13 位下降至今年的第 16 位，超过拉脱维亚（第 20 位）和波兰（第 39 位），但落后于爱沙尼亚（第 6 位）。

地理位置便利，经济发展良好。立陶宛作为欧中地区重要的交通枢纽之一，拥有天然的地理优势和经济发展优势。立陶宛于 2004 年 5 月加入欧盟，执行欧盟的统一的对外贸易政策，其产品可以自由进入欧盟市场。2007 年立陶宛加入申根协定。持有申根签证，可以在包括立陶宛在内的 27 个欧洲国际自由旅行。极大地方便了来往欧洲各国的商务人员在欧盟各国从事旅游和商业等活动。自 2011 年起，立陶宛经济持续增长，并于 2015 年 1 月 1 日起加入了欧元区，增加了立陶宛经济发展的活力，刺激了立陶宛经济的进一步增长。

营商环境优越，投资潜力大。根据世界银行发布的《2018 年营商环境报告》，立陶宛营商环境综合竞争力全球排名从第 21 位上升至第 16 位，税收体系单项竞争力排名由第 27 位上升至第 18 位，远超中东欧地区其他国家的平均值。立陶宛作为欧盟成员国之一，也从欧盟得到了大量的资金支持。在欧委会通过的 2014—2020 年度预算中，立陶宛获得了总额达 128.9 亿欧元的资金支持，比 2007—2013 年度获得预算规模增加了 10%。世界经济论坛公布的《2015—2016 年全球竞争力报告》中，立陶宛在全球最具竞争力的 144 个国家和地区中，排名第 41 位。

基础设施发达，市场辐射能力强。立陶宛拥有欧洲乃至全球最完善的电子基础设施，是带宽和光线基础设施领域的领导者。立陶宛的实体基础设施也为投资者开展业务提供了可靠、快速、高质量的物流选择。通过海运、空运和陆路运输，其产品可简单快捷的到达北欧，西欧和亚洲的主要市场。克莱佩达无冰海港是波罗的海沿岸最大的港口，每年可处理高达 6500 万吨的货物。铁路货运服务连接了立陶宛与俄罗斯、白俄罗斯、拉脱维亚、波兰、德国、乌克兰和一些亚洲国家（包括中国）。立陶宛拥有四个国际机场，可以在 2～3 小时将产品运往欧洲的主要市场。

劳动力素质高，工资成本相对较低。立陶宛公民受教育程度在欧盟各国中名列前茅，93% 的公民接受过中等以上教育，92% 的立陶宛人熟练掌握一门外语（主要为俄语、英语和波兰语），远超欧盟的同类指标（54%），52% 的立陶宛人会讲两门以上的外语。目前立陶宛人学习汉语的热情上升，设立于维尔纽斯大学的孔子学院每年都培养 30 名左右的专业汉语人才。

立陶宛的工资成本具有相对竞争力。2016 年 1 月 1 日起，立陶宛最低月工资为 350 欧元，7 月 1 日起升至 380 欧元。2015 年人均税前月工资为 712 欧元，税后人均月工资为 553 欧元，是欧盟国家中工资水平偏低的成员国。

（二）农业优势与潜力

立陶宛自然环境良好，盛产小麦、奶制品、肉制品和水果。立陶宛是著名的有机农业国家，在农业生产领域恪守传统生产方式，生产高品质农产品。

立陶宛小麦自给率高达 526%。从 2011 年以来的数据看，立陶宛粮食及其制品自给率都保持在 100% 以上，2015 年达到 324%，2016 年有所减少，为 276%。2016 年谷物自给率为 268%，其中小麦自给率达 526%。2016 年，小麦出口 371.09 万吨，在欧盟 28 国，立陶宛小麦出口排名第六位。

立陶宛奶及其制品自给率保持在 150% 以上。2012 年、2014 年自给率均在 170%，2016 年，立陶宛奶类及其制品产量 162.77 万吨，出口 125.70 万吨。2016 年以来，立陶宛奶制品在中国逐步打开市场，走上中国消费者的餐桌。

（三）风险分析

1. 自然风险

立陶宛属海洋性向大陆性过渡气候。1 月平均温度 -4.9℃，7 月平均温度 17.0℃。年平均降水量 748 毫米。自然条件较好，自然灾害少有发生。冬季漫长而寒冷，雪量较大。个别年份如冬季积雪较多，春季易发生洪涝灾害。

2. 制度风险

立陶宛政治基本稳定，但易受国际形势影响，自身具备一定的不确定因素。立陶宛实行总统制政体，以三权分立为基础，立法权、行政权和司法权相互制衡，同时实行多党制、选民直接选举制和全民公决制。立陶宛政治体制主要包括议会、中央政府、地方政府及司法机构。国家最高立法机关为由 141 名议员组成的议会，实行一院制，享有立法权，享有批准或否决总统提名的总理人选、任命和解除国家领导人的职务以及在获得 3/5 的议员支持后有弹劾总统的权利。立陶宛总统由公民直接投票选举产生，任期 5 年，最多任两届。现任总统达利娅·格里包斯凯特于 2009 年 5 月当选，2014 年 5 月连任总统。2019 年 5 月立陶宛将选出下一任总统，新总统上任对立陶宛国家发展和对外关系等方面带来的影响还有待观察。

3. 经济风险

财政赤字逐年减少。2015 年立陶宛中央政府收入为 105.08 亿欧元，支出为 102.85 亿欧元，非金融类资产业务为 7.31 亿欧元，中央政府财政赤字为 5.08 亿欧元，比 2014 年减少 5500 万欧元。未来，随着经济持续增长，财政收支有望出现少量盈余，但这种盈余会被养老金和医护领域改革增加的成本抵消。

官方储备资产减少。截至 2015 年 12 月，立陶宛官方储备资产总额为 15.59 亿欧元，其中外汇储备 12.02 亿欧元，黄金储备 1.82 亿欧元，特别提款权 1.75 亿欧元。加入欧元区后，立陶宛央行持有的欧元投资和欧元外汇不再被算作官方储备资产，故从账面上看，从 2015 年 1 月起立陶宛官方储备"锐减"。截至 2016 年年底，立陶宛中央政府债务合计 157 亿欧元，约占 GDP 总量的 41%。其中长期债占 99.5%，短期债占 0.5%。国外债务占 75.5%。作为国际货币基金组织成员国，立陶宛近 10 年来经济发展平稳，未向 IMF 提出借款要求，其外债规模可控，暂不受国际组织限制。截至 2015 年 12 月底，外国在立直接投资存量为 135 亿欧元，立人均外资存量为 4473 欧元。来自欧盟成员国的直接投资为 111 亿欧元，占 FDI 总量的 82.5%。最主要的投资来自瑞典（占 FDI 的 23.1%）、荷兰（12.5%）、德国（9.2%）。其中大部分投向金融和保险业（占 26.2%）、制造业（20.5%）、房地产（14.4%）。

4. 法律风险

立陶宛政府主管部门和社会民众对引进外籍劳工态度较为保守消极。入盟前，立陶宛曾规定每年引进外来劳务人员的限额为 1000 名。入盟后虽然取消了限额，但在办理居留、签证和劳动许可等方面控制较严，手续较为烦琐，审批时间较长。如申请所需文件均需翻译成立陶宛语，并要进行公证或认证，劳动许可和工作签证的审批时间可长达半年，加之立陶宛国内对外籍劳务需求有限，且立陶宛工资水平远低于欧盟发达国家，这些都是影响外籍人员赴立陶宛工作的不利因素或潜在风险。

（四）总体评价

综合来看，立陶宛的投资环境利大于弊，但必须要规避风险。立陶宛处于欧盟、美国、俄罗斯、波罗的海诸国等经济体和国家中间，其决策会受到众多因素的影响，但是其地理位置得天独厚，再加上多元的文化环境以及自由的市场经济体制等，对立陶宛进行投资还是可行的。近年来，立陶宛出台了多项法规以寻求合作、达到共赢，同时不断的寻找机会，通过区域互联互通建设、交通设施建设，吸引外商投资，一方面不断促进经济的增长。2017年，立陶宛GDP增长率达到3.8%，是近5年最高水平；另一方面加强贸易往来，更好地发挥立陶宛的地理优势等。总之，立陶宛具备良好的发展潜力。

四、中立农业合作现状与合作重点

（一）合作现状

1. 合作机制

中立两国都非常重视开展农业领域的合作，农业合作在中立合作中占据重要地位。中立两国虽相距遥远，但随着全球化不断推进，国际合作持续开展，中立农业领域合作具备广阔前景和深厚潜力。

中立农业领域合作取得突破性进展。2012年6月，中国农业部副部长访问立陶宛，双方签署《中立2012—2013年农业领域合作行动计划》。2015年至2017年分别签署立海产品、乳制品及冷冻牛肉输华检验检疫议定书。《2018—2020年农业领域合作行动计划》是中立农业主管部门为促进两国农业合作达成的重要文件，对密切两国关系、进一步开展农业领域务实合作意义重大。

2017年4月19日，中国质检总局派出考察团对立牛肉安全卫生控制体系进行评估。4月24日，立农业部长访华与质检总局进行双边会见，并出席第15届中国国际奶业展览会。5月，中国质检总局与立农业部、立国家食品和兽医总局正式签署立牛肉对华出口卫生检验检疫协定书，为立陶宛牛肉输华打开大门。

2017年8月14日，中国农业部副部长率团访问立陶宛，与立陶宛农业部副部长举行会谈，双方就中立农业领域合作深入交换意见，并共同签署《2018—2020年农业领域合作行动计划》。立陶宛农业部副部长称，行动计划是中立开展农业领域合作的坚实基础。立方相信行动计划将通过农业技术、粮食生产、牲畜养殖、食品安全、农产品贸易及在多边框架下开展农业交流与合作等方式进一步加强中立关系。立陶宛农业部副部长还向中方介绍了立农业发展趋势、优势农产品、市场多元化战略及参与欧盟事务等情况。《2018—2020年农业领域合作行动计划》符合两国共同发展农业的强烈愿望，将对中立在新形势下开展农业合作起到积极推动作用。

2. 科技合作

中国与中东欧国家农业科技交流会为农业科技界搭建合作交流平台。近年来，中国农业部大力推动中国与立陶宛等中东欧国家农业科技交流的平台建设，通过开展一系列活动，比如，举办研讨会、学术交流会以及合作研究等方式，促进中国与立陶宛等中东欧各国科研机构、高校、企业、民间农业科技合作，已取得很好的成效，在技术交流和科技成果推广利用等方面也成效显著。

立陶宛愿意在互相信任和互相尊重的基础上深化与中国的合作。立陶宛欢迎中国企业在科技创新和高新技术领域进行合作，同时也欢迎中国公司在立陶宛投资建厂，把从中国运来的半成品或零部件加工为成品。

3. 贸易合作

立陶宛和中国的贸易额相对较低，但呈增加趋势。两国企业在通信领域开展了富有成效的合作，正在积极探讨其他领域的合作。

立陶宛酒业生产企业 Stumbras 开始向中国出口白酒，出口占 Stumbras 公司销售额的 23.2%，在中国市场的占有率非常低，仅有 0.3%。因中国消费者日益重视产品质量，作为欧盟生产商，Stumbras 公司对扩大对华白酒出口充满信心。2014 年 9 月，中国香港地区批准了立陶宛的禽肉和家禽产品的进口，结束了长达两年的谈判。自 2016 年 17 家立陶宛乳制品企业取得对华出口资格以来，立奶制品在中国逐步打开市场，截至 2017 年 5 月，共有 172 吨奶粉、30 吨奶酪以及 200 吨乳糖运抵中国，走上中国消费者的餐桌。这让更多立陶宛奶制品企业将目光投向中国市场，提交对华出口资格申请，中国质量监督检验检疫总局正在加快进行评估。

4. 投资合作

目前，中国对立陶宛的投资以小规模项目为主，投资金额较低，主要集中在通信、电网设计、电子、纺织、金融、餐饮等领域。投资合作项目正稳步扩大，也在不断拓展新的合作领域，华为技术有限公司、中兴通讯股份有限公司等在立陶宛建立子公司，中国招商局集团设立办事处，但农业项目投资非常少。立陶宛一些农业相关企业也在寻找中国合作伙伴，比如，立陶宛蜂蜜制品企业 Medicata 公司、Agro Aves 农业集团、乳制品集团 MPKG 以及 Auga 农业公司等。立陶宛作为欧洲的一个小国，中国大多数企业对立陶宛的了解也相对较少。探索投资的新亮点是中国对立投资发展的新动力。

（二）合作潜力

1. 合作基础

立陶宛虽不是"一带一路"合作的领跑者，但双方合作已经驶入加速道，加上立陶宛本身是独联体国家进入欧盟的门户，有着辐射7亿人口的区位优势、以吸引外资为基调的政策环境、高素质低成本的劳动力优势，可谓是"一带一路"上的"潜力股"。

立陶宛在交通物流领域有着得天独厚的地理位置优势，位于欧盟、波罗的海地区国家、独联体等三大区域经济的交汇处，是亚欧交通走廊和波罗的海南北交通动脉的十字路口。克莱佩达港是波罗的海三国唯一的不冻港，港口吞吐量一直在波罗的海三国港口中保持第一。

（1）政府间签订合作协议

中国与立陶宛建交以来，双方一直保持着友好合作关系。近年来，两国在经贸、科技等众多领域的交往与合作也成果颇丰，并且共同签署了多项合作协议。包括：2012年6月双方签署《中立2012—2013年农业领域合作行动计划》；2015年11月中国工业经济联合会与立陶宛工业企业家联盟签署了"一带一路工商协会联盟"合作备忘录，与立陶宛—中国商务理事会签署了合作协议。2017年5月中国国家质量监督检验检疫总局、立陶宛农业部、立陶宛国家食品兽医局共同签署《立陶宛输华冷冻牛肉的检验检疫和兽医卫生要求议定书》；2017年8月双方共同签署《2018—2020年农业领域合作行动计划》等。

（2）企业之间建立合作

中国山东省中小企业局与立陶宛企业局、投资发展局初步建立了合作交流工作机制，通过增进相互了解；组织双方开展人员培训、学术研讨等多方位、多形式、多层次的合作交流；拟每两年举办一次"山东—立陶宛企业合作交流洽谈会"，采取双方轮流举办的方法，组织双方企业实地考察投资环境、洽谈合作形式、探讨投资合作意向。

中国山东寿光赛维绿色科技有限公司是一家专门生产果蔬制品的高新技术企业，2015年5月赴立陶宛考察，与立陶宛4家（施捷达Geraldas Atelmokaitis；Vidas Andrikis；Rimvydas Butkus；Giedrius Valuckas）境外企业达成了合作意向。中国山东京广食品有限公司分别与立陶宛UAB "Obuoliu namai"（果汁生产企业）、JSC "B Mineral.Water company"（纯净水生产企业）达成合作意向，由山东京广食品有限公司作为这两家企业在中国的代理商，并与METIDA（立陶宛知名律师事务所）建立合作关系，为山东京广公司在欧洲开拓市场、商标维权、投资资质等业务提供所需要的法律咨询服务。

2. 合作前景

立陶宛地理位置得天独厚，是连接北欧、西欧、独联体三大市场的重要枢纽，区位优势明显，立陶宛人口不足300万，但是可辐射7亿人口的多层次、多元化市场。中国和立陶宛两国合作前景广阔，立陶宛有非常好的工业、农业、科学技术、人力资源等，应该能成为非常好的合作伙伴。在"一带一路"倡议和"16+1合作"机制下，中立两国交往更加密切，双方有关部门正在共同努力为两国务实经贸合作铺平道路、创造机会。

深化中立两国农业科技交流与合作。中立两国可以在农业技术、粮食生产、牲畜养殖、食品安全、农产品贸易等方面开展农业交流与合作。根据两国农业发展的需求，选择共同关注的新课题，以两国的科研院所为平台来分享经验、相互学习。在双方互补程度较高的领域展开有针对性的指导和品种、技术引进，从而加快农业科研进步的步伐，促进两国农业科技整体实力的提升。

推动农业投资和贸易取得更新的进展。通过开展合作研究、推动高层和民间的交流互访等途径，挖掘中立两国在农业投资和贸易领域的合作潜力，为开展农业投资和贸易营造良好氛围。在双方具有优势互补的领域加大合作力度，增强两国农业产业协同效应，提升两国在全球农产品市场的竞争力。

（三）合作重点

1. 重点领域

在食品加工业、生物技术等领域加强合作。食品加工业在立陶宛工业中占有举足轻重的地位，是立陶宛主要出口产业之一，并提供大量的就业机会。目前立陶宛最大的三家奶制品企业集团JSC"ROKISKIO SURIS"、JSC"PIENO ZVAIGZDES"和JSC"ZEMAITIJOS PIENAS"加工的鲜牛奶占到市场份额的85%左右。立陶宛BIOVELA集团是波罗的海地区最大的肉食加工企业之一，占立陶宛市场份额的30%。

在生物技术领域，立陶宛是中东欧国家中的领先者，依靠遗传工程药品及遗传工程相关的生物化学和化学媒介进入西方市场。该国生物技术公司向许多国家出口产品，并且发展迅速。在国际市场上，立陶宛在分子生物方面取得的成就和开发的不同生物技术应用获得了极高的评价，其生物技术专家已在东欧和远东地区享有一定的声誉。

2. 重点产业

在乳业领域加强合作。乳业是立陶宛的传统优势行业，2016年，立陶宛人均奶及其制品消费量321千克，而人均占有量为600千克，远超其国内市场需求。中立乳制品领域贸易潜力巨大，随着立企业获准对华出口黄油、奶酪、奶粉等乳制品，中国将逐渐成为立乳制品的重要出口市场。

在水产养殖领域与立陶宛进行合作。目前，欧盟委员会已经为立陶宛渔业和水产养殖部门争取到一系列投资项目，旨在提高立陶宛渔业和水产养殖业的竞争力、可持续性和活力。2014—2020年间，欧洲海事和渔业基金提供约8200万欧元的项目投资，其中约6300万欧元来自于欧盟的投资。立陶宛非常欢迎中国企业投资立陶宛农业，尤其是水产养殖业。中国可以此为契机，在水产养殖领域与立陶宛进行合作。

在高科技领域的合作。立陶宛在生物技术、激光、信息、纳米等高科技领域具有优势，立陶宛政府为鼓励创新，在全国建有5个高新技术园，吸引企业入园创业。中国企业围绕立陶宛的优势产业，包括生物制药、海洋科技等领域，参与立陶宛高新技术园区的项目开发。

五、中立农业合作建议

立陶宛农业总体规模不大，但在食品加工业、生物技术等方面很有优势。尽管农产品贸易规模较小，但是双边农产品互补类别较多，农产品贸易潜力巨大。未来，两国在农产品贸易、投资、种子资源交换、畜牧业、农业机械、农业科技和农产品质量安全等层面，拥有广阔的合作空间。

完善农业合作机制。依托中国与中东欧国家农业经贸合作论坛，推动中国与立陶宛签订双边农业合作备忘录，确保双边农业合作有章可循，进一步扩大双边农产品合作方式及领域，推动双边农业合作的多层次发展。

强化人才培养与交流。通过高等学校互派专家学者访问交流、互派留学生等，加强双边科技人员的互访和合作研究。同时，也可以互派研究人员组成研究小组，攻关一些共同面对的技术难题，构建长期稳定的农业技术研究和人才交流合作机制，以解决农业合作过程中的人才问题。

推进农业企业走出去。立陶宛作为古丝绸之路上的一个重要关口，由于其至关重要的地理位置等优势，在现代贸易途径中也是不可或缺的一环。近年来，立陶宛出台了多项法规以寻求合作、达到共赢，同时不断地寻找机会，吸引外商投资。中国要鼓励农业企业走出去，把握机会，做好投资风险分析，积极参与两国农业投资合作。

参考文献

曲春红，李辉尚.2017.立陶宛农业发展研究[J].世界农业，（11）:172-178.

生态中国网 .（2015-05-04）. [2017-06-17]. 立陶宛林业走向私有化［EB/OL］. http://cocncontactceda.eco.gov.cn/art.do?catid=251&aid=102844.

中国驻立陶宛共和国大使馆经济商务参赞处 .（2009-12-24）. [2017-06-16] 2009年上半年立陶宛经济形势综述［EB/OL］. http://lt.mofcom.gov.cn/article/ztdy/200912/20091206696795.shtml.

中国驻立陶宛共和国大使馆经济商务参赞处 .（2015-08-26）[2017-06-16].2014年立陶宛农业生产［EB/OL］. http://lt.mofcom.gov.cn/article/zxhz/201508/20150801092584.shtml.

中华人民共和国商务部"走出去"公共服务平台 .[2018-04-15]. 对外投资合作国别（地区）指南——立陶宛［EB/OL］. http://fec.mofcom.gov.cn/article/gbdqzn/.

中国网智库中国 .（2015-09-22）. [2017-06-17]."一带一路"投资政治风险研究之立陶宛［EB/OL］. http://opinion.china.com.cn/opinion_0_137900.html.

Statistics Lithuania. [2017-06-16].STATISTICAL YEARBOOK OF LITHUANIA 2016［EB/OL］.https://osp.stat.gov.lt/.

Vida DABKIENĖ. CHANGES AND TRENDS IN GRAIN PRODUCTION IN LITHUANIA AFTER ACCESSION TO THE EU. 2016.Scientific Papers Series Management, Economic Engineering in Agriculture and Rural Development，16（4）：83-88.

Lithuanian Institute of Agrarian Economics (LIAE). [2018-08-15].AGRICULTURAL AND FOOD SECTOR IN LITHUANIA 2017［EB/OL］. ISSN 2351-6321 (Online). https://www.laei.lt/.

Government of the Republic of Lithuania.［2017-06-16］.RESOLUTION No XIII-82，ON THE PROGRAMME OF THE GOVERNMENT OF THE REPUBLIC OF LITHUANIA［EB/OL］. http://lrv.lt/en/.

斯洛文尼亚

斯洛文尼亚共和国（简称"斯洛文尼亚"），地处中欧南部，毗邻阿尔卑斯山，原为南斯拉夫的一个加盟共和国，1991年获得独立，现为欧盟成员国之一。境内森林覆盖率较高，有"中欧绿宝石"的美称。斯洛文尼亚居民收入水平较高，是中东欧地区经济最发达的国家之一，有着非常好的科技和工业基础。第三产业是国民经济的支柱产业，农业比重较小，农业增加值仅占GDP的1%～2%，但在保障居民生活、促进社会发展方面发挥重要作用。农业产出中，种植业占比54.9%，养殖业占比43.6%，其余为农业服务业。斯洛文尼亚的农作物以谷物为主，主要有玉米、大麦、小麦、马铃薯等，畜产品以猪牛禽肉和牛奶为主，但其农业生产不能完全满足国内的需求，农产品自给率不高，每年需要从国外进口大量农产品。自1992年签署《经济贸易协定》以来，中斯两国已签署了多项合作协议，贸易数量和质量均有所提升。随着"一带一路"倡议越来越得到认同和中国对外合作步伐加快，未来两国在农业贸易、投资、科技等领域的合作具有较大的提升空间。

一、国家基本概况

斯洛文尼亚，位于中欧南部，西邻意大利，西南通往亚得里亚海，东部和南部被克罗地亚包围，东北有匈牙利，北接奥地利。自1991年从南斯拉夫独立以后，斯洛文尼亚于2004年3月加入北约，2004年5月1日加入欧盟，2007年1月1日正式加入欧元区。斯洛文尼亚国土面积不大，人口较少，但经济发展水平较高，是中东欧地区最发达国家之一。

（一）地形地貌

斯洛文尼亚境内国土以山地为主，地形西北高、东南低，最高峰为阿尔卑斯山区的特里格拉夫山（Triglav），海拔2864米。按照地理特征可以将斯洛文尼亚分为四部分：西北部为阿尔卑斯山区，约占国土面积的42.1%；西南部为亚得里亚海沿海地区，约占国土面积的8.6%，区域内的克拉斯（Kras）地区是典型的喀斯特地貌，也是地理学名词"喀斯特"的命名来源；中南部为迪那拉喀斯特地区，约占国土面积的28.1%；东北部为潘诺尼亚平原地区，占国土面积的21.2%，本区域土壤肥沃，是斯洛文尼亚重要的农业区。

（二）行政区划

斯洛文尼亚全国分为12个统计地区，设58个国家派驻地方的行政管理单位，目前有213个市镇，其中包括11个市。首都为卢布尔雅那市，位于中部地区，是全国的政治、经济和文化中心，也是斯洛文尼亚最大城市。马里博尔是全国第二大城市，位于斯洛文尼亚东北部，是重要的交通枢纽和工业中心，汽车、化学、纺织等产业较为发达。

（三）政治制度

斯洛文尼亚独立以来，实行议会民主制。国民议会是国家最高立法和监督机构，采取一院制。国民议会由90名议员组成，通过直接选举产生，任期4年。全国共分8个选区，每个选区选出11名代表，保留两名代表席位给意大利族和匈牙利族议员。

议会外另设国民委员会，对议会的有关立法活动进行建议和纠正，由代表社会、经济、专业和地方利益的40名代表组成，任期5年。政府为国家权利执行机构，由总理及内阁行使行政权，内阁由议会每隔4年选举产生，总理通常为议会多数党派或党派联盟的领导人。

法院和检察院是国家司法机构。法院分宪法法院、最高法院、高等法院、地区法院和县级法院，另外还设有高等劳动和社会法院（主要负责处理雇佣关系和社会福利方面的法律案件）及行政诉讼法院。宪法法院主要负责判定议会有关立法是否与国家宪法相抵触，由9名法官组成，任期9年，不得连任。最高法院为最高司法机构，下设4个高等法院、11个地区法院和44个县级法院。检察院包括1个共和国检察院、4个高等检察院和11个地区检察院。

（四）人口及语言

2016年，斯洛文尼亚总人口约206.42万人，人口密度为每平方千米101.8人，人口自然增长率为0.3‰。全国男性人口为102.39万，女性人口104.04万人，男女比例基本持平，女性人口略多于男性。农村人口104.01万人，约占总人口的50.4%。目前，斯洛文尼亚已经步入老龄化社会，2016年65岁以上老年人口占总人口的比例达到18.9%，全国人口平均年龄为43岁。斯洛文尼亚主要民族为斯洛文尼亚族，约占83%，其他民族有克罗地亚族、塞尔维亚族、波斯尼亚族等。官方语言为斯洛文尼亚语，主要信奉天主教。

（五）经济发展

斯洛文尼亚是原南斯拉夫地区经济最发达的国家，居民收入水平较高。工业、科技基础较好，但由于其本身经济规模不大，属于外向型经济，受世界经济尤其是欧洲经济的影响很大。2005—2008年，斯洛文尼亚经济保持快速增长，但2008年国际金融危机爆发后，经济增速开始下降，2009年甚至呈现负增长，此后虽有恢复，但增速一直较慢，2012年、2013年再度负增长。2014年开始，斯经济明显回升，逐渐摆脱衰退阴影。到2016年，斯洛文尼亚GDP总量达到404.2亿欧元，人均GDP为19576欧元，一二三产结构为

2∶32∶65（表1）。

表1 斯洛文尼亚经济发展状况

年　份	GDP总量（亿欧元）	人均GDP（欧元/人）	GDP年增长率（%）
1995	105.22	8280	4.1
2006	315.55	15719	5.7
2007	351.53	17412	6.9
2008	379.51	18769	3.3
2009	361.66	17714	-7.8
2010	362.52	17694	1.2
2011	368.96	17973	0.6
2012	360.76	17540	-2.7
2013	362.39	17596	-1.1
2014	376.15	18244	3.0
2015	388.37	18823	2.3
2016	404.18	19576	3.1

数据来源：斯洛文尼亚统计局

二、农业发展现状

（一）农业资源条件

耕地资源较少，斯洛文尼亚境内土地面积约201万公顷，农业用地约为61.5万公顷，其中耕地面积18.42万公顷，仅占土地面积的9.1%，人均占有耕地面积为0.1公顷。

森林资源丰富，境内森林面积1.25万平方千米，森林覆盖率达61.6%，在欧盟国家中位居前列。矿泉、温泉和水资源比较充足，主要河流有萨瓦河及其支流、德拉瓦河、索查河、穆拉河等，其中萨瓦河是第一大河，也是多瑙河支流，境内流域面积达到10724平方千米，德拉瓦河是第二大河，境内流域面积达3259平方千米。

斯洛文尼亚气候主要分为大陆性气候和地中海气候，沿海地区属地中海气候，内陆地区属温带大陆性气候。全年一月气温最低，平均气温为-2℃，七月最高，达到21℃，冬季降雪较多，湿度较大。

（二）农业生产与发展

1. 农业生产概况

斯洛文尼亚农业产业规模不大，农业在国民经济中比重较小，农业增加值仅占GDP的1%～2%。2016年，农业总产值为12.10亿欧元，比2015年减少3.6%。20世纪90年代中期以来，斯洛文尼亚农业产值总体呈增长趋势，但在2003年、2009年、2012年和2016年这四年农业产值出现了负增长，到2016年，农业总产值比1995年增长了近1倍，年均增速为3.2%（图1）。

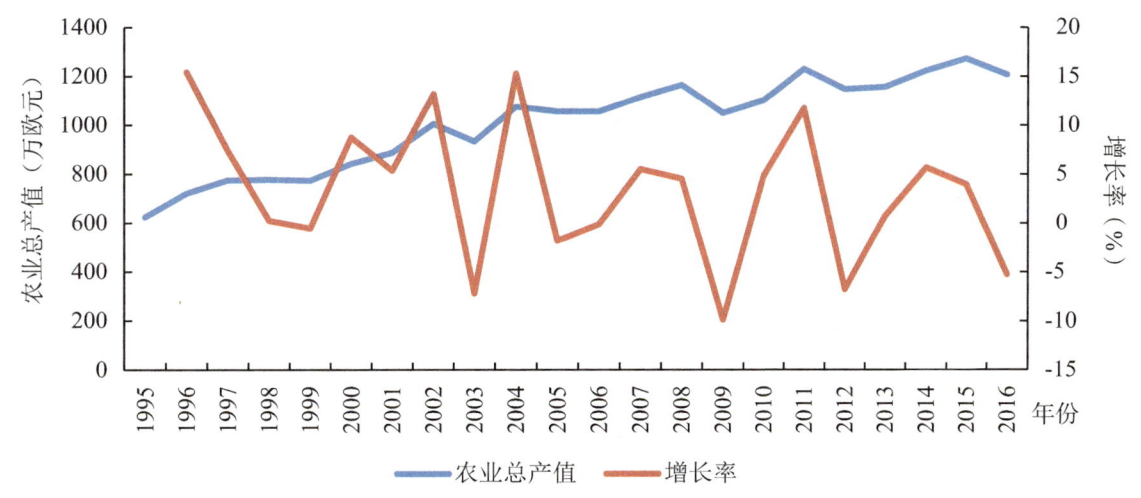

图1　1995—2016年斯洛文尼亚农业产值情况

数据来源：斯洛文尼亚统计局

从农业内部结构来看，农业产业结构发生了较大变化，1995年养殖业占比最大，产值为3.20亿欧元；20年来，尽管养殖业产值不断增加，但所占比重明显下降。

2016年，养殖业产值为5.28亿欧元，种植业产值为6.65亿欧元，种植业超过养殖业成为占比最大的农业产业，占比达到54.9%，养殖业占比43.6%，农业服务业占比1.5%（图2）。

斯洛文尼亚农业以家庭经营为主。全国农业从业人口约8万人，约7万户农业经营者，其中农业企业231家，家庭农场6.97万户，平均经营规模在6.9公顷。农业企业经营面积2.55万公顷，家庭农场经营面积45.41万公顷。斯洛文尼亚的农业生产不能完全满足国内的需求，如小麦自给率仅52.6%，水果自给率仅31.9%，蔬菜自给率仅41.7%，需要进口大量农产品（表2）。

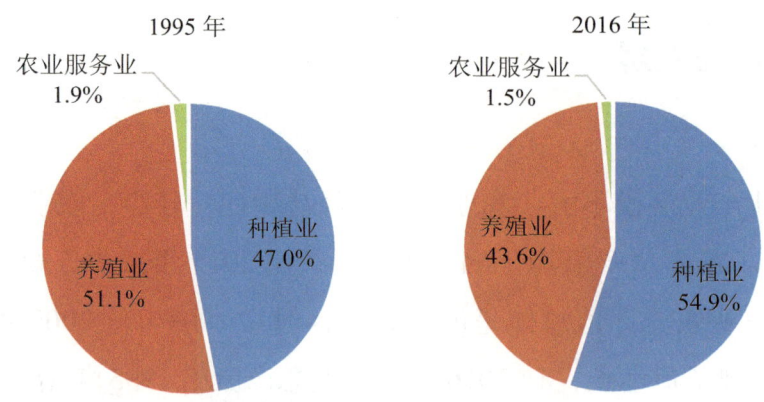

图2 斯洛文尼亚农业产业结构

数据来源：斯洛文尼亚统计局

表2 2000—2016年斯洛文尼亚主要农产品自给率 （单位：%）

年 份	谷 物	肉 类	蛋 类	马铃薯	蔬 菜	蜂 蜜	大 米
2000	48	91.6	95.4	83.3	47.2	111.7	1.1
2001	46.1	99.6	97.7	78.5	39.4	104.5	1.4
2002	62.8	97.1	96.7	85.1	42.1	105.2	0.7
2003	37.6	97.3	104	64.5	37.2	97.4	0.4
2004	63.3	91.9	102.9	86.1	43.3	102.2	0.8
2005	60	88.4	94.5	74.1	45	75	0.6
2006	50.1	88.1	96.8	59.8	38.6	80.9	0.8
2007	53.6	92.5	95.1	70.4	33.8	77.9	1.7
2008	63.5	91	95.4	57.5	36	81.4	2
2009	56.6	82.6	93.1	62.8	37.4	85.3	0
2010	56.6	84.2	92.7	62.9	30.1	73.9	0
2011	71.1	84.7	96.2	63	36.5	85.2	0
2012	70.2	83.4	92.2	55.1	34	51.2	0
2013	54.7	81.9	91.4	46.3	33.8	82.2	0
2014	76.6	79.8	90.4	67.5	37.8	20	0
2015	72.1	73.9	93.1	58.8	38.8	70.7	0
2016	73.9	76.7	94.8	54.8	41.7	59.1	0

数据来源：斯洛文尼亚统计局

2. 主要农产品产量

斯洛文尼亚的农作物以谷物为主，主要有玉米、大麦、小麦、马铃薯等。2016年斯洛文尼亚谷物种植面积9.55万公顷，其中玉米种植面积最大，为3.64万公顷，总产量34.62万吨；小麦其次，种植面积3.15万公顷，总产量16.32万吨；大麦是第三大谷物，种植面积1.92万公顷，总产量9.12万吨。马铃薯虽然种植面积只有0.32万亩，但由于单产较高，总产量达到了 8.49 万吨。其余作物还有小米、荞麦、燕麦、大豆、油菜、向日葵等，但产量较小。园林作物也是斯洛文尼亚的重要作物，主要是葡萄和苹果。2016 年葡萄种植面积 1.58 万公顷，总产量 9.48 万吨；苹果种植面积 0.24 万公顷，总产量 4.27 万吨（表 3）。

表 3　2000—2016 年斯洛文尼亚主要农作物产量　　　　　　　　　　　（单位：吨）

年 份	小 麦	黑 麦	大 麦	燕 麦	玉 米	黑小麦	荞 麦	马铃薯	甜 菜	油 菜	大 豆
2000	162559	1758	37756	5346	282393	2890	683	186157	349065	305	69
2001	181083	2266	44490	4950	257546	4282	802	148279	185732	1156	104
2002	174868	2038	48135	5885	371365	6567	1264	165962	232209	5179	161
2003	122920	1368	39733	3647	224223	5501	560	107610	202077	4831	68
2004	146829	3486	59729	5296	357621	8893	528	171475	213092	5418	226
2005	141293	4092	61239	7629	351168	7846	1453	144714	260095	5352	333
2006	134449	2126	61623	6285	276106	10946	497	106974	262031	4991	527
2007	133339	2509	67904	5547	308259	12032	761	131050	—	14740	348
2008	160297	2080	76788	4987	319902	13260	733	100319	—	10949	137
2009	136904	2318	70793	4260	302600	13532	994	103425	—	9845	193
2010	153481	2676	80120	5168	311117	14067	1370	101208	—	15522	290
2011	153575	2843	79386	5818	349030	14767	1245	96179	—	13948	292
2012	188065	3422	84727	4351	277358	15917	1340	79253	—	16692	343
2013	138235	5012	69303	3107	226634	12641	1052	62155	—	15113	463
2014	173245	6737	89700	4448	350583	20068	1523	96820	—	19883	1046
2015	157058	4658	93174	5023	338712	20934	2399	91036	—	3643	4689
2016	163165	3978	91653	4327	346211	24719	2899	84906	—	8590	7387

数据来源：斯洛文尼亚统计局

斯洛文尼亚的养殖动物有牛、猪、家禽等，产品以肉、奶为主。2016 年，斯洛文尼亚牛存栏 48.86 万头，年屠宰 11.71 万头，牛肉总产量 8.18 万吨；猪存栏 26.57 万头，年屠宰 32.76 万头，猪肉总产量 3.68 万吨；家禽存栏 611.58 万只，生产禽肉 6.47 万吨。牛奶、羊奶等奶类总产量为 65.14 万吨，其中，牛奶产量 64.97 万吨（表 4）。

表 4　2007—2016 年斯洛文尼亚主要畜产品产量

产 品	单 位	2007 年	2008 年	2009 年	2010 年	2011 年	2012 年	2013 年	2014 年	2015 年	2016 年
牛肉	万吨	7.78	7.72	7.47	7.76	8.02	7.77	7.52	7.48	7.68	8.18
奶	万吨	66.83	65.57	62.78	60.58	60.33	62.26	59.69	61.85	63.38	65.14
猪肉	万吨	7.77	7.22	5.78	5.53	4.92	4.23	3.61	3.81	3.36	3.68
禽肉	千吨	8.26	8.32	8.53	8.64	8.22	8.37	8.08	8.40	8.25	8.99
鸡蛋	亿个	3.22	3.59	3.60	3.57	3.69	3.23	3.58	3.40	3.91	3.87

(续表)

产　品	单　位	2007年	2008年	2009年	2010年	2011年	2012年	2013年	2014年	2015年	2016年
绵羊肉	万吨	0.35	0.34	0.33	0.31	0.26	0.26	0.24	0.29	0.26	0.29
山羊肉	万吨	0.07	0.06	0.10	0.07	0.07	0.06	0.05	0.06	0.08	0.05
蜂蜜	吨	1480	1580	1910	1673	2472	1031	2400	471	2047	1298

数据来源：斯洛文尼亚统计局

海洋捕鱼和水产养殖也是斯洛文尼亚的重要产业。2016年，海洋捕鱼152.4吨，总价值108万欧元，水产养殖1825.9吨，其中淡水养殖1161.7吨，海水养殖664.2吨。斯洛文尼亚的淡水养殖主要为温水鱼，产量945.6吨，占淡水养殖的51.8%（图3）。

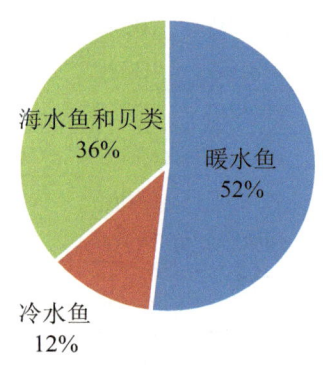

图3　2016年斯洛文尼亚水产养殖结构

数据来源：斯洛文尼亚统计局

3. 主要农业产业布局

斯洛文尼亚全国共有12个统计地区，农业生产主要分布在斯洛文尼亚东北部的波穆尔（Pomurska）和波德拉夫（Podravska）、西南部的萨维尼（Savinjska）和斯波德涅波萨夫（Spodnjeposavska）这4个统计地区。谷物主要分布在东北部的波穆尔、波德拉夫以及东南部的斯波德涅波萨夫（Spodnjeposavska）、多雷尼（Jugovzhodna Slovenija）、奥斯雷德涅斯洛文（Osrednjeslovenska），果园主要分布在东部的波德拉夫、萨维尼、扎萨夫，以及西部的戈里（Goriška）、奥巴尔诺—克拉（Obalno-kraška）；葡萄种植主要分布在戈里和波德拉夫，其中戈里面积最大，为4011.6公顷。

林地和草原主要分布在中部地区，养殖业也集中在这些地区。牛养殖主要分布在波德拉夫、萨维尼和奥斯雷德涅斯洛文，其中萨维尼存栏最多，达到8.90万头，占全国的18.2%。猪养殖主要分布在波穆尔、波德拉夫、奥斯雷德涅斯洛文，其中波穆尔存栏最多，达到10.64万头，占总数的40.1%。家禽养殖主要分布在波德拉夫、波穆尔、萨维尼、奥斯雷德涅斯洛文，其中波德拉夫存栏最多，达到231.72万只，占全国的37.9%。绵羊养殖主要分布在多雷尼、戈里、萨维尼等地，其中多雷尼地区存栏最多，达到2.61万只，占全国的21.8%。

（三）农产品贸易情况

斯洛文尼亚属于外向型经济，十分依赖对外贸易，货物和服务出口占GDP的65%～70%。2013年以前，斯洛文尼亚的对外贸易为逆差形势，2013—2016年出口的明显增长使得斯洛文尼亚转为贸易顺差。2016年斯洛文尼亚对外贸易继续保持增长，创近年来新高。全年出口总额为249.71亿欧元，较2015年增长4.3%，进口总额为241.12亿欧元，较2015年增长3.5%，进出口贸易继续保持顺差，顺差额8.59亿欧元，较2015年增长35.3%（图4）。

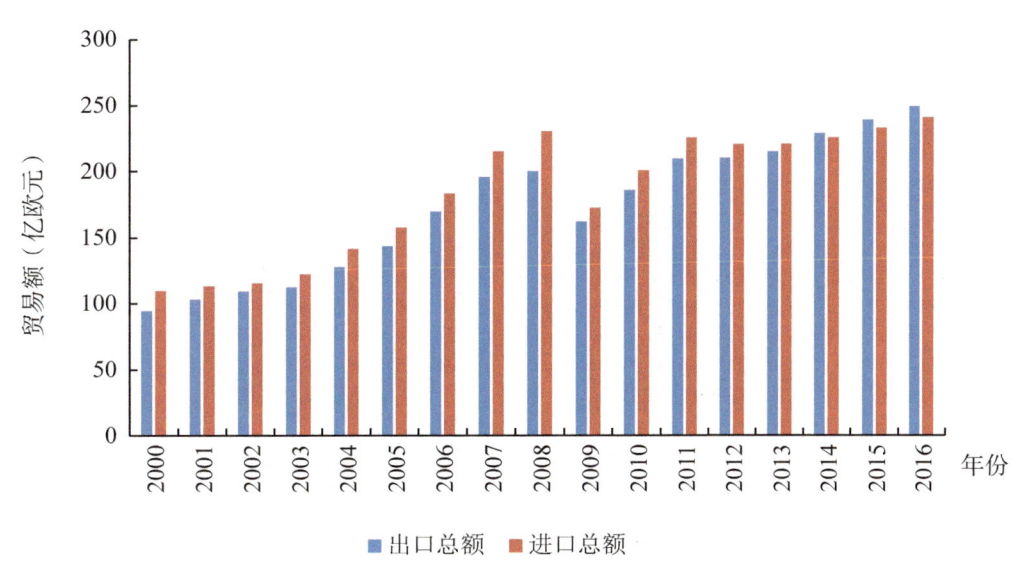

图4　2000—2016年斯洛文尼亚贸易情况

数据来源：斯洛文尼亚统计局

斯洛文尼亚农业生产规模不大，农业生产不能满足国内的需求，每年需要从国际市场上进口大量农产品。斯洛文尼亚农产品贸易呈现逆差形势，但近年来农产品出口不断增加，进口增长趋缓。

2016年，斯洛文尼亚食品进口额18.06亿欧元，出口额9.48亿欧元，逆差8.58亿欧元，主要的进口农产品有蔬菜、水果、肉类、饲料产品、谷物、酒精饮料等（图5）。按经济活动划分，农林牧渔进口主要以动植物产品为主，林产品和水产品进口相对较少，出口则以动植物产品和林产品为主，二者合计出口占比超过99%（图6）。

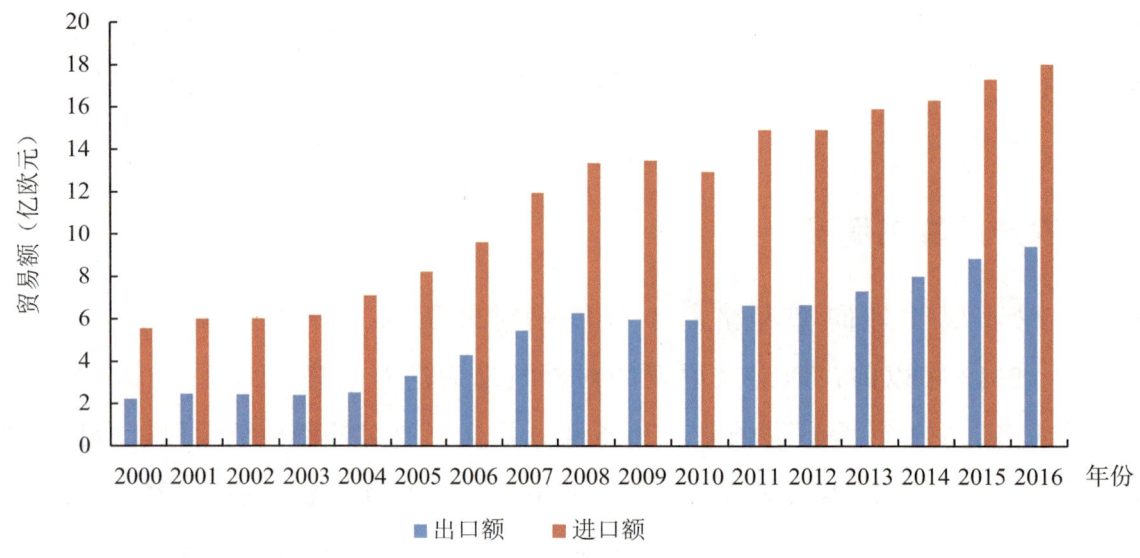

图5 2000—2016年斯洛文尼亚食品贸易情况

数据来源：斯洛文尼亚统计局

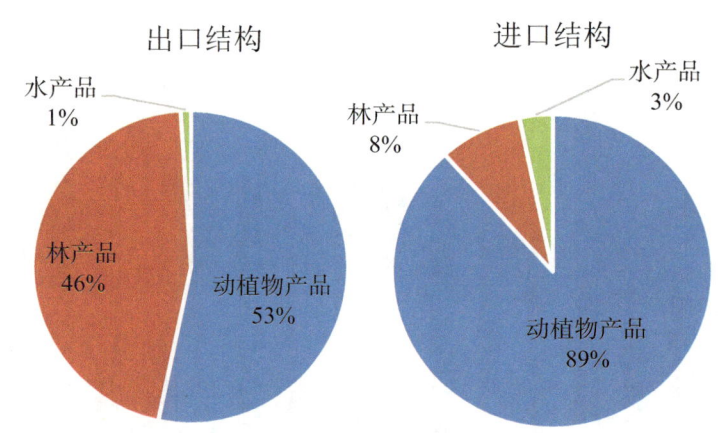

图6 2016年斯洛文尼亚农林牧渔业进出口结构——按经济活动划分

数据来源：斯洛文尼亚统计局

1. 主要农产品贸易规模

根据联合国贸易统计数据，从进口来看，肉类是斯洛文尼亚第一大进口产品，进口总额达到2.50亿美元，占农产品进口总额的10.4%。其中，猪肉进口最多，进口额达到1.31亿美元；其次是禽肉，进口额为4808.26万美元；牛肉进口位列第三，进口额达到4441.94万美元，羊肉进口较少。第二大进口产品是水果，进口总额2.15亿美元，占农产品进口的8.9%。其中，香蕉是进口额最大的水果，总额达4425.48万美元，其次是柑橘，进口额为2691.49万美元，然后分别是柠檬和葡萄，进口额分别为1744.73万美元、1283.82万美元。第三大进口产品是奶制品、禽蛋和蜂蜜，进口总额1.64亿美元，占农产品进口总额的6.8%。其中，奶酪进口额为8635.21万美元，奶及奶油进口额为3643.49万美元，其余还有黄油、蜂蜜等产品进口。另外，蔬菜和谷物也是斯洛文尼亚进口较大的农产品，进口额分别为 1.27 亿美元和 7364.06 万美元。

从出口来看，豆粕是第一大出口产品，出口额达到 1.22 亿美元；其次是奶及奶油，出口额 1.12 亿美元；第三是肉类，出口额为 9464.44 万美元，主要产品为家禽内脏和鲜冷牛肉，出口额分别为 4788.86 万美元和 1789.71 万美元；水果出口位列第四，总额为 7118.78 万美元，其中香蕉和苹果是主要的出口产品，出口额分别为 3242.22 万美元、1165.26 万美元。活体动物也是重要的出口产品，2016 年出口总额达到 5080.84 万美元，主要为活牛出口，约占活体动物出口总额的 84.6%。

2. 主要贸易伙伴

斯洛文尼亚的主要贸易伙伴国为欧盟成员国，德国和意大利占第一、第二位，近年来同欧盟成员国的贸易逆差进一步缩小；另外，与非欧盟成员国之间的贸易，继续保持顺差，其中：塞尔维亚和俄罗斯为最大的出口市场，中国为最大的进口国。

从农产品贸易来看，欧盟成员国仍是主要的贸易对象。意大利、奥地利和克罗地亚为前 3 大贸易伙伴。2016 年主要的进口来源国有巴西、意大利、德国、克罗地亚和匈牙利，分别占进口总额的 22.8%、16.8%、10.8%、8.2%、5.9%。谷物进口主要来自于匈牙利和克罗地亚，奶类、蛋类和蜂蜜进口主要来自德国、克罗地亚和意大利，水果主要来自意大利、以色列和荷兰，蔬菜产品主要来自意大利和以色列，肉类主要来自于克罗地亚、意大利和德国。

出口目的地有意大利、克罗地亚和匈牙利，分别占出口总额的 37.4%、17.3% 和 13.7%。谷物、奶蛋和蜂蜜均主要出口意大利，分别占谷物、奶蛋和蜂蜜出口总额的 86.3%、54.7%。香蕉、苹果等水果主要出口克罗地亚，蔬菜主要出口意大利，豆粕主要出口匈牙利和克罗地亚，肉类主要出口意大利和瑞士。

3. 中国与其贸易情况

2015 年，中国与斯洛文尼亚的贸易额达到 23.82 亿美元，中国从斯洛文尼亚进口商品总额达到 2.90 亿美元，中国出口到斯洛文尼亚的商品总额为 20.92 亿美元。农产品贸易方面根据中国海关数据，2016 年中国从斯洛文尼亚进口农产品 984.87 吨，进口总额 547.94 万美元，主要为畜产品和饮料类，其中进口畜产品包括动物生皮、猪肉和鲜奶。中国出口斯洛文尼亚 1.15 万吨，出口总额 2504.64 万美元，主要为蔬菜和水果，分别出口 3529.38 吨、1931.21 吨，其中出口水果中水果汁占比较大（表 5）。

表5 2012—2016年中国与斯洛文尼亚农产品贸易情况

年 份	进口总量（吨）	进口总额（万美元）	出口总量（吨）	出口总额（万美元）
2012	1626.31	418.02	9809.13	1910.79
2013	2182.22	761.77	6290.08	1271.82
2014	1123.58	424.73	12418.58	2829.93
2015	1515.18	441.65	11974.76	3392.68
2016	984.87	547.94	11541.99	2504.64

数据来源：中国海关

（四）农业科技发展

斯洛文尼亚十分重视科技发展，每年投入大量资金用于科技研发。2016年，斯洛文尼亚科技研发投入占GDP的比重为2.2%，其中商业部门的投入最大，占GDP比重达到1.7%。斯洛文尼亚设有专门机构对科技研发进行管理和支持。高等教育、科学与技术部负责研发领域政策文件的起草，以及研发政策的实施亦即，国家研发计划的实施。斯洛文尼亚研究理事会负责公共研发投入的执行、项目计划的专业与独立的遴选评估、研究活动实施情况的监测。技术方面，也成立了斯洛文尼亚技术理事会，重点在商业部门的研发和创新活动，负责促进技术发展的项目。斯洛文尼亚的研究机构基本上可分为三大类：高等教育部门的研究机构、公共研究机构和私立研究机构（刘清，2009）。

高等教育部门的研究机构。斯洛文尼亚目前拥有4所大学，分别是卢布尔雅那大学、马里博尔大学、普力摩斯卡大学和诺瓦·戈里查理工大学。前3家是公立大学，其学术任务主要由政府资助，其研究活动开支80%左右源于公共投入。诺瓦·戈里查理工大学成立于2006年春季，是首家公私合作的大学，作为一家高等教育机构已经存在了10来年，随着其逐步扩张开始向大学转型。

公共研究机构。这类研究所一般隶属于政府部门，高等教育、科学与技术部所属的研究所可获得政府拨款。斯洛文尼亚重要的国立和公共研究机构有斯洛文尼亚农业研究所、斯洛文尼亚林业研究所等。斯洛文尼亚农业研究所是该国最大的国家级农业研究中心，成立于1898年，是该国最早的研究所，在作物遗传资源研究、种子生产、蔬菜及果树的新品种选育、果树抗病育种等方面都具有较强的科研优势。目前，该研究所分为作物科学、植物保护、水果和葡萄种植与酿酒、农业经济、动物育种科学、农业工程、农业和自然资源、中央实验室（包括农化和化学实验室）8个部门。现有工作人员175人，其中研究人员84人。

私立研究机构。公司注册成立的私立研究机构，在斯洛文尼亚占有较大比例。商业部门的研究活动中超过56%属于应用研究，另有40%属于实验发展。

受有限的国内资源影响，斯洛文尼亚十分重视发挥科技在农业生产中的作用，在动植物育种、食品加工和资源利用方面积累了深厚的研发基础，科研实力处于中东欧地区前列，具有较强的国际竞争力。

（五）农业管理体系与政策

1. 农业管理体系

斯洛文尼亚农林食品部是该国主管农业、林业、渔业和食品相关行业的政府部门，其下设3个职能部门、7个服务部门。3个职能部门分别为：农业局、林牧渔业局和秘书处，其中农业局下属农业市场部、农村发展部、农业土地管理部、农场注册服务部、气候变化与非政府组织及教育与会计部5个部门，林牧渔业局下属林业部、牧业与渔业部2个部门，秘书处下属法律服务部、预算与金融服务部、公共采购部、一般事务部、人事部、信息技术服务部6个部门。7个服务部门包括内部审计服务局、部长办公室、欧盟协调与国际事务服务局、公共关系与宣传办公室、食品加工业支持与农产品和食品宣传服务局、国家补助与发展服务局、公共服务效率局。

2. 农业支持政策

自2004年加入欧盟以后，斯洛文尼亚的农业政策已经与欧盟接轨，接受了欧盟共同农业政策的支持。取消了欧盟成员国之间的关税和非关税壁垒以及妨碍自由竞争的补贴，实现农产品在欧盟成员国之间的自由流动，同时也接受欧盟关于动植物检验检疫等条例规定，对欧盟外国家的进出口采取欧盟国家统一关税。欧盟通过"单一支付计划"、价格支持补贴对成员国内的农民生产进行直接补贴。

为应对环境挑战，欧盟委员会采取了许多举措来保护生态环境，实现绿色发展，共同农业政策要求农户在从事农业生产活动时必须遵守相关的环境保护规定，并签署相应的条款，同时将大约30%的直接支付与农户的履行情况挂钩。此外，还通过制定环境标准、鼓励轮种、提倡休耕的方式来减少农业生产对环境的负面影响。这些政策的实施对斯洛文尼亚的农业发展产生了较大影响，保护和提高了农场主发展农业生产的积极性。

欧盟也加大对青年农民和小农户的扶持力度，规定对青年农民的补贴在最初5年给付标准的基础上再额外增加25%，对小农户计划中的农民每年都给予一定的补贴支持。

3. 农业发展规划

2014 年，斯洛文尼亚政府通过了 2020 年斯洛文尼亚农业和食品工业发展战略方针的决议，主要目标是确保粮食安全，即保证稳定、安全、优质和廉价的粮食供应，同时提高农业和食品工业竞争力，提高农业生产潜力的可持续利用，提供更多与农业有关的公共物品等。为达到上述目标，核心任务是确保 35 万公顷永久保护农地和推广使用绿色技术。

三、农业投资环境

斯洛文尼亚主管经济的政府部门是经济发展和技术部，对外经贸关系的具体工作则由外交部经济外交总司负责。经济外交总司设置公共外交和双边经济合作司和经济促进司，其职责是对外经济贸易的促进和管理，促进双边经济合作，指导斯洛文尼亚驻外使馆商务参赞处的工作，负责与外国政府和国际组织在经贸方面的联系与合作，及参与多双边贸易谈判等。

2013 年，斯洛文尼亚成立了企业、创新、旅游、发展和投资事务局（SPIRIT），将原先的投资促进署、旅游局和技术局合三为一，其主要职责之一便是负责外国投资的相关事宜，吸引外国投资，执行相关的投资促进政策，以促进企业的发展和投资。

（一）国家商业环境

脱离南斯拉夫后，斯洛文尼亚进行了较为彻底的向市场经济的转型，并成功加入欧盟以及欧元区，宏观经济发展远优于其他欧盟新成员国。2016 年，世界银行发布的《2017 全球营商环境报告》显示，斯洛文尼亚位列全球经济体排名中第 30 位，排名和评分均有所提高，营商环境不断改善。

1. 基础设施

斯洛文尼亚基础设施完善，公路、铁路、水运、航空等交通网络发达，全国物流运输方便，同时港口设施的投入也不断加大，是中东欧地区内陆国家的重要转运港。境内通信、电力设施完备，互联网普及广泛，电子商务具有较高水平。

2. 劳动力就业

斯洛文尼亚劳动力素质较高，受过高等教育的人员比重大，技术水平和熟练程度较高，平均生产率接近西欧国家，但劳动力成本较西欧、北欧国家低廉。而且斯洛文尼亚十分重视劳工保护，工会的影响力较大，就业和再就业体系较不灵活。

3. 贸易管理

加入欧盟后，斯洛文尼亚完全采用欧盟的贸易政策，相关法律法规体系完善，条款清晰透明。货物和服务可以自由进出口，只有在少数情况下要求为进口货品办理进口许可手续，如活体动物的进出口。斯洛文尼亚对外国活牲畜进口检疫很严，每头牲畜须提供健康证明和国际通行的动物检疫证书。由于中斯两国尚未签署类似协定，中国在欧盟国家检疫部门登记的产品可自由进入斯洛文尼亚境内，但未在欧盟国家检疫部门登记的产品，进入斯洛文尼亚前需向其动物检疫部门登记。同时，斯洛文尼亚对进口商品的质量、外观、包装和花样品种等要求较严。

4. 外资准入

斯洛文尼亚对外资的监管较为宽松，外资企业与本国企业一样在地方法院注册，无须政府部门批准，斯洛文尼亚公司法的有关规定完全适用于在其境内注册的外资企业。但对于部分敏感领域，斯洛文尼亚禁止外资进入，如外商在武器和军事设备的生产和销售、国家财政预算内指定的养老保险和医疗保险业、铁路与航空运输、交通与通信、保险业等行业设立独资企业。同时对于部分行业则限定了外资的投资比例，如在审计企业中，外资比例不得高于49%。此外，外国人可以在斯洛文尼亚建立独资银行，但需要得到中央银行"斯洛文尼亚银行"的批准。

（二）风险分析

1. 政治风险

独立后，斯洛文尼亚谋求与邻国的友好合作，致力于维持东南欧的稳定。目前，仍与部分国家存在边界争议、历史债务和财产问题。总体来看，斯洛文尼亚与周边国家不存在严重危害关系的争端，许多合作项目正在或将要开展，多双边关系不断深化。成为欧盟成员国后，其对外交往主要贯彻欧盟的政策。

2. 经济风险

斯洛文尼亚属出口导向型经济，国内市场较小，经济对外部市场波动的反应较大，自主稳定性较差。同时，融资环境相对较差，贷款利率高于其他欧盟国家，且银行等金融机构对企业的经营和财务状况要求较高，融资难度相对较大。由于人口较少、老龄化严重，人力资源短缺，部分工作岗位供求失衡，劳动力成本不断上升。

3. 投资风险

斯洛文尼亚对部分行业实施外资限制或禁止进入，如交通通信、金融部门。同时，对于土地使用也有比较严格的规定。斯洛文尼亚土地既有国有也有私有，个人及公司对其拥有的土地具有永久产权。国家建设需要用地时需从私人手中购买。每块土地都有规定的使用用途，如需改变用途要通过城管局的审批（范丽萍，2015）。2004年，斯洛文尼亚加入欧盟以后，欧盟公民可以在斯洛文尼亚购买土地，没有任何限制。如果需要收购斯洛文尼亚的农用地，所有外国人都需要遵循特定的程序。到目前为止，中国国籍公民不能在斯洛文尼亚购买土地。比较简便的办法是在斯洛文尼亚注册一个公司，再以该公司的名义购买土地，可享有永久产权。

4. 信息风险

中国与斯洛文尼亚在政治制度、文化、语言、民族宗教等方面存在较大差异，两国的交流合作需要充足的信息支撑。而中国一些农业"走出去"企业对于斯洛文尼亚的了解不足，也没有有效的信息获取渠道，且政府能够提供的公共信息服务，特别是商业信息不足，需要企业自主进行市场调研和战略分析，给中国企业进行农业投资带来了一定风险（王南，2017）。

（三）总体评价

作为经济发展水平较高的国家，在土地、人工方面的成本也较高总体而言，斯洛文尼亚对外开放程度较高，法律制度健全，政局比较稳定，经济较发达，营商环境优越，在吸引外资方面有着诸多优势，但企业进入斯洛文尼亚的也存在一些潜在风险。受资源环境的限制，斯洛文尼亚国内经济和农业规模有限，农业在斯洛文尼亚经济中的比重较低，不属于其优势产业，农业产量不高，农产品多依赖于进口。另外，斯洛文尼亚科技和工业基础雄厚，食品加工业发达，食品饮料等产品具有一定优势。

四、中斯农业合作现状与合作重点

（一）合作现状

从20世纪50年代开始，中国与中东欧国家就已经开展农产品贸易。南斯拉夫时期，中国与南斯拉夫即来往密切。斯洛文尼亚作为东欧地区最发达国家之一，中国历来重视与其经贸合作。自1992年签署《经济贸易协定》以来，中斯两国已签署了多项贸易协定，主要包括《科学技术合作协定》《鼓励和相互保护投资协定》《关于对所得避免双重征税和防止透漏税的协定》等。2006年8月，两国签署了政府经济合作协定。斯洛文尼亚高度重视斯中双边经贸关系，将中国确立为其2013年海外战略目标市场；中国政府和企业也逐渐加大了对斯贸易的力度，数量和质量均有所提升。

近年来，在"一带一路"倡议引领下，中国和斯洛文尼亚两国关系在"16+1"合作框架基础上保持了良好发展势头，双方在农业领域的合作日趋密切，双边合作取得了一系列务实成果，搭建起农业合作框架和平台，带动两国农业经贸合作和科技交流。2016年7月4日，中国斯洛文尼亚第一次农业合作工作组会议在卢布尔雅那召开，双方回顾了中斯《农业合作行动计划》的落实情况，并围绕中斯农产品双边贸易、斯农产品输华检验检疫许可、食品安全信息交流、中国—中东欧合作框架下的农业领域合作以及拓展农业科研院校间合作五大方面展开交流。

1. 合作机制

当前，中国—中东欧国家合作机制已经建立，在中国设立了秘书处，各国均设有一名部长级国家协调员，每年举行中国—中东欧国家（"16+1"）农业部长会议，为深化中国—中东欧国家农业合作奠定了良好基础。2017年8月25日，中国—中东欧国家（"16+1"）农业部长会议在斯洛文尼亚布尔多召开。中国、斯洛文尼亚和爱沙尼亚等中东欧十六国农业部长参加会议。会议通过了《中国—中东欧国家农业部长会议布尔多共同宣言》（以下简称《共同宣言》），并明确提出，将积极推进"16+1"农业合作与"一带一路"建设对接。

2. 科技合作

近年来，中国与中东欧国家重点在农业生产、育种技术领域开展了大量交流与合作。为深入推进两国科技合作与交流，中国与斯洛文尼亚共同建立了中国—斯洛文尼亚政府间科技合作委员会，两国充分利用政府间科技合作委员会以及"中国—中东欧国家合作"机制，以"一带一路"倡议为契机，加强科技合作，扩大科技领域人文交流，深化双边科技研发合作，搭建双边科技合作平台。目前，双方已经在农业与食品技术、信息通信技术、环境保护、材料科学等领域建立了长期合作关系。

3. 贸易合作

自1992年签署《经济贸易协定》以来，中斯两国已签署了多项贸易协定，主要包括《科学技术合作协定》《鼓励和相互保护投资协定》《关于对所得避免双重征税和防止透漏税的协定》等。2006年8月，两国签署了政府经济合作协定。斯洛文尼亚高度重视斯中双边经贸关系，将中国确立为其2013年海外战略目标市场；中国政府和企业也逐渐加大了对斯贸易的力度，数量和质量均有所提升。

4. 投资合作

目前，中斯双边投资的规模仍然不大。据中国商务部统计，截至2013年年底，中国对斯洛文尼亚直接投资存量为500万美元，所涉及的项目较少，多局限在机械、汽车、餐饮等行业；据斯洛文尼亚中央银行统计，截至2012年年末，斯对中直接投资累计1580万美元，主要集中于制造业、批发零售业等。

虽然合作规模相对较小，但斯洛文尼亚开放的投资环境与较好的工业与科技基础，以及明显的区位优势对中国资本具有一定吸引力。随着中国政府和企业"走出去"步伐的加快，中国对斯直接投资呈现出上涨的势头。

（二）合作潜力

随着城市化的快速推进以及农业生产需求的不断扩大，国内资源环境压力不断加大，农业产业结构亟须调整，客观上要求中国利用好国内、国外"两个市场、两种资源"，加快农业走出去步伐，统筹利用国内外资源，借鉴国外经验和技术，不断提升中国农业发展水平，并促进农业可持续发展。

同时，当前的国内外环境也为中国企业在中东欧国家开展跨国农业投资合作创造了良好机遇。一方面，中国的经济发展水平、企业经营管理水平、农业科技水平均已达到相当程度，能够初步支撑中国农业企业走出去的资金、智力和技术需求等（张鹏，2014）；另一方面，金融危机对斯洛文尼亚的经济发展造成了一定影响，目前经济仍处于缓慢复苏阶段，正是中国企业进入斯市场开展投资合作的良好时机。

中国农业企业在斯洛文尼亚开展农业投资，既能进一步深化中斯两国在农产品贸易、农业科技等领域业已存在的良好合作，也有助于不断丰富农产品种类和进口来源，促进形成农业合作多元化格局，最终形成各方互利共赢，国内外协调发展的良好局面。

斯洛文尼亚是原南斯拉夫国家中经济最为发达的国家，具有较好的工业和科技基础。自加入欧盟以后，斯洛文尼亚逐渐融入到欧盟的政策环境中，经济对贸易的依存度较高。同时，斯洛文尼亚的法制完善，区位优势明显，投资环境良好。目前，中国企业赴斯洛文尼亚地区开展投资活动较少，投资规模不大，农业投资发展潜力较大。

斯洛文尼亚主要农作物中，玉米和大麦的单产水平均明显高于中国，玉米单产达到每亩609.9千克，比中国高52.5%，大麦单产达到每亩323.6千克，比中国高36.5%，中斯两国可以加强农业科技合作与交流，开展农业技术合作，推进两国在种质资源保护和利用、作物育种等方面的科研合作，共同培育高产优质的品种，促进两国农业技术共同进步。同时，由于斯洛文尼亚的作物面积和产量均不大，农产品不能满足本国需求，每年需从其他国家大量进口粮食等农产品，中斯两国可以加强农业贸易，促进优质产品互通，实现优势互补。

（三）合作重点

1. 重点领域

一是粮食安全合作。随着全球气候变化加剧，对农业的影响加大，中国与斯洛文尼亚均面临如何应对气候变化以保障粮食安全的问题。通过定期召开政策研讨会和粮食安全论坛，建设农业科技合作中心或联合实验室，共享研发成果，以科技来保障国家粮食安全。

二是科技合作。两国可以在食品安全、农产品加工、动植物检验检疫和农业科技等领域全面开展交流与合作，加强科研人员交流，共同开展合作研究。

三是投资合作。随着中国经济的快速发展，越来越多的中国企业走向世界，在全球范围内开展投资经营。斯洛文尼亚作为经济比较发达的中东欧国家，拥有较高的工业和科技基础，对于中国资本具有一定的吸引力，中斯两国可以进一步加深投资合作，促进两国农业共同发展。

四是贸易合作。斯洛文尼亚许多农产品自给率较低，农业十分依赖于进口，例如，小麦自给率仅52.6%、水果自给率仅31.9%、蔬菜自给率仅41.7%。而中国在蔬菜和水果产品上具有一定的国际竞争力，中国推动国内水果和蔬菜生产商出口斯洛文尼亚，建立蔬菜、水果长期贸易关系，以满足斯国内市场需求。同时，强化优质农产品品牌效应，壮大出口商代理商队伍，探索发展农产品电子商务，推动双方农产品贸易不断发展。

2. 重点产业

果蔬产品。中国的蔬菜和水果产品上具有一定的国际竞争力，而斯洛文尼亚国内生产规模不大，两国可以加强果蔬产业合作，不仅可以满足斯国内市场需求，也可以推动中国产品走出去参与国际竞争，提高中国产品知名度和产业竞争力。

食品加工。斯洛文尼亚经济发展水平和农业科技水平较高，食品产业具有较好的基础，农业加工产品质量较好，中国可以加强与斯洛文尼亚在农产品加工业方面合作。

五、中斯农业合作建议

（一）政府层面

1. 制订农业合作发展战略规划

把中国—斯洛文尼亚农业合作纳入我国"一带一路"和农业"走出去"的整体布局，将其作为中国进入中东欧农产品市场，开展农业合作，建设中国—中东欧农业合作新格局的重要一环，充分认识到两国在农产品加工、贸易等方面的合作潜力。以及对提升两国农业竞争力的重要意义。

从立足中东欧农业市场，获取长期稳定回报，同时带动引进先进技术、装备、品种、经验等，并推动我国农业技术走出去，加强对外交流，提高农业现代化水平，确保国家粮食安全的角度出发。制订面向斯洛文尼亚的农业合作发展战略规划，明确我国企业赴斯开展农业投资合作的领域、目标和具体内容，为两国农业合作指明方向，促进两国农业共同向好发展。

2. 完善合作机制

中国与斯洛文尼亚双方应依托中国—中东欧合作平台，加快建设中斯农业合作机制，在高层会晤的基础上，进一步加强农业部门之间的交往，充分发挥政府间农业合作项目的带动作用，利用当前已建立的农业合作促进机制，并吸纳双方有关企业参与政府间项目，推动企业在种植业、加工业相关领域开展进一步投资合作。同时，加强双方农业科研院所的合作交流，建立科技合作平台或联合实验室，开展联合研究，提升农业科技水平。

3. 建立信息共享平台

由于斯洛文尼亚是个中欧小国，市场较小，且在世界上的政治经济影响力有限，并非中国企业开展跨国投资的主要目的地，中国企业对于其市场环境、投资机会、法律法规等了解较少。且斯洛文尼亚经济比较发达，但人口和资源储备不算丰富，农业发展规模不大，对吸引中国企业开展投资合作的力度相对较弱，因此形成了当前中国企业投资较少且增长缓慢的现状。要推动中国企业走出去，斯企业走进来，就需要促进双方互相了解，建立农业合作信息平台，促使政府、协会、科研院所、企业等多方信息共享，加深两国在农业科技、市场信息、人才培训等方面的交流合作，有效增进两国彼此了解，推动农业合作不断深化。

4. 完善农业走出去支持政策

在中国与世界融合程度不断加深的背景下，推动中国企业走出去就需要加大对企业的支持力度，特别是农业投资回报周期较长、生产易受环境影响，需要政策的支持。一方面是资金上的支持，促进企业开展国际化运营，整合利用国内外多方金融资源，设立农业"走出去"专项基金，为企业在外投资的优质农业项目提供融资支持，鼓励企业开展海外农业投资。另一方面，还要建立服务企业走出去的配套机制，制定农业企业"走出去"的财税补贴、减免等政策，降低企业对外投资成本，并优化跨国企业管理手段，如简易化投资手续、完善资金监管体系等。

（二）企业层面

1. 做好风险管理

农业项目具有投资金额大、资金回收周期长的特点，且容易受到投资当地的政治局势、市场环境和自然灾害等外部因素的影响，具有较大的不确定性。尽管斯洛文尼亚经济发展水平较高、国家政局相对稳定、法制基本完备、市场秩序规范，投资环境较为优越，但由于国内外的文化习惯差异，使得企业在外运营仍然可能面临许多困难。因此，企业要加强风险分析及管理，做好市场调研和项目可行性分析，适当时可考虑通过购买投资保险的方式规避风险。

2. 创新合作模式

尽管近年来国内企业开展对外投资活动越来越多，但毕竟走出国门的时间短，对外投资经验还不丰富，对国外市场的运营和管理存在许多不足。斯洛文尼亚作为一个中东欧小国，受到国内企业的关注较少，对其投资的活动少，投资规模仍不大，可供参考的案例也不多，还处在探索起步阶段。因此，国内企业在斯洛文尼亚开展农业投资时，可以学习其他企业在资源环境类似的欧洲其他国家以及本地区的模式和经验，既可以多家中国企业抱团走出去，也可与当地农业企业合作，甚至与已经在斯农业领域有成功投资经验的其他国家企业合作开展投资，构建多赢格局。如阿联酋企业收购塞尔维亚多家大型国有农工联合企业等。

在投资模式方面，既可以投资入股，在确保投资收益的同时，逐步了解当地市场，积累农业投资经验，提升企业自身实力，逐步向联合参与经营性投资过渡，并也可以与其他具有丰富经验的跨国公司联合控股经营（张鹏，2014）。

3. 重视关系建设

一是要与当地政府建立良好关系。中国企业要在斯洛文尼亚开拓市场、有所作为，不仅要与各政府部门建立良好关系，还要积极发展与各产业协会和民间组织的关系。

二是要妥善处理与工会的关系。工会组织在斯洛文尼亚的影响非常大，中国企业要全面了解斯洛文尼亚的劳动法和工会法，熟悉当地工会组织、规章制度和运行模式，了解当地工会情况，并严格遵守当地法律法规。

三是要加强与当地居民联系，了解并尊重当地文化习俗，不要随意将把自己的习惯强加于人，避开文化禁忌和文化敏感问题。

参考文献

刘　清.2009.斯洛文尼亚科技体制概况及特点［J］.全球科技经济瞭望，（10）：22-27.
范丽萍，于戈，叶东亚.2015.中东欧16国土地政策概览［J］.世界农业，（7）：199-205.
王　南，江学珍.2017.中国企业对中东欧国家农业投资战略分析［J］.科技经济市场，（6）：82-85.
张　鹏.2014.中国在中东欧国家开展农业投资的研究［D］.北京：对外经济贸易大学.

塞尔维亚

塞尔维亚是中东欧地区第一个同中国建立战略伙伴关系的国家，作为巴尔干地区的重要国家，是中欧陆海快线建设中的重要一环，也是"16+1合作"框架下的重要支点国家之一。当前，塞尔维亚也是中东欧地区参与"一带一路"建设非常积极的国家之一。一直以来，中塞双边贸易中，大部分是中国向塞尔维亚出口商品。但在"一带一路"倡议的推动下，中国向塞尔维亚提供了很多商品的便利化进口措施，为扩宽塞尔维亚本地产品的出口提供了新的渠道。塞尔维亚目前正处于大力推动开发建设、振兴国民经济的重要阶段，有关发展规划及建设项目亟待落实，资金、技术等要素缺口较大，是中国企业、公民赴塞尔维亚兴业的良好机遇。

一、国家基本概况

（一）地理位置

塞尔维亚地处东南欧巴尔干半岛中部，与克罗地亚、波黑、黑山、阿尔巴尼亚、马其顿、保加利亚、罗马尼亚以及匈牙利接壤。国土北部为著名的伏伊伏丁那多瑙河冲积平原，地势平坦，土壤肥沃，誉为粮仓。塞尔维亚大部分地区山丘起伏，中部和南部多丘陵和山区；北部则是平原；东、西部分别为斯塔拉山脉和迪纳拉山脉的延续；北部的伏伊伏丁那平原为多瑙河中游平原的组成部分，河网稠密，土壤肥沃；南部多山脉、丘陵，由科索沃盆地和梅托西亚盆地组成。塞尔维亚最高点位于阿尔巴尼亚和科索沃边界的贾拉维察山（Đeravica），海拔2656米。

（二）行政区划

按行政区划，塞尔维亚设有2个自治省（伏伊伏丁那自治省和科索沃自治省）、29个大行政区和首都贝尔格莱德直辖区。其中辖有23个市、178个县（区），195个镇，6158个村。自治省和大行政区是塞尔维亚最高一级地方行政单位。首都贝尔格莱德市是全国政治、经济、文化及科研中心，是仅次于伊斯坦布尔、雅典和布加勒斯特的东南欧第4大城市。其他著名大城市包括诺维萨德、尼什、莱斯科瓦茨等。

（三）人口状况

塞尔维亚人口总数708万（不含科索沃地区，2016年统计），城市人口占60%左右。人口主要集中在贝尔格莱德、尼什、潘切沃、莱斯科瓦茨等城市。1990—2016年，塞尔维亚人口呈现先增后降的趋势，1994年人口达到峰值，为773万，此后一直处于下降趋势。

劳动力呈现不足态势。在塞华人约五千人左右，绝大部分经商，以零售业为主，主要集中在贝尔格莱德、尼什、潘切沃、莱斯科瓦茨等城市，一些中小城镇亦有中国个体商人开设的商铺。近年来，由于塞经济不景气，旅塞华商有所减少。

塞尔维亚主要城市及市区人口分布状况为：贝尔格莱德165.8万人，诺维萨德34.0万人，尼什26.0万人，克拉古耶瓦茨17.9万人，莱斯科瓦茨14.4万人，苏博蒂察14.2万人，兹雷尼亚宁12.3万人，克鲁舍瓦茨12.9万人，潘切沃12.3万人，以及沙巴茨11.6万人。随着经济结构的调整和机械化程度的提高，巴尔干半岛上的国家居民大规模流亡。自2002年以来，塞尔维亚人口出生率逐年下降，截至2016年，出生率仅0.9%左右，平均每对夫妇只有0.8个孩子。

劳动力整体素质相对较高，普遍接受过高等教育或专业职业教育，语言能力较强，技术工人资源相对丰富。但随着上一代技术工人逐渐老去，近年来普通劳务人员中年龄结构失衡现象逐渐显现，年轻人普遍向往"白领"行业或海外发展，不愿从事所谓"低端工作"。

（四）民族构成

塞尔维亚是一个多民族的国家，83.3%人口（不计科索沃地区）是塞尔维亚族，其余有匈牙利族、波斯尼亚克族、罗姆族及斯洛伐克族等。

（五）语言种类

官方语言为塞尔维亚语，英语较普及，会讲英语的人数约占50%。此外，会讲德语和俄语的人也比较多。

（六）政治制度

塞尔维亚为议会共和制国家，实行三权分立的政治体制，立法权、司法权和行政权相互独立，互相制衡。

（七）经济发展

塞尔维亚的经济主要基于各种服务。自2009年受全球金融危机的影响出现大幅负增长以来，经济基本保持恢复性增长。虽然2012年、2014年受极端气候灾害影响，经济出现负增长，但并未改变塞尔维亚经济总体复苏的势头。主要经济问题是高失业率（14%）和巨额贸易赤字（1亿美元），作为唯一的与欧盟和俄罗斯同时签署自由贸易协定的欧洲国家，塞尔维亚希望在今后几年里能得到更多的经济刺激和较高的经济增长率。目前，随着政府全面改革的不断深入，塞尔维亚经济有望重新迈入健康发展轨道。

2015年，塞尔维亚名义GDP约365亿美元，其中，第一产业占GDP的比重为11.5%，第二产业26.5%，第三产业62%；通货膨胀率为1.5%，失业率为17.9%。受战乱、制裁影响，塞尔维亚经济曾长期低迷不振。近年来，塞尔维亚政府积极实行经济改革、推进私有化、改善内部投资环境，经济呈现稳中有升态势。2016年，塞尔维亚GDP为377.4亿美元，同比增长2.8%，人均GDP 5333美元；工业产值117.7亿美元，同比增长4.7%；农业产值34亿美元，同比增长9.1%；通货膨胀率1.6%，失业率15.3%。

（八）交通设施

塞尔维亚交通设施以铁路和公路为主，有5个机场，主要机场为贝尔格莱德尼古拉·泰斯拉机场。塞尔维亚通过多瑙河去往黑海，通过莫拉瓦河去往萨洛尼卡、爱琴海；通过贝尔格莱德与巴尔港的铁路连接亚德里亚海。

（九）教育状况

塞尔维亚实行八年制义务教育。全国受过高等教育的人口约占总人口的13.9%。大学收费较低，全国主要大学有贝尔格莱德大学、诺维萨德大学、尼什大学和克拉古耶瓦茨大学等。2016/2017学年各级在校学生情况如下：小学生54.46万人，中学生25万人，大学生19.04万人，硕士研究生4.14万人，博士研究生8555人。各类教师共计约10万人。

（十）自然资源

塞尔维亚主要矿产资源有煤（储量92.8亿吨）、天然气（储量43.5亿吨）、铁、锌、铜（储量27.1亿吨）、锂（储量7.3亿吨）、辉钼矿（储量28.5亿吨）等，森林覆盖率25.5%，水力资源丰富。

（十一）绿色能源

塞尔维亚绿色能源起步较晚，目前已涉及太阳能发电、风能发电、沼气发电、以及其他生物质能发电等领域，装机容量353兆瓦，2016年绿色能源发电量0.11亿度，占塞尔维亚总发电量的0.1%。发展绿色能源是塞尔维亚入盟的必要条件之一，因此也成为塞尔维亚政府重点推动的领域，政府还提供少量补贴电价。

二、农业发展现状

（一）农业资源条件

1. 土地资源

农业是塞尔维亚传统优势产业之一。塞尔维亚土地肥沃，雨水充足，农业生产条件良好。南部和中部是连绵起伏的丘陵与山区，北部的伏伊伏丁那平原是世界闻名的三大黑土平原之一，享有欧洲粮仓的美誉。塞尔维亚国土面积为77474平方千米，其中，农业用地占57.9%，林地占31.6%，其他用地占10.5%。

农业用地主要集中在北部的伏伊伏丁那平原和塞尔维亚中部地区，伏伊伏丁那农业用地面积占塞尔维亚耕地总面积的84%。

农业用地中可耕地面积为424万公顷，其中，耕地333万公顷，果园23.9万公顷，葡萄园6.4万公顷，草场60.9万公顷。

2. 气候条件

塞尔维亚北部属温带大陆性气候，南部受地中海气候影响。四季分明：夏季炎热，7—8月气温最高35℃，平均气温为25～28℃；春、秋气候宜人，平均气温15℃；冬季1—2月气温最低-10℃左右，平均气温约0～5℃。雨量充沛，平原地区年均降水量为660～880毫米，山区为880～1200毫米。

3. 水资源

塞尔维亚水资源丰富。境内有多瑙河、蒂萨河、萨瓦河、贝盖伊和莫拉瓦河等多条河流及其支流，大量的温泉与湖泊散落各地。大大小小的河流以及人工运河构成了塞尔维亚长约2000千米的水路，使得这个内陆国家能够方便地通达欧洲各地。

（二）农业生产情况

1. 农业产值规模及构成

2016年，塞尔维亚GDP为377亿美元，其中，农业占GDP的比重为9.0%，工业31.3%，服务业59.7%。在农业部门中，大田作物占农业总产值的42%，畜牧业占43%，水果和蔬菜占12%，其他作物占3%。

2016年，水果行业收成可观，产值达4亿多美元，尤其是树莓和苹果，产值都在1亿美元以上。农业是塞尔维亚最重要的出口部门，2016年农业出口额占塞尔维亚出口总额的19.4%。

2. 主要农产品产量

（1）种植业

2016年，塞尔维亚大约60%的农业用地用于谷类作物生产，包括玉米、小麦、大麦、向日葵、大豆和甜菜。玉米作为塞尔维亚第一大农作物，产量737.67万公吨，产值13.00亿美元；小麦是第二大农作物，产量242.82万公吨，产值4.73亿美元；大麦产量39.55万吨；大豆产量57.64万吨，产值1.45亿美元；葵花籽产量62.11万吨；甜菜产量268.39万吨，产值9400万美元（表1、表2）。水果部门年产值达4.63亿美元，特别是树莓（1.05亿美元）和苹果。

塞尔维亚的气候条件和土壤条件非常适合水果生产，2016年水果种植面积达到31万公顷。水果生产以小型家庭农场为主。主要水果包括李子、苹果、酸樱桃、树莓、桃、葡萄、甜樱桃与梨（表3）。

塞尔维亚最重要的饲料作物是多年生豆科植物（紫花苜蓿和红三叶草）、饲用玉米、一年生豆科牧草、混合草地和天然草地（表4）。玉米和小麦种植面积占总耕地面积的50%，饲料作物占耕地总面积的13.8%，占农业用地总面积的9%。

表1　2014—2016年塞尔维亚粮食作物生产状况　　（单位：公顷，吨，吨/公顷）

年份	玉米			小麦			大麦			黑麦		
	收获面积	产量	单产	收获面积	产量	单产	收获面积	产量	单产	收获面积	产量	单产
2014	1057877	7951583	5.5	604748	2387202	3.9	90803	323283	3.6	5699	11702	2.1
2015	1010227	5454841	5.4	589922	2428203	4.1	95984	362205	3.8	5689	13258	2.3
2016	1010097	7376738	5.4	595118	2428203	4.8	91530	395501	4.3	4891	14200	2.9

数据来源：塞尔维亚统计局

表2　2014—2016年塞尔维亚经济作物生产状况　　（单位：公顷，吨，吨/公顷）

年份	大豆			葵花籽			甜菜		
	收获面积	产量	单产	收获面积	产量	单产	收获面积	产量	单产
2014	154249	545898	3.5	175366	509250	2.9	64112	3507441	54.7
2015	184841	454431	2.5	166192	437084	2.6	42123	2183194	51.8
2016	182362	576446	2.5	200299	621127	3.1	49237	2683860	54.5

数据来源：塞尔维亚统计局

表3 2014—2016年塞尔维亚蔬菜水果类生产状况　　　（单位：公顷，吨，吨/公顷）

年份	树莓			葡萄			苹果		
	收获面积	产量	单产	收获面积	产量	单产	收获面积	产量	单产
2014	11041	61715	5.6	21201	122489	5.8	23737	336313	14.2
2015	11041	66176	6.0	21201	170647	8.0	23737	355664	15.0
2016	11041	61875	5.6	21201	145829	6.9	23737	328369	13.8

数据来源：塞尔维亚统计局

表4 2014—2016年塞尔维亚饲料作物生产状况　　　（单位：公顷，吨，吨/公顷）

年份	苜蓿			三叶草			饲用玉米		
	收获面积	产量	单产	收获面积	产量	单产	收获面积	产量	单产
2014	108834	565886	5.2	75395	244658	3.2	32143	617447	19.2
2015	109230	481003	4.4	76625	222596	2.9	34046	589166	17.3
2016	107430	611062	5.7	73281	291365	4.0	30524	650741	21.3

数据来源：塞尔维亚统计局

（2）畜牧业

畜牧业以养猪为主。塞尔维亚的牧场85%位于山区，主要饲养猪、牛、羊和家禽等。2016年，塞尔维亚养猪业产值达7亿美元，奶牛业6.8亿美元，家禽业2.4亿美元以及绵羊养殖0.85亿美元，占塞尔维亚畜牧业总产值的比重分别为41%、40%、14%和5%。2014—2016年，塞尔维亚牛的年末存栏量保持递增趋势，猪的存栏量维持在300万头以上，绵羊维持在160万只，家禽维持在1600万只以上（表5）。

表5 2014—2016年塞尔维亚各品种存栏情况　　　（单位：万头，万只）

年份	牛						
	年初存栏	繁育	进口	出口	屠宰	死亡	年末存栏
2014	91.3	38.1	0.1	3.3	32.0	2.2	92.0
2015	92.0	37.4	0.2	6.4	30.2	1.5	91.6
2016	91.6	35.0	0.1	3.4	32.4	1.6	89.3
	猪						
2014	314.4	566.8	33.0	2.6	565.7	22.3	323.6
2015	323.6	576.3	21.7	4.6	565.4	23.2	328.4
2016	328.4	582.4	7.7	2.8	585.3	28.3	302.1
	绵羊						
2014	161.6	164.6	0	6.6	138.7	6.2	174.8
2015	174.8	170.2	0	11.7	149.3	5.1	178.9
2016	178.9	160.0	0.1	6.6	163.0	2.9	166.5

（续表）

年份	家禽						
	年初存栏	繁育	进口	出口	屠宰	死亡	年末存栏
2014	1786.0	5819.7	903.5	101.0	6439.0	252.4	1716.7
2015	1716.7	5696.4	948.8	309.5	6113.3	194.2	1745.0
2016	1745.0	5502.0	886.0	230.4	6139.7	138.6	1624.2

数据来源：塞尔维亚统计局

2014—2016年，塞尔维亚牛的屠宰量维持在30万头；生猪维持在560万头；绵羊出现增长趋势；家禽降幅明显，2015—2016年均维持在6100万只，比2014年减少300多万只（表6）。

表6　2014—2016年塞尔维亚各品种屠宰情况　　　　　（单位：万头，万只，千克）

年份	牛			
	屠宰量	屠宰场的屠宰量	屠宰场屠宰时的平均毛重	屠宰场屠宰后的平均净重
2014	32.0	15.1	468.0	244.0
2015	30.2	16.2	473.0	247.0
2016	32.4	17.0	478.0	248.0
	猪			
2014	565.7	203.1	97.0	74.0
2015	565.4	221.8	98.0	75.0
2016	585.3	221.2	98.0	74.0
	绵羊			
2014	138.7	7.2	34.0	18.0
2015	149.3	7.0	34.0	18.0
2016	163.0	7.8	34.0	18.0
	家禽			
2014	6439.0	3696.9	2.3	1.7
2015	6113.3	3933.9	2.3	1.7
2016	6139.7	4150.0	2.3	1.7

数据来源：塞尔维亚统计局

2016年，塞尔维亚牛奶产量达15.04亿升，禽蛋产量达18.53亿枚，蜂蜜产量达5761吨，羊毛产量达2848吨（表7）。

表7 2016年塞尔维亚其他畜产品产量

年 份	牛奶（亿升）	禽蛋（亿枚）	蜂蜜（吨）	羊毛（吨）
2016	15.04	18.53	5761	2848

数据来源：塞尔维亚统计局

3. 主要农业产业布局

塞尔维亚大约90%的耕地属于私有，10%属于政府。地区差异和奶制品与畜牧业收入下降，对塞尔维亚农业带来限制。塞尔维亚目前的农业结构仍然以小农场为主，根据2012年塞尔维亚农业普查，登记的农业实体约有63万个，其中近80%拥有不足5公顷的土地，只有5%的农业实体拥有超过10头奶牛。即使在近期农业增长最强劲的伏伊伏丁那，农业收入平均仍保持在20%左右。换言之，农村家庭80%的收入从其他来源获得，主要是养老金和非农就业。这对扩大农场规模或进行技术升级具有深远影响。

商业农业的主要区域是伏伊伏丁那地区，以及萨瓦河和多瑙河南部的低洼地，包括莫瓦拉河流域在内。山坡主要用于动物饲养，林区用于猪饲养；奶业主要集中在贝尔格莱德舒马迪亚山南部；黑麦和燕麦的种植面积有限；果园集中在高山地区。农业是塞尔维亚高山地区的生存基础。农村家庭为满足自身消费需求生产一系列农作物，部分地区也生产烟草。在大多数村庄里，农民在临近房屋的花园中种植蔬菜。尽管塞尔维亚的林地丰富，但商业林业的作用相对较小。

（三）农产品贸易情况

塞尔维亚对外贸易总量规模不大，并呈逐年增长趋势。2016年，塞尔维亚对外贸易在2015年大幅萎缩后强势反弹，全年进出口总额341.4亿美元，同比增长8.1%。其中，出口148.8亿美元，同比增长11.2%；进口192.6亿美元，同比增长5.7%；贸易逆差43.8亿美元，同比收窄9.5%。

1. 主要农产品贸易规模

农产品一直以来都是塞尔维亚出口创汇的主要产品。近几年，塞尔维亚农产品贸易顺差不断增加（表8）。2015年，塞尔维亚贸易顺差高达11亿欧元，比2014上升19%。在中欧自由贸易区七国中，塞尔维亚是最大的农产品出口国和唯一的净出口国。

表 8　2015 年塞尔维亚农产品进出口状况　　　　　　　　　　　　　（单位：万欧元）

主要出口农产品	出口额	主要进口农产品	进口额
玉米	30200	咖啡	6800
冷冻树莓	24100	烟草	3700
香烟	19500	冷冻猪肉	3400
鲜苹果	9400	香烟	3400
精制糖（甜菜和甘蔗）	8000	香蕉	3300
小麦	6700	咖啡提取物和浓缩液	2600
麦芽啤酒	5300	葡萄酒	2300
非酒精饮料	5200	可可食品制剂	2300
甜饼干、松饼和薄饼	5100	甜饼干、松饼和薄饼	2200
玉米种子、杂交种	4400	动物食品制剂	2100

数据来源：塞尔维亚统计局

2016 年，塞尔维亚出口总额达到 148 亿美元，较 2009 年大萧条初始时增长 77.8%，比 2015 年增长 10.9%。在出口额排名前 10 位的商品中，水果与坚果出口额达到 6.069 亿美元，占出口总额的 4.1%；谷物出口额达 5.124 亿美元，占出口总额的 3.5%。

2016 年，塞尔维亚农产品出口总额估计为 30 亿美元几乎与 2015 年相同。塞尔维亚农产品进口总额为 16 亿美元，比 2015 年下降 10.1%，占塞尔维亚进口总额的 8.6%；农产品贸易顺差为 14 亿美元，比 2015 年增长 2.4%。

2016 年，塞尔维亚主要出口食品包括谷物、糖、水果和蔬菜（新鲜和冷冻）、糕点和饮料，其中，谷物和谷物制品出口额达 7.52 亿美元，加工类水果和蔬菜 5.20 亿美元，食用葵花籽和大豆食用油 2.40 亿美元，白糖 1.66 亿美元，小麦粉制品 1.10 亿美元、糖果制品 1.40 亿美元。

据预测，2017 年，塞尔维亚玉米出口量可达 220 万吨，排名世界第 7 位；小麦出口 110 万吨，排名世界第 11 位；葵花籽油 11 万吨，排名世界第 6 位；新鲜樱桃 2000 万吨，排名世界第 6 位；新鲜苹果 2.45 亿吨，排名世界第 7 位。

2. 主要农产品贸易伙伴

塞尔维亚最重要的贸易伙伴是欧洲联盟。2016 年，塞尔维亚对欧盟国家的农产品出口额占塞尔维亚农产品出口总额的 55%，自欧盟的农产品进口额占塞尔维亚农产品进口总额的 45%。自 2001 年以来，塞尔维亚一直享有向欧盟出口农产品的优惠条件。塞尔维亚产量高、出口潜力大的产品主要包括谷物、油籽、糖、水果、蔬菜、不含酒精的饮料和糖果产品。

2015年，塞尔维亚农产品主要贸易出口国包括波黑、罗马尼亚、俄罗斯联邦、德国、法国、意大利、克罗地亚、奥地利、马其顿和黑山等（表9）。农产品主要贸易进口国包括俄罗斯、德国、意大利、中国和匈牙利等。

表9 2015年塞尔维亚农产品主要贸易出口国及出口额

农产品主要贸易出口国	出口额（万欧元）
波黑	34390.5
罗马尼亚	29802.3
俄罗斯联邦	23909.2
德国	20861.5
法国	16974.2
意大利	14021.1
克罗地亚	7841.9
奥地利	7397.6
马其顿	6442.0
黑山	5592.7

数据来源：塞尔维亚统计局

塞尔维亚农产品进口主要来自欧洲和中欧自由贸易区，与此同时也主要对欧盟国家（地区）出口。2013—2016年，塞尔维亚从欧盟国家（地区）进口的农产品总额呈稳中略降趋势，出口到欧盟国家（地区）的农产品总额呈稳步增长趋势。塞尔维亚与欧盟的农产品贸易保持顺差格局，2016年农产品贸易顺差额达6亿欧元。

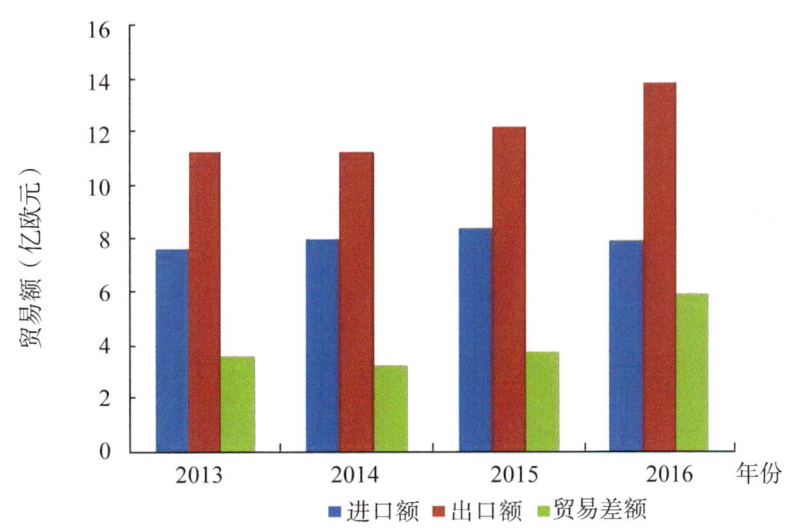

图1 2013—2016年塞尔维亚与欧盟农产品贸易情况

数据来源：塞尔维亚统计局

3. 中国与其贸易情况

近年来，中塞农产品贸易往来日益密切，贸易规模不断扩大。据中国海关统计，2017年中塞农产品贸易额为7697.07万美元，比2010年的841.86万美元增加了8倍。中塞农产品贸易格局也从顺差转变为逆差，2010年贸易顺差额为736.06万美元，2017年贸易逆差额5618.11万美元（表10）。2017年，中国对塞出口1039.48万美元（占中国农产品出口总额的0.01%），中国从塞进口6657.59万美元（占中国农产品进口总额的0.05%）。

中国出口到塞尔维亚的农产品主要包括油籽、水产品、蔬菜、畜产品、糖料等；中国从塞尔维亚进口的农产品主要包括水果、食用植物油、粮食制品、畜产品等。水果和食用植物油所占比重相对较大，2017年的进口额分别占中国从塞尔维亚进口农产品总额的2.0%和1.5%。

表10　2017年中国与塞尔维亚农产品贸易进出口额

农产品种类	出口额（万美元）	进口额（万美元）
粮食制品	0.12	8.58
油籽	293.80	0.00
食用植物油	0.00	102.07
糖料及糖	23.09	2.03
蔬菜	97.87	2.11
水果	1.38	134.08
畜产品	56.78	7.36
水产品	125.50	0.00
坚果	10.73	0.00
农产品总计	1039.48	6657.59

（四）农业科技发展

1. 农业科研机构

塞尔维亚十分重视农业教育和科学研究工作。国内建有农学院、农技校、兽医学院、农业研究所（表11），还有很多试验站遍及全国，主要负责将科研成果转化为生产力。塞尔维亚实施农业技术研究与开发活动的机构主要有3种：一是独立的研究与开发研究所；二是高等院校所属的研究开发机构；三是与经济领域生产部门联合的开发机构。

塞尔维亚粮食生产和食品加工发展得到5所大学、16个研究所和26所中学的支持。除了获得在塞尔维亚生产优质、健康食品的优良原料和条件外，投资者还可以得到塞尔维亚研究机构的大力支持。研究主要集中在先进的生产技术方面，以生产高质量、环境友好的种子和蔬菜作物。此外，塞尔维亚法律禁止任何转基因食品和种子的生产和进口。

表 11 塞尔维亚农业科研机构

涉农类大学	
Faculty of Agriculture, Zemun - University of Belgrade 贝尔格莱德大学农学系	
Faculty of Agriculture - University of Novi Sad 诺维萨德大学农学系	
Faculty of Agronomy, Cacak - University of Kragujevac 克拉古耶瓦茨大学农学系	
Faculty of Bio farming, Backa Topola - Megatrend University Belgrade 贝尔格莱德大学生物农业系	
Faculty of Agriculture, Zubin Potok - University of Pristina 普里什蒂纳大学农学系	
农业类研究所	网　址
Institute of Agricultural Economics 农业经济研究所	www.iep.bg.ac.rs
Institute of Molecular Genetics and Genetic Engineering 分子遗传和基因工程研究所	www.imgge.bg.ac.rs
农业类研究所	网　址
Institute of Medicinal Plant Research 药用植物研究所	www.iplb.rs
Fruit Research Institute 水果研究所	www.institut-cacak.org
Pesticides and environmental protection institute 杀虫剂和环境保护研究所	www.pesting.org.rs
Institute for Science Application in Agriculture 农业科学应用研究所	www.psss.rs
Institute for Animal Husbandry 畜牧研究所	www.istocar.bg.ac.rs
Institute for Plant Protection and Environment 植物保护和环境研究所	www.izbis.com
Maize Research Institute 玉米研究所	www.mrizp.rs
Institute for Vegetable Crops 蔬菜研究所	www.institut-palanka.co.rs
Institute of Field and Vegetable Crops 大田作物和蔬菜研究所	www.nsseme.com
Institute of Soil Science 土壤学研究所	www.soilinst.rs
Institute of Food Technology 食品技术研究所	www.fins.uns.ac.rs
Institute of Meat Hygiene and Technology 肉类卫生技术研究所	www.inmesbgd.com
Scientific Veterinary Institute 兽医学研究所	www.niv.ns.ac.rs
Institute for Biological Research 生物学研究所	www.ibiss.bg.ac.rs

2. 农业科技发展状况

在粮食产业，塞尔维亚是欧洲地区农药和化肥使用率最低的国家，又加上冻害、干旱、疾病、虫害、生产技术落后、品种结构不足等困难，导致粮食和水果单产并不高。此外，加工企业存在加工技术落后、设备陈旧等问题。

在畜牧业，过去 10 年，畜牧生产平均下降 15%，缺乏投资是主要原因之一。塞尔维亚屠宰猪的结构差，1/3 为小猪；羊肉产量的 70% 是 90 天以下羊羔肉；禽肉生产相对稳定；由于遗传改良、蛋白质饲料、添加剂和药品依赖进口，奶制品在很大程度上也依赖进口。

3. 科技政策

科技一直以来都是塞尔维亚的优先发展方向。塞尔维亚科技发展的突出特点是坚持科技为经济服务的方向。一是走科研、生产、销售相结合的道路；二是加强部门合作，加速科研成果的转化；三是科研推广形成良性循环，育、繁、推一体化模式决定了各研究所既进行品种选育，也进行品种推广，从根本上解决了品种选育与推广脱节的矛盾。如 ZP 玉米研究所的科研经费就有 95% 来自新品种推广的利润，使研究工作有充足的经费保障，科研队伍稳定，科研人员能集中精力搞研究，再育出高水平的品种。

4. 科技优势

塞尔维亚传统生物技术很强，而且不断地进行技术革新和改造，一方面从发达国家引进良种和先进技术，并积极地消化、推广，另一方面把自己的良种和先进技术向国外输出。

塞尔维亚的农业技术具有一定优势，一批农业科研单位利用转基因技术、遗传工程、组织培养等现代化生物技术培育出一些优良品种。各农业研究单位都有相当规模的种质基因库，经过多年的努力与积累，广泛收集国内外的种质资源，具有很强的育种能力。一些专业的育种研究所的研究水平处国际水平，畜牧业是塞尔维亚实力较强的学科，引进欧洲其他国家的良种进行杂交，培育了一批优良品种，并拥有较先进的养殖技术与肉类加工技术。

（五）农业管理体系与政策

塞尔维亚政府现由 18 个部委组成，设 21 名部长。分别是：外交部，贸易、旅游和电信部，建设、交通和基础设施部，国家管理和地方自治部，财政部，经济部，农业、林业和渔业部，生活环境保护部，矿产和能源部，欧洲一体化部，司法部，内务部，教育和科学技术发展部，国防部，卫生部，劳动、就业、退伍军人和社会问题部，文化和信息部，青年和体育部。

1. 农业管理体系

农业政策制定者包括：塞尔维亚农业与环境保护部，农业、水利和林业部（处伏伊伏丁那自治省）和地方自治单位理事会（地方自治单位）。

2. 农业支持政策

（1）政策改革

2000 年年初，改革重点是机构能力建设和立法工作，目的是在那些受灰色经济影响最大的部门建立有效结构；2004—2007 年，为提高商业家庭农场的竞争力而作了重大转变；

自2007年以来，农业政策的实施一直在变化；自2010年以来，是与CAP逐步协调的时期，包括转向直接付款。

（2）主要立法

有关农业法案：农业与农村发展法案（OGRSNo41/09）；农业与农村发展补贴法案（OGRSNo10/13）；家畜育种法案（OGRSNo41/09，93/12）；葡萄酒法案（OGRSNo41/09，93/12）；农业咨询和推广服务法案（OGRSNo30/10）；有机生产法案（OGRSNo30/10）；农业用地法案（OGRSNo62/06，41/09）；农产品公共仓库法（OGRSNo41/09）。

（3）贸易政策

长期以来，塞尔维亚贸易进口大于出口，逆差常年居高不下。尽管如此，贸易在塞尔维亚的经济产出中仍然起着重要的作用。塞尔维亚主要的进出口国是欧洲国家，其次是亚洲国家。其中，中国是塞尔维亚的第四大进口国。

塞尔维亚与贸易相关的主要法规有《对外贸易经营法》《贸易法》《海关法》《商品原产地规则》《租赁法》等。塞尔维亚取消了进口配额，基本上实现了自由进口贸易。

进口管理。塞尔维亚外贸法规定其境内的企业、法人在与外国法人或自然人进行商品进出口贸易、国际服务贸易时须签订合同，该合同应符合塞尔维亚的法律法规及国际合同法。所有在塞尔维亚境内依法注册的经济实体享有同等的外贸经营权。除个别商品外，国家对进口商品无限制。塞尔维亚取消了进口配额，基本上实现了自由进口贸易。

出口限制。塞尔维亚关税税则主要有8500余种产品，除保障国内市场需要的少量农产品需一定出口配额限制外，其他商品可自由出口。2020年，塞尔维亚有望加入欧盟，相关贸易政策可能会改变。

塞尔维亚进出口商品检验检疫。塞尔维亚对各类动植物产品的进口进行检疫，核查进口产品的特征及进口商的相关信息。塞尔维亚贸易、旅游和电信部下属检疫机构负责此类工作。塞尔维亚有关进口商品检验的法规有20个、条例有80个、标准有8500余项。

农产品贸易。根据塞尔维亚相关法律规定，农产品及其加工食品、畜产品以及烟酒进出口商应向塞尔维亚商品质量检验局申请质量鉴定。

动植物检疫。动物检疫应向塞尔维亚农业部下属的动物检疫局、植物检疫局申办动植物进出口检验、检疫证明和进出口许可证。中国已与塞尔维亚草签塞冷冻牛羊肉对华出口检验检疫议定书。

3. 农业发展规划

2014年，塞尔维亚政府通过了一项新的农业和农村发展战略（2014—2024年）。这一战略是获得欧盟资助的必要条件，它制定了调整塞尔维亚农业以满足欧盟和WTO要求的指导方针，并定义了农业部门所需的基本改革。该战略的重点是改革，改善塞尔维亚的商业环境和竞争力，提高生活条件，并为农村地区的农民带来更大的稳定。根据农业部的说法，塞尔维亚需要制定预算激励措施，并采用有利于农业发展的法律和规则手册，以及加大农民培训和接触新技术的机会。在农业和农村发展战略的基础上，全国发展计划在2015—2020年制定了国家发展规划，具体实施了农业和农村发展战略。

2015年1月，欧洲委员会拨出2亿美元用于未来6年（2015—2020年）塞尔维亚农村发展计划（ipard）。该计划旨在提高塞尔维亚的食品安全，提高农业食品部门的竞争力，并帮助塞尔维亚逐步将其规范与欧盟标准相一致。拨款对象为：生产牛奶、肉类、水果和蔬菜以及其他作物的农户；加工牛奶、肉类、水果和蔬菜的微型、小型和中型企业；有机生产；以及发展私人乡村旅游设施。

2017年，塞尔维亚议会批准了一项农业预算，规模达437.80亿第纳尔（约合3.74亿美元）。农业占国家总预算的4%。2017年，农业预算将为塞尔维亚贫困地区的年轻农民引入新的创业贷款，并鼓励购买新的农业机械、灌溉设备和生产保险政策。

（1）发展目标

塞尔维亚农业发展目标（2014—2024年）包括：提高产量，促进生产者收入的稳定；调整国内和国际市场的要求，提高该部门的技术水平，提升产品竞争力；促进可持续资源管理和环境保护；改善农村地区的生活质量和减少贫困；有效改进公共政策管理和体制框架，以促进农业和农村地区的发展。

（2）主要措施

塞尔维亚政府现由18个部委组成，设21名部长。分别是：外交部，贸易、旅游和电信部，建设、交通和基础设施部，国家管理和地方自治部，财政部，经济部，农业、林业和渔业部，生活环境保护部，矿产和能源部，欧洲一体化部，司法部，内务部，教育和科学技术发展部，国防部，卫生部，劳动、就业、退伍军人和社会问题部，文化和信息部，青年和体育部。

为了实现上述战略目标，确定了以下政策干预措施：与农民收入支持有关的直接支付以及市场和价格支持干预措施；农村发展干预措施，由IPARD II方案和国家支助计划供资；支持一般事务，包括兽医和植物保护；体制发展和能力建设。

三、农业投资环境

塞尔维亚政府的经济主导方针是大力吸引外资，创造就业，改革和修订投资法规，重点投资基础设施建设和劳动密集型产业。

（一）农业投资环境分析

世界经济论坛发布的《2015—2016年全球竞争力报告》显示，塞尔维亚在全球最具竞争力的140个国家和地区中排名第94位。世界银行发布的《2016年营商环境》显示，塞尔维亚在189个国家和地区的营商便利度排名中居第59位。

塞尔维亚投资环境存在的主要问题包括：一是政府办事效率低下，腐败现象普遍存在且相对严重；二是法律体系仍不完善，执法不够严格；三是市场机制仍不成熟，政府对市场行为的行政干预过多等。中国企业在塞投资总量较少、主体分散，以旅塞华商投资的货物贸易和批发零售等为主。

（二）农业投资风险分析

1. 政治风险

尽管中赛关系发展没有太多隔阂障碍，两国关系总体顺畅，近些年在赛投资的中国企业仍然面临着诸多风险与不确定性，尤其是一些潜在的政治风险不容忽视。

2. 经济风险

塞尔维亚实施私有化与结构性改革，并接受国际货币基金组织援助，经济正处在困难期，增长动力不足，债务和财赤字比例仍过高，依赖外部援助，预计未来塞尔维亚仍然存在一定的经济风险。

3. 商业环境风险

由于经济不景气，塞尔维亚商业环境指数下降，但其具有地理、劳动力、税率较低等优势，其商业环境主要取决于未来经济情况的变化。总体商业环境随着经济增长前景而改善。对未来塞尔维亚的商业环境风险展望为稳定。

4. 法律风险

塞尔维亚各项法律制度相对完善，法律体系长期保持稳定。受金融危机和债务危机影响，政府对经济干预度有所上升，但总体上不会对法律体系造成过大冲击，法律风险不会明显上升。预计未来法律风险展望为稳定。

5. 其他风险

资源相对匮乏。塞尔维亚本国经济体量小，资源相对匮乏。生活物资、基建设备和物资通常需要进口，当地采购量小。但基建项目存在耗资大，需要资源多的特点，往往会影响工期或者合作前景。

当地劳动力缺乏。塞尔维亚人口少，男性比例相对较小，同时适龄劳动力更倾向于去周边发达国家，如德国、法国等务工，造成留在国内的适龄劳动力少。如果项目大，用工多，无法及时有效地招聘合格工人。如果劳动力来自中国，会造成中资企业的成本增加。与当地政府签订合同时，有时会约定当地本地雇员用工的比例，大量使用中国工人可能导致违约风险增加。

汇率变动风险。塞尔维亚使用的货币为塞尔维亚第纳尔。相对于美元的汇率波动较大，不断贬值的压力对中资企业的资金运用和合理安排提出很高的要求。因历史上塞尔维亚本国货币急剧贬值的情况时有发生，当地居民更倾向于把手中的当地货币兑换成欧元、美元。因此，外币和当地币兑换的商店随处可见。

6. 总体评价

总之，塞尔维亚投资环境逐渐好转。从政治环境看，塞尔维亚政局基本稳定，为吸引外资奠定了基础。从法律环境看，塞尔维亚各项法律制度将随着入盟进程的深入而逐步规范，并最终与欧盟趋同。从经济环境看，战后塞尔维亚经济总体呈增长趋势，为吸引投资创造了有利条件。此外，塞尔维亚相比周边地区其他国家，具备一定相对优势。联合国贸发会议发布的2017年《世界投资报告》显示，2016年，塞尔维亚吸收外资流量为23.0亿美元；截至2016年年底，塞尔维亚吸收外资存量为303.4亿美元。

四、中塞农业合作现状与合作重点

塞尔维亚作为中东欧地区第一个同中国建立战略伙伴关系的国家。近年来，两国政府和企业积极探寻双边贸易合作与发展的新领域、新途径及新模式，在稳定和推动双边贸易的同时，挖掘投资潜力，在互利共赢中推动双边经贸关系取得进一步发展。据中国商务部统计，2016年当年中国对塞尔维亚直接投资流量3079万美元。截至2016年年底，中国对塞尔维亚直接投资存量8268万美元。

（一）合作现状

近年来，在政治方面，中塞双方在重大核心问题上相互支持；在经济方面，双方在基础设施建设方面加强合作。中方提出的"一带一路"倡议和中国—中东欧合作机制对于塞尔维亚的战略发展定位可以说是非常合适。同时，塞尔维亚与欧盟、俄罗斯、土耳其等国有着广泛的经贸合作，中国可以借助塞尔维亚这座桥梁进入欧洲市场。

1. 合作机制

中塞政府间建有经贸混委会机制，签有《投资保护协定》《避免双重征税协定》《基础设施领域经济技术合作协定》《文化合作协定》《科技合作协定》和《中华人民共和国公安部和塞尔维亚共和国内务部合作协议》等协议。

2009年，两国建立战略伙伴关系。

2013年，尼科利奇总统和习近平主席发表加深中塞战略伙伴关系的联合声明。2013年8月，中塞双方签署《两国关于建立农业科技合作促进网的备忘录》。

2014年，李克强总理历史性访问塞尔维亚，这是近30年来中国总理首次访塞。

2015年6月26日，中国—中东欧国家农业合作促进联合会在保加利亚首都索非亚正式成立。

2016年，中塞两国元首共同签署《中华人民共和国和塞尔维亚共和国关于建立全面战略伙伴关系的联合声明》，强调加强两国农业合作，标志着两国几十年传统友好关系开启了新篇章，对双边关系发展具有里程碑意义。

2017年，农业部部长韩长赋在贝尔格莱德会见了塞尔维亚农业和环保部部长布拉尼斯拉夫·纳德莫维克，双方就进一步加强中塞农业合作进行了深入广泛交流。本次访塞旨在落实2016年6月习近平主席访塞时两国元首共同签署的《中塞关于建立全面战略伙伴关系的联合声明》，进一步深化两国农业合作。会后，双方签署了《中华人民共和国农业部与塞尔维亚共和国农业和环保部农业合作备忘录》。

2018年，中国—塞尔维亚政府间科技合作委员会第四届例会在北京举行。双方一致认为，科技合作是中塞双边关系的重要组成部分。

2. 科技合作

中塞两国制定政策措施，促进两国民间农业科技合作与交流；中国与塞尔维亚两国农业科技合作长期以来始终本着平等互利、共同投入、利益共享的原则，结合本国科技发展的重点领域，主要以双边的官方合作为主，通过定期的两国科技合作混合委员会会议来确立合作项目，取得了一些有实效的合作成果。近年来，双边的民间科技合作与交流发展也在逐步开展，并表现出良好势头。

中国与塞尔维亚的技术引进和合作主要在农业科技领域。从20世纪70年代末开始，中国与塞尔维亚"诺维萨德大田作物和蔬菜研究所"开展了长期科技合作。主要合作有：向日葵、玉米和甜菜种子改良和杂交技术合作；从塞尔维亚引进向日葵育种新技术，在中国吉林省白城市建立了"中塞向日葵育种中心"。中塞农业科研人员合作培育出两个适应中国气候和土壤特点的油用向日葵新良种，在中国东北和华北地区推广，效果很好。

3. 贸易合作

塞尔维亚对外经济和对外贸易的主管政府部门是贸易、旅游和电信部，主要负责电信业发展、内外贸易、商业市场管理与监查、商品质量、安全与检验、物流、消费者权益保护、会展和旅游业等。

中国海关统计数据显示，2015年中国与塞尔维亚贸易额为5.49亿美元，同比增长2.2%。其中，中国对塞尔维亚出口4.15亿美元，同比下降2.2%；自塞尔维亚进口1.34亿美元，同比增长18.8%。

农产品方面，双方存在一定的互补关系。中国的某些农产品是塞方所缺少的，而塞方许多农产品则是中方所需要的。塞尔维亚对各类动植物产品的进口进行检疫，核查进口产品的特征及进口商的相关信息。根据塞尔维亚相关法律规定，农产品及其加工食品、畜产品以及烟酒进出口商应向塞尔维亚商品质量检验局申请质量鉴定。动植物检疫：动物检疫应向塞尔维亚农业部下属的动物检疫局、植物检疫局申办动植物进出口检验、检疫证明和进出口许可证。中国已与塞尔维亚草签塞冷冻牛羊肉对华出口检验检疫议定书。

4. 投资合作

塞尔维亚主管国内投资和外国投资的政府主管部门是经济部。对于塞尔维亚来说，中国不仅是他们的农产品消费国，还是世界上最大的投资来源国之一。

塞尔维亚目前的法律尚不允许外国人在塞尔维亚购买农田，但可以通过政府间协议来绕开这个问题。例如，阿联酋企业2013年3月通过政府出面，在塞尔维亚投资3亿欧元收购8个农场，耕地面积达1.4万公顷。塞尔维亚政府愿意向外国投资者出租国有农田，租期将根据作物的种类和投资额来定，可达20～30年。

塞尔维亚欢迎中国企业来塞投资农业。中国的农业和食品企业来塞投资可以通过塞尔维亚将更多的产品放到欧洲食品店的货架上，因为塞与欧盟、俄罗斯和中东欧国家有自由贸易协定。中国企业来塞尔维亚投资农业可以获得塞农业部的补贴，塞农业部2013年拨款4.32亿欧元用于农业投资补贴。

（二）合作潜力

两国经济有一定的互补性，中国商品在塞尔维亚也很受欢迎，但贸易和投资发展不快，主要是受到基础设施，特别是交通条件的限制，加上中国企业的投资缺少"拳头"项目。双边贸易中国的顺差过大，一定程度上影响了塞方的积极性。但随着"一带一路"倡议不断延伸，中国与塞尔维亚的经贸合作必将越来越密切，有着合作共赢的巨大潜力。

1. 合作基础

一是交通便利，地理位置优越。塞地处巴尔干半岛中心，处于欧洲和亚洲的十字路口，区位优势明显。泛欧 10 号高速公路走廊和泛欧 7 号水路走廊可连接将欧洲大陆和西亚、北非进行连接，同时匈牙利、塞尔维亚、马其顿的铁路干线如能打通并与希腊比雷埃夫斯港相连，将形成中东欧直通地中海的陆海快线，战略意义重大。

二是辐射面广，市场潜力大。塞是《中部欧洲自由贸易区（CEFTA）》的签署国，也与欧盟签署了《过渡性自由贸易协定》，并加入了《欧洲自由贸易联盟（EFTA）》，与周边国家及俄罗斯（实现零关税）、白俄罗斯、哈萨克斯坦、土耳其等国都已实现自由贸易，市场覆盖人口超过 8 亿。自 2005 年起，美国对塞实行普惠制，4600 种商品出口美国免关税。

三是中塞关系友好，有利于"一带一路"倡议的顺利开展。中塞两国保持着传统友好关系，同时塞是中东欧地区第一个同中国建立战略伙伴关系的国家。发展与中国友好关系是塞外交战略四大支柱之一。

四是给予来塞投资的企业一律同等国民待遇，并可在塞投资任何工业部门。外资企业的资金、资产、利润、股份以及分红等可以自由转移。外资企业可在对等条件下在塞购置房地产，租用建筑用地最长可达 99 年。

五是外资企业大型投资项目，可获得塞国家主要信用机构的担保、国际信用驻塞机构担保以及塞出口信用担保。

六是外资企业受双边投资保护协定保护并享受避免双重征税待遇。塞已与 32 个国家签署投资保护协定。中国与塞（前南）分别于 1995 年和 1996 年签署了双边《投资保护协定》和《避免双重税协定》。

七是劳动力素质高，劳动力成本低于西欧和周边多数国家。

2. 合作前景

中国是农业大国，塞尔维亚自然条件优越，两国农业合作优势互补前景广阔。塞尔维亚的农业生产条件良好，农业在经济中占有重要地位。中塞双方可在农业投资和技术发展领域加强合作，尤其是肉制品加工和蔬菜水果加工行业。在农业贸易方面，希望塞尔维亚优质安全的农产品和畜产品进口到中国，既可以丰富中国人民的餐桌，同时也给塞尔维亚农民朋友带来实惠。两国合作备忘录的签署，将为塞农业注入更多投资，增加塞农产品出口中国，尤其是蔬菜、水果、牛肉、羊肉和奶粉等产品。

中国与塞尔维亚在农业方面存在一定的互补性、合作潜力较大，开展农业与食品方面的合作可为两国带来更多的发展机遇。随着两国农业合作领域扩大，双边农产品贸易额持续增长，相信在未来不仅可带动双方的经济发展，也为"一带一路"倡议发挥着强有力的带动效应。

(三) 合作重点

1. 重点领域

2007—2016年，外商对塞尔维亚投资主要领域中，汽车工业为33.39亿欧元，所占比重最大为15.9%；食品工业为24.36亿欧元，所占比重为11.6%，位居第二。

目前，中塞关系仍存在政治合作水平高、经贸合作水平较低的问题，此外双方的贸易逆差较大。据2015年商务部统计数据，双方贸易额2015年为5.5亿美元，中国对塞出口为4.2亿美元，进口则只有1.3亿美元。

塞尔维亚无太多适销对路产品对华出口，因此其在双边贸易中长期处于逆差地位。随着中方放开其具有比较竞争优势的牛羊肉及其制品等农副产品对华出口，并积极考虑进口其优势农副产品，预计将缓解并改善其逆差状况，但塞方绝对逆差很难改变。

在产品贸易方面，中国希望塞尔维亚优质安全的农产品和畜产品进口到中国，既可以丰富中国人的餐桌，也给塞尔维亚农民带来实惠。希望中国与塞尔维亚在"一带一路"倡议和"16+1"机制框架内加强合作，为塞尔维亚农业注入更多投资，增加塞农产品出口至中国。中塞双方在农产品进出口检验检疫等问题上还需要进一步协商。

在农业科技方面，加强人员互访，鼓励中国农业科研机构同塞尔维亚相关农业科研机构进行项目探讨以及专家人员培训方面的交流；加强食品、动物饲料，以及在种植健康保护和兽医等领域的合作。

在农业投资方面，可以吸引中国投资塞尔维亚食品加工产业，借鉴中国现代农业技术。中国企业可以与当地公司合作开拓市场，提高当地农民的生产效率，提供质优价廉的产品，使合作效果取得双赢。

2. 重点产业

塞尔维亚政府正在采取一些积极措施，帮助更多的塞公司拓宽对华出口的渠道，增强产品竞争力，以实现平衡对华贸易、减少贸易逆差的目标。其中，农业领域以及食品加工业，在未来将成为双方经济合作中较为活跃的领域，塞政府有关部门正在建立针对中国市场的农产品相关标准，同时根据中国市场需求特点，帮助塞公司在产品质量、数量和价格等方面做好充分准备，稳步获得扎实而富有前景的成果。

中国政府也将帮助并组织优秀涉农和食品加工企业走访塞尔维亚，拓展中塞两国农业与食品市场，打造跨境农业与食品电子商务信息大通道，解决农业与食品互联互通问题，为中国涉农企业食品、农产品走出去，国外涉农管理经验和高端技术引进来搭建合作交易平台，为中塞人民提供安全、绿色、优质、健康的农产品和食品。

当前，"一带一路"倡议为两国合作创作了有利条件。建议食品加工企业公司在塞尔维亚开设办事处，考虑在塞尔维亚建设玉米与小麦生产线或加工厂。

五、中塞农业合作建议

中国和塞尔维亚都是农业和农产品贸易国，两国农业合作潜力很大，可以在全面深化农业政策沟通、乡村振兴经验互鉴的基础上，加强农业经贸投资和科技交流等各领域合作，推动中塞农业合作不断迈上新台阶。

塞尔维亚农业作为国民经济的核心部门，结构比较齐全，优势产业突出，特别是玉米、小麦、大麦、树莓、樱桃、苹果以及葡萄产业。近年来政府大力推动农业结构性转变，国家积极出台相关产业支持政策，提升产量并扩大出口。随着中塞经贸关系的进一步深化，双边投资定会持续增长，农业合作范围也会不断扩大。当前，两国农业部门积极落实两国领导人达成的共识，切实加强在玉米育种、小麦育种、种子资源交换、农产品深加工、农产品贸易、等领域的合作，促进两国现代农业进一步发展。为进一步深化两国的农业合作，提出以下三方面的建议。

（一）突出重点产业投资

塞尔维亚是中欧陆海快线建设中的重要一环，也是"16+1合作"框架下的重要支点国家之一，区位优势明显，而且经济发展比较有活力，中塞两国经贸合作基础稳固。塞尔维亚农业是唯一在与世界各国贸易交换方面获利的经济部门，农业资源优势突出，黑土资源丰富、劳动力素质高，优势农产品与中国不同，产品互补性较强，要充分挖掘在种植业、畜牧业、种子资源交换的合作空间。通过加强两国农业合作，推动两国农业生产水平提升，扩大农产品出口，辐射区域内其他国家的现代农业发展，增强中国在该区域的影响力。

（二）政府、科研机构与企业三方携手推进合作

在新的战略机遇期，中国政府要不断通过政策、机制、平台推进中国企业赴塞尔维亚的农业投资合作。建议各级政府、科研机构和企业合力推进农业合作升级，全国形成一盘棋，以可操作的合作规划与计划为指导，不断提升农业合作项目质量和合作水平。政府要鼓励和支持科研机构、高校、企业共同与塞尔维亚相关机构开展科技项目合作；鼓励企业扩大对外农业投资和贸易，推进与塞尔维亚国家的贸易畅通、资金融通、民心相通，在更大范围、更深层次上提升农业对外合作水平；此外，还要积极推进为在塞尔维亚农业企业提供信贷、保

险等金融支持政策的出台与落实。

（三）企业强化精细管控，提升投资效益水平

塞尔维亚目前仍处在转型中。一方面，这为中国参与塞尔维亚市场带来了大量机会。当前，政府积极推动许多大型国企私有化进程，塞尔维亚国内基础设施也亟待翻新，农业领域也急需新的发展契机。对企业来说，要准确把握塞尔维亚投资政策和法规，加强市场调研，注意投资风险，防止投资失误。在项目选择方面，企业应从地理位置、自然资源、国内外关系、政治稳定程度、政府办事效率、法律执行、经济发展重点、基础交通、劳动力水平、土地成本等多种投资环境因素入手，深入调研和分析，充分了解项目所覆盖区的利益构成，做好项目可行性研究和危机预案。目前中塞政治、经贸关系稳步发展，文化外交不断推进，人文关系恰逢"丝路战略"新机遇。建议企业适时捕捉投资机会，利用塞尔维亚的优势资源进行项目投资，力争获取最大经济效益。此外，企业可进行公共关系活动，如履行企业社会责任，利用当地媒体进行宣传，树立企业良好形象，助力项目能够顺利进行，当冲突出现时有助于降低影响，为企业建设营造良好环境。

参考文献

高 潮.2016."一带一路"建设中塞尔维亚的投资机遇[J].中国对外贸易，(2)：78-79.
辛 岭.2008.塞尔维亚农业科技发展及其与中国的合作[J].科技与经济，(4)：47-50.